Le **Routard**

Rome

Directeur de collection et auteur
Philippe GLOAGUEN

Cofondateurs
Philippe GLOAGUEN
et Michel DUVAL

Rédacteurs en chef adjoints
Amanda KERAVEL
et Benoît LUCCHINI

Directrice de la coordination
Florence CHARMETANT

Directrice administrative
Bénédicte GLOAGUEN

Directeur du développement
Gavin's CLEMENTE-RUIZ

Direction éditoriale
Catherine JULHE

Rédaction
Isabelle AL SUBAIHI
Mathilde de BOISGROLLIER
Thierry BROUARD
Marie BURIN des ROZIERS
Véronique de CHARDON
Fiona DEBRABANDER
Anne-Caroline DUMAS
Géraldine LEMAUF-BEAUVOIS
Olivier PAGE
Alain PALLIER
Anne POINSOT
André PONCELET

Conseiller à la rédaction
Pierre JOSSE

Administration
Carole BORDES
Éléonore FRIESS

2016

hachette

Remarque importante aux hôteliers et restaurateurs

Les enquêteurs du *Routard* travaillent dans le plus strict anonymat. Aucune réduction, aucun avantage quelconque, aucune rétribution n'est jamais demandé en contre-partie. Face aux aigrefins, la loi autorise les hôteliers et restaurateurs à porter plainte.

Avis aux lecteurs

Le Routard, ce n'est pas comme le bon vin, il vieillit mal. On ne veut pas pousser à la consommation, mais évitez de partir avec une édition ancienne. Les modifications sont souvent importantes.

Les réductions accordées à nos lecteurs ne sont jamais demandées par nos rédac-teurs afin de préserver leur indépendance. Les hôteliers et restaurateurs sont sollicités par une société de mailing, totalement indépendante de la rédaction, qui reste donc libre de ses choix. De même pour les autocollants et plaques émaillées.

Avec routard.com, choisissez, organisez, réservez et partagez vos voyages !

✓ Rejoignez la plus grande communauté francophone de voyageurs : plus de **2 millions** de visiteurs !

✓ Échangez avec les routarnautes : forums, photos, avis d'hôtels.

✓ Retrouvez aussi toutes les informations actualisées pour choisir et préparer vos voyages : plus de 200 fiches pays, une centaine de dossiers pratiques et un magazine en ligne pour découvrir tous les secrets de votre destination.

✓ Enfin, comparez les offres pour organiser et réserver votre voyage au meilleur prix.

Pictogrammes du *Routard*

Établissements

- 🏠 Hôtel, auberge, chambres d'hôtes
- ⊼ Camping
- ▮●▮ Restaurant
- 🍕 Pizzeria
- Boulangerie, sandwicherie
- Glacier
- Pâtisserie
- Café, salon de thé
- Café, bar
- Bar musical
- Club, boîte de nuit
- ∞ Salle de spectacle
- Office de tourisme
- ✉ Poste
- Boutique, magasin, marché
- @ Accès Internet
- Hôpital, urgences

Sites

- Plage
- Site de plongée
- 🚲 Piste cyclable, parcours à vélo

Transports

- ✈ Aéroport
- 🚂 Gare ferroviaire
- Gare routière, arrêt de bus
- Ⓜ Station de métro
- 🚊 Station de tramway
- 🅿 Parking
- 🚕 Taxi
- Taxi collectif
- Bateau
- Bateau fluvial

Attraits et équipements

- 🚶 Présente un intérêt touristique
- 👫 Recommandé pour les enfants
- Adapté aux personnes handicapées
- 💻 Ordinateur à disposition
- 📶 Connexion wifi
- ◎ Inscrit au Patrimoine mondial de l'Unesco

Le *Routard* est imprimé sur un papier issu de forêts gérées.

 Tout au long de ce guide, découvrez toutes les photos de la destina-tion sur ● *routard.com* ● Attention au coût de connexion à l'étranger, assurez-vous d'être en wifi !

TABLE DES MATIÈRES

INFOS PRATIQUES SUR PLACE

DE LA PIAZZA VENEZIA À LA ROME ANTIQUE (CAPITOLE ET FORUMS ROMAINS IMPÉRIAUX)

QUARTIER DU QUIRINAL

AUTOUR DE LA PIAZZA DI SPAGNA ET DE LA VILLA BORGHÈSE

LE VATICAN ET SES ALENTOURS : LE PRATI ET LE BORGO

AUTOUR DE LA PIAZZA NAVONA ET DU PANTHÉON

QUARTIERS DU CAMPO DEI FIORI ET DU GHETTO

LE TRASTEVERE

QUARTIER DE LA GARE TERMINI

QUARTIERS SAN LORENZO ET IL PIGNETO

LES ENVIRONS DE ROME

IMPORTANT : DERNIÈRE MINUTE

Sauf rare exception, le *Routard* bénéficie d'une parution annuelle à date fixe. Entre deux dates, des événements fortuits (formalités, taux de change, catastrophes naturelles, conditions d'accès aux sites, fermetures inopinées, etc.) peuvent intervenir et modifier vos projets de voyage. Pour éviter les déconvenues, nous vous recommandons de consulter la rubrique « Guide » par pays de notre site • *routard.com* • et plus particulièrement les dernières *Actus voyageurs.*

☎ **112 :** c'est le numéro d'urgence commun à la France et à tous les pays de l'UE, à composer en cas d'accident, agression ou détresse. Il permet de se faire localiser et aider en français, tout en améliorant les délais d'intervention des services de secours.

Recommandation à ceux qui souhaitent profiter des réductions et avantages proposés dans le *Routard* par les hôteliers et les restaurateurs.

À l'hôtel, pensez à les demander au moment de la réservation ou, si vous n'avez pas réservé, **à l'arrivée.** Ils ne sont valables que pour les réservations en direct et ne sont pas cumulables avec d'autres offres promotionnelles (notamment sur Internet). Au restaurant, parlez-en **au moment** de la commande et surtout **avant** que l'addition ne soit établie. Poser votre *Routard* sur la table ne suffit pas : le personnel de salle n'est pas toujours au courant et une fois le ticket de caisse imprimé, il est souvent difficile de modifier le total. En cas de doute, montrez la notice relative à l'établissement dans le *Routard* de l'année, bien sûr, et ne manquez pas de nous faire part de toute difficulté rencontrée.

Remerciements

– Valerio Scoyni, directeur de l'ENIT à Paris ;
– Anne Lefèvre, chargée des relations presse à l'ENIT à Paris ;
– Federica Galbesi et Antonella Botta, chargées de la communication et du marketing à l'ENIT à Paris ;
– Ivano, Elena et Valérie de *Visiterome,* pour leur disponibilité, leur gentillesse et leurs inépuisables connaissances sur Rome ;
– Caroline Yon-Raoux et Christine Adam pour leur efficacité et leur dynamisme.

Nous tenons à remercier tout particulièrement Loup-Maëlle Besançon, Thierry Bessou, Gérard Bouchu, François Chauvin, Grégory Dalex, Fabrice Doumergue, Cédric Fischer, Carole Fouque, Michelle Georget, David Giason, Claude Hervé-Bazin, Emmanuel Juste, Dimitri Lefèvre, Fabrice de Lestang, Romain Meynier, Éric Milet, Pierre Mitrano, Jean-Sébastien Petitdemange et Thomas Rivallain pour leur collaboration régulière.

Perrine Attout
Emmanuelle Bauquis
Jean-Jacques Bordier-Chêne
Michèle Boucher
Sophie Cachard
Caroline Cauwe
Lucie Colombo
Agnès Debiage
Jérôme Denoix
Tovi et Ahmet Diler
Clélie Dudon
Sophie Duval
Perrine Eymauzy
Alain Fisch
Cécile Gastaldo
Bérénice Glanger

Adrien et Clément Gloaguen
Bernard Hilaire
Sébastien Jauffret
Jacques Lemoine
Jacques Muller
Caroline Ollion
Justine Oury
Martine Partrat
Odile Paugam et Didier Jehanno
Émilie Pujol
Prakit Saiporn
Jean-Luc et Antigone Schilling
Alice Sionneau
Caroline Vallano
Camille Zecchinati

Direction : Nathalie Bloch-Pujo
Contrôle de gestion : Jérôme Boulingre et Alexis Bonnefond
Secrétariat : Catherine Maîtrepierre
Direction éditoriale : Catherine Julhe
Édition : Matthieu Devaux, Géraldine Péron, Olga Krokhina, Gia-Quy Tran, Julie Dupré, Victor Beauchef, Jeanne Cochin, Emmanuelle Michon, Flora Sallot, Sandra Svadin et Quentin Tenneson
Préparation-lecture : Véronique Rauzy
Cartographie : Frédéric Clémençon et Aurélie Huot
Fabrication : Nathalie Lautout et Audrey Detournay
Relations presse France : COM'PROD, Fred Papet. ☎ 01-70-69-04-69.
● info@comprod.fr ●
Direction marketing : Adrien de Bizemont, Lydie Firmin et Laure Illand
Contacts partenariats : André Magniez (EMD). ● andremagniez@gmail.com ●
Édition des partenariats : Élise Ernest
Informatique éditoriale : Lionel Barth
Couverture : Clément Gloaguen et Seenk
Maquette intérieure : le-bureau-des-affaires-graphiques.com, Thibault Reumaux et npeg.fr
Relations presse : Martine Levens (Belgique) et Maureen Browne (Suisse)
Régie publicitaire : Florence Brunel-Jars. ● fbrunel@hachette-livre.fr ●

Quelle est la meilleure saison pour y aller ?

Les intersaisons (mai, juin, septembre, octobre) sont les mois de pleine saison. Le temps y est agréable. En juillet-août, avec le temps caniculaire, il y a de bonnes affaires à saisir au niveau des hébergements...

Quel est le meilleur moyen pour y aller ?

Tous les chemins mènent à Rome, mais l'avion est évidemment la solution la plus rapide, surtout pour un court séjour. Les compagnies aériennes pratiquent des prix très compétitifs, à condition de s'y prendre à l'avance.

La vie est-elle chère ?

L'hébergement et les restos constitueront l'essentiel de vos dépenses. Pour les transports et les sites, le *Roma Pass* (valable 3 jours) permet de faire de (toutes) petites économies.

Peut-on visiter le centre de Rome à pied ?

C'est le meilleur moyen de découvrir la ville ! Rien de mieux en effet que de se promener le nez au vent à la découverte du centre-ville. Au-delà (Garbatella, E.U.R., San Lorenzo, via Appia Antica), mieux vaut utiliser les bus ou le métro : sur le plan, ça a l'air tout près, mais en réalité...

Peut-on emmener ses enfants à Rome ?

Les enfants, à partir de 8-10 ans, seront heureux de découvrir deux millénaires d'histoire (Forum, Capitole, Colisée, fontaines, parcs). Et question nourriture, c'est le top ! Pizzas, pâtes, glaces... En revanche, alternez les balades et les musées, qui risquent de les fatiguer... et vous aussi !

Faut-il parler l'italien pour se faire comprendre ?

Quelques notions d'italien sont toujours utiles et facilitent les échanges. Les Italiens comprennent bien le français, mais communiquent de plus en plus en anglais.

Combien de temps rester à Rome pour avoir « tout vu » ?

Sachez-le : vous n'aurez jamais « tout vu » ! Le mieux est de rester une semaine pour découvrir Rome sans se presser. Mais rien ne vous empêche d'y revenir : la ville est une excellente destination de week-end.

♥ LES COUPS DE CŒUR DU ROUTARD

- S'émerveiller d'un magique coucher de soleil sur la Ville éternelle, depuis le toit du monument à Victor-Emmanuel II, sur la piazza Venezia .... p. 110

- Se mesurer à la statue de l'empereur Constantin dont la tête (2,60 m) et le pied (2 m) trônent au musée du Capitole.............. p. 112

- Sur la piazza Navona (la plus grande de Rome), admirer au petit matin la fontaine des Quatre-Fleuves de Bernini.. p. 196

- Visiter les quatre basiliques majeures de Rome, Saint-Pierre, Saint-Jean-de-Latran, Sainte-Marie-Majeure et Saint-Paul-hors-les-Murs, dans l'espoir d'obtenir une indulgence plénière .... p. 173, 255, 261, 270

- S'imaginer gladiateur le temps d'une visite du Colisée............................ p. 128

- S'extasier devant les trois chefs-d'œuvre du Caravage que renferme jalousement l'église Saint-Louis-des-Français....... p. 198

- S'interroger sur la construction de l'étonnante coupole à ciel ouvert du Panthéon et la parfaite harmonie des colonnes... p. 200

- Savourer une glace à l'heure du goûter comme tous les Italiens (petits et grands !) .... p. 69

- Profiter de la fraîcheur et de l'atmosphère de recueillement dans le cimetière du Verano, où les plus illustres Italiens ont établi leur ultime demeure... .... p. 246

- Descendre les célèbres marches de l'église de la Trinité-des-Monts, tout en admirant l'ingénieuse fontaine dessinée par le père de Bernini, sur la piazza di Spagna .... p. 149

- Respirer une bonne dose de chlorophylle dans l'immense parc de la villa Borghèse.. p. 151

- Crouler sous l'extraordinaire profusion d'œuvres d'une des plus grandes collections privées au monde à la Galerie Borghèse .... p. 152

- Jeter une pièce dans la fontaine de Trevi, de la main droite en lui tournant le dos... pour être certain de revenir un jour .... p. 134

- Faire bombance d'artichauts, d'agneau et de tripes, spécialités romaines, dans une *trattoria* bien typique .... p. 66

- Dominer la ville d'un seul regard, au milieu des bustes garibaldiens, depuis la promenade du Janicule................. p. 230

- Faire battre son cœur à l'unisson en se baladant et en dînant dans le charmant quartier du Trastevere.................... p. 220

- Partir en goguette nocturne dans les quartiers branchés et festifs du Testaccio et San Lorenzo .... p. 241, 268

- Suivre le flot de cornettes pour visiter (sans passeport !) l'un des plus petits États souverains au monde, le Vatican.............................. p. 172

- Admirer les peintures de la chapelle Sixtine : le chef-d'œuvre aérien et titanesque de Michel-Ange................. p. 180

- Rêver devant les magnifiques fresques des chambres de Raphaël au musée du Vatican .... p. 179

- Sillonner en scooter le quartier branché de la Garbatella, tel Nanni Moretti dans son film *Journal intime*.................... p. 276

- Visiter la Centrale Montemartini, l'étonnant musée de statues antiques installé dans une ancienne centrale électrique............... p. 278

- Découvrir, dans le quartier nord de Flaminio, le MAXXI, musée d'art contemporain remarquable par son architecture et par ses expos temporaires .... p. 286

ITINÉRAIRES CONSEILLÉS

Il faudrait une vie entière pour venir à bout des innombrables trésors que recèle cette ville. Vous ne pourrez évidemment pas faire en une seule visite toutes les balades que nous proposons. Un petit lot de consolation : une légende raconte que toute personne qui jette une pièce dans la fontaine de Trevi est sûre de revenir un jour à Rome !

Les séjours dans la Ville éternelle sont d'environ 4 jours en moyenne. Les itinéraires conseillés aideront ceux qui ne restent que peu de temps. Sachez qu'en s'écartant des lieux touristiques, la ville livre un tout autre visage. N'hésitez donc pas à vous perdre dans les rues pour découvrir des endroits insolites... et surtout prévoyez une bonne paire de chaussures pour fouler le pavé romain...

ROME EN UNE DEMI-JOURNÉE

Si vous êtes entre deux avions, par exemple, ou que vous êtes là pour des raisons professionnelles et avez quelques heures libres devant vous... c'est presque mission impossible !

Dirigez-vous vers le centre historique pour embrasser la perspective de la piazza Navona. Poursuivez jusqu'au Panthéon. Y admirer la plus grande coupole réalisée dans l'Antiquité ainsi que quelques grandes sépultures célèbres dont le tombeau de Raphaël. Poussez jusqu'à la fontaine de Trevi, avant de remonter vers la piazza di Spagna. Quelle que soit l'heure, vous trouverez de nombreux restos dans ces quartiers toujours animés.

Et si la soirée n'est qu'à peine entamée, deux balades nocturnes au choix : autour du Colisée, joliment éclairé le soir, et finir en prenant l'*aperitivo* sur le campo dei Fiori ou, pour les plus alertes, dans le Trastevere. Il n'y a que le pont à traverser...

ROME EN UN JOUR

En aussi peu de temps, il est difficile de voir autre chose que les sites « incontournables ».

Le matin, à l'ouverture, allez directement au Vatican pour la basilique Saint-Pierre, mais abandonnez évidemment toute idée de visiter la chapelle Sixtine ou les chambres de Raphaël, un minimum de 4h de visite sont nécessaires. En quittant le Vatican, passer devant l'imposant *castel Sant'Angelo*, puis prendre le corso Vittorio Emanuele II en direction de la *piazza Navona*. Marcher jusqu'au Panthéon et déjeuner dans le quartier.

Après la pause déjeuner, reprendre la balade vers le *Capitole (Campidoglio)*, emprunter la via dei Fori Imperiali, passer devant le *Forum romain* (ne pas s'y arrêter, car vous n'aurez pas de temps pour voir le reste) et aller jusqu'au *Colisée*. Sur le chemin du retour, reprendre la via dei Fori Imperiali, puis la via del Corso jusqu'à la fameuse *fontaine de Trevi*. Ne rien faire d'autre qu'apprécier le charme du lieu, le bruit de l'eau (et du monde aussi !) et pourquoi ne pas jeter une pièce ? Pousser jusqu'à la *piazza di Spagna* et savourer un repos bien mérité sur les marches.

ROME EN TROIS JOURS

Premier jour : le Vatican et le Trastevere

On vous conseille d'arriver tôt le matin, de commencer par le Vatican et d'aviser en fonction de l'affluence du musée ce jour-là (attention, les musées du Vatican sont fermés le dimanche, sauf le dernier dimanche du mois). Si vous êtes matinal et si vous êtes le premier dans la file, ne vous posez pas trop de questions, entrez et visitez... Comptez au moins 4 à 6h de visite. Embrayez ensuite sur la basilique Saint-Pierre et le quartier du Trastevere, en prenant le temps d'apprécier l'atmosphère. Vous finirez la journée autour d'un *aperitivo,* puis dans une trattoria : le secteur regorge d'adresses sympas.

Autre hypothèse, vous êtes là tôt mais, malheureusement, vous n'êtes déjà plus seul. Sachez que la queue avance relativement vite... Si vous n'êtes pas du genre patient, on vous conseille le quartier du Trastevere au sud du Vatican où vous filerez directement à la villa *Farnesina* (ouverte de 9h à 14h) pour admirer les magnifiques fresques de Raphaël avant de faire une belle balade dans ce quartier pittoresque. Prévoyez un retour vers 13h30 au Vatican où vous visiterez les musées dans un calme relatif (les groupes sont plutôt matinaux). En quittant les lieux, ne partez pas sans avoir vu dans la basilique Saint-Pierre la sublime *Pietà* de Michel-Ange, à droite en entrant.

Deuxième jour : la Rome antique

Selon votre humeur et la météo, à vous de décider de visiter les musées ou de vous contenter de passer devant. Dans tous les cas, il suffit de se reporter à l'itinéraire décrit plus loin dans « À voir » : Capitole, Forum, Palatin, Colisée, forums impériaux et marché de Trajan... auxquels vous pourrez joindre, en fonction de votre appétit, les thermes de Caracalla (plus au sud) ou encore le fabuleux Musée archéologique du palazzo Massimo (près de la gare de Termini).

Troisième jour

Les plus courageux se rendront à l'ouverture au musée de la villa Borghèse au nord-est du parc (en ayant pris soin de réserver plusieurs jours à l'avance) et profiteront pleinement des 2h autorisées à la visite de ce musée, considéré comme l'une des plus belles collections privées d'Italie. Ensuite, il suffit de traverser le parc pour regagner le centre historique : piazza del Popolo, via del Corso, piazza di Spagna, fontana di Trevi, Panthéon, campo dei Fiori, piazza Navona... Tout à pied, évidemment ! Profitez-en pour admirer au passage les innombrables fontaines de Rome, les églises baroques, les façades de palais... Prenez le temps d'un café au comptoir ou d'un repas typiquement *alla romana.*

ROME EN UNE SEMAINE OU PLUS

En une semaine, on découvre la ville sans trop se presser. On visite les sites « incontournables » plus attentivement et on pousse jusqu'aux quartiers moins fréquentés, comme la Garbatella au sud de Rome, chère à Nanni Moretti, où vous découvrirez la centrale Montemartini, un musée extraordinaire de statues antiques avec en toile de fond une ancienne centrale électrique ou encore le quartier de l'E.U.R., encore plus au sud, quartier créé de toutes pièces par Mussolini pour les J.O. de 1942 (qui n'ont jamais eu lieu).

Côté musées, ne manquez pas le palais Barberini, le palazzo Altemps et, bien sûr, si ce n'est pas encore fait, les musées du Capitole et celui du palazzo Massimo. Nous vous proposons aussi, pourquoi pas, de passer une demi-journée à vous balader sur la colline du Janicule, à côté du Trastevere, ou dans les jardins de la villa Borghèse où il est possible de pique-niquer, de louer des vélos ou une barque. Sans oublier le castel Sant'Angelo et les basiliques un peu excentrées mais magnifiques (Sainte-Marie-Majeure, Saint-Paul-hors-les-Murs, Saint-Jean-de-Latran...).

Si vous restez plus de 5 jours, la visite du site d'Ostia Antica (accessible en train) s'impose ! Sans compter les catacombes au sud de la ville sur la via Appia, et pourquoi pas Tivoli (à condition de louer une voiture pour la journée). Bref, en une semaine, on se fait plaisir tout en prenant son temps... la dolce vita quoi !

SI VOUS ÊTES...

... avec vos enfants et en famille : le Colisée, la fontaine de Trevi, la basilique Saint-Pierre, le zoo du parc de la villa Borghèse, le toit du monument à Vittorio Emanuele II pour la vue, la Bocca della Vérità, le château Saint-Ange, le palazzo Valentino pour ses explications en 3D sur l'histoire romaine et, sans oublier les pauses glaces et les pizzas.

... amateur de vieilles pierres : le Forum romain, le Colisée, les musées du Capitole, le Musée archéologique, la Domus Aurea, les thermes de Caracalla, le palazzo Massimo...

... églises : Saint-Pierre de Rome, le Panthéon, Saint-Jean-de-Latran, Sainte-Marie-Majeure, la basilique Saint-Clément, la basilique Saint-Laurent-hors-les-Murs, Saint-Ignace et l'église de Jésus.

... sur la piste de Marcello Mastroianni, Audrey Hepburn, Nanni Moretti et les autres : la fontaine de Trevi, la chiesa Santa Maria in Cosmedin et la Boccà della Verità, le quartier du Trastevere, le quartier de la Garbatella et les studios de Cinecittà au sud de Rome.

... amateur d'art contemporain : le MAXXI, le MACRO, la galerie d'Art moderne dans le parc de la villa Borghèse, les expos temporaires de la fondazione Roma Museo et le quartier de l'E.U.R.

... shopping et lèche-vitrines : la piazza di Spagna, la via del Corso, la via del Babuino pour ses marques renommées et chic, le quartier de Monti et la via del Governo Vecchio pour ses boutiques vintage, ou la via Nazionale et la via Cola di Rienzo.

... en goguette pour faire la fête : le Testaccio, quartier très animé le soir, le quartier étudiant de San Lorenzo qui regorge de bars, le quartier il Pigneto qui monte ou encore, en plein centre, le quartier des Monti où jeunesse romaine et jeunes touristes viennent gentiment s'amuser et se retrouver dans les bars branchés.

... à la recherche d'espaces verts et de tranquillité : la villa Borghèse, le Janicule, les jardins de la villa Médicis.

... admirateur de Michel-Ange : la chapelle Sixtine, la *Pietà* de Saint-Pierre, la chiesa san Pietro in Vincoli, la place et les façades du Capitole.

... ou de Raphaël : la galerie Borghèse, la pinacothèque du Vatican, la villa Farnesina ou la galerie Barberini.

... ou encore du Caravage : le musée du Capitole, l'église Saint-Louis-des-Français, la basilica Santa Maria del Popolo, la galerie Pamphili...

... amoureux de Bernini et de ses merveilleuses sculptures : la galerie Borghèse, la piazza Navona, la basilique Saint-Pierre, la chiesa santa Maria della Vittoria pour l'*Extase de Sainte-Thérèse du Bernin* et le ponte Sant'Angelo.

... à deux : le campo dei Fiori pour prendre un verre, la piazza Navona, la promenade sur le Janicule, le chiostro del Bramante, la villa Farnesina, une balade en barque dans le lac de la villa Borghèse.

COMMENT Y ALLER ?

EN AVION

Les compagnies régulières

▲ AIR FRANCE

Rens et résas au ☎ *36-54 (0,34 €/mn – tlj 6h30-22h), sur ● airfrance.fr ●, dans les agences Air France et dans ttes les agences de voyages. Fermées dim.*

➢ Depuis l'aéroport Paris-CDG, une douzaine de vols/j. pour Rome-Fiumicino (dont des vols communs avec Alitalia).

Air France propose à tous des tarifs attractifs toute l'année. Vous avez la possibilité de consulter les meilleurs tarifs du moment sur Internet, directement sur la page d'accueil « Meilleures offres et promotions ».

Le programme de fidélisation Air France-KLM permet de cumuler des *miles* à son rythme et de profiter d'un large choix de primes. Avec votre carte Flying Blue, vous êtes immédiatement identifié comme client privilégié lorsque vous voyagez avec tous les partenaires.

Air France propose également des réductions Jeunes. La carte *Flying Blue Jeune* est réservée aux jeunes âgés de 2 à 24 ans résidant en France métropolitaine, dans les départements d'outre-mer, au Maroc ou Tunisie ou en Algérie. Avec plus 1 000 destinations, et plus de 100 partenaires, *Flying Blue Jeune* offre autant d'occasions de cumuler des *miles* partout dans le monde.

▲ HOP !

Rens et résas sur ● hop.fr ●, via les canaux de vente Air France, dans ttes les agences de voyages et au centre

d'appel ☎ *0825-30-22-22 (0,15 €/mn ; tlj 365 j./an).*

➢ De Biarritz, Bordeaux, Brest, Caen, La Rochelle, Lille, Limoges, Lorient, Lyon, Marseille, Metz-Nancy, Montpellier, Mulhouse-Bâle, Nantes, Nice, Pau, Poitiers, Rennes et Strasbourg, vols vers Rome via Lyon.

HOP ! propose des tarifs attractifs toute l'année. Possibilité de consulter les meilleurs tarifs du moment sur ● hop.fr ●

▲ ALITALIA

Infos et résas au ☎ *0892-655-655 (0,34 €/mn ; lun-ven 8h-20h, w-e 9h-19h), sur ● alitalia.fr ●, et dans les agences de voyages.*

➢ De Paris-CDG à Rome-Fiumicino, une vingtaine de vols/j. (dont des vols communs avec Air France).

▲ BRUSSELS AIRLINES

Rens au ☎ *0892-640-030 (0,33 €/mn ; lun-ven 9h-19h, sam 9h-17h) depuis la France. ● brusselsairlines.com ●*

➢ Vols quotidiens Bruxelles-Rome.

Les compagnies *low-cost*

Plus vous réserverez vos billets à l'avance, plus vous aurez des chances d'avoir des tarifs avantageux. Des frais de dossier ainsi que des frais pour le paiement par carte bancaire peuvent vous être facturés. En outre, les pénalités en cas de changement de vols sont assez importantes. Il faut aussi rappeler que plusieurs compagnies facturent maintenant les bagages en soute et limitent leurs poids. En cabine également le nombre de bagages est strictement limité (attention même le plus petit sac à main est compté comme un bagage à part entière). À bord, c'est service minimum et tous les services sont payants (boissons, journaux). Attention également au moment de la résa par Internet à décocher certaines options qui sont automatiquement cochées (assurances, etc.). Au final, même si les prix de base restent très attractifs, il convient de prendre en compte les frais annexes pour calculer le plus justement son budget.

▲ EASY JET
● *easyjet.com* ●
➢ Vols quotidiens de Paris-Orly, Lyon, Nantes, Nice et Toulouse vers Rome-Fiumicino.

▲ RYANAIR
● *ryanair.com* ●
➢ Au départ de Paris-Beauvais, vols quotidiens pour Rome-Ciampino.

▲ VUELING
● *vueling.com* ●
➢ Compagnie espagnole qui assure des A/R quotidiens directs entre Paris-Orly et Rome-Fiumicino avr-oct.

LES ORGANISMES DE VOYAGES
:::

– Les organismes cités sont classés par ordre alphabétique, pour éviter les jalousies et les grincements de dents.

EN FRANCE

▲ COMPTOIR DE L'ITALIE ET DE LA CROATIE
– *Paris : 6, rue des Écoles, 75005.* ☎ *01-53-10-34-43. Fax : 01-53-10-21-71.* ● *comptoir.fr* ● Ⓜ *Cardinal-Lemoine. Lun-ven 9h30-18h30, sam 10h-18h30.*
– *Toulouse : 43, rue Peyrolières, 31000.* ☎ *05-62-30-15-00.* Ⓜ *Esquirol. Lun-sam 9h30-18h30.*
– *Lyon : 10, quai Tilsitt, 69002.* ☎ *04-72-44-13-40.* Ⓜ *Bellecour. Lun-sam 9h30-18h30.*
– *Marseille : 12, rue Breteuil, 13001.* ☎ *04-84-25-21-80.* Ⓜ *Estrangin. Lun-sam 9h30-18h30.*
D'un bout à l'autre de ces deux pays aux ambiances souvent similaires, de multiples idées de voyages s'offrent

à vous. En Italie comme en Croatie, le Comptoir vous propose un large choix d'autotours et de séjours dans des hôtels de charme, au meilleur prix. Quelles que soient vos envies, une équipe de spécialistes de l'Italie et de la Croatie seront à votre écoute pour créer votre voyage sur mesure.
21 Comptoirs, plus de 60 destinations, des idées de voyages à l'infini. Comptoir des Voyages s'impose depuis 20 ans comme une référence incontournable pour les voyages sur mesure, accessibles à tous les budgets. Membre de l'association ATR (Agir pour un tourisme responsable), Comptoir des Voyages a obtenu la certification Tourisme responsable AFAQ AFNOR.

▲ ITALIE & CO
– *Courbevoie : 169, bd Saint-Denis, 92400.* ▤ *06-85-56-30-62.* ● *carine@ italieandco.fr* ● *italieandco.fr* ● *Sur rdv ou à domicile.*
Italie & Co est une agence dynamique et d'un genre nouveau, fondée par deux professionnels italiens partageant la même passion pour leur pays d'origine. Ils sont disponibles tous les jours par mail ou par téléphone pour vous aider à organiser le voyage de vos rêves et pour vous assister tout au long de votre séjour. Seul ou en famille, pour vos loisirs ou pour votre travail, Italie & Co propose des offres sélectionnées et testées par l'agence. Une soirée à la Scala de Milan, à la Fenice de Venise ou aux Arènes de Vérone, un cours de cuisine à l'école Barilla ou juste du farniente sur une belle plage en Sardaigne, Italie & Co met à votre disposition son carnet d'adresses de charme pour faire de votre voyage une véritable expérience. Offre spéciale pour les lecteurs du *Routard* : un accueil VIP ou un cadeau surprise en donnant la référence « routard » au moment de la réservation.

▲ JEUNESSE ET RECONSTRUCTION
– *Paris : 10, rue de Trévise, 75009.* ☎ *01-47-70-15-88.* ● *volontariat.org* ● Ⓜ *Cadet ou Grands-Boulevards. Lun-ven 10h-13h, 14h-18h.*
Jeunesse et Reconstruction propose des activités dont le but est l'échange culturel dans le cadre d'un engagement

AIRFRANCE

FRANCE IS IN THE AIR

AU DÉPART DE PARIS

ROME

JUSQU'À

5 VOLS

PAR JOUR

volontaire. Chaque année, des centaines de jeunes bénévoles âgés de 17 à 30 ans participent à des chantiers internationaux en France ou à l'étranger (Europe, Asie, Afrique et Amérique) et s'engagent dans un programme de volontariat à long terme (6 mois ou 1 an).

Dans le cadre des chantiers internationaux, les volontaires se retrouvent autour d'un projet d'intérêt collectif (1 à 4 semaines) et participent à la restauration du patrimoine bâti, à la protection de l'environnement, à l'organisation logistique d'un festival ou à l'animation et l'aide à la vie quotidienne auprès d'enfants ou de personnes handicapées.

▲ NOUVELLES FRONTIÈRES

Rens et résas au ☎ *0825-000-747 (0,15 €/mn), sur* • *nouvelles-frontieres. fr* •*, dans les agences de voyages, et agences Nouvelles Frontières et Marmara.*

Depuis plus de 45 ans, Nouvelles Frontières fait découvrir le monde au plus grand nombre au travers de séjours à la découverte de nouveaux paysages et de rencontres riches en émotions. Selon votre budget ou vos désirs, plus de 100 destinations sont proposées en circuits ou bien en séjours et voyages à la carte à personnaliser selon vos envies. Rendez-vous sur le Web ou en agence où les conseillers Nouvelles Frontières seront à votre écoute pour mettre le voyage d'exception à votre portée et composer votre voyage selon vos souhaits.

▲ NOVO.TRAVEL

Rens et résas : ☎ *0899-18-00-18 (1,35 € l'appel + 0,34 €/mn).* • *novo. travel* • *Lun-ven 10h-12h, 14h-18h.*

Spécialiste des voyages en autocar à destination de toutes les grandes cités européennes. Week-ends, séjours et circuits en bus toute l'année, grands festivals et événements européens. Formules pour tout public, individuel ou groupe, au départ de toutes les grandes villes de France.

▲ PROMOVACANCES.COM

☎ *0899-654-850 (1,35 € l'appel puis 0,34 €/mn).* • *promovacances.com* • *Lun-ven 8h-minuit ; sam 9h-23h ; dim 10h-23h.*

N° 1 français de la vente de séjours sur Internet, Promovacances a fait voyager plus de 2 millions de clients en 10 ans. Le site propose plus de 10 000 voyages actualisés chaque jour sur 300 destinations : séjours, circuits, week-ends, thalasso, plongée, golf, voyages de noces, locations, vols secs... L'ambition du voyagiste : prouver chaque jour que le petit prix est compatible avec des vacances de qualité. Grâce aux avis des clients publiés sur le site et aux visites virtuelles des hôtels, vous réservez vos vacances en toute tranquillité.

▲ TERRES LOINTAINES

– Issy-les-Moulineaux : 2, rue Maurice-Hartmann, 92130. ☎ *01-84-19-44-45.* • *terres-lointaines.com* • *Sur rdv slt ou par tél : lun-ven 8h30-19h30 ; sam 9h-18h.*

Véritable créateur de voyages sur mesure, Terres Lointaines est un spécialiste reconnu du long-courrier sur plus de 30 destinations en Amérique, en Afrique et en Asie et qui assure des prix compétitifs et un discours de transparence. Grâce à une sélection rigoureuse de partenaires sur place et un large choix d'hébergements de petite capacité et de charme, Terres Lointaines propose des voyages de qualité et hors des sentiers battus. Les circuits itinérants sont déclinables à l'infini pour coller parfaitement à toutes les envies et tous les budgets. En plus d'un contact privilégié avec un expert du pays, le site • *terres-lointaines. com* •*, illustré par de nombreuses photos, des cartes interactives et des informations pratiques, commencera à vous faire voyager.

▲ VOYAGES-SNCF.COM

– Infos et résas depuis la France : • *voyages-sncf.com* • *et sur tablette et mobile avec les applis V. (trains) et V. Hôtel (hôtels).*
– Réserver un vol, un hôtel, une voiture : ☎ *0899-500-500 (1,35 € l'appel, puis 0,34 €/mn).*
– Une question ? Rubrique Contact ou au ☎ *09-70-60-99-60 (n° non surtaxé).*

Voyages-sncf.com, distributeur de voyages en ligne de la SNCF, vous propose ses meilleurs prix de train, d'avion, d'hôtel et de location de voitures en France et en Europe. Accédez aussi à

ses services exclusifs : billets à domicile (en France), Alerte Résa, calendrier des prix, offres de dernière minute...

▲ VOYAGEURS DU MONDE EN ITALIE

● *voyageursdumonde.fr* ●
– *Paris : La Cité des Voyageurs, 55, rue Sainte-Anne, 75002.* ☎ *01-42-86-17-20.* Ⓜ *Opéra ou Pyramides. Lun-sam 9h30-19h. Avec une librairie spécialisée sur les voyages.*
– *Également des agences à Bordeaux, Grenoble, Lille, Lyon, Marseille, Montpellier, Nantes, Nice, Rennes, Rouen, Strasbourg et Toulouse. Également Bruxelles et Genève.*
Le spécialiste du voyage en individuel sur mesure. Parce que chaque voyageur est différent, que chacun a ses rêves et ses idées pour les réaliser, Voyageurs du Monde conçoit, depuis plus de 30 ans, des projets sur mesure. Les séjours proposés sur 120 destinations sont élaborés par leurs 180 conseillers voyageurs. Spécialistes par pays et même par région, ils vous aideront à personnaliser les voyages présentés à travers une trentaine de brochures d'un nouveau type et sur le site internet où vous pourrez également découvrir les hébergements exclusifs et consulter votre espace personnalisé. Au cours de votre séjour, vous bénéficiez des services personnalisés Voyageurs du Monde, dont la possibilité de modifier à tout moment votre voyage, l'assistance d'un concierge local, la mise en place de rencontres et de visites privées et l'accès à votre carnet de voyage via une application iPhone et Androïd.
Voyageurs du Monde est membre de l'association ATR (Agir pour un tourisme responsable) et a obtenu sa certification Tourisme responsable AFAQ AFNOR.

Comment aller à Roissy et à Orly ?

Conservez dans votre bagage cabine vos médicaments, vos divers chargeurs et appareils ainsi que vos objets de valeur (clés et bijoux). Et on ne sait jamais, ajoutez-y de quoi vous changer si vos bagages n'arrivaient pas à bon port avec vous.

Bon à savoir :
– le *pass Navigo* est valable pour Roissy-Rail (RER B, zones 1-5) et Orly-Rail (RER C, zones 1-4). Le week-end et j. fériés, le *pass Navigo* est dézoné, ce qui permet à ceux qui n'ont que les zones 1 à 3 d'aller tout de même jusqu'aux aéroports sans frais supplémentaires ;
– le *billet Orly-Rail* permet d'accéder sans supplément aux réseaux métro et RER.

À Roissy-Charles-de-Gaulle 1, 2 et 3

Attention : si vous partez de Roissy, pensez à vérifier de quelle aérogare votre avion décolle, car la durée du trajet peut considérablement varier en fonction de cette donnée.

En transports collectifs

🚌 **Les cars Air France :** ☎ *0892-350-820 (0,34 €/mn).* ● *lescarsair france.com* ● *Paiement par CB possible à bord.*
Le site internet diffuse les informations essentielles sur le réseau (lignes, horaires, tarifs...) permettant de connaître en temps réel le trafic afin de mieux planifier son départ. Il permet d'acheter à un tarif spécial et d'imprimer les billets électroniques pour accéder aux bus.
➢ *Paris-Roissy :* départ pl. de l'Étoile (1, av. Carnot), avec un arrêt pl. de la Porte-Maillot (bd Gouvion-Saint-Cyr). Départ ttes les 30 mn, 5h45-23h. Durée du trajet : 1h env. Tarifs : 17 € l'aller simple, 29 € l'A/R ; réduc enfants 2-11 ans.
Autre départ depuis la gare Montparnasse (arrêt rue du Commandant-Mouchotte, face à l'hôtel *Pullman*), ttes les 30 mn, 6h-22h, avec un arrêt gare de Lyon (20 bis, bd Diderot). Tarifs : 17 € l'aller simple, 28,50 € l'A/R ; réduc enfants 2-11 ans.
➢ *Roissy-Paris :* les cars *Air France* desservent la pl. de la Porte-Maillot, avec un arrêt bd Gouvion-Saint-Cyr, et se rendent ensuite au terminus de l'av. Carnot. Départ ttes les 30 mn, 5h45-23h, des terminaux 2A et 2C (porte C2), 2E et 2F (niveau

« Arrivées », porte E8 ou F9), 2B et 2D (porte B1), et du terminal 1 (porte 32, niveau « Arrivées »).
À destination de la gare de Lyon et de la gare Montparnasse, départ ttes les 30 mn, 6h-22h, des mêmes terminaux. Durée du trajet : 1h15 env.

🚌 *Roissybus :* ☎ *32-46 (0,34 €/mn).* ● *ratp.fr* ● Départ de la pl. de l'Opéra (angle rues Scribe et Auber) ttes les 15 mn (20 mn à partir de 20h, 30 mn à partir de 22h), 5h15-0h30. Durée du trajet : 60 mn. De Roissy, départ 6h-0h30 des terminaux 1, 2A, 2B, 2C, 2D et 2F, et à la sortie du hall d'arrivée du terminal 3. Tarif : 10,50 €.

🚌 *Bus RATP no 351 :* de la pl. de la Nation, 5h35-20h20. Solution la moins chère mais la plus lente. Compter 3 tickets ou 5,70 € et 1h40 de trajet. Ou *bus no 350*, de la gare de l'Est (1h15 de trajet). Arrivée Roissypôle-gare RER.

🚉 *RER ligne B + navette :* ☎ *32-46 (0,34 €/mn).* Départ ttes les 15 mn, 4h53-0h20 depuis la gare du Nord et à partir de 5h26 depuis Châtelet. À Roissy-Charles-de-Gaulle, descendre à la station (il y en a 2) qui dessert le bon terminal. De là, prendre la navette adéquate. Compter 50 mn de la gare du Nord à l'aéroport (navette comprise), mais mieux vaut prendre de la marge. Tarif : 10,90 €. *Pass Navigo* valable sans frais supplémentaires pour les aéroports.

– Si vous venez du Nord, de l'Ouest ou du Sud de la France en train, vous pouvez rejoindre les aéroports de Roissy sans passer par Paris, la gare SNCF Paris-Charles-de-Gaulle étant reliée aux réseaux TGV.

En navette

🚌 *Easybus :* départ ttes les 30 mn près du Palais-Royal *(2, pl. André-Malraux, face à la Comédie Française,* Ⓜ *Louvre/Palais-Royal).* Minibus de 16 places. Comptez 45-60 mn de trajet. Réservation sur le site ● *easybus. fr* ● Plus vous réservez tôt, moins vous payez.

En taxi

Pensez aussi aux nouveaux services de transport qui se développent dans la capitale, et qui pourraient être adaptés à vos besoins :
– *WeCab :* ☎ *01-41-27-66-77.* ● *wecab.com* ● *Remise de 10 % pour nos lecteurs avec le code « routard2016 » au paiement.* Une formule de taxi partagé (avoir un peu de souplesse horaire donc, max 2 arrêts), fonctionnant entre les aéroports parisiens et Paris, ainsi qu'une quarantaine de villes en Île-de-France, tarifs forfaitaires (paiement à l'avance en ligne).
– *Marcel :* ☎ *0892-230-300.* ● *marcel.cab* ● *Appli Marcel Chauffeur sur iPhone et Android. 15 % de réduc pour toute résa effectuée plus de 48h à l'avance. Remise supplémentaire de 10 % pour nos lecteurs avec le code promo « routard ».* Service sur Paris et Île-de-France, tarifs fixes avantageux et connus dès la réservation. Aucun frais supplémentaire pour les bagages, passagers supplémentaires ou l'approche. Réservation gratuite par Internet ou via l'application, payante par téléphone.

En voiture

Chaque terminal a son propre parking. Compter 36 € par tranche de 24h. Également des parkings longue durée (PR et PX), plus éloignés des terminaux, qui proposent des tarifs plus avantageux (forfait 24h 26 €, forfait 7 j. 158 €). Possibilité de réserver sa place de parking via le site ● *aeroportsdeparis.fr* ● Stationnement au parking Vacances (longue durée) dans le P3 Résa (terminaux 1 et 3) situé à 2 mn du terminal 3 à pied, ou dans le PAB (terminal 2). Formules de stationnement 1-30 j. (115-230 €) pour le P3 Résa. Forfait w-e 4 j. au PAB : 49 €. Réservation sur Internet uniquement. Les P1, PAB et PEF accueillent les deux-roues : 15 € par 24h.
– À proximité, *Econopark :* possibilité de laisser sa voiture à Aulnay-sous-Bois *(1, bd André-Citroen ; env 10 min de Roissy).* De 1 à 28 j., compter 30-166 €. Trajet A/R vers Roissy en

sur iPhone et iPad

Toutes les rubriques du guide dans 10 applis villes

4,49 €
l'appli ville

Géolocalisation sans connexion Internet

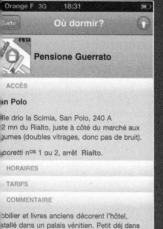

Disponibles sur l'App Store :

Amsterdam
Barcelone
Berlin
Bruxelles
Londres

Marrakech
New York
Paris
Rome
Venise

minibus (sans supplément). Résa et paiement en ligne sur ● econopark.fr ● ou ☎ 01-60-14-80-00.

Comment se déplacer entre Roissy-Charles-de-Gaulle 1, 2 et 3 ?

Les rames du CDG-VAL font le lien entre les 3 terminaux en 8 mn. Fonctionne tlj, 24h/24. Gratuit. Accessible aux personnes à mobilité réduite. Départ ttes les 4 mn, et ttes les 20 mn minuit-4h. Desserte gratuite vers certains hôtels, parkings, gares RER et gares TGV. Infos au ☎ 39-50.

À Orly-Sud et Orly-Ouest

En transports collectifs

Les cars Air France : ☎ 0892-350-820 (0,34 €/mn). ● lescarsairfrance.com ● Tarifs : 12,50 € l'aller simple, 21 € l'A/R ; réduc 2-11 ans. Paiement par CB possible dans le bus.
➢ Paris-Orly : départs de l'Étoile, 1, av. Carnot, ttes les 30 mn, 5h-22h40. Arrêts au terminal des Invalides, rue Esnault-Pelterie (Ⓜ Invalides), gare Montparnasse (rue du Commandant-Mouchotte, face à l'hôtel Pullman ; Ⓜ Montparnasse-Bienvenüe, sortie « Gare SNCF ») et porte d'Orléans (arrêt facultatif uniquement dans le sens Orly-Paris). Compter env 1h.
➢ Orly-Paris : départs ttes les 20 mn, 6h30-23h40, d'Orly-Sud, porte L, et d'Orly-Ouest, porte D, niveau « Arrivées ».

RER C + navette : ☎ 01-60-11-46-20. ● transdev-idf.com ● Prendre le RER C jusqu'à Pont-de-Rungis (un RER ttes les 15-30 mn). Compter 25 mn depuis la gare d'Austerlitz. Ensuite, navette pdt 15-20 mn pour Orly-Sud et Orly-Ouest. Compter 6,85 €. Très recommandé les jours où l'on piétine sur l'autoroute du Sud (w-e et jours de grands départs) : on ne sera jamais en retard. Pour le retour, départs de la navette ttes les 15 mn depuis la porte G à Orly-Ouest (5h40-23h14) et la porte F à Orly-Sud (4h45-0h55).

Orlybus : ● ratp.fr ●
Compter 7,70 € l'aller simple.
➢ Paris-Orly : départ ttes les 15-20 mn de la pl. Denfert-Rochereau.

Compter 20-30 mn pour rejoindre Orly (Ouest ou Sud). Orlybus fonctionne tlj 5h35-23h, jusqu'à minuit ven, sam et veilles de fêtes.
➢ Orly-Paris : départ d'Orly-Sud, porte H, quai 3, ou d'Orly-Ouest, porte J, niveau « Arrivées ». Fonctionne tlj 6h-23h20, jusqu'à 0h20 ven, sam et veilles de fêtes.

Orlyval : ☎ 32-46 (0,34 €/mn). ● ratp.fr ● Compter 12,05 € l'aller simple entre Orly et Paris. La jonction se fait à Antony (ligne B du RER) sans aucune attente. Permet d'aller d'Orly à Châtelet et vice versa en 40 mn env, sans se soucier de la densité de la circulation automobile.
➢ Paris-Orly : départ pour Orly-Sud et Ouest ttes les 6-8 mn, 6h-23h.
➢ Orly-Paris : départ d'Orly-Sud, porte K, zone livraison des bagages, ou d'Orly-Ouest, porte A, niveau 1.

En taxi

Pensez aussi aux nouveaux services de transport de personnes qui se développent dans la capitale et pourraient être adaptés à vos besoins (voir plus haut les solutions en taxi proposées pour se rendre à Roissy).

En voiture

– **Parkings aéroport :** à proximité d'Orly-Ouest, parkings P0 et P2. À proximité d'Orly-Sud, P1, P2 et P3 (à 50 m du terminal, accessible par tapis roulant). Compter 28,50 € pour 24h de stationnement. Les parkings P0 et P2 (Orly-Ouest) ainsi que P6 (Orly-Sud), à proximité immédiate des terminaux, proposent des forfaits intéressants, dont le « Week-end ». Forfaits disponibles aussi pour les P4 et P5 (éloignés) : 24-27 € pour 24h. Il existe des forfaits « Vacances » intéressants à partir de 6 j. et jusqu'à 45 j. (100-300 €) aux P2 et P6.
Les P4, P7 (en extérieur) et P5 (couvert) sont des parkings longue durée, plus excentrés, reliés en 10 mn par navettes gratuites aux terminaux. Rens : ☎ 01-49-75-56-50. Comme à Roissy, possibilité de réserver en ligne sa place de parking (P0 et P7) sur ● aeroportsdeparis.fr ● Les frais de résa (en sus du parking) sont de 8 € pour 1 j., de 12 €

Votre voyage de A à Z !

CHOISIR

Trouvez la destination de vos rêves avec nos idées week-end et nos carnets de voyage.

ORGANISER

Préparez votre voyage avec nos 220 fiches destination, nos dossiers pratiques et les conseils de nos 530 000 membres.

RÉSERVER

Réservez avec les meilleurs partenaires votre vol, votre voiture, votre hôtel, votre location…

PARTAGER

Partagez vos expériences, photos, bons plans et avis d'hôtels avec 2.4 millions d'internautes chaque mois*.

* Source Nielsen/ Mediametrie/ Netrating

pour 2-3 j. et de 20 € pour 4-10 j. de stationnement pour le P0. Les parkings P0-P2 à Orly-Ouest et P1-P3 à Orly-Sud accueillent les deux-roues : 6,20 € pour 24h.

– À proximité, *Econopark* : possibilité de laisser sa voiture à Chevilly-Larue *(366, av de Stalingrad ; env 10 mn d'Orly ; proche A 6 et A 10).* De 1 à 28 j., compter 30-166 €. Trajet A/R vers Orly en minibus (sans supplément). Option parking couvert 1 € supplémentaire/j. Résa et paiement en ligne sur ● *econopark.fr* ● ou ☎ *01-60-14-80-00.*

Liaisons entre Orly et Roissy-Charles-de-Gaulle

🚌 *Les cars Air France :* ☎ *0892-350-820 (0,34 €/mn).* ● *lescarsair france.com* ● Départ de Roissy-Charles-de-Gaulle depuis les terminaux 1 (porte 32), 2A et 2C (porte C2), 2B et 2D (porte B1), 2E et 2F (porte E8 ou F9) vers Orly 5h55-22h30. Départ d'Orly-Sud (porte D) et d'Orly-Ouest (porte L) vers Roissy-Charles-de-Gaulle 6h30 (7h le w-e)-22h30. Ttes les 30-45 mn (dans les 2 sens). Durée du trajet : 1h30 env. Tarif : 21 €, 35,50 € A/R ; réduc.

🚆 *RER B + Orlyval :* ☎ *32-46 (0,34 €/mn).* Depuis Roissy, navette puis RER B jusqu'à Antony et enfin Orlyval entre Antony et Orly, 6h-22h15. Tarif : 19,50 €.

EN BELGIQUE

▲ AIRSTOP

Pour ttes les adresses Airstop, un seul n° de tél : ☎ *070-233-188.* ● *airstop. be* ● *Lun-ven 9h-18h30, sam 10h-17h.*
– *Bruxelles : bd E.-Jacquemain, 76, 1000.*
– *Anvers : Jezusstraat, 16, 2000.*
– *Bruges : Dweersstraat, 2, 8000.*
– *Gand : Maria Hendrikaplein, 65, 9000.*
– *Louvain : Mgr. Ladeuzeplein, 33, 3000.*
Airstop offre une large gamme de prestations, du vol sec au séjour tout compris à travers le monde.

▲ CONNECTIONS

Rens et résas au ☎ *070-233-313 (lun-ven 9h-19h, sam 10h-17h).* ● *connections.be* ●
Fort d'une expérience de plus de 20 ans dans le domaine du voyage, Connections dispose d'un réseau de 30 *travel shops* dont un à Brussels Airport. Connections propose des vols dans le monde entier à des tarifs avantageux et des voyages destinés à des voyageurs désireux de découvrir la planète de façon autonome et de vivre des expériences uniques. Connections propose une gamme complète de produits : vols, hébergements, location de voitures, autotours, vacances sportives, excursions, assurances « protections »...

▲ SERVICE VOYAGES ULB

● *servicevoyages.be* ● *25 agences dont 12 à Bruxelles.*
– *Bruxelles : campus ULB, av. Paul-Héger, 22, CP 166, 1000.* ☎ *02-650-40-20.*
– *Bruxelles : pl. Saint-Lambert, 1200.* ☎ *02-742-28-80.*
– *Bruxelles : chaussée d'Alsemberg, 815, 1180.* ☎ *02-332-29-60.*
Service Voyages ULB, c'est le voyage à l'université. Billets d'avion sur vols charters et sur compagnies régulières à des prix compétitifs.

▲ TAXISTOP

Pour ttes les adresses Taxistop : ☎ *070-222-292.* ● *taxistop.be* ●
– *Bruxelles : rue Thérésienne, 7a, 1000.*
– *Gent : Maria Hendrikaplein 65, 9000.*
– *Ottignies : boulevard Martin, 27, 1340.*
Taxistop propose un système de covoiturage, ainsi que d'autres services comme l'échange de maisons ou le gardiennage.

▲ VOYAGEURS DU MONDE

– *Bruxelles : chaussée de Charleroi, 23, 1060.* ☎ *02-543-95-50.* ● *voyageurs dumonde.com* ●
Voir le texte « Voyageurs du monde en Italie » dans la partie « En France ».

EN SUISSE

▲ STA TRAVEL

☎ *058-450-49-49.* ● *statravel.ch* ●

– Fribourg : 24, rue de Lausanne, 1701.
☎ 058-450-49-80.
– Genève : 10, rue de Rive, 1204.
☎ 058-450-48-00.
– Genève : 3, rue Vignier, 1205.
☎ 058-450-48-30.
– Lausanne : 20, bd de Grancy, 1006.
☎ 058-450-48-50.
– Lausanne : à l'université Anthropole,
1015. ☎ 058-450-49-20.

Agences spécialisées notamment dans les voyages pour jeunes et étudiants. 150 bureaux STA et plus de 700 agents du même groupe répartis dans le monde entier sont là pour donner un coup de main *(Travel Help)*.

STA propose des tarifs avantageux : vols secs *(Blue Ticket)*, hôtels, écoles de langues, *Work & Travel*, circuits d'aventure, voitures de location, etc. Délivre la carte internationale d'étudiant et la carte *Jeune*.

▲ VOYAGES ARTISANS AUX PIEDS NUS

– Carouge : rue de Saint-Victor, 3, 1227. ☎ 022-301-01-50. ● apnvoyages.ch ● En sem sur rdv.

Voyages APN propose des destinations hors des sentiers battus, particulièrement en Europe (Grèce, Italie et pays du Nord), avec un contact direct avec les prestataires, notamment dans le cadre des agritourismes. Certains programmes sont particulièrement adaptés aux familles. L'accent est mis sur le tourisme responsable et durable. Dans ce cadre, une sélection de destinations telles que la Bolivie ou le Bénin est proposée.

AU QUÉBEC

▲ CLUB AVENTURE VOYAGES

– Montréal (Québec) : 759, av. Mont-Royal, H2J 1W8. ● clubaventure.qc.ca ●

Club Aventure développe une façon de voyager qui lui est propre : petits groupes, contact avec les populations visitées, utilisation des ressources humaines locales, visite des grands monuments mais aussi et surtout ouverture de routes parallèles. Ces circuits ont reçu la griffe du temps et de l'expérience ; ils sont devenus les « circuits griffés » du Club Aventure.

▲ TOURS CHANTECLERC

● tourschanteclerc.com ●

Tours Chanteclerc est un tour-opérateur qui publie différentes brochures de voyages : Europe, Amérique du Nord, Amérique du Sud, Asie et Pacifique sud, Afrique et le Bassin méditerranéen en circuits ou en séjours. Il s'adresse aux voyageurs indépendants qui réservent un billet d'avion, un hébergement (dans toute l'Europe), des excursions ou une location de voiture. Également spécialiste de Paris, le tour-opérateur offre une vaste sélection d'hôtels et d'appartements dans la Ville lumière.

EN TRAIN

::

Au départ de Paris et de la province

La société italienne **Thello** gère les trains de nuit entre la France et l'Italie. *Point de vente à Paris-gare de Lyon :* Espace Esterel-galerie des Fresques, pl. Louis-Armand, 75571 Paris Cedex 12. ☎ 01-83-82-00-00. ● thello.com ● Tlj 10h-20h.

➢ *Au départ de Paris-gare de Lyon ou Dijon :* 1 A/R par jour en train de nuit (départ le soir vers 20h – ou de Dijon vers 22h), arrivée vers 6h à la gare centrale de Milan, puis liaisons Milan-Rome avec *Le Frecce*, le train à grande vitesse de la compagnie nationale Trenitalia.

Les avantages européens avec la SNCF

– Rens au ☎ 36-35 (0,34 €/mn hors surcoût éventuel de votre opérateur). ● tgv.com ● voyages-sncf.com ● thello.com ● interrailnet.com ●

Avec les **Pass InterRail,** les résidents européens peuvent voyager dans 30 pays d'Europe, dont l'Italie. Plusieurs formules et autant de tarifs, en fonction de la destination et de l'âge.

À noter que le *Pass InterRail* n'est pas valable dans votre pays de résidence (cependant l'*InterRail Global Pass* offre une réduction de 50 % de votre point de départ jusqu'au point frontière en France).

COMMENT Y ALLER ?

– Pour les grands voyageurs, l'*InterRail Global Pass* est valable dans l'ensemble des 30 pays européens concernés, intéressant si vous comptez parcourir plusieurs pays au cours du même périple. Il se présente sous cinq formes au choix. Deux formules flexibles : une, utilisable 5 j. sur une période de validité de 10 j. (192 € pour les 12-25 ans ; 224 € pour les plus de 25 ans), ou une autre utilisable 10 j. sur une période de validité de 22 j. (281 € pour les 12-25 ans, 318 € pour les plus de 25 ans). Trois formules « continues » : pass 15 j. (325 € pour les 12-25 ans, 352 € pour les plus de 25 ans), pass 22 j. (360 € pour les 12-25 ans, 411 € pour les plus de 25 ans), pass 1 mois (532 € pour les 12-25 ans, 668 € pour les plus de 25 ans). Ces cinq formules existent aussi en version 1re classe !

Les voyageurs de plus de 60 ans bénéficient d'une réduction de 10 % sur le tarif de l'*InterRail Global Pass* en 1re et 2de classe (tarif senior). Également des tarifs enfants 4-12 ans.

– Si vous ne parcourez que l'Italie, le **One Country Pass** vous suffira. D'une période de validité de 1 mois et utilisable selon les formules 3, 4, 6 ou 8 j. en discontinu : à vous de calculer avant votre départ le nombre de jours dont vous aurez besoin pour voyager. Pour connaître les différents tarifs : • interrailnet.eu • Là encore, ces formules se déclinent en version 1re classe (mais ce n'est pas le même prix, bien sûr). Pour voyager dans deux pays, vous pouvez combiner deux *One Country Pass*. Au-delà, il est préférable de prendre l'*InterRail Global Pass*.

InterRail offre également la possibilité d'obtenir des réductions ou avantages à travers toute l'Europe avec ses partenaires bonus (musées, chemins de fer privés, hôtels, etc.).

EN VOITURE

Covoiturage

Le principe est économique, écologique et convivial. Il s'agit de mettre en relation un chauffeur et des passagers afin de partager le trajet et les frais, que ce soit de manière régulière ou de manière exceptionnelle (pour les vacances, par exemple). Les conducteurs sont invités à proposer leurs places libres sur BlaBlaCar • covoiturage. fr • (disponible sur Web et sur mobile). L'inscription est gratuite.

Itinéraires

➢ **De Paris :** prendre l'A 6 (direction Lyon) jusqu'à Mâcon. Puis Bourg-en-Bresse et Bellegarde. Autoroute vers Chamonix (A 6-E 15). Suivre l'A 40-E 21 direction Milan, puis prendre l'A 40-E 25 direction Annecy. Traverser le tunnel du Mont-Blanc (compter 43,50 € la traversée, 55 € l'A/R ; attention, le retour est valide 8 j. max après la date d'émission). Prendre l'A 5-E 25 à Aoste jusqu'à Turin, puis l'A 21 jusqu'à Alessandria. Ensuite, direction Gênes (A 10-E 80) et Florence (voir ci-après).

➢ **Par l'autoroute du Sud :** descendre jusqu'à Marseille, puis Nice et Menton, la frontière italienne et Vintimille. Le voyage se poursuit sur les autoroutes à péage italiennes. De Gênes, prendre l'autoroute A 10-E 80 (appelée plus communément la via Aurelia) jusqu'à Rome en longeant la côte toscane. Autre solution, prendre à partir de Gênes l'A 12 jusqu'à Lucques (Lucca), puis l'A 11 jusqu'à Florence (Firenze) et enfin l'A 1 jusqu'à Rome. Très bien indiqué.

➢ **Par le tunnel du Fréjus :** autoroute du Sud jusqu'à Lyon, autoroute A 43 Lyon-Chambéry-Montmélian, puis la vallée de la Maurienne jusqu'à Modane (compter 43,50 € le péage, 54 € l'A/R), Turin, Florence.

➢ **Ceux qui habitent l'Est ou le Nord de la France** ont avantage à prendre l'autoroute en Suisse **à partir de Bâle.** Passer par Lucerne et le tunnel du Gothard, puis aller en direction de Milan, Florence et Rome. À prendre en compte : 40 € environ la vignette annuelle en Suisse.

– *Attention :* en Italie, sur l'autoroute, les panneaux indicateurs sont de couleur verte ; les bleus concernent les autres routes, notamment les nationales ou les routes secondaires.

Les feux de croisement sont obligatoires sur les autoroutes et les routes nationales italiennes... sous peine d'amende.

EN BUS

::

▲ CLUB ALLIANCE
– Paris : 33, rue de Fleurus, 75006. ☎ 01-45-48-89-53. ● cluballiance voyages.fr ● Ⓜ Notre-Dame-des-Champs, Saint-Placide ou Rennes. Lun-ven 11h-19h, sam 14h-19h.
Spécialiste des week-ends et des ponts de 3 ou 4 j. Circuits économiques de 1 à 16 j. en Europe, y compris en France. Pour l'Italie, Club Alliance propose un circuit combiné de 6 j. Florence-Rome-Venise. Brochure gratuite sur demande.

▲ EUROLINES
☎ 08-92-89-90-91 (0,34 €/mn), tlj 8h-21h, dim 10h-18h. ● eurolines.fr ● – Paris : 55, rue Saint-Jacques, 75005. Lun-ven 9h30-18h30 ; sam 10h-13h, 14h-17h. Numéro d'urgence : ☎ 01-49-72-51-57.
Vous trouverez également les services d'Eurolines sur ● routard.com ● Eurolines propose 10 % de réduc pour les jeunes (12-25 ans) et les seniors. 2 bagages gratuits/pers en Europe et 40 kg gratuits pour le Maroc.
– Gare routière internationale à Paris : 28, av du Général-de-Gaulle, 93541 Bagnolet Cedex. Ⓜ Gallieni.
Première low-cost par bus en Europe, Eurolines permet de voyager vers plus de 600 destinations en Europe et au Maroc avec des départs quotidiens depuis 90 villes françaises. Eurolines propose également des hébergements à petits prix sur les destinations desservies.
Pass Europe : pour un prix fixe valable 15 ou 30 jours, vous voyagez autant que vous le désirez sur le réseau entre 51 villes européennes. Également un mini pass pour visiter deux capitales européennes (7 combinés possibles).

UNITAID

::

UNITAID a été créé pour lutter contre le VIH/sida, le paludisme et la tuberculose, les trois principales maladies meurtrières dans les pays en développement. UNITAID intervient dans 94 pays en facilitant l'accès aux médicaments et aux diagnostics, en en baissant les prix, dans les pays en développement. Le financement d'UNITAID provient principalement d'une contribution de solidarité sur les billets d'avion mise en place par six pays membres dont la France. Les financements d'UNITAID ont permis à près d'un million de personnes atteintes du VIH/sida de bénéficier d'un traitement et de délivrer plus de 19 millions de traitements contre le paludisme. Moins de 5 % des fonds sont utilisés pour le fonctionnement du programme, 95 % sont utilisés directement pour les médicaments et les tests. Pour en savoir plus : ● unitaid.eu ●

COMMENT Y ALLER ?

ABC DE ROME

▶ *Superficie :* 1 400 km².
▶ *Population :* 2 753 000 hab.
▶ *Maire de la ville :* Ignazio Marino (Parti démocrate - centre gauche, depuis juin 2013).
▶ *Nombre de touristes par an :* 16 millions.
▶ *Nombre de fontaines :* près de 300.
▶ *Nombre d'églises :* plus de 400.
▶ *Les sept collines :* Capitole, Palatin, Aventin, Quirinal, Viminal, Esquilin, Celius.

C'est bien connu, tous les chemins mènent à Rome... un chemin révélateur d'un voyage en Italie ! Nulle part ailleurs 28 siècles d'histoire ne sont aussi présents dans une ville. Amateur de belles pierres, cette ville est pour vous ! Rome est véritablement un musée à ciel ouvert, une ville qui a préservé une véritable homogénéité architecturale. Les temples et les amphithéâtres antiques (certains étonnamment intacts) font partie intégrante de l'urbanisme, jusqu'à en dessiner encore la ville. Les innombrables églises témoignent des premiers temps de la chrétienté. Les palais Renaissance affichent un baroque plus ou moins fastueux, comme les fontaines et certaines places, sans compter encore les ruelles au charme médiéval qui en font un lieu où tous les styles se côtoient. Ici, pas de bouleversements dus à l'industrialisation et au modernisme, mais une ville qui conserve toute sa beauté. Les amateurs de bonne chère seront conquis par la gastronomie romaine. À vous les *caccio e peppe,* les *bucatini all' amatriciarna,* les *carciofi alla giudea,* l'*abbacchio al forno* accompagnés d'un vin gouleyant des Castelli Romani. Et n'oubliez pas de jeter une pièce dans la fontaine de Trevi pour être sûr de revenir dans la Ville éternelle...

AVANT LE DÉPART

Adresses utiles

En France

🖰 *Office national italien de tourisme (ENIT) :* 23, rue de la Paix, 75002 Paris.

Infos : ☎ 01-42-66-03-96. ● *infoitalie. paris@enit.it* ● *enit.it* ● *italia.it* ● *(site très complet à consulter absolument avt de partir).* Ⓜ *Opéra ; RER A :*

Auber. Lun-ven 11h-16h45. Pas d'info par courrier postal, uniquement par email.

■ **Consulats d'Italie en France :**
– Paris : 5, bd Émile-Augier, 75116. ☎ 01-44-30-47-00 *(standard automatique qui oriente en fonction de l'appel lun-ven 9h-17h).* ● *segreteria. parigi@esteri.it* ● *consparigi.esteri.it* ● Ⓜ *La Muette ; RER C : Boulainvilliers. Ouv au public lun-ven 9h-12h ; mer 14h30-16h30.*
– Consulats honoraires et correspondants consulaires à Lyon, Marseille, Metz et Nice.
■ **Institut culturel italien :** hôtel de Gallifet, 73, rue de Grenelle, 75007 Paris. ☎ 01-44-39-49-39. ● *iicpa rigi@esteri.it* ● *iicparigi.esteri.it* ● Ⓜ *Varenne, Rue-du-Bac ou Sèvres-Babylone. Lun-ven 10h-13h, 15h-18h. Bibliothèque de consultation :* ☎ 01-44-39-49-25. *Mêmes horaires sf lun mat et fermé de mi-juil à début sept.*
■ **Ambassade d'Italie :** 51, rue de Varenne, 75007 Paris. ☎ 01-49-54-03-00. ● *ambasciata.parigi@esteri.it* ● *ambparigi.esteri.it* ● Ⓜ *Rue-du-Bac, Varenne ou Sèvres-Babylone.* Superbe hôtel particulier ouvert au public uniquement lors des Journées du patrimoine en septembre.

Loisirs

■ **Centre culturel italien :** 4, rue des Prêtres-Saint-Séverin, 75005 Paris. ☎ 01-46-34-27-00. ● *centreculture litalien.com* ● Ⓜ *Cluny-La Sorbonne ou Saint-Michel ; RER B et C : Saint-Michel. Lun-ven 10h-13h30, 14h30-19h ; mer 14h30-19h ; sam 10h30-13h30.* Propose des cours d'italien ainsi que des expos, des conférences, des cours d'histoire de l'art, de cuisine... Programme des activités culturelles par téléphone ou par email.
■ **Radici :** ☎ 05-62-17-50-37. ● *radici-press.net* ● Revue bimestrielle et bilingue franco-italien, centrée sur l'actualité, la culture et la civilisation italiennes.
■ **Théâtre de la comédie italienne :** 17, rue de la Gaîté, 75014 Paris. ☎ 01-43-21-22-22. ● *comedie-italienne.fr* ● Ⓜ *Edgar-Quinet ou Gaîté.* Seul théâtre italien en France, la programmation de ce théâtre perpétue la tradition de la commedia dell'arte et affiche aussi des pièces classiques et contemporaines d'auteurs italiens (jouées en français).
■ **Aligre FM 93.1 :** Le dimanche de 8h à 11h dans l'émission *Cappuccino*, journalistes et invités évoquent les problématiques franco-italiennes. Ceux qui n'habitent pas en Île-de-France peuvent accéder à l'émission via le site internet : ● *aligre-cappucino.fr* ●

En Belgique

🛈 **Office de tourisme :** rue Émile-Claus, 28, Bruxelles 1050. ☎ 02-647-11-54. ● *brussels@enit.it* ● *enit.it* ● Lun-ven 11h-16h.
■ **Ambassade d'Italie :** rue Émile-Claus, 28, Bruxelles 1050. ☎ 02-643-38-50. ● *ambbruxelles.esteri.it* ●
■ **Consulat d'Italie :** rue de Livourne, 38, Bruxelles 1000. ☎ 02-543-15-50. ● *segreteria.bruxelles@esteri.it* ● *cons bruxelles.esteri.it* ● Lun-ven 9h-12h30, plus lun et mer 14h30-16h.

En Suisse

■ **Ambassade d'Italie :** Elfenstrasse, 14, 3006 Berne. ☎ 031-350-07-77. ● *ambasciata.berna@esteri.it* ● Lun-jeu 9h-13h, 14h-17h ; ven 8h30-13h, 13h30-16h30.
■ **Consulats d'Italie :**
– Genève : rue Charles-Galland, 14, 1206. ☎ 022-839-67-44. ● *consolato. ginevra@esteri.it* ● Lun-mer et ven 9h-12h30 ; mar et jeu 14h-17h.
– Autres consulats à Lausanne et Zurich.

Au Canada

🛈 **Office national de tourisme :** 110 Yonge St, suite 503, Toronto (Ontario) M5C 1T4. ☎ (416) 925-4882. ● *toronto@enit.it* ●*enit.it* ● Lun-ven 9h-17h.
■ **Ambassade d'Italie :** 275 Slater St, 21st floor, Ottawa (Ontario) K1P 5H9. ☎ (1-613) 232-2401. ● *ambasciata. ottawa@esteri.it* ● *ambottawa.esteri. it* ● Lun et ven 9h-12h ; mer 9h-12h, 14h-17h.

■ *Consulat général :* 136, Berverley St, Toronto (Ontario) M5T 1Y5. ☎ 416-977-1566. ● constoronto. esteri.it ●

Formalités d'entrée

Pas de contrôle aux frontières, puisque l'Italie fait partie de l'espace Schengen. Néanmoins, quelques précautions d'usage.
– *Pour un séjour de moins de 3 mois :* carte d'identité en cours de validité ou passeport pour les ressortissants de l'Union européenne et de la Suisse. Ressortissants canadiens : passeport en cours de validité.
– *Pour les mineurs non accompagnés de leurs parents :* une carte d'identité ou un passeport suffit.
– *Pour une voiture :* permis de conduire, carte grise et carte verte d'assurance internationale. Munissez-vous d'une procuration si vous n'êtes pas propriétaire du véhicule.

> Pensez à scanner passeport, carte de paiement, billet d'avion et vouchers d'hôtel. Ensuite, adressez-les-vous par mail, en pièces jointes. En cas de perte ou vol, rien de plus facile pour les récupérer dans un cybercafé. Les démarches administratives seront bien plus rapides.

Assurances voyages

■ *Routard Assurance :* c/o AVI International, 40-44, rue Washington, 75008 Paris. ☎ 01-44-63-51-00. ● avi-international.com ● Ⓜ George-V. Depuis 20 ans, *Routard Assurance* en collaboration avec *AVI International*, spécialiste de l'assurance voyage, propose aux voyageurs un contrat d'assurance complet à la semaine qui inclut le rapatriement, l'hospitalisation, les frais médicaux, le retour anticipé et les bagages. Ce contrat se décline en différentes formules : individuel, senior, famille, light et annulation. Pour les séjours longs (2 mois à 1 an), consultez notre site. L'inscription se fait en ligne et vous recevrez dès la souscription tous vos documents d'assurance par email.

■ *AVA :* 25, rue de Maubeuge, 75009 Paris. ☎ 01-53-20-44-20. ● ava.fr ● Ⓜ Cadet. Un autre courtier fiable pour ceux qui souhaitent s'assurer en cas de décès-invalidité-accident lors d'un voyage à l'étranger, mais surtout pour bénéficier d'une assistance rapatriement, perte de bagages et annulation. Attention, franchises pour leurs contrats d'assurance voyage.
■ *Pixel Assur :* 18, rue des Plantes, BP 35, 78601 Maisons-Laffitte. ☎ 01-39-62-28-63. ● pixel-assur.com ● RER A : Maisons-Laffitte. Assurance de matériel photo et vidéo tous risques (casse, vol, immersion) dans le monde entier. Devis en ligne basé sur le prix d'achat de votre matériel. Avantage : garantie à l'année.

Carte internationale d'étudiant (carte ISIC)

Elle prouve le statut d'étudiant dans le monde entier et permet de bénéficier de tous les avantages, services et réductions dans les domaines du transport, de l'hébergement, de la culture, des loisirs, du shopping... C'est la clé de la mobilité étudiante !

La carte ISIC permet aussi d'accéder à des avantages exclusifs sur le voyage (billets d'avion spécial étudiants, hôtels et auberges de jeunesse, assurances, cartes SIM internationales, location de voiture, navette aéroport...).

Pour l'obtenir en France

– *Rendez-vous dans la boutique ISIC* (2, rue de Cicé, 75006 Paris ; ☎ 01-40-49-01-01 ; mar-sam 10h-12h30, 13h30-18h ; Ⓜ Notre-Dame-des-Champs) muni de votre certificat de scolarité, d'une photo d'identité et de 13 € (12 € + 1 € de frais de traitement).
– Ou commande en ligne : ● *isic.fr* ●
La carte est valable 16 mois du 1ᵉʳ septembre au 31 décembre de l'année suivante.

En Belgique

Elle coûte 12 € (+ 1 € de frais d'envoi) et s'obtient sur présentation de la carte d'identité et de la carte d'étudiant auprès de l'agence *Connections :*

rens au ☎ 070-23-33-13 ou en ligne : ● *isic.be* ●

En Suisse

Dans toutes les agences *S.T.A. Travel* (☎ 058-450-40-00 ou 49-49), sur présentation de la carte d'étudiant, d'une photo et de 20 Fs. Commande de la carte en ligne : ● *isic.ch* ● *statravel.ch* ●

Au Canada

La carte coûte 20 $Ca (+1,50 $Ca de frais d'envoi). Disponible dans les agences *Travel Cuts/Voyages Campus,* mais aussi dans les bureaux d'associations étudiantes. Pour plus d'infos : ● *voyagescampus.com* ●

Carte d'adhésion internationale aux auberges de jeunesse (carte FUAJ)

Cette carte vous ouvre les portes des 4 000 auberges de jeunesse du réseau *HI-Hostelling International* en France et dans le monde. Vous pouvez ainsi parcourir 90 pays à des prix avantageux et bénéficier de tarifs préférentiels avec les partenaires des auberges de jeunesse *HI.* Enfin, vous intégrez une communauté mondiale de voyageurs partageant les mêmes valeurs : plaisir de la rencontre, respect des différences et échange dans un esprit convivial. Il n'y a pas de limite d'âge pour séjourner en auberge de jeunesse. Il faut simplement être adhérent.

Pour l'obtenir en France

– *En ligne* ● hifrance.org ●
– *Dans toutes les auberges de jeunesse.* Liste sur ● hifrance.org ●
– *Par correspondance* auprès de l'antenne nationale (27, rue Pajol, 75018 Paris ; ☎ 01-44-89-87-27), en envoyant une photocopie d'une pièce d'identité et un chèque à l'ordre de la FUAJ du montant correspondant à l'adhésion + 2 € pour les frais d'envoi.

Les tarifs de l'adhésion 2016

– *Carte internationale individuelle FUAJ - de 26 ans :* 7 €. Pour les mineurs, une autorisation parentale et la carte

d'identité du parent tuteur sont nécessaires pour l'inscription.
– *Carte internationale individuelle FUAJ + de 26 ans :* 11 €.
– *Carte internationale FUAJ Famille :* 20 €. Pour les familles ayant un ou plusieurs enfants de - de 16 ans. Les enfants de + de 16 ans devront acquérir une carte individuelle FUAJ.

En Belgique

Réservé aux personnes résidants en Belgique. La carte d'adhésion est obligatoire. Son prix varie selon l'âge : entre 3 et 15 ans, 4 € ; entre 16 et 25 ans, 10 € ; après 25 ans, 16 €.

Renseignements et inscriptions

■ *À Bruxelles : LAJ,* rue de la Sablonnière, 28, 1000. ☎ 02-219-56-76. ● *lesaubergesdejeunesse.be* ●

En Suisse (SJH)

Réservée aux personnes résidant en Suisse. Le prix de la carte dépend de l'âge : 22 Fs pour les - de 18 ans, 33 Fs pour les adultes et 44 Fs pour une famille avec des enfants de - de 18 ans.

Renseignements et inscriptions

■ *Schweizer Jugendherbergen (SJH) :* service des membres, Schaffhauserstr. 14, 8006 Zurich. ☎ 044-360-14-14. ● youthhostel.ch ●

Au Canada

Elle coûte 35 $Ca pour une durée de 16 à 28 mois et 175 $Ca pour une validité à vie (tarif hors taxes). Gratuit pour les enfants de - de 18 ans.

Renseignements et inscriptions

■ *Auberges de Jeunesse du Saint-Laurent / St Laurent Youth Hostels :* 3514, av. Lacombe, Montréal (Québec) H3T 1M1.

☎ 514- 731-10-15. Nº gratuit (au Canada) : ☎ 1-800-663-5777.

■ *Canadian Hostelling Association :* 301-20, James St, Ottawa (Ontario) K2P OT6. ☎ 613-237-78-84. ● info@hihostels.ca ● hihostels.ca ●

Pour réserver votre séjour en auberge de jeunesse HI

– *En France :* ● hifrance.org ● Accès aux offres spéciales et dernières minutes.
– *En France et dans le monde :* ● hihostels.com ● Si vous prévoyez un séjour itinérant, vous pouvez réserver plusieurs auberges en une seule fois.

ARGENT, BANQUES

Les banques

Les banques sont généralement ouvertes du lundi au vendredi de 8h30 à 13h30 et de 14h30 à 16h. Elles sont fermées le week-end (parfois ouvertes le samedi matin, mais c'est plutôt rare) et les jours fériés. Elles disposent généralement d'un distributeur de billets à l'extérieur.

En cas d'urgence

En cas de perte, de vol, ou de fraude, quelle que soit la carte que vous possédez, chaque banque gère elle-même le processus d'opposition et le numéro de téléphone correspondant.

> Avant de partir, notez donc bien le numéro d'opposition propre à votre banque (il figure souvent au dos des tickets de retrait, sur votre contrat, ou à côté des distributeurs de billets), ainsi que le numéro à seize chiffres de votre carte. Bien entendu, conservez ces informations en lieu sûr et séparément de votre carte.

Par ailleurs, l'assistance médicale se limite aux 90 premiers jours du voyage et l'assistance véhicule aux cartes haut

de gamme (renseignez-vous auprès de votre banque). Et surtout, n'oubliez pas aussi de VÉRIFIER LA DATE D'EXPIRATION DE VOTRE CARTE BANCAIRE avant votre départ !

Carte Visa : numéro d'urgence (Europe Assistance) : ☎ (00-33) 1-41-85-85-85 (24/24). ● visa.fr ●
Carte MasterCard : numéro d'urgence : ☎ (00-33) 1-45-16-65-65. ● mastercardfrance.com ●
American Express : numéro d'urgence : ☎ (00-33) 1-47-77-72-00. ● americanexpress.com ●

Pour toutes les cartes émises par *La Banque Postale,* composer le ☎ 0825-809-803 (0,15 €/mn) depuis la France métropolitaine et les DOM-TOM, et le ☎ (00-33) 5-55-42-51-96 depuis l'étranger. ● labanquepostale.fr ●

> Petite mesure de précaution : si vous retirez de l'argent dans un distributeur, utilisez de préférence les distributeurs attenant à une agence bancaire. En cas de pépin avec votre carte (carte avalée, erreurs de code secret...), vous aurez un interlocuteur dans l'agence, pendant les heures ouvrables.

En zone Euro, pas de frais bancaire sur les paiements par carte. Les retraits sont soumis aux mêmes conditions tarifaires que ceux effectués en France (gratuits pour la plupart des cartes).

Une carte perdue ou volée peut être rapidement remplacée. En appelant sa banque, un système d'opposition, d'avance d'argent et de remplacement de carte pourront être mis en place afin de poursuivre son séjour en toute quiétude.

En cas d'urgence – dépannage

– *Western Union Money Transfer :* en cas de besoin urgent d'argent liquide (perte ou vol de billets, chèques de voyage, cartes de paiement), vous pouvez être dépanné en quelques minutes grâce au système *Western Union Money Transfer.* Pour cela, demandez à un proche de déposer de l'argent en euros pour vous dans l'un des bureaux Western Union ; les correspondants en France de Western Union sont *La Banque Postale (fermé sam ap-m, n'oubliez pas ! ☎ 0825-00-98-98 ; 0,15 €/mn)* et la *Société financière de paiements (SFDP ; ☎ 0825-825-842 ; 0,15 €/mn).* L'argent vous est transféré en moins de 15 mn. La commission, assez élevée, est payée par l'expéditeur. Possibilité d'effectuer un transfert en ligne 24h/24 par carte de paiement (*Visa* ou *Master-Card* émise en France). À Rome, présentez-vous avec une pièce d'identité à une agence *Western Union (n° Vert : ☎ 800-464-464, service disponible lun-ven 8h30-16h, sam 9h-16h ; depuis l'Italie : ☎ 800-22-00-55, 800-601-622 ou 800-872-682).* ● *westernunion.fr* ●

ACHATS
::

Fringues et accessoires

Où acheter la petite paire de chaussures... malgré les innombrables paires qui dorment chez vous ? L'accessoire que vous reluquez depuis des lustres ? Si votre portefeuille est bien garni, vous pourrez toujours aller faire un tour chez *Prada, Gucci, Dolce & Gabbana* et autre *Armani.* Tout cela, et bien plus encore, se trouve certainement **via dei Condotti, dans le quartier Piazza di Spagna,** où se sont installés tous les grands noms de la mode italienne. Belles boutiques aussi du côté du Vatican, *via Cola di Rienzo,* notamment pour la mode masculine. Les meilleures affaires, vous les ferez pendant les périodes des *saldi* (soldes) : de début juillet à début août et, en général, de janvier à mi-février.

De bonnes affaires en perspective du lundi au samedi de 8h à 13h au **mercato di via Sannio** *(plan détachable d'ensemble, F5 ; en dehors de la muraille d'Aurélien, juste derrière San Giovanni ;* Ⓜ *S. Giovanni).* En général, les vendeurs soldent en fin de semaine (les vendredi et samedi).

Également, les **grands magasins** comme la *Rinascente* (situé dans la Galleria Alberto Sordi, via del Corso), *Coin* ou *Upim* qui proposent une mode plus abordable. Il y a toujours de bonnes affaires à faire, et ce dans tous les rayons (encore plus durant la période des soldes).

Sachez qu'il existe une différence (de taille !) entre les étiquettes du prêt-à-porter français et italien :

Tailles en France	34	36	38	40	42	44	46	48	50
Tailles en Italie	38	40	42	44	46	48	50	52	54

Pour les chaussures, la pointure française taille une unité de plus que l'italienne :

France	36	37	38	39	40	41	42	43	44
Italie	35	36	37	38	39	40	41	42	43

Outlets

Enfin, on peut également trouver de beaux articles à prix moins agressifs chez :

⊛ **Outlet :** via Gesù e Maria, 14-16. ☎ 06-32 25006 (un autre via dei Serviti, 27 ; ☎ 06-48-27-790). Tlj sf dim 10h30-13h30, 14h30-19h30 (lun 15h30-19h30). Des vêtements de grandes marques comme *Versace*, *Prada*, *Dolce & Gabanna* ou *Armani* jusqu'à - 50 %.

⊛ **Outlet Fausto Santini** (plan détachable détachable Monti et Esquilin *E4*) : via Cavour, 106. Ouv tlj. Créations du célèbre chausseur à partir de 40 € !

⊛ **Castel Romano Designer Outlet :** voir plus loin « Les environs de Rome. Les Castelli Romani ». Ouv tlj. Certainement le meilleur plan si vous êtes motorisé.

Antiquités

Rome se distingue pour la qualité de ses antiquaires et de ses artisans ébénistes, sans parler des créateurs de céramiques splendides (qui font des copies d'ancien, mais aussi des créations contemporaines). Évidemment, tout ce savoir-faire a un prix.
– Si le cœur vous en dit, et si votre compte en banque est bien rempli, vous trouverez votre bonheur non loin de la piazza di Spagna (allez donc faire un tour *via del Babuino* et *via Margutta*).
– Ailleurs, mais toujours dans la plaine du Champ-de-Mars, d'autres rues regorgent également d'antiquaires (la *via dei Coronari,* notamment, de l'autre côté du Corso, non loin de la piazza Navona).
– Idem sur la *via Giulia,* derrière l'ambassade de France.
– Enfin, dans le quartier du *campo dei Fiori* (vers la via dei Cappellari et la via Monserrato), vous verrez de nombreux artisans restaurer de vieux meubles.
Attention à l'arnaque ! Les prix ne sont qu'exceptionnellement affichés.

Cuisine

Dans les quincailleries de quartier, souvent bien fournies, sans oublier les marchés alimentaires, il est facile de trouver les grands classiques qui mettront votre cuisine à l'heure italienne : cafetières *Bialetti,* machine à pâtes *Imperia,* accessoires design *Alessi* et autres rutilantes cocottes à pâtes *Lagostina.* Mais attention aux différences de prix d'une adresse à l'autre ! Vous pouvez aussi faire un saut chez *Gusto* (à deux pas de l'Ara Pacis), dans le quartier de la piazza di Spagna, avec son espace design dédié aux culinophiles.

Livres et vieux papiers

On trouvera les livres neufs... dans les librairies, bien sûr (voir « Librairies » dans « Adresses et infos utiles »).
– Les vieux livres pourront s'acheter au *mercato delle Stampe* (plan Piazza Navona, *C3)*, qui se tient du lundi au samedi de 7h à 13h sur le largo della Fontanella di Borghese (la rue du même nom qui part du largo constitue le prolongement de la via dei Condotti). En dehors des bouquins, vous y trouverez aussi des cartes postales, des timbres rares anciens et de vieilles gravures à des prix souvent étonnants.

Les marchés alimentaires

La fréquentation des marchés en plein air vous procurera des sensations olfactives... et, surtout, vous permettra de remplir vos cabas à moindre prix. Ils se tiennent tous les jours sauf le dimanche, de 7h30 à 13h30. Idéal pour rapporter de l'huile d'olive, des charcuteries, du fromage, du vin. Et même des tomates séchées, des sauces pour pâtes et, bien sûr, des pâtes ! D'intéressants marchés alimentaires se déploient le matin dans tous les quartiers.

– *Mercato del campo dei Fiori (plan détachable centre, C4) :* il vous charmera, même si la première vision qui vous apparaîtra sera éminemment touristique (et ça l'est). On y trouve des petits producteurs des environs de Rome qui viennent y vendre leurs produits. Fruits et légumes, fromage, charcuterie, huiles d'olive, ustensiles de cuisine. On ne peut évidemment pas éviter les stands de fringues, pas toujours de très bon goût !

– *Mercato della piazza Vittorio Emanuele II (plan détachable d'ensemble, E-F3) :* à deux pas de Termini, on y entre par la via Principe Amedeo (non loin de la piazza Vittorio Emanuele II). On s'approvisionne en fruits et légumes, mais aussi en épices fraîches. Tous les habitants du quartier viennent ici faire leurs courses.

– *Mercato di San Giovanni di Dio (hors plan détachable d'ensemble par B6) :* à Monteverde (bus n° 44). Propose la même qualité et les mêmes prix que celui de la piazza Vittorio Emanuele II (mais pas d'épices).

– Près du Panthéon, un petit marché d'alimentation (fruits, légumes et fleurs) anime la *piazza delle Coppelle (plan détachable centre, C3)*. Beaucoup plus cher que les précédents.

– À signaler encore, le *mercato coperto della piazza dell'Unità* (à deux pas de la piazza del Risorgimento, dans le quartier de Prati ; *plan détachable d'ensemble, B2)*, le *mercato di Testaccio* (piazza Testaccio ; *plan détachable d'ensemble, C5)*, où l'on trouve de très bons poissons, le *mercato della via Alessandria* (situé à proximité de la porta Pia ; *plan détachable d'ensemble, F2)*, qui conviendra à ceux qui séjournent dans le quartier de Termini, ou encore le *mercato Trionfale* (via Doria Andrea, pas loin de Saint-Pierre, du côté de la via Cola di Rienzo).

– Il existe bien d'autres petits *marchés de quartier,* comme celui situé pas loin de la fontaine de Trevi, dans la via in Arcione, au croisement avec la via delle Scuderie ; un autre pas loin de la piazza Navona, vers l'église et le vicolo della Pace ; un *mercato bio* tous les dimanches 9h-19h sur le vicolo della Moretta, au niveau du pont Giuseppe Mazzini, où les produits bio sont à l'honneur ; le mercato Campo Marzio *(plan détachable Piazza di Spagna, C3)*, non loin de la via Corso (du lundi au samedi 7h-15h) ou encore dans le Trastevere, sur la piazza San Cosimato...

BUDGET

::

Hébergement

L'hébergement est vraiment le poste le plus lourd. Si vous avez un petit budget, le mieux est de chercher à dormir en dortoir, voire en chambre double, dans une auberge de jeunesse privée, une institution religieuse ou un petit hôtel du quartier de Termini. Il y a également des campings autour de Rome, mais cela implique d'avoir une voiture ou de passer du temps dans les transports. Si l'on voyage en famille ou avec des amis, la location d'un appartement peut constituer une alternative avantageuse. Économies non seulement sur les nuits, mais aussi, et ce n'est pas négligeable, sur les repas. Se reporter à notre rubrique « Hébergement ».

Il est bon de savoir que les prix sont rarement affichés dans les hôtels et extrêmement fluctuants en fonction des saisons et du remplissage.

Pour une chambre double en haute saison, il faut compter :

– *Bon marché :* de 60 à 80 €.
– *Prix moyens :* de 80 à 160 €.
– *Chic :* de 160 à 200 €.

– **Très chic :** des établissements exceptionnels et d'un prix très élevé (au-delà de 200 €), que nous citons surtout en fonction de leur renommée et de leur décor, en souhaitant que votre budget vous permette, un jour, d'y descendre.

Taxe de séjour

Rome (comme toutes les villes italiennes) applique une taxe de séjour à tous les touristes (sauf aux enfants de moins de 10 ans). Elle varie suivant la catégorie de l'établissement et la durée du séjour. Attention, même ceux qui ont réservé leur hôtel par Internet ou par le biais d'une agence de voyages doivent s'acquitter sur place de cette taxe.
Elle peut varier de 1 à 5 € par nuitée et par personne.

PROMOTIONS SUR INTERNET

C'est un fait aujourd'hui, de plus en plus d'hôtels modulent les tarifs sur Internet en fonction du taux d'occupation. Il y a donc les prix officiels (ceux que nous indiquons) et les promos proposées sur le net. Le prix des chambres évolue en permanence.

Ces promotions sont extrêmement variables d'une semaine à l'autre, voire d'un jour à l'autre. Elles sont particulièrement intéressantes et tout le monde a tendance à s'y mettre, histoire d'optimiser le chiffre d'affaires !

Des centraux de réservations proposent des tarifs attractifs sur leurs sites, prélevant au passage une commission plus ou moins importante sur la marge de l'hôtelier. Pour pallier cette dépendance, les chefs d'établissements alignent volontiers leurs tarifs sur leur propre site ou par téléphone.

Restaurants

Les restaurants ont en général des cartes très complètes avec tous les prix indiqués. Il vous faudra penser à ajouter à l'addition le *pane e coperto* qui doivent être impérativement indiqués sur le menu (de 2 à 3 € en moyenne, quoique cette pratique tende à se raréfier à Rome) ainsi que la bouteille d'eau minérale (de 2 à 3 €) servie systématiquement. Faire cependant attention, d'une part aux *antipasti* au buffet, car ils ne sont pas à volonté, et d'autre part aux poissons, facturés la plupart du temps au poids en fonction du prix du jour (et souvent chers).
Rassurez-vous, on peut très bien manger en choisissant quelques adresses pour manger sur le pouce à prix modique : une part de pizza, un *panino,* une salade ou un plat chaud.
Pour un repas complet (entrée, plat, dessert, boisson, pain et couvert) et goûter des spécialités régionales ou familiales, compter environ 30 €. Beaucoup moins si l'on se contente d'un plat ou d'une pizza, ou si l'on opte pour un menu touristique (tout compris mais nettement moins « local »). Un peu plus si l'on se laisse tenter par un poisson frais ou une bonne bouteille de vin (la plupart des restos proposent en effet un honnête *vino della casa,* servi au pichet, entre 6 et 8 €). Au-dessus de 40 € et plus : c'est un repas d'une grande classe ou... carrément l'arnaque, surtout dans certains quartiers très touristiques.
– **Sur le pouce :** moins de 12 €.
– **Bon marché :** de 10 à 20 €.
– **Prix moyens :** de 20 à 35 €.
– **Chic :** de 35 à 45 €.
– **Très chic :** plus de 45 €.

Réductions

> **Recommandation à ceux qui souhaitent profiter des réductions et avantages proposés dans le *Routard* par les hôteliers et les restaurateurs.**
>
> À l'hôtel, pensez à les demander au moment de la réservation ou, si vous n'avez pas réservé, **à l'arrivée.** Ils ne sont valables que pour les réservations en direct et ne sont pas cumulables avec d'autres offres promotionnelles (notamment sur Internet). Au restaurant, parlez-en **au moment** de la commande et surtout **avant** que l'addition ne soit établie. Poser votre *Routard* sur la table ne suffit pas : le personnel de salle n'est pas toujours au courant et une fois le ticket de caisse imprimé, il est souvent difficile de modifier le total. En cas de doute, montrez la notice relative à l'établissement dans le *Routard* de l'année, bien sûr, et ne manquez pas de nous faire part de toute difficulté rencontrée.

Attention, si vous voulez bénéficier des avantages, remises et gratuités (apéro, café, digestif) que nous avons obtenus pour les lecteurs de ce guide, n'oubliez pas de les réclamer AVANT que le restaurateur ou l'hôtelier n'établisse l'addition. La loi italienne l'oblige à vous remettre une *ricevuta fiscale* qui ne peut en aucun cas être modifiée après impression. Ce serait dommage qu'il vous les refuse pour cette raison.

Visites des églises et musées

Bien sûr, l'entrée des églises est gratuite (sauf l'accès aux « trésors » et l'éclairage de certaines chapelles ou œuvres : 1 à 2 €). Les tarifs des grands sites et musées varient de 8 à 15 € d'un lieu à l'autre et selon que s'y déroule une exposition temporaire (elles sont fréquentes) ou pas, et si l'on a effectué une réservation avant de venir. **Car il est aujourd'hui quasi impossible de visiter certains grands musées, sites ou expos sans avoir réservé plusieurs jours à l'avance. Prenez donc vos dispositions, surtout si vous envisagez de ne passer qu'un court séjour à Rome.** Les musées secondaires ont des tarifs allant de 4 à 8 € (variant selon les mêmes conditions). Certains sont totalement gratuits (demander la liste aux P.I.T., les points infos touristiques – kiosques verts – de la ville).
Les enseignants, ainsi que les étudiants de 18 à 25 ans, ont souvent droit à une réduction de 50 %, à condition d'être ressortissants de l'Union européenne et de présenter une carte professionnelle ou une carte d'étudiant (en plus de la carte d'identité). Les visiteurs européens de moins de 18 ans et les Parisiens (Rome étant jumelée à Paris) bénéficient de la gratuité pour certains musées seulement. Pour plus d'info ● *museodiroma.comune.roma* ●
Il existe aussi trois formules de *pass.* Pour plus de détails, consultez la rubrique « Musées et sites » et renseignez-vous dans les points d'informations touristiques dès votre arrivée.

CLIMAT

On peut se rendre à Rome presque toute l'année, les meilleures saisons étant le printemps et l'automne. L'été, c'est caniculaire et l'on rencontre plus d'étrangers que de Romains (qui vont généralement se réfugier en bord de mer). La température peut parfois dépasser 35 °C et il est alors conseillé d'effectuer les visites le matin et le soir et... de faire comme les autochtones, la sieste entre 14h et 17h !

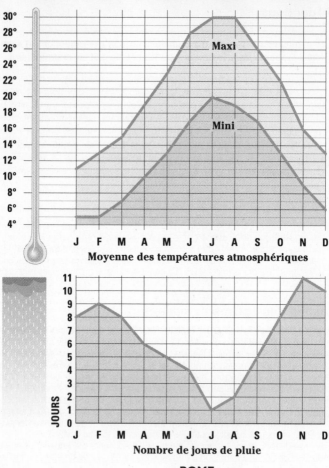

Moyenne des températures atmosphériques

Nombre de jours de pluie

ROME

DANGERS ET ENQUIQUINEMENTS

Sécurité

En cas de vol, rendez-vous au poste des *carabinieri* de la piazza Venezia *(plan détachable centre, D4),* afin d'y faire établir un constat (formulaires en français) pour votre compagnie d'assurances. En cas de vol de votre téléphone portable, il vous faut un procès-verbal traité informatiquement. En effet, certaines assurances ne prennent pas en comptent la déposition manuscrite. De plus, il faudrait avoir sur vous le n° IMEI du téléphone (numéro d'immatriculation). Adressez-vous à l'antenne du consulat français seulement en cas de vol ou de perte des papiers d'identité (et insistez pour être reçu !). Quelques petits rappels...

– Ne portez jamais de sac sur l'épaule mais toujours en bandoulière.
– Ne laissez jamais rien dans vos poches, surtout arrière, trop facilement accessibles.
– Si vous avez une voiture, ne mettez rien en évidence et laissez le moins de temps possible vos bagages dans le coffre.

Contrefaçons

Les vendeurs à la sauvette sont dans les rues, tout autour des sites touristiques (Colisée, Forum romain, Vatican, fontaine de Trevi). Évitez de succomber aux imitations de grandes marques. En rentrant chez vous, si vous êtes pris la main dans le sac, vous risquez une grosse amende et parfois même une peine d'emprisonnement. Ça fait réfléchir, d'autant plus que depuis quelque temps, les autorités italiennes et françaises ont renforcé les contrôles.

Amendes

Si vous avez eu la mauvaise idée de venir à Rome en voiture et que vous devez payer une amende (PV) après avoir été verbalisé (excès de vitesse, mauvais stationnement, infraction au code de la route...), faites-le ! Ne quittez pas l'Italie sans avoir payé votre amende. La police italienne vous rattrapera, même en France, et vous devrez payer le double ou même le triple du montant initial. Cela concerne aussi les voitures de location.

ENFANTS (ET PARENTS !)
::

Musée à ciel ouvert, la capitale italienne regorge d'endroits originaux et ludiques à faire avec les enfants. Attention, le séjour n'est pas idéal avec de très jeunes enfants. C'est sans doute à partir de 8-9 ans qu'ils profiteront au mieux des richesses de la Ville éternelle, à condition d'avoir préalablement préparé le voyage avec eux. Avant tout, évitez d'aller à Rome en été, la chaleur y est vraiment étouffante. Si vous ne pouvez vraiment pas faire autrement, les quelque 300 fontaines permettent de se rafraîchir facilement (comme à la romaine, on bouche le conduit et un petit jet jaillit par un trou situé sur le dessus du tuyau)...
Puis, on marche beaucoup à Rome ; les ruines antiques et les musées peuvent vite lasser. N'hésitez pas à prendre les transports en commun, ils sont gratuits pour les moins de 10 ans. Idem pour les nombreux musées (nationaux et privés) et sites qui proposent la gratuité ou des réductions pour les moins de 18 ans ressortissants de l'Union européenne.
Sur place, balisez bien votre itinéraire pour ne pas faire de détours inutiles, optez plutôt pour un parcours sélectif et spectaculaire : la Rome antique, avec le Colisée, bien sûr, un petit tour dans le Forum romain (évitez d'enchaîner le Palatin, moins parlant pour des enfants) et sur la place du Capitole. Depuis peu, la visite du palazzo Valentini (tout à côté de la piazza Venezia) propose une visite en 3D intéressante, ludique et en français d'une villa antique. Cela donne un bon aperçu du quotidien des Romains de cette époque. Avec les plus grands, prévoyez d'aller à Saint-Pierre de Rome et, pour les plus ambitieux, une visite aux musées du Vatican, la chapelle Sixtine demeurant un grand moment (préférez l'après-midi, il y a moins de monde). N'hésitez pas à utiliser les audioguides spécialement étudiés pour les enfants. Et, pour ne pas risquer l'overdose culturelle, alternez la pause pizza ou glace avec les balades au vert, par exemple dans les jardins de la villa Borghèse, où l'on peut louer des vélos ou faire de la barque sur le *Laghetto*.
Également un bon moyen de divertir les enfants, le zoo Bioparco (toujours à l'intérieur), LE zoo de la ville où les petits Romains en font aux beaux jours une balade agréable. Traversez le parc de la villa Borghèse et ne manquez pas, bien sûr, d'aller

leur faire jeter quelques pièces dans la fontaine de Trevi ! Pour les plus sportifs, non loin du quartier du Trastevere, vous pouvez profiter de la vue magnifique sur la ville en grimpant sur la colline du Janicule.

Côté pratique et logistique, en famille et à condition de rester plusieurs jours, la location d'un appartement s'avère avantageuse (voir rubrique « Hébergement »). À prix égal, voire moindre qu'un hôtel, vous disposerez de plus d'espace et de plus d'intimité, et les enfants pourront vaquer à leurs jeux sans déranger personne. Pas de contraintes d'horaires, possibilité de revenir faire la sieste et de prendre certains repas « à la maison », solution évidemment plus économique que le restaurant et souvent plus pratique avec de jeunes enfants (le soir notamment). Rome dispose d'un bon réseau de supermarchés et d'épiceries de quartier, sans oublier les marchés typiques (lire plus haut la rubrique « Achats. Les marchés alimentaires »). Généralement, ils sont ouverts tous les matins jusqu'à 13h environ. C'est l'endroit idéal pour découvrir les fruits et les légumes dans la langue de Dante !

Enfin, pour faciliter et préparer le séjour, il existe de nombreux livres dans la littérature enfantine évoquant l'Antiquité. Ce qui leur permet, une fois sur place, de mieux se représenter ce que fut la puissance de l'Empire romain.

FÊTES ET JOURS FÉRIÉS

Jours fériés

Ne pas confondre *giorno feriale* qui, en italien, signifie « jour ouvrable », avec *giorno festivo,* qui se traduit par « jour férié »... Ah ! ces faux amis !
Les jours fériés et chômés sont à peu près identiques aux nôtres, à savoir :
– **1er janvier :** *Primo dell'Anno.*
– **6 janvier :** *Epifania.*
– **Lundi de Pâques :** *Pasquetta.*
– **25 avril :** *Liberazione del 1945* (fête nationale).
– **1er mai :** *festa del Lavoro.*
– **2 juin :** fête de la proclamation de la République.
– **29 juin :** Saint-Pierre et Saint-Paul (les saints patrons de Rome).
– **15 août :** *festa dell'Assunta, Ferragosto.*
– **1er novembre :** *Ognissanti.*

> ### SORCIÈRE D'UN JOUR
>
> *Pour les Italiens, l'Épiphanie est le jour de la Befana, une gentille sorcière qui circule à califourchon sur son balai de paille. Elle visite les enfants ; aux méchants, elle dépose du charbon dans leurs chaussettes pendues à la cheminée, et aux gentils, de jolis cadeaux et de merveilleuses confiseries. Ah ! qu'il est loin le bon temps de l'enfance !*

– **8 décembre :** *festa dell'Immacolata Concezione* (fête de l'Immaculée Conception).
– **25 et 26 décembre :** *Natale* et *San Stefano.*
Sont aussi considérés comme des jours semi-fériés les 14 août, 24 et 31 décembre *(capodanno).* Certaines fêtes, comme celle du 15 août, peuvent durer plusieurs jours et paralyser une grande partie de la vie économique. Attention à la fermeture des banques, notamment.

Fêtes et événements à ne pas rater à Rome

En hiver

– **La fête de l'Immaculée Conception :** le 8 décembre, dans l'après-midi. Présence du pape dans la foule de la piazza di Spagna.
– **Les messes de minuit :** le 24 décembre, dans la plupart des églises.
– **Le marché de Noël :** 20 décembre-10 janvier, piazza Navona.

– *Le Nouvel an :* le 31 décembre, feux d'artifice (voir aussi plus bas).
– *Le carnaval :* en février. Défilés déguisés dans les rues de Rome, et aussi bonne occasion de déguster beignets et fritures.
– *La fête de la Saint-Joseph :* le 19 mars, dans le quartier Trionfale situé au pied du monte Mario, entre le Vatican et le Tibre. Fête du saint charpentier pendant toute la journée et une partie de la nuit... avec de pantagruéliques festins à base de beignets et de crêpes.

Au printemps

– *L'exposition des azalées :* entre mars et mai (!), piazza di Spagna. Connue aussi comme la *festa della Primavera.*
– *Le chemin de croix :* le Vendredi saint, à 21h. Conduit par le pape, il débute au Vatican pour s'achever au Colisée.
– *La bénédiction du pape :* le dimanche de Pâques, à 12h.
– *La naissance de Rome (Natale a Roma) :* le 21 avril, piazza del Campidoglio. Feux d'artifice et événements toute la semaine.
– *Le Concours hippique international :* la dernière décade de mai, villa Borghèse, au niveau de la piazza di Siena.
– *Les Internationaux de tennis :* la dernière semaine de mai, foro Italico.

En été

– *Rome sur Tibre :* de mi-juin à mi-septembre, les berges du Tibre sont aménagées depuis le palais de justice (Prati) au nord jusqu'à l'île Tibérine au sud. Le *Tevere* s'écoule alors au rythme des nombreux concerts musicaux. Aller à « Rome Plage » (aux alentours du château Saint-Ange), ou encore musarder le long des stands exotiques.
– *Les concerts et opéras en plein air :* en juin, juillet et août.
– *La fête de la Saint-Jean :* le 24 juin, piazza di porta San Giovanni. Une occasion de se remplir la panse avec de la *porchetta,* cochon de lait rôti, et des escargots, servis traditionnellement à l'occasion de cette fête.
– *Les fêtes des saints Pierre et Paul :* les 28 et 29 juin, au Vatican. Également des feux d'artifice à Saint-Paul-hors-les-Murs le 29 juin.
– *La fête de Noantri :* 15-30 juillet, dans le Trastevere. Fête populaire où vous rencontrerez, un peu partout, l'incontournable *porchetta*... et une quantité de manifestations et d'animations, jusque sur les bords du Tibre (voir aussi plus bas).
– *La fête de Saint-Laurent :* le 10 août, dans le quartier San Lorenzo.

En automne

– *La sagra dell'Uva :* début septembre, à la basilique de Maxence et Constantin.
– *La Notte bianca :* mi-septembre. La réplique romaine des Nuits blanches nantaises et parisiennes. Les sites culturels restent ouverts toute la nuit.
– *Le festival Roma Europa :* fin septembre. Concerts, danse et théâtre.
– *Les expositions d'antiquités :* en octobre, le week-end, via dei Coronari.
– *Le Roma Jazz Festival :* en novembre, à l'auditorium Parco della Musica.
– *La fête du Vin nouveau :* fin novembre, campo dei Fiori.

De septembre à juin

– *Le Calcio* (championnat de foot italien) draine tous les dimanches après-midi une foule énorme au *stadio olimpico*. Deux équipes, évoluant en première division (l'*AS Roma* et la *Lazio*), jouent à tour de rôle. Location sur place. (Voir la rubrique « Sports. Assister à un match de foot ».)

La fête de Noantri

Du 15 au 30 juillet, dans le Trastevere. Elle commence par une procession, à partir du château Saint-Ange jusqu'au Trastevere. On transporte la Vierge de l'église de

Sant'Agata le long des rues du Trastevere. On la dépose une semaine durant dans l'église San Crisogono face au cinéma *Reale,* piazza Sidney Sonnino. Les fidèles viennent y allumer un cierge. À la fin de la fête, elle retrouve sa place dans son église d'origine et tout se termine par un feu d'artifice au-dessus du château Saint-Ange. Au moment du départ de la procession, vers la piazza Mastai, commence la contre-manifestation avec la bande des *bersaglieri* et leurs superbes chapeaux ornés de plumes de coq de bruyère, qui jouent les musiques garibaldiennes de la Libération. Un exemple de l'éternelle guéguerre entre les catholiques et les laïcs de Rome, façon *Don Camillo* et *Peponne.* Les Romains aimant la fête, après avoir entendu les *bersaglieri,* on les voit courir comme des dératés pour voir passer la Vierge... ponctuellement en retard.

Le Nouvel an *(Primo dell'Anno)*

Dans le même style de manifestation/contre-manifestation. À 12h, le 1er janvier, le pape adresse ses vœux à la foule rassemblée place Saint-Pierre et bénit tout le monde. Au même moment, Mister OK se jetait du pont Cavour dans le Tibre glacé. Mister OK est mort il y a quelques années. Il aura sacrifié au rituel du plongeon jusqu'au bout. Depuis, des jeunes ont pris la relève, pour le plus grand bonheur de la télé régionale, qui répercute toujours l'information. Une petite armada, composée d'embarcations de toutes sortes, se forme rapidement pour assister à l'événement.

HÉBERGEMENT

La majorité de vos dépenses sera consacrée à l'hébergement. Il est indispensable de réserver durant les périodes de printemps et d'automne (haute saison). Pensez aussi aux périodes de fêtes, aux festivals locaux, aux salons et aux foires qui génèrent une hausse des prix et une occupation maximale des hôtels. Enfin, petit détail qui a son importance : tous les hôtels consentent des réductions importantes aux tour-opérateurs. C'est pourquoi, parfois, on a tout intérêt à passer par une agence. Quant à la location d'appartement, c'est une excellente formule à condition de venir à plusieurs et de séjourner au moins 3 jours. Restent encore les institutions religieuses qui sont légion à Rome et il n'est pas rare de s'y prendre des mois à l'avance si l'on compte séjourner en période de fêtes religieuses comme Pâques ou Noël. Enfin, sachez que le petit déjeuner est majoritairement inclus dans les prix des *B & B,* hôtels et pensions : nous indiquons donc le petit déj uniquement pour celles de nos adresses qui ne le proposent pas ou demandent un supplément.

Le camping

On paie environ 25 à 30 € pour deux personnes avec une petite tente et une voiture en haute saison. Se faire préciser si la douche (chaude) est comprise dans le prix et possible à tout moment de la journée. Si vous êtes avec des enfants, il existe un tarif « spécial *bambini* » pour les moins de 12 ans. Une liste complète est éditée par le *Touring Club Italien* : *Campeggi in Italia,* que vous pouvez trouver dans les librairies sur place. Attention, cependant, les campings sont excentrés et il vous faudra prendre en compte le temps et le prix du transport pour gagner le centre-ville.

■ *Fédération française de camping et caravaning :* 78, rue de Rivoli, 75004 Paris. ☎ 01-42-72-84-08. ● *info@ffcc. fr* ● *ffcc.fr* ● Ⓜ *Hôtel-de-Ville.* Lun-ven 9h-12h30, 13h30-17h30 (17h ven). Possibilité de se procurer le guide Europe du Sud (compter 16 €, frais d'envoi compris). Possibilité d'acheter la *Carte FFCC Multi-avantages* qui permet de bénéficier d'assurances spécifiques dont l'assurance annulation/interruption de séjour ainsi que de nombreuses réductions chez quelque 1 500 partenaires. La Carte FFCC comprend également la *Camping Card International* qui vous permettra d'obtenir de multiples réductions dans les campings d'Europe, dont l'Italie.

Les auberges de jeunesse

Il n'existe qu'une seule *auberge de jeunesse officielle* à Rome (au sud, dans les Castelli Romani ; compter 20-25 mn de trajet avec le train). Il faut y venir avec sa carte des AJ, que vous pouvez vous procurer en France. L'organisation *Hostelling International* est représentée à Paris par la *Fédération unie des auberges de jeunesse (FUAJ)*. Coordonnées plus haut dans « Avant le départ ». On peut acheter la carte sur place, mais, bien sûr, c'est plus cher. En cas d'oubli, on peut également se la procurer sur Internet. En haute saison, il est **conseillé de réserver** à l'avance. Plusieurs possibilités : soit sur ● *hihostels.com* ●, soit par téléphone ou email en contactant directement l'AJ.

Sinon, les *auberges de jeunesse privées* (appelées également *ostello*) pullulent à Rome, notamment autour de la gare de Termini. Méfiez-vous des appartements médiocres et mal rafistolés pour rentabiliser leur (maigre) investissement et y entasser un maximum de jeunes peu exigeants. D'autres auberges privées sont, à l'inverse des précédentes, d'excellente qualité, joliment décorées, équipées de tout le confort moderne (cuisine, clim, wifi, etc.) et... propres. Évidemment, mieux vaut réserver le plus tôt possible dans ces dernières. Essayer par exemple les sites ● *hostelworld.com* ● et ● *hostels.com* ● Vous pouvez aussi vous adresser directement au central de réservation des auberges de jeunesse italiennes pour plus d'informations :

■ *Associazione italiana Alberghi per la gioventù : piazza San Bernardo, 107, 00187 Roma.* ☎ *06-48-711-52.* | ● *info@aighostels.com* ● *aighostels. com* ●

Le logement dans les institutions religieuses

Pour être hébergé dans les couvents, l'essentiel est de se montrer respectueux des règles. Toutefois, couples non mariés, se renseigner avant ! Certaines communautés n'acceptent que les filles. On est logé soit dans des dortoirs, soit dans des chambres individuelles ou doubles. Deux points forts : la tranquillité et la propreté. Mais il faudra compter avec le réveil aux aurores et un couvre-feu le soir (horaires souvent contraignants). Malgré ces inconvénients, le rapport qualité-prix reste intéressant si l'on souhaite loger dans le centre historique et éviter le quartier bon marché mais bruyant de la gare de Termini.

Les *Bed & Breakfast*

Vous pouvez loger chez l'habitant en ville grâce aux *B & B*. Une formule qui voit ses adeptes se multiplier... Mais attention, la prestation offerte est souvent moins élaborée que dans d'autres pays : on se prépare parfois le petit déj soi-même, la chambre proposée peut être très imbriquée dans la maison du proprio (peu d'intimité) ou, au contraire, dans un appartement que l'on partage seul avec d'autres touristes. Bref, généralement la qualité y est, mais on peut avoir quelques surprises.

■ *Central de réservation Bed & Breakfast Italia : palazzo Sforza Cesarini, corso Vittorio Emanuele II, 282, 00186 Roma.* ☎ *06-68-78-618 ou 01-76-60-74-75 (en France). Lun-ven 9h-13h, 14h30-18h30.* ● *bbitalia.it* ●

Possibilité de réserver en ligne.
■ *Airbnb : résa sur* ● *airbnb.fr* ● Des milliers de logements à tous les prix, dans tous les quartiers. 10 € de réduc à Rome avec le code « ROME2016 » au moment de payer.

La location d'appartements

C'est devenu depuis quelques années la solution très pratique et plutôt économique pour les familles et les amis qui voyagent en petits groupes, à condition de rester plusieurs jours. Votre budget nourriture s'en trouvera sensiblement allégé, car il y a toujours un supermarché à proximité indiqué par l'agence qui gère les lieux.

■ *Casa d'Arno :* 36, *rue de la Roquette, 75011 Paris.* ☎ 01-44-64-86-00. ● info@casadarno.com ● casadarno.com ● ⓜ *Bastille. Il est préférable de téléphoner avt pour prendre rdv.* Location de studios, d'appartements ou de *palazzi,* simples ou luxueux, situés dans le centre de Rome, au calme dans un quartier résidentiel ou à la campagne dans une ferme. Également une sélection de *B & B* pour un séjour (même court). Conseils par une Italienne qui connaît parfaitement son pays.

■ *Loc'appart :* ☎ 01-45-27-56-41. ● www.locappart.com ● *Accueil téléphonique assuré à Paris par des responsables de destinations ayant une bonne connaissance de l'Italie lun-jeu 10h30-13h, 14h-19h ; ven 9h30-13h, 14h-18h. 15 € de réduction à Rome* avec le code « ROUTARD2016ROM ». Loc'appart propose la location d'appartements à Rome, du studio jusqu'au 4 pièces, pour un minimum de 3 nuits à partir de n'importe quel jour d'arrivée. Dossiers suivis par des chargés de destinations à Paris et accueil assuré par des spécialistes sur place qui interviennent en cas de besoin. Une agence sympathique et sérieuse que nous recommandons volontiers. Service d'appartements également proposé dans le reste de l'Italie en ville (Milan, Florence, Rome, Naples, Palerme, etc.) comme à la campagne (Toscane, Ombrie, Côte Amalfitaine, Sicile). Loc'appart propose également des hébergements en Agritourisme et *Bed & Breakfast* dans les différentes villes et régions italiennes.

L'échange d'appartements

Il s'agit, pour ceux qui possèdent une maison, un appartement ou un studio, d'échanger leur logement contre celui d'un adhérent du même organisme, dans le pays de leur choix, pendant la période des vacances. Cette formule offre l'avantage de passer des vacances à l'étranger à moindres frais, en particulier pour les jeunes couples avec enfants. Voici deux agences qui ont fait leurs preuves :

■ *Intervac France :* 230, *bd Voltaire, 75011 Paris.* ☎ 05-46-66-52-76. ● info@intervac.fr ● intervac.fr ● Adhésion annuelle avec diffusion d'annonce sur Internet : 115 €.
■ *Homelink France :* 19, *cours des Arts-et-Métiers, 13100 Aix-en-Provence.* ☎ 04-42-27-14-14 ou 01-44-61-03-23. ● homelink.fr ● Adhésion annuelle avec diffusion d'annonce sur Internet : 125 €.

HORAIRES

Les horaires officiels sont donnés *à titre indicatif,* car ils ne sont pas toujours respectés. Inutile, donc, de nous envoyer un courrier pour exprimer votre courroux à ce sujet. La réactualisation du guide est faite avec soin, mais entre le moment où nous soumettons le guide à l'imprimeur et le moment où il sort en librairie, il y a déjà des modifications... On vous conseille donc de vous adresser à l'office de tourisme, qui distribue gratuitement une liste régulièrement mise à jour des lieux de visite (très utile pour les expos temporaires).

– *Banques :* du lundi au vendredi de 8h30 à 13h30 et de 14h30 à 16h. Certaines sont ouvertes le samedi matin.
– *Postes :* du lundi au vendredi, approximativement de 9h à 13h30, le samedi de 8h30 à 13h, et le dernier jour du mois de 9h à 11h50. La poste centrale reste ouverte l'après-midi.
– *Bureaux et administrations :* ouverts le matin seulement.

– **Restaurants :** grosso modo de 12h30 à 15h et de 19h30 à 23h (beaucoup plus tard dans les endroits touristiques). Il faut savoir que déjeuner avant 13h, voire 13h30, est une hérésie. Quant au dîner, c'est rarement avant 21h. La possibilité d'être servi jusqu'à 23h et au-delà n'a rien d'exceptionnel à Rome. Si bien que dans les restaurants, les touristes étrangers fournissent souvent le gros du premier service, les Italiens venant prendre le relais en seconde partie de soirée...
– **Églises :** ouvertes, généralement, tôt le matin pour la messe, elles ferment souvent à l'heure du déjeuner (et de la sieste !), soit entre 12h et 16h, pour rouvrir jusqu'au soir.
– **Musées :** voir plus loin « Musées, sites et monuments ».
– **Magasins :** leurs horaires varient selon la période de l'année. En règle générale, ouverts de 9h à 13h et de 16h à 20h (certains ferment à 19h30), et presque toujours fermés le dimanche et le lundi matin.

LANGUE

Comme vous le découvrirez vite, l'italien est une langue facile pour les francophones. En peu de temps, vous pourrez apprendre quelques rudiments suffisants pour vous débrouiller. Pour vous aider à communiquer, n'oubliez pas notre **Guide de conversation du routard** en italien.
L'Italie, c'est aussi le foisonnement des dialectes : sicilien, sarde, romagnol, napolitain, milanais, bergamasque, ainsi que des langues grecque, albanaise et slovène. Ne vous découragez pas : il vous restera toujours la possibilité de joindre le geste à la parole. Plus bas, un petit vocabulaire de secours à ajouter au lexique donné dans la rubrique « Cuisine » (partie « Hommes, culture, environnement »), indispensable pour déchiffrer une carte de restaurant. Attention à certains faux amis : les jours *feriali* sont les jours ouvrables (par opposition aux jours *festivi,* qui sont les dimanches et jours fériés).

Quelques éléments de base

Politesse

Bonjour	*Buongiorno*
Bonsoir	*Buonasera*
Au revoir	*Arrivederci*
Excusez-moi	*Scusi*
S'il vous plaît	*Per favore*
Merci	*Grazie*

Expressions courantes

Pouvez-vous me dire ?	*Può dirmi ?*
Avez-vous ?	*Lei ha ?*
Je ne comprends pas	*Non capisco*
Parlez lentement	*Parli lentamente*
Combien coûte... ?	*Quanto costa... ?*
C'est trop cher	*È troppo caro*

Le temps

Lundi	*Lunedì*
Mardi	*Martedì*
Mercredi	*Mercoledì*
Jeudi	*Giovedì*

Vendredi	*Venerdì*
Samedi	*Sabato*
Dimanche	*Domenica*
Aujourd'hui	*Oggi*
Hier	*Ieri*
Demain	*Domani*

Les nombres

Un	*Uno*
Deux	*Due*
Trois	*Tre*
Quatre	*Quattro*
Cinq	*Cinque*
Six	*Sei*
Sept	*Sette*
Huit	*Otto*
Neuf	*Nove*
Dix	*Dieci*
Quinze	*Quindici*
Cinquante	*Cinquanta*
Cent	*Cento*
Mille	*Mille*

Les transports

Un billet pour...	*Un biglietto per...*
À quelle heure part... ?	*A che ora parte... ?*
À quelle heure arrive... ?	*A che ora arriva... ?*
Gare	*Stazione*
Horaire	*Orario*
Quai	*Binario*
À gauche	*A sinistra*
À droite	*A destra*

À l'hôtel

Hôtel	*Albergo*
Une pension de famille	*Una pensione familiare*
Une réservation	*Una prenotazione*
Je désire une chambre	*Vorrei una camera*
À un lit ; à deux lits	*Con letto ; con due letti*

Un zeste de romain *(romanesco)*

Le dialecte romain se différencie des autres dialectes de la péninsule car il est beaucoup plus proche de l'italien ; la grande différence se trouve au niveau du lexique. Cependant, le romain conserve ses origines latines en gardant la locution vocative, très utilisée en latin mais complètement oubliée en italien ! Ce parler reste un langage populaire dans les rues de Rome et y exprime toute son exubérance... Sachez qu'en romain, les consonnes en début de mot deviennent facilement des doubles et que le « l » peut se transformer en « r », et lisez ce petit glossaire qui pourra vous être utile.

Numéro	*Nummero*
Je mange chez vous	*Veng'a magnà dda voi*
Viens dormir	*Viè a dormmi'*
Écoute-la	*Stall'a senti*
Où ?	*Andove ?*
Je n'aime pas	*Nu' mme piace*
Un bout de pain	*Un boccon de pane*
Un verre de vin	*Un bicchier de vino*
Allez ! (pour le foot par exemple)	*Daje ! (prononcez « dayé »)*

Le vocatif

Monsieur...	*A signno'*

Le vocatif renforcé

Eh François	*Aho', a France'*
Eh monsieur	*Aho', a siggno'*

LIVRES DE ROUTE

En voyage, le livre audio, c'est malin. Écoutez un extrait de *Le Tribunal des âmes* de Donato Carrisi, lu par Jean-Michel Vovk, et vous serez déjà à Rome. *Extrait offert par Audiolib.*
Il existe une multitude d'ouvrages sur Rome. Nous en avons fait une sélection en sachant que la liste n'est pas exhaustive. Ici, les ouvrages apportent des éclairages inédits sur tel ou tel aspect de l'Italie en général.

– *La Vie quotidienne à Rome à l'apogée de l'Empire* (1939), de Jérôme Carcopino ; LGF, Le Livre de Poche n° 5800, 1998. La Rome des Césars comme si vous y étiez... Avec un luxe incroyable de détails, l'auteur nous fait découvrir les maisons, les thermes, l'éducation, les jeux du cirque, mais aussi les mœurs des Romain(e)s. On sent bien qu'il aurait aimé vivre aux alentours du IIe s ; chacun ses goûts !

– *L'Italie sur le fil du rasoir* (2009), de Marc Lazar ; Perrin. Écrit par l'un des spécialistes de l'Italie contemporaine, cet essai explore l'histoire d'une Italie en pleine mutation, qui a jusqu'à présent toujours réussi à échapper à une crise interne, laquelle semble pourtant chaque jour de plus en plus proche. Utile pour comprendre l'Italie de l'intérieur.

– *Mémoires d'Hadrien* (1951), de Marguerite Yourcenar ; Gallimard, Folio n° 921, 1977. Rome racontée par son empereur, Hadrien. Yourcenar traduit en langage littéraire le travail des archéologues et rend une œuvre à la fois littéraire, historique et poétique. Œuvre magnifique et grand succès mondial.

– *Les Ragazzi* (1955), de Pier Paolo Pasolini ; 10/18, 2005. Le premier roman de Pasolini dépeint le monde cruel de la banlieue de Rome, dont il réinvente le langage.

– *La Storia* (1974), d'Elsa Morante ; Gallimard, Folio n° 4024, 2004. L'histoire d'une femme juive dans la Rome occupée. Une œuvre avec quelques lenteurs qui, selon Alberto Moravia (son mari), évoque bien le sentiment de la petite bourgeoisie vis-à-vis de l'Histoire. Adapté au cinéma par Luigi Comencini.

– *Nouvelles romaines* (1954), d'Alberto Moravia ; Flammarion, GF n° 389, 1993. La description de Rome, la ville moderne, à travers le récit des vies de la petite bourgeoisie romaine. Les vices et les misères éclatent au grand jour sous la plume de l'auteur.

– *Ceux qui vont mourir te saluent* (1994), de Fred Vargas ; J'ai lu policier n° 5811, 2005. Un dessin de Michel-Ange, provenant probablement de la bibliothèque vaticane, fait une apparition discrète sur le marché. Qui se risquerait à dérober les trésors des archives papales ? Lorsque l'expert parisien Valhubert arrive à Rome pour élucider l'affaire, les péripéties commencent... Limpide et efficace, ce « rompol » (un nom donné par l'auteur elle-même), peuplé de personnages singuliers, rebondit de page en page, ne cessant de surprendre par ses tournants inopinés.

– *Spiriti* (2002), de Stefano Benni ; Actes Sud, 2002. Un récit fantastique où des esprits malicieux vont essayer de saboter la politique de l'Empire. Dans ce conte, l'humour se mêle à une critique du monde contemporain (et de l'Italie en particulier). Préparez-vous à rire aux éclats !

– *Pietra Vivà* (2013), de Léonor de Récondo ; éd. Sabine Wespieser. Un pan de vie de Michel-Ange narrant les quelques mois de l'artiste passé à Carrare (pour y choisir le marbre du futur tombeau de Jules II). Il y fait des rencontres joyeuses, qui le font réfléchir à des questions existentielles. C'est en rencontrant le jeune et espiègle Michele qu'il se réconcilie avec lui-même et son enfance...

– *Désir d'Italie* (1996), de Jean-Noël Schifano ; Gallimard, Folio essais n° 288. Recueil de 80 portraits, chroniques, croquis pris sur le vif, conversations et interviews entre Milan et Naples, Rome et Palerme, qui tracent un parcours initiatique et baroque à travers l'Italie d'aujourd'hui, avec ses violences, ses voluptés, ses enfers, ses beautés et sa promesse de bonheur toujours renouvelée. Indispensable pour aborder un pays et sa civilisation multimillénaire.

– *Mémoires d'Agrippine* (1992), de Pierre Grimal ; Le Livre de Poche n° 13508, 2008. Arrière-petite-fille d'Auguste, sœur de Caligula, nièce puis épouse de Claude, mère de Néron, Agrippine la Jeune est une des figures les plus fascinantes de la Rome impériale. L'auteur retrace l'itinéraire d'une femme, véritable tueuse en série et sûre de son essence divine et qui toute sa vie durant œuvrera pour assurer le pouvoir suprême à un fils dont les astres lui ont prédit qu'il la tuerait.

– *La Course à l'abîme* (2003), de Dominique Fernandez ; Le Livre de Poche n° 30317, 2005. Rome, 1600. Caravage est un peintre à succès prisé des princes et des hauts prélats, mais marginal et scandaleux, il aime tout aussi passionnément son travail que la bagarre et les mauvais garçons. Dominique Fernandez se glisse dans sa peau et en quelques tableaux sulfureux brosse l'éphémère carrière d'un artiste hors-norme qui a révolutionné l'histoire de la peinture.

– *Michel-Ange* (2006), de Nadine Sautel ; Gallimard, Folio biographies n° 9. Sculpteur, peintre, architecte, poète, urbaniste, le *Divin Michel-Ange* incarne l'homme universel de la Renaissance italienne. Toscan de naissance, remarqué très tôt par Laurent le Magnifique, il se partagea entre Florence et Rome. Ses colères légendaires tinrent en respect sept papes pour lesquels il créa une œuvre titanesque, dont le plafond de la chapelle Sixtine en rédemption de son « péché d'imperfection ».

– *Le Caravage* (2008), de Gérard-Julien Salvy ; Gallimard, Folio biographies n° 38. Redécouvert au XIXe s, la vie du Caravage a fait l'objet de pas mal d'affabulations. Cette bio s'appuie sur les témoignages et archives les plus étayés pour retracer le parcours d'un artiste hors du commun à la personnalité complexe.

– *Secretum* (2010), de Rita Monaldi ; Pocket n° 12596. Rome 1700, année du jubilé : la santé du Pape décline. Lors du mariage fastueux du neveu du cardinal Spada, un crime est commis. Un premier attentat est suivi bientôt d'autres. Dans le décor historique des intrigues politiques qui agitent l'Europe à la suite de la querelle de la succession d'Espagne, on plonge avec délices au milieu des divertissements raffinés des festins princiers qui masquent à peine les intrigues vaticanes et leurs bouillonnants secrets.

– *Artemisia* (1999), d'Alexandra Lapierre ; Pocket n° 10640, 2012. Rome 1611, dans un atelier du quartier des artistes, la jeune Artemisia se révolte contre son père, le peintre Orazio Gentileschi pour imposer son talent. À la fois son maître et son rival, celui-ci voudrait cacher au monde la sensualité et surtout le génie de sa fille. Une douloureuse rivalité entre deux artistes familiers des papes et des rois en un temps où art rimait avec pouvoir et politique.

– *Natures mortes au Vatican* (2009), de Michèle Barrière ; Le Livre de Poche, coll. Policier/Thriller. Spécialistes des polars gastronomico-historiques, l'auteur nous entraîne, en pleine Renaissance, à la suite de son héros devenu secrétaire du cuisinier du pape, chargé de rédiger un traité de recettes, dans l'univers foisonnant des fêtes princières et cardinalesques. On y croise, au fil de péripéties rocambolesques toute la faune artistique de l'époque, dont le fantasque Arcimboldo. L'occasion aussi d'apprendre qu'au XVIe s la tomate n'a pas encore fait son apparition dans les plats italiens ! À consommer sans modération.

– *Vengeances romaines ; Rouge abattoir ; Vert Palatino ; Bleu catacombes ; Jaune Caravage ; Roma enigma ; Wonderland ; Le saut de Tibère,* de Gilda Piersanti ; Pocket et éditions Le Passage. Enquêtes policières réalistes à la psychologie fouillée, du cycle les *Saisons meurtrières* centrées autour de la Questura de Rome et de sa jeune inspectrice principale, Mariella De Luca, aux prises avec les méandres des bas-fonds de la ville éternelle.

– *Meurtres à la romaine* (2013), de Colette et Monique Veaute ; Le Masque Poche. Muté à Rome après avoir combattu la Mafia en Sicile, l'inspecteur Barone, entame une nouvelle carrière dans une brigade chargée des vols d'œuvres d'art. La violence le rattrape lorsqu'il doit enquêter sur un meurtre atroce commis à la villa Médicis. Une plongée dans une galerie de personnages aussi baroques qu'inquiétants.

– *Murena,* de Jean Dufaux et Philippe Delaby ; Dargaud. Fresque de 8 albums qui a contribué à renouveler la bande dessinée historique. À l'époque troublée des règnes de Claude et de Néron, le peplum illustré d'une Rome vivante, trouble et authentique aux couleurs de la tragédie antique. Le tome 1 est disponible aussi en latin et s'accompagne d'un dossier didactique à l'usage des jeunes latinistes.

MUSÉES ET SITES

Les horaires

En principe, les grands sites et musées sont ouverts du mardi au dimanche de 9h à 17h, voire 19h ou 20h. Ils sont fermés pour la plupart le lundi (en principe !) mais le gouvernement italien a décidé aussi d'ouvrir 7 j./7 certains sites (forums romains, marché Trajan, musées capitolins, Ara Pacis). Les horaires d'ouverture de certains musées ont été étendus (jusqu'à 22h). D'autres ont vu leurs jours de fermeture considérablement réduits (avec ouverture le dimanche et en été jusqu'à 22h). De nombreux sites à ciel ouvert sont aussi accessibles de 9h à l'heure précédant le coucher du soleil. Et puis la mairie, ne voulant pas être en reste, a parfois pris la décision de rallonger les journées des établissements culturels pour une durée indéterminée. Mais, qu'on se le dise, cette « révolution culturelle » ne concerne pas tous les musées ni tous les sites archéologiques.

Afin de vous organiser au mieux, on ne saurait trop vous conseiller de vous procurer dès votre arrivée la brochure officielle *Musées de Rome* (traduite en français), avec des horaires à jour, ou sur Internet, ● *turismoroma.it* ●

Sachez que la haute saison touristique s'étend de mars à juin et de septembre à mi-novembre. La Ville éternelle étant une étape incontournable du circuit européen classique, il faut s'attendre, durant ces périodes, à des queues aux allures de manifs devant les principaux monuments ! Par conséquent, venir tôt ou tard (comme au Forum ou au Vatican où les groupes sont plutôt matinaux). Il vous faudra pour certains sites réserver à l'avance comme la galleria Borghese (résa d'une durée de 2h obligatoire). Il y a aussi toutes les petites combines qui évitent la crise de nerfs ou le découragement devant les files d'attente. Par exemple, on ira chercher son billet pour le Colisée à la caisse du Palatin ou à celle du Forum... puisqu'il s'agit d'un ticket combiné ! Il y a généralement beaucoup moins de monde, ce qui permet d'accéder au Colisée en un temps record puisque les visiteurs munis de billets ne sont pas tenus de faire la queue. De même, les *pass,* qui font souvent office de coupe-file (mais pas toujours), s'achètent dans les points d'informations touristiques plutôt que sur les sites...

Les tarifs

La plupart des tarifs demeurent élevés. De plus en plus, les expositions temporaires (été comme hiver !) viennent s'ajouter automatiquement au prix d'entrée « normal ». Des cartes combinées, d'une validité de 3 ou 7 jours, offrent d'appréciables gratuités et réductions (et permettant justement d'échapper aux surcoûts occasionnés par les expositions temporaires). On les achète dans les musées et dans les différents points d'informations touristiques de la ville (voir « Informations et adresses utiles »), mais aussi sur le site de l'office de tourisme ● *turismoroma.it* ● ou ● *060608.it* ●
L'***Archaeologia Card*** à 25 € (réduc) est valable 7 jours et à entrée unique. Elle comprend l'entrée au palazzo Altemps, au palazzo Massimo, aux thermes de Dioclétien et à la crypte Balbi (c'est-à-dire pour l'ensemble de ce qu'il est convenu d'appeler le Musée national romain et pour lequel il existe également un billet unique à 7 €, valable 3 jours), mais aussi le Colisée, le Palatin, les thermes de Cara-calla, le tombeau de Cecilia Metella et la villa dei Quintili. Toujours dans la veine antique, si vous n'en êtes pas à votre premier séjour à Rome, vous pourrez également être intéressé par l'***Appia Antica Card*** (7,50 € pour 7 jours), qui comprend l'accès aux thermes de Caracalla, au tombeau de Caecilia Metalla et à la villa dei Quintili. Ces deux cartes sont disponibles aux caisses respectives de ces sites (sauf au tombeau de Cecilia Metella et à la villa dei Quintili).
Le ***Roma Pass*** (36 €, valable 3 jours) est une option intéressante puisqu'il permet d'entrer gratuitement dans deux musées ou sites archéologiques au choix, offre des tarifs préférentiels pour tous les autres et donne un accès illimité à tout le réseau de transport urbain (bus et métro), pour 3 jours. Attention cependant si vous optez pour cette carte lors d'un week-end prolongé à Rome : choisissez plutôt un séjour du vendredi au dimanche, car la plupart des musées et sites étant fermés le lundi (à l'exception notable du Colisée, du Forum, du Palatin, des musées capi-tolins, du marché Trajan et Ara Pacis), votre carte ne serait pas forcément amortie pour un séjour du samedi au lundi. Si vous comptez visiter les musées du Vatican, cette carte ne s'y applique pas, ni aucune autre d'ailleurs (en revanche, l'entrée au Vatican est gratuite le dernier dimanche du mois... mais c'est bondé !). Et puis, activez-la le matin, car si vous l'entamez en milieu de journée ou, pire, le soir, cela vous comptera quand même la première journée. La carte est aussi un coupe-file bien appréciable (par exemple pour le Colisée), mais elle ne vous dispense pas partout de faire la queue pour retirer votre ticket... Enfin, elle ne vous dispense pas non plus de réserver votre entrée dans les musées (moyennant 2 €), et notamment à la galerie Borghèse pour laquelle la réservation est obligatoire. La carte ***Roma Pass 48h*** (28 €) fonctionne de la même façon mais pour 48h seulement et permet d'entrer gratuitement dans 1 musée (et non 2 comme le *pass* précédent).
Les jeunes de moins de 18 ans ressortissants de l'Union européenne bénéficient de la gratuité dans les musées de la ville. Les réductions étudiantes sont peu fré-quentes, mais le demi-tarif est souvent appliqué pour les 18-25 ans, ce qui permet aux jeunes étudiants de s'y retrouver. Parfois des réductions pour les enseignants, à condition de présenter une carte de l'année en cours. Depuis le 1er janvier 2011, le ministère italien de la Culture propose aux membres de l'Union européenne l'accès gratuit le jour de leur anniversaire dans les lieux d'art nationaux. Formule : « *l'Arte ti fa gli auguri* ».
Enfin, pour les Parisiens, dans le cadre d'un jumelage entre les municipalités de Paris et de Rome, certains musées municipaux sont gratuits sur présentation d'une pièce d'identité. Liste des musées sur le site ● *museiincomuneroma.it* ●

ORIENTATION

En voiture

– **Le GRA :** il faut entendre par « GRA » le *Grande Raccordo Anulare,* grand périphérique de Rome construit dans les années 1950. À l'intérieur, vous êtes dans la commune de Rome, qui couvre environ 40 000 ha... contre 12 500 pour Paris intra-muros. Les trois quarts des habitants de Rome résident dans les quartiers situés entre le GRA et la muraille d'Aurélien.

Les entrées et sorties du GRA sont numérotées de 1 à 27. Elles vous permettront, selon l'endroit d'où vous venez, de rejoindre au mieux le quartier que vous visez (voir aussi « Arrivée à Rome. En voiture » au début de ce chapitre). Chacune d'entre elles porte un nom qui évoque une page d'histoire correspondant bien souvent aux anciennes voies consulaires : n° 1, Aurelia ; n° 6, Flaminia ; n° 23, Appia. Les *circonvallazioni,* Gianicolense (sud-ouest), Tiburtina (sud-est), Nomentana (nord-est) et autres *via del Foro Italico* (nord), *Olimpico* (nord-ouest), dessinent un périphérique nettement plus petit... mais tout aussi encombré, par Mercure !

– **La muraille d'Aurélien :** construite sous Aurélien au IIIe s apr. J.-C., elle sépare le centre de Rome du reste de la ville. De part et d'autre de cette muraille, des voies de circulation, comme le corso d'Italia ou le viale del Muro Torto, au nord, entre la porta Pia et la porta del Popolo notamment, dessinent un troisième axe concentrique très, très fréquenté.

– **Lungotevere :** les boulevards le long du Tibre portent tous le nom de *lungotevere.* Ces grands boulevards – toujours à sens unique – sont d'un grand secours pour les automobilistes dépourvus d'un *Permesso Centro Storico* (l'autorisation de circuler dans le centre historique). Ils seront souvent l'unique moyen de vous rapprocher du centre historique en voiture... sans outrepasser vos droits. Désormais, l'horodateur a remplacé le *parcheggiattore,* à qui vous remettiez vos clés après avoir garé votre voiture.

À pied

Le centre ancien est comme nous l'avons écrit ci-dessus circonscrit par le mur d'Aurélien (le *muro Torto*), dont les vestiges sont visibles au sud de la villa Borghèse, au nord-est de la gare de Termini et au sud des thermes de Caracalla. Au-delà s'étendent les faubourgs, les boulevards périphériques *(raccordo anulare)* et les prairies de l'Agro Romano. Le découpage par quartiers que vous trouverez dans le guide procède à la fois d'une cohérence géographique, historique et d'une homogénéité sociale.

À partir de la *piazza Venezia,* nombril de la ville ancienne, le **secteur antique** s'étend plein est, plus ou moins du Capitole aux thermes de Caracalla. Là se concentre l'essentiel de la Rome monumentale romaine (excepté le Panthéon). Plus à l'est encore, on s'aventure dans le quartier tranquille de **Saint-Jean-de-Latran** en suivant la rue du même nom. Si l'on s'égare en revanche au sud du Capitole et du Palatin, on découvrira au-delà du circo Massimo le quartier populaire du **Testaccio,** qui connaît un incroyable renouveau depuis quelques années. Changement de décor au nord du secteur antique. La célèbre via Cavour dessert le quartier artisan éminemment romain **dei Monti.** De collines en vallons, on atteint le quartier de la gare de **Termini,** avant de gagner un autre secteur très authentique, **San Lorenzo** et Il Pigneto, quartiers étudiants et branchés.

De retour à la *piazza Venezia,* on fait face plein ouest au **centro storico,** le quartier médiéval de Rome. Délimité par la via del Corso et le Tibre, il offre aux promeneurs le mystère de son labyrinthe de ruelles, qui ne relâche son étreinte qu'aux abords de la *piazza Navona* et du **Panthéon.** On ira chercher un peu d'espace plus au nord, vers la *piazza di Spagna* et la *piazza del Popolo,* reliées par le fameux Corso, à moins de poursuivre son chemin encore plus au nord vers les jardins de la **villa Borghèse.**

En revanche, pour arpenter les rues tirées au cordeau du quartier du *Vatican* ou les venelles étroites du *Trastevere,* il faudra dans les deux cas traverser le Tibre depuis le *centro storico* : à l'ouest pour le Vatican, au sud pour le Trastevere.

Gardez à l'esprit que la plus historique des cités européennes est également la plus anémique en matière de transports en commun. Le métro se heurte aux vestiges innombrables et ne peut étendre son réseau, tandis que les bus circulent avec difficulté dans le maillage étroit des venelles pittoresques de la vieille ville. Par conséquent, le centre historique se visite de préférence *pedibus cum jambis* !

Nos incontournables... et les autres

– *Les lieux où tout le monde va et qu'on ne peut décemment pas rater :* le Panthéon, les musées du Capitole, les forums, le Colisée, la piazza di Spagna, le Vatican, la villa Borghèse, la fontaine de Trevi, la piazza Navona, le campo dei Fiori, le quartier du Trastevere.

– *Les lieux où tout le monde va, mais qu'on peut rater sans trop de regrets :* les thermes de Dioclétien, les thermes de Caracalla, Sainte-Marie-Majeure.

– *Les lieux peu fréquentés, mais que les routards découvrent avec ravissement :* Santa Maria del Popolo, le parc de la villa Borghèse, l'Ara Pacis Augustae, le MAXXI, la basilique San Clemente, la basilique Santa Prassede, Ostia Antica.

PERSONNES HANDICAPÉES

Les Italiens sont plus en avance que nous pour tous les aménagements concernant les personnes à mobilité réduite. Ainsi, de nombreux hébergements sont équipés d'au moins une chambre pour personnes handicapées. N'hésitez pas à appeler pour vous renseigner même si le symbole ♿ ne figure pas dans l'adresse que nous indiquons, car de plus en plus d'hôtes aménagent leur structure en conséquence.

POSTE

– La poste italienne a mis en circulation un timbre *Posta prioritaria,* obligatoire vers les pays européens (à 0,95 €), qui permet d'envoyer une lettre en 3 à 5 jours. Pour l'Italie (0,80 €), compter 2 jours.

– Vous pouvez acheter vos timbres *(francobolli)* à la poste centrale ou dans certains bureaux de tabac signalés par un grand T blanc sur fond noir (mais tous n'en ont pas). Le libellé des adresses en Italie est du même type que le nôtre. Les boîtes aux lettres, de couleur rouge, sont disséminées un peu partout dans la ville. Attention à certaines arnaques : des lecteurs nous ont informés que des vendeurs proposent des timbres *Swisspost* vendus avec leurs cartes postales. Celles-ci sont à déposer dans des petites boîtes jaunes. Le seul hic, c'est qu'elles ne sont jamais arrivées à destination !

– Vous pouvez également poster vos cartes du Vatican ; tout d'abord, les timbres du Vatican sont beaux, et le cachet de la cité papale impressionnera le destinataire. De plus, la poste vaticane (sans faire de miracles) fonctionne plutôt bien. Attention cependant : vous ne pouvez pas envoyer de courrier avec des timbres italiens de la poste vaticane ; en revanche, si vous envoyez vos lettres avec le timbre du Vatican à l'extérieur de la cité papale, cela fonctionne

ROME GRATUIT

La Ville éternelle offre quelques belles possibilités de visites à peu de frais.

– Les *églises* sont gratuites ! Vu le nombre de grands peintres et sculpteurs qui travaillèrent à leur décoration, c'est un vrai musée essaimé dans la ville qui s'offre au visiteur. Et l'occasion aussi de découvrir toute la palette des courants architecturaux : paléochrétien, médiéval (rare), Renaissance et baroque... Vous n'échapperez pas aux tirelires qui permettent d'illuminer certaines chapelles aux tableaux de peintres célèbres... C'est fou d'ailleurs de voir le nombre de touristes rappliquer dès qu'une bonne âme met 1 ou 2 € dans l'urne !

Enfin, nombre de monuments de la ville (le monument à Victor-Emmanuel II par exemple), ses places, ses fontaines, ses ponts, l'accès à ses villas-jardins (la villa Borghèse, les jardins de l'Aventino, la villa Sciarra, le Janicule) sont bien sûr d'accès gratuit.

Toujours pour tous, mais ponctuellement, la plupart des musées et sites de la ville sont gratuits lors de *Natale a Roma* (la naissance de Rome, le 21 avril) et lors de la *Notte bianca* (mi-septembre) : en revanche, vous ne serez pas vraiment seul à vouloir en profiter... Pour tous encore, mais de manière plus individuelle : le jour de votre anniversaire !

Les musées du Vatican ouvrent leurs portes gratuitement le matin du dernier dimanche du mois (sauf lors de certaines fêtes, où lesdites portes restent closes). Pour les horaires précis, se reporter plus loin au quartier relatif au Vatican.

Les ressortissants de l'Union européenne de moins de 18 ans bénéficient de gratuité dans tous les musées nationaux et communaux, c'est-à-dire la plupart des musées de la ville comme le museo Napoleonico ou le museo Barracco (ils ne seront pas pour autant exemptés des frais de réservation, en général 1 à 2 €, et c'est obligatoire, par exemple, pour la villa Borghèse). Les 18-24 ans ont eux aussi droit aux tarifs réduits... mais ne seront pas plus dispensés des frais de réservation le cas échéant.

Toujours gratuit, le Trastevere accueille en juillet un festival, la fête de Noantri, où la plupart des animations sont... gratuites.

Enfin, pour les Parisiens, dans le cadre d'un jumelage entre les municipalités de Paris et de Rome, certains musées municipaux sont gratuits sur présentation d'une pièce d'identité. Liste des musées sur le site ● *museiincomuneroma.it* ●

SANTÉ
::

Carte européenne d'assurance maladie

Pour un séjour temporaire à Rome, pensez à vous procurer la carte européenne d'assurance maladie. Il vous suffit d'appeler votre centre de sécurité sociale (ou de vous connecter au site internet de votre centre, encore plus rapide !) qui vous l'enverra sous une quinzaine de jours. Cette carte fonctionne avec tous les pays membres de l'Union européenne, ainsi qu'en Islande, au Liechtenstein, en Norvège et en Suisse. C'est une carte plastifiée bleue du même format que la carte Vitale. Attention, elle est valable 1 an, gratuite et personnelle (chaque membre de la famille doit donc avoir la sienne, y compris les enfants). Conservez bien toutes les factures pour obtenir le remboursement au retour.

SITES INTERNET
::

● *routard.com* ● Rejoignez la plus grande communauté francophone de voyageurs ! Échangez avec les routarnautes : forums, photos, avis sur les hôtels. Retrouvez aussi toutes les informations actualisées pour choisir et préparer vos voyages : plus de 200 fiches pays, une centaine de dossiers pratiques et un magazine en ligne pour découvrir tous les secrets de votre destination. Enfin, comparez les offres pour organiser et réserver votre voyage au meilleur prix. Routard.com, le voyage à portée de clics !

● *museionline.info* ● En italien. Un site incontournable si vous vous apprêtez à visiter tous les musées d'Italie. Ils sont répertoriés par catégories : art, histoire, archéologie, histoire naturelle, sciences et technologie, avec les prix, les horaires et le site internet de chaque musée. De plus, ce site vous donne la liste des expos temporaires à faire dans la région visitée (régulièrement remise à jour). On vous le recommande chaudement.

● *italia.it* ● Le site officiel de l'office de tourisme italien (en français) fourmille de renseignements ; très utile pour préparer son voyage.

● *turismoroma.it* ● En français et en italien. Le site portail de la ville, où l'on trouve notamment des informations sur les événements culturels à Rome.

● *vatican.va* ● En français. Le site officiel du Vatican. Vous vous replongerez dans l'histoire religieuse et saurez tout des papes, de Léon XIII à François. Fonds bibliographique important et visite guidée virtuelle des lieux, en particulier du musée.

● *wantedinrome.com* ● En anglais. Le site internet du bimensuel du même nom. Plein d'infos sur Rome. Présente les expositions et manifestations culturelles en cours.

● *rome-passion.com* ● En français. Une petite visite guidée de Rome avec historique des monuments à l'appui. Les photos sont d'une luminosité incroyable.

● *unicaen.fr/rome* ● En français. Rome au IVe s comme vous ne l'avez jamais vue. Visite en 3D de tous les grands édifices romains : le Forum, le Champ-de-Mars, le Capitole, entre autres. Site réalisé par l'université de Caen, très pratique pour se replonger dans la Rome antique.

● *cinecittastudios.it* ● Site officiel du géant italien avec le box-office de chaque semaine, des infos et l'actualité du cinéma.

● *radici-press.net* ● Un site franco-italien qui offre un large choix d'articles sur la politique, l'économie et la culture italienne.

TABAC

L'Italie compte parmi les pays en Europe à avoir interdit la cigarette dans TOUS les lieux publics (restaurants, cafés, bars et discothèques). Si les partisans du *« vietato fumare »* se réjouissent de pouvoir désormais dîner sans craindre l'asphyxie, les accros au tabac ont, quant à eux, la vie dure. En cas d'infraction, une grosse amende vous attend : 27 € à la moindre cigarette allumée (275 € s'il y a des enfants ou des femmes enceintes à proximité). Quant aux restaurateurs, ils encourent une peine de 2 200 € s'ils ne font pas respecter cette loi dans leur établissement.

Le moment est donc venu de faire connaissance avec les autres fumeurs agglutinés sur le trottoir devant l'établissement autour du cendrier géant (pratique somme toute plutôt sympathique aux beaux jours mais beaucoup moins en hiver, quand le mercure flirte avec le zéro).

TÉLÉPHONE ET TÉLÉCOMMUNICATIONS

Le téléphone portable en voyage

On peut utiliser son propre téléphone portable en Italie avec l'option « Europe » ou « Monde ». Renseignez-vous auprès de votre opérateur sur les conditions d'utilisation de votre portable ainsi que sur les tarifs. Les opérateurs proposent de plus en plus de forfaits intéressants pour l'Europe.

– *Activer l'option « international » :* pour les abonnés récents, elle est en général activée par défaut. En revanche, si vous avez souscrit à un contrat depuis plus de 3 ans, pensez à contacter votre opérateur pour souscrire à l'option (gratuite). Attention toutefois à le faire au moins 48h avant le départ.

– *Le « roaming » :* c'est un système d'accords internationaux entre opérateurs. Concrètement, cela signifie que lorsque vous arrivez dans un pays, au bout de quelques minutes, le nouveau réseau s'affiche automatiquement sur l'écran de votre téléphone.

– Vous recevez rapidement un sms de votre opérateur qui propose un ***pack voyageurs*** plus ou moins avantageux, incluant un forfait limité de consommations téléphoniques et de connexion Internet. À vous de voir...

– ***Tarifs :*** ils sont propres à chaque opérateur et varient en fonction des pays (le globe est découpé en plusieurs zones tarifaires). **N'oubliez pas qu'à l'international, vous êtes facturé aussi bien pour les appels sortants que pour les appels entrants.** Ne papotez donc pas des heures en imaginant que c'est votre interlocuteur qui payera !

– ***Internet mobile :*** utilisez le wifi à l'étranger et non les réseaux 3G ou 4G, au risque de faire exploser les compteurs, avec au retour de voyage des factures de plusieurs centaines d'euros ! Le plus sage consiste à ***désactiver la connexion*** « données à l'étranger » (dans « Réseau cellulaire »). Il faut également penser à ***supprimer la mise à jour automatique de votre messagerie,*** qui consomme elle aussi des octets sans vous avertir (option « Push mail »). Opter pour le mode manuel. Cependant, les opérateurs incluent en plus de connexion Internet depuis l'étranger) dans leurs forfaits avec des formules parfois spécialement adaptées à l'Europe. Bien vérifier le coût de la connexion auprès de son opérateur avant de partir. Noter que l'Union européenne impose aux opérateurs un coût maximal de 0,20 €/Mo (HT) jusqu'en 2017, ce qui permet de surfer plus sereinement et à prix réduit.

Bons plans pour utiliser son téléphone à l'étranger

– ***Acheter une carte SIM/puce sur place :*** c'est une option très avantageuse pour certaines destinations. Il suffit d'acheter à l'arrivée une carte SIM locale prépayée chez l'un des nombreux opérateurs *(Vodafone, TIM, Wind)* représentés dans les boutiques de téléphonie mobile des principales villes du pays et souvent à l'aéroport. On vous attribue alors un numéro de téléphone local et un petit crédit de communication. Avant de signer le contrat et de payer, essayez donc, si possible, la carte SIM du vendeur dans votre téléphone – préalablement débloqué – afin de vérifier si celui-ci est compatible. Ensuite, les cartes permettant de recharger votre crédit de communication s'achètent facilement dans les tabacs et chez les marchands de journaux. C'est toujours plus pratique pour trouver son chemin vers un *B & B* paumé, réserver un hôtel, un resto ou une visite guidée, et bien moins cher que si vous appeliez avec votre carte SIM personnelle.

– ***Se brancher sur les réseaux wifi*** est le meilleur moyen de se connecter au Web gratuitement ou à moindre coût. De plus en plus d'hôtels, restos et bars disposent d'un réseau, payant ou non.

– Une fois connecté grâce au wifi, à vous les joies de la ***téléphonie par Internet*** ! Le logiciel ***Skype,*** le plus répandu, vous permet d'appeler vos correspondants gratuitement s'ils sont eux aussi connectés, ou à coût très réduit si vous voulez les joindre sur leur téléphone. Autre application qui connaît un succès grandissant, ***Viber*** permet d'appeler et d'envoyer des SMS, des photos et des vidéos aux quatre coins de la planète, sans frais. Il suffit de télécharger – gratuitement – l'appli sur son smartphone, celle-ci se synchronise avec votre liste de contacts et détecte automatiquement ceux qui ont *Viber*. Même principe, mais sans la possibilité de passer un coup de fil, ***Whatsapp Messenger*** est une messagerie pour smartphone qui permet de recevoir ou d'envoyer des messages photos, notes vocales et vidéos.

Urgence : en cas de perte ou de vol de votre téléphone portable

Suspendre aussitôt sa ligne permet d'éviter de douloureuses surprises au retour du voyage ! Voici les numéros des quatre opérateurs français, accessibles depuis la France et l'étranger :

– **SFR :** depuis la France : ☎ 1023 ; depuis l'étranger : ☎ + 33-6-1000-1023.
– **Bouygues Télécom :** depuis la France comme depuis l'étranger : ☎ + 33-800-29-1000.

– **Orange :** depuis la France comme depuis l'étranger : ☎ + 33-6-07-62-64-64.
– **Free :** depuis la France, ☎ 3244 ; depuis l'étranger, ☎ + 33-1-78-56-95-60.

Vous pouvez aussi demander la suspension de votre ligne depuis le site internet de votre opérateur.

Avant de partir, notez (ailleurs que dans votre téléphone portable !) votre numéro IMEI utile pour bloquer à distance l'accès à votre téléphone en cas de perte ou de vol. Comment avoir ce numéro ? Il suffit de taper sur votre clavier *#06# puis reportez-vous au site ● mobilevole-mobilebloque.fr ●

Appels nationaux et internationaux

– **Renseignements :** ☎ 12 (gratuit).
– Pour un appel d'**urgence,** composer le ☎ 113.
– **Italie → France :** 00 + 33 + numéro à 9 chiffres de votre correspondant (c'est-à-dire le numéro à 10 chiffres sans le 0 initial).
Code des autres pays francophones : Belgique, 32 ; Luxembourg, 352 ; Suisse, 41 ; Canada, 1.
– **France → Italie :** 00 + 39 + indicatif de la ville (6 pour Rome) + numéro de votre correspondant (6 ou 7 chiffres). Tarification selon votre opérateur.
– **Italie → Italie :** il faut impérativement composer le numéro de votre correspondant précédé du 0 et de l'indicatif de la ville.

Internet, wifi

Le wifi existe désormais partout, dans la plupart des hôtels et cafés (voir plus haut). Nous l'indiquons autant que possible dans nos adresses. Il est parfois limité en temps et souvent payant au-delà. En complément, pour les nomades du Net :

@ **Digitroma :** ☎ 06-06-06. ● digitroma.it ● Très largement répartis dans Rome et sa banlieue proche, près de 180 lieux offrent une connexion gratuite de 4h/j. par utilisateur. On trouve la liste des *hotspots* sur le site internet (in situ, des autocollants alerteront vos yeux d'accros à Internet !). Il faut juste vous enregistrer sur le site.
@ **ProvinciaWiFi :** ☎ 06-40-40-94-34.

● provincia.roma.it ● freeitaliawifi.it ● Si vous en voulez encore plus... plus de 1 100 points de connexion sur l'ensemble du Latium (dont pas mal à Rome, aux Castelli Romani et environs).
– **Attention :** l'utilisation de ces 2 réseaux nécessite de communiquer un numéro de téléphone portable (italien pour *Digitroma*).

TRANSPORTS

Le bus

Les tickets de bus des réseaux urbains sont en vente dans les kiosques à journaux, les bureaux de tabac, certains distributeurs automatiques, ainsi que dans quelques magasins autorisés (signalés par un autocollant). En revanche, une fois monté dans le bus, impossible de trouver un titre de transport. Seules exceptions : les minibus électriques qui parcourent le centre historique et les lignes de tramway les plus récentes, qui sont équipées de distributeurs de tickets. Prévoir la monnaie (ils ne marchent pas toujours !). Pour les sites les plus excentrés, prévoyez le ticket retour (vous n'y trouverez pas forcément de kiosque ou boutique).

Le scooter

Qui n'a pas rêvé de parcourir Rome en scooter, cheveux au vent, à la manière de Gregory Peck et Audrey Hepburn dans le film *Vacances romaines* ? Un conseil : évitez si vous n'en avez jamais fait ! Le port du casque est obligatoire. Une dernière recommandation : vérifiez que vous êtes bien assuré, un accident est vite arrivé...

ET PIAGGIO NE SE DÉMONTE PAS

Pendant la dernière guerre, Piaggio construisait des bombardiers. Bien entendu, cette activité lui fut interdite après la capitulation italienne. Voilà pourquoi, en 1946, il sortit le premier deux-roues : la Vespa (qui signifie la guêpe !). Les roulettes arrière des avions furent avantageusement réutilisées pour les petites roues des pétrolettes.

Le vélo

On trouve de plus en plus de loueurs de vélos. Le souci (et pas le moindre), ça descend... et ça monte ! Cela explique peut-être le lent développement du vélo et le peu de pistes cyclables. De plus, tout comme pour le scooter, il faut savoir slalomer entre les voitures et ça, franchement, ce n'est pas gagné. Un conseil, la via Appia (au sud) est réservée le dimanche aux piétons et aux vélos, c'est un bon moyen de découvrir la ville et de faire du vélo en toute tranquillité ! Encore mieux en août entre 6h et 8h du matin pour explorer le centre historique : Rome est vide !

Le taxi

Il a mauvaise réputation, et ce n'est pas totalement injustifié. Ne prendre que des taxis officiels, de couleur blanche. Des suppléments affichés dans tous les taxis peuvent être exigés pour des bagages, des services de nuit ou les jours de fête. En cas d'absence de compteur, changez de taxi !

La voiture

Absolument déconseillée pour visiter Rome, d'autant qu'une bonne partie de la ville est en accès restreint (voir plus loin « Arrivée à Rome » dans « Infos pratiques sur place »).

URGENCES

On ne vous demande pas de les apprendre par cœur, mais c'est bon à savoir au cas où...

■ *Quelques adresses d'hôpitaux :*
✚ En cas d'urgences ophtalmologiques, on ira plutôt à l'*Ospedale Oftalmico Pronto Soccorso Oculistico,* piazzale degli Eroi, 11 (plan détachable d'ensemble, A2). ☎ 06-68-35-26-21. Ⓜ *Cipro Museo Vaticani.*
✚ Pour les traumatismes de l'ordre des fractures, voir le *CTO (Centro Traumatologico Ortopedico),* via S. Nemesio, 21 (hors plan détachable d'ensemble par D6). ☎ 06-51-001 ou 06-51-37-28.
✚ Pour les urgences pédiatriques, aller à l'*Ospedale Pediatrico del Bambino Gesù,* piazza di S. Onofrio, 4 (plan détachable d'ensemble, B4). ☎ 06-68-591 ou 06-68-59-25-71.

■ *Pharmacies :* vous trouverez une pharmacie ouv tlj et 24h/24, au n° 228 de la via Nazionale (Piram : ☎ 06-48-80-754) ou encore au n° 49 de la piazza Barberini (Farmacia internazionale : ☎ 06-48-71-195). Sinon, pharmacie de garde en appelant le ☎ 06-22-89-41.

■ *Police :* ☎ 113. En cas de vol ou d'agression, composez le 113 (carabinieri) ou bien le 112 ; on vous communiquera l'adresse du commissariat *(questura)* le plus proche de l'endroit où vous êtes.

■ *Commissariat de police principal :* via S. Vitale, 15. ☎ 06-46-861.

■ *Croce rossa italiana (CRI) :* ☎ 118 ou 800-166-666.

■ *Pompiers (Vigili del Fuoco) :* ☎ 115.

☎ **112 :** c'est le numéro d'urgence commun à la France et à tous les pays de l'UE, à composer en cas d'accident, agression ou détresse. Il permet de se faire localiser et aider en français, tout en améliorant les délais d'intervention des services de secours.

BOISSONS

Les vins du Latium *(I vini laziali)*

Amateur de vin ou non, n'oubliez pas le proverbe romain *Buon vino fa buon sangue* (est-il nécessaire de traduire ?). Fort de cette recommandation, vous voilà maintenant déculpabilisé pour partir à la découverte des vins du Latium, qui représentent près de 5 % de la production nationale. En tout, le terroir du Latium compte 25 AOC locales (DOC, qui se divisent en trois fois plus de *sottodenominazioni*), soit environ 15 % de sa production totale.

– Les routards se souviendront sans doute du **blanc des Castelli Romani,** région des châteaux romains au sud de Rome. Appellation générique qui regroupe plusieurs DOC, dont le fameux *frascati superiore,* mais encore le *colli albani,* le *colli lanuvini,* le *marino* et le *montecompatri colonna.* Les deux tiers de la production totale de DOC du Latium sont produits ici sur des terres ensoleillées et fertiles qui favorisent notamment les cépages trebbiano et malvasia.

– En dehors des **blancs** fruités des Castelli Romani, qui se boivent comme du petit-lait (vins de 10,5° à 11,5° seulement), le Latium produit dans la région de Viterbe un blanc fort réputé de Montefascione. Pour clore le chapitre sur le blanc, on oublie parfois de mentionner – parmi les vins de la région – l'*orvieto* (*classico* ou non), que l'on retrouve dans la province de Viterbe.... Dernière remarque : on note que le Latium produit essentiellement des vins tranquilles (sans bulles), vifs et fruités. Faciles à boire, en somme !

– **Les rouges** abondaient naguère dans la région des Castelli Romani, avant la crise du phylloxéra qui détruisit les vignes dans la seconde moitié du XIXᵉ s. Aujourd'hui, les rouges font figure d'exception. Ils proviennent pour la plupart du sud de Rome (châteaux romains, Frosinone) : *velletri, cesanese del piglio...* ou de Cerveteri (au nord de Rome). Les principaux cépages sont le merlot, le sangiovese, le montepulciano (au nord) et le cesanese.

– **Les vins de table** *(vini da tavola) :* il y a de très bons rouges, à commencer par le *torre ercolana* (un des meilleurs rouges d'Italie ; région d'Anagni), le *colle picchioni* et le *vigna del vassalo,* provenant tous deux du même producteur (dans les Castelli Romani).

Suivez donc nos conseils

– Pour goûter un bon vin blanc des Castelli Romani, prenez une bouteille de *frascati superiore* (compter entre 5 et 10 € la bouteille).

– À Rome, les **bars à vins** *(enoteche)* sont, avec les producteurs, un endroit privilégié pour goûter aux vins italiens et en particulier à ceux du Latium. On vous les indique dans chaque quartier (dans la mesure du possible).

– Si vous ne voulez ni vous spécialiser dans la dégustation ni grever votre porte-monnaie trop lourdement, sachez que la plupart des restos proposent aussi du vin au pichet ou au verre *(vino della casa),* en général tout à fait correct et à un prix démocratique.

La *sambuca*

C'est le digestif traditionnel des Romains à base d'anis, auquel une marque est naturellement associée : *Molinari,* nom de la fabrique familiale fondée à Civita-vecchia qui produit cet alcool. Il se boit frais et à toute heure, souvent servi avec trois grains de café *(con mosca).* Sur la côte adriatique, on met un peu de *sambuca* pour corriger son café *(caffè corretto).* À Rome, on le corrige non pas avec de la *sambuca,* mais avec de la *grappa.*

Le café

On le commande et on le boit généralement au comptoir en deux gorgées, à l'italienne ! Le fait de vous asseoir peut tripler le prix du café. À vous maintenant de faire le tri parmi toutes les sortes de cafés. Il y a le simple *espresso* : certains le souhaitent *ristretto* (serré), *lungo* (allongé) ou encore *macchiato* (« taché » d'une goutte de lait froid, tiède ou chaud). Le café au lait se dit *caffè latte.* À ne pas confondre avec le fameux cappuccino, *espresso* coiffé de mousse de lait et saupoudré parfois d'une pincée de poudre de cacao, qu'on boit généralement le matin (vous passez pour un vrai touriste si vous le buvez l'après-midi !). À moins que vous ne préfériez le *caffè corretto,* c'est-à-dire « corrigé » d'une petite liqueur.

Le chocolat

La *cioccolata calda* est pour certains meilleure que le cappuccino qui, dans bien des endroits touristiques, se transforme de plus en plus en un banal café au lait. Ce chocolat chaud réalisé dans les règles de l'art est extrêmement onctueux, voire très épais (la cuillère tient quasiment toute seule !)... Un vrai régal à déguster à la petite cuillère.

L'eau

L'eau du robinet est potable et son goût est très agréable, mais elle n'est malheureusement jamais servie dans les restaurants, où l'on vous propose toujours de l'eau minérale (qui vous est facturée). Précisez *naturale* si vous souhaitez de l'eau plate, *frizzante* si vous préférez l'eau gazeuse. Si vous y tenez absolument, demandez l'*acqua del rubinetto,* mais c'est plutôt mal vu. Enfin, n'oubliez pas qu'il existe environ 300 fontaines publiques dans Rome, de quoi remplir la gourde ou la bouteille en plastique pour la journée.

CINÉMA

Cinecittà

Que serait le cinéma italien sans Cinecittà ? Nombre de chefs-d'œuvre du cinéma italien ont été tournés dans cet immense complexe de 60 ha. Pourtant, l'affaire semblait mal engagée. Dans le but avoué de concurrencer l'hégémonie d'Hollywood et de « diffuser plus rapidement la civilisation romaine dans le monde » (dixit le premier slogan publicitaire), Cinecittà est inaugurée en avril 1937. Entre 1937 et 1943, 300 films sont réalisés dans les studios de la *ville du cinéma.* Mais, évidemment, la plupart de ces productions de la période fasciste sont aseptisées et sans intérêt, visant à divertir les populations pour mieux les endormir. Avec la chute du fascisme, l'essor du néoréalisme plombe les aspirations de la « Hollywood-sur-Tibre », le « cinéma-vérité » du néoréalisme ne pouvant s'adapter aux décors carton-pâte de Cinecittà. Elle doit son salut à la venue de nombreux réalisateurs américains au début des années 1950. Véritable Eldorado pour cinéastes (coûts nettement inférieurs à ceux d'Hollywood et main-d'œuvre moins chère), le filon des péplums, alors en plein boom, y est largement exploité avec des films comme *Quo vadis ?* et *Ben Hur.*

Mais il faut véritablement attendre les années 1960 pour que Cinecittà entre dans la légende du cinéma. Le réalisateur le plus emblématique de cette période restera Federico Fellini. Il y tournera l'impérissable *La Dolce Vita* et nombre de ses chefs-d'œuvre *(Huit et demi, Casanova, Les Clowns...),* rejoignant au passage le Panthéon du cinéma italien et obtenant par ailleurs une reconnaissance internationale. Des réalisateurs de génie comme Visconti, De Sica, Rossellini (qui furent les chantres du néoréalisme) et Pasolini y posent également leur caméra. La plupart de ces films bénéficient des présences remarquées d'acteurs français tels que Alain Delon, Annie Girardot et Anouk Aimée. Le genre des westerns spaghetti s'implante dans les studios avec le crépusculaire *Pour une poignée de dollars* de Sergio Leone. C'était l'âge d'or du cinéma italien.

Malheureusement, toutes les bonnes choses ont une fin. Dès le début des années 1980, les studios de Cinecittà commencent à produire des émissions télévisées et des téléfilms, puis accueillent occasionnellement quelques films à gros budget (*Gangs of New York* de Martin Scorsese et *La Passion du Christ* de Mel Gibson). En avril 2007, un incendie ravage 40 ha des studios mais épargne les décors légendaires de *Ben Hur,* de *La Dolce Vita...* Même les flammes ne peuvent détruire l'essence même de Cinecittà...

Depuis 2011, le site Cinecittà Studio a ouvert ses portes aux visiteurs (voir le chapitre en fin de guide consacré à la « Rome Insolite »). Un parc d'attractions *Cinecitta World* a même ouvert ses portes à une quarantaine de kilomètres de là (via di Castel Romano), parc qui vous immerge, paraît-il, dans le 7e art italien.

Filmographie

Le cinéma naît en Italie comme en France en 1895. Cette année-là, un certain **Alberini** fait breveter une machine qu'il nomme *Kinetografo Alberini,* destinée à prendre, tirer et projeter des films. Mais il se fera doubler par le fameux Cinématographe des frères Lumière qui, dès 1896, envoient des opérateurs sillonner la péninsule. Les premiers sujets qu'ils en ramènent sont d'ailleurs des films touristiques sur... Venise, Gênes, Turin et Rome, bien entendu !

Tant comme thème cinématographique que comme lieu de production, Rome joue un rôle majeur dans le cinéma italien. La première fiction importante, *La Prise de Rome,* réalisée par Alberini en 1904, a pour sujet et pour cadre la capitale italienne. La même année, on célèbre à Rome l'ouverture du *Moderno,* le premier cinéma du monde. On assiste aussi à la naissance des premières sociétés de production, telle la Cinès, ancêtre de la Cinecittà, créée en 1906. Jusqu'aux années 1910, le cinéma italien connaît une période faste à laquelle la Première Guerre mondiale vient mettre un terme. La relance s'opère grâce au soutien de l'État, avec la création à Rome de deux institutions sacrées du cinéma italien : l'école *Centro Sperimentale* en 1935 et les immenses studios de Cinecittà en 1937. Les écrans italiens offrent alors essentiellement des produits aseptisés, les seuls tolérés par le régime fasciste. Il faudra attendre les années 1940 pour qu'apparaissent les signes d'un renouveau, lorsque des écrivains, journalistes et cinéastes expriment leurs critiques et appellent de leurs vœux une autre manière de concevoir le cinéma. C'est à la Libération, avec *Rome, ville ouverte* (1945) de **Roberto Rossellini** (avec Federico Fellini comme assistant et coscénariste), que s'opère la révélation du néoréalisme. Le film met en scène la capitale occupée. Il est le premier du genre à traiter de l'histoire immédiate sous forme de fiction, en choisissant de surcroît la voie du témoignage distancié. Plusieurs films illustrent ce courant novateur, dont *Le Voleur de bicyclette* (1948), de **Vittorio De Sica,** une histoire terriblement ancrée dans le réel misérable de la Rome d'après-guerre et un film puissamment néoréaliste, puisque tourné en décors naturels et avec des comédiens non professionnels. Côté potins, la belle **Gina Lollobrigida** (Fanfan la Tulipe, Pain, Amour et Fantaisie...) arrive deuxième au concours de Miss Rome en 1947. L'année précédente, **Silvana Mangano** (Riz amer, L'Or de Naples...) avait remporté la première place.

Au début des années 1950, les producteurs américains s'entichent de la petite « Hollywood-sur-Tibre » et viennent y tourner nombre de péplums et autres films en costumes. Sans oublier le must des comédies romantiques, *Vacances romaines* (1953) de l'Américain William Wyler, où un très séduisant Gregory Peck tombe amoureux d'une encore plus séduisante Audrey Hepburn, tout cela dans le décor de la *Caput mondi* (enfin, Rome...). Comme c'est romantique ! Toujours dans un esprit de légèreté, *Le Pigeon* (1958), un petit chef-d'œuvre de comédie à l'italienne de **Mario Monicelli,** avec **Marcello Mastroianni** et **Vittorio Gassman.** Un genre bientôt éclipsé dans sa fonction de pur divertissement par le western spaghetti. Un certain **Sergio Leone** réalise en 1964 à Cinecittà son premier film intitulé *Pour une poignée de dollars,* avec un acteur américain inconnu : Clint Eastwood. La musique composée par **Ennio Morricone** a beaucoup contribué au succès du film. En 1968, Leone écrit *Il était une fois dans l'Ouest.*

Bientôt, le grand **Fellini** va investir les studios. Il y tourne *Fellini Roma* en 1972 et plus tard *Intervista* (1987), où Cinecittà est presque un sujet à elle seule. Mais surtout, LE film qui restera dans les mémoires par-delà tous les autres, tant l'on a vu et revu ses scènes mythiques : *La Dolce Vita* (1960). Des faubourgs romains à la basilique Saint-

> ## PAPARAZZO
>
> *En 1959, Fellini sort son chef-d'œuvre, La Dolce Vita, avec Marcello Mastroianni. On y voit un photographe pour vedettes, plutôt sans foi ni loi. Dans le film, il s'appelle Paparazzo. Ce qui donne, au pluriel, paparazzi.*

Pierre en passant par les rues désertes de *Rome by night,* sans oublier la célèbre scène de la baignade de l'actrice Anita Ekberg et de Marcello Mastroianni dans la fontaine de Trevi. Après Fellini, ce sera **Pasolini** qui reprendra dans ses films ce thème de ville mère, avec *Mamma Roma* notamment, l'histoire d'une mère prostituée à Rome, admirablement jouée par **Anna Magnani** (actrice romaine par excellence), qui décide de changer de vie pour son fils. Un film qui illustre aussi l'histoire du prolétariat et de sa pénible condition dans la Rome d'après-guerre.

Ettore Scola réalise aussi à Rome de nombreux films dont le grinçant *Affreux, sales et méchants* et le magnifique *Nous nous sommes tant aimés* sur ce qu'a été l'Italie et ce qu'elle est devenue. Sans oublier *Une journée particulière* dans lequel une mère de famille *(Sophia Loren)* et un homosexuel *(Marcello Mastroianni)* partagent, par hasard, une journée dans un immeuble déserté de Rome, lors d'une visite de Hitler à Mussolini. De nombreux films internationaux sont également tournés à Cinecittà, permettant de faire vivre l'usine à rêves : *Spartacus* de Stanley Kubrick, *Jules César* de Joseph L. Mankiewicz, *Le Nom de la rose* de Jean-Jacques Annaud, *Le Ventre de l'architecte* de Peter Greenaway, *La Fureur du dragon* de Bruce Lee, *Gangs of New York* de Martin Scorsese et *Ocean's Twelve* de Steven Soderbergh...

Enfin, de nos jours, **Nanni Moretti** nous montre un autre visage de Rome. Observateur lucide du monde qui l'entoure, Moretti, dans la première partie de son *Journal intime* (1994), se lance dans une promenade à Vespa, partant à la découverte de différents quartiers de la Ville éternelle, en particulier celui de la Garbatella, au sud de Rome.

Aujourd'hui, le cinéma italien n'arrive plus en France qu'à dose homéopathique et, faute d'aller à Rome ou dans les festivals spécialisés comme ceux d'Annecy ou de Villerupt, on sait peu ce qu'il se crée dans l'Italie contemporaine. Hormis des films comme *Cinéma Paradiso* de **Giuseppe Tornatore** (Oscar du meilleur film étranger en 1990), *La Vie est belle* de **Roberto Benigni** ou *Nos meilleures années* (2003) de **Marco Tullio Giordana,** superbe épopée sur les années de plomb se déroulant entre Rome et Turin, récompensé à Cannes puis aux césars. Citons encore *La Fenêtre d'en face* et *Cœur sacré* de Ferzan Ozpetek, tournés à Rome dans une veine nostalgico-mystique, et *Juste un baiser* de Gabriele Muccino, le réalisateur de *Romanzo criminale* (2006), tiré du roman de Giancarlo de Cataldo qui retrace l'histoire d'un gang qui a fait trembler Rome de 1977 à 1992. En mars 2009, la comédie à l'italienne est revenue sur nos écrans avec la sortie du *Déjeuner du 15 août,* réalisé par Gianni Di Gregorio.

En 2011, *Habemus Papam* de Nanni Moretti, avec un magistral Michel Piccoli, a planté le décor dans les ors feutrés du Vatican (faute d'accord du Saint-Siège, le film fut tourné entre autres au palais Farnèse). Woody Allen, quant à lui, a choisi les rues de Rome pour son dernier film *To Rome With Love* (2012) avec le génial Roberto Benigni. Le cinéma italien actuel affiche une bonne santé ; Matteo Garrone, adaptateur de *Gomorra* (2008), remporte en 2012 le Grand Prix du jury à Cannes pour le drame paranoïaque *Reality* et Paolo Sorrentino, avec son sixième film *La Grande Bellezza* (2013), est quant à lui parvenu à remporter l'Oscar du Meilleur film étranger lors des Oscars 2014. L'année 2015 a été marquée par le dernier film de Nanni Moretti *Mia Madre* et celui de Sorrentino avec *Youth*. Malgré l'accueil favorable et la critique, ils sont repartis bredouilles du Festival de Cannes.

Itinéraires pour cinéphiles

Les cinéphiles iront récupérer dans les kiosques d'informations touristiques la très belle brochure (gratuite) *Roma, Il grande Set* qui propose, photos à l'appui, quelques itinéraires sur le thème du cinéma. Quartier par quartier, partez sur les traces de Mastroianni dans *La Dolce Vita* ou d'Audrey Hepburn dans *Vacances romaines...* mais aussi d'Anna Magnani dans *Rome, ville ouverte*, de Gwyneth Paltrow dans *Le Talentueux Monsieur Ripley,* de Bruce Willis dans *Hudson Hawk.*

Où regarder un bon film ?

Il existe encore quelques salles d'art et d'essai proposant, pour un prix généralement inférieur, des classiques du 7e art italien, mais aussi des films récents. La production nationale est en chute libre (moins de 100 films par an, dont un grand nombre de navets), même si quelques réalisateurs résistent encore et toujours : Nanni Moretti, Marco Bellocchio, Daniele Luchetti... La Ville éternelle compte encore une centaine de salles. On signale notamment le **cinema Azzurro Scipioni** *(via degli Scipioni, 82 ;* ☎ *06-39-73-71-61 ;* ● *azzurroscipioni.com* ● *;* Ⓜ *Ottaviano)* qui, en plus d'être un lieu un peu magique, propose des rétrospectives de grands réalisateurs italiens et étrangers (tous les dimanches à 17h, projection de *La Dolce Vita* en v.o., sous-titrée en anglais). Enfin, l'été, des projections en plein air sont données par le **cinema Nuovo Sacher** *(largo Ascianghi, 1 ;* ☎ *06-58-18-116 ;* ● *sacherfilm.eu* ● *; ts les lun le film est en v.o.)* qui, pour l'anecdote, appartient au réalisateur Nanni Moretti. Sinon, au printemps (mars ou avril) se déroule le **Rome Independant Film Festival,** festival romain de cinéma indépendant avec de beaux films du monde entier en compétition *(infos :* ☎ *06-45-42-50-50 ou* ● *riff.it* ●*).*

CUISINE

La cuisine italienne est très marquée régionalement, plus encore qu'en France, du fait de l'unification tardive de l'Italie. Chaque région a ses recettes, ses spécialités transmises de génération en génération. La carte (en général bien fournie) des restaurants se divise en cinq grands chapitres : *gli antipasti, il primo, il secondo, i contorni* et *i dolci.* Il vous faudra faire un choix en sachant que les Italiens eux-mêmes (en dehors de certains repas de fête) se contentent d'*antipasti* et d'un plat selon leur faim.

Les spécialités culinaires de Rome

La cuisine romaine se caractérise par ses influences rurales et juives (voir plus loin). C'est une cuisine pauvre à l'origine, mais elle est simple, saine, nutritive... et savoureuse. Elle est assez variée : spécialités à base de pâtes, de viande (blanche seulement), d'abats divers (les fameuses *tripa alla romana*), de poissons (malheureusement très chers à Rome) et quantité de recettes à base de légumes (*carciofi alla romana,* soit les artichauts à la romaine, etc.). Bien que peu raffinée, c'est une cuisine locale qui a su rester proche de la nature et de son terroir.

Les hors-d'œuvre *(antipasti)*

Avec le temps, l'*antipasto* est devenu un bel assortiment, à partager ou non. Beaucoup sont à base de poissons et de fruits de mer (attention, ça chiffre vite !) : poulpes marinés, *mazzancolle* (gambas locales), fritures en tout genre... calamars *alla romana, scampi fritti, fiori di zucca fritti* (fleurs de courgette fourrées). Le tout ne doit pas baigner dans l'huile, mais pas non plus être sec : subtil équilibre ! Sans oublier les tartines *(bruschette, crostini...)* et les boulettes et croquettes en tout genre, comme les *supplì di riso* (boulettes de riz frites fourrées de mozzarella). La version ragoût (avec petit pois, sauce tomate et viande en plus) est l'*arancina*.

Les charcuteries romaines

Outre les classiques charcuteries italiennes (*prosciutto, salame...* servis avec ou sans melon ou figues), on trouve quelques spécialités romaines comme la *coratella* ou la *mortadella* d'Amatrice (que l'on appelle aussi « couilles de mulet » !). Sans oublier la *porchetta* (qui se déguste avec du pain) des Castelli Romani (voir un peu plus loin).

Zuppa & pasta !

Au menu en guise de « premier plat », des soupes *(zuppe)* ou bouillons *(minestre)* aux légumes secs et céréales : *di fave* (fèves), *di farro* (épeautre), *di lenticchie* (lentilles) ; mais aussi l'irremplaçable *piatto di pasta* ! Premiers producteurs de pâtes sèches, les Italiens en sont aussi les premiers consommateurs avec pas moins de 28 kg par personne et par an ! Les grandes recettes originaires du Sud de l'Italie et de la région de Rome sont principalement à base de spaghettis. Surtout, ne vous avisez pas de les couper avant de les manger... De même, quand le Romain recouvre ses pâtes de fromage râpé, il préfère le *pecorino* au *parmiggiano reggiano* (ah ! le chauvinisme régional !).

La pasta alla romana

– *Cacio e pepe* : de loin la recette la plus simple. Poivre concassé, huile d'olive et *pecorino*. Relevé et piquant, un pur régal !
– *Bucatini all'amatriciana* : spaghettis géants avec un petit trou, poitrine fumée et sauce tomate relevée d'un peu de piment, le tout saupoudré de *pecorino romano* râpé.
– *Minestra sulla palla* : spaghettis au chou-fleur ou au brocoli.
– *Pasta alla chitarra con agnello* : au ragoût d'agneau.
– *Fettuccine alla romana* : genre de tagliatelle aux cèpes, avec de la poitrine de porc ou des abats de poulet.

– *Spaghetti alla carbonara* : œufs battus avec de la pancetta, de l'ail et du *pecorino* râpé (surtout pas de crème : ô sacrilège !).

– *Spaghetti aglio, olio e peperoncino* : ail, olives et piments, recette typiquement romaine. Agrémentée de piments *(peperoncino)* ou non, elle est parfois dénommée la *pasta dei cornuti* (des cocus), car c'est la seule que la maîtresse de maison, revenant de chez son amant, a le temps de préparer pour son mari.

SPAGHETTI ALLA PUTTANESCA

Cette sauce composée d'ail, piment, câpres, tomates et anchois au sel est plutôt relevée. Ce plat permettait aux prostituées de le préparer rapidement entre deux clients.

– *Penne all'arrabbiata* : à « l'enragée », à la sauce tomate pimentée.

– *Gnocchi alla romana* : le jeudi seulement, pour respecter la tradition. Petites galettes gratinées à base de semoule de blé, saupoudrées de *pecorino*, *parmiggiano* ou de *grana* râpé. À ne pas confondre avec les *gnocchi di patate*, à base de pommes de terre.

POURQUOI TOMATE SE TRADUIT-ELLE PAR *POMODORO* ?

Les grands navigateurs découvrirent la tomate chez les Aztèques, au Mexique. Elle avait bien la forme d'une pomme et valait le prix de l'or parce qu'elle était particulièrement difficile à conserver, d'où son nom de « pomme d'or ».

– *Rigatoni con la pagliata* : pâtes courtes en forme de polochons, servies avec des boyaux de veau, une des recettes les plus traditionnelles de Rome.

– *Ravioli ou cannelloni con ricotta romana* : farcis de ricotta et d'épinards, le plus souvent.

Les « seconds plats » *(secondi piatti)*

Les plats à base de viande

– S'il y a un plat qui caractérise la cuisine du Latium, c'est bien l'agneau : l'*abbacchio al forno* (rôti au four) ou l'*abbacchio alla cacciatora* (en cocotte), ou bien encore à la poêle. À l'inverse, les côtelettes *(scottadito di abbacchio)* se cuisinent frites, panées ou encore grillées. L'*abbacchio* est un jeune agneau de lait âgé d'à peine 1 mois (bien qu'il y ait une tolérance jusqu'à 4 mois). Ensuite, il devient *agnello*, mais ça n'a déjà plus rien à voir. Quoi qu'il en soit, avant de commander de l'*abbacchio*, soyez sûr de votre coup... Trop de restos l'inscrivent à la carte sans savoir le faire cuire (quand ils ne trichent pas sur l'âge de la bête !). Vous risquez de mâchouiller un décevant bout de carne bouillie.

Attention d'ailleurs, les viandes sont globalement plus cuites qu'en France. Et n'oubliez pas qu'en Italie, on ne mange de bœuf guère qu'à Florence. Sachez également que la plupart des viandes sont servies sans accompagnement. Il faut donc commander les légumes, qui sont facturés en sus comme des *contorni* (voir plus loin).

– Autre spécialité, la *saltimbocca alla romana,* qui est une escalope de veau farcie au jambon et à la sauge, le tout arrosé d'un peu de vin blanc.

– *Pollo alla romana* : les amateurs de poulet ne sont pas oubliés. Il est cuisiné ici aux poivrons et en cocotte.

– On ne peut, enfin, faire l'impasse sur la *porchetta* (cochon de lait désossé et rôti au feu de bois, arrosé de vin blanc et parfumé d'herbes aromatiques) que vous trouverez non pas dans les restos mais vendue en sandwichs, en particulier dans les Castelli Romani (où se déroule en septembre la grande fête de la *porchetta*). Ariccia en revendique la paternité, et la ville a déposé un dossier pour faire reconnaître une IGP (appellation contrôlée)... à quoi les autres villes et villages des Castelli Romani ripostent en demandant une seconde IGP « Castelli Romani »...

Les plats à base d'abats

À Rome (principalement dans le quartier du Testaccio), nombreuses sont les préparations à base d'abats.

Les tripes *alla romana* sont un classique, ainsi que la queue de bœuf *(coda alla vaccinara),* mais les plus aventureux iront voir du côté des *testine d'agnello al forno* (têtes d'agneau au four), et de la fressure *(coratella),* c'est-à-dire poumon, foie et cœur coupés en petits morceaux et sautés. Peu alléchants mais pourtant délicieux !

Les accompagnements et légumes (contorni e verdure)

– Parmi les légumes, les artichauts *(carciofi)* originaires de Sicile, sont devenus un produit typique du Latium. Ils sont proposés *alla giudea* (« à la juive » ; voir ci-après) ou *alla romana* (farcis avec une préparation de menthe et d'ail). Un incontournable !
– Autres légumes très prisés : les petits pois *(piselli),* les épinards *(spinacci),* les courgettes *(zucchine)* et leurs fleurs en saison, les aubergines *(melanzane).*
– Enfin, les fèves *(fave)* sont appréciées ici plus qu'ailleurs en Italie. C'est le plat typique du 1er mai, agrémenté du fromage *pecorino romano.*
– En saison (février-mars), ne ratez pas la *puntarella,* une salade typiquement romaine : un genre de chicorée froufroutante, croquante et parfumée, assaisonnée d'une petite sauce à l'ail et aux anchois.

Alla giudea : les influences juives dans la cuisine romaine

Si les influences juives sur la cuisine romaine sont souvent méconnues, elles n'en sont pas moins fondamentales. Les restaurants du Ghetto se font fort de préserver toutes ces recettes. À commencer par les nombreuses charcuteries à base de bœuf et d'innombrables pâtisseries.

Le plus célèbre exemple est le *carciofo alla giudea.* L'artichaut, débarrassé de ses parties les plus dures, est ouvert, aplati puis passé à la friture. Hmm ! Il y a aussi l'*agnello alla giudea,* recette typique de Pâques, avec une sauce à base d'œuf et de citron, la *concia,* des courgettes frites et marinées, ou encore une tourte aux endives et aux anchois.

Les desserts (dolci)

Les Italiens ne mangent pas beaucoup de sucreries en fin de repas (ils les préfèrent à l'heure du goûter et plutôt faites maison) et se contentent le plus souvent de quelques fruits frais. La plupart des restos proposent néanmoins des pâtisseries pour les touristes (et les irréductibles gourmands italiens !). Sachez qu'à Rome, les viennoiseries souvent appelées *paste* dans le reste de l'Italie sont nommées ici *lieviti* (littéralement, « levures »).

Les desserts et les pâtisseries sont souvent associés à une fête religieuse : on ne les trouve donc pas toute l'année. Voici quand même quelques grands classiques :
– Aux beaux jours, vous vous rafraîchirez avec de la *grattachecca,* sorte de glace grattée, aromatisée d'un sirop et aux fruits frais. On la trouve un peu partout à Rome, notamment chez *Sora Mirella* et *Fonte d'Oro* (détaillés dans le Trastevere),

petits cabanons ouverts de mars à novembre. Autre bonne adresse pour la *gratta-checca* : ponte Cavour (côté opposé au palais de justice).

– Autre denrée très prisée des Romains en fin de soirée et en période estivale : la pastèque *(anguria)*. Nombreux marchands en ville en été.

– *Bignè di San Giuseppe* (beignets de saint Joseph) : ce sont des choux à la crème anglaise saupoudrés de sucre glace qu'on préparait pour le 19 mars, jour de la Saint-Joseph. Désormais, on en trouve dans les pâtisseries dès la fin février.

– *Budino di ricotta :* flan en forme de couronne à base de ricotta.

– *Colomba di Pasqua :* le gâteau typique sur toutes les tables familiales au moment de Pâques. C'est une brioche aux fruits confits, aux noisettes et aux amandes en forme de colombe, symbole de Pâques festive et printanière.

– *Torte di mele :* tarte typiquement romaine (qu'ils disent !), aux pommes et au miel.

Et enfin, deux incontournables, pas romains pour deux sous ; ces deux desserts jouent néanmoins les vedettes sur tous les menus de la ville (et d'Italie !) :

– *Tiramisù :* sublimissime gâteau à base de mascarpone (crème épaisse) et de biscuits imbibés de café et de marsala, le tout saupoudré de cacao. *Tiramisù* signifie « tire-moi vers le haut » ou « hisse-moi le moral », en référence, évidemment, à sa teneur en café et son haut pouvoir calorique !

– *Panna cotta :* crème cuite, nature ou recouverte d'un coulis de fruit.

Gelati

Pas d'Italie sans glaces... après la sieste, vers 17h-18h, le rituel immuable de la *passegiata* conduit naturellement le promeneur vers son glacier attitré, pour déguster un *cornetto* de son parfum préféré : *alla straciatella,* au *mustazzolo, al caffe con panna, al pasticcio...* les variations sont innombrables et font l'objet entre les *gelaterie* de publicités inventives pour attirer l'amateur.

Les fromages du Latium *(formaggi laziali)*

– **Le pecorino romano :** *pecorino* désigne tout fromage de brebis, qu'il soit doux et à pâte molle ou sec et fort comme le *pecorino romano.* Ailleurs, on rencontre donc des *pecorino toscano, pecorino sardo, pecorino siciliano...* Le *romano* est sans doute le plus ancien des fromages italiens car les Romains, dans l'Antiquité, en consommaient déjà. Il est aujourd'hui produit principalement en Sardaigne mais reste traditionnellement consommé à Rome.

Le *pecorino* a sa *sagra* (fête), qui se déroule tous les ans à Antrodoco (province de Rieti ; sur la route de L'Aquila, venant de Rieti), le 26 juillet. L'occasion de goûter aux différents *pecorini. Rens au ☎ 07-46-56-232.*

– **La ricotta :** élaboré traditionnellement avec du lait de brebis (mais de plus en plus à base de lait de vache), ce fromage frais d'une blancheur immaculée est indispensable pour la préparation de nombreux plats romains *(maccheroni con la ricotta, ravioli con ricotta romana...)* et desserts. On la retrouve aussi comme fromage de table.

– **La mozzarella di bufala :** l'IGP qui la protège (l'équivalent de nos AOC) indique comme origine la Campanie. Elle vous sera souvent servie entière. Quand vous l'aurez goûtée, vous comprendrez le gouffre qui la sépare de l'insipide et caoutchouteuse *mozzarella di vacca* (au lait de vache et non de bufflonne) et vous n'en voudrez plus jamais d'autre malgré son prix plus élevé. Fondante et délicate, elle se déguste de préférence nature, juste recouverte d'une pincée de sel, d'un filet d'huile d'olive fruitée et, à la rigueur, d'un coup de moulin à poivre... On trouve même un resto-bar spécialisé dans la mozzarella à Rome.

– **La caciotta :** c'est un fromage de brebis (trois quarts) et de vache (un quart). La *caciotta* du Latium est produite dans l'Agro Romano (campagne romaine) de juin à novembre, ainsi que dans les Castelli Romani et l'Agro Pontina (régions de

Pomezia, d'Aprilia et de Latina). Une petite merveille selon Michel-Ange, qui emportait toujours avec lui son chevalet, des pinceaux... et une petite réserve de *caciotta*.

La pizza

Il y aurait près de 200 variantes dans sa préparation. La plus courante est la *napoletana* (recouverte de tomates, de mozzarella, de trois anchois, de câpres et d'huile d'olive). Mais pour les puristes, la seule acceptable sur le plan historique est la *margherita* (voir encadré). *Alla romana*, la pizza se pare de tomates, de mozzarella et d'anchois. Surtout, la pâte est à Rome traditionnellement (beaucoup) plus fine qu'à Naples, où on l'aime plus épaisse. En parlant de tradition... les restos

> ### PIZZA ROYALE !
>
> *C'est en l'honneur de la reine Marguerite de Savoie, l'épouse d'Umbert I*er *(fin XIX*e *s), lors d'une réception à Naples, que l'on prépara une pizza spéciale. Sans ail évidemment, rapport à l'haleine ! On décida alors de rendre hommage à la nation nouvellement unifiée en évoquant le drapeau italien : tomate pour le rouge, mozzarella pour le blanc et basilic pour le vert. La margherita était née.*

n'allument en principe leur four à bois que pour la pizza du soir. De manière générale, essayez de repérer l'indication « *forno a legna* » (c'est-à-dire cuite au feu de bois), que les restos arborent fièrement en devanture... N'hésitez pas non plus à demander votre pizza *bianca,* c'est-à-dire sans sauce tomate... Elles sont parfois meilleures, plus riches en garniture. Pour l'accompagner, les Italiens préfèrent généralement la bière (régionale ou non, là aussi, tout évolue !).

Dans la rue, snacks et boutiques proposent la pizza *al taglio* ou *al pezzo,* c'est-à-dire à la coupe, au poids ou au morceau. Pratique pour un repas sur le pouce, mais le pire côtoie le meilleur.

Les boulangeries vendent également (au poids) de la *pizza bianca*. Dans ce cas précis, il s'agit de pizza « blanche », nature avec juste un filet d'huile d'olive... à garnir de mortadelle ou de jambon cru et de figues : un délice !

Le succès du *slow food*

Nombreux sont les restaurants romains qui affichent désormais l'autocollant « *Slow food* » (reconnaissable au symbole du petit escargot), ce qui est plutôt rassurant. Ce mouvement culinaire né en Italie il y a près de 30 ans déjà a décidé de défendre les valeurs de la cuisine traditionnelle, notamment celles des petites *trattorie* du terroir.

Ce retour du « bien-manger » et la volonté de préserver la biodiversité sont apolitiques. Le *slow food* n'est pas contre la modernisation, à condition qu'elle soit au service du goût. L'idée, c'est de respecter la nature et d'attendre le bon moment pour apprécier un légume ou un fruit.

Les restaurants *slow food* (on en sélectionne un grand nombre dans ce guide) ne sont pas forcément chers. En revanche, ils ne sont pas systématiquement reconduits par l'association. Si les critères ne sont plus respectés, les établissements sont retirés des listes officielles. L'autocollant toujours en bonne place sur la devanture devient alors caduque : tout comme pour *Le Routard,* vérifiez les plaques !

Pour plus d'informations sur ce mouvement : ● *slowfood.it* ● *slowfood.fr* ●

Petit lexique culinaire

Abbacchio	Agneau de lait
Acciughe	Anchois
Agnello	Agneau

Ai ferri	Grillé
Arrosto	Rôti
Asparagi	Asperges
Baccalà	Morue
Calamari	Calamars
Casalinga	Comme à la maison, « ménagère »
Cipolla	Oignon
Contorno	Garniture de légumes
Dolci	Desserts
Fegatini di pollo	Foies de volaille
Fegato	Foie
Frittura	Friture
Funghi	Champignons
Gamberi	Crevettes
Gelato	Glace
In umido	En ragoût
Maiale	Porc
Manzo	Bœuf
Melanzana	Aubergine
Pasticceria	Pâtisserie
Peperoni	Poivrons verts ou rouges
Pesce	Poissons
Ragù	Sauce à la viande
Riso	Riz
Sarde	Sardines
Seppia	Seiche
Sogliola	Sole
Tortelli	Raviolis farcis d'herbes et de fromage frais
Uovo	Œuf
Verdure	Légumes
Vitello	Veau
Vongole	Palourdes ou clovisses
Zucchine	Courgettes

ÉCONOMIE

Proclamée capitale de l'Italie en 1871 au détriment de Turin, Rome n'a pas bénéficié de la révolution industrielle du XIXe s, qui a consacré Milan comme capitale économique du pays. Longtemps caractérisée par la faiblesse de son secteur industriel, la *Caput mundi* connaît un essor économique important dans le secteur des technologies et des communications depuis une vingtaine d'années. Mais la valeur sûre du

TOUTES LES BANQUEROUTES MÈNENT À ROME...

Au Moyen Âge, les prêteurs sur gages travaillaient sur un comptoir (il banco). *C'est l'origine de ces établissements financiers. Quand ils faisaient faillite, ils étaient obligés de casser, de rompre ce comptoir* (banco rotto). *D'où le mot* « banqueroute ».

dynamisme économique romain se trouve du côté du secteur tertiaire, et plus particulièrement du tourisme. Après la rénovation des infrastructures hôtelières et culturelles, le tourisme s'impose comme le ciment de l'économie romaine. Actuellement, le nombre de visiteurs de la capitale s'élève à 20 millions. De plus, la capitale italienne s'est dotée d'un solide réseau de transport : la gare centrale de Termini est une des plus grandes gares d'Europe, l'aéroport Fiumicino connaît un intense trafic aérien, qui en fait un des aéroports les plus fréquentés d'Europe, sans compter celui de Ciampino qui accueille les compagnies *low-cost*. La source du tourisme n'est donc pas prête de se tarir.

En effet, cinquième destination touristique mondiale, l'Italie a toujours été fière de son patrimoine culturel et artistique, enrichi par des siècles d'histoire, de l'ère romaine au baroque en passant par la Renaissance.

Étranglé par le poids de sa dette colossale et l'accumulation de ses plans d'austérité, le pays peine cependant à entretenir son patrimoine et de nombreux monuments tombent en ruine. Cette situation gravissime risque encore d'empirer vu que l'État italien ne consacre que 0,2 % de son budget à la culture (contre 1 % en France, par exemple) alors que la Botte assure abriter la moitié du patrimoine culturel mondial. À côté de cela, l'économie romaine s'appuie tant bien que mal sur son industrie cinématographique (mise à mal du fait des grandes productions hollywoodiennes) avec le prestigieux complexe de Cinecittà, qui a perdu de sa superbe depuis les années 1960, puis sur tout le domaine de l'administration, relative au statut de capitale politique d'un pays (ministères, entreprises nationales, institutions...). Il ne faudrait pas oublier une importante immigration (venant principalement d'Europe de l'Est) qui constitue une main-d'œuvre essentielle au bon fonctionnement de l'économie de la ville.

HISTOIRE

Un peu de mythologie

Si Rome ne s'est pas bâtie en un jour, les Romains aiment accréditer la légende de la naissance de leur ville : celle des jumeaux Romulus et Remus allaités par la louve, que l'on retrouve dans les écrits d'historiens et de poètes comme Tite-Live et Virgile. De tout temps, les dieux ont veillé sur Rome. Énée, dont la mère n'était autre que Vénus, découvrit le site de Rome ; puis son fils Iule – dont les Jules, par homophonie, se dirent par la suite les descendants, s'octroyant ainsi des origines divines – fonda Albe, cité voisine. Grâce à Romulus, ils ont aussi Mars pour grand-père.

En l'an 753 av. J.-C., Romulus fonde Rome en traçant ses limites avec une charrue. Son frère, Remus, se moque de lui en sautant par-dessus le fossé dérisoire ainsi formé. Furieux, Romulus le tue en prononçant ces mots : « Ainsi périsse quiconque qui, à l'avenir, franchira ces murailles ! » Ça commence bien... Dès les origines, l'histoire romaine est marquée par le meurtre et la violence. *Insociabile regnae,* le pouvoir ne

LE PHALLUS ÉRIGÉ EN CULTE

Les Romains raffolaient du dieu Priape qui était en érection constante. Les petites statuettes, signes de fertilité, étaient un porte-bonheur, qu'on apposait à l'entrée des maisons ou en amulette, autour du cou. Le sexe dressé se dit en latin fascinus, *d'où vient le mot « fascination »...*

se partage pas, Tacite nous aura prévenus ! Dès lors, tous les maîtres de Rome s'en souviendront...

Les Étrusques

Véritables fondateurs de Rome, les Étrusques sont les premiers à tenter l'unification politique et culturelle de la péninsule italienne. La recherche actuelle permet de percer les secrets de cette civilisation mystérieuse.

Rome s'impose déjà comme la plus puissante cité du Latium, avant même que la monarchie étrusque soit renversée par l'aristocratie romaine en 509 av. J.-C. Dès lors, on assiste à la mise en place du système républicain.

La République romaine

Premiers aspects

Le gouvernement républicain repose sur l'équilibre des pouvoirs, partagé entre les différentes institutions : Sénat, magistratures et assemblées populaires. Les magistrats (consuls, prêteurs), élus par le peuple (comices centuriates et comices tributes), exercent le pouvoir exécutif sous la tutelle du Sénat, qui incarne l'autorité permanente.

À l'extérieur, la République romaine étend petit à petit son pouvoir, de la plaine du Pô à la mer Ionienne. Puis débute la conquête du Bassin méditerranéen, à commencer par la Sicile. En moins de 40 ans, Rome acquiert de nouvelles provinces : la Macédoine, l'Asie Mineure, l'Afrique du Nord, l'Espagne.

> **DES MARIÉS QUI ONT DE LA VEINE !**
>
> *Les Romains ont instauré la tradition de porter l'alliance de mariage à l'annulaire gauche. En effet, ils étaient persuadés qu'une veine reliait ce doigt directement au cœur. Ils l'appelaient d'ailleurs « la veine d'amour ». Cette coutume fondée sur une erreur anatomique perdure depuis 20 siècles.*

Mais en ces temps de conquête, l'ère des grandes Guerres puniques a sonné... Face à l'hégémonie de Rome, Carthage est la seule cité capable de rivaliser. Hannibal, général carthaginois élevé dans la haine de Rome, ne pense qu'à une chose : venger sa cité qui avait déjà été humiliée une première fois. Chose faite ! À la tête d'une puissante armée (où les éléphants se transforment en véritable chars d'assaut), il déclenche la seconde Guerre punique avant d'être battu en Numidie en 202 av. J.-C.

Désormais, Rome gouverne tout le Bassin méditerranéen. Craignant que Carthage ne relève encore la tête – d'où le fameux *Cartago delenda est !* (« Carthage doit être détruite ! ») du sénateur Caton –, Rome porte le coup final à sa dangereuse rivale en 146.

Un colosse aux pieds d'argile

Dès le IIᵉ s av. J.-C., la nouvelle République romaine opère de profonds changements au sein de la société. Le divorce est autorisé, la femme peut disposer librement de ses biens et la famille perd son autorité, une chose impensable durant l'époque conservatrice de Caton ! On voit apparaître un nouveau type de Romain, plus cultivé et intrin-

> **MÉCÈNE**
>
> *Homme politique romain qui finançait et hébergeait tous ceux qui assuraient l'essor des Arts et des Lettres. Faut dire qu'il n'avait pas grand-chose d'autre à faire puisque sa femme était la maîtresse officielle de l'empereur Auguste...*

sèquement lié à la vie publique. L'hellénisation des arts, de la langue, de la culture, ainsi que l'enrichissement des élites romaines et des grandes familles plébéiennes creusent un fossé de plus en plus grand avec le peuple, alors ruiné par des conflits incessants (les Guerres serviles).

La classe rurale, écartée des bénéfices apportés par les conquêtes, en ressort énormément appauvrie. L'idéal de la République n'existe plus que sur les tablettes ! Le Sénat devient l'outil livré aux mains des puissants ; quant aux *optimates*, et leur discours sur les libertés, elles défendent les privilèges des plus forts. Spartacus – que Hollywood et Kirk Douglas rendirent célèbre – ouvre le bal. Ancien berger, il s'échappe, avec 70 compagnons, d'une école de gladiateurs à Capoue. Nous sommes en l'an 73 av. J.-C., Spartacus lance un appel aux armes à tous les esclaves. Avec plusieurs milliers d'hommes, il défie, les unes après les autres, les armées romaines, avant d'être tué dans la bataille qui l'opposa à Crassus. Vaincus, les esclaves subissent une répression terrible. 6 000 d'entre eux sont crucifiés le long de la via Appia. Spartacus et ses compagnons gladiateurs symbolisent le combat pour la liberté. Onze ans après cette révolte, le grand Jules est prêt à entrer en scène. En 60 av. J.-C., trois consuls (Crassus, Pompée et César) forment le premier *triumvirat* ; pour César, la route vers le pouvoir est désormais tracée. Nommé proconsul des Gaules en 59, il dirige avec succès la campagne contre les Gaulois.

Les derniers soubresauts de la République

C'est grâce aux *Commentaires sur la guerre des Gaules* de César que nous avons une petite idée de ce qu'était la Gaule au Ier s av. J.-C. Imaginez... un pays sauvage en grande partie recouvert de marais et de forêts. Si les Gaulois ne connaissent pas grand-chose de la vie urbaine, leur société, en revanche, est bien organisée. Au total, on compte trois classes : la noblesse guerrière, le peuple et les druides, dépositaires du savoir et des traditions religieuses. Profitant des

PILE OU FACE

À l'époque de César, son effigie était gravée sur le côté face des pièces de monnaie. Le respect voué à l'empereur était tel que bien des décisions étaient liées au lancer de pile ou face. Quand le côté face apparaissait, c'était donc la volonté de... César qui s'exprimait. Ces décisions étaient donc rarement contestées. Ainsi pouvait-on juger de la culpabilité d'un accusé ou de la victoire d'un gladiateur.

incessantes querelles entre tribus, César soumet la Gaule, la Bretagne et les Germains, puis rentre en Italie. En son absence, Vercingétorix organise un soulèvement général au début de 52 av. J.-C., obligeant les armées romaines à intervenir de nouveau. Mais, pendant que le proconsul des Gaules remporte une victoire décisive à Alésia, l'anarchie menace Rome. La mort de Crassus entraîne rapidement la dissolution du *triumvirat*. De son côté, Pompée l'ambitieux obtient par le Sénat (avec les pleins pouvoirs en prime !), le statut de Premier consul extraordinaire. Voilà un titre qui lui permet de rappeler César à l'ordre en exigeant le licenciement de ses troupes. Furieux, ce dernier franchit le Rubicon (petite rivière séparant la Gaule italienne de l'Italie romaine) en grommelant le célèbre *Alea jacta est* (en v.f. : « Le sort en est jeté »). Et quel sort ! En une année, il écrase Rome, s'imposant en maître dans toute l'Italie, jusqu'à être nommé dictateur. Vaincu, Pompée fuit vers la Grèce, mais César n'a pas dit son dernier mot et finit par écraser ses troupes à Pharsale en 48 av. J.-C.. Pompée trouve son ultime refuge en Égypte, où il est assassiné par le roi Ptolémée XIII. César, apprenant la nouvelle, décide de remplacer Ptolémée par sa sœur ! Et on connaît la suite... L'immense fortune de Cléopâtre et le prestige des Ptolémée ouvrent à César la conquête de l'Orient et le contrôle de Rome.

De retour à Rome – avec le calendrier égyptien dans ses bagages –, César entreprend une série de réformes en faveur du petit peuple et des paysans. Nommé dictateur à vie en l'an 44 av. J.-C., il aurait probablement instauré à Rome une démocratie à la grecque s'il n'avait pas été assassiné sauvagement (pas moins de 23 coups de poignard !) la même année par une conjuration de jeunes aristocrates dont faisait partie Brutus (son propre fils adoptif !), qu'il reconnut avant de s'effondrer, en prononçant sa dernière locution historique (*Tu quoque mi fili* – « Toi aussi mon fils »).

L'Empire romain

Règlements de comptes

Quelque temps après la mort de César, Octave, son neveu, s'impose face à Marc Antoine, devenu maître de Rome depuis l'assassinat. Une fois vaincu à Modène, Marc Antoine se rapproche d'Octave et, avec Lépide (ancien maître de cavalerie de César), ils forment le deuxième *triumvirat* en 43 av. J.-C. En

> ### CHAUVE QUI PEUT !
>
> *César était très préoccupé par la perte de ses cheveux. Il fit voter, par le Sénat, une loi l'autorisant à porter en permanence une couronne de lauriers pour cacher sa calvitie. Un attribut certes honorifique, mais surtout esthétique. Il ramenait sur son front les rares cheveux qui lui restaient. Cléopâtre lui préparait une décoction à base de graisse d'ours et de souris grillées. Bonjour l'odeur !*

commandant l'assassinat de Cicéron, les *triumvirs* éliminent le parti républicain, avant de se débarrasser des conjurés Brutus et Cassius. L'heure du partage du monde romain a sonné. Octave prend l'Occident ; Lépide, l'Afrique ; quant à Marc Antoine, il épouse la sœur d'Octave et obtient l'Orient. Jadis muse de César, Cléopâtre inspire à Marc Antoine l'idée d'un nouveau monde qui, grâce aux conquêtes (celles de Rome et d'Alexandrie), serait unifié pour l'éternité...

Ainsi, Marc Antoine s'attire la haine de l'Occident romain qui, fier de ses valeurs, voit en lui un traître à abattre. Vaincu par Octave (son beau-frère, donc) en mer à Actium le 2 septembre 31 av. J.-C., il se donne la mort (c'est ballot !) sur une fausse annonce du suicide de Cléopâtre. Désormais, Octave a le champ libre pour régner seul.

Le premier Empire : naissance et apogée

Pour la première fois, toutes les terres bordant la Méditerranée appartiennent à un même ensemble politique, laissant à Octave le rêve d'en faire un État unifié. La longueur exceptionnelle de son règne (47 ans !) lui permit d'édifier lentement mais sûrement la nouvelle civilisation impériale, où lui et ses successeurs adopteront en guise de prénom le titre d'*imperator*.

Nul doute, glorieux fut le « siècle d'Auguste », qui voit avec Virgile, Tibulle, Properce, Ovide et Tite-Live le triomphe de la littérature latine. Héritier de l'esthétique grecque, l'art romain se définit en cette époque dorée. Par sa politique des « grands-œuvres », Auguste répond avec exigence à ses visions morales et religieuses. Il éveille un nouvel art officiel, sorte de synthèse entre l'idéalisation de sa propre personne et les traditions réalistes. Souvent, le souci de frapper les esprits l'emporte sur l'équilibre des formes ! Qui dit concentration urbaine, dit construction massive d'édifices gigantesques : amphithéâtres, temples, Panthéon, thermes publics, ponts, aqueducs... Rome connaît à cette époque un développement, un rayonnement sans précédent. Auguste, avec l'aide de son gendre Agrippa, dote la ville des infrastructures qu'elle mérite : les murs de la *domus* se parent de fresques somptueuses (comme celles du Palatin ou de la maison de Livie que l'on peut admirer au palais Massimo). Toute cette propagande, cette effervescence artistique, permettent à Auguste d'asseoir son pouvoir et de légitimer sa succession. De son côté, Néron nous laisse peu de témoignages de son œuvre, puisque tout souvenir de lui a été effacé, du fait de la *damnation memoriae* décidée à sa mort... Pourtant, sous son règne et suite au grand incendie de 64, Rome change radicalement. Néron se fait bâtir une demeure fastueuse, la *Domus Aurea* (la maison Dorée), recouverte d'or et de pierres précieuses. Quant à sa statue colossale, elle lui subsiste et donnera au Moyen Âge son nom de Colisée à l'amphithéâtre Flavium. De 96 à 192 s'ouvre alors l'âge d'or de l'Empire romain. Cette période correspond au règne des empereurs de la dynastie des Antonins, à savoir Nerva, Trajan, Hadrien, Antonin et Marc Aurèle. Prince philosophe, ce dernier instaure une monarchie impériale éclairée et humaniste. Dès lors, la civilisation urbaine est à son apogée, la vie intellectuelle est brillante, d'autant qu'elle se trouve enrichie par le brassage des cultures, de l'Italie et ses provinces. À cette époque, la plus cosmopolite et la plus polyglotte, c'est Rome ! À l'image du Sénat qui, dans ses rangs, compte des hommes venus siéger de tous les coins de l'Empire...

L'Empire est débordé

En 180, le fils de Marc Aurèle, Commode – qui ne l'était pas du tout –, se tourne vers un régime absolutiste et théocratique. On assassine à tout va dans l'Empire romain à cette époque, et être empereur demeure la seule garantie de ne pas mourir dans son lit (ou son bain, tel Commode en 192).

> ## LE PREMIER LOGO DE L'HISTOIRE ?
>
> *Lors de vos déambulations romaines, vous ne manquerez pas de noter sur les plaques d'égout, au coin des rues et sur les monuments et bâtiments publics, le mystérieux sigle S.P.Q.R. C'est en fait l'abréviation de Senatus Populusque Romanus, qui signifie « Le Sénat et le peuple romain ». La République puis l'Empire romain apposèrent leur devise un peu partout, un peu comme une marque de fabrique ou un logo. Même Goscinny, dans Astérix, a détourné la devise de l'Empire en : Sono Pazzi Questi Romani. Vraiment, « ils sont fous ces Romains » !*

C'est ainsi que Septime Sévère, un Africain, fut porté au pouvoir par ses soldats. Se proclamant « fils » de Marc Aurèle et frère de Commode, Septime Sévère et ses successeurs s'efforcent de prolonger l'édifice des Antonins (l'édit de Caracalla).

En l'an 212, ce dernier accorde la citoyenneté romaine à tous les hommes libres de l'Empire romain.

À partir des années 230, l'Empire subit un assaut généralisé de la part des Barbares. À plusieurs reprises, Alamans, Francs, Goths et Perses ravagèrent les provinces.

La persécution des premiers chrétiens (qui risquent la mort par dénonciation) est l'une des nombreuses conséquences des invasions barbares.

> ## MAIS QUI SONT CES « BARBARES » ?
>
> *Durant l'Antiquité, les Grecs nommaient « barbares » les peuples qui ne parlaient pas leur langue. Puis les Romains (maintes fois envahis) appelèrent « barbares » tous les peuples ennemis de leur Empire. Plus tard, la signification évolua encore, puisque les Berbères furent les habitants d'Afrique du Nord. Aujourd'hui, il s'agit uniquement des populations du Maghreb qui ne sont pas d'origine arabe.*

La fin de la puissance de Rome

L'essor du christianisme

En l'an 306, Constantin Ier est proclamé premier empereur par ses légions de Germanie. Au même moment, à Rome, Maxence devient lui aussi empereur ! Le choc final se produit le 28 octobre 312, à la bataille du Pont-Milvius. Durant la bataille, Constantin a une vision : une croix apparaît dans le ciel avec les mots *In hoc signo vinces* (« Par ce signe tu vaincras »). C'est effectivement après cette bataille victorieuse que Constantin adopte la religion chrétienne par l'édit de Milan (313). Il offre au monde le « dimanche férié » (merci Constantin !), en ordonnant que le « jour vénérable du Soleil » soit jour de repos obligatoire pour les juges, fonctionnaires et plébéiens urbains. Ce jour béni correspond au « jour du Seigneur » chez les chrétiens. La religion chrétienne sort du cadre domestique où elle était jusqu'alors confinée. On bâtit les premières églises (en récupérant le plus souvent temples païens et basiliques romaines). Le 20 mai 325, pour la première fois de son histoire, l'Église chrétienne triomphante réunit ouvertement et librement à Nicée tous les évêques de l'Empire romain en un concile œcuménique qui devint célèbre.

La valse des papes, du XVe s à nos jours

Avignon ou Rome ? Tel sera le dilemme incessant après le Grand Schisme d'Occident. En 68 ans, sept papes se succèdent à Avignon. En 1378, Urbain VI est le premier pape de nouveau élu à Rome. Mais sa tête ne revient

LA SCISSION DE L'EMPIRE ROMAIN

L'énormité du territoire romain le rendait ingouvernable. À la fin du IIIe s, Dioclétien le sépara en deux, avec deux capitales (Rome et Constantinople) et deux empereurs... concurrents..., ce qui permettra sa survie. En effet, l'Empire romain d'Occident disparut en 476, envahi par les Barbares. En revanche, l'Empire romain d'Orient survivra 1 000 ans de plus, jusqu'à la chute de Constantinople en 1453.

pas aux cardinaux ! Ils élisent Clément VII, qui s'en retourne à Avignon, déclenchant ainsi le Grand Schisme d'Occident. Si vous vous souvenez de vos cours d'histoire, le concile de Pise (1409) n'arrange rien ! Jamais deux sans trois, il donne lieu à l'élection d'un troisième pape ! Avant que la question soit réglée une bonne fois pour toutes avec l'élection de Martin V (1417), se sont succédé quatre papes à Rome et Avignon et deux à Pise... De quoi y perdre son latin ! En 1417, le retour des papes à Rome ouvre un temps de faste culturel. Le Quattrocento est une époque bénie pour l'art italien. Martin V fait de la Ville éternelle le lieu de convergence de tous les artistes. On restaure à grands frais les églises, à commencer par Saint-Jean-de-Latran (cathédrale de Rome) et le palais pontifical. Tout comme son prédécesseur, le pape suivant, Nicolas V, souhaite faire de Rome une capitale moderne au rayonnement international. C'est « le » pape bâtisseur de la Renaissance par excellence. Pour cela, il ordonne à Fra Angelico de s'atteler à la restauration de la basilique Saint-Pierre (voir *la chapelle Niccolina*) qui menaçait de s'effondrer. Ses fresques témoignent d'une réelle rupture avec l'art médiéval. L'ère est aux innovations (peinture à l'huile, toile, chevalet) de la Renaissance. D'un point de vue stylistique, on note une utilisation abondante des couleurs, de la perspective et du clair-obscur. Désormais prime le réalisme. Plus voluptueux, le corps se dénude peu à peu. L'homme devient le centre du tableau (et du monde). Selon la conception thomiste, le Christ revêt une double nature : il est à la fois homme et Dieu. Quant à la Vierge Marie, elle se fait plus maternelle, plus tendre... Sixte IV lui dédie alors le décor de sa nouvelle chapelle (Sixtine). Si le Pérugin et Botticelli commencent le travail, le pape Jules II fait appel à Michel-Ange, qui se consacre au plafond. Au fil des siècles, les décisions des papes forgent l'âme de Rome. Comme son lointain prédécesseur Clément V, qui démissionne de ses fonctions en 1294, Benoît XVI reproduisit le scénario le 11 février 2013. Un mois plus tard (14 mars 2013), voici un nouveau pape à la tête de l'Église catholique : un jésuite (une première) argentin (une première)... qui prend le nom de François (une première !). Le 27 avril 2014, *Papa Francesco* attire une foule considérable de pèlerins pour un événement historique : les doubles canonisations de Jean-Paul II et Jean XXIII.

JEANNE LA SOUS-PAPE

Selon une légende, au IXe s, une certaine Jeanne fit de brillantes études pour devenir moine. Elle était tellement érudite qu'elle se fit élire pape en 855. Elle cacha bien entendu sa féminité, la hiérarchie catholique n'ayant jamais été un partisan de l'égalité des sexes. Elle tomba enceinte. Quand le subterfuge fut découvert, le crime fit scandale. La « coupable » aurait été lapidée, ainsi que l'enfant.

La Renaissance

Le pillage de Rome

Le 6 mai 1527, les troupes espagnoles envahissent Rome : débute l'énorme pillage de la Ville éternelle. Charles V a commandité cette action pour punir le pape Clément VII de son adhésion à la ligue de Cognac (n'y voyez pas là un penchant pour l'alcool, il s'agit, pour faire simple, de la septième guerre d'Italie). Pendant près d'un an, Rome vit au rythme sanglant des viols, meurtres, saccages... et les morts se comptent par milliers. Le pape se réfugie au château Saint-Ange, le seul fortifié. Il y reste cloîtré jusqu'à une certaine nuit de décembre où, déguisé en domestique (l'anecdote vaut d'être contée), il parvient à s'enfuir. Il s'installe dans la ville de Viterbe, pour ne rentrer à Rome qu'en 1528. Le pillage de Rome met un terme à la splendeur artistique de la ville pendant la première moitié du XVIe s.

Rome à l'âge baroque

Le concile de Trente (1545-1563) change l'aspect de Rome. Initié par le pape Paul III, il est la réponse de l'Église catholique face aux revendications protestantes de Martin Luther. Les papes reprennent la main et lancent la Contre-Réforme. Rome et les États pontificaux conservent leur statut de siège de l'Église catholique. Sixte V remodèle le centre de la ville selon un plan en étoile dont chaque pointe est marquée par un obélisque. En chantier permanent au XVIIe s, Rome multiplie les constructions nouvelles autour du Campo dei Fiori, comme les palais Spada et Farnèse. Michel-Ange donne à la place du Capitole l'aspect qu'on lui connaît encore aujourd'hui. La ville abrite une population cosmopolite où cohabitent Allemands, Espagnols, Français, Florentins et Grecs. Les pèlerins y affluent en masse. Paul V puis surtout le jésuite Urbain VIII mènent une politique artistique intensive et déploient les fastes du baroque. L'achèvement de la basilique Saint-Pierre est confié à Bernini, qui en fait le lieu de faste écrasant que l'on connaît. Le Bernin se multiplie : il dote la piazza Navona de sa célèbre fontaine des Quatre-Fleuves et coiffe le château Saint-Ange de ses statues. Le baroque italien, né à Rome, est adopté par les souverains européens et s'exporte alors jusqu'au Nouveau Monde. Si le mécénat dote la cité de ses monuments prestigieux, l'opulence de l'aristocratie, la suffisance des prélats et l'étouffante censure contrastent avec une population de paysans, serviteurs et mendiants qui ne recueillent que de pauvres miettes de cette prospérité.

Du point de vue artistique, la ville connaît les retombées de la profusion des trésors antiques et modernes qui s'y entassent. Une nouvelle sorte de pèlerins s'y rend : les artistes venus y chercher une inspiration nouvelle. Quant aux fouilles archéologiques, elles dévoilent le riche passé de la Ville éternelle au grand jour.

De 1870 à nos jours

Les acteurs de l'Unité

En 1825, un Génois dénommé Mazzini crée le « Mouvement de la Jeune Italie » ; la conscience de faire partie d'une même nation est désormais ancrée dans le cœur de tous les Italiens (y compris le pape Pie IX). En 1848, toutes les villes italiennes connaissent une certaine agitation et le roi de Piémont-Sardaigne, Charles-Albert Ier – qui, par ailleurs, n'avait aucune sympathie pour ces mouvements – déclare la guerre à l'Autriche. De ces événements belliqueux ressort la leçon suivante : peu importe la forme que prendrait une Italie unifiée – royaume, fédération ou république –, l'essentiel étant d'expulser les Autrichiens du territoire ! Mais dans leur quête d'indépendance et de liberté, les Italiens doivent apprendre à marcher ensemble. En 1847, Camillo Benso Di Cavour crée le journal Il Risorgimento, modéré mais libéral. Devenu maître de la politique piémontaise, il ne tarde pas à rencontrer Giuseppe Garibaldi. Né à Nice en 1807, après un exil politique au Brésil (où il prend part à une insurrection républicaine), il revient en Italie en 1848, puis combat l'ennemi autrichien aux côtés de Cavour, avant de s'emparer de Naples et de la Sicile grâce aux Chemises rouges (son armée). Dix ans plus tard, un événement décisif se produit : la tentative d'assassinat de Napoléon III par Orsini. Avant d'être exécuté, ce dernier écrit à Napoléon III, le suppliant d'intervenir en faveur de l'unité italienne. Impressionné par la teneur de la lettre, l'empereur conclut un accord avec Cavour : la France fournira 200 000 hommes pour aider à la libération, en échange de la Savoie et du comté de Nice (alors aux mains du Piémont). Mais cette idée est loin de plaire à Garibaldi (et pour cause, Nice est sa ville natale !), qui ne tarde pas à s'opposer à Cavour. Après l'indépendance, le *Risorgimento* favorise l'essor des autres capitales régionales. Milan devient ainsi le nouveau centre politique, économique et, de ce fait, artistique.

La montée du fascisme

Au terme de la Grande Guerre, les nombreux mouvements de grèves combinés à la succession d'un trop grand nombre de gouvernements fragilisent durablement le pays, créant un terrain favorable à la montée du fascisme. Mussolini et ses Chemises noires donnent un temps l'illusion d'une prospérité (qui profite surtout à la petite bourgeoisie).

Engagé dans la conquête éthiopienne et rejeté par les démocraties occidentales, Mussolini trouve en Hitler une âme sœur. Beaucoup plus faible que celui de son allié allemand, le régime fasciste italien rencontre dès 1941 une résistance ouverte. Littéralement occupée par les Allemands, l'Italie est la première des forces de l'Axe à subir l'assaut des Anglais et des Américains. Quant à Mussolini, il sera tué par des partisans italiens. Encore impré-

> ## MUSSOLINI ET LA FAMILLE
>
> *Le Duce eut cinq enfants de sa femme officielle. Lui qui prônait la famille traditionnelle, il eut en parallèle une autre épouse, Ida, qui lui donna un fils, Albino. Agacé par l'acharnement amoureux d'Ida, il la fit interner, ainsi que son fils. Ils moururent tous les deux en asile. Mussolini eut de nombreuses maîtresses, dont une belle juive qui le rendit fou. Pas de chance, il l'était déjà !*

gné de l'esprit mussolinien, le quartier de l'E.U.R. (construit à l'origine pour les Jeux olympiques de 1942) ouvre la voie en matière d'architecture contemporaine.

L'après-guerre

L'Italie est au plus mal : usines, réseau des chemins de fer, villes, tout n'est que ruines. Le cinéma italien d'après-guerre devient indirectement témoin de la misère d'une époque. Même la vie politique est chaotique ! Entre 1947 et 2010, ce sont plus de 62 gouvernements différents qui se sont succédé ! Quant à la première République italienne (1946-1992), elle rencontre toutes sortes de difficultés : extrémisme de gauche (les Brigades rouges), de droite (type néofasciste), corruption généralisée grippant les rouages de l'État et touchant les plus hauts responsables gouvernementaux, scandales divers (la loge secrète P2 et ses relations avec les banquiers du Vatican...), sans parler des remous sociaux, de la crise économique... Dans les années 1990, tout semble prendre une nouvelle tournure avec, enfin, des signes forts de l'État : rigueur économique, opération « Mains propres » conduisant à un grand nettoyage de la vie politique (251 parlementaires mis en examen). Dehors, les mafieux ! Du moins, on essaie. L'Italie se débarrasse de ses politiciens corrompus, mais de nouveaux visages apparaissent, dont celui de l'inquiétant Umberto Bossi (leader de la Ligue du Nord), qui, dans son goût des divisions (il cherche à liguer les Italiens du Nord contre ceux du Sud), sème la zizanie. En 1996, la gauche revient au pouvoir. L'Italie reprend la route vers l'Europe, en toute sérénité. La fondation du Parti démocrate en 2007, autour de la personnalité de Romano Prodi, tente d'unir les forces de gauche, mais la coalition est divisée. La droite de Silvio Berlusconi reprend les rênes du pouvoir en 2008.

Les années Berlusconi

Silvio Berlusconi, ancien chanteur sur des bateaux de croisière, devenu 23e fortune planétaire, n'a pas fait ses premières armes en politique. Il commence dans les années 1970 une carrière dans l'immobilier, qui se poursuit avec la construction de l'empire médiatique qui va modeler l'image de l'Italie nouvelle.

En 1993, il se redirige en politique, en créant le parti de centre-droit *Forza Italia*. Soutenu par ses chaînes de télévision, il gagne les élections en 1994. Son gouvernement ne tiendra que 8 mois. Passé dans l'opposition, Berlusconi resserre petit à petit le contrôle des médias. C'est ainsi qu'en 2001, il parvient à nouveau au poste de président du Conseil. Au programme : une politique ultralibérale (notamment dans le domaine de la fiscalité), des privatisations et des grands travaux. En fait, il excelle essentiellement dans l'art d'élaborer des lois qui l'avantagent lui et ses proches (suppression des impôts sur la succession, dépénalisation des faux en matière de bilans comptables...).

Après s'être quelque temps éloigné du pouvoir, chassez le naturel, il revient au galop ! L'année 2009 est marquée par ses frasques multiples, tant dans sa vie privée que dans sa vie publique. Des manifestations géantes sont organisées dans tout le pays : les « *no Berlusconi days* », orchestrées sur les réseaux sociaux par *Il Popolo Viola* (mouvement apolitique populaire qui choisit la couleur violette, car elle ne représente et n'est utilisée par aucun parti du Parlement), affichent un ras-le-bol évident. Parallèlement, la justice suit son cours, et des procès suspendus reprennent... Dans le même temps, les élections régionales de mars 2010 renforcent la présence et la puissance de la Ligue du Nord dans la vie politique italienne. L'année 2011 est marquée par l'exaspération des Italiens vis-à-vis d'un président du Conseil mouillé, entre autres, dans le scandale du *Rubygate* et autres soirées privées *(Bunga bunga)* dans ses villas près de Milan et en Sardaigne... C'est Mario Monti, n'appartenant à aucun parti politique, qui prend les commandes de l'État en décembre 2011. Mario Monti jouit d'une certaine popularité malgré une politique de réformes et d'austérité pénible mais nécessaire... jusqu'en décembre 2012, où il démissionne.

Depuis 2013

Au lendemain des élections législatives des 24 et 25 février 2013, aucune majorité politique ne se dégage ; le président Napolitano nomme en avril Enrico Letta, de centre-gauche, à la tête d'un nouveau gouvernement formant une coalition d'unité nationale inédite, réunissant des hommes politiques de gauche comme de droite. Depuis février 2014, le président du Conseil est **Matteo Renzi** (parti démocrate), le nouvel « homme pressé » de la gauche. Le président a laissé sa place en février 2015 à Sergio Mattarella, réputé pour son sens de la justice (il combat ardemment la mafia) et ses bonnes relations avec le gouvernement.

Principales dates historiques et artistiques

– *800 av. J.-C. :* apparition de la civilisation étrusque.

– *753 av. J.-C. :* fondation légendaire de Rome.

– *616 av. J.-C. :* Tarquin l'Ancien construit le *circus maximus* avec des gradins en bois, selon la tradition.

– *509 av. J.-C. :* naissance de la République romaine.

– *80 :* les travaux du Colisée se terminent sous Titus.

– *118 à 125 :* construction du Panthéon actuel sous Hadrien.

– *216 :* construction des thermes de Caracalla.

– *326 :* l'empereur Constantin fait construire, sur le lieu supposé du martyre de saint Pierre, la basilique Saint-Pierre de Rome.

– *VIe-X^e s :* Barbares, Byzantins et Lombards. Pendant plus de 15 siècles, l'Italie ne sera qu'un ensemble de territoires disloqués et rivaux, incapables de s'unir pour créer un véritable État.

– *754 :* le pape et Pépin le Bref signent un traité qui sanctionne l'existence d'un État du pape.

– *1378 :* Grégoire XI est élu pape ; son retour à Rome marque le début du Grand Schisme d'Occident. Un autre pape, Clément VII, s'installe à Avignon.

– *1499 :* Michel-Ange termine la *Pietà,* construite en un seul bloc de marbre !

– *1506 :* le pape Jules II charge Bramante d'agrandir la basilique Saint-Pierre. Il ne construira que les quatre grandes colonnes.

– *1509 :* Raphaël arrive à Rome, sous recommandation de Bramante.

– *1512 :* toile de *La Madone de Foligno* de Raphaël.

– *1520 :* mort de Raphaël à Rome.

– *1527 :* sur ordre de Charles V, les troupes espagnoles s'adonnent au grand pillage de Rome pendant un an.

– *1541 :* Michel-Ange termine le *Jugement dernier* à la chapelle Sixtine.

– *1564 :* mort de Michel-Ange, qui laisse la coupole de Saint-Pierre inachevée.

– *1591 :* la coupole de la basilique Saint-Pierre est terminée par Giacomo Della Porta.

– *1600 :* *Vocation de saint Matthieu* du Caravage.

– *1605 :* *David* du Caravage.

– *1619 :* *Apollon et Daphné* du Bernin.

– *1626 :* le pape Urbain VIII consacre la basilique Saint-Pierre.

– *1640 :* fontaine du Triton, au palais Barberini, du Bernin.

– *1652 :* fontaine des Quatre-Fleuves, sur la piazza Navona, du Bernin.

– *1796-1814 :* occupation française, au cours de laquelle se répandent les idées d'unité nationale. Joseph Bonaparte puis Murat sont chacun roi de Naples.

– *1848 :* les Italiens ont pris conscience d'appartenir à une même patrie. Reste à reprendre la ville de Rome, sous pouvoir du pape. Garibaldi, en s'exclamant « *O Roma o morte* » (ou Rome ou la mort), résume bien les sentiments des Italiens.

– *1860 :* c'est la montée du *Risorgimento.* L'expédition des Mille, ou Chemises rouges, conduite par Garibaldi, achève le mouvement de l'unité italienne.

– *1861 :* Turin devient la première capitale du royaume d'Italie. En mars, Victor-Emmanuel II est proclamé roi d'Italie.

– *1870 :* Rome devient officiellement la capitale du royaume d'Italie. Le pape n'est plus protégé par Napoléon III et les *Garibaldini* entrent dans Rome par la brèche de porta Pia : Pie IX doit capituler. Fait suite à cet épisode la loi des *Garanties papales.* Dès lors, l'Italie reconnaît l'idée d'une Église libre dans un État libre, la personne du pape étant considérée comme sacrée. À ce titre, il s'entoure d'une petite force pontificale (les fameux gardes suisses), perçoit quelques millions de lires par an et récupère, en plus des propriétés du Vatican et du palais du Latran, la villa de Castel Gandolfo.

– *1922 :* la « Marche sur Rome » de Mussolini ouvre l'ère fasciste.

– *1924 :* dictature fasciste de Mussolini.

– *1940 :* entrée en guerre de l'Italie.

– *1945 :* exécution de Mussolini et de ses ministres.

– *1960 :* les J.O. à Rome.

– *1962-1965 :* concile de Vatican II.

– *1970 :* « fondation » des Brigades rouges par Renato Curcio.

– *1978 :* Aldo Moro, enlevé par les Brigades rouges, est assassiné.

MUSSOLINI VOULUT EXCOMMUNIER HITLER

Mussolini avait peur que le Führer envahisse les régions germanophones d'Italie du Nord. En 1938, il demanda au pape d'excommunier Hitler, qui était de religion catholique. Et puis les deux leaders fascistes se rencontrèrent à Rome. Peu après, ils signèrent le « Pacte d'acier », entraînant l'Italie dans la guerre.

Lois sur le divorce et l'avortement, qui marquent une forte évolution des mentalités. Mort du pape Paul VI, élection de Jean-Paul Ier, qui décède un mois plus tard... Élection de Karol Wojtyla sous le nom de Jean-Paul II.

– **1981 :** tentative d'assassinat du pape Jean-Paul II, le 13 mai. Début des arrestations des chefs historiques des Brigades rouges.

– **1994 :** « révolution » en Italie avec le retour de la droite au pouvoir. Démission de Berlusconi en décembre suite à une manifestation géante dans les rues de Rome.

– **2001 :** en mai, les élections législatives et sénatoriales donnent une majorité confortable à la Maison des Libertés, la coalition menée par Berlusconi. Ce dernier est nommé président du Conseil.

– **2003 :** Berlusconi se range aux côtés de George W. Bush lors de la guerre en Irak.

– **2005 :** décès du pape Jean-Paul II le 2 avril (le deuxième pontificat le plus long après celui de Pie IX). Le cardinal Ratzinger devient pape sous le nom de Benoît XVI.

– **2007 :** découverte de la grotte supposée où Romulus et Remus avaient été allaités par une louve, sur le mont Palatin.

– **2010 :** ouverture du MAXXI, premier musée d'art contemporain du XXIe s, consacré à toutes les formes de création (peinture, architecture, design, photo, etc.).

– **2011 :** scandale du *Rubygate* avec Berlusconi. Béatification du pape Jean-Paul II le 1er mai. Démission de Berlusconi et arrivée de Mario Monti au gouvernement.

– **2013 :** en février, démission de Benoît XVI, remplacé par le pape François.

– **2014 :** Matteo Renzi devient, à 39 ans, le plus jeune chef du gouvernement italien. Canonisations de Jean-Paul II et Jean XXIII le 27 avril.

– **2015 :** démission du président Napolitano, remplacé par Sergio Mattarella. Jubilé extraordinaire du pape François qui célèbre les 50 ans du Concile Vatican II de décembre 2015 à novembre 2016.

LITTÉRATURE

On peut estimer que la littérature romaine commence avec **Plaute,** poète comique de l'Antiquité, qui s'inspira des textes helléniques pour donner à ses contemporains des comédies de mœurs en latin telles que *Amphitryon,* qui influença largement Molière, ou *La Marmite,* qui devint *L'Avare.* La plupart de ses œuvres commençaient par un résumé de l'intrigue (parfois totalement invraisemblable) raconté par le personnage de Prologus, d'où nous vient nos « prologues » d'aujourd'hui. **Horace** le jugea grossier et préféra, pour sa part, les odes, les épîtres et les satires. Il se cantonna pourtant à des sujets légers, n'ayant pas un statut social suffisamment élevé pour se permettre de moquer les politiques. On lui doit le fameux « *carpe diem* » (« profite du temps présent »), tant repris depuis.

À 22 ans près, **Virgile** manqua Jésus-Christ, et, même s'il ne vécut pas beaucoup à Rome, il en a raconté les origines légendaires dans le plus fameux poème épique de toute la littérature latine : *L'Énéide.* Pourtant, il en souhaitait la destruction, comme ouvrage inachevé, ce que ne permit pas l'empereur Auguste, qui le fit publier après la mort du poète.

Grand bond dans le temps pour passer à **Pier Paolo Pasolini,** taxé de pornographie à la sortie de son premier roman, *Les Ragazzi,* tout comme le sera son premier film, *Mamma Roma.* Il collabore également avec Fellini sur *Les Nuits de Cabiria.* Dès 1955, à l'âge de 33 ans, il fait la connaissance d'Elsa Morante, avec qui il fonde une revue littéraire. Ils voyagent beaucoup ensemble, notamment en Inde. Malgré ses succès cinématographiques, Pasolini ne cesse d'écrire, des romans, des nouvelles, des pièces de théâtre, des essais... dont beaucoup choquent. En 1975, il est assassiné dans des conditions restées encore mystérieuses aujourd'hui.

Quant à **Moravia,** c'est à l'âge de 22 ans qu'il publie son premier roman, *Les Indifférents,* une vision déjà très mature de l'existence. En trame de fond, la difficulté pour l'individu de trouver sa place dans une société régie par le pouvoir et l'argent. Son épouse, **Elsa Morante,** offre une vision plus mystérieuse du monde en la faisant souvent se répercuter dans les yeux d'un enfant, comme dans le cas de son chef-d'œuvre, *La Storia,* qui retrace avec brio les années 1941-1947 à Rome. En 1997, la littérature italienne fut à l'honneur lorsque Dario Fo, homme de théâtre mondialement reconnu, reçut le prix Nobel, ce qui n'était pas arrivé à un Italien depuis Eugenio Montale en 1975.

MÉDIAS
:::

Votre TV en français : TV5MONDE, la première chaîne culturelle francophone mondiale

TV5MONDE est reçue partout dans le monde par câble, satellite et sur IPTV. Dépaysement assuré au pays de la francophonie avec du cinéma, du divertissement, du sport, des informations internationales et du documentaire.
En voyage ou au retour, restez connecté ! Le site internet ● *tv5monde.com* ● et son application iPhone, sa déclinaison mobile *(● m.tv5monde.com ●),* offrent de nombreux services pratiques pour préparer son séjour, le vivre intensément et le prolonger à travers des blogs et des visites multimédia.
Demandez à votre hôtel le canal de diffusion de TV5MONDE et n'hésitez pas à faire part de vos remarques sur le site ● *tv5monde.com/contact* ●

Journaux et livres

Deux grands quotidiens nationaux se partagent le gâteau : *Il Corriere della Sera* et *La Repubblica.* Mais il existe une myriade de journaux locaux, parfois pour toute une région (*La Stampa* dans le Nord, par exemple), mais aussi simplement pour une ville. La presse spécialisée talonne de près ces journaux généralistes puisque *La Gazzetta dello Sport* arrive en troisième position des ventes (sur près de 90 titres pour un lectorat qui oscille entre 5 et 6 millions) avec plus de 450 000 exemplaires. De même, le quotidien économique *Il Sole 24 Ore* diffuse à près de 400 000 exemplaires.
Dans les kiosques, les librairies françaises et les centres culturels, vous trouverez une sélection des quotidiens et hebdomadaires français. Certaines librairies, dans les grands centres, ont un rayon d'ouvrages en français, avec un choix de livres de poche. On trouve dans les grandes villes des librairies françaises ainsi que des centres culturels proposant des expositions, des conférences, des projections de films et des bibliothèques de prêt.

Radio

Il existe plus de 1 300 stations de radio, pour la plupart locales, réparties sur tout le territoire. La radio d'État, la *RAI (Radio televisione Italiana),* est toute-puissante, mais on compte des dizaines de radios libres plus originales. De plus, sur les grandes ondes, selon l'endroit où l'on se trouve, on peut parfois capter certaines stations françaises telles que *RMC* (216 kHz), *Europe 1* (183 kHz), *France Inter* (162 kHz), etc. La réception n'est pas fameuse cependant. *Radio Vaticana* diffuse des informations en français plusieurs fois par jour.

Télévision

On aurait pu quasiment glisser ce chapitre au niveau pollution visuelle, vu l'état actuel de la télévision italienne. Difficile de parler de la télévision italienne sans évoquer le groupe *Fininvest* de « Monsieur Télévision », Silvio Berlusconi. Le monopole d'État ayant été levé en 1975, les chaînes privées ont envahi le petit écran. C'est en 1970 que Silvio Berlusconi a pris le contrôle de *Canale 5,* puis, au début des années 1980, il s'est porté acquéreur de *Italia 1* et de *Rete 4*, regroupés sous *Mediaset*. Pour info, depuis la loi Maccanico de 1997, *Rete 4* ne devrait plus émettre sur les ondes hertziennes nationales. En effet, cette loi stipule qu'une entreprise privée ne peut détenir plus de deux chaînes nationales. L'État avait ensuite adjugé les droits à *Europe 7* et cette station est, depuis 1999, autorisée à émettre mais ne dispose pas de fréquence. En 2004,

la Cour constitutionnelle a décrété que *Rete 4* devrait cesser toute émission et se transférer sur le câble. Aujourd'hui, *Rete 4* émet toujours en toute illégalité et *Europe 7* n'a toujours pas son espace. Pour la petite histoire, l'empire médiatique de Berlusconi lui a valu le surnom de *Sua Emittenza* : une combinaison du qualificatif des cardinaux catholiques, *Sua Eminenza,* et du mot italien *emittente* qui signifie « émetteur ». Quel meilleur nom pour qualifier sa puissance et son influence aux quatre points cardinaux cathodiques ?

PATRIMOINE CULTUREL

Aucune ville au monde ne peut s'enorgueillir d'une histoire aussi longue, aussi riche. Chaque époque s'est superposée à la précédente. Les Romains cultivent depuis toujours ce goût évident pour le récup'... Pas un palais, pas une maison, antique ou classique, qui n'ait réemployé les matériaux, les fondations, les plans des époques précédentes ! La piazza Navona reprend ainsi la structure et la forme du stade de Domitien, le château Saint-Ange s'assoit sur le mausolée d'Hadrien, le palais Renaissance des Orsini s'installe dans le théâtre Marcellus, la *via di Grotta Pinta,* toute courbée, se contente de suivre la *cavea* (les gradins) de l'ancien théâtre de Pompée... et quand Michel-Ange dessine les plans de l'église Santa Maria degli Angeli, il se contente finalement de rénover la grande salle des thermes de Dioclétien...

De tout temps, Rome fascine. Comme un aimant, elle attire à elle, de façon quasi viscérale, les artistes. S'il est impossible de tous les citer, on ne peut à l'inverse oublier de mentionner les grands noms de l'art romain qui, de l'Antiquité à la Renaissance, ont façonné la Ville éternelle à leur manière.

À la manière... antique, d'Apollodore de Damas (env 60-129 apr. J.-C.)

Syrien d'origine (avec un tel nom, ça vous étonne ?), Apollodore de Damas est sans conteste l'un des plus grands architectes de l'Empire romain. Trajan ne s'est pas trompé en l'appelant à ses côtés en 92 apr. J.-C. Il réalise pour lui son chef-d'œuvre : un forum à son nom. Encadré de deux marchés, **le forum de Trajan** est dominé par la fameuse colonne Trajane, à qui il doit sa célébrité. Apollodore de Damas est sans conteste un grand novateur. Précurseur, on lui doit la construction de l'**Odéon** (seule salle de spectacles ronde connue à cette époque) et des **thermes** mettant en avant l'utilisation de la coupole. À la mort de Trajan, en 117, Apollodore œuvre pour le nouvel empereur (Hadrien), pour qui il conçoit le célèbre **Panthéon,** premier bâtiment à coupole d'une telle ampleur. Malgré le succès retentissant de l'ingénieuse coupole (qui servit de modèle à bien des monuments : la basilique Saint-Pierre au Vatican, le Sacré-Cœur à Paris, la Maison-Blanche à Washington, la cathédrale Saint-Paul à Londres, Sainte-Sophie à Istanbul et le dôme du Rocher à Jérusalem...), tout cela n'est guère du goût d'Hadrien. Ce dernier aurait tranché la tête de l'imp(r)udent Apollodore, qui (n'en faisant qu'à sa tête !) s'était permis de rayer les plans proposés par son maître !

... de la Renaissance, avec Michel-Ange (1475-1564)

Michel-Ange exprime, voire incarne, ce bouleversement que l'on appellera plus tard la Renaissance. Apprenti sculpteur dès l'âge de 13 ans, il poursuit ses études à Florence, où il copie à loisir les statues antiques de ses maîtres favoris (Giotto, Donatello)... avant de regagner Rome. Sitôt arrivé, il réalise son premier chef-d'œuvre, la *Pietà*. S'ensuivent d'incessants allers-retours entre Rome et Florence... ces deux villes et leurs mécènes se disputant ses faveurs. C'est une grosse source d'amertume, de frustration pour l'artiste, car cela l'oblige souvent à abandonner ou à bâcler le travail en cours.

Autre problème (et pas des moindres !), c'est qu'il n'aime pas peindre... Lui ne se voit qu'en sculpteur et architecte. Malchance ! En 1508, le même Jules II lui ordonne de repeindre le plafond de la *chapelle Sixtine.* Il s'exécute à contrecœur. On connaît la suite... Vingt ans plus tard, le nouveau pape, Clément VII, le fait revenir à Rome pour une nouvelle fresque, le *Jugement dernier.* Ce qui est sûr, c'est qu'en sculpture comme en peinture, Michel-Ange continue à nous éblouir et à nous étonner par sa modernité, l'extrême force, voire violence, qui se dégage de ses œuvres... que ce soit par ses éblouissantes connaissances anatomiques ou cette façon dont il contorsionne les corps et fait saillir les muscles...

Si bon nombre de ses œuvres se trouvent au *Vatican* (chapelle Pauline, chapelle Sixtine et le mythique *Jugement dernier*) et à la basilique *Saint-Pierre de Rome* (*Pietà* et coupole), il dessine également la silhouette (façades, place) de la *piazza Campodiglio* au *Capitole* et choisit de conserver la structure antique de l'église *Santa Maria degli Angeli.*

... moderne, de Raphaël (1483-1520)

Quand Raffaello Sanzio disparaît à l'âge de 37 ans, le jour de son anniversaire (un Vendredi saint en plus), c'est toute une ville qu'il plonge dans le chagrin... Car, contrairement à Michel-Ange, Raphaël a su se faire aimer de tous. Pour le constater, il vous suffit de lire l'épitaphe particulièrement éloquente, inscrite sur sa tombe au *Panthéon* : « Ci-gît Raphaël, qui toute sa vie durant fit craindre à la Nature d'être dominée par lui et, lorsqu'il mourut, de mourir avec lui. »

Cet ancien élève du Pérugin quitte Florence pour Rome où travaillent déjà Michel-Ange et Léonard de Vinci. Toute sa vie, il restera influencé par ces grands maîtres... Mais le génie de Raphaël, résolument moderne,

DEUX GÉNIES AU CARACTÈRE OPPOSÉ

Michel-Ange est un célibataire endurci, platonicien, fuyant les femmes et les richesses. Pire, il est colérique, violent, sûr de lui et de son génie. De plus, ironie du sort pour celui qui restera associé aux fresques de la chapelle Sixtine, il n'aime pas peindre ! Tout l'inverse de Raphaël, qui se donne entièrement à la peinture et aime les femmes avec excès, en particulier la belle boulangère du Trastevere, la célèbre Fornarina. Une constitution fragile, une vie agitée et la malaria semblent avoir raison de sa santé, s'opposant à l'ascétisme de son rival Michel-Ange. Ce dernier meurt à l'âge de 89 ans tandis que Raphaël disparaît à 37 ans.

réside peut-être dans cette harmonieuse synthèse à laquelle il est parvenu. En plus de la simplicité (don évident pour la composition, l'œuvre semble être accessible à tous...), il se dégage de ses tableaux une beauté, une plénitude rare, une douceur des plus troublantes et une expression psychologique intense pour l'époque. Nul besoin d'idéaliser le sujet, seule la vérité compte : témoin discret de la beauté, l'artiste tente de « saisir » la grâce. Voilà pourquoi il ose peindre une Madone (humble parmi les humbles), à mille lieux de l'iconographie officielle.

Dès son arrivée à Rome, il réalise la commande de Jules II (une série de fresques dans le palais du Vatican), tandis que Michel-Ange termine son plafond dans la chapelle voisine. Raphaël a su très vite s'imposer comme le peintre officiel de la cour pontificale. Grand connaisseur du patrimoine culturel romain, il a donc, plus que tout autre, influencé les goûts de l'époque.

Parmi ses chefs-d'œuvre, bon nombre d'entre eux sont conservés à la **galerie Borghèse** (La Dame à la licorne, La Déposition du Christ), à la **pinacothèque du Vatican** (La Transfiguration, ainsi que des retables et des tapisseries), au **Vatican** (Chambre de la Signature, Chambre d'Héliodore, L'Incendie de Burgo). Quant à la **galerie Barberini,** elle abrite la célèbre et sensuelle Fornarina, tandis que les murs et les plafonds de la **villa Farnesina** sont recouverts de sublimes fresques, parmi elles, Le Triomphe de Galatée et La Galerie de Psyché.

... d'un clair-obscur, avec Le Caravage (1571 ?-1610)

Né Michelangelo Merisi, il a été surnommé Caravaggio d'après le village d'origine de sa famille. On sait peu de chose de ce peintre maudit et torturé, à la carrière brève et tumultueuse, un peu à la manière des artistes romantiques. La légende de ses excès, de son caractère violent et belliqueux et de ses déboires avec la justice (qui l'obligèrent à quitter Rome) est bien arrivée jusqu'à nous, mais il s'agit là du caractère de l'homme, et non de celui de l'artiste ! Cependant, tous admettent qu'il y a un « avant » et un « après » Caravage. En effet, ses innovations bouleverseront l'art occidental. Et s'il n'a jamais fondé d'école, nombre d'artistes après lui (Vélasquez, Georges de La Tour, Rubens, Van Dyck, Jordaens... jusqu'à David et Géricault) se réclameront du caravagisme ou admettront d'avoir été fortement inspirés par son œuvre.

Classique ou baroque ? Bien souvent, on oppose ces deux courants artistiques du XVIIe s. Le premier se veut modéré et harmonieux, dans le respect des traditions et des règles de composition. Volontiers grandiose, le sujet (abordant des thèmes historiques et mythologiques) se dote toujours d'un sens moral. À l'inverse, le baroque, mouvement amorcé en architecture, naît à Rome vers 1630, dans un contexte politico-religieux des plus mouvementé. Jésuites et partisans de la Contre-Réforme continuent à prôner un art triomphant, limitant la peinture à son caractère monumental ou décoratif. Or, il faut éblouir, surprendre, exacerber les passions, susciter le vertige ! Illusions d'optique et trompe-l'œil brouillent les repères et cassent les limites... En 1600, Annibal Carrache, avec sa voûte de la galerie Farnèse, se pose à la fois en nostalgique de Michel-Ange et de Raphaël et en précurseur du baroque. Pierre de Cortone, Le Bernin, Borromini... sont d'autres grands artistes du baroque romain. Quant au Caravage, père de la peinture moderne, il est un courant à lui tout seul ! Et sa technique nous le prouve : absence de dessin préparatoire ; simplicité des compositions ; conception du sacré (quasi iconoclaste, tant elle est révolutionnaire !)... Le tout en totale contradiction avec le maniérisme régnant en cette fin de Renaissance. Sa franchise, son réalisme, son art du clair-obscur dramatique, son goût pour les scènes de vie quotidienne (qui le rapprochent des naturalistes) choquent énormément, d'autant qu'il n'hésite pas à peindre crûment la laideur. De ce point de vue, une rivalité légendaire l'oppose à Annibal Carrache. Pourtant, malgré leurs conceptions artistiques radicalement opposées, on dit que les deux maîtres avaient une grande estime mutuelle. Plusieurs protecteurs (fidèles et hauts placés), mettront Le Caravage à l'abri des querelles et des polémiques. Plusieurs de ses tableaux furent cependant refusés (La Madone des palefreniers, La Mort de la Vierge)... pour cause politique (plus qu'artistique), car malgré ses mœurs scandaleuses pour l'époque, ses déboires et sa disgrâce – suite à une accusation de meurtre au cours d'un duel –, il reste, même en pleine polémique, aussi coté que copié !

Avant ses 40 ans, la malaria l'emporte (à moins qu'il n'ait été assassiné), alors qu'il tente de rentrer à Rome dans les bonnes grâces du pape. Mais la Ville éternelle a su conserver bien des preuves du génie du Caravage... Un seul guide ne suffirait pas à les citer ! La **galerie Borghèse** offre une belle collection de ses chefs-d'œuvre : *Le Jeune Bacchus malade, Le Jeune Garçon à la corbeille de fruits, La Madone des palefreniers, Saint Jérôme à son écritoire, David à la tête de Goliath...* Au **musée du Capitole,**

> ## UN BREF PASSAGE EN CLAIR-OBSCUR
>
> *Le Caravage s'exile à Malte en 1607 suite à un homicide commis à Rome. Il aurait mis au point la chambre noire imaginée par Léonard de Vinci. Éclairant ses modèles sous une lumière (d'où son goût du clair-obscur ?), il projetait leur image à travers une lentille sur une toile enduite d'éléments sensibles, le temps de les peindre à grands traits.*

ne manquez pas *La Diseuse de bonne aventure* et sa palette lumineuse. Au **palais Barberini,** la tension dramatique touche à son comble avec l'impressionnante *Judith décapitant Holopherne.* L'église **Santa Maria del Popolo** (sur la place du même nom) abrite deux de ses tableaux : la *Crucifixion de Saint Pierre* et la *Conversion de Saint Paul.* Puis, faites un détour par la **galerie Pamphilj** pour voir *Le Repos au cours de la fuite en Égypte,* étonnamment tendre et coloré ; sans oublier l'humble *Marie Madeleine repentante,* tout en finesse et naturel. Et si le Caravage est si cher au cœur des Français, c'est probablement parce que l'église **Saint-Louis-des-Français** renferme plusieurs de ses toiles, dont la célèbre *Vocation de Saint Matthieu,* où le Christ est représenté comme un simple homme du peuple dans la composition. Pour conclure sur le registre religieux, une *Mise au tombeau* est exposée à la **pinacothèque du Vatican.**

... baroque, du Bernini (Le Bernin, 1598-1680)

Qui mieux que Le Bernin pour évoquer l'essor du baroque romain, mouvement artistique qui peu à peu révolutionne l'Europe tout entière ? Gian Lorenzo Bernini est de la même génération que Borromini, son éternel rival, autre grand nom de l'art romain. Très vite, le jeune Bernin intègre l'atelier familial aux côtés de son père (brillant sculpteur de son époque). Puis, ses dons prodigieux attirent l'attention du cardinal Scipion Borghèse, collectionneur féru d'art antique, qui lui confie la décoration de sa somptueuse villa (la célèbre **galerie Borghèse**). Avec *David, Apollon et Daphné* et *L'Enlèvement de Proserpine,* Le Bernin lui offre quelques-unes de ses plus belles statues. Le duo artiste-mécène fonctionne à merveille, car tous deux partagent une très haute idée de l'art.

Le Bernin joue un rôle fondamental dans l'histoire de l'art, car il incarne mieux que quiconque l'esprit et la spiritualité baroques. Il sculpte le marbre comme d'autres la pâte à modeler ! Avec l'aide de son ami, Pierre de Cortone, il cherche à faire une synthèse des arts, dans le but avoué de glorifier le pape, d'exalter la magnificence de l'Église et la foi chrétienne. Pourtant, nul sculpteur n'a su transmettre autant de vie à la pierre. L'effet est toujours aussi stupéfiant. On a tout dit de la transparence des marbres, de l'incroyable effet dramatique, du mouvement, aérien, gracieux... Mais à chaque fois, quel choc ! Certains lui reprochèrent le côté théâtral, presque indécent, tant on a l'impression de prendre les personnages sur le vif, en pleine intimité. Mais, encore une fois, son but, c'est de provoquer l'émotion, la ferveur, l'exaltation mystique... Et quelle sensualité !

Si Le Bernin bâtisseur est beaucoup moins sensuel, il s'impose comme un véritable architecte, voire un urbaniste. Comment inscrire dans le paysage urbain un projet aussi grandiose que **Saint-Pierre de Rome** ? Pourtant, grâce à **la** *colonnade,* il réussit à conférer une dynamique à l'espace. Le jeu d'ellipses, de perspectives, est un chef-d'œuvre d'intelligence, d'ingéniosité. Bien plus qu'un simple décor, l'architecture agit ici comme une véritable mise en scène. Toujours au Vatican, on lui doit l'extravagant tombeau d'Alexandre VII à la **basilique Saint-Pierre.** L'artiste fut tellement prolifique à Rome qu'il est impossible de citer toutes les églises qu'il a décorées, toutes les fontaines qu'il a dessinées... À choisir (un exemple de chaque) : ce seraient la *fontaine des Quatre-Fleuves* **piazza Navona** et l'église **Santa Maria della Vittoria** pour son *Extase de sainte Thérèse.*

PERSONNAGES

– *Federico Fellini :* né à Rimini en 1920 et mort à Rome en 1993. Quand on lui demande où il aurait aimé vivre, il répond : « Cinecittà » ! Il travaille longtemps avec Roberto Rossellini, en tant que coscénariste, notamment du film *Roma, città aperta (Rome, ville ouverte)*. Avec le succès international de *La Strada* en 1954, il passe dans la cour des grands. Il impose définitivement son style et son univers avec *La Dolce Vita* (1960). Suivra une suite ininterrompue de longs-métrages, œuvres audacieuses et éloignées de la narration classique.

– *Famille Fendi :* une maison créée en 1925 à Rome par Edoardo et Adele Fendi, et développée par leurs cinq filles (avec le concours de Karl Lagerfeld, qui y a commencé sa carrière dans les années 1960). À l'origine, *Fendi* est spécialisée dans la fourrure et le cuir. Mais le succès de son sac fétiche, créé en 1997 par Silvia Venturini, héritière de la maison, et vendu à plus de 600 000 exemplaires, a propulsé *Fendi* dans le peloton de tête des grandes griffes du luxe.

– *Marcello Mastroianni :* né en 1924 à Fontana Liri, près de Rome, et mort en 1996 à Paris. Il a fait l'histoire du cinéma italien d'après-guerre. De lui, on retient sa collaboration intense avec Fellini, qui nous laissera des films tels que *La Dolce Vita, Huit et demi* (1963) et *La Città delle donne (La Cité des femmes,* 1980), mais aussi des films tournés avec son amie Sophia Loren dans *Matrimonio all'italiana (Mariage à l'italienne,* 1964) de Vittorio De Sica ou *Una giornata particolare (Une journée particulière,* 1977) d'Ettore Scola, qui raconte comment, en une journée de fête pour la venue d'Hitler à Rome, se rencontrent dans un immeuble déserté un homosexuel et une femme résignée.

– *Alberto Moravia :* né à Rome en 1907 et mort en 1990 à Rome. Définitivement l'une des principales personnalités littéraires et culturelles les plus complexes de l'Italie contemporaine. Écrivain précoce, il publie *Les Indifférents* (un roman qui fit l'effet d'une bombe en pleine Italie fasciste), à l'âge de 22 ans. Sa ville natale lui inspira plusieurs récits : *La Belle Romaine, Le Conformiste, La Ciociara,* popularisés par le cinéma ; et aussi *Nouvelles romaines* et *Autres Nouvelles romaines* qui, en quelque sorte, anticipent sur la Rome des *Ragazzi* de Pasolini (voir « Livres de route » dans « Rome utile »). Dans les années 1960, Moravia commence à voyager. Curieux, il largue les amarres régulièrement, à destination de l'Afrique, de l'Inde, de la Chine, et d'autres pays du « tiers monde », mais voyage peu dans les pays riches. Paris est l'exception à la règle : l'écrivain s'y sent chez lui. Mais son véritable univers reste finalement celui de l'ailleurs.

– *Nanni Moretti :* né en 1953, sûr qu'on lui fait plaisir en le comparant à Woody Allen. À l'exception près que Moretti est un as du water-polo. En 1976, son premier long-métrage a un titre qui est tout un programme : *Io sono un autarchico (Je suis un autarcique)*. Viennent ensuite, entre autres, *Sogni d'Oro (Rêves d'or,* 1981), *La Messa è finita (La Messe est finie,* 1986) et *Palombella Rosa* (1989). On peut se repaître de ses interviews car, dans son pays, il n'est pas très loquace et fuit la gent plumitive, c'est-à-dire les journalistes. Ses tergiversations faussement candides d'auteur-réalisateur-acteur dans *Caro Diario (Journal intime)* lui rapportent une Palme de la meilleure mise en scène à Cannes en 1994. Nanni Moretti sur sa Vespa est devenu une scène d'anthologie jouissive. Il a fondé sa propre maison de production, la *Sacher Film*, et possède un cinéma à Rome, le *Nuovo Sacher* dans le Trastevere. En 1998, *Aprile*, pourtant bien accueilli par la critique, n'a pas produit dans le public les sensations escomptées. La consécration viendra avec *La Stanza del figlio (La Chambre du fils)*, film récompensé par la Palme d'or à Cannes en 2001, dans lequel Moretti joue encore mais où il s'éloigne de son propre personnage. En réalisant *Il Caimano (Le Caïman)*, en 2006, évoquant la carrière de Silvio Berlusconi, Moretti a pour la première fois renoncé à jouer le rôle principal. Acteur dans *Caos Calmo* d'Antonio Luigi Grimaldi (sorti en Italie en 2008), une scène sulfureuse avec sa partenaire Isabella Ferrari lui a valu les foudres du Vatican... En 2011, il réalise *Habemus Papam* avec Michel Piccoli qui interprète magistralement le pape Célestin VI, Moretti interprétant lui-même le psychanalyste qui suit le pape, dépressif. Ce film a fait partie de la sélection officielle du Festival de Cannes en 2011. En 2012, Moretti passe de l'autre côté et devient président du jury du Festival de Cannes pour la 65e édition. En 2015, malgré sa sélection au Festival de Cannes pour son film (un peu autobiographique) *Mia Madre*, il en repart bredouille.

– **Pier Paolo Pasolini :** tour à tour peintre, homme de lettres et poète, puis professeur des écoles et journaliste à Rome. Fasciné par une banlieue à la fois violente et audacieuse, il la dépeint dans les romans *Ragazzi di vita* et *Una vita violenta*. L'originalité de son style et du langage qu'il emploie crée l'intérêt de la communauté intellectuelle, mais aussi de la justice... qui l'accuse de pornographie (il sera acquitté). Pasolini touche à tout, écrit pléthore de scénarios pour le cinéma, entre autres pour Fellini *(Le Prisonnier de la montagne)*. En 1960, il enfile la casquette de réalisateur en tournant son premier film, *Accattone*. Puis viendront *Mamma Roma* (également dénoncé pour pornographie), *La Ricotta, La Rabbia, Edipore, Medea, Il Decameron, Teorema, Salò o le autorenti giornate di Sodomà*... Il écrira également un certain nombre d'ouvrages critiques (notamment *Empirismo eretico*, essai sur la langue et le cinéma) et plusieurs pièces de théâtre. Pasolini est assassiné en 1975, dans des circonstances encore non élucidées.

– **Isabella Rossellini :** née à Rome en 1952. Une grande personnalité tout comme son ascendance, Ingrid Bergman et Roberto Rossellini, dont l'idylle fut dénoncée en haut lieu. Côtoyant Martin Scorsese, David Lynch et Gary Oldman, cette Romaine de naissance a pris depuis la vice-présidence de *Lancaster*, mais elle se réserve encore le droit d'exposer sa magnifique silhouette devant l'objectif.

– **Francesco de Gregori :** ce *cantautore* italien (un auteur chantant !) naît à Rome en 1951. Sa discrétion, malgré son succès, est telle qu'elle lui vaut le surnom du *Principe* (le prince) de la chanson italienne. Il s'inspire de chanteurs tels que Bob Dylan, Leonard Cohen ou Simon et Garfunkel, et compose de jolies ballades aux paroles poétiques. Très connu en Italie mais peu exportable, car ses atouts sont les textes de ses chansons. À écouter pour les italophones...

– **Alberto Sordi :** (Rome 1920-2003) sans conteste un des monuments de la Ville éternelle. Avec plus de 200 films tournés à son actif, dont un mémorable *Néron*, Alberto Sordi a incarné mieux que personne le Romain moyen, avec ses qualités mais aussi ses vices et mesquineries (*Un Américain à Rome* de Steno) !

RESTAURANTS

Où manger ?

Le routard risque d'être désorienté les premiers jours devant la variété des enseignes : *snack-bar, paninoteca, caffè, rosticceria, tavola calda, pizzeria, enoteca, trattoria, osteria, ristorante*... Les voici classés du plus populaire au plus chic.

Le caffè et la paninoteca

Petit déjeuner simple qu'affectionnent les Romains : *cappuccino* (ou *caffè*) et *cornetto* (un croissant fourré de chocolat, de crème ou de confiture) sur un bout de comptoir. On y vend aussi des gâteaux, des *panini* et des *tramezzini* (sandwichs triangulaires au pain de mie). Si vous vous asseyez, les prix grimpent forcément, sans parler des cafés avec terrasse stratégique...

La rosticceria

Elle correspond au traiteur français, vend des plats à emporter, mais on peut se restaurer sur place rapidement (quelques tables).

La tavola calda

C'est un endroit où l'on sert une restauration rapide (une sorte de self), offrant un nombre assez limité de plats cuisinés à un prix très abordable. Vous rencontrerez des *tavole calde* et autres snacks aux quatre coins de Rome. On y trouve grosso modo toujours des *panini, tramezzini, pizzette, supplì di riso*... Mais aussi de vrais plats cuisinés, comme chez *Volpetti* (au Testaccio). Formule idéale pour déjeuner. À consommer au comptoir, debout ou à emporter. Parfois quelques tables et chaises pour soulager vos jambes fatiguées...

La pizzeria

Les vraies *pizzerie* possèdent un four à pizzas qu'elles ne font fonctionner que le soir. Bien sûr, tourisme oblige, on les trouve aussi au déjeuner de manière à diversifier l'offre. On peut aussi acheter des parts de pizzas dans certaines boulangeries *(panetterie)*.

L'enoteca

C'est un bar à vins qui propose en accompagnement d'un bon verre de vin de bons produits régionaux. Le cadre est souvent très soigné et les prix sont plutôt raisonnables, selon l'emplacement. Vous y trouverez un choix intéressant, voire considérable, de bouteilles (la palme revenant au *Cul de Sac,* près de la piazza Navona !), l'offre au verre se généralise et c'est tant mieux ! Une belle opportunité pour s'initier aux vins romains. On y sert charcuteries et fromages, bien sûr ! Ces établissements ayant le vent en poupe depuis quelque temps, on en trouve désormais partout, à tous les prix, mais tous ne sont pas recommandables.
– *L'aperitivo :* en fin d'après-midi, il permet de s'abreuver d'un vin gouleyant tout en se restaurant d'amuse-gueules, voire de buffets variés – c'est alors une véritable alternative au dîner classique. Un moment que les Romains apprécient beaucoup !

La trattoria

C'est un restaurant pas trop cher à gestion (théoriquement) familiale ; il est comparable au bistrot du coin français. La *trattoria* propose une cuisine faite maison *(casareccia* ou *casalinga)*. Tendance depuis quelques années : la *trattoria* chic à la déco revue et corrigée (cadre épuré, nappes blanches). La carte reste limitée, garantissant la fraîcheur des plats.

L'osteria

À l'origine, c'était un endroit modeste où l'on allait pour boire et qui proposait un ou deux plats pour accompagner la boisson... L'appellation a été reprise par des restaurateurs (parfois en ajoutant un h – *hosteria* – pour faire plus chic) pour donner un goût d'antan tout en appliquant des tarifs plus élevés... On peut le comparer à nos brasseries.

Le ristorante

Il correspond au resto gastronomique. Dans cette catégorie, on trouve tout et son contraire, surtout la note salée en fin de repas. C'est souvent le cas des établissements en bord de mer, proposant du poisson au poids ou des spécialités locales.

SAVOIR-VIVRE ET COUTUMES

Pourboires et taxes

– Rien ne vous oblige à laisser un **pourboire** *(una mancia)*. Libre à vous d'en décider, selon la qualité du service dont vous avez bénéficié. Dans les églises, les sacristains sont souvent remplacés par des tirelires électriques (en général 1 €) pour éclairer les chefs-d'œuvre sans forcer la main.

– Ne pas s'étonner de voir son addition majorée de 2 à 3 % du traditionnel *pane e coperto* (lequel a théoriquement été supprimé mais qui continue d'être appliqué dans plusieurs restos). Telle est la pratique en Italie. Ce *pane e coperto* peut varier entre 1 et 3 € par personne (au-delà, cela devient du vol). Il doit impérativement être signalé sur la carte, quand il y en a une. Les 10 % de *servizio* d'antan ont parfois disparu. Ajoutez à cela une bouteille d'eau minérale (de 1 à 3 € selon le standing du resto) et vous comprendrez rapidement pourquoi l'addition grimpe si vite.

Tenue dans les églises

Une tenue correcte et un minimum de discrétion semblent parfois échapper à certains visiteurs. Certains s'affichent en short et marcel dans la basilique Saint-Pierre, partant du principe qu'ils sont tout simplement en vacances ! Un gardien est là pour vous le rappeler et il n'a aucune indulgence pour ce qui est considéré comme indécent (à savoir shorts pour les hommes et débardeurs ou robes découvrant les épaules ou les genoux pour les femmes...). Ayez toujours (pour les femmes) avec vous une étole ou un foulard pour vous couvrir.

Gentillesse *alla romana*

C'est assez étonnant pour être souligné. On est dans une capitale touristique, avec, pense-t-on, tous les inconvénients inhérents à la grande ville : stress, gens pressés, tentatives d'abus en tout genre... Eh bien, pas du tout ! On est rapidement frappé par la gentillesse des Romains. Pour demander son chemin, régler un petit problème, demander une traduction sur la carte d'un resto... Étonnant de trouver tant de gens ouverts et souriants, prêts à vous accorder un peu de leur temps. Ce sont également ces petits détails qui font qu'un séjour à Rome est inoubliable.

La *pennichella*

La sieste (*il pisolino* ou, à Rome, *la pennichella*) fait partie des traditions depuis l'Antiquité. L'été surtout, la ville s'endort après le déjeuner. Les boutiques ferment, la circulation ralentit et les travailleurs de la sixième heure (sieste vient de *sexta hora*) sont l'exception. Alors, dit le proverbe romain, « seuls les chiens et les Français se promènent ». Le plus sage, après tout, serait pour le visiteur de suivre ce rythme réputé reconstituant pour l'esprit et le corps. Mais un effort est actuellement entrepris par les autorités pour transformer les habitudes. Pour l'anecdote, Jean-Paul II, le premier pape non italien depuis la Renaissance, avait habitué ses collaborateurs à se passer de sieste. Comme quoi, il y a des stakhanovistes partout !

SITES INSCRITS AU PATRIMOINE MONDIAL DE L'UNESCO

Organisation
des Nations Unies
pour l'éducation,
la science et la culture

En coopération avec
le centre du patrimoine mondial de l'UNESCO

Pour figurer sur la liste du Patrimoine mondial, les sites doivent avoir une valeur universelle exceptionnelle et satisfaire à au moins un des 10 critères de sélection. La protection, la gestion, l'authenticité et l'intégrité des biens sont également des considérations importantes. Le patrimoine est l'héritage du passé dont nous profitons aujourd'hui et que nous transmettons aux générations à venir. Nos patrimoines culturel et naturel sont deux sources irremplaçables de vie et d'inspiration. Ces sites appartiennent à tous les peuples du

L'ITALIE, CHAMPIONNE DU MONDE !

Sur plus de 1 000 sites répertoriés par l'Unesco au Patrimoine mondial de l'humanité, l'Italie remporte la première place avec près de 50 monuments ou lieux. La France n'est pas si mal placée avec 38 au compteur.

monde, sans tenir compte du territoire sur lequel ils sont situés. Pour plus d'informations : ● whc.unesco.org ●
– Le **centre historique** de Rome, les **biens du Saint-Siège et de Saint-Paul-hors-les-Murs** (1980, 1990), la **villa d'Hadrien** (Tivoli, 1999) et la **villa d'Este** (Tivoli, 2001) sont inscrits par l'Unesco.

SPECTACLES

– **Important :** *Trova Roma,* le supplément du quotidien *La Repubblica,* contient sur une page culturelle une mine d'infos sur les spectacles du moment.

Le théâtre et l'opéra

– *Le théâtre :* les Romains amateurs de théâtre n'affectionnent guère les nouveautés, aussi ces dernières sont-elles rares. À l'affiche, on retrouve surtout les productions classiques ; dont certaines sont jouées au **teatro Argentina** *(largo di Torre Argentina, 52-56 ;* ☎ *06-68-40-00-311 ;* ● *teatrodiroma.net ●),* une ancienne salle d'opéra où se produisent les incontournables Pirandello et autres Goldoni. Les amateurs de théâtre italophone désireux de voir autre chose que des classiques consulteront le programme du **teatro Vittoria,** dans le quartier du Testaccio *(piazza S. Maria Liberatrice, 10 ;* ☎ *06-57-81-960 ;* ● *teatrovittoria.it ●).*
– *L'opéra :* les grands opéras populaires, joués dans la salle du **teatro dell'Opera,** attireront les amateurs d'art lyrique *(piazza Beniamino Gigli, 7 ;* ☎ *06-48-16-01 (info) et 06-48-16-02-55 (billetterie) ;* ● *operaroma.it ●).*

Les concerts de musique classique

La scène musicale romaine, contrairement à certaines idées reçues, n'est pas des plus brillante. Les salles, peu nombreuses, ont une acoustique qui laisse souvent à désirer et les formations orchestrales n'arrivent pas à la cheville des grands orchestres allemands, notamment.
Une salle fait néanmoins la fierté de la ville. Il s'agit du magnifique **auditorium Parco della Musica** *(viale Pietro de Coubertin, 30 ;* ☎ *06-80-24-12-81 ;* ● *auditorium.com ●* ; *détails plus loin dans « À voir. La Rome périphérique »).* C'est là que se produit la fameuse *Accademia Nazionale di Santa Cecilia* (● *santacecilia. it ●).* Plusieurs salles accueillent les concerts, en petite ou grande formation, de l'orchestre le plus couru de Rome et doté du programme le plus riche. L'auditorium est entouré de restos et de bars branchés. L'orchestre de la *RAI* (● *orchestrasinfonica.rai.it ●)* se produit régulièrement à l'**auditorium del Foro Italico** *(piazza Lauro de Bosis, 5 ;* ☎ *06-32-01-498),* mais aussi au **teatro Olimpico** *(piazza Gentile da Fabriano, 17 ;* ☎ *06-32-65-991).* Il en va de même pour l'*Accademia filarmonica di Romana* (● *filarmonicaromana.org ●).* L'été, des concerts sont donnés dans

les cours des palais, mais aussi dans les ruines antiques (thermes de Caracalla notamment) et sur les berges du Tibre.

On peut aussi écouter de la musique sacrée, ou même profane, dans les églises, particulièrement dans celle de **Sant'Ignazio di Loyola** *(piazza Sant'Ignazio, 1 ;* ☎ *06-67-94-406)*, et dans les basiliques (le 5 décembre, à *Saint-Pierre*, l'orchestre de la *RAI* donne traditionnellement un concert en présence de Sa Sainteté). Enfin, le magnifique **oratorio del Gonfalone** *(via del Gonfalone, 32a ;* ☎ *06-68-75-952)* propose des concerts de grande qualité. C'est également l'unique occasion de le visiter et d'en admirer les splendides fresques.

Les concerts de rock, jazz...

Les endroits ne manquent pas, aussi nous contenterons-nous de vous donner quelques pistes. Sachez, tout d'abord, qu'il vous faudra parfois acheter une carte de membre *(tessera)* avant de payer, éventuellement, un droit d'entrée supplémentaire.
– Dans le quartier du Testaccio, le **Villaggio Globale** *(lungotevere Testaccio, 1 / via Monte dei Cocci, 22 ;* ▤ *347-41-31-205 ; plan détachable d'ensemble, C6 ;* ● *ecn. org/villaggioglobale* ●*),* grande salle de concerts aménagée sommairement dans un ancien abattoir, est très réputé.
– Sinon, il y a aussi le **Forte Prenestino** *(via Federico del Pino, 100 ;* ☎ *06-21-80-78-55 ;* ● *ecn.org/forte* ●*),* ancienne prison vibrant désormais au son des concerts rock.
– Enfin, le **Circolo degli Artisti** *(via Casilina Vecchia, 42 ;* ☎ *06-70-30-56-84 ;* ● *circoloartisti.it* ●*)* est une scène alternative de qualité, qui rencontre actuellement un succès croissant...
– Les amateurs de jazz, en dehors de la période du *Roma Jazz Festival* (juin), trouveront leur bonheur au **Palladium** *(piazza B. Romano, 8 ;* ☎ *06-45-55-30-50 ;* ● *romaeuropa.net/palladium* ●*),* à l'**Alexander Platz** *(via Ostia, 9 ;* ☎ *06-39-72-18-67 ;* ● *alexanderplatzjazzclub.com* ●*),* ou bien encore à la **Casa del Jazz** *(viale di Porta Ardeatina, 55 ;* ☎ *06-70-47-31 ;* ● *casajazz.it* ●*).*
– Pour le blues, ça se passe au **Big Mama** *(plan détachable d'ensemble, C4,* **223** *; vicolo San Francesco a Ripa, 18 ;* ☎ *06-58-12-551 ;* ● *bigmama.it* ●*).*

SPORTS
::

Assister à un match de foot

« Romain, choisis ton camp ! » Deux grandes équipes évoluent en première division : la *Roma* et la *Lazio*. Les supporters de la Roma – les *Romanisti* – viennent surtout de Rome, contrairement aux *Laziali*, supporters de la Lazio, qui viennent des *borgate* (banlieues) de la capitale ou de l'ensemble du Lazio (Latium). Vous pouvez donc imaginer la réputation qui est faite aux pauvres Laziali, dédaignés des Romanisti.

Pour assister à la *partita* du dimanche, vous devrez vous rendre au **stadio olimpico.** Le plus simple est sans doute de

VERT ? BLANC ? ROUGE ? NON, BLEU

Pourquoi les Italiens jouent-ils en bleu, malgré le vert-blanc-rouge du drapeau national ? Avant 1911, l'équipe nationale italienne de foot jouait en blanc. Lors d'un match contre la Hongrie, les joueurs portent un maillot bleu, en l'honneur de la famille royale de la Maison de Savoie, dont la couleur « officielle » est le bleu. Depuis cette date, la « Squadra Azzurra » joue en bleu. Les équipes nationales d'autres sports ont ensuite adopté cette couleur.

prendre, au départ de la piazzale Flaminio, le tramway n° 225, qui mène en 10 mn piazza Mancini. À partir de là, vous rejoindrez le stade olympique en traversant le Tibre au niveau du ponte Duca d'Aosta. En arrivant aux abords du stade, buvez comme tous les supporters un *caffè Borghetti* (shot de liqueur de café) vendu partout et dont les petites bouteilles rouge et noir jonchent le sol ; ça chauffe !

En fonction de l'importance du match, il faudra vous soucier des billets plus ou moins tôt. Vente sur place avant les matchs. Les virages (places les moins chères) se disent *curve* (*curva* nord et *curva* sud). Les tribunes latérales sont dénommées *tevere* (tribune la plus proche du Tibre) et *monte Mario* (nom de la colline au pied de laquelle se trouve le stade). La seconde est la plus chère, car elle est à l'ombre au moment du match. À vous de jouer maintenant. Grosses affluences garanties (50 000 à 60 000 spectateurs en moyenne) grâce aux nombreux abonnés, pour qui le dimanche est une journée doublement sainte : messe le matin, puis match de foot l'après-midi.

▶ Pour se repérer, voir les plans détachables de Rome en fin de guide.

Arrivée à Rome

Aéroport de Fiumicino

✈ *Fiumicino-Leonardo-da-Vinci :* à 32 km au sud-ouest de Rome. Rens : ☎ 06-65-951 (24h/24) ou ● adr.it ● Fréquenté par les avions des compagnies régulières *(Air France, Alitalia, British Airways, Lufthansa...)*. Point d'informations touristiques dans le hall des arrivées du terminal 3 près du retrait des bagages *(tlj 8h-19h30)*.

Liaisons Fiumicino/ centre-ville

En train

Sans aucun doute, le plus pratique. Les terminaux sont reliés à la gare de l'aéroport par des passerelles couvertes et des tapis roulants (compter 10-15 mn de trajet à pied). Achat du billet aux guichets classiques, au comptoir de l'office de tourisme, dans les kiosques ou aux bornes automatiques (simples d'emploi, instructions en français, CB acceptées), situés sur les quais.

Dans le sens retour, notamment si vous arrivez à Termini en taxi, faites-vous déposer à l'entrée des *Ferrovie Laziali* (trains régionaux), via Giovanni Giolitti, afin d'éviter de traverser toute la gare à pied (long !). Il y a des distributeurs automatiques juste devant les quais du *Leonardo Express* (quais nº 23 et 24) et même un (minuscule) guichet dans la journée.

– *Plus d'infos :* ● trenitalia.com ●, ou demander le dépliant Collegamento Fiumicino-Termini *des Ferrovie dello Stato (FS)*, notamment aux guichets de Termini.

➢ *Le train direct Leonardo Express* (depuis/vers Termini) : le plus rapide mais... le plus cher. Départs ttes les 30 mn (20 mn aux heures d'affluence). Depuis l'aéroport, 6h23-23h23 ; depuis Termini 5h35-23h35. Env 35 mn de trajet. Tarif : 14 €.

➢ *Le train régional Fiumicino-Orte* (FL1) : env 2 fois plus lent... mais presque 2 fois moins cher. Prix du billet : 8 €. Fonctionne tlj 5h-23h env ; départs ttes les 15 mn aux heures de pointe, sinon ttes les 30 mn env. Dessert les gares de Trastevere, Ostiense, Tuscolana et Tiburtina. Prévoir 30 mn jusqu'à Ostiense (proche du Testaccio), d'où l'on rejoint facilement Termini (env 30 mn supplémentaires, transfert compris) par le métro (ligne B, 4 stations slt) direction Rebibbia. L'arrêt Trastevere permet de rejoindre soit le quartier éponyme par le tram nº 8, qui pousse jusqu'à la piazza Venezia, en plein cœur de la Rome historique, soit le Vatican grâce à une correspondance en train (FL5) jusqu'à la station de San Pietro.

En bus

À l'étage des arrivées du terminal 3 et à l'étage en dessous, plusieurs compagnies proposent des liaisons pour Termini (plus ou moins directes), à des fréquences et prix proches. Attention, cependant, ils peuvent avoir du retard. Si vous êtes pressé, mieux vaut prendre le train.

➤ **Bus direct Fiumicino-Termini :** *par* Terravision. *Rens :* ☎ 06-97-61-06-32 *(lun-sam 9h-18h).* ● terravision.eu ● 5h30-23h env (sens retour 4h40-21h50 env) ; départs ttes les 30 mn à 2h. Tarif : 6 € l'aller simple (4 € sur Internet) ; 11 € A/R (8 € sur Internet). Durée : 55 mn. Les tickets s'achètent au guichet de l'aéroport (terminal 3) ou à l'arrêt de bus n° 5.

➤ **Bus Fiumicino-piazza Cavour (proche du Vatican)-Termini (via Marsala) :** *par* Sitbus Shuttle. *Rens :* ☎ 06-59-16-826 ou 06-59-23-507. ● sitbusshuttle.com ● 8h30-0h30 env (sens retour 5h-20h30 env) ; départs ttes les 30 mn à 1h30 env. Tarif : 6 € l'aller simple ; 11 € A/R. Les tickets s'achètent à l'arrêt de bus.

➤ **Bus Fiumicino-Ostiense-Termini (via Giolitti) :** *par* T.A.M. *Rens :* ☎ 06-65-04-74-26. ● tambus.it ● 8h-23h30 env (sens retour 9h-0h15 env) ; départs ttes les 30 mn à 1h. Tarif : 5 € l'aller simple ; 9 € A/R. Les tickets s'achètent dans le bus.

➤ **Bus Fiumicino-Termini-Tiburtina :** *par* Cotral. *Rens :* ☎ 800-174-471 *(lun-ven 8h30-18h).* ● cotralspa.it ● **C'est la seule ligne à fonctionner après minuit.** Départs à 1h15, 2h15, 3h30, 5h, 10h55, 12h, 15h30 et 19h. Dans le sens retour, départ de Tiburtina (ligne de métro B) à 0h30, 1h15, 2h30, 3h45, 9h30, 10h30, 12h35 et 17h30. Arrêt à Termini env 5 mn plus tard, mais **attention de bien le repérer** : minuscule pancarte sur la piazza dei Cinquecento, à proximité du palazzo Massimo, au niveau du quai « O ». Tarif : env 5 € (7 € à bord) ; réduc avec la *Roma Pass*. Trajet : env 1h.

➤ **Bus Fiumicino-métro Magliana (ligne B) :** *par* Cotral *(voir ci-avant).* *Magliana est à 8 stations de métro de Termini.* 5h30-21h env (sens retour 6h15-21h45 env) ; départs ttes les 30 mn à 1h30. Tarif : env 3 € (7 € à bord !). Env 45 mn de trajet jusqu'au métro.

➤ **Bus Fiumicino-métro Cornelia (ligne A) :** *par* Cotral *(voir ci-avant).* *Cornelia est à 9 stations de métro de Termini.* Fréquences et tarifs à peu près identiques à ceux de Fiumicino-Magliana. Env 1h20 de trajet jusqu'au métro.

En taxi

À partir de 4 personnes, il peut être plus judicieux de prendre un taxi. **Forfait de 48 €** pour Rome intra-muros, identique au retour. Mais comme un voyageur averti en vaut deux :
– évitez les faux taxis qui vous accostent à l'arrivée. Les vrais sont blancs et disposent d'un taximètre... qu'ils ne doivent d'ailleurs pas mettre en route sous risque d'arnaque, puisqu'il y a un forfait (placardé en gros sur leur porte !) ;
– ne pas prendre les taxis de la commune de Fiumicino. Ils demandent env 20 € de plus parce qu'ils doivent rentrer à vide (ils n'ont pas le droit de prendre de passagers à Rome).

Aéroport de Ciampino

✈ **Ciampino** : *à 15 km au sud-est de Rome. Rens :* ☎ 06-65-951 *(24h/24) ou* ● adr.it ● C'est ici qu'arrivent la grande majorité des compagnies *low-cost* (Ryanair, Easyjet, Vueling...). Point infos au terminal « Arrivées » 9h-18h30.

Liaisons Ciampino/centre-ville

En bus

➤ **Bus Ciampino-Metro di Anagnina (ligne A) :** *par* Atral. *Rens :* ☎ 800-700-805. ● atral-lazio.com ● En 15 mn, le bus partant de l'aéroport (porte 2) rejoint le terminus de la ligne A, qui permet de rejoindre facilement le centre-ville. 6h10-22h40 (6h40-22h40 dans le sens retour) ; départs ttes les 45 mn à 1h20. Env 20 mn de trajet. Tarif : 1,20 € l'aller simple. Les billets s'achètent au comptoir du hall des arrivées ou directement à bord.

➤ **Bus Ciampino-Termini (via Marsala) :** *par* Sitbus Shuttle. *Rens :* ☎ 06-59-16-826 ou 06-59-23-507. ● sitbusshuttle.com ● 7h15-22h30 (sens retour 4h30-minuit) ; départs ttes les 30 mn à 1h env. Tarif : 4 € l'aller simple ; 8 € A/R.

➤ **Bus Ciampino-Termini (via Marsala, 29) :** *par* Terravision. *Rens :* ☎ 06-97-61-06-32 *(lun-sam 9h-18h).* ● terravision.eu ● 8h15-0h15 (sens retour 4h30-21h20) ; départs ttes les

30 mn à 1h. Tarif : 6 € l'aller simple ; 11 € A/R. Les tickets s'achètent au guichet de l'aéroport ou dans le bus.

En taxi

Le forfait officiel pour se rendre en ville est de 30 € quels que soient le taxi et le point de chute. Éviter les taxis non déclarés (voir les conseils plus haut sous « Fiumicino », « En taxi »).

En train

Les bus *Cotral/Schiaffini* font la liaison ttes les 30 mn avec la gare de Ciampino Città (Ciampino ville). Tarif : 1,50 € ; 5 mn de trajet env. De là, trains réguliers FL4 pour Termini, 5h-minuit env ; départs env ttes les 20 mn. Durée du trajet : env 15 mn. De Termini à Ciampino, prendre les trains en direction des Colli Romani (Frascati, Albano Laziale, Velletri...). Tarif : env 2 €.

Liaisons entre les aéroports de Fiumicino et Ciampino

Pas de liaison directe entre les 2 aéroports. Compter un minimum de 40 € en taxi. Sinon, il faut transiter par le centre de Rome via les transports détaillés précédemment (train et/ou bus).

En train

🚆 **Stazione Termini** *(plan détachable d'ensemble, E3) : rens sur les horaires et prix des billets* Trenitalia *au* ☎ 89-20-21 *(nº unique pour tte l'Italie), sur ● trenitalia.it ● ou auprès du guichet situé sur la plate-forme 1. Également sur ● romatermini.com ●* L'énorme gare de Rome concentre, dans une agitation et un va-et-vient incessants, TOUT ce dont le voyageur peut avoir besoin : douches au sous-sol, cafés, cafétérias, distributeurs de billets, poste *(lun-ven 8h25-19h10, sam 8h25-12h35)*, supermarchés, magasins de jouets, parfumerie, pharmacies, consignes à bagages (au sous-sol) et un office de tourisme *(côté via Giovanni Giolitti, 34 ; quai 24 ; tlj 8h-20h)*. La gare est également à la jonction des 2 lignes du métro et une importante gare de bus urbains occupe l'esplanade juste devant.

– **Consignes à bagages** *(Deposito bagagli ; plan détachable d'ensemble, E3) : au sous-sol.* Situées côté via Giovanni Giolitti (au niveau de l'office de tourisme). *Tlj 6h-23h. Compter 6 € les 5h et 0,90 €/h supplémentaire (20 kg/bagage max).* Attention aux récup' lors des week-ends et fêtes, il peut y avoir de longues files d'attente.

– **Location de voitures :** *comptoirs situés côté via Giovanni Giolitti (au niveau de l'office de tourisme). Horaires habituels, tlj 8h-20h (18h sam et 13h dim).* Vous y trouverez toutes les grandes agences *(Avis, Hertz, Europcar, Budget...).*

En bus

🚌 **Stazione Tiburtina** *(hors plan détachable d'ensemble par G2-3) : en face de la gare ferroviaire Tiburtina.* La principale gare routière de Rome. Station Tiburtina à proximité (ligne B du métro) et bus nº 492 (pour rallier Termini). C'est ici que vous arriverez probablement si vous venez en bus de l'étranger.

En voiture

Tous les bons conseils qui suivent ne vous affranchissent pas de recourir à une carte détaillée ou à un navigateur GPS, car il y a peu de panneaux dans Rome !

Sachez avant tout qu'**il faut une autorisation spéciale** (que vous n'obtiendrez pas comme simple touriste !) **pour entrer dans le cœur de Rome (zone ZTL). Ne pénétrez surtout pas dans les secteurs affichant un panneau lumineux « Varco attivo » :** de retour en France, vous auriez à payer une forte amende (même pour les voitures de location !).

– Le GRA est le périphérique de Rome. Il permet de contourner la capitale, mais aussi d'y accéder par l'axe le mieux adapté pour éviter une fastidieuse traversée de l'hypercentre.

– Depuis le nord (autoroute en provenance de Florence), on accède au centre par la via Salaria (SS4 ; sortie nº 8 du GRA). Arrivé au corso d'Italia, soit on s'y engage et on prend le viale du Muro Torto, qui passe sur le haut de la **piazza di Spagna** et conduit à la

piazza del Popolo, soit on descend la via Piave vers le quartier de **Termini.**
– Depuis le sud-est (autoroute en provenance de Naples ou via Appia), suivre plutôt la via Appia Nuova (SS7 ; sortie n° 23 du GRA). Même conseil depuis l'aéroport de Ciampino. On rejoint facilement Saint-Jean-de-Latran et, au-delà (par le viale Alessandro Manzoni), les environs du **Colisée** et les quartiers de **Monti** et **Esquilino.**
– Depuis le sud-ouest (aéroport de Fiumicino ou via Pontina), suivre la via Cristoforo Colombo (sortie n° 27 du GRA). Pour le **Trastevere,** quitter rapidement la via Cristoforo Colombo à gauche en suivant le viale G. Marconi, qui permet de rejoindre sans difficulté le viale di Trastevere. Pour l'**Aventin** et le **Testaccio,** quitter la via Cristoforo

Colombo à gauche en suivant le viale Marco Polo. Pour **Saint-Jean-de-Latran** et le **Colisée,** poursuivre la via Cristoforo Colombo jusqu'au bout. Une fois porta Ardeatina, continuer sur la via delle Terme di Caracalla. Suivre la via Claudia à gauche (pour le Colisée) ou le largo Amba Aradam à droite pour Saint-Jean-de-Latran (vous y êtes ?).
– Les zones du **Vatican** et de **Prati** sont facilement accessibles par la via Aurelia (SS1 ; sortie n° 1 du GRA). Au bout de celle-ci, il faudra prendre dans son prolongement la via Gregorio VII, puis la via di Porta Cavalleggeri (Saint-Pierre est à deux pas). Pour se rapprocher de la **piazza Navona** et du **campo dei Fiori,** prendre le tunnel puis traverser le Tibre par le ponte Pr. Amedeo Savoia Aosta.

Adresses et infos utiles

Informations touristiques

🔲 **Sites d'informations touristiques officiels :** rens sur ● turismoroma.it ● (site en français très bien fait, très pratique avt le départ). Résas d'hôtels et de services touristiques au ☎ 06-06-08 (9h-21h) ou ● 060608.it ●
🔲 **Points d'informations touristiques** (Punti Informativi Turistici) : ouv tlj 9h30-19h15 ; adresses plus haut. Il n'y a plus d'office de tourisme principal à Rome, mais différents points d'infos, plutôt bien répartis dans les endroits stratégiques du centre-ville. Conseils, plans et ventes de pass possibles. Attention, certains points infos sont fermés hors saison.
– **Stazione Termini** (plan détachable d'ensemble, E3) : dans le bâtiment de la gare, côté via Giovanni Giolitti, À côté du quai 24. Tlj 8h-19h45. Stratégique et bien documenté.
– **Fori Imperiali Visitor Center** (plan détachable d'ensemble, D3) : via dei Fori Imperiali.
– **Barberini** (plan détachable d'ensemble, D2) : via San Basilio, 51.
– **Palazzo delle Esposizioni** (plan détachable d'ensemble, D3) : via Nazionale.
– **Piazza Navona** (plan détachable centre, C3) : piazza delle Cinque Lune

(à deux pas de la piazza Navona, côté nord).
– **Auditorium** (plan détachable d'ensemble, B2) : Lungatevere Vaticano, à l'angle du castel Sant'Angelo et de la via della Conciliazione, 3.
– **Portico d'Ottavia** (plan détachable centre, C4) : via Santa Maria del Pianto, 1. Tlj 8h-18h.
– **San Pietro** (plan détachable d'ensemble, B2) : Largo del Colonnato, 1. Tlj 9h-17h.
– **Via Marco Minghetti** (plan détachable centre, D3) : presque sur la via del Corso, à deux pas de la fontaine de Trevi.
– Sans oublier les points infos de la **stazione Termini** (plan détachable d'ensemble, E3), de la **Stazione Tiburtina** (hors plan détachable d'ensemble par G2-3) et des 2 aéroports de la ville, **Fiumicino** et **Ciampino.**

Agendas culturels

Pas évident de trouver des infos en français, mais il n'est pas trop difficile de saisir l'essentiel en v.o. !
– **Trova Roma :** s'intègre aux pages culturelles de La Repubblica tous les jours. Plein d'infos sur les expos et les choses à faire à Rome.
– **Un Ospite a Roma :** publié par

l'office de tourisme, c'est un mensuel gratuit en italien et en anglais où l'on trouve les horaires complets de tout ce qu'il peut exister à Rome en matière culturelle (sites, musées, cinémas, expos, etc.).

– Éditées en partenariat avec la Ville de Rome, quelques brochures gratuites, comme *L'Evento,* sont disponibles dans les points d'informations touristiques. Pour les horaires de musées les plus à jour, se procurer le livret *Musées de Rome* (pas toujours disponible en français).

Découvrir Rome autrement

Beaucoup d'associations et de guides proposent leurs services pour une visite de la ville, mais attention cependant aux associations non officielles et aux guides abusifs. Le mieux est de se renseigner à l'office de tourisme pour avoir la liste des guides officiels (● turismoroma.it ● ou ☎ 06-06-08).

■ *Visiterome :* 🖥 334-340-86-93. ● *visiterome.com* ● Ivano, Elena et Valerie sont des guides officiels ultra-compétents, agréables et sympathiques qui vous proposent des visites guidées, en français et à la carte, de la ville et de ses environs, de ses musées, et même de ses expositions temporaires. Leur statut de guide officiel leur permet un accès prioritaire aux sites (ce qui est déjà en soi un atout non négligeable). Spécialisés en histoire de l'art, en archéologie, en histoire, les visites sont très pointues mais très agréables et claires. Elles s'adaptent aussi à vos besoins, à vos envies. Ainsi, vous pouvez opter pour une visite classique en petit groupe (de 6 à 10 personnes), selon un calendrier préétabli *(3h de visite ; à partir de 20 €/pers ; forfaits famille et réduc enfants),* ou, encore mieux, pour une visite privée (en couple, en famille) sur un thème de votre choix *(3h ; 145 € pour 1-6 pers ; billets d'entrée aux sites non inclus).* Résa conseillée le plus tôt possible, surtout si vous souhaitez avoir accès à des sites habituellement fermés. Indispensable même, pour bien comprendre la ville.

■ *Autremont Rome :* ☎ 06-338-698-12-35. ● *autremonde@gmail.com* ● Patricia, Alsacienne d'origine, propose ses services de guide-conférencière depuis 15 ans. Elle sait s'adapter aux attentes de ses visiteurs, qu'elle aime guider dans les rues romaines. Une approche originale de la ville.

■ *Rome à volonté :* ☎ 06-70-45-15-56. 🖥 339-789-66-59. ● soleil@romeavolonte.com ● *romeavolonte. com* ● Sophie est une guide-conférencière française et indépendante qui propose d'explorer les différents quartiers de la ville à sa façon.

– Beaucoup d'autres associations et guides proposent leurs services pour une visite de la ville, mais attention cependant aux associations non officielles et aux guides « sauvages » notamment aux abords du Vatican.

Argent, banques

On peut retirer de l'argent liquide dans la plupart des banques sur présentation de la carte internationale *Visa* et du passeport aux horaires habituelles. Voir la rubrique du même nom dans « Rome utile », en début du guide. Sinon, on trouve des distributeurs automatiques un peu partout.

Poste

✉ *Poste centrale (plan détachable Piazza di Spagna, D3) :* piazza San Silvestro, 19. Lun-ven 8h-19h, sam 8h-13h15. Mêmes horaires pour la poste de via Marsala, 39. Préférer la poste traditionnelle aux opérateurs postaux privés qui proposent des timbres majorés pour vos cartes postales qui sont à déposer dans des boîtes blanches (votre courrier arrive rarement à destination...).

✉ *Autres bureaux de poste centraux :* en général, tlj sf dim 8h30-14h (13h sam), comme pour ceux de via Arenula, 4, corso Vittorio Emanuele II, 330, et de la gare de Termini (attenant à l'office de tourisme, côté via Giovanni Giolitti).

✉ *Poste vaticane (plan détachable d'ensemble, A-B2) :* piazza San Pietro. Lun-sam 8h30-18h30. Lettres et cartes peuvent être déposées dans les boîtes postales jaunes sur la place

Saint-Pierre et à côté des musées du Vatican, à condition d'y coller des timbres du Vatican. La poste du pape est réputée être des plus efficace ! Les timbres sont aussi très prisés par les collectionneurs.

Représentations diplomatiques

■ **Consulat de France** (plan détachable centre, C4, **7**) : via Giulia, 251. ☎ 06-68-60-15-00 et (urgence slt) 06-68-60-11. ● consulat-rome@diplomatie.gouv.fr ● Lun-ven 9h-12h30 ; l'ap-m, slt sur rdv 14h-16h. Le consulat peut vous assister dans vos démarches juridiques en cas de problème (comme vous fournir une liste d'avocats francophones).

■ **Ambassade de Belgique** (plan détachable d'ensemble, C1) : via dei Monti Parioli, 49. ☎ 06-36-09-511. N° d'urgence en dehors des horaires habituels : ☎ 335-234-157. ● diplomatie.belgium.be/italy ● Au nord de la piazza del Popolo. Lun-ven 8h30-12h30, 14h-15h.

■ **Ambassade du Canada, section consulaire** (plan détachable d'ensemble, F2) : via Zara, 30. ☎ 06-85-44-42-911 (infos enregistrées) et 06-85-44-4-29-11 (permanence téléphonique en cas d'urgence). ● consul.rom@international.gc.ca ● Services généraux lun-ven 9h-12h ; service d'urgence jusqu'à 16h.

Institutions

■ **Villa Medicis – Académie de France** (plan détachable Piazza di Spagna, D2) : villa Medici, viale Trinità dei Monti, 1. ☎ 06-67-611. ● villa medici.it ● Ⓜ Spagna. Lire également « Villa Medici » dans le quartier « Autour de la piazza di Spagna et de la villa Borghèse ». Le public peut désormais découvrir ce palais splendide grâce aux visites guidées quotidiennes des jardins et des appartements (compter 12 € la visite). On envie les pensionnaires (une quinzaine par an !) qui ont obtenu ce statut leur permettant de se consacrer à leur passion artistique ou littéraire, tout en étant payé et logé à l'œil !

Pour avoir la chance de louer l'une des chambres de la villa, sachez qu'il est nécessaire de s'y prendre longtemps à l'avance.

■ **Institut français – Centre Saint-Louis** (plan détachable centre C3, **9**) : largo Toniolo, 20-22. ☎ 06-68-02-626. ● ifcsl.com ● Médiathèque : mar-ven 10h-19h, sam 10h-14h. C'est le centre culturel de l'ambassade de France « près du Saint-Siège ». On peut, entre autres, consulter gratuitement à la médiathèque la presse française du jour (qui arrive à 14h). Organisation de concerts, de spectacles ainsi que des projections de films.

■ **Centre pastoral d'accueil des pèlerins et touristes d'expression française Saint-Louis-des-Français** (plan détachable centre, C3, **10**) : via Santa Giovanna d'Arco, 10. ☎ 06-68-19-24-64. ● info@centreaccueilrome.com ● centreaccueilrome.com ● Lun-ven 10h-12h30, 14h30-17h (16h-18h30 en juil-août). Le centre et son équipe de bénévoles peuvent également se charger de réserver des places pour les audiences (demande préalable gratuite auprès du Vatican) et cérémonies pontificales et fournir divers renseignements culturels.

Librairies

■ **Librairie française de Rome** (plan détachable centre, C3, **3**) : piazza San Luigi dei Francesi, 23. ☎ 06-68-30-75-98. ● librairiefrancaiserome.com ● Juste à droite de l'église Saint-Louis-des-Français. Lun-sam 10h-19h (de mi-juil à fin août, fermé 14h-15h30 et le lun). LA librairie française de Rome de 130 m² ravira nos bibliophiles, et les autres, par l'importance et la diversité de son choix. Personnel compétent. Beaucoup de livres liés à l'Italie : littérature, histoire de l'art, cuisine... mais aussi les dernières parutions des grandes maisons d'édition.

■ **Librairies Feltrinelli International** : lafeltrinelli.it ● Plusieurs adresses aux endroits stratégiques dans la ville, proposant un bon choix de livres en français, guides (dont le Routard, bien sûr !), cartes, ainsi que des films en v.o.

Supérettes et supermarchés

Les supermarchés se trouvent loin du centre historique, qui compte en revanche une ribambelle de supérettes bien fournies.

☺ Beaucoup de supérettes dans le centre-ville. Vous n'aurez que l'embarras du choix ! *Despar, via Giustiniani, 18 (petite rue entre le Panthéon et l'église Saint-Louis-des-Français ; tlj jusqu'à 20h, même dim).* Autre enseigne qui fleurit dans le centre-ville, les *Carrefour Market Express, via del*

Gesù, 56 (à 5 mn de la piazza Venezia) ; via del Governo Vecchio, 119 (à proximité de la piazza Navona) ; via Monterone, 5 (pas trop loin non plus du Panthéon) ; via Vittoria, 22 (pas loin de la piazza Venezia ; tlj jusqu'à 20h, même dim) ; via delle Fornaci, 136 (dans le quartier de Saint-Pierre et du Vatican). On trouve aussi des *Billa*, des *GS* dans le centre, ainsi que *SMA, piazza Santa Maria Maggiore, 3 (angle avec la via Gioberti, en sous-sol ; lun-sam 8h-21h, dim 8h30-20h30)* et *Conad, au sous-sol de la gare de Termini (tlj 6h-minuit), ou via del Boschetto, 62/65, ou Pam, circonvallazione Aurelia, 23.*

Comment se déplacer ?

Plan et billets

Où trouver un plan des transports en commun ?

■ *Agence du transport de la commune de Rome (ATAC) :* rens au ☎ 06-57-003 (lun-sam 8h-20h). ● atac. roma.it ● On y trouve plans et horaires du réseau, planificateur d'itinéraire, infos sur les parkings, les vélos en libre-service, le covoiturage, etc. Les points touristiques mentionnés plus haut ne délivrent pas de plan détaillé du réseau de transports urbains et ceux en vente dans les kiosques à journaux ou les librairies ne sont ni pratiques (très grand format) ni donnés (environ 6 €). Il reste possible de télécharger et imprimer ceux du site internet d'ATAC.

Où acheter un billet de bus, tram, train urbain ou métro ?

Dans les bureaux de tabac *(tabbachiere)*, les kiosques à journaux et aux guichets ou billetteries automatiques des stations de métro. Attention d'ailleurs, il est souvent impossible d'acheter un billet à l'intérieur des bus et trams, à l'exception des minibus électriques qui parcourent le centre historique et des véhicules de dernière génération. Pensez au billet retour si vous visitez des sites excentrés (les catacombes sur la via Appia par exemple).

Quel billet acheter ?

Bonne nouvelle : les billets ci-dessous sont valides pour tout type de transports en commun à Rome.
Le *BIT* (*billet normal* – *biglietto a tempo* ; 1,50 €), valable 100 mn pour le bus mais limité à un seul trajet pour le métro et le train urbain. Pour les forfaits suivants, établissez votre plan de bataille et faites le compte du nombre de trajets prévisibles sur votre séjour... Le *Roma 24h* (*biglietto giornaliero* ; BIG, 7 €) ou *le Roma 48h,* 12,50 €, seront utiles selon votre programme. Pour un séjour de moins de 4 j., pensez au *Roma 72h* (*biglietto turistico integrato* ; BTI, 118 €). Au-delà, il existe le *CIS* (*carta integrata settimanale*), *billet hebdomadaire* (24 €). Enfin, rappel : les *Roma Pass* et *Roma & PiùPass* comprennent chacun un *BTI*, valable 3 j. (voir « Musées, sites et monuments » dans « Rome utile » plus haut). Compostez vos billets... l'amende *(multa)* est de 50 €, en plus du prix du billet. Beaucoup de contrôles, même le dimanche !
Petite info : il y a souvent des réductions (2 ou 3 €) sur l'entrée des expositions temporaires sur les tickets de bus et de métro, qu'il suffit de présenter dûment poinçonné.

Le métro

Deux lignes de métro (A et B) dessinent une sorte de grand X sur la commune de Rome. Elles sont complétées par moult lignes de bus et de trams, mais aussi de trains au parcours plus ou moins urbain ou encore le nouvel embranchement au niveau de la station Bologna. Cette ligne B1 se poursuit jusqu'à l'arrêt « Conca d'Oro » avec 2 nouvelles stations (S. Agnese et Libia).

Fonctionne 5h30-1h30 (0h30 ven-sam, 23h30 dim). Env un train ttes les 7-10 mn ; env 3 mn entre chaque station du centre. Accès partiel aux personnes handicapées. Attention : le métro peut s'arrêter parfois à midi le dim et les j. fériés en raison de travaux. Malheureusement limité à deux lignes (A et B, seul point de jonction à *Termini*), il est pratique pour traverser la ville de part en part ou changer de quartier. Quant à la ligne C du métro qui reliera la villa Borghèse à la vigna Clara (nord de Rome vers la Cassia... par le centre historique), une partie a été terminée. Reste la plus importante, celle reliant le tronçon à la villa Borghèse, prévue en... 2020. Les travaux se font 40 m sous terre, sous la couche archéologique (ici, dès qu'on soulève un pavé, on tombe sur des vestiges)...

Le bus et le tramway

– *Le bus :* les lignes normales fonctionnent 5h30-minuit env ; puis une vingtaine de lignes spéciales de nuit *(linee notturne),* indiquées en noir sur les panneaux de l'ATAC et distinguées par la lettre « N ».

De plus en plus, un dispositif annonce le prochain arrêt. Par ailleurs, à certains arrêts de bus est affiché le temps d'attente (ce qui n'exclut ni des valeurs fantaisistes ni quelques modifications impromptues de l'itinéraire). Un chiffre accolé à un nom indique le nombre d'arrêts dans une même rue. Les bus express, par définition, marquent beaucoup moins d'arrêts.

Attention : les lignes de bus nocturnes ont des trajets qui n'ont rien à voir avec les numéros équivalents des bus diurnes.

– *Le tramway :* les 6 lignes de tramway quadrillent la ville en des points stratégiques. Elles circulent généralement entre 5h30 et minuit.

– Ligne 2 : piazza Risorgimento – piazza Mancini.
– Ligne 3 : stazione Trastevere – piazza Thorwaldsen.
– Ligne 5 : piazza Gerani – stazione Termini.
– Ligne 8 : via del Casaletto – piazza Venezia.
– Ligne 14 : via P. Togliatti – stazione Germini.
– Ligne 19 : piazza del Gerani – piazza Risorgimento.

La voiture

– *ZTL :* « zone de trafic limitée » ou *fascia blu* (zone bleue). **Tout véhicule ne possédant pas le** *Permesso Centro Storico* **(ce sera votre cas...) ne peut pas circuler, grosso modo, aux horaires suivants** (vérifier les dernières évolutions sur ● *atac.roma. it* ●) : lun-ven 6h30-18h et sam 14h-18h (dans le Trastevere, lun-sam 6h30-10h), ainsi que (dans certains quartiers) les ven-sam soir 23h-3h (21h-3h dans le Trastevere).

La ZTL correspond à peu près au centre historique, délimité à l'ouest par le Tibre, au nord par la muraille d'Aurélien, à l'est par la colline des Jardins et au sud par la piazza Venezia. Mais la *fascia blu* s'étend à d'autres parties du centre : entre la via XX Settembre et la via Cavour, et dans la partie nord du Trastevere. En tant que touriste, vous n'aurez pas de permis, alors demandez à votre hôtel si vous pouvez y accéder en voiture. On vous le (re)dit : **si vous voyez un panneau « Varco attivo », passez votre chemin,** sous peine de forte amende !

– *Fourrière... ou parking :* si votre voiture disparaît, deux possibilités. Le vol, surtout pour les « étrangères », ou les *rimozioni auto* (fourrière). La seconde option vous pend au nez si vous ne respectez pas le code local (au mieux, ce sera la *multa,* l'amende). Dans ce cas, restez calme et téléphonez au ☎ *06-67-69-23-03.* Ils vous indiqueront dans quelle fourrière vous rendre (en général au *deposito Farnesina,* ☎ 06-33-22-05-27). Il vous en coûtera environ 100 € + la TVA pour l'enlèvement du véhicule (un forfait d'enlèvement plus un supplément kilométrique entre le lieu d'enlèvement et la fourrière), et 5 € + la TVA pour chaque jour de gardiennage.

Alors, évitez les galères romaines et garez-vous en lieu sûr : dans les **parkings gardés,** même s'ils ne sont pas très nombreux et souvent chers, comme celui de la villa Borghèse (entrée viale del Muro Torto) ou de la gare de Termini (entrée via Paolina, à deux pas de Santa Maria Maggiore ; un autre via Giovanni Giolitti, le long de la gare). Le plus intéressant de tous reste de loin le parking communal d'Ostiense au sud de la ville (face à la gare ferroviaire éponyme, piazzale dei Partigiani mais c'est excentré). Sous la colline du Janicule, un grand parking a été construit (accès depuis les quais : en tournant le dos au ponte Pr. A. S. Aosta, ne pas s'engager dans le tunnel sous la colline, mais prendre la rampe d'accès à droite).

On vous ne le répétera jamais assez. En conclusion, évitez la voiture à Rome !

Le taxi

Les taxis officiels sont blancs et dotés d'un compteur. Pas de paranoïa ; si vous avez peur d'être roulé comme un bleu, il y a dans chaque taxi une fiche bien lisible (portant le numéro du taxi) dressant la liste (un peu longue, comme toujours !) des différents suppléments à ajouter au prix indiqué par le compteur. En gros, compter de 6 à 15 € pour une course dans le centre-ville et un forfait de 48 € pour l'aéroport de Fiumicino et de 30 € pour celui de Ciampino. Vous pouvez estimer le coût de votre trajet sur ● *worldtaximeter. com/rome* ● Ça marche assez bien !

Il n'est pas toujours facile de trouver un taxi à Rome à certaines heures. La nuit, par exemple, vous en trouverez piazza dei Cinquecento (devant la gare de Termini), piazza Venezia, largo Torre Argentina, corso Rinascimento ou piazza di Tor Sanguina (à côté de la piazza Navona), piazza del Popolo, piazza del Risorgimento (Prati)... mais rien près place Saint-Pierre, alors qu'en pleine journée, les voitures blanches y grouillent.

Quelques numéros : ☎ 06-49-94 ; ☎ 06-35-70 ; ☎ 06-66-45 ; ☎ 06-55-51 ; ☎ 06-88-22.

Le vélo

Si le cœur vous en dit, à moins que ce ne soient vos pieds qui vous l'imposent, vous pouvez partir à la découverte de Rome à vélo (attention, ça monte !). Quelques zones piétonnes (*isole pedonali*, zone du Tridente, notamment) permettent de s'adonner aux plaisirs du deux-roues. Le dimanche, ces zones s'étendent à la via del Corso et aux *Fori Imperiali* notamment. On ne veut pas vous dissuader, mais attention quand même au pavé romain, au moins aussi glissant et redoutable que celui du Paris-Roubaix. Quelques loueurs :

■ **Collalti** *(plan détachable centre, B-C4) :* via del Pellegrino, 82. ☎ 06-68-80-10-84. Lun 15h30-19h ; mar-ven 9h-13h, 18h-19h ; sam 9h-19h. Compter 12 €/j. en sem, 15 € le sam.

■ **On Road** *(plan détachable d'ensemble, E4) :* via Cavour, 80. ☎ 06-48-15-669. *Entre la gare de Termini et le Colisée, tt proche de la pl. de l'Esquilin. Tlj 9h-19h. Env 15 €/j. ; réduc.* Loue également des scooters. Accueil sympathique.

Le scooter

Quoique présentant de gros risques vu la circulation romaine, le scooter s'avère un moyen de locomotion assez pratique. Pas besoin de permis de conduire si c'est un 50 cc. Voici deux adresses de loueurs, mais il y en a bien d'autres. Généralement, ils demandent le passeport et une carte de paiement (pour la garantie). Le prix inclut l'assurance, le casque et une chaîne antivol. À partir de 40 €/j. (du matin jusqu'au soir).

■ **Scooter for Rent :** *via della Purificazione, 84.* ☎ 06-48-85-485. ● *rent scooter.it* ● *Situé à deux pas de la piazza Barberini. Tlj 9h-19h.*

■ **Treno e Scooter Rent :** *piazza del Cinquecento.* ☎ 06-48-90-58-23. ● *trenoescooter.com* ● *Situé devant la gare de Termini. Tlj 9h-14h, 16h-19h.*

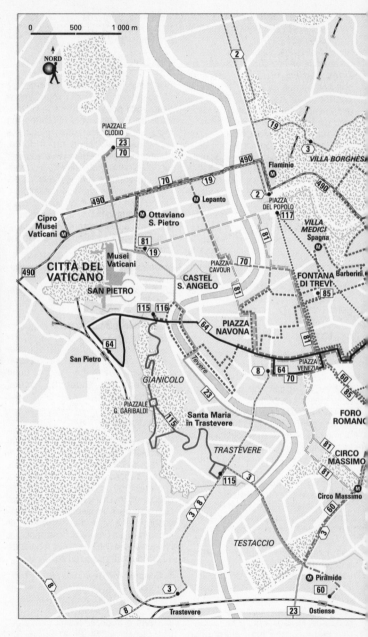

LES LIGNES DE BUS ET DE TRAMWAY

DE LA PIAZZA VENEZIA À LA ROME ANTIQUE

Si tous les chemins mènent à Rome, ils mènent, forcément, à la piazza Venezia, point névralgique entre les colonnes de la période antique (Capitole, forums, Colisée) et le lacis de ruelles des quartiers plus médiévaux. C'est de cette place que nous quittons le monde moderne et le monument à Vittorio Emanuel II, qui la domine, pour rejoindre le Capitole, la plus petite des sept collines de la Ville éternelle. C'est surtout le point zéro des routes italiennes et le centre du pouvoir antique. Le puissant Sénat y dominait le brouhaha des forums et, un peu plus loin, les clameurs de la plèbe venue assister à quelque féroce combat dans le Colisée ou à quelque course de chars dans le Circus Maximus. Par Jupiter, par Trajan et par César, partons, sandales au vent, pour la voie triomphale !

Où dormir ?

🏠 **Hotel 1st e 2nd Floor** (plan détachable d'ensemble, E4, **29**) : via San Giovanni in Laterano, 10. ☎ 06-96-04-92-56. ● 2floorgay. it ● Doubles à partir de 140 € selon confort. 📶 Idéalement situé, ce boutique-hôtel gay à deux pas du Colisée dispose de 2 étages où les classiques donnent sur l'arrière alors que les « supérieures » ont un balcon sur rue avec vue latérale sur le Colisée ! Bien que la rue soit très animée le soir, l'immeuble est très bien isolé. Les chambres claires aux tons épurés sont très propres et bien équipées. Contrairement à ce qu'on pouvait attendre de la chambre « Freddy Mercury », elle est l'image parfaite de sobriété (en totale contradiction avec le personnage délirant !), mais la « Arthur Rimbaud » et la « Saffo » ne sont pas mal non plus. Le petit déj se prend au bar du rez-de-chaussée. Bon accueil.

🏠 **Hotel Romance** (plan détachable d'ensemble, E4, **18**) : via Marco Aurelio, 37a. ☎ 06-89-29-51-06. ● info@hotelromance.it ● hotelromance. it ● Doubles 80-190 € selon confort et période. 📶 Vous étiez en manque de romantisme ? Vous serez servi ! Ici, on hésite entre le baroque et le rococo : tapis rouges dans les couloirs, consoles dorées, papiers peints à rayures ou à motifs damassés, lits douillets. Cet intérieur façon bonbonnière bourgeoise, avec son accueil feutré et sa situation stratégique raviront les amateurs de roucoulades, à un lancer de javelot seulement du Colisée.

🏠 **Nerva Boutique Hotel** (plan détachable d'ensemble, D3, **320**) : via Tor de Conti. ☎ 06-68-18-35. ● info@hotelnerva ● hotelnerva. com ● Compter 150 € pour une double. 📶 Hors saison, il y a de bonnes affaires sur Internet. Voici une pépite, face au forum dans une rue très calme. On est sous le charme. C'est chic mais pas trop, avec un je-ne-sais-quoi de « coolitude ». Certaines ont une miniterrasse, d'autres une mezzanine. Un pied-à-terre idéal pour un séjour en amoureux. En plus, le personnel est très accueillant.

Où manger ?

◢ **Cibus** (plan détachable d'ensemble, D3, **355**) : via di IV Novembre, 138. ☎ 06-45-66-82-43. Tlj. Cet endroit est une bonne surprise dans ce quartier hautement touristique qui manque cruellement de ce genre de (bonnes) adresses. Idéal pour se sustenter (panini, hamburger) après avoir arpenté la Rome antique. Quelques tabourets pour des gambettes fatiguées et des formules au budget serré.

|●| **Il Bocconcino** (plan détachable d'ensemble, E4, **157**) : via Ostilia, 23. ☎ 06-77-59-10-57. ● info@ilbocconcino.com ● Tlj sf mer. Fermé 15 j. mi-août. Env 25-30 € à la carte. ☞ Trouver une adresse valable dans le secteur du Colisée relève du défi... Ici, on privilégie les recettes typiquement romaines dans un cadre agréable et sans chichis. Cuisine de marché à l'ardoise ou spécialités incontournables à la carte... C'est bon et servi avec le sourire.

|●| **Taverna dei 40** (plan détachable d'ensemble, E4, **117**) : via Claudia, 24. ☎ 06-70-00-550. Tlj. Compter 20-25 € à la carte ; pizza (le soir slt) 10 €. Une petite trattoria de quartier. Primi et secondi se bousculent sur la carte, le tout servi avec générosité dans 3 salles voûtées ou en mezzanine. On a la drôle d'impression d'être suspendu dans le temps avec ces lambris surannés, le crépi décati, et même le service parfois nonchalant.

|●| **Mario's** (plan détachable d'ensemble, D3, **129**) : piazza del Grillo, 8. ☎ 06-67-93-725. ● ristorantepizzeriamarios@gmail.com ● Tlj sf lun 12h-14h30, 18h30-1h30. À la carte, compter 20-30 €. Presque au calme, sous la treille rafraîchissante de la petite terrasse, une vraie aubaine pour soulager des pieds fatigués. Bons tiramisù. Cuisine correcte sans surprise. Ne vous laissez pas amadouer par les « petits suppléments » suggérés par les serveurs.

|●| **Hostaria da Nerone** (plan détachable Monti et Esquilin, D-E4, **337**) : via delle Terme di Tito, 96. ☎ 06-48-17-952. Tlj sf dim. Congés en août. Compter 20-25 € à la carte. Lieu familial, prolongé par une terrasse posée sur le trottoir (assez calme, étonnamment). Accueil chaleureux et sans chichis. On prépare ici une cuisine romaine de bon aloi, régulière en qualité, comme le saltimbocca alla romana, les aliciotti fritti (anchois frits) ou le baccalà in umido. Si les prix sont globalement doux, bien noter que le service (10 %) est ajouté d'office, ce qui est un peu agaçant. Accueil inégal et selon l'humeur.

|●| **Ristorante In Roma** (plan détachable d'ensemble, D4, **86**) : via dei Fienili, 56. ☎ 06-69-19-10-24. ● inroma@inroma.eu ● Résa conseillée le soir. Compter 30-35 € pour un repas complet. ☞ Voici une adresse, au pied du capitole, imprégnée du cinéma italien des années 1950-1960. D'ailleurs, vous n'aurez pas de mal à reconnaître sur les murs les photos des stars et réalisateurs de l'époque. Un service soigné, un cadre charmant, des plats traditionnels romains d'une grande qualité (mention spéciale aux pâtes qui sont vraiment délicieuses). Idéal après avoir crapahuté dans les forums romains. Terrasse en surplomb, très agréable avec un rayon de soleil...

Enoteche (bars à vins)

♇ |●| **Terre e Domus della Provincia Romana** (plan détachable d'ensemble, D3, **341**) : largo del Foro Traiano, 82-84. ☎ 06-67-66-24-242. ● provinciaromana@gmail.com ● Tlj (dim-lun, le midi slt). Assiette de charcuterie ou de fromage env 12 € ; à la carte 25-35 € ; verres de vin 6-9 €. ☞ Installé dans le palais Valentini (XVIe s) juste au pied de la célèbre colonne Trajane, cette adresse au cadre moderne et épuré est la vitrine officielle des crus dans la province de Rome. Et, pour mettre un peu de solide dans le liquide, une petite carte d'antipasti ou de pâtes du jour.

♇ |●| **Enoteca Divin Ostilia** (plan

détachable d'ensemble, E4, 186) : via Ostilia, 4. ☎ 06-70-49-65-26. ● *divi nostilia@tiscali.it* ● *Tlj sf dim. Compter 25 € pour un repas avec un verre de vin. Digestif offert sur présentation de ce guide.* Une toute petite *enoteca* avec quelques tables plantées dans un agréable décor contemporain de casiers à bouteilles grimpant jusqu'aux vieilles voûtes en brique. Savoureux carpaccio, salades et pizzas, à dévorer dans une ambiance jazzy, un ballon de vin à la main. Belle carte des régions italiennes représentées avec des crus de qualité, confirmant ainsi la devise du lieu : « La vie est trop courte pour boire du mauvais vin ! » Terrasse aux beaux jours et accueil d'une grande gentillesse. Une de nos adresses plébiscitées par nos lecteurs.

Où boire un verre ?

♟ |●| Bar du monument à Vittorio Emanuele II *(plan détachable d'ensemble, D3, 344) : via San Pietro in Carcere.* ☎ *06-67-80-905. Situé sur la terrasse intermédiaire, au-delà de l'ascenseur panoramique (qu'on n'emprunte pas). Tlj 9h30-17h45 (18h45 le w-e). Salades env 10-12 €.* Ce n'est pas pour les quelques plats en self-service (très quelconques et pas forcément d'un bon rapport qualité-prix) qu'on vient ici, mais pour la jolie vue sur la Ville éternelle. Attention, les places sont chères aux heures de pointe surtout quand il fait beau !

♟ |●| Caffè Propaganda *(plan détachable d'ensemble, E4, 117) : via Claudia, 15.* ☎ *06-94-53-42-55.* ● *info@ caffepropaganda.it* ● *Tlj sf lun 12h-2h.* De très hauts plafonds, un comptoir en zinc qui n'en finit pas, des lustres en cristal, des murs couverts de carrelage biseauté façon métro parisien : voici un beau et bon néo-bistrot chic pour se poser entre deux visites, voire pour un bout de soirée autour d'un *aperitivo*. Le côté restauration affiche petits plats et desserts à des tarifs plutôt cossus. On aimerait un accueil plus chaleureux.

♟ Oppio Caffè *(plan détachable d'ensemble, D-E4, 201) : via delle Terme di Tito, 72.* ☎ *06-47-45-262.* ● *info@oppiocaffe.it* ● *Tlj 7h-2h.* Dans cette rue en hauteur avec une vue formidable sur le Colisée se trouve un bistrot au cadre étonnant, mariant vieilles briques, métal chromé et lumières bleues. Des bandes de copains enjoués s'y retrouvent dès l'*aperitivo* (copieux) et sirotent toute la soirée en refaisant le monde sur la terrasse surplombant les forums !

♟ |●| Coming Out *(plan détachable d'ensemble, E4, 29) : via San Giovanni in Laterano, 8.* ☎ *06-70-09-871.* ● *info@comingout.it* ● *Tlj 7h30-2h.* Pas nécessaire de virer sa cuti pour boire un coup en journée ou casser une petite graine dans ce bar gay *friendly*. Intérieur à la déco moderne et épurée, on préfère la petite terrasse avec vue latérale sur le Colisée (situé à moins de 100 m). Le soir, ça s'agite sacrément, avec un public d'Apollons plus que de Vénus !

À voir

LA PIAZZA VENEZIA *(plan détachable centre, D3)*

➢ **Accès :** Ⓜ *Colosseo* ou *Cavour* (ligne B) ; les stations sont situées à 5 mn à pied de la piazza Venezia. Tram n° 8. Bus n°s 40, 44, 46, 62, 63, 64, 70, 81, 87, 186... Cette immense place se caractérise par le palazzo di Venezia, mais surtout par le flamboyant monument à Victor-Emmanuel II. Laetitia Bonaparte, mère de Napoléon Ier, contrainte à l'exil après Waterloo, résida dans l'immeuble juste à l'angle du corso jusqu'à sa mort, en 1836, à l'âge de 85 ans.

🏛🏛 **Museo del palazzo di Venezia** *(musée du Palais de Venise ; plan détachable centre, D4) : via del Plebiscito, 118.* ☎ *06-69-99-43-88. Tlj sf lun 8h30-19h30.*

Entrée : 5 € ; réduc 18-25 ans ; gratuit pour les moins de 18 ans ressortissants de l'Union européenne. Expos temporaires régulières de bonne qualité (entrée et tarification à part). Photos interdites.

C'est un cardinal, le futur pape Paul II, qui ordonna en 1455 la construction d'un palais sur cette place. Le malheureux ne verra pas sa demeure achevée, ce qui dut, outre-tombe, le chagriner quand on sait qu'elle servit de résidence aux papes jusqu'en 1564, avant de devenir la résidence des ambassadeurs de

LE BALCON DE MUSSOLINI

En 1929, Mussolini installe son bureau au palazzo di Venezia, centre absolu de la ville. C'est du balcon, véritable tribune pour ses violents talents d'orateur, que le Duce annonce la naissance de « l'Empire italien ». On dit qu'il n'éteignait jamais la lumière de son bureau, espérant faire croire qu'il veillait toujours sur son pays... Aujourd'hui, le lieu est resté un point de rendez-vous. Quand on dit « sotto il balcone », soit « rendez-vous sous le balcon », on sait toujours de quel balcon on parle...

Venise (d'où son nom). Elle devint ensuite propriété de l'Autriche de 1797 à 1916, puis le siège du gouvernement fasciste. C'est du balcon du palais que Mussolini avait l'habitude de haranguer la foule.

Extérieurement, le bâtiment présente l'architecture sévère, presque fortifiée, du Moyen Âge. Les Romains aiment ce musée qu'ils considèrent à juste titre comme leur musée, car il rend compte d'une collection très variée, mêlant des peintures essentiellement religieuses de toutes les régions italiennes, quelques intéressantes sculptures religieuses sur bois (peuplier) polychrome et des toiles des XVIIe-XVIIIe s. On y accède par un impressionnant escalier monumental Renaissance. Notez, au passage, les très beaux sols carrelés de terres cuites polychromes et les plafonds à caissons (dont une jolie voûte céleste frappée des signes du zodiaque). La *salle Alto Viti* est joliment décorée de fresques typiques de l'Art grotesque avec de chaque côté de la salle deux femmes, l'une représentant le Tibre, l'autre l'Arno ; ce sont des allégories de Rome et de Florence. Au-delà, on longe une longue galerie où sont exposés céramiques asiatiques et européennes, bas-reliefs et statuettes de bronze (dont de superbes heurtoirs) et, avant de ressortir, coffre de Terracina en bois du Xe s représentant Adam et Ève.

Pour finir, jeter un œil sur la vaste galerie extérieure, organisée en *lapidarium* : sculptures cassées, sarcophages, bouts de chapiteaux, baptistères...

🏸🏸 **Monumento a Vittorio Emanuele II** *(Vittoriano ; plan détachable centre, D4) :* de la piazza Venezia (et de bien d'autres endroits encore), vous ne manquerez pas d'apercevoir le **Vittoriano,** construit en 1885 (mais inauguré en 1911) en mémoire de Victor-Emmanuel II et en hommage à l'unité italienne.

UN REPAS VENTRU

Lors de l'inauguration de la statue équestre de Victor-Emmanuel II, les architectes qui ont participé à la réalisation de l'œuvre ont fait le dîner inaugural... à l'intérieur du ventre du cheval... long de 12 m, la taille d'un bus !

Durant les travaux de terrassement, en 1890, on a retrouvé sur le site le squelette d'un éléphant avec la mâchoire et les yeux pétrifiés. Seule une partie du squelette a pu être récupérée, les deux tiers restants se trouvant toujours encastrés dans le monument. Les Romains, amoureux à juste titre de leur ville, ont surnommé cette imposante bâtisse striée de colonnades la *Macchina da scrivere* (la « Machine à écrire ») ou la « Grande tarte de la mariée ».

Tout de blanc vêtu, ce monument est chargé de symboles, dont voici quelques clefs. Tout d'abord, ses proportions énormes et l'éblouissant marbre blanc (de Botticino) imposent, c'est le cas de le dire, l'idée de la Rome capitale. À la base, les bas-reliefs évoquent les principales villes d'Italie ; deux fontaines, situées de part et d'autre de l'escalier central, représentant la mer Tyrrhénienne (à droite) et la mer Adriatique (à gauche) ; cet escalier flanqué de deux groupes allégoriques en bronze doré conduit à l'autel de la Patrie, qui rend symboliquement hommage au soldat inconnu ; deux rampes prolongeant cet escalier permettent ensuite de parvenir jusqu'à la statue équestre du roi italien Victor-Emmanuel II (l'unificateur) ; le portique concave dominant l'ensemble (qui le fait ressembler à une machine à écrire) est surmonté aux extrémités par deux monumentaux quadriges (installés seulement en 1925).

Sous le « clavier » se trouvent le *musée historique du Risorgimento*, le *musée national de l'Émigration italienne (tlj 9h30-18h30)* et le *musée militaire de la Marine (tlj sf lun 9h30-15h)*, pour lesquels mieux vaut maîtriser l'italien. Dans le premier, exposition de peintures héroïques, statues et souvenirs de guerre à la gloire des artisans de la renaissance et de l'unité italienne (une curiosité : la civière avec laquelle Garibaldi fut évacué à la bataille d'Aspromonte) ; le deuxième évoque, par des objets, documents, fonds sonores, l'histoire de ces migrants italiens partis vers les Amériques ou les autres pays d'Europe.

🎥🚶 *La vue et l'ascenseur panoramique sur Rome :* sur le flanc droit de l'édifice (accessible par le parvis de la chiesa Santa Maria in Aracoeli), un ascenseur de verre conduit au toit du monument à Victor-Emmanuel II. ☎ 06-69-91-718. ♿ Tlj 9h30-18h30 (19h30 ven-dim). Entrée : 7 € ; réduc. Pas donné, mais ça en vaut la peine. Depuis la terrasse des quadriges, vue extraordinaire sur les forums et sur la ville à 360°... Le mieux est d'y aller par temps dégagé, et surtout au coucher du soleil ! Tables d'orientation là-haut.

LA ROME ANTIQUE : DU CAPITOLE AU COLISÉE

LE CAPITOLE *(Campidoglio ; plan détachable centre, D4)*

➤ *Accès :* Ⓜ *Cavour ou Colosseo (ligne B) ; les stations sont situées à 5-10 mn à pied du Capitole. Tram n° 8. Bus n°s 40, 44, 46, 62, 63, 64, 70, 81, 87, 186...*
Deux sommets pour une même colline (le Capitolium proprement dit à l'ouest, l'Arx à l'est) séparés par une dépression centrale, l'Asylum. Une véritable forteresse naturelle par conséquent, dont la fonction militaire déclinera, au fil du temps, au profit de la fonction religieuse. C'est ici, en effet, que sera construit par les Tarquins, puis constamment embelli au gré des circonstances, le grand temple dédié à Jupiter, Junon et Minerve (la fameuse triade capitoline), qui deviendra le centre de la vieille religion romaine... et le demeurera jusqu'à sa destruction au Vᵉ s par les Vandales. Le Moyen Âge verra peu à peu disparaître les anciens monuments de la Colline sacrée, annexée par les bénédictins du couvent de Santa Maria in Aracoeli. Avec le réveil des idées de liberté municipale, le Capitole retrouve son faste d'antan. Tous les grands acteurs de la scène locale (de Cola Di Rienzo au général Clark en passant par Bonaparte et Garibaldi) s'y produisent, car c'est ici que les grandes messes politiques sont dites depuis 1143 (à l'extérieur, sur la place, comme à l'intérieur du palais des Sénateurs, où siègent les institutions locales).

L'Asylum (la dépression centrale) : la place du Capitole

🚶🚶🚶 De la piazza d'Aracoeli, située en contrebas du Capitole, il suffit de gravir les marches de la Cordonata, la rampe d'accès majestueuse, flanquée à sa base comme à son sommet de statues antiques réemployées. On remarque, en passant, les *statues des Dioscures* aux côtés de leurs chevaux (représentant Castor et Pollux, ils datent de la fin de l'époque impériale) ainsi que les *trophées de*

Marius (placés sur la balustrade, ils commémorent les victoires de Domitien sur les Daces et Teutons).

🏛🏛🏛 *Piazza del Campidoglio* (place du Capitole) : la dépression centrale de la Colline sacrée est occupée par la piazza del Campidoglio telle qu'imaginée par Michel-Ange, sollicité par Paul III qui voulait donner à Rome une grande place digne de recevoir les têtes couronnées du XVIe s. L'artiste florentin sortit donc ses crayons et dessina une place rectangulaire accessible de la piazza d'Aracoeli et décorée d'un magnifique pavement géométrique aux délicates statues qui dentellent les toits de ses palais. Les cartons du maître, qui reçurent un début d'exécution en 1538, auraient pu être rangés dans des tiroirs à sa mort en 1564. Or, ses successeurs,

---

MARC AURÈLE L'A ÉCHAPPÉ BELLE !

Au centre de la place du Capitole se trouve la copie de la célèbre statue équestre de Marc Aurèle, déménagée du Latran par Paul III (l'original est au palais des Conservateurs). À l'origine en bronze doré, cette œuvre magnifique a échappé à la destruction grâce à une méprise : on a fort heureusement confondu Marc Aurèle avec Constantin, le premier empereur à avoir protégé les chrétiens et à s'être converti au christianisme. Sans cette confusion, il est probable que la statue de Marc Aurèle eût été fondue en cloche, sort généralement réservé aux effigies païennes au Moyen Âge !

Giacomo Della Porta puis Carlo Rainaldi, achevèrent son projet initial en 1663 seulement. Trois des quatre côtés sont occupés par autant de palais : le *palazzo dei Senatori* (palais des Sénateurs) agrémenté d'une fontaine et, se faisant face, deux palais jumeaux (le palais des Conservateurs, remanié, et le palais Neuf). Le quatrième côté, ouvert par une *balustrade* regardant vers la ville, achève d'aérer cet espace qui l'est déjà du fait que les trois édifices ne se touchent pas.

Des édifices qui couvraient, au temps des Césars, cette partie du Capitole, il ne reste pour ainsi dire quasiment rien... en dehors de l'imposante substruction du *Tabularium* (visible du Forum et accessible par la galerie souterraine reliant les deux musées) qui fait aujourd'hui office de soubassement du palais des Sénateurs.

Au fond de la place (à gauche du palais des Sénateurs), on accède à une terrasse offrant une vue avantageuse sur le forum Trajan et sa colonne. Au passage, une reproduction de la *Louve du Capitole* (l'original est au musée du palais des Conservateurs).

Musei capitolini (musées capitolins)

Installés dans les 2 palais se faisant face, reliés par une galerie souterraine. Infos et résas : ☎ 06-06-08. ● museicapitolini.org ● ✦ Tlj 9h30-19h30 (9h30-14h les 24 et 31 déc.) ; dernière entrée 1h avt. Fermé 1er janv, 1er mai et 25 déc. Entrée : 15 € lors des fréquentes expos temporaires (résa : + 2 €) ; réduc. Le billet d'entrée vaut pour les 2 musées. Billet jumelé avec la centrale Montemartini (valable 7 j.) : 16 € avec l'expo temporaire. Roma Pass. Audioguide en français (très bien fait) : 5 €. Gratuit le 1er dim du mois.

🏛🏛🏛 *Museo del palazzo dei Conservatori* (musée du palais des Conservateurs) : ce palais du XIVe s, qui abritait les délibérations des conseillers municipaux, renferme sans aucun doute le plus vieux musée public du monde. Sa création remonte à 1471, date à laquelle le pape Sixte IV fit don de sa collection de bronzes. Un bon prétexte pour les conservateurs : ils n'eurent de cesse d'étoffer cette riche donation, à laquelle on ajouta par la suite une magnifique pinacothèque (œuvres majeures de la peinture européenne des XVIe et XVIIe s).

DE LA PIAZZA VENEZIA À LA ROME ANTIQUE

– Dans la **cour intérieure,** on aperçoit les fragments impressionnants d'une *statue colossale de Constantin* (empereur du IVe s) provenant de la basilique de Maxence et de Constantin. La tête mesure 2,60 m, le pied 2 m... On a beau être grand et fort, on se sent vraiment tout petit.

– **Sale dei Conservatori** (*salles des Conservateurs*) **:** correspondant aux appartements d'apparat de la municipalité romaine. On y remarque d'abord quelques bas-reliefs antiques provenant d'arcs de triomphe et consacrés à Marc Aurèle et Hadrien, avant de pénétrer dans la *salle des Horaces et des Curiaces.* Son nom provient des gigantesques

MON MEILLEUR ENNEMI

Un beau symbole qu'est la salle des Horace et des Curiace : c'est ici même que la France et l'Allemagne signèrent, le 25 mars 1957, les fameux traités de Rome qui donnèrent naissance à la CEE, devenue aujourd'hui l'Union européenne.

fresques décorant les parois, réalisées fin XVIe s-début XVIIe s par Cavalier d'Arpin, retraçant l'histoire antique de la ville dont le célèbre duel entre Rome et Albe pour la conquête du Latium. Deux statues méritent l'attention : la première, en marbre, œuvre du Bernin, représente Urbain VIII ; la seconde, en bronze, due à l'Algarde, représente Innocent X.

Dans la salle suivante (la *salle des Capitaines*), des peintures du XVIe s retracent des épisodes légendaires de la Rome républicaine. Après avoir jeté un coup d'œil sur le joli plafond à caissons et les bustes des généraux de l'armée pontificale, on passe ensuite dans la *salle des Triomphes* (il s'agit du triomphe du général romain Lucius Emilius Paulus – une frise représente, en effet, le cortège du vainqueur au retour de sa campagne contre les Cimbres et les Teutons). Ici, il faut s'arrêter absolument devant la *Tête de bronze*, dite « de Brutus » (réalisée aux IVe-IIIe s av. J.-C.), qui a conservé ses yeux, ainsi que devant l'une des statues les plus célèbres du musée : le *Tireur d'épine* (Ier s av. J.-C.), œuvre aussi gracieuse qu'originale montrant un jeune garçon occupé à retirer une épine de son pied. La *salle de la Louve* qui fait suite permet d'admirer... la fameuse *Louve du Capitole,* symbole de Rome (un bronze étrusque du Ve s av. J.-C. auquel on a ajouté, à la Renaissance, les jumeaux Romulus et Remus).

Les salles suivantes abritent moins d'œuvres exceptionnelles (on ne vous conseille pas pour autant de les parcourir à toute vitesse). Mentionnons tout de même la *Tête de Méduse* du Bernin dans la *salle des Oies,* la *Diana Efesina* dans la *salle des Aigles,* le somptueux plafond à caissons et les fresques de la *salle des Tapisseries.* Remarquez aussi les portes finement ouvragées. Enfin, jetez un œil à la *salle Hannibal* avec son cheval de bronze, son plafond à caissons et les fresques de Ripanda retraçant les guerres puniques dudit Hannibal.

– **Marc Aurèle et le temple de Jupiter capitolin :** c'est au centre d'un patio moderne et très lumineux que trône, impériale, l'authentique statue équestre de Marc Aurèle (c'est une copie sur la place du Capitole). Protégée des intempéries par une verrière, cette œuvre unique profite d'un vaste espace à sa mesure, éclairé idéalement par la lumière naturelle. Elle est escortée d'illustres voisins, comme les fragments de la statue colossale en bronze de Constantin et un lumineux Hercule en bronze doré (du IIe s av. J.-C.). En parlant d'Hercule, on passera la tête dans la galerie adjacente (en haut des marches) pour découvrir, entouré de Tritons, la statue de l'empereur Commode, qui n'avait pas hésité à se faire représenter sous les traits du valeureux héros. Voir aussi les statues étrusques, dont celle d'un chien en marbre d'Égypte. La muséographie moderne et aérée met également en valeur les vestiges du temple de Jupiter capitolin. La masse des fondations dégagées permet de se faire une petite idée de la taille du bâtiment. Démesurée ! Une maquette précise d'ailleurs ses dimensions : 62 m x 54 m. Une section explique la construction du temple à l'aide de panneaux, de dessins et de quelques ordinateurs.

– **Pinacoteca** (*pinacothèque*) **:** changement de décor au 2e étage, où l'on trouve des œuvres majeures de la peinture européenne du XVe au XVIIIe s. On verra dans un premier temps la *Sainte Famille* réalisée par Dosso Dossi (*salle 2*). Dans la *salle 3*, la révolution de la couleur, marque de la peinture vénitienne du XVIe s, s'exprime dans le *Baptême du Christ* de Titien. Dans la *salle 7*, vaste salon dominé par une immense toile du Guerchin (*Les Funérailles de sainte Pétronille*), on trouve deux œuvres du Caravage : *La Diseuse de bonne aventure* et *Saint Jean-Baptiste* représenté de manière révolutionnaire ; sans attribut religieux, le saint est surpris dans une torsion athlétique comme un jeune berger. C'est aussi dans cette salle que l'on admire la grande toile que Rubens peignit à Anvers autour de 1617, *Romulus et Remus*. La *salle 6* est consacrée au renouveau radical introduit dans la peinture bolonaise par la fondation de l'académie des Carrache. Ainsi, dans le *Saint Sébastien* de Guido Reni est privilégié le mysticisme de l'épisode plutôt que la souffrance du saint. La *salle 8* permet d'admirer l'*Enlèvement des Sabines* et autres œuvres importantes de Pierre de Cortone. La *salle 9*, consacrée en grande partie aux arts décoratifs, présente quelques tapisseries anciennes ainsi qu'un Van Dyck, *Lucas et Cornelis de Wael*.

🎭🎭🎭 **Museo del palazzo Nuovo** (musée du palais Neuf) **:** musée situé à droite, dos à la statue de Marc Aurèle. À la fin du XVIIe s, l'accroissement des collections du *palais des Conservateurs* menaçait ce dernier d'asphyxie. L'inauguration en 1654 du palazzo Nuovo tombait à pic ! On y transféra très vite le trop-plein d'œuvres... bien avant son statut officiel de musée, confirmé seulement en 1734. Aujourd'hui, les visiteurs rejoignent le palazzo Nuovo en empruntant une galerie souterraine qui passe sous la piazza del Campidoglio. Et comme les entrailles du Capitole ne sont pas neutres, on tombe nez à nez avec les vestiges du temple de Véies (Ier ou IIe s av. J.-C.) et la statue de culte décapitée du jeune dieu découverte pendant les fouilles (Véies est un équivalent de Jupiter). Intéressant, certes, mais la surprise est de taille lorsque les couloirs débouchent sur les galeries du Tabularium. C'est dans ce complexe semi-fortifié construit au Ier s av. J.-C. que les Romains conservaient les *Tabulae*, les archives de l'État. De larges baies livrent des vues à couper le souffle sur le forum, en contrebas...
Retour dans la galerie souterraine (la principale, celle qui relie les deux musées), pour admirer une collection lapidaire où le but n'est pas tant la beauté des pièces exposées que ce qu'elles ont à dire. Ici, on s'intéresse à l'art délicat de l'épigraphie, passe-temps préféré des historiens (c'est-à-dire déchiffrer les inscriptions sur des monuments riches en informations, comme des stèles funéraires).
À l'autre bout de la galerie souterraine, un escalier conduit dans un premier temps au rez-de-chaussée du palazzo Nuovo, où l'on fera une halte dans la cour. On y verra une fontaine figurant une divinité fluviale provenant du forum d'Auguste, flanquée de deux satyres expressifs d'époque hellénistique et surmontée du buste de Clément XII.
À l'étage, la *galerie* rassemble une belle collection de statues, dont un petit enfant représenté comme un *Hercule*, occupé à jouer avec les serpents dans son berceau, ou encore un *Éros ailé*. La *salle des Colombes* doit son nom aux belles mosaïques provenant de la villa d'Adrien et représentant des *colombes s'abreuvant*. Admirez également les *Masques de scène*, autres mosaïques retrouvées quant à elles sur l'Aventin. Le *cabinet de Vénus* nous montre une déesse dévêtue (IIe s) particulièrement charmante. Dans la *salle des Empereurs*, testez vos connaissances en matière de civilisation romaine en tentant de mettre quelques noms sur ces 67 visages. Sachez que dans de nombreux cas, il s'agit simplement de portraits de citoyens auxquels on a arbitrairement assigné un nom impérial pour contenter les collectionneurs ! Et, pour la petite histoire, cette collection un peu extravagante fut acquise par Clément XII avec l'argent des jeux publics. Dans la *salle des Philosophes* voisinent 80 bustes, tant de philosophes que de poètes. C'est amusant de mettre enfin un visage sur des noms fameux tels que Pythagore, Sophocle, Platon, Euripide... Dans le *Grand Salon*, jetez un coup d'œil à l'extraordinaire plafond baroque, sans oublier les deux centaures en marbre (l'un riant, l'autre grimaçant, l'un jeune et l'autre vieux) et un Hercule, représenté en

bébé potelé. Passant dans la *salle du Faune,* le regard se porte naturellement sur la musculature hyperréaliste du *Faune* en marbre rouge, qui est une autre réplique romaine d'un bronze hellénistique provenant de la villa Adriana. Un des clous du musée vous attend dans la *salle du Gaulois* : il s'agit du *Galate mourant,* qui est probablement une copie romaine du Ier s av. J.-C., selon certains de l'époque de César. Notez la dignité du visage, qui reflète à la fois une angoisse profonde et le courage. On remarquera également *L'Amazone blessée,* dont le drapé rappelle celui des Amazones présentes dans la décoration du Parthénon, ou encore les tendrissimes *Amour et Psyché.* Pour sortir, on repasse par la galerie.

Le Capitolium : le souvenir du temple de Jupiter capitolin

🏛 La hauteur occidentale, le Capitole proprement dit, joua naguère un rôle de premier plan du fait de la présence, sur son sol, du temple de Jupiter capitolin, le principal sanctuaire de l'Antiquité.

C'est en contrebas du temple de Jupiter capitolin que l'on situe la roche Tarpéienne. Son histoire remonte à Romulus qui, fondant Rome, promit l'impunité à tous ceux qui viendraient s'y établir. Manquant cruellement de femmes, Romulus organisa quelques agapes afin de faciliter l'enlèvement de ses voisines, les Sabines. Furieux, le roi des Sabins, Titus Tatius, promit des épousailles à Tarpeia, fille du gouverneur du Capitole, tombée raide dingue de lui, afin qu'elle lui ouvre les portes de la ville. Cela obtenu, le roi, très peu galant, ordonna à ses Sabins d'écraser Tarpeia. L'usage s'installa chez les Romains de précipiter les traîtres du haut de cette roche...

🏛 *Tempio di Giove capitolino (temple de Jupiter capitolin) :* son histoire remonte à la plus haute Antiquité, à l'époque étrusque, quand débuta la construction du temple de la triade capitoline par les derniers rois de Rome, les Tarquins. Pour être politiquement correcte, la date d'inauguration de ce temple a été décrétée être 509 av. J.-C., autrement dit au début de la République romaine (exit ses origines étrusques !).

Trois incendies (83 av. J.-C., 69 et 80 apr. J.-C.) obligeront les Romains à rebâtir ce sanctuaire en l'embellissant. S'il put donc renaître à chaque fois de ses cendres, il ne se relèvera plus après le passage des Vandales en 455. Voué à l'abandon après cet épisode tragique, il deviendra vite un amas de ruines. Ses dernières colonnes subsisteront, néanmoins, jusqu'au XVᵉ s... avant d'être abattues pour faire de la chaux. Aujourd'hui, il ne reste de ce temple que de bien modestes fragments (dont certains se trouvent dans le palais des Conservateurs).

Un important escalier frontal (que l'on situe au niveau de la via del Tempio di Giove) permettait d'accéder au porche dont la profondeur est suggérée par la présence de trois colonnes frontales successives. Deux autres colonnades, latérales celles-ci, achevaient de repousser vers le fond de l'édifice le cœur du sanctuaire, à savoir les trois *cellae* (la statue cultuelle de Jupiter *optimus maximus* se trouvant, comme il se doit, dans la pièce centrale). Regardant vers le sud, où se trouvait alors le centre de Rome, le sanctuaire devait avoir belle allure du fait, notamment, qu'il était, telle une statue sur son socle, dressé sur un podium, lequel dominait de 9 m la place publique située au pied. Les regards des pieux Romains étaient d'autant plus portés à se diriger vers lui qu'il était orné d'une splendide façade surmontée d'un fronton dominé par un quadrige en terre cuite. Le toit était, quant à lui, couvert de tuiles dorées. Une esplanade précédait ce sanctuaire. Ce qu'il en reste (car sa superficie a été réduite suite à des éboulements continuels depuis l'Antiquité) est maintenant occupé par le jardin public du temple de Jupiter.

L'Arx : chiesa Santa Maria in Aracoeli et le Vittoriano

🎭🎭 La hauteur orientale, l'Arx, possédait également à l'époque romaine un sanctuaire, le temple de Junon. Ces vieilles constructions, gommées par les siècles et les hommes, ont cédé la place à l'église Santa Maria in Aracoeli, un peu à l'étroit depuis la construction du monstre voisin (le *Vittoriano*).

PAR ICI LA MONNAIE !

Un des surnoms de Junon est Moneta. Et c'est justement à côté du temple de Junon, sur la hauteur de l'Arx, que la Rome antique frappait sa monnaie dans un bâtiment qui fut, par extension, appelé « l'atelier monétaire ». D'où le terme de monnaie. L'histoire ne dit pas si Moneta, qui avertissait les Romains des tremblements de terre, prévient toujours les Italiens des séismes monétaires...

🎭🎭 **Chiesa Santa Maria in Aracoeli :** *tlj 9h-12h30, 14h30-17h30 (horaires assez fluctuants).*

De la piazza d'Aracoeli, un bel escalier en marbre (bâti en 1348, du temps où les papes étaient à Avignon) conduit au grand portail de l'église (austère comme une vieille gouvernante anglaise). Depuis l'extrémité gauche de la place du Capitole (pour vous éviter de descendre et remonter), on accède aussi à l'église par une porte latérale.

Bâtie sur les ruines du temple de Junon Moneta avec de nombreux éléments antiques (les colonnes, notamment), elle tire son nom de l'autel (*ara coeli* signifiant « autel du ciel ») qu'aurait érigé l'empereur Auguste à la suite d'une vision qu'il aurait eue de l'Enfant Dieu descendant vers un autel. Construite à l'origine par des bénédictins, aux IXe-Xe s, elle fut cédée en 1250 par Innocent X aux franciscains, qui la reconstruisirent entièrement. Elle devait, par la suite, connaître maintes modifications.

Une fois à l'intérieur, appréciez en premier lieu ses impressionnantes proportions, le plafond à caissons dorés représentant (de façon symbolique) la bataille de Lépante remportée en 1571 par les chrétiens sur les Turcs et le pavement cosmatesque (du nom de Cosmati, ou Cosma, célèbre famille de marbriers romains) des XIIIe-XIVe s. Dans la première chapelle, à droite, belles fresques du Pinturicchio illustrant la vie et la mort de saint Bernardin. Plus loin, un maître-autel décoré d'une icône du XIIe s. Au fond de la nef latérale de gauche, la *chapelle du Sant Bambino* : sculpté dans un olivier du jardin de Gethsémani (où le Christ passa sa dernière nuit, on le rappelle aux mécréants), la légende veut que ce divin enfant soit miraculeusement habillé par les anges... Revenez donc sur terre et observez le sol, pavé de nombreuses pierres tombales superbes, sculptées en bas-reliefs (nef latérale de gauche) ou marquetées de marbre (nef centrale). Avant de repartir, dénichez la colonne « musicale » (c'est l'antépénultième colonne rose, l'avant-avant-dernière si vous préférez) en sortant par la nef de gauche ; toquez un peu fort sur la colonne, puis collez l'oreille à l'un des orifices... Sur la colonne suivante, joli vestige de Vierge à l'Enfant peinte à même la colonne. Jetez aussi un coup d'œil sur le *tombeau du cardinal d'Albret*.

Autrefois, les moines pouvaient, entre deux offices, déambuler tout en ruminant de saintes pensées dans un cloître attenant à l'église. Celui-ci, comme l'ensemble des bâtiments conventuels, a été détruit en 1888 pour permettre la construction du *Vittoriano*.

🎭🎭 **Domus Romane di Palazzo Valentini** (*entre la piazza Venezia et les forums impériaux*) : *via IV Novembre, 119A.* ☎ *06-328-10.* ● *palazzovalentini.it* ● *Tlj 9h30-18h30, fermé j. fériés. Entrée : 12 € ; réduc. Visite en français tlj à 11h30. Compter 1h30 de visite.* Ancienne villa d'un sénateur du IVe s avec les décors reconstitués en 3D. Au sol, très beaux pavements en marbre qu'on peut voir à travers un sol de verre (au début ça surprend, et ça peut même faire peur aux

DE LA PIAZZA VENEZIA À LA ROME ANTIQUE

plus jeunes). Bel effet de sons, de lumières. On aperçoit encore des fragments de peintures murales, marbres, mosaïques... Ludique pour petits et grands, car 100 % interactif grâce à la technologie 3D. La seconde partie de la visite est consacrée à la colonne de Trajan. Par le biais d'une vidéo d'un 20 mn, on y retrace toute l'histoire du célèbre Romain, notamment sa victoire sur les Daces, et cela sur plus de 200 m de circonférence de la colonne ! Il faut imaginer qu'à l'époque de sa construction, le marbre était coloré. Au final, 1h30 de visite (1h suffirait). Le routard averti appréciera le commentaire éclairé de l'accompagnateur... (OK, on y va ?)

LES FORUMS IMPÉRIAUX
(Fori Imperiali ; plan détachable d'ensemble, D3)

> ➤ **Accès :** ⓜ *Cavour* ou *Colosseo (ligne B). Tram n° 8. Bus nos 60, 75, 84, 85, 175, 186...*
> – **Visite :** *les 3 premiers forums impériaux s'observent pour l'essentiel en surplomb, depuis la via dei Fori Imperiali. Pour compléter la compréhension des lieux, on vous conseille vivement la visite des marchés de Trajan et du musée des Forums impériaux.*

Les forums impériaux, ou *Fori Imperiali,* correspondent aux vestiges situés à gauche de la via dei Fori Imperiali en se dirigeant vers le Colisée. Ils s'étendent plus ou moins de la colonne Trajane à la via Cavour. Dès le Ier s av. J.-C., le Forum romain devint trop exigu pour répondre aux nouveaux besoins (politiques, judiciaires, commerciaux) d'une ville devenue la capitale d'un vaste empire. Il fallut donc entreprendre la construction d'un nouveau forum pour désengorger le vieux forum républicain. C'est César qui, le premier, fit faire les agrandissements indispensables. Il sera suivi par d'autres illustres Romains, pourvus ceux-là du titre d'empereur (Auguste, Vespasien, Nerva, Trajan), d'où le nom de « forums impériaux ». Depuis la colonne Trajane vers le Colisée, nous les détaillerons en remontant les aiguilles de la montre (du plus récent au plus ancien).

Ces derniers formaient à l'origine un ensemble architectural cohérent, continu, malheureusement rompu par l'inauguration en 1932 de la via dei Fori Imperiali reliant la piazza Venezia au Colisée. Certains vestiges de ces forums sont donc recouverts par le macadam de cette grande artère. La mairie de Rome aurait dans ses cartons le projet de fermer cette rue à la circulation et de faire réapparaître tous ces trésors antiques. Qui sait...

🏛🏛🏛 ***Foro di Traiano*** *(forum de Trajan) :* édifié à la demande de l'empereur par Apollodore de Damas, c'était le plus grand et le plus fastueux des forums impériaux et c'est aujourd'hui le mieux conservé. Délimité par les marchés de Trajan, le forum de César et la basilique Ulpia, il était relié au sud-est au forum d'Auguste par un arc de triomphe. Des travaux titanesques de déblaiement furent effectués pour araser la colline qui reliait alors le Quirinal au Capitole et donner ainsi l'espace nécessaire au nouveau forum (la hauteur de la colonne Trajane n'est pas fortuite, elle marque le niveau du sol avant travaux).

La *basilica Ulpia* (Ulpia était l'autre nom de Trajan) se reconnaît aisément aux vestiges des colonnes de marbre qui séparaient les cinq nefs. La basilique avait alors un rôle purement administratif, et non religieux. Deux *bibliothèques* (une grecque, l'autre latine) se trouvaient derrière. Elles encadraient la magnifique **colonna Traiana** (colonne Trajane), œuvre géniale et novatrice d'Apollodore de Damas, qui commémore les victoires de l'empereur sur les Daces (de la Dacia, ancien nom de la Roumanie). Trajan est en effet l'empereur qui a agrandi le plus les frontières. Les scènes sculptées s'enroulent sur 200 m autour de cette colonne creuse en marbre de Carrare, flanquée d'un escalier intérieur, qui atteint près de 30 m (40 m avec la base). Le spectacle de ces 155 tableaux détaillant, de bas en haut, les deux campagnes successives de Trajan est grandiose. Mais il faut imaginer l'ensemble polychrome, hérissé d'épées et de lances en métal. L'effet devait être saisissant. La sculpture de Trajan, qui surmontait le monument, a été remplacée par une statue de saint Pierre à la fin du XVIe s. D'ailleurs, notez que ce dernier a le regard tourné vers le Vatican, qu'il tourne résolument le dos aux forums (impie période antique !) et qu'il détourne la tête... pour ne pas voir le Capitole ? L'urne funéraire de Trajan se trouvait dans la base, mais un voleur est passé par là au Moyen Âge (elle était en or...). Certains bas-reliefs ont servi de modèles aux dessins de la célèbre fresque *La Bataille de Constantin* (dans le salon de Constantin au Vatican), réalisée par les élèves de Raphaël. Et c'est

NAPOLÉON ? UN COPIEUR

Convoitée par Napoléon, la colonne Trajane, trop grande, trop lourde, échappa au pillage des troupes françaises. Qu'à cela ne tienne, l'empereur des Français en fit ériger un fac-similé, place Vendôme. La colonne, coulée avec le bronze des canons ennemis, glorifie la bataille d'Austerlitz quand celle de Trajan exalte la conquête de Dacie. La statue de Napoléon en César y trône, armé d'un globe et d'un glaive, tout comme feue la sculpture de Trajan. Quant aux dimensions, elles se tiennent à la culotte : 3,6 m de diamètre pour 40 m de haut...

grâce à une église bâtie ici au Moyen Âge que la colonne n'a jamais mis genoux à terre, malgré les tremblements de terre (la colonne s'adossait au clocher).

On voit aussi dominant le site, en forme d'hémicycle, les marchés de Trajan surplombés par la *maison des chevaliers de Rhodes* (ancien prieuré romain des chevaliers de Saint-Jean de Jérusalem). Des marchés totalement symétriques occupaient la colline opposée (la base actuelle du monument à Victor Emmanuel II).

🐾🕴🕴 *Mercati di Traiano e museo dei Fori Imperiali (marchés de Trajan et musée des Forums impériaux ; plan détachable d'ensemble, D3) :* via IV Novembre, 94. ☎ 06-06-08. ● mercatiditraiano.it ● ♿ Tlj 9h30-19h30 (9h30-14h les 24 et 31 déc) ; dernière entrée 1h avt. Fermé 1er janv, 1er mai et 25 déc. Entrée : 11 € ; réduc ; gratuit pour les moins de 18 ans ressortissants de l'Union européenne, ainsi que pour les Parisiens. Audioguide en français : 4 €. Consignes individuelles. Photos interdites dans le musée ; autorisées à l'extérieur.

Le site est magnifique, vraiment. Mais on vous conseille de prendre l'audioguide, car les explications proposées dans le musée sont misérables. Près de 150 boutiques et bureaux occupaient les trois étages (dont plusieurs sont encore debout) de ce vaste complexe et servaient autrefois de centre d'approvisionnement, de répartition et de distribution de produits (les halles de Rungis avant l'heure). Les échoppes et les entrepôts occupaient principalement le rez-de-chaussée ; le premier niveau, protégé à toute heure du soleil par une galerie, accueillait les boutiques de denrées périssables ; au-dessus encore, les bijoux, tissus, parfums (du calme, mesdames, les marchés ne sont plus en activité !), et, tout en haut, les locaux administratifs, la Bourse de l'époque en somme. Assez impressionnant, car c'est le seul endroit à Rome où l'on peut se représenter l'aspect des rues de la ville antique. Certaines sections sont parfaitement restaurées, avec leurs pavés tapissant la chaussée et les hautes façades en brique qui les bordent (voir notamment la via Biberatica). Pour un peu, on ne serait pas étonné de croiser un Romain au détour d'un corridor ou d'un escalier abrupt !

Au gré de la visite, on verra dans différentes salles un film d'animation (sans commentaires !), une exposition sur les forums impériaux et quelques collections de sculptures et de fragments architecturaux découverts pendant les dernières fouilles. Enfin, ne pas manquer la balade extérieure pour profiter de la belle vue sur la ville et les forums impériaux en contrebas.

🕴🕴 *Foro di Cesare (forum de César) :* à voir de l'extérieur, à droite de la via dei Fori Imperiali (juste derrière le monument à Victor Emmanuel II). Ouvrage charnière entre le forum romain et les forums impériaux, consacré en 46 av. J.-C.

et construit avec l'or rapporté des guerres des Gaules. On en voit l'essentiel depuis l'enceinte. Vous remarquerez surtout trois belles colonnes corinthiennes et le podium, vestiges du temple édifié par César en l'honneur de Vénus pour la remercier de son aide à battre son rival Pompée (48 av. J.-C.). L'humble César estimait descendre de Vénus par l'intermédiaire d'Énée. L'édifice renfermait jadis une statue de la

> ## AUGUSTE CÉSAR
>
> *Non, César n'avait pas le titre d'empereur ! Il avait été nommé dictateur à vie par une république qui ne rigolait pas avec les titres. César donna le coup d'envoi au titre de César pris ensuite par les empereurs romains. Le terme fut même récupéré par des langues étrangères comme le tsar de Russie ou le Kaiser en Allemagne.*

déesse et une autre en or de Cléopâtre, ainsi que des peintures grecques.

🍴🍴 *Foro di Augusto* (forum d'Auguste) : *à voir de l'extérieur.* La construction de ce forum commença en 31 av. J.-C. Octave, futur Auguste, en rêvait depuis belle lurette. Il avait exprimé le vœu de faire bâtir un temple dès 42 av. J.-C., après avoir défait les armées de Cassius et de Brutus (les meurtriers de César). Le *temple de Mars vengeur* se dresse au fond du forum à l'emplacement de l'enceinte qui séparait le quartier mal famé (il y en avait déjà) de ce nouvel ensemble édilitaire. L'épée de César y était conservée comme une relique, ainsi que les insignes des généraux victorieux.

🍴 *Foro di Nerva* (forum de Nerva) : *à voir de l'extérieur.* Mitoyen au forum d'Auguste, il ne subsiste quasiment rien de cet ensemble construit par Domitien et inauguré par Nerva. Deux belles colonnes, un superbe relief de Minerve et des fragments de frise décorant le mur d'enceinte sont encore visibles malgré l'usure du temps.

🍴 *Foro della Pace* (forum de la Paix) : *à voir de l'extérieur.* On vous en parle pour être complets, mais on ne voit quasiment plus rien de ce forum qui s'étendait approximativement de la torre dei Conti (via Cavour) à la chiesa Santi Cosma e Damiano (ancienne bibliothèque de ce forum convertie en édifice chrétien). La via dei Fori Imperiali le recouvre donc en grande partie. Le forum tire son nom d'un temple érigé par Vespasien après la victoire sur les Hébreux en 70 apr. J.-C. Il abritait de nombreux objets et œuvres d'art en provenance notamment du temple de Jérusalem, ainsi que la *Forma Urbis Romae,* un plan monumental en marbre de la Rome antique établi sous Septime Sévère. La découverte de plusieurs fragments de ce plan d'une grande précision a permis de reconstituer l'aspect de nombreux bâtiments disparus.

🍴 *Carcere Mamertino* (prison Mamertine ; plan du forum romain) : *au pied du Capitole, entre le forum de César et le Forum romain.* ☎ 06-69-89-61. *Tlj 9h-19 (17h en hiver) ; caisse fermée 40 mn plus tôt. Entrée : 5 €, visite accompagnée avec audioguide en français ; gratuit pour les moins de 10 ans.* Creusée dans la roche de la colline du Capitole au IIᵉ s av. J.-C., cette prison publique dont il ne reste que deux salles superposées est

> ## COUP DE TÊTE BÉNI
>
> *Au Moyen Âge, une légende affirma que saint Pierre et saint Paul auraient été enfermés dans la prison Mamertine. Saint Pierre, bousculé par ses geôliers, se serait cogné la tête sur la roche et l'eau en aurait jailli miraculeusement... Il est vrai qu'une source passe en dessous de la prison. Pas rancunier, saint Pierre aurait quand même baptisé ses geôliers.*

tristement célèbre. De nombreux ennemis de l'État croupirent dans ses obscurs cachots. Elle eut comme hôte un certain Vercingétorix qui, après avoir été exhibé au peuple par César, y trouva la mort en 46 av. J.-C. À l'époque, on épargnait la vie des chefs valeureux, mais Vercingétorix n'en fut pas jugé digne ! Idem pour un malheureux roi de Numidie qui y mourut de faim. Si l'historicité du lieu est poignante, sa visite n'est pas d'un intérêt majeur.

🍴 *Chiesa Santi Cosma e Damiano* (église Saints Côme et Damien ; plan détachable d'ensemble, D4) : *via dei Fori Imperiali, proche de l'entrée du Forum romain. Tlj 8h-13h, 15h-19h.* Datant du VIe s., ce fut la première église à s'implanter dans un édifice du forum romain, et même dans deux (la bibliothèque du forum de Vespasien et le temple de Romulus devant lequel se trouvait la statue équestre de César). La mosaïque de l'abside est absolument magnifique. Remarquez aussi le plafond et les chapelles baroques. Le petit plus : un des murs, remplacé par une vitre, permet de découvrir l'intérieur du temple. Sympa, non ? Enfin, en partant, faites le tour du cloître et consacrez quelques instants à la monumentale crèche napolitaine du XVIIIe s.

🍴 *Museo del Presepio* (plan détachable d'ensemble, D3) : *via Tor de Conti, 31a.* ☎ 06-67-96-146. *Entrée par l'église S.S. Quirico e Giuletta, via Tor de Conti, 23. 24 déc-6 janv (période de Noël), ouv tlj 6h-20h. Fermé en juil-août. Sept-juin, mer et sam 17h-20h. Entrée gratuite.* Les curieux iront donc jeter un œil à cet étonnant musée, situé à l'arrière des Fori Imperiali, à l'orée des Monti. Dès le XIIIe s, la mise en scène de la nativité du Christ se développe dans le Sud de l'Italie (Naples) et en Sicile. Vivantes, pittoresques ou théâtrales, on trouve ici des crèches sous toutes les formes. Les petits santons prennent place au sein de décors réalistes, preuves de la parfaite maîtrise des artisans en matière de clair-obscur ou de perspective. Pas moins de 3 000 crèches du monde entier sont rassemblées, réalisées avec des matériaux divers (nacre, papier, plâtre, céramique et même des feuilles de maïs !). Parmi elles, ne ratez pas celle insérée dans une coquille de noix, une vraie prouesse technique !

LE FORUM ROMAIN ET LE PALATIN
(Foro romano e Palatino ; plan détachable d'ensemble, D4-5)

– **Horaires de visite :** *identiques pour le Forum, le Palatin et le Colisée. Ouv tlj ; dernier dim oct-15 fév 8h30-16h30; 16 fév-15 mars 8h30-17h ; du 16 mars au dernier dim de mars 8h30-17h30 ; jusqu'au 31 août 8h30-19h15 ; sept 8h30-19h ; 1er-dernier sam oct 8h30-18h30. Les grilles ferment 1h plus tôt. Gratuit pour tous le 1er dim du mois.*
– **Entrée :** *billet jumelé valable 2 j. (le jour de l'achat et le lendemain) pour le Forum, le Palatin et le Colisée (une seule visite par site). Tarif : 12 € ; supplément de 3 € en cas d'expo temporaire (quasi systématique). Pas de frais de résa ni, en principe, d'attente avec les* Roma Pass *et* Archaeologia Card *(voir « Musées, sites et monuments » dans « Rome utile » plus haut). réduc pour les 18-25 ans ; gratuit pour les moins de 18 ans ressortissants de l'Union européenne.*
– **Conseil pour le sens de la visite :** si vous n'avez pas de réservation ni le *Roma Pass,* l'entrée située via dei Fori Imperiali est en général un peu moins fréquentée que les autres. Vous visiterez alors dans l'ordre le Forum romain, le Palatin et enfin le Colisée. Avec une réservation ou un *pass,* on peut commencer par le Colisée (on ne fait pas la queue pour l'achat des billets).

Le Forum romain

Via dei Fori Imperiali. ☎ *06-39-96-77-00 (résas : lun-ven 9h-18h, sam 9h-14h). Gratuit le 1er dim du mois*
➢ **Accès :** Ⓜ *Colosseo (ligne B). Trams nos 3 et 8. Nombreux bus, dont les nos 30, 44, 60, 81, 85, 87, 186… Accès principal par la via dei Fori Imperiali (à peu près au milieu). On peut enchaîner le Forum et le Palatin, situés dans la même enceinte, sans devoir ressortir ni faire la queue.*

DE LA PIAZZA VENEZIA À LA ROME ANTIQUE

– **Audioguide :** 6 € (attention, loc slt pour 2h ; au-delà, il y a un supplément). Il est proposé (version française) pour le Forum et le Palatin. Obligation de le rendre au même endroit (ce qui n'est pas toujours pratique si l'on veut quitter le site par une autre sortie).

🎬🎬🎬 C'est depuis la terrasse intermédiaire du monument à Vittorio Emmanuel II, au chevet de l'église Santa Maria in Aracoeli, que l'on a la plus belle vue d'ensemble du Forum romain. On contemple, non sans un petit pincement au cœur, douze siècles de civilisation romaine parvenus jusqu'à nous malgré les outrages du temps et des hommes.

– **Le Forum romain sous la République et l'Empire :** dans l'ordre chronologique, les marécages précèdent Rome et son antique place publique. Coincée entre le Capitole et le Palatin, la dépression du Forum draine d'abord les eaux de ces collines avoisinantes, qui se déversent ensuite dans le Tibre en empruntant la voie tracée par la petite vallée du Vélabre. Menacé constamment par les eaux, ce milieu inhospitalier, où les habitants des collines environnantes installent une nécropole, demeure inhabité jusqu'au début du VIe s av. J.-C., époque où le site sera asséché par un important système d'égouts (le *Cloaca Maxima*) réalisé par les Étrusques.

Dès lors, les opérations édilitaires, réalisées par vagues successives, donnent à Rome, devenue capitale d'un vaste empire après les guerres puniques, un centre à sa mesure et dont elle peut être fière.

C'est César qui, le premier, s'efforce de mettre un peu d'ordre dans ces constructions anarchiques. C'est à lui également que l'on doit le mouvement lancé pour procéder au désengorgement du Forum romain par la construction d'un nouveau forum... suivie de quatre autres.

– **Le Forum romain du Moyen Âge à la Renaissance :** faute de place, on cessera de construire dès le IIIe s. L'instabilité avant l'agonie commence au début du Ve s avec la pression des Barbares. Pillée et détruite, l'antique place publique, témoin des grands épisodes de l'histoire romaine, sera abandonnée pendant plusieurs siècles. La christianisation du vieux centre de la Rome païenne par la transformation d'édifices antiques en églises, dès le VIe s, sauvera une partie de ce patrimoine. Les querelles médiévales oubliées, le Forum devient un lieu où les troupeaux viennent paître tranquillement. Seules quelques colonnes de temples antiques rappellent qu'à une autre époque, ce modeste pâturage, dénommé alors campo Vaccino, avait été le centre d'un vaste empire. Mais c'est la Renaissance qui porta le coup fatal au vieux forum. Les besoins en matériaux pour la basilique Saint-Pierre furent le prétexte à un pillage systématique de monuments préservés jusqu'alors, comme le temple de Saturne, ou celui des Dioscures. Les cris d'alarme de Michel-Ange et de Raphaël ne freinèrent même pas les carriers. « Pour construire la Rome des papes, on détruisit celle des Césars. »

– **Les fouilles :** les toutes dernières années du XVIIIe s, et surtout le XIXe s, permettront grâce aux fouilles d'une nouvelle génération de chercheurs de redécouvrir patiemment la première Rome dont on avait oublié l'emplacement exact des bâtiments.

🎬 **Portico degli Dei consenti** (portique des Dieux conseillers) : construit sous Flavien, il abritait les statues des douze dieux les plus importants de la religion romaine, soit Jupiter, Junon, Neptune, Minerve, Mars, Vénus, Apollon, Diane, Vulcain, Vesta, Mercure et Cérès.

🎬🎬🎬 **Tempio di Saturno** (temple de Saturne) : il reste huit colonnes ioniques du plus bel effet. Il avait été construit dès 488 av. J.-C., mais les vestiges actuels remontent au IVe s apr. J.-C. Le trésor public était gardé dans le podium du temple. À côté se dressait la colonne du *Miliarium Aureum*, borne qui marquait le point zéro à partir duquel on calculait les distances pour les villes de l'Empire. Tous les chemins mènent bien à Rome !

🎬 **Basilica Julia** (basilique Julia) : entreprise par César sur l'emplacement d'une basilique antérieure (*basilica Sempronia*) mais achevée seulement par Auguste en 12 apr. J.-C., elle marque l'avènement du gigantisme architectural, comme en témoignent ses dimensions considérables (109 m de long pour 40 m de large). L'intérieur, divisé en cinq nefs (une nef centrale plus deux fois deux nefs latérales) et permettant d'accueillir quatre tribunaux à la fois, devait être magnifique avec un pavement de dalles de marbre précieux et de marbre blanc. On peut d'ailleurs encore distinguer sur le pavement des graffitis et des damiers gravés par des joueurs de passage.

🕯 *Tabularium :* construit au temps du dictateur Sylla, il abritait les archives de l'État (dont de vieilles lois romaines inscrites sur des tables de bronze, d'où son appellation). Ses restes imposants servent de soubassement au palais sénatorial du Capitole (on y accède d'ailleurs lorsqu'on visite les musées du Capitole).

🕯🕯 *Tempio di Vespasiano (temple de Vespasien) :* il ne reste que trois élégantes colonnes corinthiennes surmontées d'une frise décorée d'instruments de sacrifice. Les empereurs étaient considérés comme des dieux, et le Sénat les divinisait en leur dédiant un temple sur lequel leur âme, s'échappant de leur corps brûlé, était représentée par un

TVA : TAXE VESPASIENNE AJOUTÉE

Vespasien décida de taxer... les latrines publiques. Les vespasiennes, vous connaissez ? Il aurait alors déclaré à son fils, Titus, que « l'argent n'a pas d'odeur »...

aigle s'envolant vers Jupiter. Domitien fit donc élever ce temple pour son père.

🕯 *Tempio della Concordia (temple de la Concorde) :* édifié en 367 av. J.-C. par Furius Camillus pour célébrer la paix entre les patriciens et les plébéiens qui s'affrontaient depuis de longues, longues, longues années.

🕯🕯 *Arco di Settimio Severo (arc de Septime Sévère) :* un peu chargé (signe avant-coureur du futur déclin de l'art romain), il est orné de scènes guerrières illustrant les victoires de l'empereur contre les Parthes ; il fut érigé en 203 apr. J.-C. pour fêter les 10 ans de règne de Septime Sévère. À l'origine, il était aussi dédié à ses fils Geta et Caracalla. Ce dernier fit effacer le nom de son frère... à vrai dire, il venait de le tuer de ses propres mains ! À côté se trouvent les vestiges en brique d'un petit édifice circulaire qui marquait le centre de la ville : l'*Umbilicus* (le nombril !) *Urbis.*

🕯 On ne voit plus grand-chose des *rostres* (ce sont les éperons de navires vaincus, récupérés puis fichés comme des trophées dans la tribune), mais c'est sur cette vaste estrade que venaient s'exprimer les magistrats. Les mains et la tête de Cicéron y avaient été exposées après qu'il eut été déclaré ennemi de l'État et assassiné.

🕯 *Colonna di Focas (colonne de Phocas) :* érigée en l'honneur de cet empereur d'Orient au VIIe s, la colonne est le dernier monument à avoir été élevé sur le Forum. En fait, on l'avait piquée à une autre construction : l'époque était à la décadence. Le figuier, la vigne et l'olivier sacrés, symboles de la prospérité de Rome, ont été replantés à côté.

🕯 *Via Sacra (Voie sacrée) :* devant la basilique Aemilia. La Voie sacrée était autrefois empruntée par les cortèges des grands triomphateurs qui paradaient au retour de leurs campagnes victorieuses jusqu'au temple de Jupiter sur le Capitole.

🕯🕯 *Curia (curie) :* la curie actuelle n'est pas celle qui dirigeait la Rome républicaine, mais celle qui fut reconstruite par Dioclétien au IIIe s apr. J.-C. D'ailleurs, à votre avis, qu'est-ce qui la sauva de la destruction ? Oui, d'avoir été transformée en église au VIIe s. La preuve, le bâtiment actuel a été dégagé de l'église Saint-Adrien en 1937. Par la suite, les portes en bronze furent tout de même transportées à Saint-Jean-de-Latran au XVIIe s (copies sur place).

DE LA PIAZZA VENEZIA À LA ROME ANTIQUE

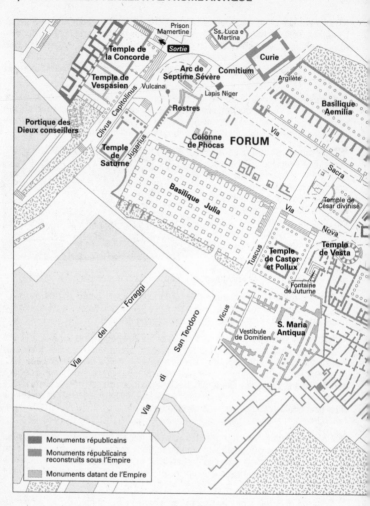

Monuments républicains
Monuments républicains reconstruits sous l'Empire
Monuments datant de l'Empire

Ce lieu était bien sûr le Sénat, dont les gradins accueillaient 300 sénateurs nommés à vie. Espace consacré par un rituel spécifique, toutes les séances commençaient par une prise des augures (prédictions). Il faut imaginer les murs de brique recouverts de marbre et, dans les parties hautes, de stuc. Rappelons que le stuc est constitué de poussière de marbre, matériau nettement moins dangereux que la plaque de marbre brut en cas de chute sur un sénateur romain...

Les *bas-reliefs de Trajan*, exposés dans la Curie, représentent des scènes où l'empereur susnommé apparaît dans toute sa bienfaisance ; les animaux sur l'autre face sont destinés à être sacrifiés aux dieux. Ces bas-reliefs ornaient à l'origine la tribune des harangues évoquée plus haut (appelée aussi Rostres, de *rostra* : « éperons de navires »... ceux qui la décoraient après la victoire navale

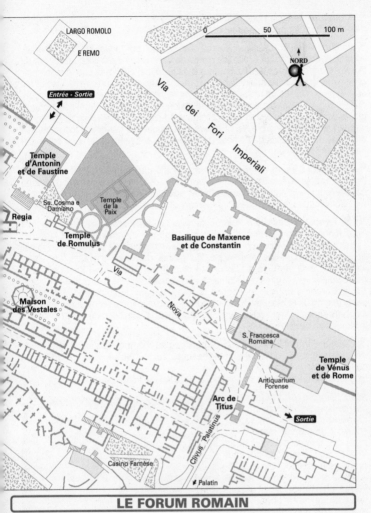

LE FORUM ROMAIN

d'Antium). L'accès est malheureusement restreint, de sorte qu'on ne peut pas profiter pleinement de leur splendeur.

🏃 **Comitium :** espace devant la curie, où avaient lieu à l'origine les assemblées populaires (les comices). Il s'agissait probablement d'un grand espace circulaire ourlé de gradins.

🏃 **Lapis Niger** (pierre Noire) : stèle que l'on aperçoit dans une sorte de puits. Elle porte la plus ancienne inscription latine connue (VIe s av. J.-C.). Son texte reste mystérieux, mais la partie traduite (le texte se lit de droite à gauche) atteste de la réalité historique de la période royale de Rome que l'on a longtemps cru être une légende. César avait fait protéger ces lieux car on pensait qu'il s'agissait du lieu où Romulus avait été tué.

🗡 *Argiletum :* entre la Curie et la basilique, voie populeuse et très fréquentée qui menait au quartier peu recommandable de Suburre.

🗡 *Basilica Aemilia (basilique Aemilia) :* en entrant par la via dei Fori Imperiali, vous trouverez sur votre droite les ruines de l'une des trois basiliques civiles du Forum. Comme toutes les basiliques romaines, elle n'avait pas une fonction religieuse mais servait aux affaires commerciales, financières et judiciaires. Construite en 179 av. J.-C., elle fut restaurée à maintes reprises. En son état actuel, elle date du Ier s apr. J.-C. Ses dimensions (100 m de long pour 40 m de large) sont comparables à celles de nos cathédrales gothiques, tout comme la division de l'intérieur, naguère décoré de marbre, en plusieurs nefs (quatre ici) par des colonnades. On distingue sur les flancs de l'édifice des *tabernae,* des petits locaux où officiaient naguère les banquiers.

🗡 *Tempio di Cesare (temple de César) :* édifié par Auguste en 29 av. J.-C. à l'endroit même où le corps de César avait solennellement été incinéré (la tombe est d'ailleurs régulièrement fleurie par des admirateurs de la dictature de l'empereur, souvent des nostalgiques de Mussolini...).

🗡🗡🗡 *Tempio di Castore e Polluce (temple de Castor et Pollux) :* avec ses trois magnifiques colonnes corinthiennes (de l'époque d'Auguste), c'est l'un des clichés les plus célèbres du Forum. On a toutefois bien de la peine à imaginer qu'il s'agissait d'un des temples les plus grands de Rome. Il avait été construit au Ve s av. J.-C. après que Castor et Pollux (« les Dioscures ») furent apparus miraculeusement auprès des Romains qui combattaient les Latins au lac Régille. Sachez qu'on y trouvait à l'époque la liste des taux de change et les conversions des poids et mesures ! Juste à côté se trouve la fontaine de Juturne, où les célèbres jumeaux firent boire leurs chevaux après la bataille et où ils annoncèrent la victoire au peuple romain.

🗡 *Chiesa Santa Maria Antiqua :* aménagée au XVIe s dans des dépendances des palais impériaux. Remarquables fresques du haut Moyen Âge (VIe-VIIIe s), en cours de restauration.
Ici s'arrête le Forum à proprement dit, mais la balade continue...

🗡🗡🗡 *Tempio di Vesta (temple de Vesta ; déesse du Feu domestique) :* dans son aspect actuel, il date du IIIe s apr. J.-C., mais son origine remonterait au VIe s av. J.-C., et donc aux tout premiers temps de Rome. D'ailleurs, la forme ronde du temple (assez inhabituelle) serait le souvenir d'une hutte primitive. La *maison des Vestales* était une vaste demeure sur deux étages se développant autour d'un atrium, belle cour entourée de portiques et de statues de vestales avec un bassin central.

DE LA VESTALE AU LUPANAR

La légende raconte que Rhéa Silvia, vestale et fille du roi d'Albe, fauta en songe avec le dieu Mars. Elle mit donc au monde les fameux Remus et Romulus qu'elle abandonnera sur le Tibre et fut emmurée vivante... Toujours selon le mythe, c'est une louve qui recueillit les jumeaux et leur permit de survivre en les nourrissant de son lait. Signalons que « louve » s'écrit lupa en latin, mot signifiant également « prostituée » et qui donnera « lupanar ».

Choisies très jeunes dans les grandes familles patriciennes, au nombre de quatre, puis six et enfin sept, elles devenaient prêtresses pendant 30 ans (10 ans d'instruction, 10 ans de pratique et 10 ans d'enseignement : à la fin, elles méritaient bien leur belle maison !). Chargées d'entretenir le feu sacré de la cité, symbole de la vie éternelle de Rome, elles faisaient vœu de chasteté pour se consacrer entièrement à leur tâche. Gare à celle qui succombait au désir sexuel, appelé alors « inceste », car on l'enterrait vivante ! Toutefois, la vie des vestales n'avait rien de monastique : elles n'étaient pas cloîtrées, jouissaient d'un prestige considérable dans la cité et avaient droit à de nombreux privilèges, comme d'être affranchies de l'autorité paternelle (une femme romaine était alors mineure toute sa vie), celui de pouvoir gracier un criminel rencontré « fortuitement » (sic !) ou de bénéficier de places d'honneur dans les spectacles.

🦌 *Regia :* aurait été la maison du roi Numa Pompilius (715-672 av. J.-C.), le successeur de Romulus, puis du grand pontife, personnage le plus important de la religion romaine.

🦌🦌 *Tempio di Antonino e Faustina (temple d'Antonin et de Faustine) :* il ne peut manquer de retenir votre attention par sa colonnade massive dressée sur un podium. L'empereur Antonin, inconsolable depuis la mort de son épouse Faustine, la divinisa et fit construire pour elle un temple magnifique. Vers le VIIIe s, une église (reconstruite au XVIIe s) fut aménagée dans ses murs, d'où la façade baroque en retrait par rapport à la colonnade. La porte verte de l'église donne une idée du niveau du sol au XVIIIe s (le Tibre était alors riche en alluvions). À côté de ce temple, transformé en église, se trouve une nécropole archaïque datant de l'époque de Romulus.

🦌 *Tempio di Romolo (temple de Romulus) :* édifice circulaire dont la salle postérieure a été transformée en l'église S. S. Cosma e Damiano. Le Romulus en question n'est pas le fondateur de Rome mais le fils de Maxence, empereur d'Occident ; c'est d'ailleurs ce dernier qui fit construire le temple. Superbe façade avec deux colonnes de porphyre et portes en bronze du IVe s apr. J.-C. Bien sûr, le temple fut transformé en église, ce qui le protégea du pillage... Encore quelques fresques religieuses qui datent de l'époque médiévale.

🦌🦌 *Basilica di Massenzio e di Costantino (basilique de Maxence et de Constantin) :* également destinée aux affaires commerciales et judiciaires, cette basilique, commencée par Maxence mais achevée par son rival et successeur Constantin, se différencie nettement des deux basiliques précédentes par son audace architecturale et son extraordinaire volume intérieur (à imaginer, car il manque des murs). Sachez que cette basilique colossale (divisée en trois nefs) abritait des statues grandioses. Les fragments de celle de Constantin, autrefois située dans l'abside occidentale, sont visibles dans la cour du palais des Conservateurs. Autre signe de la rivalité entre les deux empereurs, le buste de Maxence fut transformé après son règne en buste de... Constantin, encore lui ! Sachez encore que huit colonnes corinthiennes étaient adossées aux piliers séparant les nefs (l'une de celles-ci, intacte, se dresse aujourd'hui devant la basilique chrétienne de Sainte-Marie-Majeure). Enfin, l'endroit est réputé pour les concerts de musique classique qui y sont donnés en période estivale. De là, on aperçoit l'église Santa Francesca Romana.

🦌🦌 *Arco di Tito (arc de Titus) :* érigé pour célébrer la prise de Jérusalem (détruite à l'occasion) par cet empereur en l'an 70, cet arc d'une seule arche était situé à la limite de la ville antique. Il est orné de magnifiques bas-reliefs : au centre de la voûte, *Apothéose de Titus* dont l'âme est emportée au ciel par un aigle ; sur le flanc intérieur de l'arche, *Rome guidant le quadrige impérial avec Titus* et la *Victoire* de ce dernier dans la guerre judaïque. On voit nettement le célèbre chandelier à sept branches porté par les soldats romains pendant le triomphe à Rome... Sachez que certains juifs romains refusent toujours de passer sous l'arc pour ces raisons historiques.

Le Palatin (Palatino)

➤ *Accès :* Ⓜ *Colosseo (ligne B). Trams n°s 3 et 8. Nombreux bus, dont les n°s 30, 44, 60, 81, 85, 87, 186, 673... L'entrée principale est située à côté du Colisée, via di San Gregorio (on attaque alors la visite par les thermes de Septime Sévère).*

– Entrée : pour les horaires et prix, voir plus haut le paragraphe juste avt « Le Forum romain ». Gratuit le 1er dim du mois.
– Audioguide : voir plus haut le paragraphe « Le Forum romain ».

Des sept collines de Rome, le Palatin est sans nul doute la plus célèbre, grâce à la légende des frères jumeaux Remus et Romulus. Les conditions de la fondation de Rome, le 21 avril 753 av. J.-C. pour être précis, seront l'objet d'une dispute fraternelle qui coûtera la vie à Remus, tué après avoir franchi l'emplacement futur de Rome dont l'accès venait de lui être interdit par son frère... qui regrettera plus tard son geste. Les sceptiques diront qu'il s'agit d'une légende. Mais après la Seconde Guerre mondiale, sur l'emplacement de la maison de Romulus, des restes de cabanes, datant des VIIIe et VIIe s av. J.-C., furent exhumés par des archéologues. Et plus récemment, fin 2007, des archéologues pensent avoir sondé (sans pour autant y avoir accédé), sous le Palatin, la grotte où les deux frérots auraient été allaités par la louve, le mythique *lupercale,* soit une cavité voûtée de 16 m de large ornée de coquillages, de mosaïques et de niches... Coup de pub ou réelle (re)découverte ? En tout cas, mythologie et histoire semblent perpétuellement se rejoindre dans la Ville éternelle.

Le Palatin, centre de Rome à l'époque des rois, devient un simple quartier résidentiel à l'époque républicaine (pour classes dirigeantes toutefois), puis regagne son prestige avec l'avènement de l'Empire en accueillant la résidence impériale. Caligula fera même relier son palais au Capitole par une passerelle géante afin de pouvoir s'entretenir plus commodément avec Jupiter. Avec la chute de l'Empire et la destruction du réseau d'aqueducs par les Barbares (et donc de l'alimentation en eau), les collines romaines seront finalement désertées. C'est ainsi que le Palatin resta à l'abandon jusqu'aux XVe et XVIe s, époque à laquelle on se découvre une passion pour les jardins belvédères. Une fois la mode passée, le Palatin fut de nouveau délaissé. Cela explique l'effort d'imagination que le touriste doit accomplir pour retrouver, mentalement, la splendeur de la colline antique. Une récente restauration a au moins tenté de redonner vie à ces jardins Renaissance, célèbres pour leurs orangers. S'y balader à la fraîche, avant les flots de touristes, un jour ensoleillé, se révèle être un moment merveilleux. Magique même ! Ne manquez pas non plus la vue sur le Circus Maximus depuis le haut du Palatin...

Aujourd'hui, il faut donc savoir que le Palatin est un ensemble de ruines de briques s'échelonnant entre le Ier et IVe s, qui, si elles dégagent un charme certain, ne sont plus très « lisibles » au sens historique du terme. Il faut appréhender le lieu comme une belle promenade dans un site aménagé, qui offre par ailleurs une vue extraordinaire sur les sept collines de la ville.

🎍🎍 *Giardini Farnese (jardins Farnèse) :* un escalier du cryptoportique permet donc de gagner ces jardins, créés au XVIe s pour l'illustre cardinal sur les ruines du palais de Tibère. Après vous y être promené, attardez-vous sur la terrasse du Casino pour la vue sur le Forum et le Colisée, ou celle offrant une vue tout aussi belle sur le Tibre et la plaine du Vatican. En suivant le *cryptoportique (criptoportico),* qui part des abords de la villa Livia et qui se termine près du Forum romain, assez long et impressionnant, on peut admirer de belles fresques. C'est dans ce couloir en partie souterrain reliant la maison d'Auguste et de Livie aux palais impériaux que le bien-aimé Caligula fut assassiné par le tribun de la plèbe, Chereas (janvier 41 apr. J.-C.).

🎍 *Palazzo di Tiberio (palais de Tibère) :* cette vaste demeure (modifiée par Caligula, Trajan et Hadrien) est en réalité recouverte par les jardins Farnèse. Autant dire que l'on marche dessus ! Il n'en reste donc aujourd'hui plus grand-chose, hormis les arcades de la partie postérieure du palais. De là, autre belle vue sur Rome.

🎍 *Casa di Augusto (palais des Augustes) :* horaires un peu différents de ceux du site : 30 mars-25 oct : lun, mer, jeu, sam et dim 8h30-13h30 et nombre de pers limité. Il s'agissait de la résidence des empereurs, où se trouvaient leurs appartements privés et ceux de leur famille. Les pièces d'habitation encadraient un péristyle.

🗡🗡🗡 **Domus Flavia** (palais des Flaviens) : venant du Clivus Palatinus, c'est par lui que commence la visite du site archéologique à proprement parler. Le palais des Flaviens (dénommé aussi palais de Domitien) servit de résidence impériale jusqu'à la fin du IIIe s. Fortement remanié puis complètement rasé, il est aujourd'hui difficile de s'y retrouver.

🗡🗡 **Museo Palatino ou Antiquarium :** situé entre la domus Flavia et la domus Augustana. Ferme 1h avt le reste du site.
Établi dans un ancien monastère, ce petit musée est le résultat de nombreuses fouilles du XVIIIe s. D'ailleurs une vidéo d'une dizaine de minutes retrace l'expansion de la ville (conseillée avant la visite).
– Au sous-sol : cippes (colonnes funéraires), masques en terre polychromes, jolies terres cuites noires, poignées d'amphores, restes d'un ravissant vase du VIe s, urnes funéraires. Également une petite reconstitution de la ville préhistorique et une maquette d'un habitat primitif.
– Au 1er étage : vestiges retrouvés au XVIIIe s dont une série d'Hermès, utilisée comme piliers. Intéressants marbres noirs et magnifiques bas-reliefs en terre cuite polychrome (période augustinienne). Décor en marbre marqueté, vestiges de fresques. Et pour finir, la statuaire : mignonnes têtes, éphèbes, harpocrates, etc., beaux bustes comme ce petit enfant dédié au culte égyptien avec un doigt sur la bouche ou encore Arthemis en marbre, presque transparent avec un très beau drapé. Dans la salle des empereurs, on peut y admirer une rare statue de Néron. De l'époque d'Auguste, on a retrouvé une belle statue d'éphèbe en basalte qui ornait le temple d'Apollon. En effet, ce dernier était décoré de 50 colonnes en marbre d'Alep avec, entre chacune d'elles, les 50 Danaïdes qui, selon la mythologie, ont rempli des tonneaux vides en représailles à la mort de leurs 50 cousins. Imaginez un peu le faste de ce temple !
– Derrière (ou devant...) le musée, grande terrasse panoramique (pas toujours accessible). De là, vue imprenable sur le cirque Massimo (en fait, c'est d'ici qu'il faut le voir). Si l'on y réfléchit, ce panorama permet aussi d'embrasser d'un coup d'œil les cinq lieux de la légende : au pied du Palatin, près du Tibre, le berceau des jumeaux et le lupercale ; en face, l'Aventin, lieu du duel puis du partage de Rome par Romulus et Remus et, enfin, le cirque, théâtre de l'enlèvement des Sabines.

🗡🗡🗡 **Domus Augustana e Livia** (maison d'Auguste et de Livie). Compter 9 €/ pers en plus de l'entrée. Visite guidée obligatoire (en italien ou en anglais). Se renseigner au préalable, car c'est souvent fermé. On la dénomme maison de Livie (l'épouse d'Auguste), car il s'agissait effectivement de ses appartements, mais l'empereur lui-même y résida. Cette maison a d'abord appartenu à un riche patricien au Ier s av. J.-C. Auguste l'a donc habité, mais la demeure était déjà richement décorée. Elle est célèbre pour ses belles fresques à sujet mythologique, visibles notamment dans deux chambres à coucher et un triclinium. Les fonds rouges, jaunes et noirs ont retrouvé leur éclat depuis la dernière campagne de restauration. Le studiolo supérieur est très intéressant au niveau des décorations. Admirez les grotesques, les personnages ailés qui font penser à une scène rituelle. La maison de Livie est l'un des nombreux appartements de Catulle qu'Auguste a rachetés. Sur les deux étages, on ne peut que visiter la partie inférieure, l'autre ayant été rasée. On y devine des scènes mythologiques sur les murs, ainsi que de belles mosaïques au sol.
– **Tempio di Apollo** (temple d'Apollon) : situé de l'autre côté de la domus Augustana, construit par Auguste, il a perdu de sa magnificence. Vous ne pourrez en effet qu'en « apprécier » le podium, alors qu'il s'agissait d'un superbe bâtiment en marbre blanc de Luni.

🗡 **Stadio di Domiziano** (stade de Domitien) : dominé par la domus Augustana, il s'agit d'une construction superbe de Domitien, autrefois ornée d'un portique à deux étages et ayant subi, ultérieurement, différents aménagements comme la petite piste ovale. Jardins, centre d'exercices sportifs, lieu de spectacles... Voilà quelle devait être l'utilité de cet hippodrome long de 160 m.

Accolés au stade se trouvent les thermes et la maison de Septime Sévère.

Les autres sites sont tous fermés, sauf en été où quelques visites et expositions temporaires sont régulièrement organisées ; on vous en parle néanmoins pour votre culture personnelle et dans le cas où ils rouvriraient.

– *Tempio della Magna Mater* (temple de Cybèle) : bel exemple de la tolérance que les Romains pouvaient avoir envers les cultes étrangers, voire l'influence que pouvaient avoir ces cultes, et spécialement les cultes orientaux, sur les Romains. En 204 av. J.-C., un oracle avait annoncé que la deuxième guerre punique aurait un dénouement heureux pour les Romains si la *Magna Mater* (la « Grande Mère », déesse phrygienne appelée aussi Cybèle) s'installait à Rome. Le Sénat fit donc venir la pierre Noire (sans doute un morceau de météorite), qui était censée l'incarner, de Phrygie à Rome, et on lui construisit ce temple.

– *Le village préhistorique* : au sud du temple de Cybèle se trouve ce village où, selon les Anciens, s'élevait la maison de Romulus. D'ailleurs, des cabanes datant de l'âge du fer (IXe s av. J.-C.) y ont été découvertes.

LE COLISÉE (il Colosseo ; plan détachable d'ensemble, D-E4)

Piazza del Colosseo. ☎ *06-39-96-77-00.* ♿ *Près de l'entrée, un ascenseur permet l'accès à la galerie supérieure (♿ slt).*

➤ *Accès :* Ⓜ *Colosseo (ligne B). Tram n° 3. Nombreux bus dont les n°s 60, 75, 84, 85, 87, 117, 175, 186, 204...*

– *Entrée :* pour les horaires et prix, voir plus haut le paragraphe juste avt « Le Forum romain ». Gratuit pour tous le 1er dim du mois. Audioguide : 5 €. Visite guidée en français en hte saison slt, tlj, généralement à 11h40 : 5,50 € (45 mn).

– *Petites astuces :* pour éviter la queue, possibilité de réserver son billet, et même de l'acheter à l'avance, sur ● pierreci.it ●, moyennant un supplément de 1,50 €. Sinon, achetez votre billet à l'entrée du Palatin, à 200 m de là, où il y a généralement moins de monde ; ou encore au Forum si vous avez prévu de le visiter avt. Dernière solution avantageuse : les Roma Pass et Archaeologia Card permettent de couper la file par une entrée séparée (voir « Musées, sites et monuments » dans « Rome utile »).

🕯🕯🕯 Commencé sous Vespasien en 72 apr. J.-C., inauguré par son premier fils Titus en 80, achevé par son second fils Domitien en 82, c'est le plus grand édifice de spectacles réalisé par les Romains, largement imité par la suite (Arles, Nîmes...). Il occupe l'ancien lac de la fameuse *domus Aurea* (maison Dorée) de Néron. Les Flaviens (nom de la dynastie sous laquelle il fut construit) voulaient à la fois donner à la ville son premier amphithéâtre en dur et s'attirer les bonnes faveurs du peuple romain échaudé par Néron. Ce véritable symbole de la Rome antique ne prit toutefois le nom de Colisée qu'au Moyen Âge, donc finalement bien après qu'Hadrien y eut fait déplacer (à l'aide de 24 éléphants !) la colossale statue de Néron représenté en dieu Soleil (qui se trouvait à l'origine à la maison Dorée). Ce colosse marqua tant les esprits, du haut de ses 35 m, qu'il finit par donner son nom au Colisée *(Colosseo)*... L'amphithéâtre, après l'Empire, ne sera ménagé ni par les tremblements de terre ni par les nouveaux édiles en quête de matériaux, avant d'être transformé en forteresse par la famille Frangipanni au XIIe s.

N'hésitez pas à en faire le tour avant de pénétrer à l'intérieur de ce « monstre ». La façade de l'amphithéâtre Flavien (haute de près de 50 m) comprend quatre étages. Des statues de dieux et autres personnages mythologiques ornaient jadis les 160 arcs des 2e et 3e niveaux. Le 4e étage a survécu sur la moitié seulement des 527 m de circonférence du monument. Des mâts y étaient enchâssés, permettant de tendre un auvent *(velarium)* au-dessus de l'amphithéâtre afin de protéger les Romains des intempéries ou du soleil. La manœuvre de cette véritable voile était assurée par des marins.

Ce superbe squelette en marbre de travertin (à l'époque un matériau peu noble, aujourd'hui fort coûteux) est constellé de trous. On y coula du plomb, destiné à solidariser les blocs entre eux. Le pillage eut raison de ces précieuses jointures.

Allez, jetons-nous dans l'arène ! Au moins 50 000 personnes (d'aucuns avancent même le chiffre de 60 000 spectateurs !) pouvaient prendre place sur les gradins portés par les colonnes des nombreuses galeries intérieures. La plate-forme en bois qui servait d'arène (86 m x 54 m) a disparu en laissant apparaître les galeries souterraines, véritables coulisses sur quatre niveaux, accueillant les bêtes, les combattants, une morgue (et pour cause !), une caserne.

POUCE LEVÉ, POUCE INVERSÉ ?

Cette affabulation qui décidait de la vie des gladiateurs est une pure invention du peintre pompier Gérôme, avec sa toile Pollice Verso (1873). En fait, le peuple criait « Mitte » (« laisse-le ») ou « Jugula » (« égorge-le »). L'empereur exécutait la décision de la foule.

L'entrée était gratuite, car les jeux étaient financés par les magistrats et les empereurs pour s'acheter les faveurs du peuple. Chacun était ensuite placé selon son rang et son appartenance sociale. Les gradins du podium accueillaient les sénateurs, les magistrats et les loges impériales, tandis que la basse *cavea* était réservée aux chevaliers, la moyenne *cavea* à la petite bourgeoisie et la haute *cavea* au peuple (les femmes étaient reléguées sur les gradins les plus élevés, hormis les vestales, reconnaissables à leur robe blanche, qui avaient des places privilégiées). Enfin, le spectateur romain, après s'être levé pour saluer l'arrivée de l'empereur, pouvait assister au spectacle.

Les combats de gladiateurs avaient la préférence du public et soulevaient des passions morbides (paris à la clef) difficilement compréhensibles aujourd'hui (les stades de foot étant un lieu parfaitement pacifié, non ?). Ils opposaient des hommes plus ou moins armés (des prisonniers de droit commun, des esclaves, mais aussi des professionnels entraînés dans des écoles spécialisées) à des bêtes féroces (tigres ou lions principalement). De véritables mises en scène étaient orchestrées avec des décors, maisons, arbres... Un empereur, Commode, fut même fou ou passionné pour oser descendre dans l'arène. Les sources précisent toutefois que les jeux étaient truqués pour l'occasion. Évidemment ! Bref, ces combats étaient un outil de communication et de propagande pour le pouvoir. On distrayait le peuple et le gouvernement était tranquille... *Panem et Circenses !*

Les gladiateurs professionnels, attirés par l'appât du gain (et par la gloire : les vainqueurs étaient de véritables héros !), se faisaient engager par les lanistes, propriétaires de troupes de gladiateurs. En signant leur contrat, ils s'engageaient à consacrer leur corps et leur vie à leur maître et à supporter « le feu, les chaînes et les coups » ainsi que « la mort par le fer ». Le gladiateur représentait le pouvoir. C'était un homme riche, bien payé par les mécènes.

GLADIATEUR, L'ANCÊTRE DE LA STAR

Bon nombre de femmes adulaient les gladiateurs malgré leurs balafres et leur faible espérance de vie. Parfois, elles en quittaient même leur mari ! Ces combats très virils les émoustillaient terriblement. Un seul hic : elles assistaient aux spectacles depuis les derniers rangs !

Les vainqueurs des joutes recevaient des récompenses honorifiques et de l'argent. Les esclaves pouvaient même être affranchis. En cas de mort du gladiateur, le mécène en récupérait le sang : dilué avec un peu d'eau, il était vendu sur les marchés où l'on vantait ses vertus (rien ne se perd, rien ne se crée, tout se monnaye !). Les combats entre bêtes féroces (loups, tigres, crocodiles) permettaient au peuple, d'une certaine façon, d'apprendre à connaître les animaux de pays exotiques, et certains décors ou mises en scène servaient même de leçon d'histoire. Quant à la légende de joutes nautiques pour lesquelles l'arène était inondée, elle est peu vraisemblable puisqu'il y aurait eu un risque évident de noyer les galeries de service souterraines.

Les combats de gladiateurs se raréfièrent sous Trajan (IIe s), puis disparaissent complètement avec Constantin (puisqu'il se convertit au christianisme). On poursuit les combats de fauves encore quelque temps. Le dernier du genre à y avoir été organisé daterait de 523.

Par la suite, pour sauver le Colisée du pillage en lui conférant un caractère sacré, le pape Benoît XIV inventa au XVIIIe s le mythe des martyrs chrétiens de Rome. Notez, en surplomb de l'arène, cette grande croix qui commémore leur calvaire supposé. Cette légende perdure, mais les chrétiens n'ont jamais été jetés en pâture aux bêtes sauvages du Colisée ! Pourtant, aujourd'hui encore, chaque Vendredi saint, le pape effectue ici la première des 14 stations de son chemin de croix. C'est à la fin du XIXe s seulement que le Colisée fut restauré et protégé. Puis, dans les années 1990, l'État italien entreprit une énergique restauration du monument. En 2012, Diego del Valle, patron de son entreprise familiale italienne, la célèbre marque *Tod's* lança un financement de 25 millions d'euros pour effectuer les rénovations nécessaires au Colisée (on revient à la définition même du mécène). Il a promis de ne pas le transformer en panneaux d'affichage pour ses chaussures à picots...

Quant à la vocation première du lieu, amuser le *populus,* peu de spectacles prennent place de nos jours dans ce cadre grandiose, les deux derniers à s'y être produits étant Paul McCartney pour un concert de *charity business* et Andrea Bocelli en 2009 pour venir en aide aux sinistrés du tremblement de terre des Abruzzes. Et puis, depuis le jubilé en 2000, le Colisée s'illumine chaque fois qu'une condamnation à mort est annulée quelque part dans le monde.

AU SUD DU COLISÉE : LE CELIO

🗡️🗡️🗡️ *Arco di Costantino* (arc de Constantin ; plan détachable d'ensemble, D4) **:** entre le Colisée et le Palatin se trouve cet arc superbe, érigé en 315 de notre ère après la victoire de l'empereur sur Maxence au pont Milvius. Intégré, comme l'amphithéâtre Flavien, aux fortifications médiévales, il sera remis dans l'état que nous connaissons au début du XIXe s. Le plus grand des arcs romains, constitué de trois arches, vaut le coup d'être vu non seulement, bien sûr, pour ses proportions (hauteur : 21 m ; largeur : 26 m), mais aussi pour son décor provenant en partie de monuments du IIe s de notre ère.

UNE VISION TRANCHÉE DE L'ARCHITECTURE...

Apollodore de Damas fut l'architecte de l'empereur Trajan. Bâtisseur d'un pont sur le Danube, il crée le forum et la colonne Trajane. L'architecture moderne lui doit également le tout premier bâtiment à coupole, le Panthéon. Et pourtant, il eut la tête tranchée après avoir contesté des plans du temple de Vénus et de Rome proposés par l'empereur Hadrien (architecte amateur à ses heures, mais soupe au lait)... Nul n'est prophète en son art !

🗡️ *Case romane del Celio* (maisons romaines du Celio ; plan détachable d'ensemble, D-E4) **:** clivo di Scauro. ☎ 06-70-45-45-44. ● *caseromane.it* ● 🗡️ Sur la colline du Celio. Ⓜ Circo Massimo (ligne B). Tram n° 3. Bus n{os} 60, 75, 81, 175, 673... Tlj sf mar-mer 10h-13h, 15h-18h. Entrée : 6 € ; réduc ; gratuit pour les moins de 12 ans.

Ce complexe archéologique fut découvert en 1887 par le recteur de la basilique Saints-Jean-et-Paul, construite par-dessus au Ve s. Les sous-sols de la basilique ont révélé un incroyable dédale de salles (une vingtaine en tout), réparties sur trois niveaux. Les fouilles ont démontré qu'il s'agissait d'*insulae* (les HLM de l'époque), transformées par la suite en une *domus* fastueuse par une famille fortunée.

Cette demeure a conservé une bonne part de ses fresques, miraculeusement épargnées par le temps et l'histoire. Dans la *salle des Génies,* adolescents et génies se tiennent parmi des oiseaux, guirlandes de fleurs et de vigne. Les sexes ont été effacés, sûrement par un propriétaire chrétien offusqué par tant d'impudeur... Dans la *salle dell'Orante,* le personnage en position d'orant (en prière, les bras ouverts et levés) évoque l'époque où le christianisme pénétra les lieux. Un escalier mène au *confessionnal,* qui relate le martyre des saints orientaux et notamment de Giovanni et Paolo, deux soldats romains qui, selon la tradition, vécurent ici avant d'être martyrisés sous Julien l'Apostat en 362. Dans les salles du sous-sol, on découvre un *cellier* où étaient stockés le vin et le *garum* (sauce à base d'entrailles de poisson) et les traces de *thermes* privés. En remontant à l'étage, dans ce qui fut le jardin, un nymphée du IIIe s avec des fresques évoquant des scènes mythologiques, dont une splendide Proserpine tirée par un char marin. Enfin, dans le musée, on peut admirer des poteries et divers objets retrouvés ici.

🏹 **Basilica San Giovanni e Paolo** *(plan détachable d'ensemble, D-E4) :* tlj 8h30-12h, 15h30-18h ; gratuit. Passé les deux beaux lions de pierre enchâssés de part et d'autre du portail d'entrée, outre ses proportions et la richesse relative de ses décors, elle présente peu d'intérêt.

🏹 **Basilica Santa Maria in Dominica** *(plan détachable d'ensemble, E4) : via della Navicella, 10.* Sa première construction remonte au VIIe s, admirez dans l'abside la magnifique Vierge à l'enfant avec, à ses pieds, Pascal Ier représenté avec une auréole carrée. Les coquelicots (qui ressemblent étrangement à des pavots dont on tire l'opium) représentent la végétation de l'Éden. Levez la tête et regardez le beau plafond à caisson datant de la Renaissance. À l'extérieur, beau portique de style toscan.

🏹 **Parco della Villa Celimontana** *(plan détachable d'ensemble, E4) : via della Navicella, 12.* Ce parc, privé jusqu'en 1926, est désormais la propriété de la municipalité de Rome. À deux pas du Colisée et de la foule, imaginez un petit coin de chlorophylle où il fait bon se détendre entre deux visites. Bien sûr, vous ne serez pas tout seul, mais ce parc agréable vous redonnera la pêche pour la suite de vos pérégrinations romaines. Bel obélisque autrefois installé au Capitole. On raconte que dans la sphère reposent les cendres d'Auguste... Festival annuel de jazz en juillet et en août.

DE LA PIAZZA VENEZIA À LA ROME ANTIQUE

QUARTIER DU QUIRINAL

Le Quirinal est la plus élevée des collines de la ville. Coincé entre le dynamique et branché Monti et le quartier chic de la piazza di Spagna, c'est à la fois un quartier tranquille et commerçant, avec la via Vittorio Veneto, réputée pour ses boutiques et qui remonte jusqu'au jardin Borghèse. C'est aussi le quartier de la présidence de la République avec le palazzo Quirinal. Mais ce que le quartier offre de précieux, c'est la fontaine de Trevi, l'un des monuments les plus emblématiques de Rome. L'imposant chef-d'œuvre baroque attire de nombreux touristes, tous pressés d'y jeter une pièce. Non loin, sur la piazza Barberini, la tout aussi belle fontaine du Triton, œuvre de Bernini, et le palazzo Barberini, qui renferme une grande collection de peintures. Les affamés s'aventureront plutôt dans le quartier voisin du Monti (branché avec ses nombreux bars) ou du côté de la piazza di Spagna, plus chic, car le quartier n'est pas le mieux loti en matière de restos...

Où dormir ?

De prix moyens à plus chic

🏠 **Hotel Boccaccio** (plan détachable d'ensemble, D2, 22) : via del Boccaccio, 25 (1er étage). ☎ 06-48-85-962. ● info@ hotelboccaccio.com ● hotelboccaccio. com ● À deux pas de la piazza Barberini. Doubles env 95-115 € selon confort et saison ; pas de petit déj. Parking payant. 📶 Petite pension toute simple qui propose une dizaine de grandes chambres, propres et pas trop mal arrangées. Entrée avenante avec des meubles anciens, bibelots et lumière tamisée. Terrasse qui donne sur une jolie courette garnie de plantes vertes. La patronne, charmante et serviable, ajoute la petite touche personnelle.

🏠 **Daphne Inn** (plan détachable d'ensemble, D2, 22) : via degli Avignonesi, 20. ☎ 06-87-45-00-86. ● info@daphne-rome.com ● daphne-rome.com ● Selon taille et saison, doubles env 90-240 € avec ou sans sdb, 90-160 € sans ; petit déj compris. 💻 Une adresse discrète, version boutique-hôtel, plus proche du B & B que de l'hôtel ! De belles chambres au design sobre, quelques toiles contemporaines ici ou là... En outre, très bonne literie, position très centrale, fruits frais et viennoiseries au petit déj, prêt d'un ordinateur portable pendant votre séjour ! Royal, non ? Pas de télévision en revanche, c'est volontaire... Également une annexe à proximité, le *Daphne Veneto* (via di San Basilio, 55), un appartement qui peut accueillir 5 à 7 personnes. Bon accueil, très personnalisé.

Où manger ?

Sur le pouce et bon marché

🥖 **La Baguetteria** (plan détachable d'ensemble, E2, 356) : via XX Settembre, 23. Lun-ven 9h-18h. À partir de 3,50 €. Pour une poignée d'euros et pour ceux qui ont le mal du pays, c'est bien ici que vous dégoterez un sandwich baguette à la mie bien moelleuse et aérée à choisir parmi une dizaine de variétés. Pour les ingrédients ? Que du bon ! Et 100 % italien ! *Lonzino, provola, pomodori secchi, speck...* Plusieurs points de vente dans la ville

⏺❙ Bistrot Quirino *(plan détachable d'ensemble, D3, 28) : via delle Vergini, 7.* ☎ 06-679-45-85. ● *bistrotquirino@ tiscali.it* ● *Buffet tt compris à 9 € le midi. Tlj 8h-minuit.* 🛜 Un endroit voulu par Vittorio Gassman, immense acteur italien et homme de théâtre, qui avait acheté ce lieu. On y trouve une bibliothèque, une salle de visionnage, un self-service et un resto. On le signale surtout pour le midi : un buffet à 9 € est une aubaine dans le quartier. Après les représentations en soirée, le bistrot fait alors place au resto et à une atmosphère nettement plus cosy avec nappes blanches, bougies et tout le tralala... et forcément une carte plus chère...

De prix moyens à chic

⏺❙ Ristorante Angelina *(plan détachable centre, D3, 116) : via Poli, 27.* ☎ 06-67-97-274. ● *angelinatrevi@ gmail.com* ● *Tlj 9h-minuit. Brunch le w-e. Compter 25 € le repas.* À deux pas de la fontaine de Trevi, voici un endroit qui fleure bon le bio, le bobo, la chlorophylle et les végétaux muraux. On s'y assoit pour déguster de savoureuses pâtes aux légumes bio ou un risotto bien crémeux, accompagné d'un petit verre de vin de la région. Tout à côté, local du même acabit pour un petit café du matin. Service souriant, charmant.

De chic à très chic

⏺❙ La Matriciana *(plan détachable d'ensemble, E3, 131) : via del Viminale,*

44. ☎ 06-48-81-775. ● *info@lama triciana.it* ● *Résa conseillée. Compter 35-40 € pour un repas complet.* Une institution gérée par la famille Crisciotti depuis plusieurs générations. Les Italiens gourmands s'y retrouvent après une représentation (normal, le théâtre est juste en face !). Ils ne s'y trompent pas en dégustant les yeux fermés un plat de pâtes typiquement romain : *caccio e peppe* ou les *matraciana*. Service irréprochable et, au final, un bon rapport qualité-prix. Une valeur sûre.

⏺❙ Colline Emiliane *(plan détachable d'ensemble, D2, 101) : via degli Avignonesi, 22.* ☎ 06-48-17-538. ● *colli neemilianeroma@gmail.com* ● *Tlj sf dim soir et lun. Fermé en août. Résa conseillée. Repas 30-45 €.* Situé à deux pas de la piazza Barberini, ce resto offre des recettes et des produits venus (comme son nom l'indique) d'Émilie-Romagne (la région de Bologne) : salami et viandes froides, tagliatelles et *tortellini fatti in casa,* viandes bouillies... et vins du pays pour faire bonne mesure ! Qualité constante et service soigné en font une adresse très courue.

⏺❙ Pipero Al Rex *(plan détachable d'ensemble, E2-3, 135) : via Torino, 149.* ☎ 06-48-15-702. *Résa obligatoire. Menus à partir de 50 €. Carte 70-80 €.* On est d'abord sceptique devant cet hôtel du quartier de la gare qui ne paie pas de mine, mais à l'intérieur, surprise : un cadre intimiste, une poignée de tables... et la magie du jeune chef Luciano Monsillo : assiette goûteuse et créative, mêlant des saveurs contraires... révélatrice du talent du chef, élu comme l'un des meilleurs de sa génération, ce qu'on ne peut qu'approuver !

Enoteche (bars à vins)

🍷 L'Antica Birreria Peroni *(plan détachable centre, D3, 236) : via S. Marcello, 19.* ☎ 06-67-95-310. ● *info@ anticabirreriaperoni.it* ● *Tlj sf dim 12h-minuit.* En entrant dans ce beau *locale* séculaire, on est sous le charme de la petite salle décorée à l'ancienne,

avec du bois, des voûtes en ogive et de jolies frises murales. On y déguste les bières maison accompagnées de quelques amuse-gueules.

🍷⏺❙ Vineria Il Chianti *(plan détachable d'ensemble, D3, 190) : via del Lavatore, 81-82a.* ☎ 06-67-87-550.

• *info@vineriailchianti.com* • *Tlj sf dim 12h-2h. Plats 12-20 € ; verres de vin 7-12 €.* À deux pas de la fontaine de Trevi, touristes et habitués poussent la porte de ce « petit bout de Toscane ». Les formidables vins tout en rondeur de cette région – chianti, montalcino, montepulciano, etc. – y sont à l'honneur. Côté fourneaux, de bonnes spécialités toscanes bien sûr, mais aussi des pizzas pour les petits budgets. Belle salle chaleureuse aux tables un peu trop rapprochées à notre goût. Service survolté au moment du coup de feu.

Où déguster les meilleures glaces ?

🍦 *San Crispino* (plan détachable d'ensemble, D2, **276**) : *via della Panetteria, 42.* ☎ 06-67-93-924. *Tlj sf mar hors saison 12h-0h30 (1h30 ven-sam).* À deux pas de la fontaine de Trevi, ce glacier artisanal fait fondre les Romains grâce à des produits de qualité et des combinaisons de saveurs vraiment originales : meringue-chocolat, miel, réglisse, armagnac, cacao-rhum, *passito di Pantelleria* (raisin muscat), cannelle-gingembre, etc. Prix plus élevés qu'ailleurs et accueil inégal. Également un point de vente à l'aéroport de Fiumicino (terminal 1) avec des glaces en container isotherme (tiennent 6h) !

À voir

LE QUARTIER DU QUIRINAL ET DE LA PIAZZA BARBERINI (plan détachable d'ensemble, D2-3)

🏛🏛🏛 *Fontana di Trevi* (fontaine de Trevi ; plan détachable d'ensemble, D3) : Ⓜ *Barberini* (ligne A) ; puis descendre la via del Tritone et prendre la 3e rue à gauche, la via di Stamperia. Bus n°s 52, 53, 61, 62, 81, 85, 116, 119, 175.

La fontaine s'offre un petit lifting ! Le mécénat étant très à la mode, la mairie et Fendi ont collaboré à la restauration d'un des symboles de la ville. Pas moins de 2,5 millions d'euros ont été nécessaires pour nettoyer et restaurer les sculptures en marbre, imperméabiliser le site et installer un nouveau système de vidéosurveillance. Un échafaudage défigure pour le moment le monument (l'avantage, c'est qu'on peut voir les statues de très près !).

Les travaux commencés en juillet 2014 devraient être terminés au printemps 2016...

Pour la petite histoire, « Trevi » est une déformation de l'italien *trivio* (ou *trivium* en latin), qui signale le croisement de trois rues. Une explication assez triviale, somme toute. En revanche, sachez que la fontaine est alimentée depuis plus de 2 000 ans par l'aqueduc de l'Eau-Vierge, qui doit son nom à une vieille légende romaine. Une jeune fille aurait trouvé la source et l'aurait indiquée aux soldats romains (elle est représentée à droite de la fontaine). C'est déjà plus poétique. Mais certains affirment qu'elle s'appelait

UN BARBIER RASOIR

Pendant les travaux, Nicolò Salvi, l'architecte de la fontaine de Trevi, se rendait régulièrement chez un petit barbier situé sur la droite du chantier. Ce dernier rasait Salvi au sens propre comme au figuré, le bassinant sur la construction de la fontaine qui, soi-disant, lui gâchait le paysage. Excédé, Salvi décida de remédier à son problème. C'est ainsi qu'il fit sculpter le gros vase que l'on peut encore voir aujourd'hui. Lorsque l'on est à l'intérieur du nouveau commerce qui a pris la place du barbier, le vase masque en effet totalement la (superbe) fontaine !

Trevi et qu'elle aurait peut-être sauvé ainsi sa virginité... retour vers le trivial. Quoi qu'il en soit, c'est Agrippa, le gendre d'Auguste, qui aurait ordonné la construction de l'aqueduc de l'Acqua Virgo (on le voit à gauche de la fontaine). L'étonnant, c'est que cet aqueduc fonctionne toujours : il fait 20 km de long, prenant sa source à Salone, et alimente également les jardins et les fontaines du quartier de la villa Giulia.

Quant à la fontaine actuelle, elle fut construite au milieu du XVIIIe s, après que le pape Benoît XIV eut décidé de monumentaliser la bouche de la fontaine primitive, tout en l'intégrant par un ingénieux trompe-l'œil au palais du XVIe s. L'immeuble donne aussi l'impression de sortir du rocher. Repérez la fenêtre en trompe l'œil (la légende raconte qu'une jeune fille se serait jetée par la fenêtre d'origine, raison pour laquelle on l'aurait murée). Le moins que l'on puisse dire, c'est que l'architecte, Nicolò Salvi, n'a pas choisi la légèreté... preuve que le baroque romain est bien mort avec le Bernin. Parmi les nombreuses allégories aquatiques représentées, on retrouve la Salubrité et l'Abondance, ainsi que les Quatre Saisons, tandis que les deux chevaux marins symbolisent l'eau violente et l'eau tempérante. Et, pour ceux qui ne l'auraient pas reconnu, le personnage au centre du bassin, c'est Océan !

Tournez-vous et jetez un œil à l'église en face de la fontaine. Ce fut la paroisse du cardinal Mazarin dont la nièce avait épousé un Colonna, riche et influente famille romaine. Sachez que la tradition voulait qu'on y conserve dans le formol les viscères des papes ! D'après certaines sources, elles y seraient toujours (mais pas visibles).

Cette grandiose fontaine de travertin est l'une des icônes emblématiques de Rome. C'est ici même que Fellini tourna la scène la plus célèbre de *La Dolce Vita*, avec Mastroianni le romantique et Anita Ekberg l'ensorceleuse. En pénétrant dans le bassin de nuit pour y échanger un baiser, ils firent entrer définitivement la scène (et la fontaine) dans la mythologie du cinéma. Ne rêvez pas, si vous tentez la même chose, vous risquez de finir au poste. Autre film tourné en partie ici, *Vacances romaines* avec Audrey Hepburn et Gregory Peck. Aujourd'hui, le cinéma n'est pas terminé puisque des hordes de

QUARTIER DU QUIRINAL

600 000 EUROS EN PETITE MONNAIE !

C'est en moyenne les sommes récoltées dans la fontaine de Trevi chaque année. Les pièces lancées par les millions de touristes par-dessus leur épaule sont une vraie manne pour la cité. Depuis 2006, cette somme est remise à l'organisation caritative Caritas, qui finance ainsi un resto associatif pour les nécessiteux. Si l'on ajoute que lorsqu'on lance une pièce, cela veut dire qu'on reviendra à Rome... et donc qu'on relancera une pièce... les revenus issus de la fontaine magique ne sont pas près de se tarir.

touristes viennent sacrifier au rituel qui consiste à jeter une ou deux pièces de monnaie par-dessus l'épaule : l'une pour un premier vœu, l'autre, juste avant de partir, pour être sûr de revenir un jour à Rome (pour en être bien sûr, se mettre de dos et jeter la pièce de la main droite par-dessus l'épaule gauche, ou l'inverse si vous êtes gaucher). Cette coutume a d'ailleurs essaimé dans le monde entier... Mais pas la peine d'y plonger la main, c'est surveillé ! Les pièces sont ramassées régulièrement au profit de l'association *Caritas*.

🔥 *Piazza Barberini (plan détachable d'ensemble, D3) :* Ⓜ *Barberini (ligne A).* À l'angle de la via Veneto et de la piazza Barberini, vous verrez la *fontaine des Abeilles (fontana delle Api)* du Bernin, réalisée pour le 21e anniversaire de l'élection d'Urbain VIII à la papauté (trois abeilles ornaient le blason de la prestigieuse famille des Barberini). « Ce que les Barbares n'ont pas fait, les Barberini l'ont fait », disaient de lui (Urbain VIII) ses détracteurs en pensant au pillage des monuments antiques qu'organisait le pape pour achever ses grands travaux.

À voir, également, la *fontaine du Triton* commandée au Bernin par le pape Urbain VIII en 1640. La bestiole symbolise un dieu marin grec soufflant dans une conque. Le triton a été utilisé comme symbole de l'immortalité conquise par la littérature. Le Bernin rend ici hommage au pape poète. Les dauphins symbolisaient, eux, la munificence princière (Urbain VIII était un grand mécène).

DU PAIN ET DE L'EAU

Le pape Urbain VIII commanda de nombreuses fontaines sculptées par le célèbre Bernin, qui ne mégotait pas sur les ornements des bassins, comme les dauphins, symboles de générosité princière. Les habitants en eurent assez de voir proliférer les fontaines. Ils descendirent dans la rue en hurlant : « Plus de fontaines ! Du pain ! »

🏛 **Via Vittorio Veneto** *(plan détachable d'ensemble, D2-3)* **:** la rue la plus célèbre de Rome, immortalisée par *La Dolce Vita* fellinienne. Les Champs-Élysées romains avec leurs terrasses de cafés. En fait, de cette *dolce vita*, il ne reste pas grand-chose. Aujourd'hui, c'est un quartier chic et très touristique.

🏛🏛 **Chiesa Santa Maria della Concezione e cimitero dei Cappuccini, museo Frati Cappuccini e cripta ossario** *(cimetière des Capucins ; plan détachable d'ensemble, D2)* **:** via Vittorio Veneto, 27. ● cappucciniviaveneto.it ● Tlj 9h-19h. *Entrée : 6 €.* De la station de métro Barberini, on aperçoit l'église *Santa Maria della Concezione dei Cappuccini.* Pour y parvenir, monter les escaliers à double rampe. À l'intérieur, de belles peintures du XVIIIe s et, face à l'autel, le tombeau du cardinal Barberini. On lui doit la décision de transférer dans la crypte les dépouilles des moines capucins, déposées à l'origine dans un ancien cimetière situé près de la fontaine de Trevi. Voilà pourquoi on trouve une petite porte à droite portant l'inscription *Cimitero*. Ce n'est pas un cimetière proprement dit, mais une crypte abritant un ensemble de cinq chapelles et une sixième minuscule destinée au recueillement. Les murs sont ornés d'ossements de moines décédés : au total, pas moins de 4 000 squelettes. Ici, la mort et le sacré semblent partager un même amour de l'humour morbide. Certains d'entre eux endossent l'habit monacal (toge brune), deux tibias suffisent à former une croix... Côté déco, avec les restes, pas de perte : même les lustres sont en os ! Lors de son séjour en Italie, le marquis de Sade en personne déclare ne jamais avoir rien vu d'aussi frappant. Si cette mise en scène macabre est troublante, elle s'attache à véhiculer l'idéal du *memento mori* (« souviens-toi que tu vas mourir » en latin), très ancré dans la culture italienne. Néanmoins, si les amateurs d'expériences funèbres seront servis, âmes sensibles s'abstenir ! Mieux vaut éviter d'y emmener vos marmots. Un petit musée de la vie quotidienne et religieuse présente toutes formes d'objets ayant appartenu aux capucins.

🏛🏛 **Galleria nazionale d'Arte antica nel palazzo Barberini** *(palais Barberini ; plan détachable d'ensemble, D2)* **:** via delle Quatro Fontane, 13. ☎ 06-48-24-184. ● galleriabarberini.beniculturali.it ● ♿ Tlj sf lun 8h30-19h. *Entrée : 8 € (1 € avec la résa) ; réduc ; Roma Pass. Gratuit le 1er dim du mois.*

Le palais Barberini, magnifique édifice baroque construit par Maderno, Borromini et le Bernin, est connu pour abriter l'une des plus belles collections de peintures d'Italie. On peut d'abord admirer le splendide plafond entièrement peint par Pierre de Cortone, *Le Triomphe de la Divine Providence.* Il s'agit du plus grand plafond jamais peint hors église. Des banquettes, sur lesquelles on peut s'allonger, sont prévues pour que l'on puisse profiter à loisir (et sans se tordre le cou !) des extraordinaires détails et couleurs... Sans aucun doute, il s'agit bien de l'un des chefs-d'œuvre du baroque romain.

La visite commence par l'émouvante rencontre avec LE joyau du musée, *La Fornarina* de Raphaël. Il y a peint sa maîtresse, la jolie boulangère du Trastevere. On remarque l'œil complice et le sourire coquin de cette jeune fille légèrement vêtue... Raphaël devait être très amoureux (ou très jaloux), puisqu'il a pris soin d'apposer sa signature sur le bracelet de cette belle au regard ingénu. On s'attardera ensuite devant la *Madone à l'Enfant* d'Andrea Del Sarto (à comparer avec *Sainte Marie Madeleine lisant* de Piero Di Cosimo), le studieux *Érasme* de Quentin Metsys, *L'Enlèvement des Sabines* de Sodome ou encore *Sposalizio mistico* de Lorenzo Lotto. Notez ici le parfait équilibre des masses, le rigoureux positionnement des personnages, la belle lumière douce sur les deux vieillards et le séduisant jeu des regards. Ah ! cette obsédante robe rouge de la Vierge qui capte l'attention et la redistribue sur le personnage central : l'Enfant Jésus. Ne pas rater également les deux remarquables Filippo Lippi (le maître de Botticelli). Sa *Vierge à l'Enfant* peut surprendre, mais le somptueux drapé préfigure l'esthétique de la Renaissance. En revanche, son admirable *Annonciation avec deux dévots* reste ancrée dans la tradition médiévale. Voyez comme il s'embarrasse peu des proportions !

L'autre chef-d'œuvre du musée est sans aucun doute le *Henri VIII* de Hans Holbein. Extraordinaire portrait, d'une prodigieuse richesse de détails, où le regard dur et affirmé du roi est rendu superbement. Il est le pendant de celui d'Anne de Clèves (au Louvre, œuvre de Holbein également), réalisé alors que les futurs époux ne s'étaient pas rencontrés. L'histoire dit qu'Henri VIII fut si déçu à la vue de sa promise en chair et en os que le mariage ne fut même pas consommé et qu'on renvoya la pauvre Anne chez elle !

Plus loin, deux œuvres du Greco, d'une grande violence. Elles annoncent la peinture contemporaine... à l'aube du XVIIe s. Plus on s'approche, plus on est fasciné par les détails. Également trois Caravage, saisissants comme d'habitude : *Narcisse*, *Saint François* et surtout *Judith et Holopherne*. Ainsi qu'un bien joli tableau, le *Portrait de Béatrice Censi,* par Guido Reni.

Enfin, la visite permet de découvrir la petite chapelle entièrement décorée par Pierre de Cortone et ses collaborateurs. Le maître s'est évidemment réservé la *Crucifixion du Christ,* au-dessus de l'autel.

🎭🎭 *Chiesa San Carlo alle Quattro Fontane* (plan détachable d'ensemble, D3) :

à l'angle de la via delle Quattro Fontane et de la via del Quirinale. Lun-ven 10h-13h (12h-13h dim), 15h-18h ; sam 10h-13h. Appelée plus communément San Carlino (petit Charles) par les Romains, cette église à la façade tourmentée est typique du style de Borromini, grand rival de Bernini (voir église ci-dessous). Elle doit son nom aux quatre Fontaines (représentant les quatre fleuves italiens dont le Tibre et l'Arno) au carrefour de la via del Quirinale et de la via delle Quattro Fontane, près duquel elle a été érigée. Considérée comme un trésor de l'art baroque, elle a été la première commande personnelle de l'architecte, pour la communauté des frères espagnols de la Trinité. Il réalise successivement le couvent, le cloître puis l'église (qu'il n'a pas terminée). C'était un sacré défi pour un endroit si étroit ! Borromini en fit alors une construction ovoïdale très différente des modèles de l'époque : un mélange de plan en ellipse et de plan en croix grecque. À l'intérieur, levez la tête et admirez la belle coupole concave aux caissons géométriques qui donnent l'impression de hauteur. Beau blason du cardinal Francesco Barberini. La coupole est encadrée par quatre médaillons soutenus par des anges. L'artiste n'a pas lésiné sur les décorations en stuc, les colonnes et les niches ornées de moulures ! Les travaux, débutés en 1635, ont été plusieurs fois interrompus, pour être achevés sous la direction de son neveu, Bernardo Borromini, en 1677, soit 10 ans après le suicide de l'artiste. Il termina la construction de l'église, notamment la façade avec moult médaillons, fenêtres, moulures et colonnes. Également des niches ornementales dans lesquelles l'on voit saint Charles Borromée, sculpté par Antonio Raggi, et deux anges représentés. Tout à côté, couvent des frères de la Trinité ainsi qu'un charmant petit cloître avec un joli puits octogonal en son centre et des balustrades identiques à celles de la façade extérieure de l'église.

🎭🎭 *Chiesa di Sant'Andrea al Quirinale* (plan détachable d'ensemble, D3) : *via del Quirinale, 29. Mar-sam 8h30-12h, 14h30-18h ; dim et j. fériés 9h-12h, 15h-18h. Fermé lun.* Construite pendant la seconde moitié du XVIIe s, elle a été conçue à

l'origine pour accueillir de jeunes jésuites. Avec cette église elliptique, Bernini s'enorgueillissait d'avoir atteint la perfection de son art. Sur la façade, on peut y voir les armoiries du cardinal Pamphili, qui a soutenu financièrement le projet. À l'intérieur, les six chapelles latérales et le faux portique du chœur donnent l'impression d'un espace plus vaste qu'il n'est réellement. Outre les nombreux ornements en stuc, réalisés par Antonio Raggi (celui-là même qui termina une partie de la façade de l'église San Carlino ci-dessus), ne ratez pas *Le Martyre de saint André*, de Jacques Courtois, et les tableaux de Baciccia. Jetez également un œil aux *chambres de saint Stanislas-Kotska*. Accessibles par un escalier à droite du maître-autel, elles renferment un gisant du saint en marbre polychrome, signé Pierre Le Gros. Après une période agitée, la Compagnie des jésuites regagna ses pénates en accueillant des novices, dont l'ex-roi Charles-Emmanuel de Sardaigne, qui y mourut en 1819.

🍴 *Palazzo del Quirinale (palais du Quirinal ; plan détachable d'ensemble, D3) :* piazza del Quirinale. ☎ 06-39-96-75-57. ● quirinale.it ● Bus nᵒˢ 71 ou 117 ; Visite slt dim 8h30-12h (sf certains j. spécifiques à vérifier dans l'agenda et en juil-août). Entrée : 10 €. Compter 1h de visite.
Les papes établirent leurs quartiers d'été à partir de la fin du XVIᵉ s dans ce palais baroque. Un temps écartés par Napoléon qui souhaitait en faire sa demeure mais ne put jamais en jouir, empêtré qu'il était dans sa campagne de Russie, ils cédèrent la place au roi d'Italie à la fin du XIXᵉ s. C'est aujourd'hui la résidence officielle du président de la République. Avec sa superficie, le palais est l'un des plus grands d'Europe.
Sur la grande place, jolie fontaine et colossales statues antiques des Dioscures qui proviennent des thermes de Constantin. Au milieu s'élance l'un des deux obélisques du mausolée d'Auguste. Au sud-est, les écuries accueillent des expos temporaires de grande qualité.
La profusion d'œuvres d'art et d'objets précieux exposés dans la vingtaine de pièces du palais ouvertes au public est impressionnante : plafonds rococo, tapisseries précieuses, urnes et mosaïques antiques, fresques de Cortone… La visite s'achève en apothéose dans le vaste hall commandé par Paul V Borghèse : sous le complexe plafond à caissons, un vertigineux trompe-l'œil représente une loggia où se penchent des émissaires de pays lointains, illustrant ainsi l'étendue de l'influence papale. À côté, la chapelle Pauline avec son incroyable voûte de médaillons en stuc accueille des concerts chaque dimanche.

🍴🍴 *Palazzo Colonna (palais Colonna ; plan détachable d'ensemble, D3) :* via della Pilotta, 17. ☎ 06-678-43-50 ou 06-699-210-22. ● galleriacolonna.it ● ♿ Sam 9h-13h15. Les autres j., visites guidées sur résa slt, ● info@galleriacolonna.it ● Entrée : 12 € (20 € pour les appartements privés) ; réduc. Visite guidée gratuite en français à 10h30, en anglais à 12h ou en italien, à 10h et 11h. Photos interdites.
Ce palais a une particularité : privé, il est habité par l'illustre famille Colonna depuis 23 générations ! 6 000 m², dont 2 000 m² de jardin, qui dit mieux ? Le jardin qui court jusqu'au palais du Quirinal possède même quelques vestiges romains. C'est surtout l'une des plus grandes collections d'art privées de la ville. La luxueuse galerie, d'une longueur de 76 m, inaugurée en 1705 pour accueillir l'imposante collection Colonna constituée par le cardinal Girolamo Iᵉʳ, est le symbole de son âge d'or. D'ailleurs, on y voit de part et d'autre

LA PORTE BONHEUR

Isabelle Colonna, petite-fille du propriétaire et dernière résidente du palais, avait hébergé pendant la Seconde Guerre mondiale des soldats juifs américains. La Gestapo en eut vent. Lors de son interrogatoire, Isabelle prétexta le besoin de se changer pour s'enfuir par une porte dérobée. Elle put ainsi rejoindre l'ambassade d'Espagne où elle restera 6 mois… à l'abri.

des petites abeilles un peu partout (coussins, murs, miroirs...), symboles de cette riche famille. Dans les appartements privés, une riche collection de Van Vittel et de Bruegel l'Ancien (très rare), des tapisseries françaises de la manufacture de Port-Royal. Regardez les escaliers : un boulet de canon est venu s'y encastrer. La faute à qui ? À l'armée française qui tira ce fameux boulet du Janicule. La France, en effet, était venue secourir le pape Pie IX, mais Garibaldi n'a eu de cesse de défendre la République romaine.

Au-delà de l'étroit escalier d'accès et de la modeste antichambre, le hall principal, composé des salles des colonnes, des paysages et du grand salon, produit un effet renversant : nombre et qualité des œuvres, raffinement du mobilier et des décors, taille de l'ensemble... Admirez aussi les miroirs réalisés par Mario dei Fiori, célèbre pour ses bouquets et angelots peints sur les miroirs au XVIIe s. Regardez donc le petit Éros sur le miroir dans le hall principal. Il semble chuchoter à son frère de ne pas faire de bruit, mais il a adroitement déposé un petit crabe sur les fesses de ce dernier...

Parmi les quelque 200 toiles exposées, *Vénus et Cupidon* et *Aurore* (Ghirlandaio, fin du XVIe s) distillent mystère et sensualité, tant et si bien que des esprits pudibonds du XIXe s recouvrirent d'étoffe la nudité de leurs corps diaphanes. Sur le mur opposé, la *Vénus* de Bronzino connut le même sort ! Plus loin, étonnante *Résurrection du Christ* de Pierre de Cortone, où les défunts Colonna se relèvent de leur tombe, et *Le Mangeur de haricots* de Carrache (1583), au réalisme inédit à l'époque. On admirera deux remarquables cabinets, dont celui des frères autrichiens Steinhart qui arbore une reproduction fidèle du *Jugement dernier*. L'autre cabinet est en bois de santal et en ivoire représentent une villa romaine. Les deux cabinets sont soutenus par deux esclaves, qui sont les Turcs battus à la célèbre bataille de Lépante, remportée par Marcantonio II Colonna. Vous découvrirez d'ailleurs sur les plafonds la *Bataille de Lépante* peinte par Sebastiano Ricci et l'*Apothéose de Martin V* (pape Colonna élu au XVe s). Également, depuis peu, l'ouverture au public d'une nouvelle aile permet de visiter le salon de la Chapelle ainsi que des tapisseries de la série d'Arthémise. Et pour preuve ! Le palais Colonna, de par son faste, fut longtemps comparé au château de Versailles. Détail amusant dans une des pièces : vous remarquerez un fauteuil (magnifiquement sculpté au demeurant) curieusement tourné vers le mur, plus exactement vers le portrait du pape... Surprenant, non ? Il s'agit du trône réservé à la seule utilisation du pape qui, jusqu'en 1870, avait l'habitude de rendre régulièrement visite à la famille Colonna. Depuis, les visites sont rares, mais on le retourne lors de sa venue... Grâce, luxe, puissance : aucun doute, hier et aujourd'hui encore, les Colonna ont su faire parler d'eux et asseoir leur hégémonie au sein de la Ville éternelle.

QUARTIER DU QUIRINAL

De la piazza di Spagna et de ses vertigineux escaliers dévalent de nombreuses rues commerçantes... où vous n'aurez aucun problème pour vider, en un temps record, votre porte-monnaie ! Les amateurs d'antiquités sillonneront pour leur plus grand plaisir la via del Babuino, qui relie la piazza di Spagna à la piazza del Popolo. Les accros au shopping préféreront la via dei Condotti et ses chic voisines. Située en contrebas de l'église de la Trinité-des-Monts, la piazza di Spagna devient connue au XVIIe s, quand l'ambassade d'Espagne s'y établit. L'endroit est très touristique et plutôt cossu, mais le quartier conserve néanmoins le charme qui en faisait, au XIXe s, le rendez-vous des artistes et des écrivains. La cerise sur le gâteau ; le parc de la villa Borghèse où touristes et Romains aiment se balader à l'ombre des arbres séculaires.

Où dormir ?

INSTITUTIONS RELIGIEUSES

🛏 **Maison d'accueil de la Trinité des Monts** (plan détachable Piazza di Spagna, D3, **309**) : piazza Trinità dei Monti, 3. ☎ 06-67-97-436. ● maison. accueil.tdm@libero.it ● jerusalem.cef. fr ● Ⓜ Spagna (ligne A). Doubles env 80-90 €, petit déj compris (possibilité de ½ pens). Réduc enfants et étudiants. Attention, séjour min de 2 nuits. Idéalement située malgré le long escalier à gravir, cette institution catholique dépend des Fraternités monastiques de Jérusalem. 75 lits répartis dans 25 chambres de 2, 3 ou 4 personnes, simples (salle de bains commune), propres et, évidemment, calmes. Le couvre-feu est à 23h, mais à condition de respecter le calme des lieux, rien ne vous empêche de profiter de la terrasse, surplombant la piazza di Spagna. À noter, la maison héberge régulièrement des groupes scolaires (donc penser à réserver à l'avance). Accueil francophone.

🛏 **Istituto Immacolata Concezione N. D. Lourdes** (plan détachable d'ensemble, D2, **58**) : via Sistina, 113. ☎ 06-47-45-324. Fax : 06-47-41-422. Ⓜ Spagna (ligne A). Double avec sdb env 80 €, petit déj compris. CB refusées. Judicieusement située entre la Trinité-des-Monts et la piazza Barberini, cette bonne vieille institution catholique nichée dans un beau bâtiment (noter les jolies fenêtres géminées et trilobées) propose 25 chambres fort simples mais bien tenues. Autre avantage, les groupes n'y sont pas acceptés (donc moins de bruit). En revanche, réservation par fax indispensable le plus tôt possible. Et le couvre-feu est à 22h !

HÔTELS ET PENSIONS

Prix moyens

🛏 *Hotel Panda* (plan détachable Piazza di Spagna, C-D3, 28) : via della Croce, 35 (2e étage, avec ascenseur). ☎ 06-67-80-179. ● info@hotelpanda. it ● hotelpanda.it ● Entre la piazza di Spagna et la via del Corso. Doubles sans ou avec sdb 78-108 € ; pas de petit déj. 🖥 📶 Réduc de 10 % nov-fév (sf Noël et Nouvel An) sur présentation de ce guide. Une petite pension très bien tenue, aux chambres plutôt charmantes (évitez la n° 26, trop exiguë). Certains plafonds découvrent de belles poutres, voire des fresques, et quelques familiales profitent de leur belle hauteur sous plafond pour installer un 3e lit en mezzanine. Assez calme aussi, bien qu'à quelques mètres seulement de l'agitation piétonne (les chambres donnant pour la plupart sur une cour intérieure). Salles de bains au format de poche ! Accueil gentil.

De prix moyens à chic

🛏 *Laurina* (plan détachable Piazza di Spagna, C2, 316) : via Laurina. Représenté par Loc'appart ● www.locappart. com ● À partir de 92 € la nuit pour un appartement pour 2 pers, 3 nuits min. Dans cet immeuble typiquement romain, il est possible de louer un des 5 appartements situés au 4e étage (pas d'ascenseur), tous bénéficiant d'une terrasse avec vue sur les toits et la Villa Borghèse. Du studio de 31 m² à l'appartement de 66 m², en famille ou entre amis, pour un séjour typiquement romain qui combine centralité et calme. Accueil par une correspondante bilingue français/italien qui intervient en cas de besoin.

🛏 *Hotel Parlamento* (plan détachable Piazza di Spagna, C3, 23) : via delle Convertite, 5 (3e étage). ☎ 06-69-92-10-00. ● hotelparlamento@libero. it ● hotelparlamento.it ● Au fond de la cour à droite par l'ascenseur (1er étage). Selon saison, doubles et suites avec sdb 80-155 € ; petit déj compris. 🖥 📶 Entre les deux plus célèbres places de Rome (la piazza di Spagna et la piazza Navona), cette adresse installée sur 2 étages tout biscornu d'un vieux palais romain des XVIIe-XVIIIe s propose des chambres agréables de tailles variables, certaines avec poutres apparentes. Côté rue, le quadruple vitrage des doubles fenêtres ne laisse vraiment rien passer. Les chambres avec balcon ou sur cour (par exemple la n° 108, grande et claire, avec terrasse) sont bien évidemment les plus chères. Éviter les nos 74, 76 et 110, moins bien placées et donc plus bruyantes. Aux beaux jours, on peut prendre le petit déj sur la terrasse qui surplombe le quartier. Excellent accueil, parfois francophone.

🛏 *Okapi Rooms* (plan détachable Piazza di Spagna, C2, 54) : via della Penna, 57. ☎ 06-32-60-98-15. ● info@ okapirooms.it ● okapirooms.it ● Juste derrière la piazza del Popolo ; accès par la via dell'Oca qui devient la via della Penna. Même proprio que l'Hotel Panda. Doubles avec sdb à partir de 110 €. 🖥 📶 Réduc de 10 % nov-fév (sf Noël) sur présentation de ce guide. À deux pas de la jolie piazza del Popolo, cette élégante maison du XVIIIe s, rénovée avec soin, abrite une poignée de chambres pas bien grandes mais bien refaites. Bois sombre pour une petite touche design. La n° 13 possède quelques marches menant à un agréable balcon. Un bon point de chute à l'atmosphère intimiste.

De chic à très chic

🛏 *Hotel Suisse* (plan détachable Piazza di Spagna, D3, 25) : via Gregoriana, 54 (3e étage, ascenseur). ☎ 06-67-83-649. ● info@hotelsuis serome.com ● hotelsuisserome. com ● Fermé en août. Doubles env 140-200 € ; petit déj compris (servi en chambre). AC en sus (10 €/j.). 🖥 📶 Dans une maison de maître, ce petit hôtel est en réalité un ancien appartement familial réaménagé. Cette maison d'hôtes de luxe. Avec ses 12 chambres au charme bourgeois sont impeccables : mobilier classique, beau parquet verni, murs immaculés et moulures au plafond. Clientèle tranquille, qui apprécie le couvre-feu à 2h. Idéal pour ceux qui aspirent à une certaine sérénité dans un cadre douillet ou qui tiennent à résider à proximité de la piazza di Spagna. Penser tout de même à confirmer sa réservation. Accueil charmant, en français.

🛏 *Hotel Scalinata di Spagna (plan détachable Piazza di Spagna, D3, 21)* : piazza Trinità dei Monti, 17. ☎ 06-69-94-08-96. ● info@hotelscalinata.com ● hotelscalinata.com ● Résa impérative. Selon saison, vue et standing, doubles 170-250 € ; petit déj compris. Parking payant (hors de prix). 🖥 📶 Difficile de trouver plus charmant que ce cocon pour abriter une nuit d'amour, à condition d'apprécier un style très classique ! Des chambres plus ou moins spacieuses mais toujours somptueuses avec un élégant mobilier, du tissu broché tendu aux murs et des lustres de Murano, de belles salles de bains et tout l'équipement moderne. Pour parfaire le tableau, on prend son petit déj sur une véranda et une terrasse dominant Rome. Certaines chambres profitent d'ailleurs de la même vue, les autres donnent sur une ruelle.

Surplombant les marches de la piazza di Spagna, on ne peut rêver meilleur emplacement. Si l'on ajoute l'accueil, courtois et dévoué sans être guindé, voilà une excellente adresse intime et pleine de charme...

🛏 *Hotel Gregoriana (plan détachable Piazza di Spagna, D3, 49)* : via Gregoriana, 18. ☎ 06-67-94-269. ● info@hotelgregoriana.it ● hotelgregoriana.it ● Selon vue (avec balcon) et saison, doubles 190-290 € ; petit déj compris. Derrière cette façade rose, tout l'univers des années 1930, version raffinée et grand luxe : depuis les marqueteries des parquets jusqu'aux têtes de lit, en passant par les armoires et les lustres. Seules les salles de bains, impeccables et tout confort, relèvent d'une époque heureusement plus contemporaine. La lumière et la vue se gagnent d'étage en étage, jusqu'à la plus belle et la plus haute chambre de l'hôtel. Pas de mystère, il s'agit aussi de la plus chère : depuis son balcon, la ville s'étend à vos pieds... Une petite folie, certes, mais qui vaut la peine, d'autant que la rue est paisible et l'accueil très gentil.

Où manger ?

Du côté de la piazza di Spagna

De bon marché à prix moyens

🍝 🌐 *Il Pastificio (plan détachable Piazza di Spagna, D3, 84)* : via della Croce, 8. ☎ 06-67-93-102. Ouv tlj en hte saison. Moins de 5 €. Les habitués viennent y chercher des pâtes fraîches (*fettucine, tortellini,* spaghettis). Le jeudi, c'est... *gnocchi* ! Le midi, pour ceux qui ne veulent pas perdre de temps à table, on repart avec sa barquette de pâtes fumantes qu'on dégustera sur les célèbres escaliers de la Trinita dei Monti ou, mieux encore, dans le parc de la villa Borghèse.

🍴 *Di Qua' (plan détachable Piazza di Spagna, D3, 99)* : via delle Carrozze, 85. ☎ 06-69-92-50-01. Compter 25 €/

pers. Aperitivo 18-21h. Grand comme un mouchoir de poche, ce restaurant propose une cuisine sans prétention mais vite servie. Idéal le midi. On ne se prend pas la tête en piochant dans la carte : risotto aux artichauts, lasagnes de légumes, pâtes selon l'humeur du jour. L'ambiance se veut cool avec son parquet vieilli, son grand comptoir-buffet et son mobilier en bois clair. On peut même prendre son petit déj sur la petite terrasse.

🍴 *Melarancio (plan détachable Piazza di Spagna, C2, 105)* : via del Vantaggio, 43. ☎ 06-3202200. ● ristorantemelarancio@gmail.com ● Tlj midi et soir. Une adresse qui ne paie pas de mine mais qui a le mérite de faire une tambouille romaine authentique dans ce quartier cher et chic. La déco ne vaut pas tripette mais les plats sont travaillés en toute simplicité. À nous les traditionnels *tonnarelli caccio e Pepe* ou les *linguini alla matriciana* sans pour autant bouder la carte qui favorise les produits de saison. Aux beaux jours, on profite de la terrasse en zieutant les promeneurs de la rue piétonne. Service agréable.

|●| ▼ **Vini e Buffet** (plan détachable Piazza di Spagna, C3, **184**): piazza della Torretta, 60. ☎ 06-68-71-445. Au coin de la place. Tlj sf dim 12h30-15h30, 19h30-23h. Plats 6-9 € ; verres de vin 3-6 €. À l'intérieur, 2 petites salles fraîches et agréables avec des tables carrelées. Dans l'assiette, on se régale des salades, *crostini*, pâtés, fromages... Également des plats chauds simples et typiques, et bien cuisinés. Côté *vini*, petite carte des crus de la grande Botte, qui fait la part belle à ceux du Latium.

Prix moyens

|●| **Fiaschetteria Beltrame** (plan détachable Piazza di Spagna, C3, **365**): via della Croce, 39. ☎ 06-69-79-72-00. ● fiaschetteriabeltramme@gmail.com ● Tlj. Compter 25 €. On aime bien cette adresse à l'atmosphère bon enfant. Elle compte à son actif de nombreux clients fidèles comme Fellini qui y aurait écrit le script de la *Dolce Vita* ou encore Pasolini et De Chirico. Tenue par une même famille depuis 1886, la nouvelle génération nous fait toujours partager une bonne tambouille romaine que ce soient d'excellentes pâtes *al dente* ou des plats typiquement romains. Le local n'étant pas bien grand, il est préférable de réserver. Service enjoué et sans façon.

|●| **Il Gabriello** (plan détachable Piazza di Spagna, C3, **215**): via Vittoria, 51. ☎ 06-69-94-08-10. Tous les soirs sf dim. Congés en août. Compter 25-30 €. Digestif offert sur présentation de ce guide. Après avoir descendu les marches (le resto est en sous-sol), vous serez sous le charme du lieu avec ses belles voûtes en pierre, ses nappes blanches et son personnel aux petits soins. Dans l'assiette ? On y retrouve toutes les produits incontournables de la cuisine romaine : artichauts, tripes, *saltimbocce*, poissons... dans des assiettes joliment dressées. Belle carte des vins. Accueil charmant et en français.

|●| **Dillà** (plan détachable Piazza di Spagna, C-D3, **100**): via Mario de' Fiori. ☎ 06-69-79-77-78. ● ristoran tedilla@hotmail.it ● Compter 30-35 €. Vins au verre à partir de 6 € pour un repas. C'est l'adresse jumelle de Di Qua' (voir plus haut), distante d'une centaine de mètres ! Une expression et un jeu de mots « diqua' e dillà » qui feront sourire les italophones, la traduction en v.f. étant « Ici et là ». On y propose une cuisine similaire quoiqu'un peu plus chic (on y viendra plutôt le soir). Côté déco, c'est plutôt rustique-branché, avec de la vaisselle dépareillée et le mobilier itou. Tourtereaux, touristes et locaux aiment se retrouver dans cette ambiance bobo chic pseudo-campagnarde. Service sérieux.

|●| **Ginger** (plan détachable Piazza di Spagna, C3, **95**): via Borgognona, 43. ☎ 06-69-94-08-36 ● info@gin ger.roma.it ● Tlj. Compter 20-25 €. Adresse qui fédère les vegans de tous horizons. Ils se reconnaîtront dans ce grand espace où le bio et la fraîcheur sont à l'honneur. Des plantes vertes, des corbeilles de fruits joliment disposées, une grande verrière, du mobilier blanc immaculé, tout est réuni pour une pause rafraîchissante. Pour le plein de vitamines, pensez aux smoothies et pour manger diet, piocher dans la carte aux accents méditerranéens et pour la petite faim de 16 h ? Goûtez aux savoureuses pâtisseries faites maison.

|●| **'Gusto** (plan détachable Piazza di Spagna, C3, **361**): piazza Augusto Imperatore, 9. ☎ 06-32-26-273. ● info@gusto.it ● Tlj. Résa conseillée. Le midi en sem, buffet env 10 € ; le soir, aperitivo 8 € ; pizza env 10 € ; service en sus (15 %) ; le w-e (12h-15h30), brunch à volonté 20 €. Côté resto, plats à partir de 15 €. Double allusion au goût et à Augusto (celui du mausolée en face), 'Gusto multiplie les espaces design dédiés à la bonne chère et au vin. Jugez plutôt : à l'est de la place, un resto de poisson et de plats végétariens ; au nord, une pizzeria, une *enoteca* (concert de jazz les mardi et jeudi soir), un *ristorante* et une librairie culinaire, diffusant aussi linge, vaisselle, etc. ; sans oublier l'*osteria* et la fromagerie situées à l'arrière, via della

AUTOUR DE LA PIAZZA DI SPAGNA ET DE LA VILLA BORGHÈSE

Frezza... Faites votre choix ! Atmosphère branchouille, limite m'as-tu-vu.

I●I *Trattoria Otello alla Concordia (plan détachable Piazza di Spagna, C-D3, 97) :* via della Croce, 81. ☎ 06-67-91-178. ● trattoriaotello@ libero.it ● Tlj sf dim. Congés : début janv-début fév. Repas à partir de 25 €. Au fond d'une cour pavée, vous découvrirez une véranda qui ne désemplit pas le midi. Quand il vivait dans le quartier, Fellini en avait fait une de ses cantines. Mais on suppose qu'il préférait les petites salles à l'ancienne avec leurs élégantes traces de fresques et leurs arcades. La tambouille est simple mais honnête.

I●I *Edy (plan détachable Piazza di Spagna, C2, 87) :* vicolo del Babuino, 4. ☎ 06-36-00-17-38. Tlj sf dim 12h-15h et 19h-23h. À la carte, compter 30-35 €. Le soir, il est préférable d'arriver tôt, c'est vite plein. Une ruelle dans le quartier des antiquaires abrite ce petit resto familial discret qu'on ne repère que par les quelques tables du dehors. Petite salle tapissée de tableaux d'artistes locaux. Cuisine tout à fait goûteuse bien accompagnée d'un vin maison qui se laisse boire, le tout à prix modérés pour le quartier. On a aimé les *linguine* aux gambas et fleurs de courgette. Tripes à la romaine le samedi.

I●I *Hostaria al 31 (plan détachable Piazza di Spagna, D3, 85) :* via della Carrozze, 31. ☎ 06-67-86-127. ● info@hostariaal31.com ● Tlj sf dim. Congés en juil. Carte env 35 €. 2 petites salles en enfilade, à la déco banale, où l'on sert des classiques de la cuisine romaine et quelques spécialités d'Ombrie. Les suggestions du jour sont inscrites sur une ardoise à l'entrée. Vin de la *casa* très correct. Et de vrais desserts maison. Service discret, parfois bourru, mais elle reste une bonne adresse de quartier.

De chic à très chic

I●I *Ristor Arte Il Margutta (plan détachable Piazza di Spagna, C2, 362) :* via Margutta, 118. ☎ 06-32-65-05-77. Green Aperitivo le mer à 19h (19 €) (mieux vaut appeler avant). Brunch le sam et dim. Compter 30 € pour un repas complet. Une adresse qui fait plaisir aux végétariens. Réputé pour la maîtrise de la cuisson des légumes, ce restaurant propose des plats créatifs et savoureux. C'est assez chic sans pour autant être guindé. Une bonne adresse.

I●I *Babette (plan détachable Piazza di Spagna, C2, 320) :* via Margutta, 1. ☎ 06-32-11-559. ● babette@babette ristorante.it ● Fermé en août et 1 sem début janv. Buffet au déjeuner (mar-ven slt, 13h-15h) 28 €. Nous le mentionnons ici pour son buffet très fréquenté car l'alléchante carte le classe dans les adresses chic. Il permet de goûter, à prix doux, bien des délices salés et sucrés variant au rythme des saisons, produits d'une cuisine italienne créative et savoureuse. Lové dans le coude d'une élégante petite rue, *Babette* se compose d'une belle salle mariant touches rétro et contemporaines (expos d'artistes) et d'un patio orné de citronniers, à l'arrière.

I●I *Ristorante Ad Hoc (plan détachable Piazza di Spagna, C2, 90) :* via di Ripetta, 43. ☎ 06-323-30-40. ● info@ ristoranteadhoc.com ● Tlj 19h-minuit. Menu dégustation 65 €, 75 € avec les vins. À la carte, compter 50 €. Résa indispensable plusieurs j. à l'avance, avec 10 % de remise appliquée si on passe par Internet. Truffe fraîche dans tous ses états et vins de choix, le binôme autour duquel s'articule la spécificité de cette adresse très prisée des gastronomes au portefeuille bien garni. Décor sobre et éclairage tamisé pour mettre en valeur les centaines de bouteilles qui ornent les murs. Assiettes très élaborées pour des plats raffinés où la truffe règne en majesté. Vins au verre avec conseils judicieux pour valoriser la noblesse des produits. Service pro sans faille.

Possibilité de s'approvisionner en produits dérivés à la truffe dans une boutique proche *(via del Vantaggio, 28).*

À l'est de la villa Borghèse

De prix moyens à chic

I●I *Pizzeria Gaudi (plan détachable d'ensemble, E1, 138) :* via Ruggero

Giovannelli, 8-12. ☎ 06-884-54-51. ● info@pizzeriaagaudi.it ● Tlj sf sam midi et dim midi. Compter 15-20 €/ pers. Voici une adresse à proximité de la villa Borghèse. Ne pas se fier à sa situation (à côté d'une station-service). Une adresse pratique, car dans le quartier, il n'y a pas grand-chose à se mettre sous la dent. Ici, ce sont de grandes pizzas cuites au feu de bois à pâte épaisse et bien garnies qui auront raison des estomacs les plus affamés. Également de bons *antipasti* aux accents de Campanie. Service jeune et rapide.

|●| **Marzapane** *(plan détachable d'ensemble, E1, 115) :* via Velletri, 39. ☎ 06-647-88-16-92. ● info@marza paneroma.com ● Tlj sf mer. Compter 40-50 € pour un repas. Résa conseillée. Café offert sur présentation de ce guide. Une adresse un peu excentrée qui vaut le déplacement. Mario et Angelo, les proprios, laissent carte blanche à Alba, jeune chef espagnole. Le résultat ? Un habile mélange de saveurs italiennes et de cuisine ibérique. L'authenticité et la créativité sont les maîtres-mots de la maison. D'ailleurs, pour une ambiance plus chaleureuse, l'endroit a résolument opté pour des matériaux de déco comme le bois, la chaux et la pierre. Une expérience gustative italo-ibérique remarquable !

🍴 🍺 🥪 **Portineria** *(plan détachable d'ensemble, E1, 401) :* via Reggio Emilia, 22. ☎ 06-95-21-88-64. ● info@ laportineria.it ● Lun 7h-15h, mar-sam 7h-21h, dim 8h-15h. Brunch w-e. Focaccia à partir de 3 €. Ne pas rater les quelques marches (et l'entrée !) pour accéder au temple de la gourmandise ! Le jeune chef pâtissier Gian Luca Forino primé plusieurs fois, élabore des pâtisseries telles de véritables œuvres d'art. Un vrai régal pour les yeux... et les papilles ! Également de très bons sandwichs. À emporter ou à déguster dans une déco hétéroclite (canapés vintage, tabourets-marmites et lampes façon râpe à parmesan). Accueil très gentil.

Enoteche (bars à vins)

Vers le Corso et piazza di Spagna

🍷 |●| **Enoteca Buccone** *(plan détachable Piazza di Spagna, C2, 189) :* via di Ripetta, 19-20. ☎ 06-36-12-154. ● info@enotecabuccone.com ● Tlj sf dim 12h-15h, plus ven-sam 19h30-22h30. Plats 7-12 € ; verres de vin à partir de 5 €. Le célèbre caviste (voir plus loin « Où faire ses achats ? ») nous sort le grand jeu ! Non seulement on a droit à un large choix de vins au verre, mais le petit en-cas qui les accompagne est digne d'éloges. Pour un prix raisonnable, une succulente sélection de charcuterie et de fromage à déguster sur des tables en granit, au beau milieu des vieux rayonnages à bouteilles. À l'ardoise, également quelques bons plats du jour simples et traditionnels. Une excellente adresse.

🍷 |●| **Antica Enoteca di Via della Croce** *(plan détachable Piazza di Spagna, C3, 185) :* via della Croce, 76b. ☎ 06-67-90-896. ● enoteca.antica@ tiscalinet.it ● À deux pas de la piazza di Spagna. Tlj 10h-1h. Plats 9-18 € ; verres de vin 6-8 €. Ce vieux bar à vins est une institution dans le quartier. Bel enchaînement de plusieurs salles séparées par des arches, fresques murales discrètes, vieilles poutres, grand bar en marbre... Dans les ballons, intéressante petite sélection de vins d'Italie, que l'on agrémente d'une dînette correcte sans plus, dont les prix flambent un peu, quartier oblige. Mais pas de quoi débouter la clientèle locale et les touristes qui s'y pressent en soirée.

🍷 |●| **Palatium Enoteca Regionale del Lazio** *(plan détachable Piazza di Spagna, C-D3, 195) :* via Frattina, 94. ☎ 06-69-20-21-32. ● info@enotecapa latium.it ● Tlj sf dim et j. fériés 11h-23h. Résa conseillée ven-sam soir. Plats 10-18 € ; verres de vin 5-9 €. Dans ce quartier où pullulent les boutiques de luxe, cet espace au design contemporain sombre est la vitrine officielle des vins du Latium. Idéal donc pour découvrir crus et producteurs régionaux, dans une atmosphère bruyante et chic.

La dégustation peut s'accompagner de plats aux saveurs originales et raffinées. Les fauchés opteront pour l'*aperitivo,* plus abordable. Sachez-le, le lieu organise de fréquentes dégustations gratuites avec les producteurs.

Où déguster une glace ?

♀ *Gelateria dei Gracchi (plan détachable Piazza di Spagna, C2, 400) :* via dei Gracchi, 261. Tlj 11h30-22h (minuit en été). Déjà réputé pour ses glaces dans le quartier du Vatican, le voici près de la piazza del Popolo pour ses glaces toujours aussi légères, avec une préférence pour les parfums aux fruits frais.

Où boire un bon café ?

♟ *Rosati (plan détachable Piazza di Spagna, C2, 198) :* piazza del Popolo, 4-5a. ☎ 06-32-25-859. Tlj 7h30-23h. Pour ceux qui recherchent un bon café et un décor classe sur la belle piazza del Popolo, *Rosati* est le prototype du vieux café chic (historique même : inauguré en 1922 !). Parfois jusqu'à la caricature dans l'attitude un peu raide des serveurs... Mais son vieux comptoir en bois a du charme et le cappuccino est bon, à accompagner d'une excellente viennoiserie *(integrale, alla crema...).* Belle vue sur la place depuis la terrasse, mais le prix du café quadruple !

♟ *Vitti (plan détachable Piazza di Spagna, C3, 197) :* piazza San Lorenzo in Lucina, 33. ☎ 06-68-76-304. Tlj 7h-minuit. Sur une charmante placette, juste en face de l'église San Lorenzo in Lucina. Excellent café, suave cappuccino, mais aussi délicieux *lieviti* (à la crème, à la noisette, aux pommes) et *fagottini*. À déguster en terrasse, majorée dès que vous êtes assis, comme dans la plupart des cafés. Bon accueil, pro et courtois. Comme dirait l'autre, *veni, vidi, Vitti* !

|●| ♟ ☞ *Caffè delle Arti (plan détachable d'ensemble, D1, 91) :* situé dans la galleria nazionale d'Arte moderna ; accessible de l'extérieur, via Antonio Gramsci, 73. Tlj 7h45-0h30 (19h ven). Un lieu intéressant pour boire un verre et éventuellement grignoter un *cicchetti*. Immense volume lumineux dans la salle, superbe terrasse dotée d'un comptoir de marbre sculpté, tête de lion et fresques sur fond blanc et beige du plus bel effet. Bon choix de gâteaux *(cheesecake, lemon pie, millefoglie, zabaione caldo,* etc.) et sandwichs divers. Mais attention, les prix doublent entre le comptoir et les tables.

Où boire un verre ?

Vers Popolo et Spagna

♟ |●| ♪ *La. Vi. (plan détachable Piazza di Spagna, C3, 181) :* via Tomacelli, 23. ☎ 06-45-42-77-60 ● *jointly@la-vi.it* ● Tlj 11h-2h. Buffet le midi à 13 €. Compter 30 € pour un repas. Un endroit chic et branché avec son sol en béton ciré et ses petits recoins tamisés. En fonction de la journée, on y vient pour siroter un cappuccino, profiter du buffet le midi ou encore de l'*aperitivo* en début de soirée. On peut également y déjeuner ou dîner dans une ambiance cosy et piocher dans une carte aux influences internationales. Également, belle terrasse à l'étage. Certains soirs music live. Service décontracté.

♟ ♪ *Gregory's Jazz Club (plan détachable Piazza di Spagna, D3, 237) :* via Gregoriana, 54a. ☎ 06-67-96-386. ● *info@gregorysjazz.com* ● À deux pas de la piazza di Spagna. Tlj sf lun 19h-2h. Un chaleureux petit bar à la déco boisée et aux murs couverts de photos en noir et blanc représentant des *jazzmen in action.* Car au 1er étage se jouent des concerts de jazz tous les soirs dans une atmosphère très intimiste. Une adresse qu'on affectionne particulièrement, aux antipodes du bling-bling du quartier.

♟ ☞ *Salon de thé du musée-atelier Canova-Tadolini (plan*

détachable Piazza di Spagna, C2-3, **418**) : via del Babuino, 150a-b. ☎ 06-32-11-07-02. ● canova.tadolini@virgilio.it ● Entre la piazza di Spagna et la piazza del Popolo. Tlj 8h-22h30. Cette célèbre maison fut le dernier atelier du célèbre sculpteur du XIXᵉ s, Canova, avant qu'il ne soit repris par son fils spirituel, Tadolini. Reconverti depuis en salon de thé-resto, le lieu est réellement insolite pour boire un verre. On sirote en effet au beau milieu des impressionnants plâtres des sculpteurs qui remplissent chaque espace disponible des 2 niveaux de la maison. Effet visuel garanti ! Atmosphère assez chic, l'option la moins chère étant de prendre un café au comptoir. Car les prix flambent dès qu'on pose une fesse !

♈ ☕ **L'Antico Caffè Greco** (plan détachable Piazza di Spagna, D3, **180**) : via dei Condotti, 86. ☎ 06-67-91-700. ● info@caffegreco.it ● Tlj 9h (10h30 dim)-20h30. Avec son décor cosy et rétro à souhait, ce très beau café fondé en 1760 est une véritable légende. Rendez-vous des artistes et des écrivains, il s'enorgueillit d'avoir reçu Goethe, Gogol, Stendhal, Baudelaire, Wagner, Orson Welles, Sophia Loren... et tant d'autres ! Allez-y pour prendre un café avec un gâteau à la polenta et ouvrez grand les yeux. Les fans de Fellini demanderont la table du fond, dite « de l'omnibus », qu'affectionnait particulièrement le metteur en scène. Rassurez-vous, le café n'est guère plus cher qu'ailleurs... si l'on reste accoudé au bar. En revanche, assis, il coûte 5 fois plus cher !

Où danser ?

♫ **Art Café** (plan détachable d'ensemble, D2, **242**) : via del Galoppatoio, 33. ☎ 06-32-20-994. ● info@art-cafe.it ● Ven-sam 21h-6h. Entrée gratuite, mais sélect. Dans le parking de la villa Borghèse, c'est la boîte plébiscitée par la jeunesse dorée et sapée du cru. Les people du sport, du spectacle et de la mode y passent aussi régulièrement. Un local immense doté d'une belle déco contemporaine et divisé en deux espaces musicaux avec DJs : house, commercial, latino, R & B, revival 70's, 80's, 90's... Également des concerts live certains soirs. Assurément un hot spot dans la nuit romaine !

Où faire ses achats ?

⚜ **Enoteca Buccone** (plan détachable Piazza di Spagna, C2, **189**) : via di Ripetta, 19-20. ● enotecabuccone.com ● À deux pas de la piazza del Popolo. Tlj sf dim 9h-20h30. Un des cavistes les plus célèbres de Rome. Un beau cadre rustique, et surtout un choix de crus italiens vraiment impressionnant. Également des accessoires pour œnophiles distingués, du genre tire-bouchon design, taste-vin, thermomètre... Voir aussi plus haut la rubrique « Enoteche (bars à vins) ».

⚜ **Fabriano Boutique** (plan détachable Piazza di Spagna, C3, **252**) : via del Babuino, 173. ☎ 06-32-60-00-61. Tlj 10h-19h. Voilà un bel endroit entièrement dédié au papier. En cherchant bien, on trouve des cahiers, des blocs-notes aux couleurs acidulées à des prix très raisonnables. Un grand choix et une bonne idée de cadeau à rapporter dans sa valise.

⚜ 🍃 **Viceré** (plan détachable Piazza di Spagna, C3, **257**) : via Tomacelli, 26. ☎ 06-68-71-037. ● info@viceresicily.com ● Tlj sf lun 9h-20h. Une adresse gourmande et raffinée pour les amateurs de pâtisseries siciliennes. À cela s'ajoutent moults spécialités de la région comme les paste di mandorli al Pistacchio (ces petits biscuits sont à tomber) ou dans un tout autre registre la crème de thon à la pistache (avec des pâtes, c'est délicieux). On apprécie l'accueil et la disponibilité des employés.

⚜ **C.U.C.I.N.A.** (plan détachable Piazza di Spagna, D3, **258**) : via Mario dei Fiori, 65. ☎ 06-67-91-275. ● cucinastore.com ● Tlj sf dim 10h (15h30 lun, 10h30 sam)-19h30. Pour rapporter une belle et vraie cafetière italienne ou, mieux, une machine à faire les pâtes fraîches, ou une râpe à parmesan ! Pas mal de beaux objets un peu chers, mais quand on aime... La philosophie de la maison n'est-elle pas « comment une (belle) cuisine inspire de nouveaux appétits » ? Également 3 autres boutiques dans Rome.

⊛ *Sermoneta* (plan détachable Piazza di Spagna, D3, **351**) *:* piazza di Spagna, 61. ☎ 06-69-20-20-66. Lun-sam 9h30-20h ; dim 10h-19h. Une coquette petite ganterie familiale proposant un grand choix de modèles (en cuir) et de coloris.

À voir

AUTOUR DE LA PIAZZA DI SPAGNA
(plan détachable d'ensemble, D3)

٩٩٩ *Piazza di Spagna* (plan détachable Piazza di Spagna D3) *:* Ⓜ Spagna (ligne A). Bus électriques nos 116, 117, 119 ou encore le 590. Sur la place, la *Barcaccia,* jolie fontaine dessinée par le père de Bernini et marquée de l'emblème des Barberini, est une petite merveille d'ingéniosité. Pour résoudre le problème de la faible pression hydraulique, l'architecte lui donna l'apparence d'un bateau qui coule : muni d'un canon à chaque extrémité, il fait eau par la poupe et la proue dans

UN ÉTAT RIQUIQUI

Avec une surface de 12 000 m², l'Ordre de Malte est 36 fois plus petit que le Vatican. Son siège est situé via Condotti, près de la piazza di Spagna. Bénéficiant de l'extraterritorialité, il émet des passeports diplomatiques (c'est très chic). L'Ordre, créé en 1050, soignait à l'origine les pèlerins se rendant à Jérusalem. Aujourd'hui, ses membres luttent activement contre la pauvreté.

un bassin à peine plus grand que lui. Cette drôle d'idée aurait été inspirée par un incroyable fait-divers : à Noël 1598, le Tibre connut une crue si exceptionnelle que la piazza di Spagna fut noyée sous 8 m d'eau et qu'une embarcation s'échoua sur les flancs de la colline du Pincio !

|◉| ☙ Face à la Trinité-des-Monts, sur votre gauche en bas de l'escalier, se trouve le *Babington's English Tearoom* (tlj 9h-20h15). Ouvert en 1893, ce coquet *and so chic* salon de thé attirera les âmes romantiques lancées sur les traces du poète Keats qui venait ici en voisin. On peut d'ailleurs visiter sa maison de l'autre côté des escaliers, au n° 26.

٩٩٩ *Scalinata della Trinità dei Monti* (escalier de la Trinité-des-Monts ; plan détachable Piazza di Spagna D3) *:* bien des projets se succédèrent pour relier l'église à la place qui s'appelait encore « piazza della Trinità », mais il fallut attendre 1727 pour que soient inaugurés les célèbres *scale di Spagna*, financés par un conseiller de l'ambassade de France. Fin XVIIIe s, un obélisque, provenant des jardins de Salluste, fut érigé

UNE MAISON « MONSTRE »

À deux pas de la Trinité-des-Monts, à l'angle des via Gregoriana et Sistina, le palais Zuccari abrite l'une des façades les plus monstrueuses de la ville ! Mais au sens premier du terme. Ici, porte et fenêtres deviennent les bouches grandes ouvertes de monstres grotesques. À faire frémir les passants ou rire les curieux !

en haut des marches. On comprend, lorsque les azalées fleurissent le long des 137 marches (fin mars-début avril), l'exclamation de Gabriele D'Annunzio : « Toute la beauté de Rome est contenue dans cet endroit ! » Si la montée vous fait peur, empruntez (gratuitement) l'ascenseur du métro.

🎥🎥 Chiesa della Trinità dei Monti (église de la Trinité-des-Monts ; plan détachable d'ensemble, D2) : Ⓜ Spagna (ligne A ; ascenseur à la sortie « Piazza di Spagna »). Bus nᵒˢ 116 ou 119. Située en haut des célèbres escaliers du même nom, cette église française, fondée en 1495 par le roi de France, Charles VIII, après maintes péripéties, ne fut consacrée qu'en 1595. Abritant aujourd'hui la communauté de la Fraternité monastique de Jérusalem, elle connut de sérieux remaniements début XIXᵉ s, notamment grâce au concours des élèves de la villa Médicis. Depuis la place d'Espagne, remarquer la parfaite symétrie de sa silhouette et son escalier à double volée. Son unique nef ne vaut la visite que pour la *Descente de croix* de Volterra (deuxième chapelle gauche) et son *Assomption* (troisième de droite).

Des visites du cloître sont possibles sur demande. Ce dernier, en revanche, vaut le détour. Tout d'abord pour les fresques qui, bien qu'abîmées, s'attachent à relater les miracles de saint François de Paule, fondateur de l'ordre des Minimes prônant un idéal d'humilité (vous l'aurez sans doute deviné, vu son nom !). Ensuite pour l'étage et sa chapelle de la « Madone du Lys » dite « Mater Admirabilis ». Ce petit bijou, recouvert de boiseries et riche en ex-voto, a été créé par une novice du couvent. Mais le must, ce sont les anamorphoses du couloir. Ces étranges dessins, volontairement déformés, sont des œuvres rares. Le principe est simple, car il s'adapte au champ de vision du spectateur. Vue de face, la première en grisaille représente un paysage désertique (sans doute le relief de la Calabre), ponctué de tours, personnages, végétation et rochers. À l'inverse, lorsque l'on pénètre dans le couloir, on peut nettement apercevoir la silhouette d'un vieil homme barbu : il s'agit de saint François de Paule. La seconde anamorphose se situe de l'autre côté du cloître (au même niveau). De loin, nous apparaît saint Jean l'évangéliste, écrivant l'Apocalypse, alors que de près, c'est le paysage de l'île de Patmos (où le saint reçu sa vision du Christ) qui prend le dessus.

🎥🎥🎥 Villa Medici (villa Médicis ; plan détachable d'ensemble et plan détachable Piazza di Spagna, D2) : viale della Trinità dei Monti, 1. ☎ 06-67-611. ● villa medici.it ● Ⓜ Spagna (ligne A). Bus nᵒ 116. À pied : de la piazza di Spagna, grimper les marches pour la Trinità dei Monti, puis à gauche. Visites guidées mar-dim. Entrée : 12 € ; réduc. Visite de 1h env, en français plusieurs fois par jour. Le dim, 2 autres parcours de visites guidées proposées La Villa

RÉVEIL EN FANFARE

En 1655, la reine Christine de Suède, alors à Rome pour se convertir au catholicisme, fit tirer trois coups de canon depuis sa résidence du château Saint-Ange vers la villa Médicis pour réveiller le maître de maison qui devait l'accompagner à la chasse. Des impacts sur la lourde porte de la villa en témoignent et un de ces boulets a été intégré à la fontaine en face.

du Petit Ferdinand et Les lieux secrets de la Création. Voir également « Adresses et infos utiles. Institutions » dans le chapitre « Infos pratiques ». Possibilité également de dormir à la villa, à condition de s'y prendre tôt et uniquement par email ● standard@villamedici.it ● Également possibilité d'assister à des manifestations culturelles (expo, concerts, etc. ; programme sur le site internet).

Bâtie au XVIᵉ s pour le cardinal Ricci di Montepulciano à l'emplacement des jardins de Lucullus, elle devint peu de temps après la propriété d'un autre cardinal, Ferdinand de Médicis (1549-1609). Celui-ci la transforma en véritable palais-musée avant de la vider de ses collections à l'occasion de son retour à Florence, en 1587. L'Académie de France s'y installa en 1803 et y accueillit depuis lors des artistes triés sur le volet le temps qu'ils réalisent leur projet. De nos jours, ils sont 24 artistes francophones à y passer de 6 mois à 2 ans maximum, consacrés à la musique, à la littérature, aux arts plastiques, au cinéma... et même aux arts culinaires... Les beaux jardins, où les heureux pensionnaires de la villa trouvent l'inspiration, contrastent avec l'austérité de la façade.

La visite s'intéresse tout d'abord à l'architecture des lieux, et détaille tout particulièrement la façade intérieure (côté jardin). Plus intime, elle se révèle très différente de la façade sur rue, puisqu'elle est l'œuvre de l'architecte commandité par Ferdinand de Médicis, le Florentin Ammanati. Comme souvent à Rome, une bonne partie de ses bas-reliefs provient du pillage de monuments romains : les armes des Médicis (au-dessus de l'arche) paraissent bien isolées parmi les panneaux des Ier et IIe s apr. J.-C. et les deux superbes guirlandes de pierre « empruntées » à l'Ara Pacis ! Vous reconnaîtrez par ailleurs, au centre de la fontaine, un élégant Mercure (protecteur des arts et messager des dieux, mais aussi patron des voleurs et des marchands), œuvre de Jean de Bologne. La visite se poursuit dans les jardins, à l'italienne évidemment, bien qu'une partie de la propriété accueille un véritable bois réservé à la chasse à l'époque des Médicis. Insolite. Statues et fontaines ne manquent pas de charme, mais il faut savoir qu'il ne s'agit quasiment que de reproductions. Idem pour le groupe des Niobides, retrouvé enfoui en 1964 et aujourd'hui exposé à la Galerie des Offices de Florence. C'est finalement le petit *studiolo,* dont les fondations reposent sur le mur d'Hadrien, qui est le clou de la visite, depuis qu'une pensionnaire, suivant une intuition géniale, redécouvrit en 1985 les magnifiques fresques cachées sous les enduits... La première pièce est animée du sol au plafond par la reconstitution d'une treille-volière peinte par l'artiste maniériste Jacopo Zucchi vers 1577 : on y découvre les premières représentations de certaines espèces venues des Amériques, comme le dindon, l'oiseau de paradis, ou l'ancêtre du maïs. Les fresques de la seconde salle présentent en revanche des grotesques sur le thème des quatre saisons et des fables d'Ésope, ainsi que d'intéressantes représentations de la villa Médicis à trois époques différentes.

Enfin, n'oubliez pas de découvrir le magnifique panorama sur Rome depuis la terrasse et n'hésitez pas à profiter, au 1er étage de la villa, de la cafétéria : l'occasion de découvrir d'autres belles salles et de siroter un café dans un cadre privilégié !

Petit itinéraire de la piazza di Spagna à la piazza del Popolo

Si la *piazza del Popolo* se rejoint facilement à pied, le long de la *villa Borghèse,* depuis les hauteurs boisées de la *villa Médicis,* emprunter les axes citadins principaux s'avère également très riche sur le plan artistique et culturel. Ces deux rues parallèles, la *via Margutta* et sa voisine *del Babuino,* recèlent bien des trésors ! La première devient, au XVIIe s, le repaire des artistes. Dès lors, des générations de peintres et de sculpteurs adoptent cette longue rue étroite pour

BABOUIN À SCANDALE

Si le satyre a fière allure lorsqu'il prend la pose, celui que les Romains surnomment « Babbuino » n'a pas la langue dans sa poche ! À croire que sa réputation de statue parlante lui colle à la « pierre ». Et pour cause ! On l'utilisait autrefois pour afficher les babbuinate. *Ces lettres anonymes, papiers caustiques ne manquant pas de piquant, s'adressaient aux classes politiques et à l'Église.*

y établir leurs ateliers pittoresques et leurs logis de fortune. C'est la bohème à la romaine... Peu à peu, la *via* gagne en cachet. Influencée par l'extraordinaire poussée d'urbanisme (qui donna à la *via del Corso* ses lettres de noblesses), elle se pare de luxueux théâtres et de *palazzi* élégants qui attirent les riches mécènes de la ville. Jeter un œil à celui situé au n° 60, qui porte en façade le blason d'une riche famille romaine. Le même soin est accordé aux édifices suivants : les trois grilles en fer forgé formant l'entrée des n°s 51-53, la petite *loggia* du n° 53, immeuble richement orné abritant un jardin intérieur. En poursuivant en direction de la *piazza del Popolo,* on tombe nez à nez avec la fontaine du quartier, œuvre de l'architecte

Pietro Lombardi. Surmontée de la célèbre appellation antique S.P.Q.R., la petite fontaine murale fut réalisée en MCMXXVII (allez, on vous aide, en 1927 !). D'allure sévère, nous voici en pleine époque mussolinienne ! Sa silhouette monumentale met en scène deux masques dont les têtes hirsutes dépassent de la grille. Celle-ci se compose de divers instruments stylisés rappelant le caractère traditionnel de la rue. Cette dernière s'achève à son extrémité, au **n° 90,** par le *palazzo Boncompagni Cerasi* (pas de doute, les hôtes y sont en bonne compagnie !), dont la charmante façade Renaissance donne sur l'axe parallèle, la *via del Babuino.* Surnommé *il babbuino* (soit le babouin) par la population romaine, la rue doit son nom à la statue d'un petit satyre (ou silène) très laid, qui pose aujourd'hui face à l'église **Sant'Anastasio dei Greci,** sur un petit monticule de pierres accolé à une fontaine.

🎒 **Museo missionario di Propaganda Fide** *(plan détachable Piazza di Spagna, D3) :* via di Propaganda, 1. ☎ 06-69-88-01-62. ● museopropagandafide.va ● Lun, mer et ven 14h30-18h. Entrée : 8 € ; réduc. Situé non loin de la très chic piazza di Spagna, c'est le premier musée du Vatican hors des murs de l'État pontifical. Le palais date du XVIIe s et a été dessiné par Borromini et Bernini. La nouvelle muséographie permet des explications claires sur les missions étrangères. Celles-ci ont surtout marqué la première moitié du XXe s. On a peine à douter que ce lieu renferme autant d'œuvres comme l'exceptionnelle bibliothèque de Borromini, la peinture sur bois de Canova, sans oublier les milliers de photos de l'activité évangélisatrice à chaque coin du monde. Belle chapelle à la fin de la visite. Près de 20 ans auront été nécessaires pour que le Vatican expatrie ses œuvres... de l'autre côté du Tibre.

LA VILLA BORGHÈSE ET SES ENVIRONS

🎒🎒 **Giardini del Pincio** *(jardins du Pincio ; plan détachable d'ensemble, C-D2) :* de la piazza del Popolo, un escalier situé au niveau de l'hémicycle permet de grimper jusqu'à la terrasse du piazzale Napoleone. Directement connecté aux parcs de la villa Borghèse, ce belvédère superbe, aménagé en jardins à l'époque napoléonienne, commande une vue splendide sur la place du Peuple, avec en arrière-plan Rome et sa multitude de dômes. Son orientation en fait aussi un lieu idéal pour immortaliser un coucher de soleil.

🎒 🚶 **Bioparco – giardino zoologico** *(plan détachable d'ensemble, D1) :* piazzale del Giardino Zoologico. ☎ 06-36-14-015. ● bioparco.it ● Bus nos 3, 52, 53. Mars-oct, tlj 9h30-18h (19h les w-e et j. fériés avr-sept) ; horaires restreints le reste de l'année. Entrée : 15 € ; réduc enfants. Voilà une halte pour petits et grands qui changera des palais et des musées romains, parfois fatigants pour les plus jeunes. L'entrée est particulièrement chère mais que voulez-vous, ce n'est pas souvent qu'on croise des animaux sauvages dans le parc de la villa Borghèse ! Après les lémuriens de Madagascar, les lions, les tigres, les guépards et autres gros matous, allez saluer les chimpanzés, les éléphants, les girafes et autres animaux d'Afrique et d'Asie, ainsi que les tortues des Seychelles, arrivées récemment. Pourquoi ne pas prendre le petit train qui traverse le parc ? Si vous êtes fatigué, c'est une bonne alternative. Non seulement ça donne un bon aperçu de l'endroit, mais c'est reposant, surtout si vous êtes accompagné de vos enfants... Également un auditorium, un espace d'expositions, un restaurant, une aire de pique-nique...

🎒🎒 🚶 **Villa Borghese** *(villa Borghèse ; plan détachable d'ensemble, D1) :* Ⓜ Flaminio (ligne A). Bus et tram nos 19, 52, 95, 490, 495, 910... sans oublier le bus électrique n° 116 qui circule et vous dépose à l'intérieur du parc. À pied, compter 15-20 mn depuis la piazza del Popolo en passant par le Pincio.

Juste derrière les parcs de la villa Doria Pamphilj et de la villa Ada par leurs superficies, le parc de la villa Borghèse fut initié en 1633 pour agrémenter la propriété du cardinal Scipion Borghèse, neveu « chéri » du pape Paul V. Transformé en partie en jardin d'inspiration anglaise au XIXe s, il est ouvert au public depuis 1902. Romains et touristes se promènent seuls, en amoureux ou en famille, dans ce haut lieu de respiration urbaine, doucement vallonné. On y trouve des jeux, animations et un jardin zoologique (*giardino zoologico,* au nord-ouest ; voir plus haut) pour les moutards. Toutes sortes de bicyclettes et véhicules à pédales sont à louer, tout comme des barques pour voguer sur le plan d'eau *(laghetto),* au milieu duquel s'élève la reproduction d'un temple grec. Projections de films en plein air, théâtre élisabéthain (pièces de Shakespeare) et... accès Internet (zone wifi ; voir « Adresses et infos utiles »).

Les musées de la villa Borghèse

🏹🏹🏹 *Galleria Borghese (galerie Borghèse ; plan détachable d'ensemble, D-E1) : piazza Scipion Borghese, 5.* ● galleriaborghese.it/borghese/it ● 🦽 *Bus n°s 52, 53, 116, 910... Tlj sf lun 8h30-18h30. Fermé 1er janv et 25 déc. Résa obligatoire :* ☎ *06-32-810 ;* ● *ticketeria.it ● Se présenter 20-30 mn avt l'horaire choisi (9h, 11h, 13h, 15h et 17h) ; résa conservée pdt 5 mn max (!). La visite est strictement limitée à 2h (dont pas plus de 30 mn pour la pinacothèque) et on vous fait sortir à l'heure dite (soit 11h, 13h, etc.) avt de faire entrer la fournée suivante. Entrée : 11 € (avec la résa obligatoire) ; réduc. Roma Pass. En cas d'expo temporaire (fréquente !), le tarif peut passer à 13 €, mais le temps de visite, lui, n'augmente pas ! Audioguide (vivement recommandé : en français et passionnant) : 5 €. Gratuit pour les ressortissants de l'Union européenne de moins de 18 ans et pour tous le 1er dim du mois. Attention, la consigne est obligatoire (et gratuite) ; si vous avez un sac, n'oubliez pas votre ticket d'entrée dedans (il sera demandé par le préposé...).*
Construite en 1613, cette résidence était à l'origine un simple pied-à-terre « politico-commercial » pour la famille Borghèse, originaire de Sienne ! Elle connut rapidement une tout autre destinée grâce au cardinal Scipion Borghèse. Neveu du pape Paul V Borghèse (élu en 1605), il consacra plus de 25 ans de sa vie à rassembler l'une des plus importantes collections d'œuvres d'art d'Italie, voire du monde. Doué d'un flair extraordinaire, il prit sous son aile le Bernin, le Caravage, Rubens, Guido Reni, le Dominiquin..., achetant parfois pour une bouchée de pain des œuvres dont personne ne voulait. Plus qu'une entreprise de mécénat géniale, sa villa devint la véritable école d'un art nouveau : le baroque romain, qui allait se répandre dans toute l'Europe.
Par une extraordinaire intuition, le cardinal Scipion Borghèse institua, peu avant sa mort, en 1633, le *fidéicommis,* acte interdisant la dispersion de sa collection. Cela n'a malheureusement pas empêché Napoléon de se servir allègrement. Le jeune Camille Borghèse, qui avait épousé Pauline Bonaparte en 1803, fut en effet « invité » à céder à son impérial beau-frère 695 pièces de sa collection archéologique pour payer les conquêtes et... étoffer les collections du Louvre. En 1903, l'État italien racheta l'ensemble des œuvres restées à Rome.
La galerie compte parmi les plus beaux musées de collection privée au monde. Les œuvres d'art sont exposées plus ou moins comme elles l'étaient à l'origine, et les visiteurs ont par conséquent l'impression d'être invités chez les Borghèse. Devant l'énorme succès public, l'accès à la galerie a dû être strictement réglementé en nombre de visiteurs et en temps. Pour découvrir les œuvres dans les meilleures conditions possibles, nous vous suggérons (tout comme nombre de guides-conférenciers) de faire la visite à l'envers de l'ordre classique. Nous verrons donc d'abord la pinacothèque afin d'être sûr de profiter des 30 mn imparties sans risquer de « perdre » trop de temps au rez-de-chaussée !

La pinacothèque (à l'étage)

– *Salle 14 : galerie Lanfranco,* deux bustes du cardinal-neveu réalisés par le Bernin, à première vue identiques, mais le marbre de l'un comportait un défaut qui a contraint l'artiste à revoir sa copie... en 3 jours. Parvenir à autant d'expressivité avec la bouche entrouverte, les rides et les détails de la cape (avec les boutons *montrentbici*) l'arrogance et la puissance du cardinal. Tout aussi impressionnant, la *Chèvre Amalthée*

LA VILLA BORGHÈSE

avec Zeus enfant et un *Faune* que l'artiste sculpta à l'âge de 11 ans ! Notez également la statue équestre de Louis XIV en terre cuite, modèle de celle que l'on voit aujourd'hui à l'Orangerie de Versailles ainsi qu'un autoportrait de Bernin en 1630.
– *Salle 15 :* Cène presque « paysanne » de Bassano, l'une des plus originales que nous ayons jamais admirées. Une récente restauration a rendu toute sa vivacité à ce chef-d'œuvre du maniérisme. Le Christ, le regard dans le vide, caresse distraitement la chevelure de saint Jean, représenté en éphèbe somnolant, tandis que les apôtres, aux pieds nus et légèrement éméchés, s'agitent autour de lui. Observez le chat et le chien, symbole d'infidélité : plutôt audacieux pour l'époque. Et puis

notre prix du plus fin visage va à l'ange de *Tobie et l'Ange* de Girolamo Salvodo (sans mentionner le beau travail sur les plis). Quant à l'*Éros endormi* d'Algardi (grand rival du Bernin) en marbre antique des Ardennes, il semble épuisé mais sera toutefois abondamment copié !

– *Salle 17* : on y trouve le *Buveur* de David Teniers le Jeune et une jolie *Madone et l'Enfant* de Sassoferrato.

– *Salle 18* : la géniale *Pietà* (ou *Pianto sul Christo morto*), peinte par Rubens, en 1602, lors de son premier séjour à Rome. La lumière qui transperce le ciel évoque ici le travail du Caravage, un contemporain.

– *Salle 19* : *Sibilla Cumana* et *Chasse de Diane* du Dominiquin (Domenico) où un personnage caché dans les buissons loue, d'un doigt posé sur ses lèvres, les vertus du silence. Fascinant *Énée fuyant Troie* de Barocci, qui dégage une impression de force et de puissance remarquable, dans une luminosité et une richesse chromatique qui influencèrent énormément Rubens, dit-on. Superbe buste de vieille femme d'Algardi.

– *Salle 20* : une remarquable *Vierge à l'Enfant,* peinte en 1510 par un Giovanni Bellini de 84 ans toujours en forme. Une autre version de ce thème, exécutée à la même époque par le jeune Lorenzo Lotto, est un hommage appuyé à Dürer, qui venait d'effectuer un séjour à Venise. Beau *Portrait d'homme* d'un réalisme saisissant par Antoine de Messine (1475), l'un des premiers artistes italiens à utiliser la peinture à l'huile, qu'il découvrit au contact des peintres flamands. Elle permettait des couleurs plus subtiles et surtout plus durables que les pigments liés au jaune d'œuf qu'on utilisait jusqu'alors. C'était aussi à l'époque la mode du portrait. On retrouve également les fameux verts de Véronèse dans la *Prédication de saint Jean-Baptiste*. Mais le must de cette salle, c'est *L'Amour sacré* et *L'Amour profane* de Titien (1514), représentés sous les traits de la même femme mais pas dans les mêmes atours : à gauche, elle est vêtue d'une robe de mariée, symbole de l'amour profane ; à droite, sa nudité incarne l'amour sacré. Paradoxal à première vue ! Remarquez comme les paysages à l'arrière-plan reflètent ces différences de nature. Une anecdote : en 1899, les Rothschild voulurent s'offrir le tableau pour quatre millions de lires de l'époque (plus que la valeur de la villa et des autres œuvres d'art !). Mais l'amour pour cette ode à l'Amour fut le plus fort... et il resta à la villa Borghèse, pour notre plus grand bonheur aujourd'hui ! Sur le mur opposé, une toile tardive de Titien, sur le thème de Vénus, témoigne par son effet « impressionniste » de la cataracte qui l'affectait.

– *Salle 9* : une des plus belles salles. Adorable *Vierge à l'Enfant* du Pérugin, d'où se dégage une suave douceur voilée de tristesse. Extraordinaire *Madone à l'Enfant, avec saint Jean et anges* de Botticelli, où l'on retrouve l'extrême délicatesse des traits et l'élégance des poses qui caractérise ce peintre. Admirer aussi un des plus beaux Fra Bartolomeo, une *Adoration* au prodigieux clair-obscur avec, en fond, un paysage à la Vinci. Deux Raphaël majeurs : la *Dame à la licorne* et une fascinante *Déposition* (1507) où le mouvement du Christ rappelle celui de la *Pietà* de Michel-Ange.

– *Salle 10* : *Danae* du Corrège, d'un maniérisme suave et sensuel, en réaction à la Renaissance, baignant dans de subtiles variations de lumière (que semble préparer le thème de Caravage). Ici, Jupiter se transforme en pluie d'or pour conquérir Danae. Sur le côté, deux petits angelots préparent la flèche (ce sont les fils de Jupiter). Le *Paysage avec dame et cavaliers* (ou la *Chasse au cerf*) de Nicolò Dell'Abate nous emmène dans le bucolique fantastique. Dans *Venere ed Amore* de Lucas Cranach le Vieux, notez cette beauté nordique, ce corps longiligne, peu sexué et voilé d'une délicate gaze. Pour beaucoup, à l'époque, la nudité représentait la pureté. Cependant, l'enfant (représenté par le petit amour) est bien réel avec son gâteau de miel, d'où les abeilles... Superbe plafond restauré, rehaussé des aigles et dragons dorés, emblèmes des Borghèse.

– *Salles 11, 12 et 13* : profusion d'œuvres de Garofalo, Francesco Francia, Domenico Puligo (*Sacra Familia* d'une finesse de traits extra), Vivarini, Lorenzo Lotto *(Portrait de Mercurio Bua),* Sodoma, Beccafumi, Mazzolino *(Saint Thomas)*.

La demi-heure est déjà dépassée, vite, on file en bas ! Pour ne pas perdre de temps, emprunter le petit escalier en colimaçon.

Au rez-de-chaussée

On commence par le *Grand salon d'entrée* : décor époustouflant. Au plafond, la *Glorification de Rome*. Les remarquables trompe-l'œil dans les coins ne vous auront pas échappé. Ni, bien sûr, ce vertigineux cheval que l'on jurerait surgi du mur. Il date de l'époque hellénistique, mais le cavalier fut rajouté par Pietro Bernini, le père du Bernin. Superbes *Combats de gladiateurs* en mosaïque (Vᵉ s apr. J.-C.). Ces mosaïques sont d'ailleurs un intéressant témoignage, puisqu'elles mettent en exergue un type de combat insolite : les gladiateurs sont équipés de bâtons en fer chauffés et sont censés toucher les ceintures métalliques des adversaires. Jetez un œil sur la galerie extérieure et ses statues antiques.

La numérotation des salles commence par la :

– *Salle 1* : la célèbre *Pauline Borghèse* de Canova (1805). Napoléon avait forcé la main au Pape pour intervenir à Rome si sa sœur Pauline ne se mariait pas. La voilà donc mariée avec un Borghèse. Cette dernière est déçue de Rome et ose poser pour l'artiste. La pose à demi-nue est très osée à l'époque pour une personnalité de ce rang. Quand on demanda à Pauline comment elle avait pu se livrer d'une manière si impudique, elle répondit : « Mais c'était tellement chauffé ! » On a tout dit, tout écrit sur cet archétype de la sculpture néoclassique : la finesse du marbre, l'élégance de la posture. Remarquez que c'est de dos qu'elle se révèle le plus belle. D'ailleurs, un mécanisme faisait tourner madame, permettant à ses admirateurs de la détailler sous toutes les coutures sans se déplacer. Jetez un coup œil appuyé aussi sur l'*Herm de Bacchus* de Luigi Valadier (1773) et, surtout, sur le bas-relief figurant la *Fureur d'Ajax* (330 av. J.-C.), au fort beau mouvement des drapés.

– *Salle 2* : *David*, une œuvre de jeunesse du Bernin (il avait 25 ans), sculptée en 1624. La tête du David, le visage, est l'autoportrait du sculpteur. Remarquez l'aigle, symbole de la famille des Borghese. À côté, beaux sarcophages grecs du IIᵉ s. Plafond remarquable.

– *Salle 3* : un chef-d'œuvre absolu, commandé par Scipio Borghèse au jeune Bernin : *Apollon et Daphné* (1622-1625). Pour échapper à un Apollon ensorcelé par sa beauté, Daphné se transforme progressivement en laurier (*daphné* en grec). Une nouvelle fois, l'art du Bernin s'illustre par l'incroyable légèreté de ses figures. En même temps, la douloureuse métamorphose végétale de la déesse est saisissante et on est bouleversé par le spectacle de cet amour impossible. Borghèse, qui attendait d'une œuvre qu'elle provoque *stuppore* et *malavilia* (stupeur et admiration) ne put qu'être comblé par un tel talent.

– *Salle 4* ou *salle des Empereurs* : le *Rapt de Proserpine* du Bernin. Quelle force, quelle sensualité ! Quasi la perfection. Se mettre du côté du chien à trois têtes (Cerbère), d'où l'on ressent le mieux l'incroyable énergie de la scène. En repoussant Pluton, la main de Proserpine déforme son visage, tandis que les doigts de ce dernier s'enfoncent dans sa chair et sa barbe en plein mouvement.

– *Salle 5* : on y trouve l'*Hermaphrodite*, en marbre de Paros, du Iᵉʳ s de notre ère. Chute de reins sublime. À l'origine, un mécanisme faisait tourner l'ensemble. L'originale est au Louvre, achetée à l'époque par Napoléon. À noter que le coussin sur lequel s'est assoupie la belle, a été sculpté bien longtemps après par Le Bernin, en 1619, sur demande de Scipion Borghese. Scènes de pêche en mosaïque du IIᵉ s av. J.-C. Comme dans la plupart des salles suivantes, vous remarquerez que le plafond reprend le thème de la statue, ici l'union de deux corps amoureux...

– *Salle 6* : intéressant *Énée fuyant Troie* du Bernin. On racontait dans les salons de l'époque que l'artiste était encore très influencé par la manière du papa sculpteur. On n'en voudra pas au jeune Bernin qui n'avait guère que 21 ans ! La sculpture représente les trois âges de la vie. Énée porte son père Anchise qui conserve les précieuses Pénates (les divinités de la famille), tandis que le petit Ascagne sauve le feu sacré du foyer. Magnifique rendu des corps de ces trois générations, particulièrement sensible quand on se place derrière la statue.

– *Salle 7* : dite aussi « salle égyptienne », elle lança la mode de ce type de décoration. Dans l'Antiquité, l'Égypte était une colonie romaine et une communauté égyptienne vivait dans la capitale : tout cela facilita les trouvailles quelques siècles plus tard ! Au sol, splendide mosaïque du IIIᵉ s. Grande statue d'Isis en marbre noir du IIe s apr. J.-C., duo de sphinx faussement identiques (observez le sourire !) et corniche retraçant la vie d'Antoine et de Cléopâtre. Par la fenêtre, on peut admirer le jardin secret de la villa, agrémenté d'une volière du XVIIe s.

– Salle 8 : un vrai miracle, on y découvre 6 des 12 toiles du Caravage qui appartenaient à la collection d'origine ! Ce qu'il faut savoir, c'est que les œuvres exposées dans cette salle sont en grande majorité des œuvres refusées. Borghèse les rachetait moins chères... forcément ! Le maître du clair-obscur utilise ici la lumière au maximum pour suggérer la profondeur. On est également frappé par la violence et la qualité dramatique de ses œuvres. Pour la petite histoire, la *Madonna dei palafrenieri* ou *au serpent* fut retirée au bout d'un mois d'un des autels principaux de

LA TÊTE DU CARAVAGE

Suite à une sombre histoire de meurtre, le Caravage en fuite décide de demander sa grâce au pape. Pour l'amadouer, le peintre offre un tableau intitulé David avec la tête de Goliath, *aujourd'hui exposé dans la salle 8 de la galerie Borghèse. En fait, la tête de Goliath est un autoportrait de l'artiste qui manifestait là un certain sens de l'humour ou de l'ironie, sa propre tête ayant été mise à prix ! La grâce fut finalement accordée, mais, pas de chance, l'artiste mourut avant de pouvoir profiter de cette liberté.*

Saint-Pierre. Et les palefreniers n'en voulaient pas non plus. Elle indisposait le clergé et nombre de fidèles. Anne est représentée en vieille femme, Marie avec un décolleté. On raconte que le modèle de Marie au décolleté plongeant était une prostituée. Son pied recouvre et guide celui de l'enfant, afin d'écraser un serpent, et lui apprendre ainsi à reconnaître le Mal. Comme si le fils de Dieu avait besoin d'une telle leçon ! Fabuleux *Saint Jérôme* (1605) représenté avec un lion et une bibliothèque. Le patron des traducteurs se concentre sur sa transcription latine de la Bible, dans une sorte de course contre le temps, le crâne posé sur sa table rappelant la précarité de la vie. Ici, Le Caravage a représenté saint Jérôme en un homme de la vie, avec les mains sales. C'est la représentation divine qui le fait lire.

Regardez aussi le *Saint Jean-Baptiste,* œuvre considérée comme luxurieuse, avec à côté le bélier symbolisant le Christ. Enfin, admirez le portrait de Bacchus qui n'est autre que l'autoportrait du peintre. Pour réaliser cette œuvre, il s'est regardé dans un miroir et s'est peint... un génie ce Caravage !

🎨🎨🎨 🏃 *Museo nazionale Etrusco della villa Giulia* (Musée national étrusque de la villa Giulia ; plan d'ensemble C1) : piazzale di Villa Giulia, 9. ☎ 06-32-26-571. ♿ Tram no 19 ou 52, ou bus no 926. Sinon, env 15 mn à pied depuis la galerie Borghèse. Mar-dim 8h30-19h30. Fermé 1er janv et 25 déc. Entrée : 8 € ; réduc ; Roma Pass. Audioguide : 4 €. Le plus grand musée étrusque d'Italie, très confortablement installé dans une des villas secondaires du pape Jules II.

Au XVIe s, le pape Jules II décida de la construction d'une confortable villa secondaire tout près de Rome. Michel-Ange participa dans un premier temps à l'élaboration des plans et des jardins. Il fut ensuite relayé par les architectes Vasari, Ammannati et Vignola. À maintes reprises, le projet fut remanié et obtint son plan actuel en 1553. Il connu plusieurs transformations successives. Lors de l'administration napoléonienne, le bâtiment fut même une écurie pour les chevaux et pour des machines agricoles. En 1889, l'édifice devient à nouveau possession de l'État italien. Celui-ci y créa le musée étrusque romain. Installé dans le grand parc arboré de la villa Borghèse, le musée a été entièrement repensé, après de grands travaux dans les années 2010. Il vaut largement 2-3h de visite. Ses collections d'une grande qualité font de cet endroit le plus grand musée étrusque italien... c'est dire ! La collection est principalement constituée d'objets provenant de sites majeurs comme Cerveteri ou Palestrina, elle passionnera tous ceux qui s'intéressent à cette lointaine civilisation.

Extérieur
La bâtisse ne manque pas de panache. Elle a été construite sur le modèle de villa suburbaine (il faut s'imaginer à l'époque de Jules II tout autour du bâtiment

des champs de vigne !). L'entrée reprend la forme d'un arc de triomphe. Cour exceptionnelle notamment, flanquée d'une galerie en arrondi (avec des colonnes récupérées sur des monuments antique du centre-ville). Les voûtes sont décorées de fresques et épousent presque le ciel, donnant pratiquement un sentiment de liberté, ce qu'avait réclamer le Pape lors de l'élaborations des plans. La pergola, quant à elle, est peinte avec des motifs floraux et fruitiers.

La collection

La visite commence par une introduction à la civilisation étrusque avec une grande carte explicative. On apprend que l'Étrurie englobe la région de l'Arno (Toscane), du Tibre (Latium) et de l'Adria (Émilie-Romagne). Les étrusques étaient une population nomade et commerçante qui ne devint sédentaire qu'au VIe s av J.-C. C'est aussi à cette période que cette civilisation connaît son apogée. Longtemps oubliés, les étrusques ne sont redécouverts qu'au XVIIIe s. Davantage même au XIXe s. avec le mariage de Lucien Bonaparte avec l'archéologue Alexandrine de Bléchamp qui entrepris des fouilles dans une région étrusque. C'est tout naturellement que le résultat de ces fouilles fut entreposé à la villa et en devint aussitôt sa propriété. Ainsi commença la collection du musée. Voici un petit aperçu des principales salles du musée :

– De la salle 1 à 3 : site de Vulci. On observe des urnes funéraires du IXe s av J.-C. encore intactes. On peut d'ailleurs admirer une urne à cabane en bronze, l'une des œuvres les plus raffinées du musée qui reproduit à l'identique la maison étrusque. On retrouve un peu plus loin la reconstitution d'une tombe, avec tous les éléments de la vie quotidienne : objets (plats, assiettes, cruches) et bijoux. Dans la salle 3, on peut observer une vitrine avec de la poterie et son mode de cuisson : le bucchero. C'est une technique de cuisson très spéciale qui consiste à supprimer l'oxygène du four, puis à introduire au bout de quelques heures du charbon ou de l'argile. Une fois reproduit, l'objet était sorti du four. Vous remarquerez qu'on retrouve dans ces tombes beaucoup de vases grecques, en raison des échanges commerciaux des étrusques.

– Salle 5 : de nombreux ex-votos qui peuvent surprendre le visiteur sont exposés. On y retrouve des pénis, des seins, et même un utérus, fabriqués en terre cuite. On les déposait alors au pied de la tombe.

– Poursuivez la visite en descendant quelques marches pour découvrir au sous-sol la salle 8 et la reconstitution d'une nécropole avec des fresques de banquet. On se rend compte que la femme étrusque avait un rôle important dans la vie politique et sociale. La tombe vient du site de Tarquinia.

– Pousser jusqu'à la salle 10, consacrée au site de Cerveteri où l'on admire un magnifique sarcophage du Lion.

– Ne ratez pas une des œuvres-phares du musée dans la salle 12, le magnifique Sarcophage des époux (VIe s av J.-C.), admirable couple en terre cuite. Ne semblent-ils pas sereins et amoureux ? Admirez leurs coiffures et leurs chaussures. Attardez-vous sur le remarquable travail de la double robe de l'épouse. Un autre Sarcophage des époux est exposé au musée du Louvre à Paris.

– Au 1er étage, ne ratez pas dans la salle 11 les lamelles d'or retrouvées lors de fouilles à Pyrgi, enroulées dans un sanctuaire. Lors de cérémonie, ces feuilles d'or étaient dédiées à la déesse Astarte. Elles sont les plus anciennes inscriptions étrusques et phéniciennes de la Péninsule.

Plusieurs salles sont consacrées à l'écriture. On s'aperçoit que les romains ont incorporé la littérature étrusque dans leurs traditions. Ils n'ont rien inventé ! L'exemple d'un fronton devant un temple est typiquement étrusque par exemple.

– Salle 15, attardez-vous sur le superbe Ciste Ficoroni, coffre de mariage en bronze où était la dot de la mariée, décoré du IVe s av. J.-C. Le must ? La statuette du laboureur d'Arezzo qui nous renseigne sur le travail et la technique de l'époque. Sans oublier les sculptures de Véies dont le célèbre Apollon.

– Au 2e étage, vous retrouverez de nombreuses collections privées, léguées au musée, dont la plus importante, celle de la famille Castelloni, comporte des bijoux d'inspiration étrusque de toute beauté. Malheureusement, ils ont été dérobés en mars 2013 à l'intérieur même du musée (les voleurs courent toujours et, c'est regrettable, les bijoux avec !).

– Également de très belles pièces de bronze (boucliers, armes, casques, statuettes...), une somptueuse collection de céramiques noires.

– On peut aussi visiter l'annexe du musée, la **villa Poniatowski** (via di Villa Giulia, à quelques mètres du musée ; mar-sam 9h-13h). Entièrement rénovée, elle abrite depuis 2010 une partie d'objets étrusques de l'Ombrie (salles 37 à 40), mais également des expositions temporaires.

🎨🏃 *Galleria nazionale d'Arte moderna e contemporanea* (galerie nationale d'Art moderne et contemporain ; plan détachable d'ensemble, D1) : via delle Belle Arti, 131. ☎ 06-32-29-81. ● gnam.beniculturali.it ● ♿ Ⓜ Flaminio (ligne A). 🚊 n°s 3 ou 19 ou bus n°s 88, 95, 490 ou 495. Depuis la galerie Borghèse, env 10 mn à pied. Tlj sf lun 8h30-19h30. Fermé 1er janv, 1er mai et 25 déc. Entrée : 12 € (variable selon les expos) ; réduc ; Roma Pass. Œuvres du XIXe s à nos jours, dans un édifice imposant de style néoclassique. Le musée a été entièrement rénové en 2011. Grandes salles lumineuses, excellente muséographie et présentation des œuvres lisible. Certes, pas mal de pompiers et de peintres historiques assez hilarants, mais il faut les resituer dans leur contexte, et de toute façon, ils ont toujours quelque chose à raconter. En outre, beaucoup d'artistes se révèlent de très bons techniciens.

Dans la *sala del Giardiniere*, tout de même une statue de Bourdelle (*Héraklès archer*) et un panorama intéressant de la peinture moderne avec une œuvre de chacun de ces artistes : Courbet, Degas, Monet, Cézanne... Parmi les plus notables, retenons *L'Arlésienne, Madame Ginoux* et *Le Jardinier* de Van Gogh et un magnifique portrait de Rodin par Dalou. Dommage d'ailleurs que la sculpture soit si peu représentée.

L'étage supérieur est consacré à l'art du XXe s. Dans la salle à droite des escaliers, *Les Trois Âges* de Klimt. Ensuite, on remarque des toiles divisionnistes de Balla, l'un des chefs de file du mouvement futuriste italien, comme *La Pazza* (*La Folle*, 1905). Quelques tableaux Belle Époque de Boldini précèdent une salle dédiée à l'avant-gardisme : florilège de Modigliani, Van Dongen, Braque, Mondrian... Dans la salle 27, deux beaux Giacometti et, levez la tête : un mobile de Calder. Ensuite, avec le dadaïsme de Marcel Duchamp, vous comprendrez toute la signification de la maxime « Fontaine, je ne boirai pas de ton eau ». Enfin, gardez un peu d'énergie pour une série de Giorgio de Chirico (salle 38).

🎨🏃 *Explora – museo dei Bambini* (musée des Enfants ; plan détachable d'ensemble, C2) : via Flaminia, 82-86. ☎ 06-36-13-776. ● mdbr.it ● Parcours et animations tlj sf lun à 10h, 12h, 15h et 17h ; horaires réduits en août. Entrée : enfant 7 €, adulte 6 € ; le jeu ap-m, c'est fête : 5 € slt pour tt le monde ! Installé dans un ancien dépôt de bus, le musée recrée une ville miniature. Les enfants découvrent le monde de leurs yeux émerveillés, mais aussi de leurs mains, à travers des ateliers ludiques et didactiques. L'exposition s'articule autour de quatre grands thèmes : le « moi » (naissance, santé et anatomie, avec, entre autres, une bouche à faire pâlir Gargantua), la vie en société (les métiers, le cycle économique, de la planche à billets au supermarché), l'environnement (risques domestiques et écologie) et les moyens de communication (avec une vraie régie TV pour présenter la météo). L'ensemble est bien conçu, et les adultes ne manqueront pas de se piquer au jeu comme leurs bambins.

À l'est de la villa Borghèse

🎨 *Villa Torlonia* (plan détachable d'ensemble, F2) : entrées par les vie Spallanzani, 1a, via Nomentana, 70 et via Siracusa. Entrée : 8 € ; réduc ; Roma Pass. C'est un parc agréable qui peut faire l'objet d'une petite balade et d'un pique-nique. On y trouve notamment une maison blanche appelée *Casino Nobile* et qui fut la résidence de Mussolini, le *pavillon des Chouettes* (une extravagante petite demeure), un vieux théâtre et une cafétéria-resto avec une belle terrasse.

🎨 *MACRO* (Museo d'Arte Contemporanea Roma ; plan détachable d'ensemble, E1) : via Nizza, 138. ☎ 06-67-10-70-400. ● museomacro.org ● ♿ Tlj sf lun 11h-19h (22h sam). Entrée : 12,50 € (14,50 € avec le MACRO Testaccio) ; Roma Pass. Siège du musée d'Art contemporain romain, dont l'« annexe » est le MACRO Future, situé dans la plaine du Testaccio (voir plus loin « Au sud de Rome »). Nombreuses expositions temporaires orientées essentiellement vers des artistes italiens.

VIA DEL CORSO (ENTRE LA PIAZZA COLONNA ET LA PIAZZA DEL POPOLO) ET SES ENVIRONS
(plan détachable d'ensemble, C-D2-4)

🏃 La **via del Corso** *(plan détachable d'ensemble, C2-3)* est la rue toute droite qui relie la piazza del Popolo à la piazza Venezia, est l'artère la plus active de la ville. Cette activité ne date pas d'aujourd'hui puisque, à l'époque antique, elle était déjà, sous un autre nom (via Flaminia puis via Lata), la plus commerçante de Rome. Le nom actuel de cette rue bordée de nombreux palais provient des courses de chevaux que le pape Paul II y organisait jusqu'à la piazza del Popolo. Aujourd'hui, les grandes enseignes du prêt-à-porter international ont investi les lieux.

🏃🏃🏃 **Galleria Doria Pamphilj** *(galerie Doria-Pamphilj ; plan détachable centre, D4) :* entrée par la via del Corso. ☎ 06-67-97-323. ● doriapamphilj.it ● ♿ Tlj 10h-17h (dernière entrée à 16h15). Entrée : 11 € ; réduc. Audioguide compris (commentaires très intéressants et en français). Pas inclus dans le Roma Pass. Prévoir au moins 2h de visite. C'est par la via del Corso que l'on pénètre dans l'un des plus grands palais romains, le plus prestigieux avec le palais Colonna. Il faut dire qu'avec un pape dans la famille (Innocent X), il fallait tout de même une résidence à la hauteur. Datant du début du XVIe s, ce palais qui compte près de 500 pièces fut néanmoins largement transformé ensuite. Certes, on s'attendait à un riche décor intérieur, mais là, cette accumulation d'œuvres d'art dépasse toutes les espérances ! C'est en toute simplicité la plus importante collection privée d'Italie ! Les princes Doria qui y habitent encore ont décidément bien de la chance... La visite classique correspond à une balade dans la partie du palais où sont exposés tous les chefs-d'œuvre. Mais, en fonction de l'humeur des princes, il peut arriver qu'on laisse ici ou là une porte entrouverte... On découvre alors pleinement le faste de la décoration, le luxe de l'ameublement, et cela permet de se faire une petite idée de la vie que menaient autrefois les princes. Car, il faut bien le reconnaître, les palais romains sont plutôt austères de l'extérieur. Les papes rechignaient en effet à exhiber leurs richesses. Mais à l'intérieur, quel contraste ! On se défoule, les richesses affluent, et c'est partout une débauche de moulures, dorures, miroirs et plafonds peints... Si vous avez de la chance donc, vous apercevrez un échantillon de ces appartements privés. Sachez d'ailleurs que les familles ayant eu l'honneur d'avoir l'un des leurs élu pape font partie de ce que l'on appelle l'« aristocratie noire ». Ils reçoivent automatiquement le titre de prince, à vie, et profitent des privilèges dus à ce rang. Par exemple, chaque pape nouvellement élu rencontre en premier les princes romains.
En cours de réorganisation depuis un certain temps, la visite du palais est à géométrie très variable. Quoi qu'il en soit, voici les infos sur quelques salles qui sont généralement toujours visibles. Heureusement, l'audioguide, réalisé par l'un des descendants de la famille, permet de faire une visite plus passionnante.
– *Au rez-de-chaussée :* avant de monter à l'étage, on pourra (mais pas toujours) jeter un coup d'œil à la salle des bains, datant du XIXe s et couverte d'un décor inspiré de Pompéi.
– *La salle Poussin :* elle doit son nom au Pussino, surnom de Gaspard Dughet, beau-frère de Nicolas Poussin et ancien... boulanger. Dughet fut l'un des artistes préférés de la famille Pamphilj. Dans cette salle où les tableaux (véritables papiers peints de l'époque) se touchent presque bord à bord d'une façon impressionnante, on peut admirer, entre autres, des tableaux peints conjointement par le paysagiste Dughet et le figuriste Guillaume Courtois.
– *La salle du Trône :* à noter que le trône est tourné dos aux visiteurs, pour signifier que le pape est absent.
– *La salle des Velours :* tendue de velours de Gênes, certains datant du XVIIe s. Au plafond, l'aigle des Doria et le lys des Pamphilj. Belles consoles de marbre aux pieds sculptés dorés du XVIIIe s et sol original en terre cuite du XVIIe s.

– *La salle de Bal* : créée en 1903. Là, aucun tableau. En revanche, beaucoup d'appliques en cristal, dont certaines avec leurs ampoules d'origine en filament de platine. Haendel y composa son premier oratorio. Noter, dans un angle, la petite alcôve où prenait place l'orchestre.

– *La chapelle* : ravissants trompe-l'œil de la fin du XVIIe s, très chargés, admirable plafond et reliques de saint Théodore et d'un autre saint appelé « le centurion ». Rappelons que les papes avaient le droit de rapporter des reliques chez eux et, par conséquent, la momie du saint est toujours en bonne place !

– *La galerie Aldobrandini* : elle abrite des toiles du Lorrain, de Bruegel l'Ancien *(Bataille dans le port de Naples),* mais aussi d'Annibale Carraci et de Hermann Swanevelt.

– *La salle Aldobrandini* : à voir pour le centaure en marbre polychrome (très rare), le petit Bacchus enfant en porphyre, quelques belles statues provenant de la villa Doria Pamphilj et quelque 34 tableaux !

– *La galerie des Glaces* : elle donne sur la via del Corso et sur la cour intérieure. La lumière y pénètre de partout, baignant les statues rafistolées (les restaurateurs de l'époque empruntaient des morceaux à d'autres œuvres pour remplacer les bouts manquants). Les fresques de la voûte illustrent les travaux d'Hercule. Parmi les nombreuses œuvres exposées ici, remarquez cette étonnante composition de Tempesta peinte directement sur une plaque de marbre, afin d'utiliser les veines de la pierre dans le traitement des couleurs. Après la *galerie des Glaces,* on remarquera, dans la petite salle de Vélasquez, sur le côté gauche, un tableau représentant Giovan Battista Pamphilj, pape de 1644 à 1655 sous le nom d'Innocent X. Notez son regard, presque photographique. Sa position est inspirée du portrait de Jules II peint par Raphaël et devenu une référence pour croquer les papes. Également un buste de Pamphilj sculpté par le Bernin.

– *Les galeries Pamphilj et Doria* abritent encore leur lot de chefs-d'œuvre provenant des collections privées de la famille. Sachez que toutes les toiles indiquées ne sont pas forcément visibles lors de votre passage. On salue au passage Olimpia Maidalchini Pamphilj, dont le buste a été sculpté par Alessandro Algardi (écoutez bien l'audioguide, il vous contera les arcanes du pouvoir et de la fortune familiale... croustillant !). Parmi les toiles les plus intéressantes : *Suzanne et les vieillards* du Dominiquin, un *Saint Jean-Baptiste,* copie du tableau du Caravage. Thème récurrent de la peinture de l'époque, la *Madeleine pénitente* encore et toujours représentée et souvent troublante. De Jan Bruegel l'Ancien également, la série des quatre éléments : le feu, la terre, l'eau et l'air. Le palais Doria Pamphilj s'enorgueillit d'avoir la plus laide exposée dans un musée, une très maladroite copie d'un tableau de Titien.

Pour l'anecdote, le palais aussitôt à gauche de la galerie Pamphilj est l'actuelle demeure privée de Silvio Berlusconi. Et, pour l'anecdote encore, s'il est longé par la via della Gatta, c'est parce qu'on y trouve à l'angle de la corniche (à l'arrière du bâtiment donnant sur la placette) la statue d'un chat ! Mais un chat antique bien sûr, puisqu'il s'agit comme d'habitude d'une œuvre piquée sur un site.

🦃 *Piazza Colonna (plan détachable centre, C3) :* entre la piazza Venezia et la piazza del Popolo. Bus nos 52, 53, 61, 62, 63, 71, 80, 85... et les bus électriques nos 116, 117, 119. Cette place doit son nom à la colonne de Marc Aurèle qui orne son centre. Au sommet de cette colonne (copiée sur la colonne Trajane, son aînée de 80 ans) se trouvait naguère, comme il se doit, une statue de ce sympathique empereur mort de la peste. Fin XVIe s, le pape Sixte V, pensant sans doute que la statue devait être également pestiférée, la remplaça par une autre, celle de saint Paul. Bordant cette place, le *palazzo Chigi* (XVIe-XVIIe s) abrite aujourd'hui la présidence du Conseil des ministres... en quête d'un locataire fixe, disent les mauvaises langues.

🦃🦃 *Piazza di Montecitorio (plan détachable centre, C2) :* derrière la piazza Colonna se trouve cette autre place, où se dresse depuis la fin du XVIIIe s un obélisque toujours debout malgré son grand âge (il daterait en effet du VIe s av. J.-C. et servait jadis d'aiguille à un cadran solaire tracé sur le sol). Le *palazzo di Montecitorio,* qui domine cette place, est le siège de la Chambre des députés... où de nombreuses vipères traquées par la justice ont élu domicile... d'après les mauvaises langues. Le palais *(entrée libre le 1er dim du mois)*, agrandi au début du XXe s, donne également sur la piazza del Parlamento, située juste derrière.

🦌 *Chiesa San Lorenzo in Lucina (plan détachable d'ensemble, C2) : de la piazza del Parlamento, prendre la via della Lupa jusqu'à la hauteur de la jolie piazza San Lorenzo in Lucina. Tlj 9h-12h, 16h30-19h30.* L'église intéressera surtout les amateurs de Poussin. C'est ici que repose le célèbre peintre qui passa à Rome une grande partie de sa vie avant d'y mourir, en 1665. Sa sépulture, commandée par Chateaubriand en 1828 « pour la gloire des arts et l'honneur de la France », s'orne d'un bas-relief reproduisant l'une de ses plus célèbres œuvres : *Les Bergers d'Arcadie*. Au sous-sol, vestiges d'un cadran solaire antique (se renseigner sur place pour la visite).

🦌 *Piazza Augusto Imperatore (plan détachable Piazza di Spagna, C3) :* comme tout dictateur, Mussolini a voulu donner à son idéologie une traduction urbanistique et architecturale. Cette place en est l'un des exemples les plus ambitieux et symboliques. Construite autour du mausolée d'Auguste et bordée à l'est par l'autel d'Auguste, déplacé à grands frais de son lieu originel, elle fut inaugurée le jour de l'anniversaire de l'empereur, le 23 septembre 1938. Comme on s'en doute, il s'agissait pour le Duce d'établir une filiation entre son régime et la glorieuse époque impériale. Si la grandiloquence des immeubles fascistes est plutôt glaçante, les vestiges antiques peuvent intéresser les amateurs.

🦌🦌 *Ara Pacis Augustae (plan détachable Piazza di Spagna, C3) : lungotevere in Augusta.* ☎ 06-06-08. ● *arapacis.it* ● *Tlj 9h30-19h30 (9h-14h les 24 et 31 déc). Fermé 1er janv, 1er mai et 25 déc. Entrée : 10,50 € (14 € avec l'expo) ; réduc ; Roma Pass. Audioguide (vivement conseillé) en français : 4 €. Le 21 avr, jour de fête nationale, représentation en laser du cortège de la famille des Jules.* Construit en 13 av. J.-C. par le Sénat, l'Ara Pacis, originellement situé sur la via Flaminia (l'actuelle via del Corso), célébrait la paix instaurée par Auguste après plusieurs années de guerres civiles très meurtrières. Retrouvé en janvier 1937 grâce à des fouilles, c'est Mussolini qui décida de l'emplacement actuel, c'est-à-dire non loin du mausolée d'Auguste et le long du Tibre. Après plusieurs interventions (vaines) des gouvernements successifs, c'est en 2006 qu'on fait appel à l'architecte de renom Richard Meyer. Ce monument antique est remarquablement mis en valeur avec une surface vitrée de plus de 500 m² qui laisse admirablement entrer la lumière. C'est une architecture moderne longue de 11,50 m sur 10,50 m, sobre et lumineuse : un véritable écrin !

Il se compose d'un autel protégé par une enceinte de marbre de Carrare. Il y a deux entrées avec d'imposants lions ailés. L'intérieur de la paroi est richement décoré de frises végétales et de crânes de bœufs (offrandes sacrificielles). En dessous, remarquez les bandelettes sacrées. Pour garder le monument, les Romains faisaient appel aux vestales (choisies entre 6 et 10 ans) qui se relayaient nuit et jour pour garder intacte la mémoire d'Auguste. Elles étaient six au total, vierges et choisies parmi les grandes familles aristocratiques aisées. Vous pouvez admirer des scènes mythologiques comme la scène de Remus et Romulus avec au centre un figuier et des serres d'oiseau qui représente le dieu Mars. À droite, le relief où l'on voit Énée déjà âgé, représenté en prêtre et tenant une coupe rituelle, est intact. Iule (fils d'Énée) est juste derrière. À l'arrière à gauche, quand on est face à l'autel, un panneau que nous aimons particulièrement. Une déesse assise sur des rochers avec deux *putti* penchés sur son sein, c'est Vénus, mère d'Énée. Une autre interprétation invoque l'image de la Paix. De chaque côté, deux jeunes femmes, l'une assise sur un dragon et l'autre sur un cygne. Le panneau de droite, quant à lui, représente une déesse romaine, en amazone, sein découvert et casque. C'est sur le panneau latéral de droite (en faisant face à l'autel cette fois-ci) que la frise y est à caractère politique, car elle montre l'empereur et sa famille conduisant le cortège pour la consécration de l'autel.

🦌 *Mausoleo di Augusto (mausolée d'Auguste ; plan détachable Piazza di Spagna, C3) : piazza Augusto Imperatore.* Au centre de la place mussolinienne, il ne reste plus que quelques pans de brique du mausolée d'Auguste. Construit entre 28 et 23 av. J.-C pour accueillir les sépultures de l'empereur et de toute sa petite famille, il servit peut-être de modèle au mausolée d'Hadrien, élevé sur l'autre rive du

Tibre. Les deux obélisques qu'y ajouta Domitien furent déplacés depuis sur les places du Quirinal et de l'Esquilin. Transformé en forteresse au XIIe s, puis abandonné, le mausolée servit de carrière, de jardin et même de lieu de concert au XIXe s.

Piazza del Popolo (plan détachable Piazza di Spagna, C2) :

Ⓜ Flaminio (ligne A). Bus n°s 95, 117, 119, 490, 495, 590. Cette place monumentale fut agrandie fin XVIIIe-début XIXe s par Giuseppe Valadier, l'architecte des papes Pie VI et Pie VII. Pour l'anecdote, sachez que c'est ici, sous la domination napoléonienne, que les Français érigèrent en 1813 la première guillotine romaine. Au centre : un obélisque, un vrai de vrai (le deuxième de Rome en hauteur), datant de l'époque de Ramsès II (XIIIe s av. J.-C.), convoyé jusqu'à Rome par Auguste pour décorer le Circus Maximus, puis déplacé une nouvelle fois par Sixte V, le « pape des obélisques ». Comme presque tous ceux de la ville, il est coiffé d'une croix anachronique. Rappelons que les obélisques, d'origine évidemment égyptienne, symbolisent le rayon de soleil divin (en somme, un rayon de Râ). Au nord : la porta del Popolo, taillée dans la muraille d'Aurélien, près de laquelle se trouve l'une des églises les plus intéressantes de Rome. Selon la légende, le mausolée de Néron, qui se trouvait à l'emplacement de l'église Santa Maria del Popolo, sur la piazza éponyme, était surmonté d'un peuplier. Mais, au XIIe s, la population décréta que cet arbre était maléfique et produisait des fantômes qui terrorisaient le quartier. Le pape Pascal II décida donc de faire abattre le peuplier, de jeter la sépulture de Néron dans le Tibre et d'ériger l'actuelle église à sa place. Peuplier se dit *pioppo* en italien, qui, par déformation linguistique, aurait donné son nom à l'actuelle « place du Peuple ». Ça y est, le peuple y est... Aux extrémités est et ouest, les principaux ajouts de l'architecte sont deux hémicycles ornés de fontaines et de statues allégoriques. À l'est, une succession de terrasses rejoint les agréables jardins du Pincio. Au sud : *Santa Maria in Montesanto* et *Santa Maria dei Miracoli*, deux églises du XVIIe s, d'apparence jumelles mais aux intérieurs assez différents, encadrent de façon magistrale le début de la via del Corso.

Chiesa Santa Maria del Popolo (plan détachable Piazza di Spagna, C2) : au nord de la place.

Lun-ven 7h-12h, 16h-19h ; w-e et j. fériés 8h-13h30, 16h30-19h30. Cette église incontournable date du XVe s. Elle ne paie pas de mine vue de l'extérieur, mais abrite en revanche des œuvres picturales de toute beauté. Au Moyen Âge, on s'y rendait pour vénérer la relique du Saint Ombilic (le cordon ombilical de la naissance du Christ). Fresques du Pinturicchio, première chapelle

de droite : l'*Adoration de l'Enfant Jésus*. À ne pas rater, deux tableaux du Caravage, dans la chapelle Cerasi, à gauche du chœur : *La Conversion de saint Paul* et *La Crucifixion de saint Pierre*. Ne sortez pas de cet édifice sans avoir jeté un coup d'œil aux deux statues du Bernin (et à ses trois chérubins volants, 2e chapelle à gauche) ainsi qu'à la chapelle Chigi (nef de gauche) conçue par Raphaël. Son autel est surmonté d'une belle œuvre de Sebastiano Del Piombo, la *Nativité de la Vierge*. Avant de sortir, observez le plafond (*Couronnement de la Vierge* de Pinturicchio) et notez, à droite de la porte, une stèle funéraire particulièrement effrayante... brrr !

Les limites actuelles du Vatican ont été définies par les accords du Latran, signés par Mussolini le 11 février 1929. Cette date est donc la fête nationale de l'État. Le Vatican, ce sont seulement 20 ha d'immeubles et autant de jardins... mais 50 ha de propriétés extraterritoriales dans et autour de Rome ! Qui a dit que le latin était une langue morte ? C'est la langue officielle du Vatican, du moins pour les textes juridiques. La langue véhiculaire est bien évidemment l'italien, tandis que la langue diplomatique est le français. Quant aux gardes suisses, ils parlent... l'allemand ! Et puis, l'État émet des timbres, possède une imprimerie, un tribunal, une centrale électrique, une station de radio et une gare reliée au réseau italien. Maintenant que vous savez (presque) tout des données techniques de ce minuscule État (l'un des plus petits du monde), n'ayez pas peur de franchir sa frontière purement virtuelle pour partir à la conquête pacifique de ses trésors. Vous serez bienheureux sur la place Saint-Pierre, béat dans l'immense basilique et aux anges au sommet de sa coupole où l'on a le sentiment d'être plus près des cieux. Des cieux que l'on atteint radieux sous la voûte peinte par Michel-Ange, dans la célèbre chapelle Sixtine.

Où dormir ?

⛺ **Roma Camping** (hors plan détachable d'ensemble par A3) : via Aurelia, 831. ☎ 06-66-23-018. ● info.campingroma@ ecvacanze.it ● ecvacanze.it ● &. À 4 km à l'ouest du Vatican, sur la via Aurelia (SS1), face au supermarché Panorama (depuis le centre de Rome : faire demi-tour à la 1re sortie après Panorama). En transports : Ⓜ Cornelia (ligne A), puis bus n° 246 (jusqu'à minuit) ; du Vatican, bus n° 247 ; arrêt en face du camping (passerelle pour traverser). Navettes payantes depuis/vers Fiumicino ou le Vatican en 15 mn. Tte l'année, 24h/24. Selon saison, 18-30 € pour 2 avec tente. Également des chalets et des bunga-lows. 🛜 Bien tenu, sanitaires corrects, supérette, snack-bar, piscine, etc. Gros bémols : très proche de la route, emplacements et bungalows à touche-touche et cruel manque d'ombre en été.

INSTITUTION RELIGIEUSE

🏛 **Casa per ferie Santa Maria alle Fornacci** (plan détachable d'ensemble, A3, 310) : piazza S. Maria alle Fornacci, 27. ☎ 06-39-36-76-32. ● cffornaci@ tin.it ● trinitaridematha.it ● Entrée sur la gauche de l'église. Doubles avec sdb 60-100 €, petit déj compris. Pas de couvre-feu. 🖥 🛜 Émanation de l'ordre de la Sainte-Trinité dont la mission était de libérer les croisés devenus esclaves, ce grand établissement propose des chambres monacales mais dotées de l'essentiel. La grande majorité sont équipées de 2 petits lits, mais il y a quelques doubles avec lit *queen size*, des simples et des triples. Réception, salle TV, coin canapé et salle pour le petit déj se partagent un vaste entresol bien éclairé.

AUBERGES DE JEUNESSE

🏠 **Pensione Ottaviano** *(plan détachable d'ensemble, B2, 44)* : via Ottaviano, 6 (2e étage). ☎ 06-39-73-81-38. ● info@pensioneottaviano.com ● pensioneottaviano.com ● Selon saison, 26-40 €/pers en dortoir 3-8 lits ; doubles avec sdb 45-60 €. CB refusées. 💻 Génération après génération, cette petite auberge privée a toujours les faveurs des jeunes routards. D'abord pour son ambiance fraternelle, ensuite pour ses dortoirs convenables, certains avec salle de bains à l'intérieur... Pas de quoi en faire une tartine non plus, on regrette d'ailleurs l'absence d'espace commun et de cuisine. Reste un bon point de chute.

🏠 **Hotel Colors** *(plan détachable d'ensemble, B2, 45)* : via Boezio, 31. ☎ 06-68-74-030. ● hotelcolors@gmail.com ● colorshotel.com ● Ⓜ Lepanto ou Ottaviano (ligne A). Selon saison, 20-40 €/pers en dortoir (juin-sept slt et réservé aux 18-38 ans ; petit déj en sus) ; doubles sans/avec sdb, petit déj compris, 50-150 €, slt sur résa. 💻 ☎ Un lieu convivial, à l'image de sa clientèle de jeunes fêtards. Jolies petites chambres et dortoirs agréables, aux tons harmonieux et acidulés. Propreté garantie. De plus, cuisine équipée, lave-linge et terrasse géniale au calme. Inutile de préciser que c'est souvent complet. À savoir : chaque dortoir a une seule clef... et reste donc souvent ouvert pour des raisons pratiques.

HÔTELS ET PENSIONS

De bon marché à prix moyens

🏠 **Hotel Sant' Angelo** *(plan détachable d'ensemble, C2, 71)* : via Marianna Dionigi, 16. ☎ 06-32-42-000. ● info@hotelsa.it ● hotelsa.it ● Doubles 80-140 € (hôtel) et 60-120 € (annexe). ☎ L'accueil serviable ouvre le bal d'une gentille petite adresse qui se répartit entre le bâtiment principal et une annexe toute proche. Déco un brin rétro, agréable et pavée de bonnes intentions (des cadres, des consoles...). Les chambres sont correctement équipées avec un mobilier plutôt à l'ancienne. Quant aux prix, jamais excessifs, ils évoluent au jour le jour... Éviter les périodes de fête religieuse !

🏠 **Marta Guest House** *(plan détachable d'ensemble, B2, 48)* : via Tacito, 41. ☎ 06-68-89-29-92. ● martaguesthouse@iol.it ● martaguesthouse.com ● Selon confort et saison, doubles avec sdb 50-120 € ; appart pour 3 pers 75-150 €. Parking 30 €/j. ☎ Réduc sur présentation de ce guide à condition d'y séjourner min 3 nuits. Aux 1er et 3e étages d'un palais du XVIIIe s, cette pension se distingue par ses chambres lumineuses, spacieuses, calmes et coquettes avec leurs meubles chinés. Comme il s'agit d'un appartement aménagé, l'insonorisation est parfois discutable. Ses tarifs acceptables en basse saison sont un poil surévalués lors de l'afflux touristique.

🏠 **Pensione Paradise** *(plan détachable d'ensemble, B2, 47)* : viale Giulio Cesare, 47. ☎ 06-36-00-43-31. ● info@pensioneparadise.com ● pensioneparadise.com ● Ⓜ Lepanto (ligne A). Escalier A au fond de la courette, 3e étage (ascenseur). Selon saison, doubles sans/avec sdb 60-110 € ; pas de petit déj. Cet hôtel est peut-être au 3e étage, mais on n'est pas encore au paradis... Une dizaine de chambres simples (avec TV), à la déco sobre, nette et pas désagréable. Celles sans bains ont un lavabo mais surtout un lit... d'une place et demie (120 cm) pour amateurs de collé-serré ! Une adresse modeste tout à fait convenable, d'autant qu'elle est située à deux pas du métro. Bon accueil.

Prix moyens

🏠 **Hotel Beldes** *(plan détachable d'ensemble, B2, 40)* : via degli Scipioni, 239. ☎ 06-32-65-10-36. ● info@beldeshotel.com ● beldeshotel.com ● Ⓜ Lepanto (ligne A). Selon saison, doubles env 80-150 € ; petit déj compris. L'hôtel de charme par excellence : une vingtaine de chambres à peine, un accueil aux petits soins et surtout une décoration intérieure moderne, digne des magazines spécialisés. Les chambres ont tout de la bonbonnière, en version élégante et très bien équipée (TV, minibar, coffre-fort...).

🛏 *Hotel Amalia (plan détachable d'ensemble, B2, 46)* : via Germanico, 66. ☎ 06-39-72-33-56. ● info@ hotelamalia.com ● hotelamalia.com ● *Selon saison, doubles avec sdb 70-180 € ; petit déj compris. Parking et 🛜 payants. Remise de 10 % sur le prix de la chambre slt pour une résa en direct.* Un établissement à l'atmosphère feutrée ; décoration cossue dans les chambres. Accueil charmant et très pro. Demander à avoir une chambre au dernier étage pour la vue sur le dôme du Vatican. Reproches : le petit déj franchement pas terrible et les prix qui grimpent en flèche en haute saison.

De chic à très chic

🛏 *Orange Hotel (plan détachable d'ensemble, B2, 300)* : via Crescenzio, 86. ☎ 06-68-68-969. ● info@orange hotelrome.com ● orangehotelrome. com ● *Selon saison, doubles 110-300 €. 🛜 Réduc de 10 % en réservant directement à l'hôtel pour un séjour janv-mars, juil-août et nov-déc (excepté les j. fériés).* Un hôtel *natural chic* ?

Nous, on dirait plutôt *hype,* concept et... orange, de l'éclairage des salles de bains aux fauteuils, en passant par une Vespa qui orne le salon cosy. Très pop ! Chambres design (un chouia petites) mais confortables. Terrasse panoramique avec jacuzzi, bar et resto. Dommage que ce soit bruyant côté rue. Accueil plaisant. Pas donné, mais on peut faire des affaires sur Internet selon la saison !

🛏 *Villa Laetitia (plan détachable d'ensemble, C1, 303)* : lungotevere delle Armi, 22-23. ☎ 06-32-26-776. ● info@villalaetitia.com ● vil lalaetitia.com ● *Doubles à partir de 200 €. 🛜* Anna Fendi, l'une des filles du créateur, célèbre pour ses sacs, a su créer une ambiance particulière dans cette villa magnifiquement restaurée. Passé les superbes atlantes de la porte d'entrée, accueil très chic et courtois. Certaines chambres occupent l'étage de l'hôtel particulier (superbe escalier monumental). D'autres, plus en retrait de la rue, sont dans la *garden house,* qui donne sur un adorable jardin. Parfois petites, les chambres sont toutes magnifiquement décorées. L'ensemble est un véritable bijou de fantaisie et de sobriété. Un lieu pensé avec goût et talent. *Bravissimo !*

LE VATICAN ET SES ALENTOURS

Où manger ?

Attention, le quartier hyper touristique autour de Saint-Pierre et des musées du Vatican voit fleurir des pratiques pas toujours très catholiques (service surtaxé, bouteilles d'eau surfacturées). Rien d'insurmontable, n'ayez crainte, mais un routard averti vaut deux bistrotiers filous.

Sur le pouce

🥖 *Pastificio Bonci (plan détachable d'ensemble, A1, 165)* : via Trionfale, 34-36. Lun-sam 7h45-20h30, dim 9h-15h. Boulangerie hyper réputée. On vient de tout Rome pour les pains pétris de manière particulière qui donne une pâte moelleuse et aérée. Idéale pour une petite pause.

🥖 *Il Pizzarium (plan détachable d'ensemble, A2, 166)* : via della Meloria, 43. Lun-sam 11h-22h ; dim 12h-16h, 18h-22h. Délicieuses parts de pizzas à emporter (les meilleures de la ville, paraît-il), confectionnées avec les ingrédients de la boulangerie ci-dessus. Il y a toujours foule !

🥖 *Feliziani (plan détachable d'ensemble, A2, 75)* : via Candia, 61. ☎ 06-39-73-73-62. Tlj sf dim. Compter 10 € sur place, moins cher si c'est à emporter. Une boulangerie pour caler les faims terrestres après la visite du Vatican, situé à quelques pas. De bons *panini,* parts de pizzas et autres jolies sucreries à emporter ou à consommer *in situ* sur un petit bout de comptoir.

🥖 *Fa Bio (plan détachable d'ensemble, A-B2, 277)* : via Germanico, 43. ☎ 06-64-52-58-10. Tlj sf dim 9h30-18h (20h en été). Env 6-12 €

pour un en-cas et une boisson. Cette adresse aux murs vert pomme, grande comme un confessionnal, ravira les amateurs de bio. Fabio prépare tout sur place, gage de fraîcheur et de qualité : les salades, les smoothies, les jus de fruits pressés, les plats chauds, et même le pain ! Quelques tabourets pour les gambettes fatiguées.

🢒 ***Mondo Arancina*** *(plan détachable d'ensemble, B2, 90)* : via Marcantonio Colonna, 38. ☎ 06-97-61-92-13. ● info@mondoarancina.it ● Tlj 10h-22h. Env 2-3 € la part. La star ici, c'est l'*arancina*. Élevée au rang de spécialité gastronomique (AOC sicilienne s'il vous plaît !), c'est une boule de riz fourrée et frite. On fait son choix entre les classiques (épinards et ricotta) et les plus audacieuses (tous les ingrédients sont permis !). Également de très bonnes pizzas à la coupe (légères et croustillantes). Un comptoir et quelques tablettes pour avaler un café (pour les chanceux, car c'est souvent bondé).

🢒 ***Mastrogusto*** *(plan détachable d'ensemble, B2, 91)* : via dei Gracchi, 193. 🖩 38-91-21-40-81. ● info@mastrogusto.it ● Tlj sf dim 9h-20h30. Env 4 € le panino. Une très belle épicerie fine de quartier, connue pour l'excellence de ses produits. La bonne surprise, c'est qu'on y commande des *panini* avec ce qui vous met en appétit : mozzarella (DOP bien sûr), *prosciutto crudo*, pancetta, *polpette di manzo*... à accompagner d'une bière artisanale. Dieu qu'il est difficile de faire son choix parmi toutes ces merveilles de gueule !

🢒 ***Franchi*** *(plan détachable d'ensemble, B2, 81)* : via Cola di Rienzo, 200. ☎ 06-68-74-651. ● info@franchi.it ● Tlj sf dim 9h-20h30. Difficile de résister au fumet des faisceaux de saucissons, des mottes de fromage ou des cassolettes débordant de petites choses hyper appétissantes... Car cet épicier-traiteur, apprécié de longue date (plus de 50 ans !), connaît son métier : à toute heure, on y croise du monde dévorant au comptoir des *supplì* bien fondants, des assiettes composées savoureuses, des pâtes fraîches et des sandwichs du matin. De quoi satisfaire petites et grosses faims.

De bon marché à prix moyens

🚄 ***La Pratolina*** *(plan détachable d'ensemble, B2, 147)* : via degli Scipioni, 248-250. ☎ 06-36-00-44-09. Tlj sf dim 19h-minuit. Pizzas env 6-10 €. La réservation s'impose ! Cette excellente adresse ne doit son succès qu'à elle-même : le cadre est agréable, l'accueil souriant, et les pizzas sortent de l'ordinaire. D'allure rustique, avec leur forme ovale, elles sortent légères et croustillantes du four au feu de bois. Et puis, pour ne rien gâcher, les desserts sont très bons (parce qu'ils sont maison, pardi !).

🚄 ***Ai Balestrari*** *(plan détachable d'ensemble, B2, 348)* : piazza dell'Unità, 27. ☎ 06-32-11-15-70. ● info@aibalestrari ● Tlj sf lun en hiver. Pizzas 7-10 € ; repas 20-25 €. Cette adresse, connue des Romains depuis des générations, est surtout connue pour ses pizzas cuites au feu de bois. Le décor ne vaut pas tripette, mais c'est une adresse idéale pour se rassasier après ou avant une longue visite du Vatican.

🍽 ***Ragno d'Oro*** *(plan détachable d'ensemble, B2, 329)* : via Silla, 26. ☎ 06-32-12-362. ● info@ragnodoro.org ● Tlj sf dim. Fermé en août. Repas 20 €. Cette « Araignée d'Or » déploie sa toile à son aise, dans une grande salle agréable et tout en longueur. Cette cantine amène les habitués à venir goûter une cuisine simple mais certaine. Au menu, *antipasti*, pâtes, assortiment de petits gâteaux et viandes. Prix très raisonnables et service souriant, ponctué de français. Un des meilleurs choix du quartier.

🍽 ***Mamà*** *(plan détachable d'ensemble, B2, 353)* : via Sforza Pallavicini, 19-21. ☎ 06-68-13-90-95. ● mama_ristobistrot@yahoo.it ● Tlj 8h-minuit. Breakfast 10,50 € ; menu déj 15 €. Cette adresse dénote du resto traditionnel : adieu la nappe à carreaux et les bougies sur les tables ; bonjour le mobilier moderne et les rayonnages de livres ; bien joué les plats proposés sur l'ardoise, au croisement du traditionnel et du novateur. C'est goûteux et servi avec le sourire. Ici, chacun trouve son compte, à toute heure : coin lecture, salon de thé, petit déj, déjeuner rapide, dîner confortable, fauteuils pour lire ou papoter, c'est selon...

|●| ♟ ☸ **Art Studio Café** (plan détachable d'ensemble, B2, **359**) : via dei Gracchi, 187a. ☎ 06-32-60-91-04. ● info@artstudiocafe.com ● Tlj sf dim 7h30-21h30. Salades 5-8 € ; formules déj 5-10 € ; repas env 25 €. ☋ Un concept original qui réunit à la fois un café, un atelier de mosaïque, un laboratoire créatif, une petite galerie d'art et une boutique. Le tout dans un cadre chaleureux et lumineux où l'on peut siroter un verre en toute tranquillité en journée. À moins qu'on opte pour un plat tout simple le midi ou qu'on verse dans l'apéro de début de soirée. Pas hyper copieux (mais les prix sont minus), néanmoins le service est prévenant.

|●| **L'Angoletto ai Musei** (plan détachable d'ensemble, A2, **96**) : via Leone IV, 2a. ☎ 06-39-72-31-87. ● info@angolettoaimusei.com ● Tlj sf mar. Plats et pizzas 8-15 € ; repas 20-25 € ; service en sus (15 %). D'accord, on ne traverse pas Rome pour cette petite adresse touristique, mais c'est une option intéressante pour se poser à deux pas du Vatican. Pizzas convenables et plats classiques sans surprise. Accueil affable.

Chic

|●| **L'Arcangelo** (plan détachable d'ensemble, B-C2, **122**) : via Belli, 59/61. ☎ 06-321-09-92. Tlj sf sam soir et dim. Compter 35-40 € pour un repas sans le vin. Le midi, menu 25 €. Une institution dans le quartier. N'hésitez pas à pousser la porte de cet établissement aux vitres opaques, vous ne serez pas déçu ! On retrouve ici les incontournables de la cuisine romaine et les habitués sont toujours aussi nombreux à apprécier la cuisine savoureuse du chef (qui a aussi ouvert un minuscule local – voir plus loin « Quartier de Campo dei Fiori »).

|●| **Il Matriciano** (plan détachable d'ensemble, B2, **126**) : via dei Gracchi, 55. ☎ 06-32-12-327. ♿ Tlj sf mer en hiver et sam en été. Congés : août. Carte 35-50 €. ☋ Apéritif maison offert sur présentation de ce guide. Resto on ne peut plus classique : à la fois pour son cadre élégant et pour les basiques de la cuisine traditionnelle romaine : tagliolini alla barcarola ou con funghi porcini, agneau rôti ou poisson grillé... pas de déception. Bref, un bon repas en perspective, surtout si l'on dégote une table en terrasse (la rue est relativement tranquille).

Enoteca (bar à vins)

♟ |●| **Enoteca Del Frate** (plan détachable d'ensemble, B2, **181**) : via degli Scipioni, 118. ☎ 06-32-36-437. ● info@enotecadelfrate.it ● Tlj sf dim ; buffet aperitivo 18h30-21h. Congés : en août. Plats 12-18 € ; repas 30-35 € ; verres de vin 6-9 €. Un caviste authentique, aux casiers bien fournis en vins soigneusement sélectionnés. Et puis, sur la droite, une longue et belle salle au cadre élégant combine vieilles voûtes en brique et mobilier contemporain un brin industriel. Cela dit, lorsque la coupe est pleine, on dresse carrément des tables dans la partie cave ! Idéal pour un aperitivo raffiné ou pour prolonger la dégustation autour d'une cuisine de saison soignée, inventive et mitonnée avec des produits de qualité. Bon accueil.

Où manger une bonne pâtisserie ?
Où déguster une bonne glace ?

♟ **Mo's Gelaterie** (plan détachable d'ensemble, B2, **280**) : via Cola di Rienzo, 174. ☎ 06-68-74-357. Tlj 11h-20h (minuit sam). Une accueillante petite affaire familiale et artisanale, réputée pour la grande variété de ses glaces et la fabrication de son chocolat. Les pâtisseries sont tout aussi délicieuses.

LE VATICAN ET SES ALENTOURS

LE VATICAN ET SES ALENTOURS

♦ **Gelateria dei Gracchi** (plan détachable d'ensemble, B2, **278**) : via dei Gracchi, 272. ☎ 06-32-16-668. Tlj 12h-22h (minuit ven-sam). Cette adresse fait l'unanimité dans le quartier pour la qualité des glaces (aux fruits de saison !) et les nombreux parfums au choix (dont l'excellente glace aux pistaches de Bronte).

♦ **Dolce Maniera** (plan détachable d'ensemble, B2, **149**) : via Barletta, 27. Tlj. Adresse surprenante : faire attention en descendant les quelques marches de cette pâtisserie en sous-sol. Qualité et fraîcheur sont au rendez-vous, d'ailleurs, les locaux ne s'y trompent pas, c'est LA pâtisserie du quartier. Fait aussi des en-cas salés, mais moins emballants !

Achats

Où faire le plein de victuailles ?

⊛ **Bufalallegra** (plan détachable d'ensemble, B2, **250**) : via Orazio, 17. ☎ 06-32-27-287. Mar-sam 9h30-13h30, 17h-20h. Le nom dit tout. Ici, c'est la mozzarella di bufala qui est à l'honneur, dont celle de Paestum (réputée parmi les meilleures). Qualité irréprochable. Également du pecorino (romano, on s'en doute) et quelques autres fromages locaux.

⊛ **Castroni** (plan détachable d'ensemble, B2, **81**) : via Cola di Rienzo, 196. ☎ 06-68-74-383. Tlj sf dim 8h-20h. Une des plus belles épiceries romaines. Amoncellement impressionnant et varié de denrées d'excellente qualité : café, huile d'olive, pâtes, condiments, sauces, conserves de luxe... On peut même s'y régaler d'un excellent caffè : il y a un comptoir à l'intérieur. Plusieurs boutiques dont celles : via Flaminia, 28 (du côté de la piazza del Popolo) et via Ottaviano, 55 (les Romains évitent cette dernière, trop touristique).

⊛ **Franchi** (plan détachable d'ensemble, B2, **81**) : voir plus haut la rubrique « Où manger ? Sur le pouce ».

Où trouver un objet (du) culte ?

⊛ **Soprani** (plan détachable d'ensemble, B2, **352**) : via del Mascherino, 1. ☎ 06-68-80-14-04. ● soprano.it ● Tlj sf dim 9h-13h30, 14h30-18h30. Dans le chapelet de magasins spécialisés en articles religieux autour du Vatican, celui-ci se distingue par ses miniprix et son maxichoix. Alléluia !

À voir

LE QUARTIER DU BORGO (plan détachable d'ensemble, B2)

➤ **Accès :** Ⓜ Ottaviano San Pietro ou Lepanto. Bus n°s 40 ou 64 depuis Termini. Ou encore les n°s 34, 49, 62, 280...

Un peu d'histoire

La zone comprise entre les monts du Vatican et le Tibre, l'Ager Vaticanus, était à l'époque romaine une zone suburbaine traversée de routes bordées de nombreuses tombes. On y rencontrait également de grandes villas qui tombèrent vite dans le domaine impérial. C'est d'ailleurs dans les jardins de la villa d'Agrippine que le sympathique Caligula fit construire son propre cirque, terminé plus tard sous le règne du non moins charmant Néron. Il occupait le flanc gauche de la basilique Saint-Pierre.

Plus tard, au IIe s apr. J.-C., on bâtit à l'emplacement des jardins de la villa de Domitia le mausolée d'Hadrien, ultime bâtiment païen édifié dans le coin à l'époque des Césars. Un pont fut spécialement construit pour le relier à la zone du Champ-de-Mars : le pons Aelius, ancêtre du pont Saint-Ange.

Une première basilique y fut construite au IVe s suite au martyre de Saint Pierre pendant que les pèlerins se multipliaient au fil des années. Saint Pierre façonna donc d'une certaine façon ce quartier qui fit tout pour favoriser le séjour des pèlerins.

Les visites

🏹 *Via della Conciliazione* (plan détachable d'ensemble, B2) : c'est la voie royale pour relier Saint-Pierre au château Saint-Ange. Son nom grave dans le travertin les fameux *accords du Latran,* signés en 1929 entre le Vatican et l'État italien. La via della Conciliazione fut ouverte en 1937, mais les travaux s'étalèrent jusqu'en 1950, entraînant la destruction de nombreuses

ROUE D'ABANDON

Depuis le Moyen Âge, les mamans peuvent confier leur bébé à un hôpital ou un couvent. Le dispositif, un berceau rotatif, accessible de l'extérieur et caché par une grille, est encore visible dans un petit édifice en brique à droite de l'ospedale (hôpital) Santo Spirito in Sassia sur le lungotevere in Sassia, au bord du Tibre, à deux pas du Vatican.

maisons anciennes de Borgo. Ainsi le projet de Carlo Fontana – créer une artère grandiose débouchant sur la basilique Saint-Pierre – fut-il réalisé bien après qu'il l'eut imaginé. Mais que reste-t-il aujourd'hui de ce vieux quartier, et de « l'arrivée soudaine sur une place inondée de lumière au sortir d'une ruelle obscure » qui subjuguait Augustus Hare et les pèlerins en arrivant à Saint-Pierre depuis le Borgo ? Les voitures et les innombrables bus de touristes ont depuis trouvé leur zone d'élection, et nous une raison supplémentaire de pousser un coup de gueule. Pour être justes, ajoutons que quelques-unes des plus belles maisons de l'ancien Borgo ont été simplement déplacées sur la via della Conciliazione : c'est le cas, par exemple, des palais Torlonia (n° 130) et Penitenzieri (n° 33). Autre curiosité, l'église S. M. in Traspontina.

– *Au sud de la via della Conciliazione :* c'est la zone d'implantation des premiers centres de pèlerins étrangers, souvent anglo-saxons, d'où le surnom de *Burgus Saxonum* donné au Moyen Âge. Elle comprend notamment le Borgo Santo Spirito, ainsi baptisé après la construction par Sixte IV du grand hôpital du Saint-Esprit, un des rares témoignages des débuts de la Renaissance à Rome. Remarquez l'*église Santo Spirito in Sassia,* qui lui est attachée. Un peu plus loin, lungotevere Vaticano plus précisément, la délicieuse petite *église Santa Maria Annunziata*.

– *Au nord de la via della Conciliazione :* c'est ici que transpire l'atmosphère de Borgo, du Borgo d'aujourd'hui, il va sans dire. Ailleurs, c'est un quartier sans âme, exclusivement tourné vers le Vatican. Une petite vie de quartier anime en effet les *borghi* Angelico, Vittorio et Pio. Arpenter ce dernier à pas de sénateur permet d'y découvrir de vénérables maisons des XVIe et XVIIe s, et, à côté de quelques boutiques de bondieuseries, des épiceries et autres bars fréquentés par les vieux habitants du coin. Vous vous dirigerez ensuite vers Borgo Vittorio – son nom rappelle la fameuse victoire de Lépante –, dont vous apprécierez le calme et le charme provincial.

🏹 *Museo Storico Nazionale dell'Arte Sanitaria* (musée historique national de l'Art sanitaire, plan détachable d'ensemble, B3) : lungotevere in Sassia, 3. ☎ 06-67-87-864. ● *museiscientificiroma.eu* ● Ⓜ *Cipro Musei Vaticani* (ligne A). De la Rome impériale à nos jours, ce petit musée historique situé sur l'ancien siège de l'hôpital *Santo Spirito* rassemble les principaux objets (livres rares et instruments insolites) liés à la pratique de la médecine à travers les siècles. Côté anatomie, la salle Flajani rassemble à elle seule toutes les bizarreries corporelles possibles et imaginables ! Avis aux amateurs de squelettes et de malformations en tout genre. Au fond de la salle Carbonelli, des alambics poussiéreux, un crocodile empaillé suspendu, des pots de médicaments entassés, une cheminée en pierre grise recouverte de signes cabalistiques : voici la reconstitution réussie d'une pharmacie et d'un laboratoire alchimique du XVIIe s. Dans la cheminée, l'athanor (ancien four permettant de réchauffer les potions) vaut le coup d'œil. Pas de doute, même si les poils se dressent, la magie opère !

𝕏𝕏𝕏 *Castel Sant'Angelo* *(château Saint-Ange ; plan détachable d'ensemble, B2) :* lungotevere Castello, 50. ☎ 06-37-24-121. ● castelsantangelo.com ● ♿ ✆ Tlj sf lun 9h-19h30 (fermeture des caisses 30 mn avt). Entrée : 7 €, majorée lors d'une expo temporaire ; réduc ; Roma Pass. Audioguide : 4 €, avec plan détachable numéroté très pratique car il n'y a aucune info sur le site. Gratuit le 1er dim du mois.

Selon la légende, un ange, apparu au sommet du monument, aurait remis son épée dans son fourreau pour indiquer la fin de l'épidémie de peste qui ravageait Rome en 590, d'où son nom de château Saint-Ange. Sa masse imposante se découpe près du Vatican. Le château Saint-Ange était à l'origine (en 123) le mausolée d'Hadrien, gigantesque tumulus surmonté d'une statue de l'empereur et d'un quadrige en bronze. Dès le IIIe s, le monument fut transformé en forteresse et intégré à l'enceinte d'Aurélien.

Ce qui surprend de prime abord, c'est sa conception médiévale complètement alambiquée s'appuyant sur la structure antique. Sur l'ancien mur, on note la trace des clous qui tenaient le placage de marbre. De nombreux éléments romains furent intégrés dans le château. À l'intérieur, ce ne sont qu'escaliers et passages dérobés, formant un labyrinthe original. Sans oublier l'impressionnante rampe d'Alexandre VI menant au cœur du château : hélicoïdale, on pouvait l'emprunter à cheval. Elle prolonge en réalité l'accès d'origine du tumulus

LE PASSAGE DES ANGES

Au IXe s, Nicolas III bâtit le passetto, la longue muraille qui relie le Vatican au château Saint-Ange. Innocent VIII fait emprisonner au château le cardinal Alexandre Farnèse, futur Paul III. La forteresse, réputée l'une des plus sûres d'Europe, devient le refuge des papes en cas de crise et Alexandre VI fait aménager un conduit direct entre le Vatican et le château. Bref, un passage secret... En 1527, Clément VII lui doit son salut car il put échapper aux troupes de Charles Quint.

et traverse d'ailleurs une antique chambre funéraire (destinée aux urnes contenant les cendres de la famille impériale). Puis apparaît la résidence papale. C'est sûr qu'en pénétrant dans cette forteresse improbable, on ne s'attend pas à tant de raffinement et de débauche ornementale. Fresques et grotesques enluminent le moindre mur, le moindre plafond. C'est magnifique ! Quant à la vue sur Rome et la cité vaticane, elle est juste belle à couper le souffle. On vous conseille de faire la visite en fin d'après-midi pour avoir la chance d'assister au coucher de soleil et à l'illumination de la ville...

Arrivée à la cour d'honneur, un ange y veille !

– *Salle de l'Apollon :* personnages de style grotesque. D'autres pièces présentent des plafonds peints. Pavement d'origine. Au passage, on peut voir quelques œuvres d'art, ou l'expo temporaire du moment. Bon, on va vous faire monter maintenant tout en haut pour le fameux panorama, et puis vous visiterez les dernières salles en repartant.

– Sur le *chemin de ronde intérieur,* jolie vue et un tout petit *Musée militaire.* Quelques pièces intéressantes, comme un heaume du XVe s, ou encore un très rare casque de gladiateur du VIe s av. J.-C. Poires à poudre ouvragées, armures, boucliers gravés, superbes pistolets en os gravé et une arquebuse (tous du XVIe s), véritables objets d'art (venant de la famille Farnèse).

– Escalier pour le *dernier étage.* Grande salle avec de très belles fresques au plafond (1545) et une cheminée monumentale. Dans la *salle Adriano,* quelques toiles exposées au gré de l'accrochage du moment. Accès à la petite *salle du Trésor,* en grande partie lambrissée et équipée de coffres blindés. À l'époque, elle contenait les richesses du pape Sixte V. Autre temps, autres mœurs, au XIXe s elle servit de prison. Un couloir à fresques mène ensuite à la *salle Pauline,* aux grandes proportions et particulièrement ornementée. Plafond sculpté doré. Noter ce personnage en trompe l'œil qui semble entrer par une porte peinte (facétie artistique du XVIe s). Autre belle fresque représentant l'empereur Hadrien et l'archange saint Michel.

– *Salle Perseo* : à côté. Vieux coffre en bois sculpté, tapisseries. Chambre à coucher papale curieusement décorée de fresques, disons suggestives (étonnant repas d'hommes nus !). Paul III, qui fut pape de 1534 à 1549, y aurait habité. Autre fresque presque sensuelle et peu habituelle en ces lieux (femmes prenant leur bain).

– *Terrasse* : accessible depuis un escalier situé à côté de la salle du Trésor, elle offre une superbe vue dégagée et panoramique de Rome. C'est dans ce château que Puccini situe le dernier acte de son opéra *Tosca* (l'air principal de Mario, *E Lucevan le stelle*), qui se termine par le suicide de l'héroïne... depuis la terrasse. Bon, direction les escaliers. Si vous n'avez pas épuisé la batterie de votre appareil photo, vous pouvez emprunter le *chemin de ronde extérieur* qui fait le tour des remparts en passant par les différents bastions. Belle vue sur la place Saint-Pierre.

🐾🐾 **Ponte Sant'Angelo** (pont Saint-Ange ; *plan détachable d'ensemble, B2-3*) : cet harmonieux pont piéton relie le château Saint-Ange à la rive opposée du Tibre. De l'antique *pons Aelius* ne restent que trois arches. Dix merveilleuses statues d'anges baroques de l'atelier du Bernin l'ornent. Le visiteur qui le traverse est escorté par saint Pierre et saint Paul avec quatre anges représentant les instruments de la passion du christ (croix, clous, voile de sainte Véronique, couronne d'épines, etc.).

PRATI *(plan détachable d'ensemble, A-B2)*

➤ **Accès :** Ⓜ *Lepanto* ou *Ottaviano San Pietro* (ligne A). Bus nos 64, 30, 34, 49, 87, 88, 186...

Un peu d'histoire

« Prata Neronis » (pré de Néron) dans l'Antiquité, puis « Prata Sancta Petri » (pré de saint Pierre) au Moyen Âge et ensuite « Prati di Castello » (en référence au château Saint-Ange), Prati était jusqu'à la fin du XIXe s une zone de jardins parsemée de vignobles. Ces mauvaises terres paludéennes, couramment inondées, se civilisèrent après la construction, en 1876, des murailles contenant le Tibre, pain béni pour les urbanistes qui y érigèrent des logements aux fonctionnaires de la nouvelle Italie, dont Rome devint capitale à la fin XIXe s. Tout un symbole, c'est Prati, un promoteur piémontais, qui façonna le visage de cette zone.

Aujourd'hui, très commerçant, il offre un aspect radicalement différent des autres quartiers de Rome. Un émule du baron Haussmann semble en effet être passé par là. Les avenues sont larges, les hauts immeubles ont des tons quelque peu sévères pour Rome, les platanes ont supplanté les pins... C'est au final un agréable quartier résidentiel, peuplé de cadres, d'employés, de retraités... et de commerçants, dont faisaient partie les parents de Cécilia, l'héroïne de *L'Ennui* de Moravia.

Les visites

🐾 **Piazza Cavour** (*plan détachable d'ensemble, B-C2*) : au centre de cette large place plantée de magnifiques palmiers trône le monument en bronze de Cavour, datant de 1895. Ce père de l'unité italienne au XIXe s est largement dominé par l'imposante façade arrière du palais de justice.

🐾 **Palazzo di giustizia** (*palais de justice ; plan détachable d'ensemble, C2*) : pas moins de 22 années ont été nécessaires à son édification (1888-1910). Ses dimensions énormes – 170 m de long pour 155 m de large sans les rampes – en font un des bâtiments les plus imposants de la Rome contemporaine. L'extérieur est en travertin, comme les grands monuments romains, et le style mélange les inspirations antique (notamment le quadrige en bronze surmontant l'ensemble) et baroque.

🍴 **Via Cola di Rienzo** (plan détachable d'ensemble, B-C2) : c'est la plus grande artère commerçante du quartier, avec le petit marché couvert de la piazza dell'Unità, l'excellent traiteur *Franchi* et le célèbre torréfacteur-épicier de luxe *Castroni*. Un lieu pour

ARCHI CORROMPU !

Le palais de justice de Rome a commencé sa carrière sur des terres instables (pour de bon !). Et sa construction par l'architecte Guglielmo Calderini prit la pente glissante de la corruption. Un comble pour un palais de justice ! Son concepteur n'y survivra d'ailleurs pas : il s'est suicidé en 1916, juste avant de faire l'objet d'une enquête parlementaire. Quant au palais, il a gardé son sobriquet : pour les Romains, c'est il Palazzacio, *le « sale palais » !*

faire vos emplettes, donc. Et puis, sur le chemin du retour, vos cabas pleins de victuailles, une lancinante question vous taraudera : qui était donc ce Cola Di Rienzo ? Tribun politique, il fut l'instigateur de la révolution républicaine de 1347. Son comportement excessif finit cependant par lui coûter ses appuis traditionnels (la papauté notamment). Jugé coupable d'hérésie, il revint en 1354 à Rome pour être emprisonné. Libéré, il retrouva pour peu de temps le pouvoir. Un matin d'octobre 1354, un ancien collaborateur le liquida.

MONTE MARIO

🍴 Située au nord-ouest de la ville, Monte Mario est l'une des nombreuses collines romaines. Surplombant les quartiers Prati et Clodio du haut de ses 139 m d'altitude, c'est aussi l'une des plus élevées. Pendant longtemps, le lieu abrita *l'Observatoire astronomique de Rome,* qui n'est plus en service aujourd'hui. Reste le panorama d'exception : la *città eternà* comme vous ne l'avez jamais vue ! C'est tout l'arrière du Vatican que l'on observe, à l'ombre des pins du parc naturel, où bon nombre de sentiers attendent le visiteur. Insolite et dépaysant, ce lieu isolé, un brin désaffecté par endroits (l'ancien Observatoire astronomique de Rome n'est plus en service), a su conserver son caractère sauvage, comme en témoigne la végétation abondante. Pour faire une halte bien méritée au sommet, le café-restaurant *Zodiaco* tombe à pic !

LE VATICAN *(il Vaticano ; plan détachable d'ensemble, A-B2-3)*

➤ **Accès :** Ⓜ *Ottaviano San Pietro pour les visiteurs individuels ou Cipro Musei Vaticani pour les groupes (ligne A). Bus nᵒˢ 40, 49, 62, 64 (qui part de Termini), 81, 115, 116, 590... L'arrêt du nᵒ 49 est le plus proche du musée ; dans les autres cas, il faut marcher un peu.*

Un État dans l'État

Aujourd'hui, environ 900 personnes résident au Vatican et 3 000 frontaliers y travaillent. Les résidents possèdent la double nationalité (celle d'origine et celle du Vatican) mais perdent automatiquement la nationalité vaticane à leur départ. Chaque pays, ou presque, possédant une ambassade auprès du Saint-Siège, Rome est la seule ville au monde où l'on trouve deux représentations diplomatiques par pays. Et, bien sûr, l'État italien a dû y ouvrir sa propre ambassade ! Au fait, le nom du Vatican n'a rien de catholique : soit il provient d'une grande famille romaine, soit il désignait un lieu fréquenté par des... voyantes (de *vaticinàre,* soit « prédire »).

Pour visiter le Vatican, pas besoin d'être habillé comme un garde suisse, mais assurez-vous que le vôtre (d'uniforme) est correct : pantalons pour les hommes, chemisiers « décents » pour les dames (débardeurs, shorts, mini-jupes et bermudas proscrits).

✖✖✖ Piazza San Pietro (place Saint-Pierre ; plan détachable d'ensemble, AB-2-3) : cette place elliptique, éminemment célèbre pour ses rendez-vous religieux, est admirable pour ses proportions un rien démesurées... et pourtant si justement adaptées à l'immense basilique. Des portiques en forme de bras accueillants entourent la

LA PLUS PETITE ARMÉE DU MONDE

De tous les mercenaires recrutés par le pape Jules II au début du XVIe s, les Suisses furent les plus fidèles et les plus âpres au combat. Ils sauvèrent le trône pontifical en 1512 contre les troupes de Louis XII, et mirent Clément VII à l'abri face à Charles Quint en 1527. Devenue l'armée officielle du Vatican, la centaine de gardes suisses se compose aujourd'hui de jeunes célibataires (évidemment catholiques) qui s'entraînent selon des critères modernes. Mais elle revêt encore le très élégant (et anachronique) uniforme rayé bleu et orange.

place qui, ainsi reliée à l'édifice, semble en être le vestibule. Pas moins de 284 colonnes massives sur quatre rangs supportent le toit de ces portiques surmontés d'une foultitude de statues (ne comptez pas : 140 en tout). Représentées en mouvement, ces sculptures adoucissent la rectitude des colonnes. Entre l'obélisque (qui ornait autrefois le cirque de Néron) et chacune des fontaines, un disque sur la chaussée marque le point d'où vous ne verrez qu'un seul rang de colonnes au lieu de quatre. Allez, inutile d'être devin pour reconnaître la patte du Bernin dans ce chef-d'œuvre d'harmonie. Le plus incroyable est que, malgré ses proportions gigantesques, la place était conçue pour être découverte « par hasard », en débouchant de ruelles alentour, selon un procédé en vogue dans l'architecture baroque. Sa perspective actuelle très ouverte n'existe que depuis le percement de la via della Conciliazione sous Mussolini.

✖✖✖ Basilica San Pietro (basilique Saint-Pierre ; plan détachable d'ensemble, AB-2-3) : tlj 7h-19h (18h en hiver). Visites guidées (10h-14h) : 20 €/pers. Audioguide (en français) : 5 € basilique seule, 10 € avec le musée historique ; aborde plutôt les aspects religieux du lieu. Lors des auditions du pape, généralement le mer mat vers 10h30, la basilique est inaccessible. Elle rouvre aux alentours de midi.

La plus grande basilique du monde (près de deux fois la surface de Notre-Dame de Paris). Sur la façade, œuvre de Maderno, noter la *loggia des bénédictions,* d'où le pape s'adresse à la foule à Noël et à Pâques (le reste du temps, il apparaît à l'une de ses fenêtres, sur le côté droit).
En entrant, jetez un œil aux magnifiques portails en bronze. À droite, dans l'atrium, on trouve la porte sainte, qui n'est ouverte qu'une fois tous les 25 ans, pour

ON TROUVE DE TOUT AU VATICAN !

Outre un bureau de poste, une gare, un supermarché, le Vatican possède (comble du raffinement !) un distributeur de billets qui s'exprime en... latin ! Certainement pour se payer le paradis ! Il se trouve porte Sainte-Anne, à droite de l'esplanade Saint-Pierre quand on regarde la basilique en face.

le jubilé. La porte centrale date du XVe s. Elle raconte les martyres de Pierre et de Paul. Notez, entre leurs pieds, les nombreuses inscriptions en arabe et les références aux mythes antiques. Cela s'explique par une tentative (remarquable pour l'époque) de réconciliation des religions. La porte de gauche est celle de la Mort, car on y a représenté la mort de Jésus et de la Vierge, mais également la mort dans le monde des hommes.

Entrons. Le plus étonnant est que de l'intérieur, la basilique Saint-Pierre ne paraît pas d'emblée démesurée. Peut-être parce que les éléments de décoration sont à l'échelle... Imaginez qu'un seul carreau de la verrière au-dessus de l'entrée mesure 1,50 m de haut, que le moindre angelot fait 2 m et que le baldaquin du maître-autel atteint les 30 m de haut, soit la taille d'un immeuble de 10 étages ! Vous n'êtes pas impressionné ? Alors regardez les indications au sol donnant la longueur des autres églises du monde : Notre-Dame de Paris paraît bien ridicule avec ses 130 m, comparés aux 193 m de Saint-Pierre !

Saint Pierre – que Jésus sur-
nomme *Képhas* (c'est-à-dire
« pierre » en araméen : « Tu es
Pierre, et sur cette pierre je bâti-
rai mon église ») – arrive à Rome
après maintes tribulations et
devient le premier évêque, avant
d'être martyrisé sous Néron en
l'an 67. Dès lors, sa dépouille
repose au mont Vatican et servira
plus tard de fondation primitive
à la basilique qui porte son nom.

SACRÉ CHARLEMAGNE !

Rome, 25 décembre de l'an 800. Quoi de mieux qu'une nuit de Noël pour se faire sacrer empereur d'Occident ? Charlemagne est couronné par le pape Léon III dans la basilique Saint-Pierre ; la cérémonie est à l'échelle du lieu : grandiose. Ça ne l'a pas empêché d'avoir 5 épouses et 9 concubines.

Avec le retour des papes, Rome veut affirmer son rôle et sa suprématie aux yeux de la chrétienté et du reste du monde. Pour cela, quoi de mieux qu'une grandiose basilique... 1506 sera véritablement une année charnière à bien des égards dans l'histoire du Vatican : Jules II officialise la création de la garde suisse pontificale, crée le musée du Vatican sur sa collection personnelle et, ce qui nous intéresse ici, lance les travaux de rénovation-reconstruction de la basilique sous la direction de l'architecte Bramante. Celui-ci se contentera des quatre piliers du dôme. Dès lors, plusieurs architectes vont se succéder, dont Michel-Ange qui, lui non plus, ne pourra aller au bout de son projet. La basilique que l'on admire aujourd'hui est l'œuvre de Della Porta, de Fontana et de Carlo Marderno, qui tranchera pour un plan en forme de croix latine, censée rappeler la croix de Jésus. On doit le plus gros du travail de décoration au Bernin.

Le sol et les murs revêtent plus de 180 couleurs de marbre ! Toutes les œuvres de la basilique sont des mosaïques et non pas des peintures ni des fresques. D'ailleurs, il est quasiment impossible de le voir si on ne le sait pas, tant ce travail de mosaïques est fin.

Dans la nef, à l'entrée de la porte centrale, vous remarquerez un grand *disque de porphyre incrusté.* C'est sur cette dalle, récupérée de l'antique basilique, que Charlemagne aurait été couronné empereur par le pape Léon III, le jour de Noël de l'an 800.

Première chapelle sur la droite quand on pénètre dans la basilique : *chapelle de la Pietà.* Michel-Ange n'avait pas 25 ans lorsqu'il termina son admirable *Pietà.* La célèbre œuvre est protégée par une vitre depuis qu'un déséquilibré en a cassé la main et le nez en 1972. Juste à côté, dans la chapelle du Crucifix se trouve la tombe du pape Jean-Paul II, béatifié en mai 2011 et canonisé en avril 2014.

Les nefs latérales renferment les monuments funéraires rendant hommage aux différents papes. Parmi les plus beaux, on peut citer celui d'Alexandre VII, chef-d'œuvre baroque du Bernin, ou encore celui de Clément XIII par Canova.

Au centre, impossible de manquer la chaire et le baldaquin du Bernin (et de Borromini !) qui mesure 30 m de haut. Sur le côté, la statue en bronze de saint Pierre sculptée par Arnolfo Di Cambio, avec l'index et le majeur de la main droite pointés vers le ciel et son pied complètement usé par les baisers des pèlerins.

Devant le baldaquin, sur la gauche, la statue de saint Longin, due au Bernin, figure le soldat qui transperça le flanc du Christ de sa lance. Les reliques des divers fragments de cette fameuse lance ont fait l'objet de luttes incessantes au cours de l'histoire pour leur possession. On en retrouve à Constantinople, Paris, Antioche, à Beyrouth, à Izmir, à Cracovie, en Arménie et à Vienne, ce qui intéressa beaucoup

Himmler, chef des SS qui était persuadé que la lance conférait l'invulnérabilité à son possesseur. Quoi qu'il en soit, le fragment conservé à Saint-Pierre de Rome se trouve dans la chapelle du Pilier de Sainte-Véronique, en compagnie de la Sainte Face et de la Vraie Croix. L'église n'en revendique pourtant pas l'authenticité.

🎯 **Les grottes vaticanes :** *entrée discrète sous la coupole (un seul est ouvert et cela change régulièrement). Tlj 9h-18h (17h oct-mars).* Visite des tombeaux de saint Pierre et de quelques papes, dont Pie XII, Jean-Paul I et Pie VI.

🎯 **Museo storico Vaticano e tesoro** *(Musée historique et trésor du Vatican) : accès par la nef de gauche de la basilique. Tlj 8h-18h40 (18h10 oct-mars) ; la billetterie ferme 30 mn avt. Entrée : 7 €.* Possède de très belles pièces d'art religieux provenant de donations généreuses (une tradition initiée par l'empereur Constantin !). La plupart des objets sont néanmoins relativement récents, en raison des nombreux pillages subis au cours des siècles. Voir tout de même la Croix vaticane de Justin II (VIᵉ s) la dalmatique de Charlemagne, le tombeau de Sixte IV et le sarcophage de Junius Bassus.

🎯🎯🎯 **Cupola** *(coupole) : accès à droite du porche de la basilique, tlj 8h-18h (17h oct-mars). Entrée : 7 € avec l'ascenseur, 5 € sans.* Elle a été dessinée par Michel-Ange, qui la voulut semblable à celle du Panthéon. Giacomo della Porta et Domenico Fontana finalisèrent le projet et achevèrent la construction du dôme d'après les plans de Michel-Ange. Pour y monter, possibilité de prendre l'ascenseur ; En sortant de l'ascenseur, vue plongeante très impressionnante sur l'intérieur de l'église. Il restera tout de même plus de 320 marches pour accéder au sommet du dôme (claustrophobes, s'abstenir absolument : couloirs étriqués au plafond si bas qu'on ne voit jamais la fin)... Puis, de la terrasse du dôme, vue sur toute la ville et les jardins du Vatican.

LES MUSÉES DU VATICAN *(musei del Vaticano)*

Viale Vaticano (à l'entrée nord de la cité du Vatican). ☎ 06-69-88-46-76. • *musei vaticani.va* • ♿
– **Horaires de visite :** *variables d'une année à l'autre,* **pensez à les vérifier.** *En principe, lun-sam 9h-18h et le dernier dim du mois 9h-14h ; nocturnes mai-oct, ven slt, 19h-23h ; dernières entrées 1h30 avt fermeture. Fermé les j. de fête religieuse.*
– **Entrée :** *16 € (frais de résa en sus : 4 €) ; entrée gratuite le dernier dim du mois, le 27 sept (jour international du tourisme), et pour les moins de 6 ans. Non inclus dans le Roma Pass. Photos interdites dans la chapelle Sixtine, autorisées ailleurs (sans flash ni trépied toutefois). Audioguide (très intéressant) : 7 €. N'hésitez pas à venir en début d'ap-m (les groupes viennent essentiellement le mat à l'ouverture). Attention, ni short ni débardeur.*
– **Petite mise en garde concernant la réservation de billets sur Internet :** méfiez-vous des aigrefins signalés par de nombreux lecteurs (des sites mal intentionnés demandant un prix prohibitif pour l'entrée et la réservation). Pour éviter de se faire pigeonner, utilisez le site officiel des musées du Vatican, cité précédemment.

Visite, mode d'emploi

Le site est immense. Il rassemble différents musées qu'on peut visiter librement en fonction de ses préférences, et la fameuse chapelle Sixtine accessible par un seul chemin (pour canaliser les visiteurs). Pour éviter la foule (jusqu'à 25 000 visiteurs certains jours, ce qui oblige à tout visiter au pas de charge !), venir hors saison et de préférence en semaine. Comme cela n'est pas toujours possible, voici quelques conseils pratiques.

D'abord, si vous souhaitez pouvoir jouir de la chapelle Sixtine en paix, il est indispensable d'arriver parmi les premiers. Cela implique de faire la queue 1h avant l'ouverture et de s'y rendre directement sans visiter les autres sites qui attendront un peu (sauf les chambres de Raphaël, puisqu'elles sont sur le chemin).

Autre solution, pour éviter les bouchons matinaux en saison (voire l'arrêt complet de la circulation !), arrivez après tout le monde, c'est-à-dire à l'heure du déjeuner. Ça vous laisse quand même presque 4h pour voir l'essentiel...

> ## DÉSHABILLER PIERRE POUR HABILLER PAUL
>
> *L'expression vient du fait qu'à Rome, on avait pris l'habitude de récupérer tous les matériaux possibles issus des ruines de l'Antiquité pour édifier de nouveaux monuments. Pour construire la basilique Saint-Pierre, on utilisa les marbres des thermes de Caracalla, les bronzes du Panthéon ou encore les briques du Colisée et des forums... Ainsi, les Romains prirent l'habitude de dire « Spogliare Pietro per vestire Paolo »...*

Sinon, si les files d'attente vous insupportent et que vous aimez ce style de découverte, passez par une visite de groupe organisée à l'avance, garantissant un accès plus rapide.

Si vous avez fait une réservation sur Internet pour une heure fixe, pas besoin de faire la queue dehors, présentez-vous directement au contrôle et retirez votre billet à l'intérieur.

Pour terminer, sachez que les sections mineures sont rarement ouvertes, faute de personnel, et que la pinacothèque ferme plus tôt que le musée. Finalement, sur les 7 km théoriques de galeries, on n'en parcourt généralement guère plus de quatre !

★★★ Une fois arrivé en haut de l'escalator, tournez à gauche et entrez dans le *cortile della Pigna.* Il doit son nom à l'énorme pomme de pin installée au beau milieu de la cour, symbole romain de richesse et d'abondance. Celle-ci date du Ier s et servait de fontaine publique (l'eau jaillissait par les trous des pignons). Elle fut récupérée au VIIIe s pour orner la première église Saint-Pierre et intégra le Vatican à la construction de la basilique. Elle est encadrée de deux paons provenant du mausolée de l'empereur Hadrien (IIe s). Ces oiseaux réputés à la chair imputrescible symbolisaient l'éternité.

Traversez la cour et entrez dans l'édifice en face. Avant de monter l'escalier, dirigez-vous à droite au rez-de-chaussée : voici la *galerie Chiaramonti,* aménagée par Canova, qui rassemble plus de 1 000 statues et sarcophages. Après la spoliation de Napoléon qui pilla les collections de Pie VI, son successeur, Pie VII, interdit la vente d'œuvres. Il lança aussi des fouilles, très fructueuses, comme

> ## L'AVOCAT DU DIABLE
>
> *Au Vatican, lors de la canonisation d'un candidat, on choisissait un prélat qui soutenait des arguments contre cette sanctification. L'avocat du diable (donc du côté de Satan) plaidait à charge, même s'il ne croyait pas en ses propres déclarations, juste dans le but de provoquer un débat contradictoire.*

le prouvent les œuvres que vous êtes en train de contempler !

Ensuite, montez l'escalier jusqu'au *museo Pio Clementino* (musée Pio Clementino) : entrée par la *salle 12.* Créé par le pape Clément XIV en 1770. Impossible de décrire toutes ses richesses. En voici cependant les vedettes.

– Salle 10 : l'*Apoxyomène,* copie romaine du Ier s apr. J.-C. d'un bronze original de Lysippe (célèbre artiste du IVe s av. J.-C., protégé d'Alexandre le Grand). Représente un athlète au repos se frottant la peau avec un strigile pour enlever sueur et sable. Sa pose en *contrapposto* (appui sur une jambe, l'autre étant légèrement fléchie) connut une grande postérité dans l'art de la Renaissance.

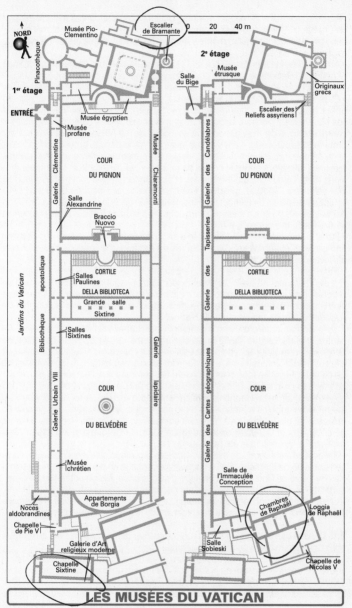

NORD

Musée Pio-Clementino

Escalier de Bramante

0   20   40 m

2ᵉ étage

Pinacothèque

Salle du Bige

Musée étrusque

Originaux grecs

1ᵉʳ étage

ENTRÉE

Musée égyptien

Escalier des Reliefs assyriens

Musée profane

Salle Alexandrine

Galerie Clémentine

COUR DU PIGNON

Musée Chiaramonti

Galerie des Candélabres

COUR DU PIGNON

Braccio Nuovo

Salles Paulines

CORTILE DELLA BIBLIOTECA

Galerie des Tapisseries

CORTILE DELLA BIBLIOTECA

Bibliothèque apostolique

Grande salle Sixtine

Salles Sixtines

Galerie des

Galerie Urbain VIII

Jardins du Vatican

COUR DU BELVÉDÈRE

Galerie lapidaire

Galerie des Cartes géographiques

COUR DU BELVÉDÈRE

Musée chrétien

Salle de l'Immaculée Conception

Noces aldobrandines

Appartements de Borgia

Chambres de Raphaël

Loggia de Raphaël

Chapelle de Pie V

Galerie d'Art religieux moderne

Salle Sobieski

Chapelle Sixtine

Chapelle de Nicolas V

LES MUSÉES DU VATICAN

LE VATICAN ET SES ALENTOURS

– Au passage, *salle 11,* ne pas manquer de jeter un œil sur le magnifique *escalier de Bramante.* Commandé par le pape Jules II au début du XVIe s. Construit en spirale ; les chevaux pouvaient même y monter. Rarement visible malheureusement, sauf en se tordant le cou.

– Arrivée dans la charmante *cour de l'Octogone,* le cœur du musée. On y admire l'*Apollon du Belvédère,* l'un des plus fascinants exemples de l'art antique. Marbre romain sculpté en 130 apr. J.-C., d'après un bronze grec (datant de 330 av. J.-C.). « Et ses yeux regardent d'un éclat silencieux et éternel », s'était exclamé le grand poète Hölderlin. Dans une niche voisine, l'exceptionnel *groupe de Laocoon et ses fils.* Prêtre d'Apollon, Laocoon avait mis en garde ses compatriotes troyens contre le cheval de Troie abandonné en « offrande » à Athéna par les Grecs. Pour prouver la supercherie, il envoya une lance contre le cheval, provoquant la fureur de la déesse, qui le fit tuer avec ses fils par de monstrueux serpents. Les Troyens, rassurés, laisseront entrer le cheval dans la cité... Œuvre de trois sculpteurs rhodiens du Ier s av. J.-C., tout en muscles et puissance, génialement pathétique. Déjà très célèbre à l'époque, puisque Pline l'Ancien en parle comme de la plus belle sculpture du palais de l'empereur Titus. Retrouvée dans la Domus Aurea de Néron par Michel-Ange, aux anges, elle sera achetée par Jules II et deviendra l'œuvre la plus reproduite à partir du XVIe s.

– Dans la *salle des Animaux,* flanquée à sa droite de la longue *galerie des Statues,* nombreuses et impressionnantes figures ou groupes d'animaux, et deux copies d'œuvres du génial Praxitèle.

– Plus loin, *salle des Muses* avec le célèbre *Torse du Belvédère.* Sculpté au Ier s av. J.-C. par l'Athénien Apollonios, certains pensent qu'il pourrait s'agir d'un Hercule, à cause de la peau de lion, mais pas de trace de massue... Michel-Ange intervint pour expertiser la statue et s'en inspira également pour son Christ du *Jugement dernier* de la chapelle Sixtine.

– *Salle Ronde,* chef-d'œuvre de Simonetti qui rappelle un peu le Panthéon. Au centre, grande vasque de 13 m de circonférence, taillée dans un seul bloc de porphyre, un exploit car cette pierre est l'une des plus dures à travailler. Provenant elle aussi de la Domus Aurea, c'était une fontaine ornementale ! Au sol, mosaïques de centauromachies (combats opposant les hommes aux centaures), provenant de thermes proches de Rome. Mais une statue éclipse toutes les autres : il s'agit d'*Antinoé* (l'amant d'Hadrien), divinisé et beau à mourir ! À sa droite, une statue nettement moins harmonieuse mais néanmoins remarquable : un *Hercule* en bronze doré qui fut foudroyé. Y voyant un mauvais augure, les Romains la mirent de côté sans pour autant oser la détruire, de peur de déplaire aux dieux. Cela explique qu'elle n'ait pas été fondue.

– *Salle à Croix grecque :* au milieu, ravissante mosaïque aux vives couleurs représentant le buste d'Athéna (IIe s). Imposant sarcophage en porphyre rouge de sainte Hélène, mère de Constantin, et un autre de Constance, fille ou petite-fille de Constantin (IVe s). Décoré d'enfants cueillant du raisin.

– C'est ici que l'on accède au *Musée étrusque* et au *Musée égyptien.* Pas essentiels. À visiter si vous avez plus de 4h devant vous (voir descriptif plus loin).

🏃🏃 Dans le cas contraire, il vous faudra traverser différentes galeries auxquelles vous consacrerez plus ou moins de temps.

– **La salle du Bige :** elle n'est pas toujours ouverte, mais on peut apercevoir le bige (œuvre romaine en marbre du Ier s av. J.-C.) à travers un grand portail en fer battu.

– **Galleria dei Candelabri** *(galerie des Candélabres) :* ici, tout est du IIe s. Entre autres sculptures (et candélabres), un cercueil d'enfant (première salle à droite), incrusté de scènes de la vie quotidienne d'un enfant de son époque et de sa classe, un chien à ses pieds. Puis une *Artémis Éphèse* (deuxième salle, dans l'alcôve), la mère nourricière... Contrairement à ce que l'on croit, elle ne serait pas couverte de seins mais de testicules de taureau, ce qui revient (quasiment) au même puisqu'il s'agit de symboliser la fécondité. Paradoxalement, elle est entourée d'urnes funéraires. Un *Satyre avec jeune Bacchus sur* les épaules (pièce nº 40), aux yeux en pâte de verre qui donne une idée de la richesse chromatique des statues antiques.

– **Galleria delle Tappezzerie** (galerie des Tapisseries) : à gauche, les éblouissantes tapisseries de Bruxelles tissées au XVIᵉ s dans la manufacture de Pieter Van Aelst, sur des cartons des élèves de la Scuola Nuova de Raphaël. Hautes de 5 m et initialement exposées dans la chapelle Sixtine, elles illustrent la vie de Jésus. L'Adoration des mages, aux couleurs d'une étonnante fraîcheur, révèle une grande richesse dans l'expression des personnages qui s'unissent dans un beau mouvement vers l'Enfant. Plus loin, la saisissante Résurrection du Christ, longue de 9 m, est également un chef-d'œuvre d'illusion optique : le Christ suit des yeux le spectateur tandis que le couvercle de son sarcophage se place invariablement dans la bonne perspective ! Quant au Repas d'Emmaüs, il est prétexte à une remarquable nature morte, où reflets et transparence de la verrerie et de l'eau se mêlent à un jeu d'ombres, mis en valeur par une nappe au dessin complexe. À droite défilent les tapisseries de la manufacture Barberini, créée par le cardinal Francesco Barberini en 1627 à Rome pour glorifier la famille Barberini, et fermée en 1683, à la mort cardinal. Chacune porte les abeilles emblématiques de la famille. Et dire que vous ne voyez là qu'un petit échantillon du fonds du Vatican, riche de 3 000 tapisseries flamandes, françaises et italiennes !

– **Galleria delle Carte geografiche** (galerie des Cartes géographiques) : longue de 120 m, on y découvre 40 cartes topographiques, peintes à fresque en 1580, à la demande du pape Grégoire XIII, afin d'affirmer son pouvoir temporel. Témoignages exceptionnels de la géographie et de la cartographie de l'époque, du même auteur que le cabinet cartographique du palazzo Vecchio à Florence. Toutes les régions d'Italie et les possessions de l'Église, vues depuis le Vatican : cela explique, par exemple, la représentation à l'envers de la Corse. Noter, sur la carte du Latium, l'intéressant plan de Rome, le fameux pont sur celle d'Avignon et, en sortant, les belles cartes de Venise et de Gênes. Quant au plafond du XVIᵉ s, constellé de stucs, il est lui aussi exceptionnel. Il raconte la vie des saints en correspondance avec les cartes géographiques.

– Tout en suivant la direction des chambres de Raphaël, on traverse les salles Sobieski et de l'Immaculée Conception. Tournez à gauche.

🟊🟊🟊 **Stanze di Raffaello** (chambres de Raphaël) : commandées par le pape Jules II qui refusait d'habiter les appartements de son prédécesseur haï, Alexandre VI Borgia, les fresques furent réalisées de 1508 à 1524 (à la mort de Raphaël, elles furent reprises par ses élèves). Comme les murs étaient déjà parés d'œuvres de peintres illustres tels que Piero Della Francesca, Luca Signorelli, le Pérugin (le maître de Raphaël)..., on dut les recouvrir en grande partie. Gardez en tête que si Raphaël travailla entièrement sur les premières salles, il n'en est pas de même sur les dernières ; or, la visite ne se fait pas dans l'ordre de leur réalisation.

– La salle de Constantin (stanza di Constantino) : c'est la plus grande, celle des cérémonies et des réceptions des ambassadeurs. Pas la plus belle, car il s'agit de la quatrième salle, réalisée pour l'essentiel après la mort du maître (à 37 ans, on vous le rappelle) par deux de ses élèves sur le thème du Triomphe du christianisme sur le paganisme. Ce bel exemple de propagande pontificale, soit dit en passant, évoque avec force détails la conversion de Constantin qui, malin, se garda bien de choisir entre deux camps jusqu'aux derniers instants de sa vie !

– La chambre d'Héliodore (stanza di Eliodora) : deuxième de la série ; Raphaël y travailla de 1511 à 1514, et ça se voit ! Restaurée, la formidable Libération de saint Pierre est l'un des rares jeux de lumière de clair-obscur de la peinture italienne à cette époque. Le saint, sous les traits de Jules II qui venait de mourir, est emmené hors du cachot par un ange aux ailes bleutées d'une beauté aérienne. Fresques sur les côtés : Héliodore chassé du Temple et Léon le Grand à la rencontre d'Attila. Au plafond, des scènes bibliques (le Sacrifice d'Abraham, l'Échelle de Jacob...). Le patient physionomiste que vous êtes retrouvera deux fois le même visage : celui de Léon X, élu en 1513.

– *La chambre de la Signature (stanza della Segnatura) :* Raphaël débuta ses travaux par ce cabinet de travail et bibliothèque de Jules II, en 1509. Quasiment tout est de lui. Éclipsant la voûte quadripartite (personnifications de Poésie, Philosophie, Justice et Théologie) et la fresque de la *Dispute du Saint-Sacrement*, l'*École d'Athènes* y capte tous les regards. Raphaël s'est amusé à y mettre en scène les grands penseurs de l'histoire, dont certains (pas tous) ont les traits de ses amis artistes... Au centre, Platon avec la tête de Léonard de Vinci, le doigt pointant en l'air. À côté, Aristote. À gauche, Socrate, en vert et de profil. Allongé sur les marches, Diogène et, en bas à gauche, Épicure, couronné de lauriers, et Pythagore, en pleine étude. Héraclite, assis, a le visage de Michel-Ange (il travaillait alors à la chapelle Sixtine !). Penché sur son compas, à droite, Euclide n'est autre que l'architecte Bramante. Enfin, à droite, contre la colonne, l'homme au béret noir... c'est Raphaël lui-même !

– *La chambre de l'Incendie du Borgo (stanza dell'incidio di Borgo) :* peinte *a fresco* de 1514 à 1517, voici la troisième chambre ; Raphaël n'en assura pratiquement que les dessins. L'intérêt principal de cette pièce est de contempler la basilique Saint-Pierre à l'époque de Constantin, avant qu'elle ne soit transformée. Ici, sous Jules II, se réunissait le plus important tribunal du Saint-Siège. Son successeur, Léon X, la transforma en salle à manger. Dans le *Couronnement de Charlemagne*, ce dernier possède les traits de François Ier (et le pape Léon III, ceux de Léon X). Nette allusion au Concordat signé entre la France et l'Église en 1515. L'*Incendie du Borgo*, éteint (d'un signe de croix, dit-on) par Léon IV en 847, est ici la seule fresque réalisée par Raphaël. Autre fresque, la *Bataille d'Ostie* évoquant la victoire de Léon IV (qui a les traits de Léon X) sur les Sarrasins, référence à sa campagne contre les Turcs. Enfin, le *Serment de Léon III* (qui dut se défendre à l'époque de graves calomnies) renvoie au concile du Latran de 1516, qui établissait que le pape n'a de comptes à rendre qu'à Dieu. On notera que le décor de cette chambre est totalement dédié à la gloire de Léon X et de ses ambitions politiques, les hauts faits des Léon antérieurs se mettant astucieusement à son service ! Au plafond, une *Trinité* du Pérugin qu'on n'osa pas recouvrir.

🏃 On traverse ensuite les **appartements de Borgia.** D'origine espagnole, il fut élu pape en 1492 et régna jusqu'en 1503 sous le nom d'Alexandre VI. Deux des six pièces privées de son appartement furent décorées par le fameux Pinturicchio, dont la très belle *salle des Mystères* (dans une des lunettes, une remarquable *Adoration des mages*). Certaines salles présentent de magnifiques plafonds sculptés dorés et polychromes.

🏃 *La galerie d'Art religieux moderne :* elle abrite la collection d'art contemporain. C'est la dernière étape avant la Sixtine, mais prenez quand même le temps d'admirer les œuvres de Chagall, Léger, Dalí ou encore Bacon ! Cette galerie est quasiment toujours déserte, les visiteurs faisant l'impasse !

🏃🏃🏃 *Capella Sistina (chapelle Sixtine) :* silence de rigueur ! Comment imaginer de tels chefs-d'œuvre de délicatesse derrière des murs si épais ? Car cette chapelle médiévale, remaniée de 1475 à 1483 à la demande du pape Sixte IV, est soigneusement protégée à l'abri d'une forteresse. Plan très simple : salle rectangulaire sans abside de 40,23 m de long, 13,41 m de large et 20,70 m

PRIVÉ DE SORTIE

Du latin cum clave (à clé), le conclave est le lieu où les cardinaux sont « enfermés » pour élire un nouveau pape. En 1274, l'élection dura près de 3 ans et le peuple romain, agacé, décida d'emmurer tous les prélats dans la chapelle Sixtine. Depuis, la tradition est restée.

de haut, inspirée du mythique temple de Salomon. Le décor des murs latéraux retrace les vies de Moïse et du Christ, où l'observateur attentif remarquera différents détails soulignant l'autorité divine des papes, successeurs de saint Pierre.

Œuvre pieuse, sans doute, mais aussi outil de propagande pour un pape contesté qui cherchait par ce biais à réaffirmer son autorité. Réalisé de 1481 à 1483 par un incroyable casting d'artistes, sous la direction du Pérugin. Jugez-en !

À partir du *Jugement dernier,* à gauche, on trouve le *Voyage de Moïse vers l'Égypte* du Pérugin et du Pinturicchio, la *Jeunesse de Moïse* par Botticelli, le *Passage de la mer Rouge* et la *Remise des Tables de la Loi* par Rosselli, la *Punition des rebelles* par Botticelli (noter que Aaron est coiffé de la tiare papale), les *Derniers Jours de Moïse* de Signorelli. À droite, le *Baptême du Christ* du Pérugin et du Pinturicchio, la *Vocation des apôtres Pierre et André* de Ghirlandaio, le *Sermon sur la montagne* par Piero de Cosimo, le *Christ remettant les clés à saint Pierre* du Pérugin et la *Cène* de Rosselli.

Rappelons que c'est ici que se déroule le conclave au cours duquel on élit le nouveau pape...

La voûte

Alors que la voûte n'était qu'un beau ciel étoilé, une infiltration d'eau obligea Jules II (neveu de Sixte IV) à commanditer de nouveaux travaux. Il songea à Michel-Ange, qui tenta bien de se défiler devant l'ampleur du projet, mais dut se résigner à se mettre au boulot en 1508. On raconte que ce refus lui avait été suggéré par Bramante, jaloux de son talent. Un Michel-Ange pas plus élégant lui-même, puisqu'il se hâta de licencier ses collaborateurs dès qu'il eut assimilé leurs techniques de peinture à fresque, qu'il ne connaissait pas auparavant. Il travailla donc seul du haut de ses 20 m d'échafaudage, quasiment secrètement et dans une demi-pénombre puisque le niveau des fenêtres était inférieur à sa plateforme de travail. En 2 ans, il réalisa la moitié de la voûte, mais Jules II, à bout de patience, exigea le 14 août 1511 que Michel-Ange ôtât tous les échafaudages pour vérifier où il en était. On laisse entendre que Raphaël vint en voisin (il travaillait alors sur les chambres) et qu'il en changea insensiblement son style ! En octobre 1512, la voûte était achevée... après 849 jours de labeur. On raconte aussi que le pauvre Michel-Ange en redescendit plié en deux. Aujourd'hui, il est vengé par les millions de visiteurs se tordant le cou pour les admirables séquences de sa Genèse que sont la *Création du Soleil et de la Lune*, la *Création de l'Homme* (l'une des images les plus universelles qui soient), le *Péché originel* (d'une extraordinaire volupté !), le fantastique *Déluge*... Les volumes extraordinaires laissent transparaître le génie du sculpteur derrière celui du peintre.

Le Jugement dernier

Quelques papes plus tard, en 1533, Clément VII de Médicis offrit à son tour à Michel-Ange la décoration du grand mur de l'autel. Fidèle à lui-même, l'artiste se déroba, finassa, espérant même, à la mort de Clément, qu'on l'oublie un peu. Las, les consignes avaient été trans-mises, et Michel-Ange ne put jouer plus longtemps au chat et à la souris avec Paul III, son suc-cesseur. À 25 ans d'intervalle, Michel-Ange aura donc repeint la voûte de la chapelle Sixtine et réalisé le *Jugement dernier*. Pas mal comme CV, sans compter le reste... Cela dit, il est écrit qu'il expédia la corvée (200 m^2 et 391 personnages) en un temps record : 450 jours (certains

CACHEZ CES SEXES...

Si le Jugement dernier suscita l'admi-ration, il y eut beaucoup d'indignation face à la nudité des personnages. Le pape Paul IV, très incommodé, demanda à Michel-Ange de voiler les sexes, ce que l'artiste refusa (il ado-rait les corps masculins). Un moment, on envisagea même la destruction du mur de l'autel. Mais il fallut attendre la mort de Michel-Ange pour que l'on demande à un élève du maître de recouvrir les objets du délit. L'heureux élu y gagna le surnom de Braghettone, soit le « Fabricant de culotte » ! Voilés, dévoilés, revoilés, on ne sait plus à quel « sein » se vouer. Lors de la récente res-tauration, on a redévoilé certains sexes. C'est Michel-Ange qui doit rigoler là-haut...

ouvrages affirment qu'il fallut 4 ans, voire 7 ans ; quand donc se mettront-ils d'accord ?)... À 60 ans, l'artiste avait atteint le summum de sa maturité artistique. Une anecdote au passage : pour commencer son travail, Michel-Ange dut, excusez du peu, liquider les deux premiers panneaux de la vie du Christ et de Moïse peints par le Pérugin. Un nouveau mur de brique fut édifié contre l'ancien, légèrement en pente vers l'intérieur pour éviter l'accumulation de poussière. D'une valeur artistique inestimable, le *Jugement dernier* est sans doute la fresque la plus chère jamais réalisée en raison de l'énorme quantité de poudre de lapis-lazuli utilisée pour le bleu de son ciel tourmenté.

Admirez aujourd'hui ce tourbillon de formes humaines, ce maelström de destins broyés, laminés... On a dit que cette œuvre symbolisait la fin de la Renaissance « optimiste ». L'épouvantable sac de Rome en 1527 avait probablement laissé des traces dans les mémoires et les consciences. En tout cas, elle devait provoquer l'effroi et l'horreur du péché, comme c'était le but de tout *Jugement dernier* dans les églises à l'époque. Honnêtement, ce chef-d'œuvre serait trop long à détailler ici : du Christ, à qui Michel-Ange offrit le torse du Belvédère, au visage de l'artiste figurant sur la peau dépouillée de saint Barthélemy, en passant par le cardinal ayant refusé des sous à Michel-Ange et qui brûle désormais en Enfer, c'est une multitude de détails et de scènes époustouflantes. Ici, la petite brochure locale s'impose vraiment !

La gigantesque opération de rénovation, achevée en octobre 1999, fut sans doute la « restauration du siècle ». Elle ne manqua pas de faire grincer quelques dents, mais on ne se lasse plus aujourd'hui d'admirer toutes ces fresques aux couleurs vives et acidulées. Et si l'on ne trouve plus personne pour les désavouer, elles étonnent toujours autant chez ce peintre souvent qualifié de « terrible souverain de l'Ombre ». Çà et là, des témoins ont été laissés : ils permettent de se rendre compte de la crasse qui recouvrait les murs de la chapelle et qui cachait aux yeux du monde ce chef-d'œuvre absolu. Fin de la polémique ! Pourtant, au fur et à mesure de l'évolution des travaux, d'autres débats ont surgi : fallait-il vraiment conserver les voiles pudiques rajoutés 23 ans après l'achèvement de l'œuvre de Michel-Ange sous prétexte qu'ils ont, eux aussi, valeur artistique ? Ou bien, au contraire, redonner son aspect premier à l'œuvre, quitte à offusquer les « âmes délicates » ? Chacun se situera comme il l'entend...

Sortez par la porte de gauche (en tournant le dos au *Jugement dernier*).

🏃 Vous tomberez sur les *galeries Urbain VIII* et *Alexandrine.* Un petit *Musée chrétien* rassemble de jolis objets religieux en ivoire ou d'orfèvrerie ainsi que des émaux, tandis que les autres salles présentent des papyrus et des statuettes antiques. Dans une des vitrines, petit diptyque avec la louve, Romulus, Remus et... le Christ ! Ne ratez pas, gravée sur une plaque de bronze, une représentation du monde plutôt farfelue avec quantité de personnages fantasmagoriques. Vous verrez qu'il s'agit de l'ancêtre du *Routard* avec toutes sortes

L'ENLÈVEMENT HORS SÉRAIL

Le Miserere composé par Allegri en 1638 était une œuvre très exclusive. Elle se chantait à matines, les mercredi et vendredi de la semaine de Pâques, dans la chapelle Sixtine, seulement pour le pape et ses invités. Les castrats qui l'interprétaient avaient interdiction absolue de le retranscrire sous peine d'excommunication. C'est Mozart qui aurait, lors d'une visite au Vatican en 1771, reproduit de mémoire, note par note, cette partition ultra-secrète. Il avait à peine 14 ans...

de conseils pratiques. Inutile de préciser qu'au XVᵉ s, le monde est encore plat... Avant d'aller plus avant dans la visite, à gauche en remontant le début des galeries, la *salle des Noces d'Aldobrandini* (rarement ouverte). Ces fresques délicates réalisées à l'époque d'Auguste ont pour thème le mariage d'Alexandre le Grand et de Roxane.

🏃🏃 Vient ensuite la splendide ***bibliothèque Sixtine*** (biblioteca Sistina), réservée aux expositions temporaires et aux réceptions. Autant dire qu'elle est le plus souvent fermée. Ce qui est fort dommage car, outre un remarquable plafond peint, on peut y admirer des reproductions de Rome au moment des grands travaux d'urbanisme de Sixte V (celui des obélisques !).

🏃🏃🏃 Pour la ***pinacothèque*** (pinacoteca), on descend l'escalier et on suit les indications via la *galerie Clémentine*. Il s'agit de l'une des plus riches collections de peintures d'Italie (commencée par le pape Pie VI), surtout pour la qualité de ses œuvres d'époque Renaissance. Les salles sont organisées chronologiquement, depuis l'époque médiévale. Une belle occasion de suivre l'évolution artistique, l'apparition de la perspective, les allers-retours entre les styles et les époques. En voici les points forts.

– À l'accueil, copie de belle facture de la *Pietà* de Michel-Ange, que l'on reconnaît à la signature sur le bandeau et qu'on peut enfin approcher !

– *Salles 1 et 2 :* primitifs religieux. *Triptyque* de Giotto (1315-1320, commandé à l'origine pour la basilique) et tous les grands de l'époque : Simone Martini, Pietro Lorenzetti, Bernardo Daddi...

– *Salle 3 :* belle *Vierge à la ceinture* de Benozzo Gozzoli, une autre de Filippo Lippi et *Épisodes de la vie de San Nicola Di Bari* de Fra Angelico.

– *Salle 4 :* fragments de fresques de Melozzo Da Forli (1480) provenant de l'abside de la basilique des Saints-Apôtres. L'occasion rare d'observer une fresque de près, y compris dans les détails : nez déformés que la perspective redressait, etc. Anges musiciens et apôtres aux visages délicats annonçant Botticelli, leur enchaînement est tout simplement merveilleux. Jolie *Annonciation* de Marco Palmazzano (XVᵉ s).

– *Salle 5 :* sombre *Pietà* de Lucas Cranach le Vieux (où, pour la première fois, le Christ n'est pas dans les bras de la Vierge).

– *Salle 6 :* notre cœur balance entre les deux frères Crivelli. Dans le tableau de Vittore (le vieillard de gauche et le jeune homme inspiré à droite), la technique évoque presque la photo. Cependant, notre préféré, c'est Carlo, dont les visages sont plus expressifs. La douleur est puissamment rendue dans sa *Pietà*, et sa *Vierge à l'Enfant*, à côté, révèle tant d'élégance et de douceur...

– *Salle 7 :* *Déposition* de Sparano (1505) et une jolie *Vierge et quatre saints* du Pérugin (1495). Comme souvent, sa femme sert de modèle. Faudrait-il voir dans son petit air agacé un certain ennui à poser ?

– *Salle 8 :* dans cette grande galerie, un enchantement ! Trois grandes toiles de Raphaël, la *Madone de Foligno* (1511), le *Couronnement de la Vierge* (peint en 1502, il n'avait alors que 19 ans !) et l'ultime œuvre du maître : la *Transfiguration*. Découverte à sa mort, en 1520, cette composition inachevée suivra en hommage son cortège funèbre. Malgré sa luminosité sans pareille, elle annonce le Caravage : en bas à gauche, l'obscurité semble monter, monter... Quel contraste avec la première toile, encore imprégnée de tradition médiévale avec ses jolis anges-nuages !

Enfin, les nombreuses tapisseries présentées ici ont été réalisées à partir de cartons dessinés par la Scuola Vecchia soit l'école dite de Raphaël, sauf une, la *Cène*, attribuée à Léonard de Vinci (la figure à la droite du Christ ne vous évoque-t-elle pas la Joconde ?).

– *Salle 9 :* belle histoire du *Saint Jérôme* de Léonard de Vinci (1480), inachevé (on voit encore les coups de crayon) et retrouvé en deux morceaux. Extraordinaire *Pietà* de Giovanni Bellini (1473).

RIEN NE SE PERD, RIEN NE SE CRÉE, TOUT SE TRANSFORME

Le tableau inachevé de De Vinci Saint Jérôme dans le désert *fut retrouvé par le cardinal Fesch, l'oncle de Napoléon. Coupé en deux, un brocanteur romain se servait d'une partie comme couvercle d'un coffre. On découvrit la partie haute utilisée comme banc chez un cordonnier, cinq ans plus tard.*

– *Salle 10* : *Portrait du doge Niccolo Marcello* (1542), *Madone de San Niccolo dei Frari* (1528) de Titien et *Vision de sainte Hélène* de Véronèse.

– *Salle 11* : *Saint Jérôme* et *Résurrection de Lazare* de Girolamo Muziano, et un Carracci.

– *Salle 12* : magnifique *Déposition au tombeau* du Caravage (1604) à la mise en scène théâtrale. Noter le mouvement circulaire des personnages. Également deux *Martyre de saint Érasme*, l'un de Nicolas Poussin (le seul tableau qui lui ait jamais été commandé pour la basilique Saint-Pierre), l'autre de Jean de Bologne ; quelques Guerchin et un beau *Saint Matthieu* de Guido Reni.

– *Salle 13* : quelques Pierre de Cortone. Ainsi qu'une très belle *Sainte Irène enlevant les flèches de saint Sébastien*, œuvre d'un peintre provençal injustement méconnu.

– *Salles 14 et 15* : intéressante figure de vieux de David Teniers le Jeune. Plus loin, on aime bien le Jésus blondinet et ébouriffé de la *Sainte Famille* de Giuseppe Maria Crespi. Sinon, pas mal de baroques et rococos plutôt ennuyeux. *Observation astronomique* de Donato Creti.

– *Salle des Icônes et salle des Modèles du Bernin* : souvent fermées ; on y trouve les maquettes originales des bronzes réalisés pour la *chapelle du Sacrement* de la basilique Saint-Pierre.

Noter, au passage, l'étonnant

> ### SACRÉ PAPE !
>
> *Le gouvernement italien proposa, le 15 mai 1871, un acte connu sous le nom de loi des Garanties papales, où l'Italie reconnaissait l'idée d'une Église libre dans un État libre, la personne du pape étant considérée comme sacrée. Il lui fut accordé annuellement une somme de 3 225 000 lires, les propriétés du Vatican et du palais du Latran, ainsi que la villa de Castel Gandolfo. Il put aussi entretenir une petite force pontificale : les fameux gardes suisses.*

Adam et Ève au Paradis de W. Peter (XVIIIe s). Superbe représentation d'un paradis fantasmé, fascinant bestiaire.

S'il vous reste un peu de temps, on ne peut que vous conseiller la visite des sections et salles suivantes.

🕯 *Museo etrusco* (*Musée étrusque*) : abondance de sarcophages, de tombeaux et d'objets exhumés lors de fouilles menées en Étrurie. Vaisselle, coupes et cruches en argent, encriers et syllabaires, amphores et céramiques, objets en bronze, miroirs, cistes, nombreux casques, candélabres, riches collections d'objets funéraires, superbes bijoux, fibules et diadèmes en or, objets en ambre. Salles des terres cuites et des vases. Souvent fermé, malheureusement.

🕯 *Museo egizio* (*Musée égyptien*) : *l'entrée se trouve à côté du somptueux escalier Simonetti (voûte en berceau reposant sur d'antiques colonnes).* Petit musée fondé en 1838 par le pape Grégoire XVI, alors qu'une vague d'égyptomanie déferlait sur toute l'Europe. Ayant intégré l'Égypte à son empire, Rome avait adopté beaucoup de ses cultes, et une foule d'objets furent donc retrouvés dans les villas antiques. Quelques cercueils et sarcophages peints, belle momie de femme (1000 av. J.-C.), vases canopes où l'on conservait les viscères, mobilier et objets funéraires, collection de papyrus. Statuaire de la villa Adriana, ensemble monumental édifié par l'empereur Hadrien (117-138). Beau sarcophage de la reine Hetep-Heret et statue colossale de la reine Touya, mère de Ramsès II.

🕯 Dans le *braccio Nuovo,* perpendiculaire au Chiaramonti, nombreuses statues antiques dans des niches. Son chef-d'œuvre est incontestablement la colossale statue romaine *Le Nil* (Ier s apr. J.-C.). Elle fut retrouvée au début du XVIe s et identifiée grâce aux figures de sphinx et de crocodiles. Les 16 enfants symbolisent les 16 coudées qu'atteignait le niveau du Nil au moment de la grande crue.

🎥 **Les Musées grégorien profane et pio-chrétien** (Museo gregoriano profano e pio cristiano) : là encore, souvent fermés. Dommage, car cette galerie moderne et lumineuse renferme de splendides mosaïques provenant des thermes de Caracalla, des originaux grecs (comme une tête de cheval du Parthénon), et de nombreuses urnes funéraires et sarcophages paléochrétiens où l'on constate une imbrication évidente des caractères païens et chrétiens.

🎥 À voir, s'il vous reste encore un peu d'énergie dans les gambettes : le **Musée missionnaire ethnologique** et le **musée des Carrosses** (fermé pour travaux). Ouf ! il y en a bien un qui va nous ramener à la maison.

À l'extérieur

🎥🎥 **Giardini Vaticani** (jardins du Vatican) : visite guidée slt (mar, jeu et sam à 10h et 12h ; durée : 2h) ; en français, le sam slt ; s'inscrire 1 sem avt au bureau des visites guidées à l'entrée des musées du Vatican, muni d'une pièce d'identité. Ou téléphoner au ☎ 06-69-88-46-76. Bien se faire préciser, toutefois, si la résa est gratuite ou si elle occasionne un supplément (qui peut être exorbitant). Entrée : 36 € (incluant le billet des musées du Vatican). Créés à partir de 1279 sous le pontificat de

LES ARCHIVES SECRÈTES DU VATICAN

Sous les jardins se cache un bunker avec 1 000 ans de documents secrets (du latin secretum, « privé »). On y trouve le procès des Templiers à la suite duquel 54 « hérétiques » furent brûlés vifs, l'excommunication de Martin Luther ainsi que le procès de Galilée ou la demande de divorce d'Henry VIII, roi d'Angleterre.

Nicolas III, les jardins du Vatican couvrent aujourd'hui une vaste surface d'une vingtaine d'hectares. Ils sont splendides mais ne se visitent que le matin, l'après-midi étant réservé à la promenade du pape !

LE VATICAN ET SES ALENTOURS

AUTOUR DE LA PIAZZA NAVONA ET DU PANTHÉON

La piazza Navona, à travers les siècles, n'a jamais perdu son puissant pouvoir d'attraction. Elle est entourée de bâtisses des XVIIe et XVIIIe s, demeures d'habitation, mais aussi d'anciennes résidences papales, sans oublier la chiesa Sant'Agnese et la célèbre fontaine des Quatre-Fleuves, chef-d'œuvre du Bernin. Élégante, extravagante et ensorcelante, la belle piazza Navona est restée l'un des théâtres en plein air les plus captivants de Rome. Ce sont désormais les touristes qui investissent les terrasses des cafés et assistent en spectateurs à l'animation incessante de cette place mythique. C'est dans l'une des habitations de la place (côté nord) que fut tourné le chef-d'œuvre d'Ettore Scola *Une journée particulière*, avec Sophia Loren et Marcello Mastroianni. Et que dire du Panthéon ? À voir aussi bien de jour que de nuit, tant sa masse impressionne. Et même si ce quartier est éminemment touristique, qu'importe !

Où dormir ?

INSTITUTIONS RELIGIEUSES

🏠 **Centre pastoral d'accueil Saint-Louis-des-Français** (plan détachable centre, C3, 10) : via Santa Giovanna d'Arco, 10. ☎ 06-68-19-24-64. Fax : 06-68-32-324. ● accueil@saintlouis-rome.net ● saintlouis-rome.net ● Lun-ven 10h-12h30, 14h-17h (16h-19h l'été). Ce centre (français, qui dépend de l'ambassade de France « près du Saint-Siège ») vous aidera à trouver un hébergement dans une institution religieuse, chez l'habitant ou dans une pension, en échange d'une participation (environ 13 € par personne). À condition de faire une demande écrite par fax ou par e-mail le plus tôt possible, vous pourrez trouver des chambres à partir de 50 € par personne la nuit, et des doubles à partir de 80 €, avec petit déj et salle de bains privée. Ce service s'adresse à tous, aussi bien pour un séjour touristique, en famille ou en petits groupes, que pour un séjour étudiant Erasmus.

🏠 **Fraterna Domus** (plan détachable centre, C3, 13) : via di Monte Brianzo, 62. ☎ 06-68-80-54-75. ● fraterna domus@alice.it ● fraternadomus.it ● Compter 90 € la double (avec petit déj). Possibilité de repas 17-19 €/pers. Penser à réserver à l'avance. Une jolie bâtisse aux tons ocres accueille les pèlerins du monde entier dans ce quartier déjà bien fourni en institutions religieuses. Les pèlerins aimeront cette ambiance de recueillement (très belle chapelle du VIe s d'origine avec un joli pavement cosmatesque sous l'autel) où vous entendrez l'appel du Seigneur tous les dimanches à 11h. Les chambres sont simples mais très propres et hyper fonctionnelles (elles ont toutes été refaites). Idéalement située, cette adresse convient à des familles. Couvre-feu à 23h. Accueil charmant des sœurs.

HÔTELS ET PENSIONS

De prix moyens à chic

🛏 *Residenza San Pantaleo* *(plan détachable centre, C4, 39)* : *piazza di San Pantaleo, 3.* ☎ 06-68-32-345. 📠 333-23-89-396. • *info@residenza sanpantaleo.com* • *(passerelles vers les sites internet des 2 autres adresses). Résa impérative (et prévenir de son heure d'arrivée). Selon saison, doubles 70-170 € ; pas de petit déj.* 🛜 Un seul et même proprio propose une quinzaine de chambres dans 3 appartements coquets, essaiming le quartier. Les *residenze San Pantaleo* et *Navona First* (prix et prestations équivalents) sont à la fois colorées et décorées avec goût (certaines chambres avec poutres apparentes). La *Navona Luxury Rooms* est un peu plus chère et plus chicos, avec 5 chambres tendance design et pop art. Au final, un bon rapport qualité-prix-emplacement. Mais attention, ce n'est pas une chambre d'hôtes (ni petit déj ni présence des proprios).

🛏 *Hotel Primavera* *(plan détachable centre, C4, 39)* : *piazza di San Pantaleo, 3.* ☎ 06-68-80-31-09. • *hotelprimavera-roma.it* • *hotelprima veraroma@gmail.com* • *Réception au 1er étage ; accès par un ascenseur rétro très élégant. Doubles 50-150 € selon confort et saison.* 🖥 🛜 *Remise de 10 % sur le prix de la chambre pour une résa faite en direct.* Malgré son nom, on est plus proche du *B & B* que de l'hôtel. Les 24 chambres, réparties sur plusieurs étages, offrent des conforts différents, avec salle de bains commune ou privative, avec ou sans vue sur la ville. Certes, la déco est sans fioritures et un rien désuète, mais la situation et la qualité de l'accueil compensent largement.

🛏 *Hotel Navona* *(plan détachable centre, C4, 32)* : *via dei Sediari, 8 (1er étage).* ☎ 06-68-30-12-52. • *info@ hotelnavona.com* • *hotelnavona. com* • 🛁 *Doubles avec douche et w-c 90-180 € selon saison ; petit déj 10 €.* 🛜 *Petit déj offert sur présentation de ce guide et lorsque la résa est en direct.* Tout près de la piazza Navona. Presque une affaire quand on songe qu'il s'agit d'une demeure du XVe s avec ses belles chambres, plutôt petites mais bien tenues et avec tout le confort. Certaines ont conservé leur plafond décoré de fresques, d'autres se contentent de poutres anciennes ou de stucs décoratifs. Déco globalement classique. Un de nos bons rapports qualité-prix.

🛏 *Pantheon View B & B* *(plan détachable centre, C3, 19)* : *via del Seminario, 87 (3e étage).* ☎ 06-69-90-294. • *pantheon.bnb@tiscali.it* • *pantheon view.it* • *Résa conseillée. Doubles 110-150 € selon saison.* 🛜 Cet endroit est idéalement situé à deux pas du Panthéon, dans un vénérable bâtiment, avec sa minuscule entrée un peu baroque, sa poignée de chambres sobres et agréables. En revanche, la vue sur le Panthéon est virtuelle pour certaines chambres... à moins d'en obtenir une avec balcon ! Le petit déj est servi dans une salle microscopique : parfois, il vous faudra patienter. Accueil affable et bien rodé.

🛏 *Residenza Zanardelli* *(plan détachable centre, C3, 319)* : *via Giuseppe Zanardelli, 7.* ☎ 06-68-21-13-92. • *info@residenzasanardelli.com* • *residenzasanardelli.com* • *Doubles 90-180 € selon saison.* 🛜 *Petit déj offert sur présentation de ce guide.* Un boutique-hôtel de standing idéalement situé dans un palais, style « baroque tardif romain de la fin XIXe s ». Cachet ancien avec ses moulures, son parquet et sa déco épurée dans les tons beiges. Le tout est d'une propreté irréprochable. Accueil sérieux et attentif.

Très chic

🛏 *Hotel Teatro Pace* *(plan détachable centre, C3, 314)* : *via del Teatro Pace, 33.* ☎ 06-68-79-075. • *info@hoteltea tropace.com* • *hotelteatropace.com* • *Doubles 150-220 €, petit déj compris (en chambre slt). Nombreuses promos sur Internet.* 🖥 Une demeure de plusieurs siècles à laquelle on a donné aujourd'hui ses plus beaux atours. Le superbe et généreux escalier à vis mène aux belles chambres aux poutres apparentes ; l'une d'elles possède même un petit balcon sur la ruelle. Elles ne sont pas bien grandes (comme souvent) mais sont parfaitement équipées. Judicieux équilibre entre tradition et design.

🛏 *Albergo Abruzzi* (plan détachable centre, C3, **33**) : piazza della Rotonda, 69. ☎ 06-67-92-021. ● info@hotelabruzzi.it ● hotelabruzzi.it ● Doubles 140-220 € avec sanitaires. 🖥 Idéalement situé, sa façade ocre fait face au Panthéon. Un peu *caro* tout de même, mais c'est le quartier qui veut ces tarifs. Les chambres, situées en haut d'un escalier un peu raide (ascenseur à partir du 1er étage), sont plutôt petites et décorées de manière classique et élégante. Bon confort avec double vitrage (et c'est tant mieux, car la place est très fréquentée le soir !). Vue sur le Panthéon pour la plupart. C'est d'ailleurs ce qui justifie le choix de l'hôtel. Accueil charmant.

🛏 *Hotel Portoghesi* (plan détachable centre, C3, **36**) : via dei Portoghesi, 1. ☎ 06-68-64-231. ● info@hotelportoghesiroma.it ● hotelportoghesiroma.it ● Selon saison, doubles avec sdb 160-200 €. Parking payant. 📶 Charmant 3-étoiles à gestion familiale, situé dans une rue qui doit son nom à la seule église portugaise de Rome, tout à côté. Les chambres, toutes différentes, à l'ameublement classique, sont assez banales finalement. On aime la terrasse, appréciable aux beaux jours, où l'on peut prendre le petit déj ou faire une pause. Accueil un peu trop routinier toutefois et des prix qui ont tendance à s'envoler en haute saison.

Où manger ?

Vers la piazza Navona

Sur le pouce

🍴 |●| *La Locanda del Prosciutto* (plan détachable centre, C4, **78**) : via del Gesù, 81. Compter 5 € pour un sandwich ; 10-15 € pour une planche. À peine ouvert, l'établissement fait déjà carton plein ! Faut dire que tous les produits sont rigoureusement sélectionnés. Les planches de cochonnailles et fromages sont vraiment excellentes, tout comme les paninis qu'on confectionne sous vos yeux en fonction de la demande. Quelques tabourets et un sous-sol, mais le mieux, c'est encore la petite placette juste devant pour les déguster.

🚄 *La Pizza del Teatro* (plan détachable centre, C3, **77**) : via di San Simone, 70. Tlj 10h-22h. Prix au poids. Compter 4-5 € une bonne part. C'est ici, dans l'ancien local de *Gelato del Teatro* (qui s'est déplacé de 30 m !), que le patron de la boulangerie *Bonci*, célèbre pour ses pains croustillants à la mie moelleuse, a élu domicile (voir la rubrique « Où manger sur le pouce ? » dans le quartier du Vatican). Tout est bio, de la farine aux légumes ! Des pizzas *al taglio* qu'on ira déguster sur la petite place juste à côté. C'est bon, c'est croustillant, c'est coloré et c'est vite mangé !

De bon marché à prix moyens

🚄 *La Montecarlo* (plan détachable centre, C4, **103**) : vicolo Savelli, 13. ☎ 06-68-61-877. ● info@lamontecarlo.it ● Tlj sf lun, jusqu'à 1h. Fermé 2 sem en août. Pizzas et pasta 6-10 € ; repas 15-20 €. CB refusées. Digestif offert sur présentation de ce guide. Turbulente et échevelée, *La Montecarlo* est l'un des grands classiques de la vieille ville. D'ailleurs, il faut parfois s'armer de patience pour y déguster ses pizzas fines et croustillantes ! Partout sur les murs, les photos des copains à la mine réjouie attestent de l'ambiance cantine... même si, les soirs de surchauffe, la camaraderie cède la place à un service survolté et rapide...

🚄 |●| 🍸 *Café Brassai* (plan détachable centre, B3, **194**) : via di Panico, 28. ☎ 06-68-21-03-25. Tlj 8h-23h. Compter 12 € pour un plat, 20 € pour un repas. 📶 Café ou digestif offert sur présentation de ce guide à condition de prendre un repas. Un café charmant à deux pas du castel Sant'Angelo.

Agréable et lumineux, ce lieu a moult visages : idéal pour caler une petite faim (*panini* à toute heure) ; quelques tables à l'extérieur pour profiter des rayons de soleil et... de son petit déj, ou encore pour se régaler d'un *primi*. Le soir, plus animé lors de l'*aperitivo* avec parfois des petits concerts. Heureux mélange de locaux et touristes de passage, le tout dans une ambiance cool.

🍷 |●| **Pigna Enoteca di Sardegna** (*plan détachable centre, C4, 167*) : via della Pigna, 3. ☎ 06-678-93-74. ● ste fano.anzalotta@libero.it ● Lun-ven 10h-20h. Compter 10-12 € pour un repas. Une petite adresse sarde où Stefano, à votre demande, vous confectionne un *panino* de votre choix ou vous propose la fameuse *bottarga di muggine* (spécialité sarde à base d'œufs de mulet), le tout accompagné d'un bon verre de vin sarde ou d'une Barley (bière de Cagliari). On peut aussi en profiter pour faire quelques emplettes, surtout côté vins (grand choix). Quelques tables sur la placette aux beaux jours. Accueil tout en gentillesse.

|●| **Trattoria da Tonino** (*plan détachable centre, C3, 136*) : via del Governo Vecchio, 18-19. 📱 333-587-07-79. Attention, aucune enseigne à l'extérieur, mais les habitués connaissent. Tlj sf dim. Fermé en août. Primi et secondi 7-10 €. Bonne cuisine traditionnelle et copieuse. D'ailleurs, la clientèle locale en a fait sa cantine. Le soir, arriver en début de service pour être sûr d'avoir une place. Excellentes *polpette* et *trippa*. Pour les aficionados de la *baccalà* (morue), c'est le vendredi qu'il faut venir. Aucune déco sur les murs, on est là pour manger, pas pour lécher les murs. Modeste petit resto de quartier comme on les aime, sans prétention, à l'atmosphère sans façon.

|●| **Il Ritrovo del Gusto** (*plan détachable centre, C3, 73*) : via dei Coronari, 30. ☎ 06-647-602-03. ● info@ilritrovo delgusto.it ● Ouv tlj. Compter 20-25 € pour un repas. Situé idéalement sur une placette, vous vous régalerez d'un plat de pâtes ou d'un copieux assortiment de charcuteries. Autre point fort, la carte des vins, longue comme le bras. Un moment plaisant dans ce quartier pittoresque mais hautement touristique. Accueil agréable et service soigné pour cette adresse pratique et bien située.

De prix moyens à chic

|●| **Obikà Mozzarella Bar** (*plan détachable centre, C3, 93*) : via dei Prefetti, 28. ☎ 06-68-32-630. ● prefetti@ obika.it ● Tlj 9h-minuit. Plat env 12 € ; assiettes dégustation 18-40 €. Brunch le w-e et aperitivo tlj dès 19h30. Voici un concept de resto très branché... sur la mozzarella ! Le lieu ravira les tifosi de la *bufala campana*, de la mozzarella fumée, au goût si fort et particulier, ou encore la *burrata*, si savoureuse. Décor design parsemé de colonnes au style antique. Seul bémol : l'accueil froid branchouillo-design. Cela dit, cela n'a pas empêché cette enseigne d'ouvrir 2 autres adresses dans le centre de Rome (*via Guido d'Arezzo, 49 et piazza Campo dei Fiori*)...

|●| **Osteria del Pegno** (*plan détachable centre, C3, 144*) : vicolo di Montevecchio, 8. ☎ 06-68-80-70-25. ● info@ osteriadelpegno.com ● Slt sur résa, tlj sf mer. Congés : 2 sem en janv et 1 sem mi-août. Carte env 25-30 €. Un verre de limoncello offert à la fin du repas sur présentation de ce guide. Voilà un resto à l'atmosphère chaleureuse qui ravira les amoureux ! Vous vous régalerez d'une cuisine traditionnelle (raviolis et *pasta* maison) à base de produits du terroir soigneusement sélectionnés. Accueil francophone et sympathique du patron.

|●| **Gino** (*plan détachable centre, C3, 98*) : vicolo Rosini, 4. ☎ 06-68-73-434. Dans une ruelle qui débouche sur la piazza del Parlamento. Tlj sf dim. Fermé en août. Résa conseillée. Carte env 25-30 €. Une adresse bien typique, un de ces petits restos familiaux hermétiques aux effets de mode. Cadre à l'ancienne et cuisine romaine traditionnelle, simple et généreuse (*carbonara, polpetine, baccalà con patate*, tous excellents), qui fait le bonheur des nombreux Romains venus en voisins. Ambiance amicale, comme l'accueil.

|●| **Maccheroni** (*plan détachable centre, C3, 331*) : piazza delle Coppelle, 44. ☎ 06-68-30-78-95. ● reservations@

ristorantemaccheroni.com • *Tlj.* *Compter 30 €.* Voilà un resto bien dans son jus en salle, en terrasse ou au sous-sol (bruyant) proposant une cuisine romaine dans une ambiance familiale et festive. À travers les vitres de la cuisine, les cuistots préparent de copieuses assiettes d'osso buco, de pâtes maison fumantes (des macaronis bien sûr)... Il n'y a qu'un pas jusqu'à l'assiette ! Service empressé et dynamique.

l●l *Da Francesco (plan détachable centre, C3, 139) :* piazza del Fico, 29. ☎ 06-68-64-009. • *info@dafrancesco. it* • *Tlj mat et soir. Résa conseillée. Compter 30-35 €.* 🛜 *Limoncello offert sur présentation de ce guide.* Petit resto de quartier comme on les aime, avec un décor sans fioritures et un service agréable. Beau buffet d'*antipasti* qui trône au fond de la salle. Bonne tambouille familiale et romaine (artichauts, tripes, abats, *spaghetti all'amatriciana*, etc.) et bonnes pizzas (le soir). La cuvée maison ne se défend pas mal non plus.

De chic à très chic

l●l *Coromandel (plan détachable centre, C3, 135) :* via di Monte Giordino, 60. *Tlj sf dim. Compter 40 € pour un repas.* Une styliste d'intérieur reconvertie dans la restauration, ça donne quoi ? Une déco valsant entre le salon de mamie aux meubles vintage et l'ambiance tamisée d'un resto chic. Et dans l'assiette ? Des saveurs originales aux envolées asiatiques, tout en ayant l'œil sur une cuisine bien italienne. Une adresse originale pour ceux qui veulent déguster la cuisine italienne sous un autre angle.

l●l *Il Convivio Troiani (plan détachable centre, C3, 102) :* vicolo dei Soldati, 31. ☎ 06-68-69-432. • *info@ilconvi viotroiani.com* • *Lun-sam, slt le soir. Fermé 1 sem aux alentours du 15 août. Résa conseillée. Menu dégustation 110 € ; carte 120 €.* Sans contestation possible, un des meilleurs restos de la ville : atmosphère feutrée et raffinée, service irréprochable. Vous dégusterez, confortablement assis, une cuisine gastronomique créative de grande classe. Une adresse pour nos lecteurs les plus fortunés.

Vers le Panthéon et Argentina

De bon marché à prix moyens

〰 l●l ✿ *AT – Active Natural Eating (plan détachable centre C3, 352) :* piazza di Pietra, 62. • *info@atres taurant.it* • *Lun-sam 8h30-21h, dim 9h30-21h.* Un concept qui plaît forcément. Gai, coloré, un accueil souriant ! Tout fait envie, des pains bio aux smoothies, en passant par des milk-shakes, de copieuses salades ou encore de savoureuses parts de quiche (fait maison naturellement)... Tout ça sur de grandes ardoises sur un mur et à deux pas du Panthéon...

l●l 🍷 *Enoteca Corsi (plan détachable centre, C4, 128) :* via del Gesù, 87-88. ☎ 06-67-90-821. • *info@ enotecacorsi.it* • *Tlj sf dim. Resto 12h-15h30 slt ; enoteca 8h30-13h, 17h-20h. Plats 9-12 € ; carte 15-20 €.* Un petit établissement à l'ancienne, avec sa vieille *enoteca* d'un côté et sa salle de resto, genre cantoche, plein comme un œuf à chaque repas. Dans l'assiette, des plats du jour traditionnels, simples et bien ficelés, égrenés sur l'ardoise. Un endroit typique à prix honnête dans ce quartier éminemment touristique. Bien aussi pour découvrir les crus du pays en fin d'après-midi lors de l'*aperitivo*.

l●l 🍷 *La Ciambella (plan détachable centre, C4, 350) :* via dell'Arco della Ciambella. ☎ 06-68-32-930. • *info@laciambellaroma.com* • *Tlj 7h-minuit.* 🛜 Un endroit tranquille, à l'image de cette petite rue à deux pas du bouillonnant Panthéon. À toute heure de la journée, vous pourrez enchaîner petit déjeuner, brunch, buffet, pizzeria, salon de thé, *aperitivo*... de quoi satisfaire les appétits les plus variés ! Idéal pour une halte pour pieds fatigués. En plus, le service et le cadre sont vraiment délicieux...

Chic

l●l *Da Armando al Pantheon (plan détachable centre, C3, 321) :* salita dei Crescenzi, 31. ☎ 06-68-80-30-34.

• info@armandoalpantheon.it • Tlj sf sam soir et dim. Compter 35 €. Une *trattoria* familiale qui ne désemplit pas et qui attire habitués et touristes depuis 1961. C'est dire si la résa est plus que conseillée ! Une cuisine romaine bien tournée, dans une ambiance bruissante comme on aime ! On retrouvera les fameuses tripes à la romaine ou la savoureuse *saltimbocca*. Pour ceux que la viande rouge rebute, le chef a concocté un menu végétarien. Belle carte des vins avec un grand choix de crus de la région. Service virevoltant mais très professionnel.

Enoteche (bars à vins)

Vers la piazza Navona

🍷 |●| **Enoteca Cul de Sac** (plan détachable centre, C4, 182) : piazza Pasquino, 73. ☎ 06-68-80-10-94. • enoteca.culdesac@libero.it • Tlj 12h-0h30. Compter 30 € pour un repas ; verres de vin 3-7 €. Une référence pour les amateurs de bons crus. Si la terrasse est souvent prise d'assaut aux beaux jours, on peut goûter aussi aux plaisirs du vin dans la longue salle pleine de caractère, qui fleure bon le jambon. À la carte, une liste de crus italiens longue comme le bras, ainsi qu'une belle sélection de vins au verre. Et, pour accompagner ces savoureux nectars, d'excellents petits plats simples, typiques et bien ficelés, sans oublier les bonnes assiettes de charcuterie et de fromage. Bon rapport qualité-prix pour cette adresse qui fait l'unanimité.

🍷 |●| **No.au** (plan détachable centre, C3, 360) : piazza di Montevecchio, 16a. ☎ 06-45-65-27-70. • noauroma@gmail.com • Tlj sf lun 18h-1h. Verre de vin env 5 €, plats 10-18 €. Accoudez-vous au comptoir de ce bar à vins bien planqué, vous ne regretterez pas de l'avoir cherché ! À l'ardoise : charcuterie fondante, fromages corsés et vins parfumés, accompagnés d'une confiture de poires, mmmh *delizioso* ! Les inconditionnels des bonnes mousses opteront pour une bière artisanale et, si vous doutez, on saura vous conseiller avec le sourire. Ici, la *dolce vita* se déguste dans un cadre rustique et coloré, sur des airs de Johnny Cash. Un vrai coup de cœur !

🍷 |●| **Enoteca Il Piccolo** (plan détachable centre, C3, 183) : via del Governo Vecchio, 74-75. ☎ 06-68-80-17-46. Tlj 13h-1h. Compter 20 € pour un repas ; verres de vin 3-9 €. Digestif offert sur présentation de ce guide à condition d'y déjeuner. Situé dans une ruelle animée, ce minuscule et adorable bar à vins distille une atmosphère cosy-jazzy, parmi les étagères débordantes de bouteilles et illuminées de jolies guirlandes. Juste une poignée de guéridons pour déguster de bons crus d'Italie à prix raisonnable ainsi que quelques vins étrangers. Assortiments de fromage et de charcuterie, sans oublier quelques bons petits plats, histoire de combiner les saveurs. Petite terrasse. Accueil sympa et sans chichis.

🍷 |●| **Vinoteca Novecento** (plan détachable centre, C3, 200) : piazza delle Coppelle, 47. ☎ 06-68-33-078. • vinotecanovecento@libero.it • Tlj 11h-15h, 17h-2h. Plats 8-15 € ; verres de vin 7-10 €. Attention aux apparences ! Même si le petit comptoir rustique et les quelques tonneaux peuvent faire penser à un simple débit de boissons, c'est tout le contraire ! C'est une œnothèque chic, où le verre et la bouteille sont un peu plus chers qu'ailleurs, haute volée des crus oblige. On s'en délecte en picorant charcuterie et fromage ou des plats simples mais pleins de goût. Aux beaux jours, on refait le monde sur la petite terrasse extérieure, autour de quelques fûts.

🍷 |●| **Etablì** (plan détachable centre, C3, 345) : vicolo delle Vacche, 9-9a. ☎ 06-97-61-66-94. • info@etabli.it • Tlj 19h-23h. Brunch sam et dim. Compter 35-40 € à la carte. 📶 Une adresse à mi-chemin entre le resto chic et le bar à vins branché. Confortables fauteuils en cuir ou en tissus dépareillés, qui invitent à la discussion, tout en piochant dans la belle et longue liste de vins, autour de la cheminée. D'autres petites salles plus intimes, ressemblant à un décor provençal, accueillent les habitués pour des repas d'une grande qualité (quoiqu'un peu chers tout de même). On se sent comme à la maison.

Où déguster les meilleures glaces ?

♦ *Il Gelato del Teatro* (plan détachable centre, C3, **281**) : via dei Coronari, 65. ☎ 06-45-47-48-80. Tlj sf lun 11h30-1h. Cette adresse ravira les becs sucrés les plus exigeants ! Ici, seuls les produits naturels franchissent la porte ! Et surtout, on ose des associations un peu particulières (chocolat-vin rouge, sauge-framboise)... mais pour les chocophiles, la glace au chocolat noir 70 %, celle aux amandes ou encore celle aux noisettes sont excellentissimes ! Et les sorbets ne sont pas en reste (celui au citron d'Amalfi est particulièrement rafraîchissant).

♦ *Grom* (plan détachable centre, C3, **274**) : piazza Navona (angle de la via Agonale). ☎ 06-68-80-72-97. Tlj 11h-0h30 (1h ven-sam) ; horaires restreints en été. Voilà maintenant cette enseigne d'origine piémontaise sur l'une des plus belles places de Rome. On goûtera avec délectation une copetta aux noisettes du Piémont ou encore aux amandes siciliennes. Parfums du mois affichés sur l'ardoise. 5 autres adresses essaimées aux quatre coins de la ville.

♦ *Gelateria Giolitti* (plan détachable centre, C3, **272**) : via Uffici del Vicario, 40. ☎ 06-69-91-243. ● info@giolitti.it ● Derrière la piazza Colonna. Tlj 7h-2h. L'un des meilleurs glaciers (mais pas le plus accueillant) de Rome, qui a pignon sur rue depuis 1900. Goûter parmi la cinquantaine de parfums que l'on peut accompagner de panna montata. Beaucoup de monde afflue pour déguster dans la rue les coni ou pour s'offrir une coupe glacée attablé dans le salon de thé. Cadre désuet et service guindé, à la limite du désagréable. C'est pourtant une adresse incontournable dans l'inévitable tournée des glaciers romains.

♦ *Tre Scalini* (plan détachable centre, C3, **271**) : piazza Navona, 28. ☎ 06-68-80-19-96. Tlj 9h-minuit. Judicieusement située sur l'une des places les plus célèbres de la ville, la maison est réputée pour son tartufo, une glace chocolatée incrustée de vrais morceaux de chocolat et inventée ici dans les années 1950. Cela dit, tout est resté dans son jus depuis, du décor à l'accueil. Quant au prix... 5 € à emporter ou il s'envole à 10 € si vous vous asseyez en terrasse !

♦ *Pascucci Frullati* (plan détachable centre, C4, **275**) : via Torre Argentina, 20. ☎ 06-68-64-816. ● barpascucci@tiscalinet.it ● Tlj sf dim, jusqu'à minuit. Un bar-fruttteria qui ne paie vraiment pas de mine, sans enseigne ostentatoire, et qui propose, en saison seulement, de succulents milk-shakes, granités et fruits mixés de toutes sortes, tous préparés devant vous.

Où boire un bon café ? Où prendre le petit déj ?
Où manger des pâtisseries ?

♦ ☕ ☺ *Caffè Sant'Eustachio* (plan détachable centre, C3-4, **215**) : piazza Sant'Eustachio, 82. ☎ 06-68-80-20-48. ● info@santeustachioilcaffe.it ● Tlj 8h30-1h (1h30 ven, 2h sam). L'un des meilleurs cafés de Rome à ce qu'il paraît ! On le piste rien qu'à l'odeur délicieuse qui flotte sur la piazza... Alors, faites comme les innombrables habitués : prenez votre ticket à la caisse, puis accoudez-vous au comptoir pour déguster – à l'italienne – les différentes spécialités de cette vénérable maison née en 1938. Les cafés importés sont issus du commerce équitable. Ils sont torréfiés sur place et font l'objet d'un savant mélange au secret jalousement gardé ; les garçons se cachent d'ailleurs des clients pour le préparer. Une poignée de tables éparpillées en terrasse aux beaux jours. Vente à emporter de café moulu, facile à mettre dans la valise. Une adresse incontournable, un monde fou et un accueil qui laisse à désirer.

🍸 *La Casa del Caffè Tazza d'Oro* *(plan détachable centre, C3, 196) :* via degli Orfani, 84. ☎ 06-67-89-792. ● *info@tazzadorocoffeeshop.com* ● *À l'angle avec la via dei Pastini. Lun-sam 7h-20h.* Situé dans une petite ruelle coincée entre la piazza della Rotonda et la piazza di Montecitorio, ce vieux café historique revendique le meilleur *espresso* du monde, en toute modestie... Les fidèles sont en tout cas nombreux à se relayer au comptoir, après être passés par la caisse, bien entendu. Et si le contenu des tasses demeure délicieux, le service, lui, est absolument imbuvable ; dommage !

🍸 *Caffè Doria (plan détachable centre, D4, 213) :* via della Gatta, 1. *Tlj 8h-20h.* C'est le café de la *galleria Doria Pamphilj.* À l'image du palais des princes, on ose à peine pénétrer dans ce petit écrin intime avec ses boiseries ornées de tableaux, ses lustres de Murano, sa fontaine magnifique et son beau mobilier. C'est presque un musée ! C'est un endroit chic très agréable pour une pause, autant pour la déco que pour l'atmosphère paisible. Service efficace mais guindé.

🍽️ *I Dolci di Nonna Vincenza (plan détachable centre, C3, 284) :* piazza Montecitorio, 16. ☎ 06-69-94-21-85. ● *montecitorio@dolcinonnavincenza. it* ● *Tlj 10h-22h.* Voilà une adresse qui en jette ! Ou plutôt qui vous leste ! Un petit détour par la Sicile ? C'est ici, dans ce lieu exclusivement dédié à ses pâtisseries. Abandonnez toute idée de régime. Profusion de *pasticcerie, torte, croccantino di pistacchio* et autres *olivette de San Agata,* toutes très tentantes ! Fait également salon de thé. Accueil très pro et avec le sourire. *Autre adresse via dell'Arco del Monte, 98, dans le quartier Campo dei Fiori.*

🍽️ *Pasticceria Cinque de Lune (plan détachable centre, C3, 219) :* corso Rinascimento. *Fermé lun.* Une adresse minuscule tout en longueur qui ne paie pas de mine. Une fois à l'intérieur, les becs sucrés se régalent de ces petits bouchées individuelles dont les Romains sont friands. Également de bons et gros gâteaux crémeux pour les estomacs les plus affamés.

🍽️ *Made Creative Bakery (plan détachable centre, C3, 84) :* via dei Coronari, 25. ☎ 06-98-93-21-95. ● *info@madebakery.com* ● *Tlj 11h-19h (18h dim). Congés en août.* Voilà un petit bout d'Amérique au pays des glaces ! Deux Italiennes, lassées de leur métier, ont mis toute leur énergie dans cette aventure gourmande. Jugez plutôt : *cupcakes,* cookies, muffins à toute heure... à accompagner d'un *espresso* (bien italien, celui-ci !). Le midi, opter pour les typiques *bagels* ou crumbles de légumes. Avec un accueil souriant et un service dynamique, le succès est assuré...

Où boire un verre ? Où écouter de la musique ?

La *piazza Navona (plan détachable centre, C3-4)* est, même si elle est touristique, un endroit incontournable pour s'installer à une terrasse et lézarder un bon moment. Quant à la *piazza della Rotonda (plan détachable centre, C3),* c'est la place qui fait face au Panthéon, un bel endroit, notamment le soir, avec des éclairages bien ajustés. La fontaine, les belles façades et le Panthéon renvoient alors une douce lumière dorée. Si vous êtes venu à Rome en amoureux, vous devez passer par ici prendre un verre, mais vous ne serez pas tout seul... Si vous recherchez plus d'authenticité, dirigez-vous vous vers le triangle *piazza del Fico, vicolo della Pace, via di Tor Millina (plan détachable centre, C3),* qui demeure l'un des endroits les plus animés de la ville. Tournez résolument le dos à la piazza Navona et enfoncez-vous de quelques pas dans les ruelles où les cafés sont nombreux...

🍸 *Caffetteria del Chiostro del Bramante (plan détachable centre, C3, 419) :* via del arco della Pace, 5. *Quand vous êtes en face de l'église Santa Maria della Pace, passer sous l'immeuble vers la gauche et sonner à l'interphone « caffeteria ».*

☎ 06-68-80-90-35. ● direzione@chiostrodelbramante.it ● ✲ Tlj 10h-20h (21h sam-dim). ☕ Fatigué de la foule ? Trouvez refuge dans cette belle cafétéria design qui a investi l'étage de ce très beau cloître du XVIe s. Agrémentée de vestiges de fresques de Bramante, elle disperse ses tables entre de vieilles colonnes. Parfait pour reprendre son souffle le temps d'un verre ou d'un déjeuner, assis, pourquoi pas, sur les vénérables banquettes en pierre garnies de coussins. Librairie d'art bien fournie à côté.

Plutôt le soir

🍴 🍺 *Bar del Fico* (plan détachable centre, C3, 233) : piazza del Fico, 26. ☎ 06-68-80-84-13. Tlj 8h-2h. Compter 20 € pour un repas. ☕ On aime bien ce bar aux murs sobres, agrémenté de mobilier dépareillé et animé par des joyeux trentenaires et quadras, qui descendent leurs godets et jouent aux échecs jusque sur la place. Entre bières, vins et cocktails, la liste est généreuse et s'accompagne d'une dînette, dans une grande salle du même style.

🍴 🍺 *Osteria dell'Ingegno* (plan détachable centre, C3, 218) : piazza di Pietra, 45. ☎ 06-67-80-662. ● piazzadipietra@osteriaingegno. it ● Tlj 12h-minuit. Fermé 15 août et 15 déc. ☕ Café ou digestif offert sur présentation de ce guide pour ceux qui y mangent. Sur cette jolie placette dominée par de vénérables colonnes romaines, un petit bistrot soigné, dans un style « artistico-branchouille », avec des murs parsemés de fresques naïves aux couleurs vives et de casiers remplis de bouteilles de vin. On y sert un généreux *aperitivo* dans une ambiance décontractée, un brin festive. Une adresse à succès qui fait aussi resto (pas donné : compter 35-40 €).

🍺 *Mons* (plan détachable centre, C3, 232) : via della Fossa, 16. ☎ 06-68-93-426. ● info@monscrew.com ● À côté de la piazza del Fico. Tlj 18h-2h. Lumières tamisées et déco kitsch à souhait créent une atmosphère toute particulière dans ce pub où le rock'n roll est roi. Icônes religieuses, statues multicolores et angelots mélangent les goûts et les couleurs, dans un grand fouillis artistique qui attire une clientèle venue de tous horizons. Quelques plats à la carte, mais on préfère goûter les cocktails inventés par la maison (parfois un peu trop farfelus !).

🍺 ♪ *Salotto 42* (plan détachable centre, C3, 218) : piazza di Pietra, 42. ☎ 06-67-85-804. ● bookbar@salotto42.it ● Tlj sf lun. Élégant petit salon design archi bobo, archi cosy, avec canapés et lumière tamisée. Les amoureux s'y blottissent, les artistes en goguette et autres fêtards viennent siroter un cocktail sur fond de musique tendance balancée par un DJ. On brunche le week-end tout en feuilletant des magazines d'art... À l'heure de l'*aperitivo*, ça déborde jusque sur la placette ! La version chic et sophistiquée de *Rome by night*.

Où faire ses achats ?

⊛ *Caffè Sant'Eustachio* (plan détachable centre, C4, 215) : piazza Sant'Eustachio, 82. ☎ 06-68-80-20-48. ● santeustachioilcaffe.it ● Tlj 8h30-1h (1h30 ven, 2h sam). Les meilleurs cafés de Rome, vendus moulus et au pesids. Issus du commerce équitable, ils sont souvent torréfiés dans l'arrière-boutique et font l'objet de mélanges secrets révélant des saveurs incroyables. Et puis, avant d'acheter, on peut s'offrir un *espresso* au comptoir histoire de se faire une idée ! Un lieu devenu hautement touristique et, du coup, l'accueil s'en ressent. Voir plus haut « Où boire un bon café ? ».

⊛ *Cartoleria Pantheon* (plan détachable centre, C3-4, 251) : via della Rotonda, 15. ☎ 06-68-75-313. ● info@pantheon-roma.it ● Juste derrière le Panthéon, à l'angle sud-ouest. Lun-sam 10h30-20h, dim 13h-19h. Une jolie boutique de papiers, florentins entre autres. Beaux papiers à lettres, carnets de route, beaucoup de papiers marbrés d'une très belle qualité et plus de 100 types de papiers cadeau différents. Si vous avez du temps, vous pouvez même faire réaliser du sur-mesure. Pas donné dans l'ensemble, mais on déniche toutefois de jolies choses à prix raisonnable. Autres adresses via della Maddalena 41 et piazza Navona 42.

❀ *Farmaceutica Santa Maria Novella – Officina Profumo (plan détachable centre, C4, 260) :* corso del Rinascimento, 47. ☎ 06-68-72-446. *Tlj sf dim 10h-19h30.* L'une des plus anciennes et célèbres pharmacies de Florence a installé une petite annexe dans la Ville éternelle. Évidemment, rien à voir avec la version florentine, mais ce sont les mêmes senteurs à base de plantes médicinales dans les eaux florales, les crèmes ou encore les parfums d'ambiance. Autre adresse via delle Carrozze, 87, dans le quartier de la piazza di Spagna.

❀ *Ai Monasteri (plan détachable centre, C3, 253) :* corso Rinascimento, 72. ☎ 06-68-80-27-83. ● *info@monasteri. it* ● *Lun, mer et ven 16h-19h.* Il suffit de pousser la porte de cette boutique pour se convaincre que les moines n'ont pas perdu la main : bonbons, biscuits, infusions, miel, huile d'olive, vinaigre, liqueurs, vins, c'est toute la gamme des produits artisanaux provenant des monastères italiens qui remplit les étagères. Et la qualité est au rendez-vous. Après tout, c'est la moindre des choses après des siècles d'apprentissage et de perfectionnement !

À voir

⦿ PIAZZA NAVONA ET SES ENVIRONS
(plan détachable centre, C3-4)

➤ *Accès :* bus n⁰ˢ 30, 40, 46, 62, 64, 70, 81, 87, 116, 186, 628...

Nous sommes ici au cœur du Champ-de-Mars (autre quartier officiel de la Rome antique), qui servait au début de l'époque romaine de terrain de manœuvres pour l'armée et de lieu de rassemblement pour les comices centuriates (l'assemblée du peuple en armes). Après la suppression de ces derniers sous Tibère, le Champ-de-Mars perdra de son importance à l'époque impériale tout en connaissant un développement monumental et artistique extraordinaire, devenant même le véritable quartier de plaisance de Rome. De tout cela, il ne reste quasiment plus rien aujourd'hui, à l'exception de la silhouette du stade de Domitien, conservée par la piazza Navona. Partez flâner dans ce quartier qui porte encore l'empreinte des papes, qui en firent, au temps de la Renaissance, un centre financier et commercial, attirant ainsi de riches Romains et quantité d'artisans. Palais et maisons modestes se succèdent dans les environs de la piazza Navona.

⫶⫶⫶ *Piazza Navona (plan détachable centre, C3-4) :* étroite et allongée, elle garde le souvenir du stade de Domitien, construit de 81 à 96 apr. J.-C., dont les dimensions (276 m de long pour 54 m de large) sont à peu près celles de l'actuelle place (les immeubles sont directement construits sur la *cavea*, c'est-à-dire sur les gradins !). Un stade de bonne taille en somme, qui permettait d'accueillir près de 30 000 spectateurs. L'empereur y organisait des jeux à la grecque, nettement moins violents que les jeux romains, avec des compétitions sportives, mais aussi des jeux de l'esprit, de la poésie et de la musique. Le nom de la place serait d'ailleurs un autre héritage de ce passé sportif, puisqu'on y assistait à des jeux *in agone*, c'est-à-dire en compétition. *In agone* serait devenu avec le temps *Navona*. Une autre version affirme que son nom viendrait tout simplement de *nave*, soit « navire » en italien, d'après la forme du site. Délaissée jusqu'au XVᵉ s, la place fut réhabilitée par les papes bâtisseurs et métamorphosée par la suite par le génie créatif d'architectes baroques comme le Bernin et Borromini. Hier, les saltimbanques et les acrobates y faisaient leurs numéros, les astrologues y prédisaient l'avenir pendant que les barbiers et les arracheurs de dents y opéraient en plein air.

🎭🎭🎭 *Fontana dei Quattro Fiumi* (fontaine des Quatre-Fleuves) : chef-d'œuvre du Bernin, elle occupe le centre de la place. La présence de cette fontaine rappelle les fêtes nautiques qui y étaient organisées au XVIe s et à l'occasion desquelles la piazza Navona était inondée. D'une grotte de rocailles, ornée d'arbres qui donnent l'impression d'être balayés par le vent et surmontée d'un obélisque (ajouté judicieusement par le sculpteur pour attirer le regard des passants sur son œuvre), surgissent un lion et un cheval marin. Les grandes statues allégoriques – le Danube, le Gange, le Nil, le Rio de la Plata – symbolisent respectivement l'Europe, l'Asie, l'Afrique et l'Amérique. De part et d'autre

BORROMINI BERNÉ PAR LE BERNIN ?

La rivalité entre le Bernin et Borromini fut si grande qu'elle donna naissance à la rumeur suivante. Sur la fontaine des Quatre-Fleuves (du Bernin), la statue du Nil se cache les yeux car elle serait horrifiée par la laideur de l'église Sant'Agnese in Agone (de Borromini). Quant à la statue du Rio de la Plata, elle lèverait le bras par crainte que la façade ne s'écroule ! En réalité, l'église a été construite après la fontaine et le geste du Nil signifie l'ignorance de l'époque sur les sources du fleuve. Et si Borromini s'était vengé ? On dit que la statue qui détourne la tête, en façade de l'église, marquerait son mépris envers la fontaine du Bernin !

de la fontaine des Quatre-Fleuves se trouvent deux autres fontaines, celles de Neptune *(Nettuno)* au nord et du Maure *(Moro)* au sud. Dessinées par Giacomo Della Porta avant celle du Bernin, ces deux fontaines n'ont pas pour autant échappé à l'influence du maître : la fontaine des Maures doit son nom à la belle statue de l'Éthiopien au centre du bassin... qui est une autre œuvre du Bernin !

🎭🎭 *Chiesa Sant'Agnese in Agone* (plan détachable centre, C3) : tlj sf lun 9h30-12h30, 16h-19h (10h-13h, 16h-20h les j. fériés). Commandée en 1652 par Innocent X (l'église renferme d'ailleurs sa sépulture) à Girolamo et Carlo Rainaldi, elle fut confiée à Borromini l'année suivante. L'artiste s'est particulièrement occupé du dôme et de la façade de cet édifice bâti sur un plan en croix grecque. L'intérieur, richement décoré, en fait un excellent exemple de style baroque. Sur les murs, plusieurs hauts-reliefs remarquables sur la vie des saints. Sur la droite, statue de Sant'Agnese. C'est par ailleurs sur cet emplacement que sainte Agnès aurait été martyrisée. Âgée de 13 ans, elle fut forcée de se déshabiller sur l'injonction de son patron. Et le miracle arriva : subitement, ses cheveux se mirent à pousser si long qu'ils cachèrent même sa nudité ! Après cette histoire tirée par les cheveux, on la décapita quand même pour rire un peu. Alors, là, Dieu n'a rien fait... Coupole particulièrement chargée. Dans une pièce latérale (à droite), on voit d'ailleurs les reliques de la sainte, en l'occurrence son crâne.

À gauche de l'église, le *palazzo Pamphilj*, du nom du pape qui l'occupait. Il a retrouvé la couleur pastel qui ornait de fait la plupart des habitations autrefois. Les tons ocre d'aujourd'hui ne faisant que copier des couleurs encore plus anciennes.

🎭 *Chiesa Sant'Ivo dei Britoni* (église Saint-Yves-des-Bretons ; plan détachable centre, C3) : vicolo della Campana. À peu de distance de Saint-Louis-des-Français – et également propriété de la France – s'élève la petite église Saint-Yves, que les Bretons visitant Rome ne devraient pas manquer d'aller saluer. Construite de 1875 à 1888 dans le style Renaissance, elle remplace un édifice médiéval comprenant une hôtellerie où descendaient les pèlerins bretons arrivant à Rome. L'église actuelle, dont on ne voit que la façade, est hélas le plus souvent fermée. On admirera le médaillon surplombant la porte, représentant la Vierge à l'Enfant, de l'atelier des Della Robbia.

🎭🎭🎭 *Palazzo Altemps* (palais Altemps ; plan détachable centre C3) : piazza Sant'Apollinare, 46. ☎ 06-39-96-77-00. ♿ Tlj sf lun 9h-19h45. Même billet que pour les thermes de Dioclétien, la cripta Balbi et le palazzo Massimo. Billet pour les 4 sites : 7 €, valable 3 j. (incluant le jour d'achat). Audioguide : 4 €.

Le palais Altemps fait partie intégrante du Musée national romain. Il abrite désormais la collection Mattei de la villa Celimontana, (autrefois sur la colline du Palatin) la collection Boncompagni Ludovisi, dont la villa Via Veneto où était rassemblée la collection a été détruite au XIXe s pour faire de la place ! Cette villa était paraît-il encore plus belle que la villa Borghese ! À ces deux collections vient s'en ajouter une troisième : la collection Altemps. Ce sont les plus importantes collections de sculptures antiques rassemblées au XVIIe s. L'une comme l'autre font la part belle à la fois à la Rome antique et au culte de l'Antiquité qui se développe à partir de la Renaissance. Certaines restaurations de statues ont tout de même été réalisées à l'époque par des artistes comme le Bernin et l'Algarde ! Chaque pièce est accompagnée d'un dessin indiquant les parties restaurées et d'un commentaire détaillé. On entre d'abord dans l'imposant *cortile,* où se trouvent quatre grandes statues romaines, copies de modèles grecs (comme toujours), surmontées d'une superbe loggia avec fresques et bustes impériaux. Dans les salles du bas, bustes et sarcophages en marbre restaurés, dont une imposante tête de bronze de Marc Aurèle. Vous remarquerez qu'elle a été posée sur un superbe corps d'athlète grec. Cela se faisait beaucoup à l'époque. Observez aussi le portrait d'Antinoüs, originaire de Bithynie, le grand ami de l'empereur Hadrien. Lors de leur dernier voyage commun, le jeune homme s'est noyé dans le Nil (on ne sait pas si c'est un accident ou un complot). Hadrien, inconsolable, l'a divinisé et lui a dédié plusieurs statues dans sa villa. Il avait également fait sculpter le buste de sa belle-mère Matidia, elle aussi divinisée.

Dans ces salles, on trouve de nombreuses têtes de philosophes comme celle de Démosthène, attribué à un artiste sous Alexandre le Grand. Également un beau portrait de Giulia, fille de Titus. Une belle tête aussi de Marc Aurèle avec un étonnant drapé en bronze. Au fond de la cour, un escalier descend à l'entresol où l'on ira jeter un coup d'œil (juste pour le plaisir, il n'y a pas de statue !) au théâtre. Délicieux ! Toujours dans la cour, levez la tête : vous apercevrez sur la tour d'angle, le blason de la famille Altemps représentée par un bouquetin.

– Au 1er étage se trouve l'élégante *galerie des Illustres* et ses 12 bustes d'empereurs romains, aménagée à la fin du XVIe s. Admirez son décor de pergola. Levez les yeux au plafond, vous y verrez des oiseaux et *putti* virevolter parmi les fleurs et les fruits. La galerie dessert une série de pièces dont la décoration murale n'a été malheureusement que partiellement conservée (avant d'accueillir le musée, l'édifice est resté longtemps à l'abandon). Le palais a été richement embelli par le cardinal Altemps, prélat d'origine allemande dont le nom était en réalité Hohenemps, qui l'acheta en 1568 et en fit le cadre de sa vie princière et de ses ambitions curiales. Le bouquetin, par exemple, renvoie aux armes de la famille Altemps. Ils sont nombreux à être présents sur la fontaine de la galerie des Illustres. Ce qui reste des fresques de paysage champêtre et de colonnades en trompe l'œil s'allie avec merveille aux statues antiques dans la première salle des hermès : l'*Hermès Loghios* et surtout le très beau *Satyre* en marbre vert dont la détresse est si expressive... Avant était imposé le « style sévère », il a été quelque peu adouci avec la disparition de la lance et de la tête de méduse. Également un beau torse qu'on attribue à Hercule ainsi qu'une belle représentation de Bacchus avec un satyre et sa grappe de raisin. On voit bien qu'il ne tient pas debout ! Splendide *Torello Apis,* dieu-taureau souvent associé à la déesse Isis, en porphyre serpentin du Ier s av. J.-C. Dans la salle de l'histoire de Moïse (sur les murs), le trône Ludovisi célèbre la *Naissance de Vénus* ; le drapé mouillé et le marbre scintillant grec de Paros sont remarquables. Étonnant, le bas-relief en marbre rouge poli associé au culte de *Dionysos,* élément d'une fontaine.

Sans oublier le tragique *Galata Suicida*. Les Galates sont un peuple celte installé à Pergame sur la côte occidentale de l'actuelle Turquie. Ils ont livré bataille en 238 av J.-C. contre le roi Attale. Le Gaulois se suicidant est une copie commandée par César au lendemain de la conquête de la Gaule. Il constituait un ensemble avec le *Galate Morante* du Capitole et vraisemblablement un troisième élément aujourd'hui égaré (une femme morte allaitant son enfant gisants à leurs côtés). Enfin, un sarcophage colossal représente l'apogée de l'Empire avec les hardis Romains écrasant les Barbares. Pour cela, on avait commissionné deux artistes pour représenter des scènes dédiées à Junon (d'ailleurs, Jules César a repris cette idée et a fait des répliques des scènes de bataille qu'il identifie à celles des gaulois...). Le tout est à la fois épuré et imposant, suivant le bon goût de la Renaissance romaine finissante. Regardez la croix sur le front du personnage central, elle représente le culte de Mithra. Enfin, n'oubliez pas d'aller faire un tour sur la somptueuse loggia, en faisant un crochet par la chapelle.

– Au sous-sol, vestiges accessibles sur réservation spéciale.

🎭🎭 Chiostro del Bramante et chiesa Santa Maria della Pace (plan détachable centre, C3) : au bout du vicolo della Pace. En théorie, église ouv lun-mer et sam 9h-12h mais elle est presque toujours fermée...

Cette charmante église fut reconstruite sous Sixte IV suite aux troubles dus à la conjuration florentine des Pazzi, puis largement remaniée par le célèbre Pierre de Cortone, conformément à l'esprit baroque du XVIIe s. Et, quitte à bien faire, l'architecte a également redessiné la place. La façade, toute de courbes et de contre-courbes, s'intègre par conséquent à un décor scénographique harmonieux. Si vous avez la grande chance de pouvoir la visiter, l'intérieur est à l'inverse resté fidèle au plan original du XVe s : une courte nef rectangulaire ourlée de chapelles octogonales à coupoles. L'une d'entre elles conserve un véritable trésor : les quatre Sibylles de Raphaël.

Beaucoup plus facile d'accès, ne manquez pas de jeter un œil au beau cloître du XVIe s réalisé par Bramante. Entrée par la gauche de l'église (précisez que vous allez voir le cloître). Il s'agit de la première œuvre romaine du grand architecte de la Renaissance, réalisée entre 1500 et 1504. Les salles qui l'enserrent accueillent aujourd'hui des expositions temporaires payantes (● chiostrodelbramante.it ●) et une très agréable caffeteria à l'étage (voir plus haut « Où boire un verre ? »).

🎭 Palazzo Madama (palais Madame ; plan détachable centre, C3) : ☎ 06-67-061. De la piazza Navona, rejoignez le corso del Rinascimento où se trouve ce beau palais. Visite guidée de 40 mn (gratuite mais en italien) slt 1er sam de chaque mois ; départ ttes les 20 mn 10h-18h. Datant du XVIe s, il fut construit pour la famille Médicis (la façade baroque à trois étages est postérieure d'un siècle environ à la construction du palais). Le nom du palais date de l'époque où il était la résidence de la fille de Charles Quint, Marguerite d'Autriche. Il abrite aujourd'hui le Sénat italien, d'où une forte présence policière et militaire.

🎭🎭🎭 Chiesa San Luigi dei Francesi (église Saint-Louis-des-Français ; plan détachable centre, C3) : située sur la place du même nom, juste à côté du palazzo Madama. Tlj sf jeu ap-m 10h-12h30, 16h-19h. Messe en français lun-ven à 19h, ainsi que sam et dim mat (les œuvres ne sont donc pas visibles pdt l'office, de même qu'à l'occasion d'un baptême ou d'un mariage).

Commencée en 1518, en partie subventionnée par Henri II, Henri III et Catherine de Médicis, elle fut consacrée église nationale des Français de Rome dès son achèvement en 1589. La façade de Giacomo Della Porta est décorée de la salamandre de François Ier et ornée des statues de Charlemagne et de saint Louis. L'intérieur fut restauré au XVIIIe s. En effet, le salon des Rois à l'étage, habillé de fauteuils confortables, de tableaux d'époque et d'un piano à queue, témoigne d'une élégance à la française et d'un certain faste versaillais. Le lieu, très privé, n'est accessible (sur demande) qu'aux étudiants français venus étudier à Rome ou aux proches des religieux. Autre privilège qui leur est destiné, la vue « royale » depuis la terrasse de Saint Louis qui, là encore, permet de se faire une idée sur les privilèges des hommes d'Église exerçant dans la Ville éternelle !

Mais l'édifice est surtout célèbre pour ses trois œuvres remarquables du Caravage, que vous trouverez dans la cinquième chapelle de la nef gauche. Réalisées à la fin du XVIe s pendant la Contre-Réforme, ses compositions, très novatrices pour l'époque, évoquent les principales étapes de la vie de saint Matthieu. Dans la Vocation de saint Matthieu (il est probablement représenté par le personnage de face, sur lequel un jeune homme s'appuie), le Caravage prend ses distances avec le symbolisme traditionnel et privilégie un traitement réaliste du sujet. Il s'agit plus d'une scène de genre, dans laquelle chaque protagoniste porte le costume de l'époque, qu'un épisode biblique au sens strict du terme. Une approche audacieuse peu appréciée de ses contemporains, puisque l'artiste devra reprendre ses pinceaux pour *L'Inspiration de Matthieu,* jugée blasphématoire. Ce qui ne l'a pas empêché de présenter un *Martyre de saint Matthieu* tout aussi atypique, où la composition exemplaire met en scène un assassinat d'une rare brutalité. Il faut dire que l'artiste était un rebelle, voire un véritable marginal... En tout cas, ses œuvres sont superbes et les effets de lumière prodigieux.

À admirer également, de belles fresques du XVIIᵉ s signées du Dominiquin. Pour la petite histoire, c'est ici que Chateaubriand fit enterrer sa maîtresse, Mme de Beaumont (relire à l'occasion les *Mémoires d'outre-tombe*).

🍴 **Chiesa San Agostino** *(plan détachable centre, C3) :* tlj 7h45-12h, 16h-19h30. De l'église précédente, prolongez votre chemin vers le nord en prenant la via della Scrofa, puis la deuxième rue sur la gauche ; vous arriverez ainsi devant cette église dans laquelle il faut absolument entrer pour la fresque du *Prophète Isaïe* de Raphaël (dans la nef centrale, à gauche, au-dessus d'une statue) et le tableau la *Madone des pèlerins* du Caravage (dans la première chapelle de la nef de gauche). Notez également la sculpture la *Madonna con il Bambino* (ou *del Parto*), entourée d'ex-voto (roses et bleus !), juste à gauche en entrant. Les femmes enceintes viennent la prier pour leur accouchement, puis la remercier quand tout s'est bien passé.

🍴 **Palazzo Braschi** *(palais Braschi ; plan détachable centre, C4) :* il abrite le museo di Roma dont l'entrée se trouve au n° 10 de la piazza San Pantaleo. ☎ 06-06-08. ● museodiroma. it ● Tlj sf lun 9h-19h (14h les 24 et 31 déc). Entrée : 8,50 € (11 € en cas d'expo temporaire) ; réduc ; gratuit pour les moins de 18 ans. Ce musée retrace l'histoire de Rome depuis le Moyen Âge à travers une série de fresques, gravures, sculptures et aquarelles. On passera vite sur les galeries de portraits pour admirer les représentations urbaines de Rome, qui intéresseront à coup sûr ceux qui

PASQUINO, LA STATUE PARLANTE

Située sur la piazza Pasquino, on accolait sur son socle des pamphlets contre le gouvernement ou le pape. Par ces mots anonymes et souvent humoristiques, le peuple exprimait son mécontentement. Ces critiques étaient un exutoire salutaire pour la démocratie. Encore aujourd'hui, on peut voir à côté de la statue (car elle a été entièrement rénovée et qu'il est désormais interdit d'y coller des papiers) un panneau où l'on peut toujours afficher ses revendications.

ont la chance de séjourner quelques jours dans la Ville éternelle. Quel plaisir de reconnaître les façades, de saisir un détail, de remarquer un changement ! Plusieurs œuvres témoignent des grandes fêtes romaines du XIXᵉ s. Quelques gravures et toiles d'artistes français également. Superbes fresques en grisaille, d'une grande qualité de traits, réalisées notamment par Pietro Gagliardi et Franceso Podesti (XIXᵉ s). Pour finir, quelques clichés photographiques de la seconde moitié du XIXᵉ s. On verra encore la reconstitution du *palazzo Tortonia,* détruit dans les années 1930, dont on a recomposé les fresques d'une alcôve.

🍴 **Museo Napoleonico** *(musée Napoléon ; plan détachable centre, C3) :* piazza di Ponte Umberto I, 1. ☎ 06-06-08. ● museiincomuneroma.it ● Au nord de la piazza Navona. Tlj sf lun 9h-19h (14h les 24 et 31 déc). Entrée gratuite. Situé au bord du Tibre, ce musée intéressera les fans de Napoléon, mais aussi ceux de l'Italie napoléonienne. La collection de Giuseppe Primoli, petit-neveu de Napoléon par sa mère (Charlotte Bonaparte, elle-même fille de Joseph Bonaparte, frère de Napoléon), témoigne essentiellement des rapports de la famille Bonaparte avec Rome du règne de Napoléon Ier au Second Empire. Tableaux des membres de la famille, nombreux objets portant le sceau impérial, salle Napoléon III avec plafond à caissons bien chargée, etc. Lors des expos temporaires, on ressort même la vaisselle, les horloges et les nécessaires en argent doré ! Parmi les curiosités, notez le moule du sein de Pauline Bonaparte, alias Borghèse, signé Canova et ayant servi à sa superbe *Vénus de Praxitèle* exposée à la galerie Borghèse, ainsi que le vélocipède « Ancienne Maison Michaux » offert par le prince Eugène Napoléon à l'un de ses cousins en 1863.

🏃 *Museo Mario Praz* (*musée Mario Praz ; plan détachable centre, C3*) : *via Zanardelli, 1.* ☎ *06-68-61-089.* ● *museopraz.beniculturali.it/* ● *Au nord de la piazza Navona. Tlj 9h-19h30 sf lun mat. Entrée gratuite. Visites guidées gratuites (français et anglais), 45 mn.* Le *Palazzo Primoli*, élégante demeure romaine, est devenu le siège de la maison-musée Mario Praz. Rare et insolite, l'endroit est trop souvent méconnu des touristes. L'écrivain italien Mario Praz (1896-1982) fut professeur d'histoire de l'art et, surtout, un collectionneur avisé, spécialiste de la littérature anglo-saxonne. On visite le musée comme un appartement privé avec sa succession de pièces (galerie, atelier, chambres, bibliothèque, salle à manger, vestibule). Bibelots néoclassiques, tableaux romantiques, mobilier en bois, objets d'art en tout genre (et pas toujours de bon goût !), se succèdent. Un endroit original qui vaut bien une petite visite.

LE PANTHÉON ET SES ENVIRONS

Le Panthéon (*plan détachable centre, C3-4*)

– **Horaires de visite :** *lun-sam 8h30-19h30 ; dim 9h-18h (j. fériés en sem 9h-13h). Fermé 1er janv, 1er mai et 25 déc. Attention, l'accès est fermé sam à 17h et dim mat lors de l'office (car le lieu est aussi une basilique) à 10h30.*
– **Entrée :** *gratuite. Audioguide en français : 5 €.*

🎥🎥🎥 Contrairement à ce qu'indique l'inscription gravée sur le fronton du portique, « *M. Agrippa L. F. Cos. Tertium fecit* » (« Marcus Agrippa, fils de Lucius, consul pour la troisième fois, fit ceci »), l'édifice le plus spectaculaire de la Rome antique est principalement l'œuvre d'Hadrien. Le premier temple, élevé par Agrippa en 27 av. J.-C., n'avait pas résisté au terrible incendie de l'an 80 apr. J.-C. Si le bâtiment à l'arrière du Panthéon peut encore lui être en partie attribué, l'imposante rotonde, gloire de Rome, revient bien à Hadrien. Vingt siècles se sont donc écoulés depuis la reconstruction de ce temple vers 125... et pourtant, il est toujours là, debout dans un parfait état de conservation qui devrait amener les bâtisseurs contemporains à plus de modestie. Dédié à l'origine aux sept divinités planétaires, le Panthéon (qui doit son nom à la coupole dont la forme évoque le séjour céleste de tous les dieux) sera sauvé de la ruine au début du VIIe s par le pape Boniface IV qui le consacre alors au culte chrétien, le renommant *basilica di Santa Maria ad Martyres*.

Un dernier mot sur la façade : les colonnes les plus à gauche ont été changées par Urbain VIII par « convenance personnelle ». Il les remplacera – fallait bien que ça tienne ! – par d'autres colonnes qu'il marqua de son symbole, l'abeille.

CES BARBARES DE BARBERINI

Au XVIIe s, le pape Urbain VIII, membre de la famille Barberini, demanda au Bernin de faire fondre les plaques de bronze du Panthéon afin de fabriquer le baldaquin de la basilique Saint-Pierre. En représailles, les mauvaises langues inventèrent le dicton suivant : Quod non fecerunt barbari, Barberini fecerunt, soit « Ce que les Barbares n'ont pas fait, les Barberini l'ont fait » !

Prenez le temps d'en faire le tour pour vous rendre compte des proportions du colosse et détailler le portique gréco-romain (largeur : 35 m ; profondeur : 16 m ; colonnes : au nombre de 16, ce sont des colonnes corinthiennes sculptées dans un seul bloc de granit).

L'intérieur du Panthéon est tout aussi exceptionnel. On y pénètre après avoir franchi une porte en bronze à double battant qui serait d'origine antique. Une fois au centre du monument, vous en découvrirez l'élément le plus génial : la plus grande coupole de toute l'Antiquité, son diamètre (43,30 m, soit 150 pieds romains) étant égal à sa hauteur (43,30 m également !). Bien sûr, vous noterez qu'elle est ouverte sur le ciel par un oculus central (9 m de diamètre). Quand il pleut, il pleut donc à l'intérieur ! Cette coupole servit de référence à Bramante et à Michel-Ange, qui travaillèrent à la réalisation de celle de Saint-Pierre dont les dimensions ne parviennent pourtant pas à égaler celles du Panthéon... De superbes colonnes précèdent chacune des niches, dans lesquelles étaient autrefois placées des statues représentant les dieux. Aménagées en chapelles, elles abritent aujourd'hui les sépultures de certains rois d'Italie, notamment le tombeau noir de Victor-Emmanuel II, assez sévère, surmonté de son aigle. On remarque parfois un garde royaliste bénévole en costume qui veille sur ces tombes royales... Situé au fond à gauche et surmonté d'une *Madonna del Sasso*, le tombeau de Raphaël attire pas mal de monde. Notez son épitaphe, signée du poète Pietro Bembo : « Ci-gît Raphaël, qui toute sa vie durant fit craindre à la Nature d'être dominée par lui, et, lorsqu'il mourut, de mourir avec lui. » Bon, malgré ce que dit le panneau sur le côté, il semblerait qu'il n'y ait plus rien dans la tombe depuis bien longtemps... Sur la gauche de la Madonna, le buste de l'artiste dans sa prime jeunesse.

Autour du Panthéon

🎥🎥🎥 *Piazza della Rotonda* (plan détachable centre, C3) : la visite du Panthéon terminée, vous éprouverez peut-être le besoin de prendre un peu de recul sur ce magnifique monument et, pourquoi pas, un verre sur l'une des nombreuses terrasses de cette place fort touristique, avec une fontaine surmontée d'un obélisque égyptien, rapporté par les Romains durant l'Antiquité. Malgré le monde, un point de passage incontournable. Très bel éclairage le soir.

🎥🎥 Devant l'église Santa Maria sopra Minerva, sur la place, ne manquez pas l'étonnant *éléphant en marbre* portant sur son dos un autre obélisque égyptien. C'est le Bernin (encore lui !) qui eut l'idée de présenter l'obélisque de cette manière insolite et il en confia la réalisation à l'un de ses meilleurs élèves. Dans son ensemble, l'œuvre est riche en sens cachés ! L'obélisque s'apparente à un rayon de soleil divin, quant au pachyderme, il symbolise, par sa force, la terre. Si le premier traverse le second, la vie peut avoir lieu. N'oublions pas que ce sont les Égyptiens qui les premiers transmirent aux Hébreux (puis aux chrétiens) *Le Livre des morts,* fondé sur le principe de la résurrection de la chair. À la fin de sa vie, l'homme quittera la Terre (donc, l'éléphant) pour ressusciter au Ciel aux côtés du Soleil. Suivez l'obélisque, il indique le chemin ! La croix à son sommet illustre ainsi pleinement la résurrection du Christ. Un autre éléphant-obélisque de ce type existe à Catane, en Sicile.

🎥 *Chiesa Sant'Ivo della Sapienza* (église Saint-Yves-de-la-Sapience ; plan détachable centre, C3) : entrée dans la cour par le corso di Rinascimento, au n° 40, mais église rarement ouverte. Ceux qui s'intéressent à l'architecture ne manqueront pas de pénétrer dans la cour, de style superbement Renaissance, à laquelle est venue s'accrocher, au fond, une église totalement baroque que l'on doit à Borromini (milieu du XVIIe s). L'artiste a dû, dans la largeur de l'espace, inclure la chapelle de l'Université, dédiée à la sagesse *(sapienza).* C'est la juxtaposition des styles qui interpelle le regard ici. La façade alterne des ondulations convexes et concaves entre le 1er et le 2e niveau, qui répond hardiment aux canons de la

Renaissance des autres côtés de la cour, composés d'angles droits, de symétrie, de rectitude. En levant encore un peu les yeux vers la chapelle, voir le lanternon qui coiffe l'édifice, en colimaçon, évoquant l'inexorable élévation vers le savoir, la connaissance, bref, vers le ciel.

🎥🎥 *Chiesa Santa Maria sopra Minerva* (plan détachable centre, C4) **:** *piazza della Minerva. Lun-ven 7h-19h ; sam-dim 7h-13h, 15h30-19h.* L'église doit son nom au temple de Minerve, qui occupait jadis les lieux. Fondée au VIIIᵉ s, elle connut de nombreuses modifications : reconstruite par les dominicains au XIIIᵉ s dans un style gothique, elle est présentée parfois comme étant la seule église romaine bâtie dans ce style. Elle renferme également une vaste collection d'œuvres d'art (fresques sur la vie de saint Thomas de Filippino Lippi dans le transept de droite ; tombeaux des papes Léon X et Clément VII...), la sépulture du célèbre peintre Fra Angelico (une simple pierre tombale dont la simplicité tranche avec la pompe des tombes papales) et plusieurs pièces du Bernin. Près de l'autel, à gauche, ne pas rater la statue du *Christo redentore* commencée par Michel-Ange, superbe, même si l'artiste chargé d'achever l'œuvre avait manifestement moins de talent. Noter l'élégant cache-sexe doré mais pas très mode. Enfin, à la place d'honneur sous le maître-autel, le corps de sainte Catherine de Sienne repose dans un sarcophage de marbre.

🎥🎥 *Piazza San Ignazio et chiesa San Ignazio di Loyola* (plan détachable centre, C3) **:** de la piazza della Rotonda, revenez sur vos pas et prenez la première rue sur votre droite, la via del Seminario, qui vous permettra d'atteindre l'adorable et baroque piazza San Ignazio, du XVIIIᵉ s. Sa structure évoque tout simplement celle d'un théâtre à l'italienne, où le parvis de l'église serait la scène, les courbes des belles façades arrondies ocre, les balcons et les balustrades en fer forgé les loges des spectateurs derrière lesquelles on devine les coulisses. Enlevez le conditionnel, car figurez-vous qu'on y donnait effectivement des représentations théâtrales... Devant une église, cela ne manquait pas d'audace !

L'église San Ignazio di Loyola *(ouv tlj 7h30-19h15),* du XVIIᵉ s, dédiée au fondateur de l'ordre des jésuites et du Collège romain, Ignace de Loyola, renferme derrière une imposante façade Contre-Réforme le fameux trompe-l'œil décorant la voûte centrale de l'abside, due au père Andrea Pozzo. Faute de moyens, pour créer l'illusion d'une coupole, l'artiste a peint sur une toile tendue, en noir et blanc, des lignes de fuite, un oculus et un lanternon décentrés. Du centre de la nef, posté sur le petit cercle de l'allée centrale, l'effet est prodigieux, et l'illusion parfaite. Puis, lorsqu'on s'avance doucement (toujours en regardant en l'air la coupole – pas pratique !), on découvre l'incroyable supercherie. C'est le baroque par excellence qui s'exprime ici. Tant que vous avez le nez en l'air, notez l'admirable plafond (fin XVIIᵉ s) avec son effet à ciel ouvert dû aux quatre arcs de triomphe peints et portant les inscriptions des quatre continents où les jésuites ont essaimé la bonne parole. On s'aperçoit que la fresque descend presque sur les colonnes, et va donc chercher en profondeur, pour monter très haut et accuser l'effet de perspective. Le sentiment d'élévation est intense, presque bouleversant. C'est là que l'artiste se rapproche... du divin. Ici, on est dans une église réellement jésuite, comme le prouve cette grande nef unique, conçue pour ne pas disperser les ouailles... Dans les transepts, colonnes torses superbes et hauts reliefs en marbre, là encore remarquables.

Qu'attendez-vous donc pour partir à la découverte de cet ancien quartier populaire, certes aujourd'hui embourgeoisé, mais dont les maisons aux façades disparates arborent de vieilles patines pleines de nuances se superposant siècle après siècle ? Le Ghetto quant à lui est l'un des plus anciens quartiers de Rome, resté profondément populaire, encore juif dans l'âme. Les amateurs de poésie urbaine seront comblés : clins d'œil architecturaux insolites, vieilles façades fatiguées, ruelles, passages, cours sans âge, saupoudrés de quelques hôtels particuliers aux richesses secrètes... Et puis, n'hésitez pas à plonger votre main (à la manière d'Audrey Hepburn) dans celle du lion de la Bocca della Verità... pour un vrai moment de vérité !

Où dormir ?

Dans le Campo dei Fiori – corso Vittorio Emanuele II

De prix moyens à plus chic

🏠 **Pensione Barrett** (plan détachable centre, C4, 37) : via Torre Argentina, 47 (sous la voûte à gauche, puis au 2e étage). ☎ 06-68-68-481. ● michele@pensionebarrett.com ● pensionebarrett.com ● Doubles avec sdb 125-150 € sans petit déj. 📶 Une fois la porte franchie, on découvre un lieu assez extravagant, abritant une vingtaine de chambres. Le petit salon commun est surchargé de mobilier et de bibelots d'un kitsch assumé. Les chambres, plutôt petites, sont tout aussi fantaisistes (avec moult fresques et colonnes !) et bien équipées. Il faut juste apprivoiser le style ! Personnel aimable.

🏠 **Hotel Smeraldo** (plan détachable centre, C4, 38) : vicolo dei Chiodaroli, 9. ☎ 06-68-75-929. ● info@smeral doroma.com ● smeraldoroma.com ● ♿ Doubles avec sdb 90-165 € selon saison. 📶 Hors saison, probablement l'un des meilleurs rapports qualité-prix du coin. Un ensemble de 50 chambres pas bien grandes mais classiques et élégantes. Excellente tenue, ascenseur et confort moderne à tous les étages ! Annexe de 16 chambres à deux pas, dans la via dei Chiavari, avec en prime une petite touche Art déco. Le petit plus ici, c'est sa petite terrasse au dernier étage, avec vue sur les toits.

🏠 **Maison Giulia** (plan détachable centre, C4, 313) : via Giulia, 189a. ☎ 06-68-80-83-25. 🖨 388-92-11-200. ● info@maisongiulia.it ● maisongiulia. it ● Selon saison, doubles 80-160 €. Également une suite et des apparts dans le quartier. Dans la très calme et élégante via Giulia abritant de nombreux palais, voici un petit hôtel avec une poignée de chambres seulement, assez petites mais très confortables, dotées d'un beau plafond avec poutres apparentes... et coquettes salles de bains. Préférer les chambres côté cour, moins bruyantes. Une jolie adresse donc, qui devient particulièrement attractive en basse saison. Seul reproche : la salle du petit déj, au sous-sol, sans fenêtre, est vraiment riquiqui. Accueil chaleureux.

🛏 **Hotel Arenula** (plan détachable centre, C4, **43**) **:** via S. Maria dei Calderari, 47. ☎ 06-68-79-454. ● info@hotelarenula.com ● hotelarenula.com ● Selon saison, doubles avec sdb 70-150 € ; petit déj compris. À l'inverse de la belle cage d'escalier menant à la réception, les chambres de cet hôtel sur 4 niveaux se révèlent un tantinet tristounes. Elles sont néanmoins spacieuses, confortables, propres et insonorisées côté rue. Accueil neutre.

Très chic

🛏 **Argentina Residenza** (plan détachable centre, C4, **74**) **:** via di Torre Argentina, 47. ☎ 06-68-19-32-67. ● info@argentinaresidenza.com ● argentinaresidenza.com ● Doubles à partir de 110-200 €. 🛜 On a l'impression de se retrouver dans une maison privée à l'ambiance confidentielle. Côté déco, nette dominance pour les tons rouge. Chambres spacieuses avec tout le confort ad hoc. Excellent petit déj. Accueil hyper pro.

🛏 **Hotel Teatro di Pompeo** (plan détachable centre, C4, **70**) **:** largo del Pallaro, 8. ☎ 06-68-30-01-70. ● hotel.teatrodipompeo@tiscali.it ● hotelteatrodipompeo.it ● Selon saison, doubles 190-220 €. Promos fréquentes sur Internet. Cette maison étroite occupe une partie de l'emplacement exact de l'ancien théâtre de Pompée... On apprécie l'endroit pour son atmosphère calme et intime, le confort de ses chambres lumineuses, parfois mansardées avec poutres apparentes, et les caves voûtées pleines de cachet où

est d'ailleurs servi le petit déj. Préférer les chambres du bâtiment principal à celles de l'annexe (même confort, mais un peu moins de charme). Accueil agréable et efficace.

🛏 **Casa Banzo** (plan détachable centre, C4, **24**) **:** piazza del Monte di Pietà, 30. ☎ 06-68-33-909. ● elptomas@tin.it ● casabanzo.it ● Selon saison, doubles 100-135 € ; apparts 4-6 pers 180-270 €. Ce superbe palais des XVe-XVIe s organisé autour d'une cour offre quelques chambres en version bed and breakfast, toutes très différentes. Celles du rez-de-chaussée sont bien agréables mais pas très lumineuses et peu aérées. Celles à l'étage sont plus claires. Toutes sont propres et joliment meublées. Si l'édifice est ancien, le confort est bien actuel ! Pour parfaire le tout, accueil courtois et chaleureux...

🛏 **Hotel Campo dei Fiori** (plan détachable centre, C4, **41**) **:** via del Biscione, 6. ☎ 06-68-80-68-65. ● info@hotel-campodefiori.com ● hotelcampodefiori.com ● Doubles et apparts 120-220 € en basse saison, 180-340 € en hte saison. 🛜 Ce bel édifice, vieux de 2 siècles, a été superbement restauré. Sur 6 étages (avec ascenseur !), de belles chambres, toutes dotées d'un balcon, avec tout le confort, quoiqu'un peu petites pour les standards. Un brin baroques, les chambres sont joliment personnalisées. Du haut de gamme équipé dernier cri, sans oublier la terrasse-jardin sur le toit, pourvue d'un agréable solarium et d'une jolie vue sur Rome ! Également quelques studios et appartements à proximité, pour 2 à 6 personnes, à des prix proportionnellement plus abordables. Accueil pro. En basse saison, un rapport qualité-prix-situation vraiment intéressant.

Où manger ?

Aux alentours du campo dei Fiori

Sur le pouce

🍝 **Supplizio** (plan détachable centre, B4, **212**) **:** via dei Banchi Vecchi, 143. 📱 34-54-25-70-13. ● supplizco

roma@gmail.com ● Tlj sf dim ap-m. Qu'est-ce qui fait courir les Romains jusqu'ici ? Le supplizio, cette boulette frite garnie de viande ou de légumes (un proche cousin de l'arancino italien). Le proprio de L'Arcangelo (resto réputé dans le quartier du Vatican) a flairé la bonne affaire ! Il a eu raison, c'est un vrai succès. Les quelques tabourets ne suffisant pas dans cette adresse microscopique, on s'installe sur les marches dehors accompagné d'un verre de vin bio. Ça ne désemplit pas.

🍴 🍞 **Forno Campo de' Fiori** (plan détachable centre, C4, **72**) : piazza Campo dei Fiori, 22. ☎ 06-88-06-662. ● info@fornocampodefiori. com ● Une autre boutique juste à côté, vicolo del Gallo, 14. Lun-sam 7h30-20h. C'est une institution. D'ailleurs, c'est toujours plein ! Bon choix de pains fantaisie, focaccie, biscuits secs, pâtisseries, etc., au poids ou à la pièce. Pour les panini et pizze, grand choix dans la 2e boutique, idéal pour un pique-nique.

🍞 🍞 **Forno Roscioli** (plan détachable centre, C4, **100**) : via dei Chiavari, 34. ☎ 06-68-64-045. ● roscioli forno@gmail.com ● Tlj sf dim 7h30-20h. Cette alléchante boulangerie de quartier propose de nombreux pains, viennoiseries, et de belles parts de pizzas et de tartes à se mettre sous la dent, le coude posé sommairement sur des petits comptoirs.

Bon marché

|●| **Filetti di Baccalà** (Dar Filettaro a Santa Barbara ; plan détachable centre, C4, **150**) : largo dei Librari, 88. ☎ 06-68-64-018. Tlj sf dim 17h-22h30. Plats 5-6 €. Cette minuscule gargote toujours bondée est réputée pour ses filets de morue frits. Ce n'est pas une étape gastronomique, mais un bon plan devenu étape de la cuisine romaine pour petits budgets et petits appétits ! On peut aussi se contenter de l'option filets de morue à emporter.

🍞 **Baffetto 2** (plan détachable centre, C4, **155**) : piazza del Teatro di Pompeo, 18. ☎ 06-68-21-08-07. Ts les soirs sf mar (ouv le midi le w-e). Fermé 1 sem en août. Pizzas 6-10 €. Le décor de la salle étant d'une grande banalité et l'accueil quelconque (parfois limite), on vient ici profiter de la douceur des soirées romaines, installé sur la terrasse. On appréciera la finesse, toute romaine, des pizzas (fines, certes, mais parfois petites).

Prix moyens

|●| **Ristorante Ditirambo** (plan détachable centre, C4, **333**) : piazza della Cancelleria, 74-75. ☎ 06-68-71-626. Tlj sf lun midi. Repas 20-25 €. Cuisine italienne parfaitement maîtrisée. Les produits sont de saison, les viandes d'une grande tendreté et les préparations impeccables. La pasta fresca se fait devant vous. La salle est petite et chaleureuse (plancher et plafond de bois, expo photos sur les murs...). Dans l'assiette, pâtes et soufflés en recettes originales font merveille et poussent au dithyrambe. Carte des vins impressionnante.

|●| **La Pollarola** (plan détachable centre, C4, **155**) : piazza Pollarola, 24-25. ☎ 06-68-80-16-54. ● info@lapollarola. it ● Tlj sf dim. Repas 25-30 €. Une institution dans le quartier. Cadre élégant, clair, composé de murs en brique et de bouteilles, agrémenté de quelques photos en noir et blanc, jolies tables en bois, verres à vin bien classés... La cuisine est restée fidèle à sa réputation, avec un bon antipasto rustico, les cannellonis à la viande, tomate et mozzarella, et la tagliata con pomodorini e rughetta, des lamelles de bœuf avec des tomates et de la roquette, une spécialité romaine. Service efficace sans être bousculé.

|●| **Ristorante Santa Anna** (plan détachable centre, C4, **332**) : via di Santa Anna, 8-9. ☎ 06-68-30-71-90. ● risto rantesantanna@libero.it ● Tlj sf dim. Congés : 10 j. en août. Pizzas 6-9 € ; repas 20-25 €. Café offert sur présentation de ce guide. Dans une salle lambrissée de pin, égayée de photos d'aéronautique et autres bouteilles de vin sur étagères, un service sans histoire (mais sans fard) propose des petits plats classiques de la tradition culinaire de Rome, des spaghetti alla Pierrot au semifreddo al torroncino. Les pizzas tirent fort bien leur épingle du feu. Au final, une bonne petite adresse.

Très chic

|●| **Al Bric** (plan détachable centre, C4, **158**) : via del Pellegrino, 51-52. ☎ 06-68-79-533. ● info@albric.it ● Ts les soirs sf lun. Résa conseillée.

Carte 40-50 € ; assiettes de dégustation (19h30-20h30), 22 € pour 2 pers. Un élégant resto où l'on pratique avec talent l'art de la dégustation. On vous recommande donc particulièrement leur *happy hour*, sorte d'*aperitivo* autour d'une assiette de fromages – qui tiennent ici le haut du pavé – et de charcuterie. Les plats, eux, sont en revanche plus élaborés, un brin créatifs certes, mais somme toute trop chers. L'endroit ne désemplit pourtant pas et il n'y a que l'embarras du choix pour accompagner le repas d'une belle bouteille.

Dans le Ghetto

De bon marché à chic

I●I *Sora Margherita* (plan détachable centre, C4, **146**) : piazza delle Cinque Scuole, 30. ☎ 06-68-74-216. ● sora margherita@gmail.com ● Pas d'enseigne : entrée juste à droite de l'église S. M. di Pianto. Ouv le midi (sf dim, plus sam en juil-août) et ven-sam soir. Résa conseillée le soir. Carte 20-25 €. Connue de longue date, cette petite cantine fait toujours salle comble. Accueil charmant et vivant. La carte se résume à une simple feuille gribouillée au feutre : chaque jour de la semaine a ses spécialités faites maison, simples mais très appréciées (goûter, entre autres, aux *fettuccine al agnolotti*). Également du poisson frais selon arrivage

(sole et friture notamment), mais attention, facturé au poids, il revient assez cher. Enfin, les tartes et *crostate* complètent le repas...

I●I *Piperno* (plan détachable centre, C4, **92**) : monte dei Cenci, 9. ☎ 06-68-80-66-29. ● info@restaurantepiperno. it ● Tlj sf dim soir et lun. Fermé en août. Résa conseillée. Carte 50 € (poissons au poids, beaucoup plus chers). Situé dans une petite rue du Ghetto faisant le lien entre la piazza dei Cenci et la piazza delle Cinque Scuole, ce resto, chic et cher, sert le meilleur de la cuisine hébraïco-romaine. On y découvre – ou retrouve – tous les classiques (à commencer par les fritures) : *carciofo alla giuda, fiori di zucca*, ainsi que les fameuses tripes à la romaine. Cadre élégant et service irréprochable. Une valeur sûre.

I●I *Al Pompiere* (plan détachable centre, C4, **164**) : via Santa Maria dei Calderari, 38. ☎ 06-68-68-377. Tlj sf dim. Repas 35-40 €. Après avoir franchi l'entrée et grimpé l'escalier, on découvre une enfilade de belles salles. Un cadre très Renaissance romaine pour savourer une cuisine tout aussi romaine : artichauts à la juive, tripes bien relevées, délicates fleurs de courgette en beignet ou *saltimbocca*. Cette adresse du circuit gastronomique juif reste très valable, même si elle est de plus en plus rattrapée par son succès. L'accueil comme la qualité des plats s'en ressentent un peu.

Enoteche (bars à vins)

☐ I●I *Salumeria e Vineria Roscioli* (plan détachable centre, C4, **193**) : via dei Giubbonari, 21-22. ☎ 06-68-75-287. ● info@salumeriaroscioli.com ● Tlj sf dim. Plats 18-25 € ; verres de vin 5-8 €. Cadre original avec quelques tables parmi les cochonnailles et les rayonnages de bouteilles de vin, le tout dans les effluves de fromages dont regorge l'étal. Cette orgie de saveurs sublime les vins italiens de bonne tenue. Également des plats bien goûteux, un poil chers (ce n'est qu'une charcuterie, après tout !), mais tellement délicieux. Venir tôt (ou réserver),

car l'adresse est très courue.

☐ I●I *Il Vinaietto* (plan détachable centre, C4, **178**) : via del Monte della Farina, 37-38. ☎ 06-68-80-69-89. ● marco.maccione@tin.it ● Tlj sf dim 10h30-15h, 18h-22h30. Verres de vin 4-10 €. On aime bien ces 2 petites salles aux étagères saturées de bouteilles et reliées entre elles par un comptoir en marbre. Dans les ballons, une formidable sélection de crus italiens pour toutes les bourses, servis avec gentillesse et conseil. Une adresse authentique fréquentée par des habitués qui picolent sur le trottoir en papotant gentiment.

☐ Ⓘ◉Ⓘ *Enoteca Il Goccetto (plan détachable centre, B4, 187)* : via dei Banchi Vecchi, 14. ☎ 06-68-64-268. ● ilgoc cetto@tiscalinet.it ● Tlj sf lun midi et dim 11h30-14h, 18h30-minuit. Plat env 7 € ; verre de vin env 4 €. Cet ancien *vino e olio* demeure l'un des bars à vins les plus chaleureux du quartier. Étagères à bouteilles couvrant les murs du sol au plafond, quelques tables pour accueillir une clientèle d'habitués, et puis ce vieux comptoir en bois, contigu à la vitrine garnie de fromages, charcuteries et *antipasti*. Bon choix de vins de qualité à prix abordables, dont la sélection au verre – affichée sur l'ardoise – change régulièrement selon l'humeur de l'aimable patron. Une adresse efficace et sans prétention, vraiment idéale pour prendre l'*aperitivo* entre amis dans une ambiance décontractée et un brin festive, qui déborde sur le trottoir.

☐ Ⓘ◉Ⓘ *Enoteca L'Angolo Divino dal 1948 (plan détachable centre, C4, 188)* : via dei Balestrari, 12-14. ☎ 06-68-64-413. ● angolo.divino@ tiscali.it ● Tlj sf dim 10h30-15h, 17h-2h. Plats 8-18 € ; verres de vin 4-6 €. L'enseigne de ce bistrot – planté à l'angle de deux rues – est une amusante entrée en matière : « angle divin » ou « angle du vin » ? Les deux, mon colonel, car un bon cru est toujours un petit miracle ! Fond jazzy et mobilier en bois assez rustique, pour une ambiance intime, un tantinet chic. À la carte, une foule de vins italiens aux robes superbes, que l'on accompagne volontiers d'une classique assiette de charcuterie et de fromage. Également des plats, plus chers. Un lieu tranquille, idéal pour un tête-à-tête en soirée.

Où manger une glace ?
Où déguster une bonne pâtisserie ?

⍟ *Punto Gelato (plan détachable centre, C4, 263)* : via dei Pettinari, 43. ☎ 06-68-395-030. ● info@puntoge lato.info ● Tlj 11h-minuit. Une bonne surprise dans le dédale des glaciers romains ! Le jeune patron revendique sa région d'origine : les Dolomites. D'ailleurs, il travaille les ingrédients de là-bas (lait, eau...). Pour le reste, ce sont les fruits du Latium et de Campanie. Au final : des glaces crémeuses et onctueuses à souhait. Attention à la bousculade. Y en aura pour tout le monde !

☞ *Pasticceria de Bellis (plan détachable centre, C4, 260)* : piazza del Paradiso, 56. ☎ 68-80-50-72. ● pasticcerria debellis@gmail.com ● Tlj sf lun 9h-20h. Après avoir fait ses classes chez les plus grands, notamment en Espagne (Ferran Adrià, les frères Rocca), Andrea s'est posé sur cette petite place au nom prédestiné. Les becs sucrés se pourlècheront les doigts en dégustant les pâtisseries maison revisitées : framboiser, tarte au citron, éclair au chocolat... Elles sont fameuses (on les a presque toutes goûtées !).

☞ ☰ *I Dolci di Nonna Vincenza (plan détachable centre, C4, 284)* : via Arco del Monte, 98a. Lun-sam 9h-21h. M'étonnerait que vous résistiez à ces pâtisseries siciliennes plus appétissantes les unes que les autres. Le choix est cornélien ! Petit salon de thé attenant très agréable.

⍟ *Carapina (plan détachable centre, C4, 208)* : via dei Chiavari. Tlj 10h30-22h. Encore une adresse de glaciers, nous direz-vous ! Mais celle-ci se démarque par son choix limité de parfums, signe de qualité ! Ceux-ci varient selon les saisons, *naturalemente* !

Où déguster une bonne pâtisserie juive ?

☞ *La Dolceroma (plan détachable centre, C4, 259)* : via del Portico d'Ottavia, 20b. ☎ 06-45-47-03-03. ● dolceste@ yahoo.it ● Tlj sf lun 8h30-13h30,

15h30-20h (10h-13h dim). Fermé en juil-août (dommage !). Depuis plus de 20 ans, cette pâtisserie viennoise a pignon sur rue et fait l'unanimité avec ses excellents gâteaux traditionnels juifs (*sachertorte, apfelstrudel,* tartes au yaourt, etc.). Pour les amateurs d'exotisme, également des spécialités américaines : brownie, cheese-cake, *carrot cake,* etc.

🍽 *Boccione (plan détachable centre,* C4, **94**) : *via del Portico d'Ottavia, 1.* ☎ 06-68-78-637. *Ouv 7h-19h (14h ven et dim), tlj sf sam (shabbat).* Connue aussi sous le nom de *Il forno del Ghetto.* Le meilleur de la pâtisserie juive gérée exclusivement par des femmes (accueil frisquet parfois !). Goûter la *crostata ricotta-visciole* (tarte à la ricotta et à la cerise, pas vraiment légère !) ou les *bruscolini.* Vraiment fameux !

Où boire un verre ?

Moins prestigieux que les piazze della Rotonda ou Navona, le campo dei Fiori *(plan détachable centre, C4)* demeure néanmoins très agréable. Le matin, les terrasses sont bordées par le marché animé. L'après-midi, des couleurs superbes éclairent les façades avec leurs nuances d'ocre. Et puis, le soir venu, les jeunes et moins jeunes prennent d'assaut les terrasses ! Très souvent, le campo dei Fiori et la piazza del Biscione voisine sont littéralement envahis...

🍷 *Zoc (plan détachable centre,* C4, **356**) : *via delle Zoccolette, 22.* ☎ 06-68192515. ● *info@zoc22.it* ● *Tlj 8h-minuit (9h30 sam et dim).* 📶 Un endroit comme il s'en développe de plus en plus dans la capitale italienne. À la fois pour un petit déj, un brunch, un repas ; fait aussi salon de thé et restaurant le soir. Le mieux est d'y boire un verre dans une déco hétéroclite : *azulejos,* sol béton ciré, mobilier de récup (fauteuils en skaï, rocking-chair), et des plantes pour la verdure.

🍷🍽 *Barnum Cafe (plan détachable centre,* C4, **358**) : *via del Pellegrino,* 87. ☎ 06-64-76-04-83. ● *barnum cafe@gmail.com* ● *Tlj sf dim 9h-2h.* Sous le regard amusé des jolies trapézistes qui se balancent au plafond, la faune romaine sirote un smoothie dans les fauteuils dézingués ou pioche à l'ardoise un plat de pâtes ou une quiche à grignoter sur le pouce. À l'heure de l'*aperitivo,* les tables dépareillées font le plein tandis que Madonna donne de la voix. Une adresse *vintage* sympa, planquée de l'assaut des touristes du *campo dei Fiori.* On regrette juste l'absence de terrasse.

🍷🍽 *Open Baladin (plan détachable centre,* C4, **231**) : *via degli Specchi,* 5-6. ☎ 06-68-38-989. ● *openbala dincomunicazione@gmail.com* ● *Tlj 12h-2h.* Une grande salle colorée avec des rangées de tables mange-debout et, tout au fond, le comptoir de la soif avec plus d'une centaine de bières artisanales italiennes. Le tout forme un impressionnant mur de bières (comment tout goûter dans les limites de la modération ?) devant lequel se pressent les initiés. Quelques petites salles annexes avec de vieux fauteuils un peu dézingués garantissent une dégustation plus intimiste. Clientèle animée de trentenaires, qui accompagnent les binouzes de petits plats simples et pas chers.

🍷 *Jerry Thomas (plan détachable centre,* B4, **359**) : *viccolo Cellini, 30.* ☎ 06-96-84-59-37. ● *info@thejer rythomasproject.it* ● *Tlj sf dim-lun 22h-4h. Résa obligatoire par tél entre 14h et 18h.* Une fois le rendez-vous fixé, ne cherchez pas d'enseigne mais une simple porte sombre avec plaque gravée et chouette dorée. Soufflez le mot de passe à l'interphone et pénétrez chez le mystérieux professeur Thomas. Oubliée Rome, bienvenue dans l'Amérique des années 1920 ! Dans l'esprit *speakeasy,* les initiés sifflent des cocktails dans les canapés *chesterfield* et les barmen, au style dandy, font virevolter les bouteilles derrière le bar. Piano, murs tapissés et photos anciennes assurent le voyage dans le temps. Une adresse qu'on aimerait garder secrète... tant pis !

Où acheter du fromage et du vin ?

☸ **Cooperativa Latte Cisterno** *(plan détachable centre, C4, 254) :* vicolo del Gallo, 18-19. ☎ 06-68-72-875. Tlj sf sam ap-m et dim 8h-14h, 17h-20h. Petite boutique de quartier où l'on se réunit à la fois pour papoter entre voisins et pour acheter tous les bons produits à base de lait, comme des yaourts bio et bien sûr d'excellents fromages !

☸ **Enoteca Il Goccetto** *(plan détachable centre, B4, 187) :* via dei Banchi Vecchi, 14. Tlj sf lun midi et dim 11h30-14h, 18h30-minuit. Des vins gouleyants à un bon rapport qualité-prix. Voir également la rubrique précédente « Où boire un verre ? ».

À voir

LE QUARTIER DU CAMPO DEI FIORI
(plan détachable centre, C4)

➤ **Accès :** tram n° 8. Bus nos 23, 40, 46, 62, 64, 116 (ce dernier, électrique, s'aventure dans les rues piétonnes).

🎭 **Campo dei Fiori :** comme son nom l'indique, le Campo dei Fiori fut d'abord un champ de fleurs. Nettement moins printanier, il devint ensuite un macabre lieu d'exécutions publiques, comme celle de Giordano Bruno, déclaré hérétique et mort sur le bûcher en 1600, à l'époque de la Contre-Réforme. Depuis, il a été réhabilité comme grand philosophe. Les francs-maçons lui érigèrent une statue au XIXe s au grand dam du Vatican (dont le palais de la chancellerie est juste en face... damnation !). Il devint le symbole de toutes les révoltes estudiantines et le point de départ de nombreuses manifestations. Aujourd'hui, la place accueille du lundi au samedi un grand marché alimentaire, jusqu'à 13h30. Mais sa plus grande particularité est sans doute d'être l'une des rares grandes places de Rome à ne posséder... aucune église. C'est suffisamment original ici pour qu'on vous le signale !

🎭 **Palazzo Farnese** *(palais Farnèse ; plan détachable centre, C4) :* piazza Farnese, 67. ☎ 349-36-83-013. ● visite-farnese@inventerrome.com ● inventerrome.com ● Visite guidée slt, en français ou en italien : lun, mer et ven à 15h, 16h et 17h. Tarif : 5 € (25 pers max ; durée : 50 mn). Résa obligatoire par Internet, 1-4 sem avt. Âge min 10 ans (les 10-17 ans devant être accompagnés), se munir d'une pièce d'identité. Photos et films interdits.

LE PAPE AIME LE ROUGE !

Paul III Farnèse, élu pape en 1534, fêta son élection en tant que pape romain en faisant jaillir du vin rouge des fontaines de son quartier, dont celles du Mascaron, voisine du palais Farnèse. Démagogique mais efficace ! Les Romains étaient aux anges et la cote du pape très élevée, jusqu'au jour où il leva un impôt extraordinaire en l'honneur de la veuve de Charles Quint. Les Romains dessoûlèrent bien vite et le pape perdit tout son crédit.

Déjà représentation diplomatique de Louis XIV auprès du Saint-Siège, le palais Farnèse abrite l'ambassade de France en Italie depuis 1874 (François de Bourbon céda une partie du palais à la France) et l'École française en Italie depuis 1875. Acquis par le gouvernement français en 1911, le bâtiment est racheté par l'Italie en 1936, sous Mussolini. Depuis, la France loue cette formidable bâtisse pour l'euro symbolique ; et cela jusqu'en 2035, année d'expiration de ce bail de 99 ans. Pour l'anecdote, l'ambassade d'Italie en France, à Paris, est louée pour la même somme... En attendant, les coûteuses restaurations du palais demeurent à la charge de l'État français.

L'extérieur

Si vous n'avez pas pu réserver une visite guidée, allez au moins admirer la façade du palais. Ce n'était au départ que la modeste demeure du cardinal Alexandre Farnèse. Quand celui-ci devint pape sous le nom de Paul III, il obtint enfin les moyens financiers de sa démesure. Ainsi fit-il appel à Michel-Ange et à d'autres artistes renommés pour se faire construire un palais fastueux, digne de lui. Michel-Ange réalisa notamment la corniche, le balcon central et une partie de la cour intérieure. Pas de méprise, les motifs en fleurs de lys omniprésents sur le bâtiment sont l'emblème des Farnèse (les rois de France n'ont pas le monopole ce symbole très couru chez les puissants). Noter que la fenêtre en bas à droite de la façade n'est qu'un trompe-l'œil. En effet, lors des premiers essais architecturaux, Michel-Ange fit un test sur un morceau de corniche... qui s'écroula. Et pour consolider ce flanc faiblard, on remplaça l'une des fenêtres par un vrai mur, qu'on décora d'une fausse fenêtre pour être raccord.

Sur la place trônent deux énormes et magnifiques vasques antiques provenant des thermes de Caracalla et reconverties en fontaines.

L'intérieur

La cour intérieure est somme toute assez classique, mais on note la très jolie voûte en stuc surplombant le vestibule du portail principal. Il s'inspire avec réussite des basiliques de la Rome antique.

Direction le 1er étage. Dans le **salon d'Hercule,** cube de 20 m de côté, remarquable plafond de bois à caissons et tapisseries des Gobelins reprenant une fresque

> ## HABEMUS PAPA !
>
> *Au XVIe s, les cardinaux s'encombraient peu des questions de célibat du prêtre. Ils avaient femmes et enfants. C'est ainsi que le cardinal Alexandre Farnèse eut plusieurs fils, dont un... excommunié pour avoir pris les armes contre le pape. Le même Alexandre, devenu pape (Paul III), nomma son petit-fils cardinal, à l'âge de... 14 ans. Un cardinal, ça ne perd point le nord !*

du Vatican. Le lieu servit justement de lieu de tournage au film de Nanni Moretti *Habemus Papam* (personne n'a évidemment oublié le second acte de l'opéra *Tosca* se déroule également dans ce palais !). La cheminée en marbre est encadrée de sculptures de femmes nues taillées dans la même pierre ; symboles de la charité (à gauche) et de l'abondance (à droite). L'immanquable et colossale statue d'Hercule, dit Hercule Farnèse, est une copie en plâtre d'une sculpture romaine raboutée : le corps du IIIe s (lui-même copié sur un bronze grec du IVe s av. J.-C.), retrouvé au XVIe s dans les ruines des thermes de Caracalla, et la tête (sans rapport a priori) trouvée dans le Tibre. L'original est aujourd'hui conservé au musée archéologique national de Naples. Un peu plus loin dans la galerie, un petit tableau du Titien commandé par Paul III représente le pape auquel il manque une main... Ce tableau est-il inachevé ? Ou l'artiste a-t-il voulu illustrer l'expression italienne « avoir le bras court », adaptée à la réputée pingrerie de ce pape ?

Et maintenant, le clou de la visite. C'est la sublime **galerie des Carrache,** construite pour y exposer les statues antiques amassées par les Farnèse, qui étaient de grands collectionneurs d'art. Les frères Carrache, mais surtout Annibal, décidèrent de compléter ce musée par une galerie de faux tableaux peints en trompe l'œil qui semblent être accrochés au-dessus des vraies fresques. Et c'est une réussite totale ! Un vrai chef-d'œuvre. Ces fresques, inspirées par les célèbres *Métamorphoses* d'Ovide, ont pour unique thème l'amour, auquel sont soumis les dieux. Parmi les scènes les plus remarquables, *Le Mariage de Bacchus et d'Ariane* (au centre du plafond) et *Les Vertus de Persée*. On compatira encore à la tristesse du cyclope Polyphème qui tente de séduire en vain Galatée, elle-même éprise du bel

Acis. Le tableau représentant les amours de Vénus et d'Anchise (qui engendrèrent Énée, géniteur de Rome) conquit les Romains à l'époque. Quant aux deux peintures évoquant les amours homosexuelles, elles ont un fond diablement moderne dans la demeure du pape... père de la Contre-Réforme ! Entre ces scènes, des Hermès, des Atlantes, des *putti* chamailleurs et des statues en grisaille et en trompe l'œil, ainsi que des médaillons verdâtres, imitant avec réussite le bronze. Sublime !

🕯🕯 *Via Giulia (plan détachable centre, C4) :* derrière le palais Farnèse et surnommée le « salon de Rome », cette rue ne manque pas d'allure. Longue de 900 m, du ponte Sisto jusqu'à San Giovanni dei Fiorentini, elle recèle quelques pépites. Entre deux antiquaires ou deux galeries d'art moderne fleurissent quantité d'églises et de palais. Avant de partir, jetez un œil à la fontaine au Mascaron *(fontana del Mascharone)* et au n° 85, adresse où a vécu le peintre Raphaël. Si le morbide ne vous effraie pas, jetez un coup d'œil à la crypte de la chiesa Santa Maria dell'Orazione e Morte, où la décoration est réalisée à l'aide d'ossements des 8 000 corps ensevelis ici.

🕯 *Palazzo Spada (palais Spada ; plan détachable centre, C4) :* piazza Capo di Ferro, 13. ☎ 06-68-61-158. ● galleria borghese.it/spada/it ● Tlj sf lun 8h30-19h30. Accès gratuit à la cour intérieure. Entrée musée : 5 € ; réduc pour les moins de 18 ans et les plus de 65 ans ressortissants de l'Union européenne. Magnifique palais de 1540, racheté en 1632 par le cardinal Spada, collectionneur comme tant d'autres cardinaux de l'époque. Il abrite aujourd'hui le Conseil d'État. Façade copieusement ornée d'empereurs romains et de person-

BORROMINI, MAIS IL FAIT LE MAXIMUM !

L'œuvre la plus saisissante du palazzo Spada est sans conteste la fameuse perspective de Borromini. Le grand artiste a conçu ici une galerie de colonnes aboutissant à une statue posée sur un piédestal et précédée de quelques buissons. Vue de la cour, elle paraît être longue de 25 m, mais en réalité, ce trompe-l'œil ne mesure que 11 m de long, la statue fait 80 cm de haut et les buissons sont des blocs de marbre. Qui a dit que l'absence de moyens donnait parfois naissance au talent ?

nages importants. La cour présente une intéressante frise de centaures et de divinités romaines (Hercule, Minerve, Junon, Mars...). Certes, le musée n'est pas du même niveau que les autres prestigieuses galeries (surtout si vous sortez juste de la *galleria Borghese* !). Il intéressera surtout ceux qui ont pas mal bourlingué dans Rome et ont déjà vu l'essentiel. Ils trouveront ici plaisir à parfaire leurs connaissances dans un contexte feutré et intime. À l'intérieur, atmosphère et présentation un peu vieillottes. Les œuvres intéressantes ont du mal à émerger d'un capharnaüm de pièces assez mineures. Descriptif des salles en français.

🕯 Sur l'adorable *piazza Capo di Ferro,* outre le palais Spada, vous trouverez aussi le *palazzo Ossoli* du XVIe s. En face, la petite *chiesa Santa Maria della Quercia.* Plan en croix carrée, coupole, marbres et fresques. Tribune d'orgue en bois sculpté. Plus au sud, en direction du Tibre, la *via delle Zoccolette* abrite en plus de *Zoc,* sa sympathique *trattoria* bohème (voir plus haut « Où boire un verre ? »), un singulier bas-relief au *n° 22.* Encastré dans le mur rose, un large médaillon en bronze représentant deux bébés rappelle l'existence d'un ancien orphelinat. Le nom de la rue fait aussi écho à l'établissement. En dialecte romain, *zoccolette* signifie « enfants abandonnés ». Et pour les Napolitains, le terme désigne plus largement les prostituées. Voici donc un bien triste présage pour nos deux fillettes emmaillotées !

🎋 *Palazzo della Cancelleria (palais de la Chancellerie ; plan détachable centre, C4) : à l'angle nord-est du campo dei Fiori. Ne se visite pas, mais la cour intérieure est accessible en cas d'expo.* Le palais de la Chancellerie ne fera peut-être pas battre votre cœur autant que le palais Farnèse, et pourtant, il ne manque pas de majesté. Cette demeure, propriété du Vatican, abrite les services de la chancellerie pontificale. Le palais (Renaissance) a une façade régulière et plate comme une limande. Si vous pouvez y pénétrer, vous découvrirez une cour rectangulaire réalisée par Bramante, à trois niveaux, dont deux d'arcades, épousant les canons parfaits de la Renaissance. Les colonnes sont des remplois de monuments antiques. À l'intérieur (qu'on ne voit pas), la *salle des 100 Jours* est appelée ainsi car elle fut couverte de fresques par Vasari en ce délai record. Fier de sa prouesse, l'artiste s'en vanta auprès de Michel-Ange qui lui répondit du tac au tac « Tant que ça ! ». De la grandeur et des bassesses des hommes de génie...

🎋 *Museo Barracco (plan détachable centre, C4) : corso Vittorio Emanuele II, 166a. ☎ 06-06-08 ou 06-68-21-41-05. ● museobarracco.it ● Tlj sf lun : oct-mai 10h-16h (14h les 24 et 31 déc), juin-sept 13h-19h. Fermé 1ᵉʳ janv, 1ᵉʳ mai et 25 déc. Entrée gratuite. Audioguide en français : 4 €.* Petit musée à visiter après les grands, mais qui charmera les amateurs d'archéologie par la qualité des pièces exposées et le joli cadre Renaissance. Abrité dans un palais de 1523, surnommé « la Piccola Farnesina », qui arbore toujours quelques beaux plafonds. La façade côté *corso* date du début du XIXᵉ s. La « vraie » se situe à gauche : c'est l'entrée. Le palais abrite sur deux niveaux le legs fait à l'État par le baron Giovanni Barracco, grand collectionneur éclairé (de vieilles photos montrent les objets de la collection intégrés aux pièces de vie du baron) : des pièces d'archéologie égyptienne, des fragments de sarcophages, des pièces étrusques et médiévales, une collection de bustes grecs et des exemples de la statuaire romaine (entre autres, de belles statues de Bés et de sa sacrée trogne – du Iᵉʳ s av J.-C.). Au dernier étage, pour les amateurs de curiosités, deux hermaphrodites en marbre : l'un était issu d'un fragment de vasque (salle VIII), l'autre servait de pied de table du Iᵉʳ s (salle IX).

🎋 *Chiesa Sant'Andrea della Valle (plan détachable centre, C4) : lun-sam 7h30-12h, 16h30-19h ; dim 12h-19h.* Commencée en 1591 mais terminée seulement en 1667, elle suscite l'attention pour sa remarquable façade baroque. Ne vous contentez pas de passer devant, mais entrez pour apprécier l'une des plus belles coupoles romaines (16,61 m de diamètre, quand même ! et peintures de Lanfranco) ainsi que la décoration de l'abside. On y trouve même les dépouilles de Pie II et Pie III : les deux catafalques sont perchés à gauche et à droite, juste avant la coupole. Pour les mélomanes, c'est dans la première chapelle à gauche que se déroule l'acte I de *Tosca* de Puccini.

AUTOUR DU LARGO TORRE ARGENTINA
(plan détachable centre, C4)

🎋🎋 *Largo Torre Argentina (plan détachable centre, C4) : grand carrefour routier encombré mais pratique pour attraper l'un des nombreux autobus qui s'y arrêtent (nᵒˢ 30, 40, 46, 62, 63, 64, 70, 81, 87, 186...). Également le tram nᵒ 8 vers le Trastevere.*

Pas de grande réalisation architecturale à signaler, en dehors peut-être du *théâtre Argentina* et de la *torre Argentina* (à l'angle du corso Vittorio Emanuele II). La star du lieu est indéniablement l'*Aire sacrée du largo Argentina.* Le site n'est pas accessible, mais on le découvre facilement depuis la rue. Cet espace consiste en quatre temples (trois carrés et un circulaire) datant de l'époque républicaine (IIIᵉ ou IVᵉ s av. J.-C.), profondément enfouis à 8 m sous terre, soit le niveau du sol à l'époque antique. Dégagés à l'occasion de la prolongation d'une rue en 1926, ce seraient les seuls vestiges de l'antique campus Martius (le Champ-de-Mars). On n'est pas sûr des dieux auxquels chacun des temples était dédié, d'où leur désignation par les lettres A, B, C et D. Et c'est derrière le temple B (B comme Brutus ?) que se trouvait l'ancienne Curie (Sénat) de Pompée, où César fut poignardé sur ordre de son fils adoptif le 15 mars 44 av. J.-C. Selon les dernières hypothèses, pour que les Romains n'y viennent pas en pèlerinage, il semblerait qu'on ait rapidement transformé la scène du crime... en latrines.

On surplombe donc ces belles ruines, communément surnommées par les Romains le « sanctuaire des Chats ». Inaccessibles aux humains, ils les ont colonisées. De fait, le lieu est devenu un vrai refuge officiel pour les matous, dorlotés par des bénévoles qui les nourrissent, les soignent, les vaccinent... On compte environ 300 chats recueillis. C'est un vrai spectacle que de les voir se prélasser au soleil. On les imiterait bien ! Les Romains y viennent pour les adopter.

Ensuite, poursuivez le corso Vittorio Emanuele II jusqu'au niveau d'une petite place, la piazza del Gesù, où se dressent l'église du même nom... et le siège du parti démocrate-chrétien. C'est à deux rues de là qu'on retrouva, en mai 1978, le corps d'Aldo Moro dans le coffre d'une Renault.

LE BARBIER DE ROME

Le théâtre Argentina fut témoin de la désastreuse première du Barbier de Séville, en février 1816, dirigée par Rossini lui-même. Le chanteur incarnant Don Basilio chute sur scène. Au moment de son grand air, le sang dégouline encore de son nez, qu'il tamponne avec un mouchoir. Puis un chat noir entre sur scène en miaulant, au beau milieu du final. Éclat de rire général ! Fiasco total et protestations de l'auditoire. En retour, Rossini insulte tout le monde ! Furieux, le public poursuit le compositeur dans le théâtre, puis jusque dans les rues alentour. Le lynchage ne tint qu'à un cheveu... Au final, le Barbier deviendra un succès pas du tout rasoir !

HONNI CHAT QUI MAL Y PENSE !

Les lois de protection des chats pullulent en Italie. Article 2 de la loi nationale 281 d'août 1991... « Les chats vivant en liberté sont protégés : il est interdit de les maltraiter et de les éloigner du lieu dans lequel ils vivent... ». En souvenir de l'époque où les chats tuaient les rats infectés par la peste.

🐾🐾🐾 *Chiesa del Gesù (plan détachable centre, C4) :* piazza del Gesù. Tlj 6h45-12h30 (7h30-13h dim), 16h-19h. C'est le principal édifice religieux des jésuites à Rome, qui fut reproduit avec plus ou moins de fidélité aux quatre coins de l'Europe de la Contre-Réforme. Une référence, donc, qui se signale tout d'abord par sa façade caractéristique du premier mouvement de la Contre-Réforme (sobriété-humilité).

Mais l'intérieur est tout autre, très baroque en vérité, d'une richesse inouïe, avec tous ses stucs dorés. C'est certainement, à Rome, l'église la plus représentative de ce style architectural, dégoulinant d'une déco particulièrement chargée. Malgré tout, l'ampleur des lieux impose une impression de légèreté à l'ensemble et on ne se sent pas du tout écrasé. Au contraire, les innombrables trompe-l'œil nous entraînent dans un tourbillon vertigineux. Les fresques de Baciccia (voûte, coupole et chœur) sont les éléments les plus intéressants de cette décoration intérieure. Au centre de la nef, un miroir grossissant permet d'admirer le plafond en évitant le torticolis ! Noter comment la scène déborde de son cadre, et ce avec une légèreté étonnante. C'est surtout l'autel de Saint-Ignace de Loyola (dans le transept gauche) qui frappe le plus les esprits. Chaque jour, à 17h30, un spectacle son et lumière anime cette partie de l'église. Une voix off raconte l'histoire du saint, tandis que les projecteurs éclairent les différentes parties de cette chapelle. À la fin, coup de théâtre, le tableau au-dessus de l'autel s'efface, cédant la place à une statue de saint Ignace ! Lorsque catéchisme rime avec kitschissime !

🏃 Cripta Balbi (crypte Balbi ; plan détachable centre, C4) : via delle Botteghe Oscure, 31. ☎ 06-39-96-77-00. Tlj sf lun 9h-19h. Entrée : 7 € ; 10 € si expo temporaire (billet combiné avec les palazzo Massimo, terme di Diocleziano et palazzo Altemps, valable 3 j.) ; réduc ; Roma Pass ; gratuit pour les ressortissants de l'Union européenne de moins de 18 ans ou plus de 65 ans. Visite de la crypte proprement dite le w-e slt, à heures fixes (se renseigner avt).

Deux maisons médiévales accolées, elles-mêmes installées sur des vestiges antiques, accueillent un musée original destiné à faire comprendre le développement de la ville et de ses quartiers. « De la cave au grenier », on voit ainsi les strates successives de l'urbanisation républicaine puis impériale et jusqu'aux grandes percées « haussmanniennes », en passant par la désertification du Moyen Âge (quand les fermes et la campagne avaient recouvert l'*urbs* antique). Plans, gravures, maquettes, vidéos et bornes interactives illustrent cette évolution. On assiste également à d'intéressantes tentatives d'explication et d'interprétation du monde romain. Au passage, les vitrines présentent des poteries, monnaies, bijoux... aussi bien antiques que médiévales.

Pour l'intéressante visite de la crypte, on descend sous le bâtiment. Au programme, fondations et vestiges du théâtre et de la crypte Balbi, construite sous Auguste par un Espagnol de Cadix connu sous le nom de Cornelius... Balbus.

LE QUARTIER DU GHETTO (plan détachable centre, C4)

Un peu d'histoire

🏃🏃 La communauté juive de Rome est la plus ancienne d'Europe. Les premiers juifs arrivèrent en 161 av. J.-C., ambassadeurs de Judas Macchabée pour demander aide et protection contre les menées d'Antiochus IV. Par la suite, beaucoup suivirent, du fait de la position prépondérante de Rome dans le commerce méditerranéen, apportant avec eux leurs propres rituels (différents de ceux des séfarades et ashkénazes, qui vinrent plus tard) et appelés aujourd'hui « tradition

> ## POUR TOUT L'OR DE ROME
>
> *Les Allemands promirent à la communauté juive de la laisser en paix contre une rançon de 50 kg d'or que les juifs romains parvinrent à réunir en hâte (dents en or, bracelets, bagues...), aidés dans leur tâche par de nombreux catholiques. La rançon fut livrée aux autorités allemandes... ce qui n'empêcha rien. Dans la journée du 16 octobre 1943, 2 091 juifs sont raflés, puis déportés, principalement à Auschwitz. Il n'en reviendra que 16.*

italienne ». Après la destruction du temple par Titus, en l'an 70, de nombreux juifs furent amenés à Rome comme esclaves. Par la suite, ils s'installèrent dans le Trastevere, puis, au début du XIIIe s, de ce côté-ci du Tibre. À partir de 1492, la petite communauté fut renforcée par les juifs séfarades chassés d'Espagne et du royaume des Deux-Siciles par Isabelle la Catholique. Le pape Paul IV créa alors le Ghetto en 1555. Environ 3 000 habitants à l'époque (7 000 au milieu du XIXe s). Comme celui de Venise, il était ceint de murs percés de cinq entrées, et ses habitants devaient y retourner chaque soir, avant que les portes ne se referment. Souvent inondé lors des crues du Tibre, assez insalubre, les conditions d'existence y étaient très difficiles. L'obligation d'y résider la nuit fut supprimée d'abord en 1798, puis à nouveau en 1848 (les révolutions ont toujours du bon !) et les murs abattus après l'unification italienne de 1870. En 1938, des lois discriminatoires frappèrent à nouveau la communauté juive. La rafle du 16 octobre 1943 lui porta un coup terrible. Aujourd'hui, la communauté juive de Rome compte environ 20 000 personnes (35 000 dans toute l'Italie).

Petit itinéraire dans le Ghetto

Comment ne pas commencer à visiter ce vieux quartier juif par... la synagogue, plantée au bord du Tibre, en limite de Ghetto.

🦌 *Grande Sinagoga di Roma e Museo ebraico di Roma* (*Grande Synagogue de Rome et Musée hébraïque ; plan détachable centre, C4) :* lungotevere dei Cenci, 15. ☎ 06-68-40-06-61. ● *museoebraico.roma.it* ● *Musée ouv tlj sf sam : de mi-juin à mi-sept 10h-18h15 (15h15 ven) ; sinon, 10h-16h15 (9h-13h15 ven). Fermé lors des fêtes juives et l'ap-m des fêtes catholiques. Entrée : 10 € ; réduc. Visite en groupe de la synagogue à partir du musée (en principe ttes les 30 mn). Depuis le sanglant attentat de 1982, les mesures de sécurité sont draconiennes.*

De style assyro-babylonien, la construction de la synagogue s'acheva en 1904. Ce fut la première synagogue d'importance : les précédentes n'avaient pas le droit d'être plus hautes que les églises. Belle galerie de style Liberty (l'Art nouveau italien). Le musée présente de riches collections d'art et d'histoire. Quelques pièces originales : un *schofar* (corne pour solliciter l'attention des fidèles), des amulettes, des jetons *(token)* pour les pauvres (le jeton donnait droit à un poulet), un marteau rituel pour marquer la viande, ou encore des instruments pour la circoncision. Beaux livres, dont plusieurs à couverture d'argent du XVIIIe s, de l'orfèvrerie religieuse, une collection de *yad,* qui servaient à suivre les textes des rouleaux de la Torah. Noter le *Sefer ha-Sorasim,* le « Livre des Racines » de 1537 (c'est ici une réédition) et celui, authentique, de Bologne de 1469. Beau coffre à Torah d'Ispahan en bois polychrome. Au 1er étage, tapisseries, dont de superbes exemplaires du XVIe s. Gravures du Ghetto, vêtements liturgiques et manuscrits. Décret du pape Innocent III interdisant les exactions contre les juifs dans les synagogues (c'est Pie XII qui aurait dû faire la même chose !). Enfin, divers reçus pour la fameuse collecte des 50 kg d'or pendant la Seconde Guerre mondiale (voir encadré).

🦌 *Portico d'Ottavia (portique d'Octavie) :* au bout de la rue du même nom, on voit de beaux vestiges de ce monument édifié par Auguste en hommage à sa sœur Octavie en 23 av. J.-C, qui mesurait 138 m de long (le monument, pas la sœur !). Mais rien que ce petit morceau demeure impressionnant. Tiens, une colonne plantée dans le trottoir ; or, des cartes postales du début du XXe s en révèlent beaucoup plus (preuve qu'on pillait encore à l'époque !). Dans le portique, une petite église, *Sant'Angelo in Pescheria,* fut construite au Moyen Âge. Elle rappelle le grand marché au poisson qui se tenait devant. Sur l'une des maisons en face, plaque commémorant la grande rafle du 16 octobre 1943. À l'époque, on obligeait les juifs à aller à la messe. Mais pour échapper au prêche du curé, ils se mettaient des bouchons dans les oreilles.

🦌🦌 Revenir un peu en arrière sur la via del Portico d'Ottavia et emprunter (à droite) la minuscule via Sant' Ambrogio. Elle mène à l'adorable *piazza Mattei,* avec l'une des plus jolies fontaines de Rome, la *fontana delle Tartarughe (fontaine des Tortues).* Construite en 1581, avec quatre garçons portant la vasque, le pied sur un dauphin. Les tortues seraient arrivées plus tard. À la naissance de la via della Reginella, le *palazzo Costaguti (palais Costaguti),* avec corniche

POURQUOI JETER DES PIÈCES DANS LES FONTAINES ?

Ce rite est très ancien. Avant le christianisme, chaque fontaine était dédiée à une divinité païenne (Jupiter, Mercure...). Ces pièces leur rendaient hommage. Le christianisme, en supprimant ces dieux antiques, a dû trouver une autre explication puisque le rite perdurait. On prétend désormais que jeter une pièce signifie que l'on souhaite revenir dans les lieux.

sculptée, portail néoclassique et angle en pierre à bossage.

🎭🎭 S'engager via dei Funari. Aux n°s 16 et 19, belles cours à arcades et loggia. Et puis, à l'angle avec la via M. Caetani, un coup de cœur : le *palazzo Mattei* *(palais Mattei ; plan détachable centre, C4),* un immense hôtel particulier avec entrée sur les deux rues et qui offre au visiteur ébloui la cour la plus ornementée du vieux centre. Abondance de bas-reliefs, médaillons, bustes dans des niches et dans la loggia. Une dizaine de statues sur piédestal dans la cour. Le tout compose, avec l'escalier monumental richement décoré, un ensemble exceptionnel.

🎭 *Chiesa Santa Catarina dei Funari :* *via dei Funari, 31. Souvent fermée.* Façade Renaissance tardive, avec fronton à volutes et décor de guirlandes de fleurs. À l'intérieur, intéressant décor et belles peintures dans les chapelles à droite de la nef.
Par la via de' Delfini, rejoindre la piazza Margana où s'élève le *palazzo Maccarani Odescalchi,* du XVIIe s. À droite, un lacis de ruelles conduit à la piazza Capizucchi, puis à la piazza Campitelli où trônent de beaux palais, dont le *palazzo Albertoni Spinola,* du XVIe s.

🎭 *Chiesa Santa Maria in Campitelli* *(plan détachable centre, C4) :* *piazza dei Campitelli.* Construite par un élève du Bernin, tous les Romains y contribuèrent financièrement pour remercier la Vierge d'avoir mis fin à la peste de 1656. De fait, l'édifice est grandiose, à hauteur de leur gratitude. Façade monumentale, colonnes corinthiennes, voûte en berceau, pas de transept et une belle coupole. Le plus époustouflant reste l'autel principal et son tabernacle contenant l'image miraculeuse de la Vierge. Des anges portent une tribune dorée avec colonnes torses. Des dizaines de rayons d'or en jaillissent, couvrant tout le fond du chœur. On sent le triomphe de la Contre-Réforme. Quelques peintres baroques ornèrent les chapelles, dont Luca Giordano.

LES BORDS DU TIBRE

🎭🎭 *Teatro di Marcello* *(théâtre de Marcellus ; plan détachable centre, C4) :* *via del Portico d'Ottavia, 29. Visible depuis l'extérieur. Passage gratuit entre le Ghetto et la via del teatro Marcello, tlj 9h-18h (plus tard en été). On ne visite pas le théâtre (c'est une résidence privée !).*
Les travaux, initiés par César, seront achevés par Auguste, qui dédie l'édifice à Marcellus, l'un de ses neveux. On raconte que le théâtre, destiné à 15 000 spectateurs, était doté d'une excellente acoustique et qu'il inspira les plans du futur Colisée. Dès l'Empire, il sert de carrière... Au Moyen Âge, les Savelli, cette famille qui fut mêlée aux grands événements de l'histoire romaine, s'y installent et le transforment en forteresse, le sauvant ainsi de la démolition. Au début du XVIe s, l'architecte Baldassare Peruzzi construit, pour les nouveaux occupants, les Orsini, un palais qu'il greffe littéralement au théâtre.
Sur les côtés, on trouve trois colonnes du temple d'Apollon. Au pied, un jardin archéologique a été aménagé. En s'y promenant, on peut voir la différence de niveaux architectoniques (qui atteint jusqu'à 20 m à Rome).

🎭 *Chiesa San Nicola in Carcere* *(plan détachable centre, C4) :* *tlj 10h30-18h (17h le w-e ; 1h plus tard en été). Souterrains : visite libre 2,50 € ou commentée 5 €.* ● *sotterraneidiroma.it* ● Cette église fut construite au VIIe s avec les restes de trois temples païens selon une technique particulièrement courante à l'époque. Ce qui est intéressant ici, c'est que les ruines souterraines de deux de ces temples sont encore accessibles. On accède à la crypte à travers rues, boutiques et cellules (puisque les lieux servirent de prison – *carcere* – au VIIIe s, ce qui donna son nom à l'église). Une petite chapelle paléochrétienne contient des restes d'ossements humains. Pas grand-chose à voir, mais c'est une des rares occasions de visiter la Rome souterraine, profitez-en !

🎭🎭 *Piazza Bocca della Verità* *(plan détachable centre, D4-5) :* la zone, autrefois marécageuse, abritait les installations du premier port de Rome, le *Portus* ; aussi n'est-il pas surprenant d'y trouver un *temple rectangulaire dédié à Portunus*, la divinité des Ports. Il tient toujours debout malgré son grand âge (l'édifice actuel date, en effet, du Ier s av. J.-C., mais sa fondation remonte au IVe ou au IIIe s av. J.-C.). Un autre temple, circulaire celui-là, s'élève également dans les parages. C'est le *temple d'Hercule vainqueur*, longtemps dédié, à tort, à Vesta. Son âge n'est pas moins vénérable, car il fut construit au IIe s av. J.-C. mais, dans son aspect actuel, il est davantage le fruit d'un remaniement dû à Tibère après l'inondation de l'an 15. Le Tibre, en effet, est tout proche. Vous y apercevrez la dernière arche de l'ancien *pons Aemilius* construit en 181 av. J.-C. Aujourd'hui, on le nomme *ponte Rotto* (« pont rompu »). Il est ainsi depuis 1598, date de son dernier effondrement.

🔎🔎 *La Bocca della Verità* : *plaquée dans le vestibule de Santa Maria in Cosmedin.* Un des symboles de Rome, qui date du Ier s apr. J.-C. et dont les fonctions – fontaine ou bouche d'égout – restent incertaines. Elle fut rendue célèbre par une scène du film *Vacances romaines,* où Audrey Hepburn s'amuse à y mettre sa main... car la légende voue aux pires affres qui y glisse sa mimine avec quelque chose sur la conscience. Les touristes s'y pressent tant qu'à certaines périodes, la mairie met en place un système de file d'attente.

🔎🔎 *Chiesa Santa Maria in Cosmedin* (plan détachable centre, D5) : *piazza della Bocca della Verità, 18. Tlj 9h-16h50.* On la repère de loin à son haut et élégant clocher roman du XIIe s. Une élégance que ne détrompe pas l'intérieur, riche sous plusieurs aspects. Cette église grecque-melkite catholique accueillit, dès son origine, une communauté religieuse grecque. On y trouve donc quelques vestiges d'ornements byzantins de cette époque : une mosaïque du VIIe s dans la sacristie et l'abside du chœur parée de jolis restes de peintures. C'est d'ailleurs à la richesse de son décor que Santa Maria doit son épithète « Cosmedin » (*kosmidion* signifiant « richement orné » en grec). Autres vestiges notables, les colonnes avec chapiteaux corinthiens qui séparent les trois nefs, récupérées d'édifices antiques du forum Boarium (le « marché aux bœufs »), qui s'étendait jusqu'à l'Aventin et sur lequel l'église a été bâtie au Ve s. Les chapiteaux les plus proches de l'entrée sont richement sculptés. Quant au pavement cosmatesque d'origine (XIIe s), il est envoûtant avec ses motifs en marqueterie de marbre polychrome. Détail amusant : l'autel est dressé sur un ancien bassin en marbre.

🔎 *Chiesa di San Giorgio al Velabro* (plan détachable centre, D4) : *via San Giorgio al Velabro.* Construite entre les Ve et IVe s av. J.-C., dans le quartier du Vélabre, au bord du Tibre, l'église Saint-Georges-de-Vélabre est une des premières églises chrétiennes. Elle a subi maintes restaurations qui lui ont rendu son aspect médiéval. On découvrit alors des fresques primitives (que l'on aperçoit cachées sur la gauche). Dans cette église construite de bric et de broc, la récupération des matériaux est particulièrement flagrante, avec un choix de colonnes antiques des plus hétéroclite.

L'ÎLE TIBÉRINE (isola Tiberina ; plan détachable centre, C4)

Il s'agit de la seule île de Rome, reliée à la terre ferme par les plus anciens ponts de la ville, les *ponte Cestio* et *Fabricio*. Géographiquement, on serait tenté de faire une analogie avec l'île Saint-Louis, à Paris, mais rien à voir car le quartier est loin d'être aussi rupin ! Contrairement à ce qui s'est passé dans les autres cités, l'île ne fut pas habitée avant le Moyen Âge (le berceau de Rome étant, est-il besoin de le rappeler, le Palatin et les collines dominant le Forum). Il faut dire qu'elle resta longtemps isolée du fait des crues violentes du Tibre. Un temple dédié à Esculape, le dieu de la Médecine, y fut néanmoins édifié dès le IIIe s av. J.-C. Plus tard, on y mit les malades en quarantaine, et on y a construit depuis un grand hôpital... À l'époque romaine, l'île avait l'allure d'un bateau et on peut voir en avant, au niveau de la « proue de l'île », un reste de cette étonnante décoration (sous les bureaux de la police). En été, on y aménage un cinéma en plein air, et de nombreuses terrasses s'installent face au « pont rompu ».

LE TRASTEVERE

 Dieu qu'il est loin ce Trastevere décrit par Moravia dans ses *Nouvelles romaines* ! Oh ! certes, le quartier a gardé un côté assez populaire, au gré de ses ruelles, de ses *caffè*, où *espresso*, *cappuccino* et autres breuvages se boivent au comptoir, et de ses *trattorie* typiques où locaux et touristes se font voisins de tablée. En parallèle, toute une frange des habitants de ce quartier est de celle qu'on qualifierait de bobo. Le coin souffrant par ailleurs d'une faible implantation hôtelière (qui a dit tant mieux ?), les touristes sont ici souvent juste de passage, l'espace d'une tranche de journée. On navigue dans le lacis de ruelles, avec quelques jolies pépites à la clef : la basilica Santa Maria in Trastevere, la villa Farnesina et le palazzo Corsini. Les plus courageux grimperont sur la colline du Janicule pour une agréable balade couronnée par un beau panorama sur Rome.

Où dormir ?

INSTITUTIONS RELIGIEUSES

De bon marché à prix moyens

🛏 **Villa Riari** *(plan détachable centre, B4, 12)* : via dei Riari, 44. ☎ 06-68-80-06-122. ● *info.villariari@hh-hotels. it* ● *villariari.it* ● *Selon saison, doubles 50-120 € avec ou sans sdb ; petit déj en sus.* Ce couvent est idéalement situé à l'orée du Trastevere, dans une rue calme et à une portée de cloches du Vatican. Sur 3 étages, les chambres de 2 à 4 personnes n'arborent aucune déco mais elles sont nickel et modernes. Aux beaux jours, on apprécie de prendre son petit déj (payant) dans le jardin de curé, c'est calme à entendre murmurer un bénédicité. Bon accueil (et pas de couvre-feu) et prix appréciablement abordables hors saison.
🛏 **Casa di Santa Francesca Romana** *(plan détachable centre, C5, 17)* : via dei Vascellari, 61. ☎ 06-58-12-125. ● *istituto@sfromana.it* ● *sfromana. it* ● *Selon saison, doubles 110-130 €.*

Située dans l'ancien palais de la famille Ponziani, c'est la version luxe des institutions religieuses ! Belle cour aux tons orangés et parsemée justement... d'orangers. Les chambres sont un peu inégales et la décoration paraît un rien désuète, mais le tout reste fort bien tenu et le confort général de bon aloi. Bon accueil. Et ici, pas de couvre-feu !

HÔTELS ET PENSIONS

De bon marché à prix moyens

🛏 **Maria-Rosa Guesthouse** *(plan détachable centre, C5, 17)* : via dei Vascellari, 55 (3e étage). 📱 338-77-00-067. ● *info@maria-rosa.it* ● *maria-rosa. it* ● *Doubles 66-86 €. Pas de petit déj.* 📶 L'appartement n'est pas bien grand, mais on aime sa situation et l'accueil dynamique de la Française Sylvie. Elle déborde de bons conseils pour faciliter le séjour de ses hôtes. Les 2 chambres sont impeccables, meublées chaleureusement et se partagent une salle de bains. L'ensemble est pimpant et décoré d'artistiques photos (Sylvie est aussi photographe). Pour le petit déj, direction un bar typique et pas cher juste à côté. Sylvie a aussi 3 chambres dans un appartement juste en dessous de celui-ci : *La Casa di Kaia* avec des prix identiques. Location de vélos sur demande.

🛏 *B & B Villa Urbani (plan détachable d'ensemble, B4, 69)* : viale Trente Aprile, 2. ☎ 333-48-17-313. ● info@ villaurbani.it ● villaurbani.it ● *Fermé de mi-janv à mi-fév et en août.* Doubles 100-120 € selon saison. 🛜 C'est dans l'hôtel particulier bâti par ses aïeux, à l'orée du XXᵉ s, que Laura Urbani, mélomane à ses heures, reçoit ses hôtes, en français et en musique. Vastes chambres climatisées aux volumes généreux, décorées avec retenue et bien équipées. Belles salles de bains. En saison, tartes et confitures maison agrémentent le petit déj pris dans un salon contemporain ou en terrasse. Petits veinards !

🛏 *Hotel Trastevere (plan détachable centre, C5, 50)* : via Luciano Manara, 24a-25. ☎ 06-58-14-713. ● info@ hoteltrastevere.net ● hoteltrastevere. net ● *Double env 105 €.* 🛜 Cadre agréable et chambres sobres, vastes et bien équipées. Celles du 1ᵉʳ étage donnent pour la plupart sur la piazza San Cosimato, un double vitrage évitant les éveils matutinaux. Les chambres du rez-de-chaussée, plus sombres, se contentent d'un vasistas. Une adresse plaisante et très régulière en qualité. Mais préférer prendre le petit déj au café du coin plutôt que dans la salle tristoune. Accueil un rien machinal.

🛏 *Domus Tiberina (plan détachable centre, C5, 34)* : via in Piscinula, 37. ☎ 06-58-13-648. ● info@ hoteldomustiberina.it ● hoteldomustiberina.it ● *Selon saison, doubles 120-160 €.* 🛜 Dans une vieille maison *trasteverina* ont été aménagées 10 chambres qu'on aimerait plus spacieuses, mais la rénovation est réussie : meubles peints et jolies étoffes pour certaines. Les chambres du rez-de-chaussée ont même conservé au sol leurs céramiques du XVIIIᵉ s. Accueil souriant.

🛏 *Villa della Fonte (plan détachable centre, C4, 51)* : via della Fonte dell'Olio, 8. ☎ 06-58-03-797. ● info@ villafonte.com ● villafonte.com ● *Selon saison, doubles 125-180 €.* 🛜 Cette charmante petite structure installée dans un bâtiment du XVIIᵉ s abrite une poignée de chambres, bien arrangées et tout confort, rehaussées de touches fleuries. Cerise sur le gâteau, le petit déj est servi sur une belle terrasse aux beaux jours. Dommage que le bar au rez-de-chaussée perturbe de temps en temps la tranquillité des hôtes.

De chic à très chic

🛏 *Hotel Santa Maria (plan détachable centre, C4, 53)* : vicolo del Piede, 2. ☎ 06-58-94-626. ● info@ hotelsantamaria.info ● hotelsantamaria.info ● ♿ *Selon période et confort, doubles 110-290 € ; suites (4-5 pers) 150-340 €.* 🛜 Un ancien cloître du XVIᵉ s aménagé en hôtel de charme, autour de 2 petites cours adorables plantées d'orangers : le petit déj y est servi aux beaux jours. Les chambres, jolies et fraîches, sont très confortables, certaines plus lumineuses que d'autres. Et toutes profitent de la quiétude du cloître. Certaines suites mansardées peuvent accueillir jusqu'à 5 personnes. Vélos à disposition. Accueil sympa, plutôt décontracté au regard des tarifs.

🛏 *Buonanotte Garibaldi Guesthouse (plan détachable centre, B4, 20)* : via Garibaldi, 83. ☎ 06-58-33-07-33. ● info@buonanottegaribaldi.com ● buonanottegaribaldi.com ● *Fermé début janv-début mars.* Doubles 210-280 €. 🛜 *Remise de 10 % sur présentation de ce guide en mars, juil, et nov.* Pas donné pour un *B & B*, mais passé le portail de cette maison, on découvre avec ravissement un havre de paix en pleine ville : une cour intérieure arborée, une terrasse où les chaises longues tendent les bras aux visiteurs fourbus... C'est le domaine de Luisa Longo, une artiste dont les peintures sur soie ornent les différentes pièces de la demeure. Inutile de dire que la déco est soignée jusque dans les chambres très cosy. Du charme à revendre, surtout pour la plus chère (la « Roma »), avec terrasse privée.

LE TRASTEVERE

LE TRASTEVERE

🛏 *Relais Le Clarisse (plan détachable centre, C5, 315) :* via Cardinale Merry del Val, 20. ☎ 06-58-33-44-37. ● info@leclarissetrastevere.com ● leclarisse.com ● Doubles 100-230 € selon catégorie et saison. Une poignée de chambres s'organisent autour de la courette de ce bel établissement. Elles sont assez spacieuses et de bon confort, avec salle de bains classe. Un ensemble élégant qui tranche un peu avec ce coin du Trastevere plutôt populaire. Si les prix s'envolent quelque peu en haute saison, on peut profiter de tarifs bien plus attractifs sur Internet. Également une dizaine de chambres, plus récentes mais plus petites, dans une aile qui donne sur la rue. Elles sont évidemment moins chères. Accueil charmant.

🛏 *Donna Camilla Savelli Hotel (plan détachable centre, B4, 52) :* via Garibaldi, 27. ☎ 06-58-88-61. ● booking@hotelsavelli.com ● hotelsavelli.com ● À partir de 260 € la nuit. 🖳 📶 À deux pas du centre-ville, cadre enchanteur et apaisant dans un ancien couvent reconverti en hôtel de luxe. L'ensemble résulte d'un doux mélange de modernité et de tradition (meubles chinés, sols d'époque, miroirs à dorures). 2 belles terrasses panoramiques surplombant la ville et un parc joliment arboré complètent le tableau. Accueil affable et professionnel, mais Dieu que les prix montent aux cieux !

Où manger ?

L'un des quartiers de la ville les plus riches en restos et bars en tout genre... Beaucoup de monde et d'ambiance les soirs de fin de semaine, lorsque certaines rues se trouvent engorgées par des embouteillages de piétons en goguette !

Sur le pouce

🍴 *La Boccaccia (plan détachable centre, C4, 354) :* via santa Dorotea, 2. Tlj. Un local minuscule avec quelques tabourets pour les plus chanceux et des bancs dehors... Ce repaire, bien connu des Romains, est réputé pour ses pizzas à la pâte légère, déclinées à l'infini. À recommander chaudement, mais si vous voulez éviter la queue aux heures fatidiques, mangez en « décalé ».

🍴 *Panetteria Romana Es Paccio di Paste (plan détachable centre, C4, 153) :* via della Lungaretta, 28-31. ☎ 06-58-31-05-98. ● info@panetteriaromana.it ● Tlj sf dim 7h-19h. Un petit côté rétro pour cette boulangerie qui propose d'excellents pains, panini et pizze, pétris et cuits sous vos yeux. Le midi, on y casse la croûte sur de hauts tabourets et de longues tables en bois clair, à la bonne franquette. Et, on se laisse vers l'heure du goûter, tenter par un petit plaisir sucré...

🍴 *I Supplì (plan détachable centre, C5, 80) :* via San Francesco a Ripa, 137. Tlj sf dim 10h-22h. Minuscule échoppe qui fait également rôtisserie. À emporter, de très bons suppli, ces boulettes fourrées, et des pizze al taglio. L'affluence est telle en début de soirée qu'il faut s'accrocher ferme pour atteindre le comptoir !

Bon marché

🍴 *Ai Marmi (plan détachable centre, C5, 134) :* viale Trastevere, 53-59. ☎ 06-58-00-919. Tlj sf mer, le soir slt. Pizzas et plats env 7 €. CB refusées. Grande cantine très vivante, dans une salle crûment éclairée, qui représente un vrai condensé de la Rome populaire ! On y va pour goûter les pizzas au feu de bois, énergiquement pétries par une escouade de pizzaiolos. D'autres se régaleront d'un bon repas traditionnel, sans fioritures, avec des supplì, fagioli all'uccelletto (haricots blancs avec des oignons crus, du céleri et de l'huile d'olive) et autres fiori di zucca (beignets de fleurs de courgette). La grande terrasse subit quant à elle les affres de cette artère très passante !

🍴 *Pizzeria Dar Poeta (plan détachable centre, B-C4, 130) :* vicolo del Bologna, 45-46. ☎ 06-58-80-516. Tlj 12h-1h. Pizzas 6-9 €. La carte se résume à 3 choses : salades (copieuses), *bruschette* et *pizze*. Pour ces dernières, la pâte est moelleuse, goûteuse et bien garnie. Et la recette fait l'unanimité, vu la foule et la bruyante atmosphère animée. Accueil sympa qui ne gâte rien. Aux beaux jours, on se dispute le petit bout de terrasse dans la rue piétonne.

🍴 *Ivo a Trastevere* (plan détachable centre, C5, **143**) : via S. Francesco a Ripa, 158. ☎ 06-58-17-082. Tlj sf mar. Pizzas 6-9 €. L'une des institutions du Trastevere. Les soirs de sortie, les queues s'allongent devant cette vaste cantine composée de nombreuses petites salles, connue pour son ambiance festive (certes, un tantinet brouillonne) et ses pizzas à pâte fine. Simples et très bonnes, blanches ou rouges. Attention, le service peut s'avérer très long...

Prix moyens

|●| *Osteria Ditta Trinchetti* (plan détachable centre, C4, **145**) : via della Lungaretta, 76. ☎ 06-58-33-11-89. ● info@dittatrinchetti.it ● Tlj 12h-minuit. Compter 20-25 € pour un repas. On aime beaucoup cette adresse tout en longueur qui propose une cuisine simple mais goûteuse. Les plats et menus du jour, joliment créatifs, sont affichés sur le grand tableau noir au fond de la salle. Spécialité de *scarmoza* fumée accommodée à la truffe et *prosciutto* ou *speck e rucola* : un délice ! Excellentes pâtes maison. Détail amusant : les pelotes de laine et autres tasses de thé suspendues au plafond ! Service jeune et tonique.

|●| *Meridionale* (plan détachable centre, C5, **152**) : via dei Fienaroli, 30a. ☎ 06-58-97-196. ● meridionaletrastevere@gmail.com ● Tlj sf lun. Congés : 15 j. en août. Carte 22-28 €. Apéritif offert sur présentation de ce guide. La belle glycine grimpante de la façade cache un resto (et une adorable véranda !) aux accents de l'Italie méridionale qui revendique la fraîcheur de ses aliments. Les plats végétariens tiennent le haut de l'affiche, mais les carnassiers ne restent pas sur le carreau. Au box-office, selon les saisons, *millefoglie di melanzane, taglio di*

manzo al pistacchio... À table !

|●| *Da Teo* (plan détachable centre, C5, **124**) : piazza Ponziani, 7a. ☎ 06-58-18-355. Tlj sf dim. Repas 22-30 €. Résa conseillée (obligatoire le w-e). Une placette pavée avec quelques tables dressées, une salle de style campagnard avec ses poutres en bois, des piments suspendus, un brouhaha d'habitués, oui, vous êtes bien à Rome. Et c'est bien dans un coin du Trastevere que *Da Teo* vous régale de plats simples, pétris de tradition : *involtini, coda, carciofi alla romana* en saison et quelques desserts maison pour ravir les gourmands. Service dynamique et franc.

|●| *Roma Sparita* (plan détachable centre, C5, **339**) : piazza S. Cecilia, 24. ☎ 06-58-00-757. Tlj sf dim soir et lun. Carte 25-30 €. Résa conseillée le w-e. Tables nappées et serveurs qui semblent avoir grandi dans les murs. Une adresse classique du quartier, sur une place bien tranquille, essentiellement fréquentée par les seuls Romains. Spécialité de *taglioni cacio y pepe*, de belles pâtes maison servies dans une croûte de parmesan, saupoudrées de pecorino. Superbe ! Sinon, *bucatini all'amatriciana* de bon aloi et *riso ai fiori di zucca*. Ça n'empêche pas de vérifier sa note, où s'invite parfois un service en supplément.

|●| *Dar Sor Olimpio al Drago* (plan détachable centre, C4, **349**) : piazza del Drago, 2. 📱 339-885-75-74. ● sorolimpioaldrago@gmail.com ● Ts les soirs, plus dim midi. Carte 25-30 €. Resto à l'atmosphère raffinée, mais pas guindée non plus. Inscrit à la carte, un bel éventail de spécialités romaines (dont les indéboulonnables pâtes *cacio e pepe*) sans pour autant bouder les autres régions italiennes. Quelques petites alcôves et lumières tamisées, idéales pour un petit dîner à deux.

|●| *Le Mani in Pasta* (plan détachable centre, C5, **340**) : via dei Genovesi, 37. ☎ 06-58-16-017. Tlj sf lun. Repas 25-30 €. Des pâtes succulentes et gourmandes, cuisinées à toutes les sauces, c'est la spécialité de la maison. Les amoureux peuvent aussi commander un énorme plat de pâtes pour deux ! Mais on travaille aussi les poissons et les viandes ; habitués et touristes n'en ressortent jamais déçus. La salle n'est

pas bien grande, dotée même d'une minuscule mezzanine, mais les serveurs en chemise blanche s'emploient à se faufiler adroitement entre les tables.

I●I Il Ciak *(plan détachable centre, C4,* **140)** : *vicolo del Cinque, 21.* ☎ *06-58-94-774.* ● *domicalderon@yahoo.it* ● *Tous les soirs slt plus dim midi. Résa conseillée.* Compter 20-25 € *pour un repas.* 📶 *Digestif offert sur présentation de ce guide, le soir slt.* Épis de maïs, tête de sanglier et tableaux plantent le décor typique de cette *osteria* réputée pour ses classiques de la cuisine florentine, dont la *bistecca alla fiorentina* ou la *pappardella al cinghiale.* Côté desserts, *panna cotta,* douceurs toscanes et *torta della nonne* particulièrement appétissantes. On peut regretter le service un peu lent et brouillon, mais la gentillesse du patron et des serveurs compense...

De chic à très chic

I●I Marco G *(plan détachable centre,* **B4,** **355)** : *via Garibaldi, 56.* ☎ *06-58-09-289.* ● *info@marcog.it* ● *Ts les soirs, plus midi sam-dim. Fermé mar et 2 sem en janv.* Menus 28-36 €. 📶 *Cuisine romaine inventive et savoureuse à l'image du lieu (belles voûtes en brique, expos temporaires). Les plats joliment présentés et accompagnés bien sûr d'une bonne bouteille feront l'affaire. À souligner, l'accueil attentionné du propriétaire.*

I●I Hostaria Luce *(plan détachable d'ensemble, C4,* **127)** : *via della Luce, 44.* ☎ *06-58-14-839.* ● *info@hostarialuce.*

it ● *Tlj sf sam midi. Congés : 3 sem en août.* Repas env 30-35 €. 📶 *Un bel accueil, un service pro, de bons vins, une déco rustico-chic agrémentée d'orchidées et de roses... On élabore ici une cuisine créative aux produits bio, savamment cuisinés. De la mise en bouche au dessert, les papilles et les yeux sont en émoi, à force de raviolo liquido, filet de porc au millefeuille végétal et autre semifredo de figue. N'attendez pas la Saint-Valentin pour épater votre moitié avec cette excellente adresse gastronomique.*

I●I Ristorante Romolo *(plan détachable centre, B4,* **351)** : *via di porta Settimiana, 8.* ☎ *06-58-18-284.* ● *info@ristoranteromolo.it* ● *Tlj sf lun.* Congés : août. Pâtes autour de 10 €, plats env 20 €. *Une adresse au cadre de bon goût, bien à l'abri de l'agitation du Trastevere. Idéal pour roucouler dans le jardin-courette bien au frais. Cuisine romaine classique de qualité : on a aimé les linguine aux anchois et le poulet alla cacciatora. Vins au verre. Service attentionné.*

I●I Antico Arco *(plan détachable d'ensemble, B4,* **110)** : *piazzale Aurelio, 7.* ☎ *06-58-15-274.* ● *info@anticoarco.it* ● *Tlj. Congés : 1 sem à Noël et 1 sem en août. Résa obligatoire.* Menus 38-78 €. *Cadre élégant et moderne, service courtois et efficace, le tout pour une cuisine créative de haute volée. Carte des vins bien conçue. Considéré aujourd'hui comme l'un des meilleurs restos de Rome, au déjeuner pour préserver les finances, le soir pour un dîner « romanticonéreux ».*

Enoteche (bars à vins)

🍷 **I●I Enoteca Ferrara** *(plan détachable centre, C4,* **217)** : *piazza Trilussa, 41 (à l'angle de la via del Moro).* ☎ *06-58-33-39-20.* ● *info@enotecaferrara.it* ● 🍴 *Ts les soirs, plus dim midi.* Plats 9-12 € ; verres de vin 7-15 €. *À l'entrée, sous les vieilles poutres du bar, ce resto gastronomique sert un bel*

aperitivo copieux et abordable : quantité de torte, croquettes et autres délicieux beignets. Il n'y a qu'à piocher sur le comptoir, après avoir choisi un verre de vin à l'ardoise. Côté cave, le choix des étiquettes est impressionnant. Une adresse feutrée et chic, mais pas coincée pour un sou.

Où déguster une bonne pâtisserie ?

📎 **Pasticceria Checco er Carettiere** *(plan détachable centre, C4,* **142)** :

via Benedetta, 7. ☎ *06-58-11-413.* ● *info@checcoercarettiere.it* ● *Tlj sf lun*

6h-minuit. Plein de douceurs derrière les vitrines, notamment des tartes et viennoiseries que l'on dévore avec un café ou un jus de fruit frais, accoudé au comptoir. Également des quiches, salades, soupes et parts de pizza à midi. Une adresse prisée par les autochtones pour le petit déj.

📋 **Biscottificio Innocenti** (plan détachable centre, C5, **169**) : via della Luce,

21a. ☎ 06-58-03-926. ● biscottificioin nocenti@gmail.com ● Lun-sam 8h-20h, dim 9h30-14h. Congés : 2de quinzaine d'août. Une typique biscuiterie artisanale à l'ancienne, où exerce la 3e génération de biscuitiers. Les produits maison sont délicieux, comme le macaron à la noisette, les *straccetti* (biscuits aux fruits secs) ou encore les *brutti ma buoni* (« moches mais bons » !).

Où fondre devant une glace et autre *grattachecca* ?

♀ **Fior di Luna** (plan détachable centre, C4, **279**) : via della Lungaretta, 96. ☎ 06-64-56-13-14. ● gelato@fiordi luna.com ● Tlj 12h-minuit. Une *gelateria* où gastronomique rime avec éthique : produits naturels, bio et de saison. Le sucre, lui, provient du commerce équitable. Au final, les sorbets et les granités ont un goût succulent, juste et pas trop sucré.

♀ **Grattachecca** : aux beaux jours, il y a foule autour de kiosques (attention, ils ferment pendant la période hivernale)

proposant cette spécialité très prisée des Romains (à ne pas confondre avec la *granita*). Sur de la glace grattée, on ajoute des fruits frais et le sirop de son choix : *amarena, arancia, limone, fragola, latte di mandorla...* 2 adresses dans le coin : **Sora Mirella** (plan détachable centre, C4, **283** ; à côté du ponte Cestio qui file sur l'île Tibérine), ou encore (pour éviter les jaloux !), **Fonte d'Oro** (plan détachable centre, C4, **285** ; à côté du ponte Garibaldi, à l'angle de la piazza G. Belli).

LE TRASTEVERE

Où boire un bon café ? Où prendre le petit déj ?

🍸 🍺 **Bar San Calisto** (plan détachable centre, C4, **342**) : piazza San Calisto. ☎ 06-58-35-869. Tlj sf dim 6h30-1h. On se sent vite chez soi dans ce café populaire aux tables antiques posées sur cette jolie place, où rien n'est cher, des *capuccino-cornetto* du petit déj à la bière sirotée le soir au milieu d'une faune vivante, joyeuse et populaire. De tôt le matin à tard dans la nuit, une excellente adresse, pas chère, typique et animée !

🍸 🍺 **Bar Lillo** (plan détachable

centre, C5, **343**) : via dei Genovesi, 39. 🖩 339-23-49-911. ● barlilotrastevere@ gmail.com ● Tlj sf dim 6h-21h. Un petit troquet qui ne ressemble pas à grand-chose à vrai dire, mais que connaissent bien les gens du quartier pour prendre un petit déj tranquillou et pas cher ou boire un excellent café dans une atmosphère romaine sans chichis.

🍺 **Pasticceria Checco er Carettiere** (plan détachable centre, C4, **142**) : voir précédemment « Où déguster une bonne pâtisserie ? ».

Où boire un verre ?

Aussi appelé l'*ombelico* di Roma (« le nombril de Rome »), le Trastevere est un quartier plébiscité par les noctambules romains pour ses bistrots animés. Une belle soirée en perspective, d'autant que les bars ont presque tous adopté la gourmande tradition de l'*aperitivo*.

🍸 **Bar San Calisto** (plan détachable centre, C4, **342**) : piazza San Calisto. ☎ 06-58-35-869. Tlj sf dim 6h30-1h. Voir plus haut « Où boire un bon café ? Où prendre le petit déj ? ».

🍸 **Ma Che Siete Venuti a Fà** (plan détachable centre, C4, **234**) : via Bene-detta, 25. 🖩 380-50-74-938. ● info@

football-pub.com ● Tlj 11h-2h. Ni glamour ni branché, c'est un vrai bar de copains, sans chichis ni tralala. Dans les cuves, la sélection rigoureuse de très bonnes bières artisanales fait l'unanimité chez les habitués, serrés dans les petites salles voûtées ou largement étalés sur le trottoir. Quel succès !

🍸 |●| *Freni e Frizioni* (plan détachable centre, C4, **225**) : via del Politeama, 4-6. ☎ 06-45-49-74-99. ● info@frenie frizioni.com ● Tlj 18h30-2h. Il fallait bien cette placette face aux quais du Tibre pour soulager *Freins et Embrayages* (!). Car, chaque soir, dès l'heure de l'*aperitivo*, la bibliothèque, le bar, les fauteuils de récup' et les photos d'artistes exposées aux murs disparaissent dans un joyeux tourbillon de têtes souriantes et de bras tendus vers le bon et copieux buffet de légumes. De quoi satisfaire une sérieuse fringale !

🍸 |●| *Baylon Cafe'* (plan détachable centre, C5, **357**) : via di S. Francesco a Ripa, 152. ☎ 06-58-14-275. ● carinci luca@gmail.com ● Tlj 6h30-2h. Aperitivo 5 €. Derrière le comptoir, la bière afflue par d'immenses tuyaux cuivrés, les bouteilles virevoltent entre les mains expertes des serveurs et les cocktails colorés s'alignent sur les plateaux. En salle, dans un décor post-industriel, les vieilles portes font office de tables et les chaises dépareillées entretiennent le style *vintage*. À l'*aperitivo*, *arancini*, *lasagne* et *crostini* accompagnent un *spritz* parfaitement dosé ou un smoothie vitaminé, servi dans un grand pot à confiture. Une adresse haute en couleur !

🍸 *Big Hilda Caffè* (plan détachable centre, C4, **245**) : vicolo del Cinque, 33-34. ☎ 06-58-03-303. Tlj 17h-2h. Pourquoi faire les choses à moitié ? Ici on trouve un pub à bières doublé d'un bar à vins. Le mélange s'opère dans 2 salles décorées de vielles affiches publicitaires. On y descend des canons sur des airs de rock, dans une ambiance festive qui gagne vite la terrasse dans la ruelle. Petite restauration pour les fringales.

🍸 *Garbo* (plan détachable centre, C4, **214**) : vicolo di S. Margherita, 1a. ☎ 06-58-12-766. ● eiretom@hotmail. com ● Tlj sf lun de 19h au bout de la nuit. Atmosphère intimiste, chaleureuse et cosy dans ce bar *gay friendly* très connu, où l'on vient siroter des cocktails en papotant gentiment à côté des grands miroirs drapés de rouge, sur fond de musique douce.

Où écouter de la musique ?

🍸 ♪ *Big Mama* (plan détachable d'ensemble, C4, **223**) : vicolo S. Francesco a Ripa, 18. ☎ 06-58-12-551. ● bigmama.it ● Mer-sam 21h-1h30 ; autres j. de la sem selon programmation (voir site internet). Carte de membre 10 €. Une petite scène musicale avec laquelle il faut compter dans la nuit romaine. Programmation éclectique de qualité (rock, soul, blues...) que l'on écoute – un verre à la main – assis dans une agréable salle en sous-sol, flanquée d'un bar. Belle ambiance chaleureuse distillée par des trentenaires et quadras aux anges !

🍸 ♪ *Lettere Caffè* (plan détachable d'ensemble, C4, **223**) : via di S. Francesco a Ripa, 100-101. ☎ 06-97-27-09-91. ● live@letterecaffe.org ● Tlj 18h-2h. Un lieu polyvalent, à la fois café-concert et café littéraire, constitué de 2 petites salles et pourvu d'une scène. Plusieurs fois par semaine, musique live, mais aussi des expos photo, lectures de poésie et autres happenings culturels. Un bar qui bouge, très apprécié des quadras.

Où faire ses achats ?

⊛ *Antica Caciara Trasteverina* (plan détachable centre, C5, **256**) : via di S. Francesco a Ripa, 140a. ☎ 06-58-12-815. Tlj sf dim 7h-20h. Ouverte dans les années 1900, cette épicerie fine de haute volée est surtout célèbre pour son magnifique étal de fromages : *pecorino* (*romano*, bien sûr), mais aussi *castelmagno*, ricotta... de première qualité.

À voir

➤ **Accès :** *du centre historique, il y a juste le Tibre à enjamber (empruntez un pont, c'est plus sûr). En cas de fatigue du jarret : tram n° 8 (depuis la piazza Venezia), tlj 5h10-minuit. Sinon, bus nᵒˢ 23 (depuis le Vatican), 44, 280, H (depuis Termini)... Le minibus électrique n° 125 fait le tour du Trastevere. Depuis l'aéroport de Fiumicino, train FR1 arrêt « Trastevere », puis tram n° 8.*

Un peu d'histoire

– **À l'époque de la République romaine :** la région transtibérine ne s'urbanisa qu'à l'époque de César. La proximité du port de Rome (vers la piazza Bocca della Verità d'abord, puis sur les rives du Testaccio) y fit pour beaucoup et donna immédiatement au Trastevere un caractère populaire. Foule d'artisans y élurent domicile dans de vilaines masures.

– **À l'époque impériale :** le Trastevere faisait partie, comme le Janicule et le Vatican, de la dernière des 14 régions augustéennes. On y vit s'implanter de riches villas (villa Farnésine, jardins de César, puis naumachie d'Auguste notamment). Il faudra cependant attendre le IIIe s et le mur d'Aurélien pour que le quartier soit totalement intégré à la ville de Rome. Tout au long de la période impériale, d'importantes colonies étrangères s'y implantèrent. C'est ici d'ailleurs qu'habitèrent les juifs de l'Antiquité au Moyen Âge, avant que le pape Paul IV ne leur assignât en 1555 la zone actuelle du Ghetto pour seul lieu de résidence.

– **Le port de Ripa Grande :** le Trastevere fut depuis ses origines jusqu'à la fin du XIXe s un bourg portuaire dont les places et les ruelles (notamment sur l'actuel lungotevere Ripa) étaient envahies d'embarcations en tout genre. Un grand arsenal naquit dans les parages. La démolition de la zone portuaire remonte à la fin du XIXe s, au moment de la construction des berges.

À travers les siècles, le quartier a su garder son caractère populaire, voire populeux, ainsi qu'un habitat propre – architecture distincte de celle que l'on rencontre ailleurs dans Rome. Le Trastevere conserva longtemps l'aspect d'un faubourg. Aujourd'hui encore, à certaines heures, on a l'impression de se retrouver dans une paisible ville de province, ce qui n'est pas le moindre de ses charmes.

– **Le Trastevere aujourd'hui :** au fur et à mesure des siècles, et malgré la pression immobilière, le quartier a su conserver son caractère populaire. Il suffit pour s'en persuader de se promener dans les artères situées derrière la via della Scala, comme les vie del Mattonato et Leopardo, toujours hautes en couleur (avec le linge à sécher suspendu) et pleines de senteurs (celles des plats qui mijotent dans les foyers ou quelques petites gargotes restées typiques). Ambiance saisie après-guerre par des cinéastes du cru.

Les visites

Qu'on y vienne à pied, en tram, en bus, à scooter... en traversant le Tibre (passez donc par l'isola Tiberina avec ses ponts les plus anciens de Rome), c'est forcément à l'huile de genoux qu'on visitera le Trastevere. Une bonne balade, pour le plaisir des yeux, avant de s'engouffrer dans un restaurant ou un bar. Car vous découvrirez ici à la belle saison l'*immancabile mangiata all'aperto* (faut-il traduire ?).

Expédions le *viale di Trastevere* (*plan détachable centre, C5* ; autrefois viale del Re), la colonne vertébrale, la voie de circulation du quartier. Long, bruyant et vilain, il n'invite guère à la flânerie. Autant déambuler dans les rues adjacentes.

À l'ouest du viale di Trastevere

🗡 **Chiesa San Crisogono** (*plan détachable centre, C4*) : piazza Sydney Sonnino, 44. Basilique de fondation ancienne remaniée au goût du jour en 1624. L'intérieur se distingue notamment par ses colonnes antiques de remploi, son magnifique pavement cosmatesque et son imposant plafond doré à caissons. Tapissant l'abside du chœur, stalles sculptées du XIXe s.

🎥 *Via della Lungaretta* (plan détachable centre, C4) : elle relie les parties orientale et occidentale du Trastevere, entre la piazza Santa Maria in Trastevere et la piazza in Piscinula. C'est une portion de l'antique via Aurelia qui poursuit son petit bonhomme de chemin jusqu'en France, l'air de rien... Bordée de nombreux restaurants et bars, c'est l'une des rues les plus vivantes dès la tombée de la nuit.

🎥🎥 *Piazza Santa Maria in Trastevere* (plan détachable centre, C4) : c'est l'épicentre du Trastevere où convergent les deux grandes voies historiques du « rione », la via della Lungara et son prolongement la via della Scala, et la via della Lungaretta. L'une des plus anciennes fontaines de Rome y est un premier plan parfait pour photographier la superbe basilique Santa Maria in Trastevere ou la non moins belle façade du palais voisin (palazzo San Calisto). L'ambiance y est animée avec les enfants du quartier s'adonnant aux jeux de leur âge et des familles en quête de fraîcheur (le *ponentino* y dispense en effet généreusement son souffle rafraîchissant).

🎥🎥🎥 *Basilica Santa Maria in Trastevere* (plan détachable centre, C4) : piazza Santa Maria in Trastevere. Tlj 7h30-21h (ferme entre 12h et 16h en août). Cette église bâtie par le pape Calixte III se dispute avec Santa Maria Maggiore pour être la première dédiée à la Vierge à Rome. Foin de ces polémiques de bénitiers, elle est bien jolie. L'édifice actuel date du XIIe s, et les remaniements ordonnés par Innocent II (basilique à trois nefs, matériaux pillés dans les thermes de Caracalla) n'en ont pas altéré l'aspect. En façade, mosaïque de la même époque représentant le Christ, la Vierge et Innocent II lui-même présentant son projet de basilique remaniée ! On le retrouve d'ailleurs à l'intérieur, dans l'abside. Notez, tout en haut, le campanile roman avec sa petite mosaïque de la Vierge datant du XVIIe s. À l'entrée, fragments lapidaires et deux *Annonciations*, assez abîmées, du XVe s. À l'intérieur, nef bordée de colonnes antiques à chapiteaux ioniques ou corinthiens. C'est le Dominiquin qui dessina le superbe plafond à caissons dorés et réalisa l'*Assomption* au milieu. Voir aussi le beau pavement cosmatesque. Remarquables mosaïques dans l'abside. Dans la partie supérieure, le Christ et la Vierge sur le même trône et, dans la partie inférieure, du XIIIe s, une œuvre de Pietro Cavallini. Six panneaux peints illustrent la vie de la Vierge (*Naissance, Annonciation, Nativité, Épiphanie, Présentation au Temple* et *Dormition*). À droite, sous le podium de l'autel, le *fons olei* fait allusion au miracle à l'origine de la construction de la première église : du pétrole aurait jailli à cet endroit en 38 av. J.-C., interprété plus tard comme une annonce de la venue du Messie ! Dans la nef latérale de gauche, la cinquième chapelle est de Gherardi ; baroque en diable, avec des effets de perspective évoquant Borromini. Plus loin, juste à gauche du chœur, la chapelle Altemps est décorée d'une peinture du VIe s (la *Madonna della Clemenza*) et d'une belle fresque du XVIe s représentant le concile de Trente. À droite avant de sortir, la statue de saint Antoine de Padoue est noyée dans la masse de vœux déposés comme ça vient, à ses pieds ou dans ses bras...

🎥 *Via della Scala* (plan détachable centre, B-C4) : commençons par la chiesa Santa Maria della Scala (tlj 10h-13h, 16h30-17h30). Elle fut construite de 1592 à 1610 pour accueillir une image miraculeuse de la *Vierge avec l'Enfant* peinte... sous l'escalier d'une maison voisine (d'où le nom de l'église, bien sûr). L'intérieur vaut le coup d'œil, notamment pour ses nombreux marbres importés d'Orient, qui couvrent aussi bien les murs que le sol. Dominique Fernandez tomba ici en admiration devant un ange de marbre perché au bord d'un demi-fronton cintré dans les hauteurs de la nef (voir son livre *La Perle et le Croissant*).

En sortant de l'église, juste à gauche, une belle et vieille *pharmacie du XVIIe s* occupe une ancienne dépendance des carmélites. Les plantes médicinales poussaient dans les jardins attenants à l'église. On retiendra le nom de frère Basilio, à l'origine d'*Acqua delle Scala,* un remède miracle pouvant soigner différents types de peste ! N'hésitez pas à entrer pour jeter un œil à la verrière et aux peintures (tiroirs poussiéreux, vases remplis d'herbes, alambics et plantes médicinales sous les arcades). L'entrelacs des *vicoli* situés entre la via della Scala et la via G. Garibaldi permet de découvrir un autre visage populaire du Trastevere. On a le sentiment de faire un plongeon dans le passé...

LES RAVAGES DU CARAVAGE

L'église Santa Maria della Scala refuse une des peintures les plus connues du Caravage, La Mort de la Vierge. *Celle-ci, représentée les pieds nus, les jambes enflées et le corsage délié en compagnie d'une femme du peuple, le tout sous une lumière éclatante, avait en effet de quoi froisser les carmélites. Surtout, la prostituée qui avait servi de modèle fut retrouvée dans le fleuve, suicidée et enceinte... Ça faisait vraiment beaucoup d'outrages, M. le Caravage ! Cette toile se trouve aujourd'hui au musée du Louvre.*

🏃 **Via della Lungara** *(plan détachable centre, B4) :* autrefois connue sous le nom de via Sancta par les pèlerins qui la parcouraient pour rejoindre Saint-Pierre, son nom actuel évoque sa longueur, inhabituelle pour Rome (plus de 1 000 m). Elle court à flanc de colline le long du Tibre, de la porta Settimiana à la porta San Spirito. Son caractère suburbain, autrefois très marqué du fait de l'omniprésence de jardins et de villas, n'a pas totalement disparu (voir la promenade du Janicule et le jardin botanique). Au-delà de la porta Settimiana (un bout du rempart d'Aurélien), vous pénétrerez dans une zone radicalement différente qui regarde déjà Saint-Pierre et le Vatican.

🏃🏃🏃 **Villa Farnesina** *(plan détachable centre, B4) :* via della Lungara, 230. ☎ *06-68-02-72-68.* ● *villafarnesina.it* ● *Tte l'année, tlj sf dim et j. fériés (plus certains jours à vérifier sur l'agenda) 9h-14h ; ouv le 2ᵉ dim de chaque mois 9h-17h. Entrée : 6 € ; réduc avec le billet du Vatican ; gratuit pour les moins de 10 ans accompagnés par les parents. Demander le petit plan détachable en français.*

En 1509, Agostino Chigi, le banquier des papes, commande au célèbre architecte Baldassare Peruzzi (qui construisit également le palais Orsini, sur le théâtre Marcellus) cette magnifique maison de campagne dans le but d'accueillir sa promise. Homme prévoyant, tel un personnage de Molière, il l'avait fait éduquer depuis l'enfance, enfermée dans un couvent, afin d'en faire une épouse parfaite, aucunement distraite ni pervertie, en tout point conforme à ses goûts. Sebastiano Del Piombo et Raphaël ont, eux aussi, participé à la décoration de la villa. Il faut dire que Raphaël était le protégé de Chigi et du pape Léon X. Après la mort en cascade des trois hommes (Raphaël et Chigi en 1520, Léon X en 1521), la villa sera rachetée par Alexandre Farnèse vers 1580 et prendra le nom de Farnesina.

Baldassare a peint bon nombre des fresques du rez-de-chaussée de la villa. C'est le cas des voûtes de la **salle de Galatée** sur le thème des constellations et des signes du zodiaque. Sebastiano Del Piombo a représenté des petites scènes inspirées des *Métamorphoses* d'Ovide, ainsi que *Polyphème,* le cyclope amoureux de Galatée. Raphaël, quant à lui, a réalisé pour le banquier un de ses plus grands chefs-d'œuvre : *Le Triomphe de Galatée.* Il représente la nymphe, à moitié nue et surmontant un char marin, entourée de monstres et de créatures mythologiques. C'est la seule fresque entièrement peinte de la main du maître. Enfin, c'est à l'atelier de Raphaël que l'on doit les splendides fresques de la salle suivante, largement ouverte sur le parc par de grandes baies, la **loggia d'Amour et de Psyché** en liaison avec le thème du plafond qui retrace donc les amours de Psyché. Notez que l'on peut reconnaître dans les guirlandes végétales de la galerie de nombreux légumes en provenance du Nouveau Monde. Remarquez aussi les faux drapés de la petite salle d'angle, dite **salle de la Frise** et illustrée par Piruzzi en 1508 sur le thème des travaux d'Hercule (tout un programme !).

On emprunte ensuite de superbes escaliers, un peu « nouveau riche » pour l'époque, dont les murs sont tapissés de marbres fins. Les stucs du plafond cintré à caissons datent du XVIe s. Le 1er étage est entièrement recouvert de fresques lui aussi. Bien que plus tardives, elles traitent toujours de thèmes mythologiques. Pour la **salle des Perspectives,** Peruzzi a réalisé un étonnant décor en trompe l'œil, un peu sombre mais qui, en s'ouvrant sur la campagne romaine, nous laisse un poignant témoignage de Rome telle qu'elle s'offrait aux yeux de Chigi et de sa jeune épousée. Noter les perspectives qui s'ouvrent sur les côtés, avec les colonnades en trompe l'œil. En face, les forgerons à poil juste au-dessus de la cheminée évoquent les forges de Vulcain. Les graffitis sur les murs sont des souvenirs laissés par les troupes de Charles Quint lors du sac de Rome. N'oubliez pas de lever les yeux vers le monumental plafond à caissons avant d'aborder la dernière chambre, la **salle des Noces.** Elle est en elle-même un tableau entier qui célèbre les noces d'Alexandre le Grand et de Roxane. Les fresques ont été réalisées par Sodome, un des amis de Raphaël, dont on ne sait, évidemment, s'il a rencontré Gomorrhe... Ensemble remarquable de cohérence. Pour finir, on peut faire une pause dans l'agréable jardin ombragé de la villa.

🏚🏚 **Galleria nazionale d'Arte antica nel palazzo Corsini** (galerie nationale d'Art antique du palais Corsini ; plan détachable centre, B4) : via della Lungara, 10. ☎ 06-68-80-23-23. ● galleriacorsini.beniculturali.it ● Tlj sf mar 8h30-19h30. Entrée galerie : 5 € ; réduc ; gratuit pour les moins de 18 ans ressortissants de l'Union européenne. Accès gratuit à la cour et aux escaliers.

Ce palais fut autrefois la propriété du cardinal Neri Corsini, neveu du pape Clément XII. Il est célèbre pour avoir accueilli la fantasque reine Christine de Suède lors de son séjour à Rome. En 1797, c'est également ici que s'installa Joseph Bonaparte, frère de Napoléon, en tant qu'ambassadeur du Directoire. Le 28 décembre, le général Duphot, qui l'accompagnait, tomba sous les balles d'émeutiers italiens exigeant une intervention française contre le gouvernement du pape.

L'escalier monumental préface bien l'ampleur de l'édifice. La sobriété de la pierre nue contraste avec la richesse des ornements peints sur les murs, portes et plafonds des pièces du palais. Admirez le plafond des deux galeries et particulièrement celui de la camera dell'alcova. Côté toiles, on est servi : les murs présentent des Van Dyck, Rubens, Poussin. En sortant de l'antichambre, à droite, triptyque de Beato Angelico (début XVe s). Dans la camera del camino, surprenante Salomé à la tête de Baptiste de Guido Réni. Et, pour finir en beauté, dans la camera verde, un saint Jean-Baptiste... du Caravage pur sucre, de toute beauté. Z'avaient du goût, les Corsini !

🏚 **Orto botanico** (jardin botanique ; plan détachable centre, B4) : largo C. di Svezia, 23a. ☎ 06-49-91-70-17. Derrière le palais Corsini. Tlj sf dim 9h-18h30 (17h30 en hiver). Entrée : 8 €. On vient ici pour se mettre au vert, dans un agréable environnement de bambous, arbres de Judée, jolis jardins japonais et méditerranéen. Et pour ne rien gâcher, escalier monumental, fontaines et quelques édicules classiques rappellent que ce parc fut celui du tout proche palais Corsini.

À l'est du viale di Trastevere

🏚 **Torre degli Anguillara** (plan détachable centre, C4) : face au pont Garibaldi. Abrite aujourd'hui les locaux réservés aux études sur Dante. Le palais date du XVe s, mais la tour est du XIIIe s. Un des vestiges de la Rome médiévale.

🏚 **Piazza in Piscinula** (plan détachable centre, C4) : une des places les plus authentiques du Trastevere où s'élevait jadis le plus grand édifice du quartier, la **naumachie,** grand bassin long de 536 m et large de 357 m construit pour des combats navals sous Auguste (Ier s av. J.-C.). Il servit jusqu'au IVe s et il n'en reste malheureusement aucune trace. Désormais, les voitures garées en vrac ont colonisé le pavé de cet espace. Côté Tibre, de très belles et vieilles maisons du XIVᵉ s appartenaient à la famille Mattei, les potentats locaux. Les murs laissent apparaître des colonnes de remploi provenant de l'époque antique, et quelques fenêtres à meneaux témoignent de l'influence du début de la Renaissance. Côté opposé, une toute petite église romane imbriquée dans les habitations. C'est ici qu'habita *saint Benoît de Nursie* avant qu'il n'embrasse la vie monastique et donne naissance au célèbre ordre des Bénédictins.

➤ De la piazza in Piscinula, dos au Tibre, prenez depuis l'église la *via dell'Arco dei Tolomei.* On apprécie surtout le côté pittoresque du coin et l'omniprésence de la vigne vierge, qui semble avoir élu domicile dans le quartier. Juste avant la *via dei Salumi,* le passage voûté est justement un vestige de l'arco dei Tolomei. On continue tout droit jusqu'à la via dei Genovesi.

🛠 *Chiostro della Confraternità dei Genovesi (cloître de la Confraternité des Génois ; plan détachable centre, C5) : via Anicia, 12 (sonner à Spositi). Mar et jeu 15h-18h (14h-16h en hiver). Fermé en août.* Ce très joli cloître du XVᵉ s, sur deux niveaux, est un véritable havre de paix en plein cœur du Trastevere. Les colonnes orthogonales, le jardin du cloître planté d'orangers et de rosiers avec son puits au milieu, les murs recouverts d'un très bel ocre, tout est ravissant dans ce lieu oublié des touristes. C'est dans le port de Ripa Grande qui engendra une forte présence commerciale des Génois dans le quartier, lesquels, naturellement, firent édifier à la fin du XVᵉ s une église et son hospice voisin pour leurs compatriotes.

➤ En reprenant la via dei Genovesi vers le Tibre, notez à gauche le charmant *vicolo dell'Atleta.* Son nom vient de la statue d'Apoxiomenos de Lisippe – aujourd'hui aux musées du Vatican – que l'on y retrouva en 1849, sous forme fragmentaire il est vrai. Il s'agirait, en fait, d'une copie de la statue en bronze qui se trouvait dans les thermes d'Agrippa. C'est ici que se situait la première synagogue. Très belle maison médiévale aux nᵒˢ 13 et 14. On reprend la via dei Genovesi. Au bout, avant de prendre le pittoresque *vicolo di Santa Maria in Cappella,* l'église éponyme serait la plus petite de Rome. Sérieusement remaniée en 1875, elle date de 1090.

🛠 *Piazza dei Mercanti (plan détachable centre, C5) : au bout du vicolo di Santa Maria in Capella.* Son nom est directement lié au port voisin de Ripa Grande. Armateurs, capitaines, commerçants et autres contrebandiers se retrouvaient ici pour traiter de leurs affaires. Aujourd'hui, bon nombre de restos touristiques ont investi les vénérables demeures. Absolument superbe à la belle saison, quand les façades de ces antiques maisons sont éclairées par des torches. Dans la journée, vous y apprécierez le calme ainsi que les infinies nuances d'ocre de ces vieilles façades décorées de fleurs.

🛠 *Chiesa Santa Cecilia in Trastevere (plan détachable centre, C5) : piazza Santa Cecilia. Tlj 10h-13h, 16h-19h.* Accès au jardin clos devant l'église par un portail monumental, survolé par d'immenses putti. Campanile en brique rouge du XIIᵉ s. À l'intérieur, plan à une seule nef. Plafond ouvragé. Sous l'autel, la statue de sainte Cécile (en marbre) sculptée par Stefano Maderno dans la position exacte où l'on retrouva son corps. Fort beau ciborium. Dans l'abside, mosaïque du IXᵉ s. Possibilité de visiter la *crypte (entrée 2,50 €) :* vestiges lapidaires, réservoirs d'eau circulaires et mosaïques des Iᵉʳ-IIᵉ s. Occupant la tribune, ne pas rater le *chœur monastique (visite tlj sf dim 10h-12h30 ; entrée 2,50 € ; sonner à la porte à droite de la sortie de l'église) :* réservé aux nonnes du couvent, elles y participent aux offices, cachées des regards par des stores ajourés. Ce chœur abrite les fresques du Jugement dernier peintes par Pietro Cavallini au XIIIᵉ s.

🛠 *Chiesa Santa Maria dell'Orto (plan détachable centre, C5) : via Anicia (tourner 2 fois à droite en sortant de l'église Santa Cecilia). Tlj sf dim 8h30-13h.* Église à la déco rococo, quasiment la seule du genre à Rome (avec Saint-Louis-des-Français). Un style apporté par des artistes napolitains, comme Raguzzini, au

XVIIIe s. Déco caractéristique, essentiellement végétale. Guirlandes de plantes et autres légumes. Certes, l'église s'appelle « Sainte-Marie-du-Potager ». Coupole et chœur couverts de dorures, rehaussées de nombreux putti en marbre blanc. Contraste grandement avec la façade très sobre. Plafond de la nef chargé, avec au centre une ascension de la Vierge. Nombreuses fresques dans les deux transepts. Si vous êtes à Rome le Jeudi saint, ne manquez pas l'illumination de la « machine des 40 heures », une structure devant l'autel sur laquelle sont disposées 213 bougies. À cette occasion, l'église reste ouverte jusqu'à minuit. Magique !

🏃 *Chiesa San Francesco a Ripa* (plan détachable d'ensemble, C4) : *suivre la via Anicia jusqu'au bout (vers le sud)*. Le surnom *a ripa* (« sur la rive ») signifie qu'elle s'élevait autrefois au bord même du Tibre. Il s'y trouvait naguère une église, San Biagio, et un monastère bénédictin datant du Xe s. Saint François y serait venu à trois reprises lors de visites rendues à la papauté. Rebaptisé et transformé plusieurs fois entre les XVIe et XVIIIe s, il se fit caserne entre 1873 et 1943. À l'intérieur, vous dirigerez vos pas vers la dernière chapelle de gauche, où gît la *bienheureuse Ludovica Albertoni*. Une merveille signée le Bernin.

Les hauts du Trastevere et le Janicule

En guise de mise en jambe, les ruelles perpendiculaires à la via della Lungara (comme la via degli Orti d'Aliberti) livrent leur pesant de recoins secrets et de charmantes demeures. La via Garibaldi amorce notre ascension.

🏃 *Chiesa San Pietro in Montorio* (plan détachable centre, B4-5) : *via Garibaldi. Tlj 8h30-12h, 15h-16h (ouv plus tard en cas de mariage)*. Au IXe s, on racontait que saint Pierre avait été crucifié en ces lieux. Bon prétexte pour construire une église, complètement remaniée à la fin du XVe s. Celle-ci fut bombardée le 3 juin 1849 par les Français lors de la bataille contre les troupes de Garibaldi. Voir, dans la première chapelle à droite, la *Flagellation* de Sebastiano Del Piombo.

🏃🏃 *Tempietto del Bramante* (plan détachable centre, B4-5) : *à droite de l'église San Pietro di Montorio. Mar-sam 9h30-12h30, 14h-16h30*. Ce petit temple, situé dans l'ancien cloître de l'ensemble conventuel San Pietro in Montorio, fut commandé au XVIe s par le pape Jules II en hommage à saint Pierre. Financé par la Couronne d'Espagne et conçu par Bramante, l'édifice est considéré comme la première œuvre de la Renaissance italienne. Admirable par ses proportions, sa colonnade, ses deux niveaux et sa coupole. Tout petit qu'il est, il inspira la basilique Saint-Pierre de Rome... rien que ça !

🏃 *Fontana Paola* (plan détachable d'ensemble, B4) : *via Garibaldi, au-delà du monument aux morts et de l'ambassade d'Espagne*. Cette fontaine monumentale fut commandée par le pape Paul V à l'occasion du prolongement de l'aqueduc de Trajan vers les jardins du Vatican (ça coule de source). Le souverain pontife voulait que le monument soit un « théâtre d'eau » : c'est réussi...

🏃🏃 *Passeggiata di Gianicolo* (promenade du Janicule ; plan détachable d'ensemble, B3) : *débute à droite juste après la fontana Paola*. La colline du Janicule, qui domine la ville, tire son nom du dieu Janus (dont l'un des enfants s'appelait Tiber, d'où le nom donné au Tibre). Malgré quelques problèmes de propreté à certains endroits, c'est une véritable bouffée d'oxygène. Magnifique point de vue sur la ville, depuis le jardin botanique, en contrebas, jusqu'à la « machine à écrire » (le monument à Vittorio Emanuele II) en passant par le Panthéon, la Trinité-des-Monts, la villa Médicis, le palais de justice... Les points de vue s'enchaînent d'ailleurs le long de la promenade bordée de bustes garibaldiens, et ce jusqu'à la grande place où se trouve la statue de Garibaldi à cheval, le regard tourné vers le Vatican (il voulait soumettre le pape !). Là, on n'a plus assez d'yeux sur la Ville éternelle, et l'heure du coucher de soleil peut s'avérer magique. Les bustes garibaldiens continuent jusqu'à la statue, cette fois, d'Anita Garibaldi, en position d'amazone sur son cheval, portant un enfant et un pistolet de l'autre main. Ce monument représente le combat qu'elle menait en Uruguay auprès de son mari. Passer l'anachronique phare offert par les Italiens d'Argentine, complètement tagué, et prendre à droite la rampa della Quercia, un escalier qui aboutit aux restes laborieusement étayés du chêne sous lequel Le Tasse venait méditer (d'où, peut-être, l'expression « mort et étayé »...). Ceux qui ont encore un peu d'énergie peuvent alors redescendre tranquillement de l'autre côté de la colline vers le quartier du Vatican, pas si loin, et enchaîner avec une autre balade.

🎋 *Villa Doria Pamphilj (hors plan détachable d'ensemble par B4-5) : à l'ouest du Janicule. Une entrée via di San Pancrazio, après la porte du même nom ; une autre dans le quartier de Monteverde, à l'angle des vie Pio Foà et Donna Olimpia.* Presque toujours désert, une végétation luxuriante, des petits palais bien abîmés qui prennent le soir des tons mordorés ou qui passent par tous les ocres : un petit chemin mène d'un point à un autre à travers de douces petites collines d'une sérénité sans égale. Pour se croire à 100 km de Rome. Recommandé dès le lever du soleil.

QUARTIER DE LA GARE TERMINI

C'est l'un des quartiers les plus fréquentés de la ville. Normal, la gare de Termini est le nœud ferroviaire le plus important d'Italie ! Construite au XIXe s, modernisée dans les années 1930, elle a été entièrement rénovée à l'occasion du Jubilée de l'an 2000. On trouve tout autour de nombreux hôtels bon marché qui font le bonheur des routards. Les voyageurs pourront s'arrêter aux thermes de Dioclétien, les plus grands de l'Antiquité romaine, ou tout du moins ce qu'il en reste... Et toujours, pour les amateurs d'antiquités romaines, le palazzo Massimo, riche musée consacré aux fouilles archéologiques de Rome. Bref, un quartier qui mérite quelques heures de visite.

Où dormir ?

AUBERGES DE JEUNESSE

🏠 *Alessandro Palace* (plan détachable d'ensemble, E-F2, **61**) : via Vicenza, 42. ☎ 06-44-61-958. ● palace@hostelsalessandro.com ● hostelsalessandro.com ● Réception et check-in 24h/24. Selon saison, dortoir (4-8 pers) 19-45 €/pers ; doubles sans/avec sdb 75-140 € ; petit déj non compris. 📶 Atmosphère internationale pour cette auberge toujours bondée ! L'accueil trilingue (italien, espagnol et anglais) y est sans doute pour quelque chose, mais c'est la qualité des prestations qui fait vraiment la différence : chaque dortoir dispose d'une salle de bains, les espaces communs sont agréables et conviviaux (comme le bar bien kitsch avec ses fausses colonnes hilarantes) et les petits plus ne manquent pas (clim, casiers, petit frigo, salle Internet, café...).

🏠 *Funny Palace Hostel* (plan détachable d'ensemble, F2, **301**) : via Varese, 33. ☎ 06-44-70-35-23. ● info@hostelfunny.com ● hostelfunny.com ● Selon saison, dortoir 15-25 €/pers ; doubles 55-100 € ; sdb à partager. CB refusées. En découvrant la réception dans une laverie-cybercafé, on imagine le pire. Eh bien non ! Les apparences sont parfois trompeuses ! C'est une AJ soignée, dont les chambres se révèlent impeccables. Bon entretien général. La répartition sur plusieurs appartements évite au moins l'entassement ou la queue devant la salle de bains. En revanche, il n'y a pas d'espace commun. Accueil variable.

🏠 *Alessandro Downtown* (plan détachable d'ensemble, E-F2, **61**) : via C. Cattaneo, 23. ☎ 06-44-34-01-47. ● downtown@hostelsalessandro.com ● Doubles 60-130 €. 📶 Jumelle d'*Alessandro Palace*, juste de l'autre côté de la gare. Un peu moins léchée dans l'ensemble (on y trouve quand même une cuisine équipée et un coin TV), mais l'esprit est le même.

🏠 *The Beehive* (plan détachable d'ensemble, E-F2, **68**) : via Marghera, 8. ☎ 06-44-70-45-53. ● info@the-beehive.com ● the-beehive.com ● Selon saison, dortoir (8 lits) 25-30 €/pers ; doubles sans/avec sdb 60-100 € ; petit déj non inclus (café sur place). 📶 Dortoirs et chambres se partagent les premiers niveaux, le jardinet et les salles de bains de cet immeuble sans panache. Un bel effort de déco colorée et la clientèle qui s'y affaire donne au lieu son côté... ruche. Propreté de mise et philosophie écolo complètent le décor.

🛏 *Freedom Traveller Hostel (plan détachable d'ensemble, E2, 26)* : via Gaeta, 23-25. ☎ 06-48-91-39-10. ● info@freedom-traveller.it ● freedom-traveller.it ● *Selon confort et saison, 15-35 €/pers en dortoir ; doubles sans/avec sdb 50-90 € ; petit déj (basique) inclus. CB refusées.* 🖥 📶 Atmosphère gentiment routarde. Les dortoirs et les chambres (clim partout) sont propres, plutôt bien entretenus et parfois mignons, comme ceux du rez-de-chaussée dont les plafonds voûtés sont ornés de fresques. Également des triples et des quadruples. Le véritable plus ici, c'est la courette-jardin avec tables et chaises, attenant à la (petite) cuisine en usage libre. Consigne à bagages. Accueil routinier.

🛏 Voir également, plus loin, les *Hotel Papa Germano* et *Hotel des Artistes,* qui proposent des hébergements en dortoir.

HÔTELS ET PENSIONS

Beaucoup de pensions et de petits hôtels, parmi les moins chers de la ville, colonisent ce quartier où il convient d'être vigilant comme aux abords de toutes les gares du monde. Le quartier de la via Palestro (à droite en sortant de la gare) est plus aéré, agréable et mieux doté que le quartier de la via Principe Amedeo (à gauche en sortant de la gare). Ce dernier présente toutefois l'avantage d'être plus proche du centre historique.

Bon marché

🛏 *Locanda Otello Rossi (plan détachable d'ensemble, E2, 63)* : via Marghera, 13 (4e étage, avec ascenseur). ☎ 06-49-03-83. ● info@locandaotello.com ● locandaotello.com ● *Doubles sans/avec sdb 70-80 € ; pas de petit déj.* 📶 *Réduc de 10 % sur le prix de la chambre nov-fév excepté durant les périodes de fête.* À deux pas de la gare, cette pension familiale offre, sur 2 niveaux, des chambres très spartiates mais bien tenues (d'autres chambres occupent un immeuble à 5 mn en voiture). Accueil charmant de la signora Rossi.

De bon marché à prix moyens

🛏 *B & B Holiday Rome (plan détachable d'ensemble, E-F2, 65)* : via Palestro, 49. ☎ 06-44-53-024. ● holidayrome@yahoo.it ● holiday-rome.com ● *Réception escalier B, au 2e étage. Résa impérative (préciser son heure d'arrivée). Doubles sans/avec sdb 50-100 € ; petit déj servi dans la chambre. CB refusées.* 🖥 📶 *Réduc de 10 % tte l'année sur présentation de ce guide.* Dans ce bâtiment où chaque étage semble accueillir un B & B, celui-ci propose de grandes chambres impeccables et bien équipées. Certaines, plus simples, partagent leurs sanitaires avec la chambre voisine. Très bon accueil. Tout simplement une bonne adresse.

🛏 *Hotel Cervia (plan détachable d'ensemble, F2, 67)* : via Palestro, 55. ☎ 06-49-10-56. ● info@hotelcerviaroma.com ● hotelcerviaroma.com ● *Doubles avec lavabo slt ou avec sdb 50-110 €.* Passé un accueil décoré par un grand vitrail, l'établissement occupe la quasi-totalité de ce grand immeuble fin de siècle et propose des chambres d'un bon rapport qualité-prix, réparties sur 3 étages. Simples, sans charme particulier mais propres. Accueil sympathique et en français. Une adresse efficace.

🛏 *Hotel Continentale (plan détachable d'ensemble, E-F2, 65)* : via Palestro, 49 ; escalier A. ☎ 06-44-50-382. ● info@hotel-continentale.com ● hotel-continentale.com ● *Selon saison, doubles avec sdb 60-120 €.* 📶 Petit hôtel aux chambres convenables, classiques et de bon confort. Accueil sympa, en français qui plus est. Un bon choix, vu la situation.

🛏 *Hotel Welrome (plan détachable d'ensemble, E2, 55)* : via Calatafimi, 15-19. ☎ 06-47-82-43-43. ● welrome1@gmail.com ● welrome.it ● ♿ *Résa conseillée. Double avec sdb 110 € ; pas de petit déj.* 📶 Petit hôtel pimpant aux 7 chambres immaculées, fonctionnelles et bien dotées : double vitrage, TV, frigo, sèche-cheveux, coffre, téléphone, bouilloire (thé et café à dispo) et petite table « bistrot ». Cerise sur le gâteau, l'accueil de Maria, la

QUARTIER DE LA GARE TERMINI

patronne francophone, toujours soucieuse du bien-être de ses hôtes et de très bon conseil. Recommandé !

🛏 **Hotel Virginia** (plan détachable d'ensemble, E2, **64**) : via Montebello, 94. ☎ 06-49-77-48-74. ● hotelvirgi niaroma@libero.it ● hotelvirginiaroma. com ● Réception au 1er étage. Selon saison, doubles avec sdb 50-100 € ; petit déj servi dans un bar voisin. Le tapis qui mène à la réception donne le la de l'établissement, qui bénéficie d'un accueil en français, s'il vous plaît. Petites chambres aux tonalités rouge et saumon, correctement tenues et équipées (TV, coffre, frigo). Également des triples et des quadruples. Petit déj pas terrible, mais ça, c'est un grand classique. Compte tenu des tarifs, c'est une des bonnes adresses du quartier malgré ses petits défauts.

🛏 **Hotel Romæ** (plan détachable d'ensemble, E-F2, **65**) : via Palestro, 49. ☎ 06-44-63-554. ● info@hotelromae. com ● hotelromae.com ● Selon confort et saison, doubles avec sdb 60-150 € ; sans petit déj. Un établissement très sympathique qui propose des chambres rénovées au style minimaliste. Au final, l'entretien est bon partout, de même que le niveau de confort. Bon accueil.

🛏 **Hotel Stella** (plan détachable d'ensemble, E2, **27**) : via Castelfi dardo, 51. ☎ 06-44-41-078. ● info@ hotelstellaroma.it ● hotelstellaroma. it ● Selon type et saison, doubles avec sdb 55-130 €. 🛜 Les chambres ont bien meilleure mine que la réception. Rien d'inoubliable non plus (tailles inégales, déco conventionnelle), mais elles sont propres et bien équipées. Si les supérieures sont plus soignées, privilégier d'abord les chambres sur cour, le café du coin pourrait troubler les nuits ! Petit déj pas terrible.

🛏 **Hotel Marisa** (plan détachable d'ensemble, F3, **60**) : via Marsala, 98. ☎ 06-49-14-13. ● info@hotelmarisa. net ● hotelmarisa.net ● Selon saison, doubles 70-120 €. La marquise colorée de l'entrée donne le ton de ce petit hôtel bourgeois traditionnel un poil vieillot, comme en attestent le mobilier, les tentures à l'ancienne et les épais couvre-lits. Superbement situé si on stresse de rater son train

(mais stressant aussi si on aime la modernité !).

🛏 **Hotel Milazzo** (plan détachable d'ensemble, E-F3, **59**) : via Milazzo, 3 (1er étage). ☎ 06-44-52-283. ● info@ hotelmilazzo.com ● hotelmilazzo.com ● Doubles 55-120 € selon saison ; petit déj servi dans un bar voisin. Un passage mène à l'escalier qui dessert ce petit hôtel bien tenu et suffisamment confortable dans sa catégorie. Chambres assez petites et classiques, sans mauvaise surprise ni caractère particulier. Quand c'est plein, on vous dirige vers 2 B & B voisins, gérés par le même patron et aux prestations identiques. Accueil serviable et amical.

🛏 **Hotel Papa Germano** (plan déta chable d'ensemble, E2, **66**) : via Cala tafimi, 14a. ☎ 06-48-69-19. ● info@ hotelpapagermano.com ● hotelpapa germano.com ● En dortoir 4 lits sans sdb, 25 €/pers ; doubles avec sdb et petit déj 80 €. 🖥 🛜 Petit hôtel dont les 4 étages comptent une vingtaine de chambres inégales, assez petites mais correctement équipées (clim, TV) et convenables au regard des prix pratiqués. Également des dortoirs, qui échauffent l'ambiance quelques soirs. Un petit effort sur la propreté serait bienvenu... Accueil efficace.

De prix moyens à chic

🛏 **Hotel Camelia** (plan détachable d'ensemble, E2, **64**) : via Goito, 36. ☎ 06-44-36-13-80. ● info@hotelca meliarome.com ● hotelcameliarome. com ● Selon saison, doubles avec sdb 80-175 €. 🖥 🛜 Chambres parquetées de taille correcte. Sanitaires joliment carrelés, certains avec baignoire. Quelques grandes chambres mansardées et un peu sombres sont transformables en triples. Parties communes nettes et fonctionnelles. Accueil charmant et francophone.

🛏 **Hotel des Artistes** (plan déta chable d'ensemble, F2, **11**) : via Villa franca, 20. ☎ 06-44-54-365. ● info@ hoteldesartistes.com ● hotelde sartistes.com ● hostelrome.com ● Selon saison, dortoir sans petit déj 12-23 €/pers ; doubles côté AJ avec sdb partagée 39-84 € ; doubles côté hôtel avec sdb 104-159 €. Parking payant. 🖥 🛜 Un établissement à double visage : côté pile, un hôtel élégant aux chambres coquettes et confortables (tentures, tapis, boiseries et toiles dans de chic cadres) ; côté face, une auberge de jeunesse aux dortoirs sans prétention mais très corrects, avec des chambres bon marché, plusieurs salles de bains communes et une salle TV. À chacun son étage selon son budget ! D'ailleurs, tout le monde se retrouve sur la terrasse géniale sur le toit. Avec ses transats, ses fleurs et son auvent, c'est l'irrésistible bonne surprise de la maison ! Certains tarifs peuvent paraître élevés, mais les offres spéciales sont fréquentes. Accueil très plaisant.

Où manger ?

Sur le pouce

🍕 **Pinsere Roma** (plan détachable d'ensemble, E2, **15**) : via Flavia, 98. ☎ 06-42-02-09-24. Tlj 9h-16h sf w-e. Compter 4-5 € la part de pizza. Vous ne pouvez pas rater cette adresse plébiscitée par les Romains ! Pinsere, c'est autant de monde dehors que dedans, avec une queue ininterrompue à toute heure de la journée. C'est vrai : les pizzas sont délicieuses ! Et toutes sont alléchantes. Ont-ils pensé aux tours de taille de certain(e)s en proposant aussi des salades? C'est une aubaine dans ce quartier où qualité rime souvent avec médiocrité. Bon, le service n'est pas terrible, mais on n'est pas là pour ça !

De bon marché à prix moyens

🍕 **Al Forno della Soffitta** (plan détachable d'ensemble, E2, **154**) : via Piave, 62-64. ☎ 06-42-01-11-64. Tlj sf le midi sam-dim. Fermé 2 sem en août. Formules déj 8-12 € ; pizzas 6-9 € ; repas 18-25 €. Fatigué des romaines ? Essayez donc les napolitaines ! Après tout, ce sont les originales, et cette pizzeria ouverte depuis les années 1920 par une famille napolitaine les prépare

Chic

🏨 **Leon's Place** (plan détachable d'ensemble, E2, **306**) : via XX Settembre, 90-94. ☎ 06-89-08-71. ● info@ leonsplacehotel.it ● leonsplacehotel. it ● Doubles à partir de 170 €. 🛜 Un boutique-hôtel très tendance dans ce quartier plutôt mal pourvu dans cette catégorie. Les immenses lustres en cristal, les imposantes tentures faisant la part belle au capitonnage pourpre, les miroirs à facettes se fondent joliment dans l'architecture de ce palais romain du XIXe s. Chambres dans le même style, toutes impeccables. Le tout complété d'un sauna et d'un centre de remise en forme : du luxe cousu main. Accueil poli et attentif.

toujours dans les règles : pâte fine au centre, épaisse sur les bords. Atmosphère conviviale et accueil agréable. Une bonne adresse.

De prix moyens à chic

🍽 **Fiaschetteria Marini** (plan détachable d'ensemble, E2, **336**) : via Cadorna, 9. Tlj sf dim. Compter 25 € pour un repas. Une adresse plébiscitée par des habitués qui sont intarissables sur son excellent rapport qualité-prix. Un endroit typiquement romain bien dans son jus. Carrelage à l'ancienne, mobilier de bistrot, bonne cadence du service et une assiette à l'image du lieu : simple, traditionnelle et généreuse.

🍽 **Ristorante Andrea** (plan détachable d'ensemble, E2, **89**) : via Castelfidardo, 30. ☎ 06-48-68-48. Tlj sf ven. Repas 25-35 €. Dans une salle classique aux lambris vernis, un service plutôt souriant fait valser les poissons grillés, viandes à la braise et nombre de spécialités romaines. Tout est fait maison : pâtes, gnocchis à la pomme de terre et les savoureux desserts. Le soir, la carte se complète même de pizzas.

🍽 **Da Vincenzo** (plan détachable d'ensemble, E2, **118**) : via Castelfidardo, 6. ☎ 06-48-45-96. ♿ Tlj sf

QUARTIER DE LA GARE TERMINI

dim. Congés en août. Repas 35-45 €. Limoncello *offert sur présentation de ce guide.* Resto de quartier réputé depuis 40 ans, comme l'atteste parfois la file d'attente. Tout comme le cadre (nappes immaculées et serveurs en veston), la cuisine est classique avec des spécialités bien tournées à base de produits frais et de qualité, accordant la part belle aux pâtes et aux poissons. Nombreuse clientèle locale.

Enoteca (bar à vins)

🍷 |●| 🌐 *Trimani – Il Wine Bar (plan détachable d'ensemble, E2, 191) : via Cernaia, 37b.* ☎ 06-44-69-630. ● info@trimani.com ● *Tlj sf dim 11h30-15h, 17h30-0h30. Plats 10-24 € ; aperitivo 5 € ; verres de vin 4-9 €.* C'est l'une des enseignes les plus prestigieuses de Rome, à ne pas négliger si l'on se trouve dans le coin. Ouvert en 1821, le bar à vins de la famille Trimani affiche désormais un cadre contemporain sobre et agréable. Excellente sélection de crus d'Italie et d'ailleurs, doublée d'une petite carte d'amuse-gueules pour l'*aperitivo* ; sans compter les plats du jour (pas toujours copieux). La boutique située à deux pas vaut également la visite : *via Goito, 20 ;* ☎ 06-44-69-661 ; ● trimani.com ● ; *tlj sf dim 9h-20h30.* Dans la réserve, un choix énorme d'étiquettes qui la rend incontournable pour les œnophiles.

Où déguster une bonne pâtisserie et une bonne glace ?

|●| 🖊 *Dagnino (plan détachable d'ensemble, E2, 125) : galleria Esedra, via Vittorio Emanuele Orlando, 75.* ☎ 06-48-18-660. ● info@pasticceriadagnino.com ● *Tlj 7h30-23h.* Créée dans les années 1950 et fidèle à sa déco d'époque, cette vénérable pâtisserie propose viennoiseries, tartes salées diverses, spécialités siciliennes (*cannoli* et la fameuse *cassata*). Pas donné, certes. Terrasse tranquille dans la galerie commerciale, à deux pas de la piazza della Repubblica.

🍦 *Gelateria La Romana (plan détachable d'ensemble, E2, 112) : via Venti Settembre, 60 (à l'angle de la via Piave).* ☎ 06-42-02-08-28. Glacier qui propose un choix impressionnant de parfums bio et naturels. Et pour un petit rab calorique, on choisit sa *panna* selon l'envie ! En basse saison, la crêpe ou le chocolat chaud fera l'affaire ! Une bonne adresse pour les becs sucrés ! En été, la queue peut parfois être très longue...

À voir

🎭🎭🎭 *Palazzo Massimo (palais Maxime ; plan détachable d'ensemble, E3) : largo di Villa Peretti, 1.* ☎ 06-48-14-144. ♿ *Tlj sf lun 9h-19h45 (fermeture des caisses à 19h). Même billet que pour les terme di Diocleziano, la crypta Balbi et le palazzo Altemps. Entrée : 7 € (majorée de 3 € avec une expo temporaire). Audioguide en français : 4 €.*

Ce beau palais, ancienne école jésuite de la fin du XIXe s, présente la plus importante collection d'Italie consacrée au monde romain. Pourtant, celle-ci ne concerne « que » les fouilles effectuées à Rome et dans les environs proches. Elle constitue le Musée national romain, avec le palais Altemps, la crypte Balbi et les thermes de Dioclétien. Le parcours, archéologique, thématique et chronologique, révèle toutes les splendeurs de l'art figuratif romain.

Le second et dernier étage, présentant la section des fresques et mosaïques, est certainement la cerise sur le gâteau du musée. Autant grimper par l'ascenseur et commencer par déguster cette cerise-là !

Au 2e étage

Les remarquables pièces présentées permettent d'imaginer la richesse et l'élégance des villas de dignitaires romains.

Au sortir de l'ascenseur, on commence par de superbes frises issues d'un *columbarium* (niches où étaient déposées les urnes funéraires) du Ier s av. J.-C., retraçant les fondations de la cité. Sur la gauche, salle à manger reconstituée de la villa de Livia, troisième femme d'Octave-Auguste (Ier s av. J.-C.) : magnifique fresque bucolique (jardin idyllique, oiseaux, fruits...) aux couleurs admirablement restaurées et à la fascinante impression de profondeur.

En sortant par la galerie II, on accède aux vestiges de la villa de la Farnesina (30 av. J.-C.), retrouvés en 1879, sur les rives du Tibre. La muséographie restitue la distribution originelle des pièces de la résidence d'Agrippina (mère de Néron). Sur les fresques des galeries souterraines (cryptoportiques), on admire la finesse du trait des artistes de l'Empire encore rayonnant. Celles du mur de gauche du triclinium C (salle de banquet) détaillent la scène cocasse où une femme amène son mari impuissant devant le juge et démontre cette... incapacité !

Dans la galerie III et salles contiguës sont présentées des mosaïques. Celle provenant de la villa Ruffinella ressemble à s'y méprendre à une fresque tant l'ouvrage est raffiné. Également une mosaïque nilotique (à la gloire du Nil) avec son lot d'hippopotames et de crocodiles, témoin de l'époque des conquêtes au-delà de la *mare nostrum*. Au passage, belles fresques aux tons bleus, représentant des scènes de pêche et des poissons.

Dans la salle du fond, splendides marqueteries de marbre, pâtes de verre et or. Cette technique appelée *opus sectile* est alors en vogue dans l'Empire d'Orient.

On finit par la décadence de l'Empire occidental avec une période de « mégalographie ». En ce IVe s apr. J.-C., on a perdu le savoir-faire : les personnages se font disproportionnés, le trait y perd de sa finesse...

Au 1er étage

À droite de l'escalier, salles consacrées à Hadrien (le premier empereur à avoir lancé la mode de la barbe !), puis à Antonin. Très beaux bustes féminins aux coiffes et coiffures détaillées. Notez les *Province fedeli*, représentation allégorique des provinces de l'Empire romain, vestiges des bases du temple d'Hadrien. Ici, on touche du doigt l'importance qu'avait la statuaire des empereurs et de leur famille dans la « communication » de l'Empire. On voit d'ailleurs, peu à peu, le pouvoir déifié dans les représentations des régnants.

La grande salle des « splendeurs des villas patriciennes » présente une collection faite de Barbares, Héraclès, Apollon, Amazones, Méduses. Il s'agit essentiellement de copies romaines, réalisées aux Ier et IIe s, à partir d'originaux grecs du Ve s av. J.-C., dont le Discobole (lui-même !), à l'anatomie tellement parfaite qu'il fut confisqué par les nazis... mais restitué après-guerre... Ouf !

Dans la salle consacrée à Dionysos et au théâtre, un beau Dionysos de bronze (117 apr. J.-C.), et un troublant hermaphrodite assoupi (138 apr. J.-C.). Juste au fond, vestiges en bronze retrouvés dans le lac de Nemi et provenant de bateaux utilisés par Caligula lors de fêtes somptueuses.

On arrive ensuite sur le remarquable *sarcophage de Portonaccio* du chef militaire Aulus Julius Pompilius, dont les superbes panneaux (180 apr. J.-C.) évoquent la guerre contre les tribus germaniques entre 172 et 175. Foisonnement de détails et mouvement fort bien rendu. Notez les visages apeurés des Barbares terrassés par le Romain victorieux. D'autres sarcophages occupent la salle suivante, dont celui de Marcus Claudianus, avec des scènes de l'Ancien et du Nouveau Testament (330 apr. J.-C.). Un autre est orné de masques. Belle série de têtes, dont un aurige (253 apr. J.-C.).

Au rez-de-chaussée

Après être passé devant une Minerve faite de plusieurs sortes de pierres, les salles latérales exposent, entre autres, un panthéon de bustes d'empereurs. Belle inscription de bronze datant de 41 apr. J.-C.

À l'angle de la galerie, séduisante Artémis au non moins séduisant plissé de la tunique. Puis salle consacrée à l'idéologie du pouvoir d'Auguste. Il légitimait son autorité par de nombreuses références à la fondation de la ville : statue d'Auguste en habit de *Pontifex Maximus* et magnifique autel sculpté retraçant les origines de Rome avec Romulus, Remus et leur mère, la vestale Rhea Silva.

Dans les salles voisines, deux bronzes superbes, importés de Grèce, dont un impressionnant boxeur au visage durement balafré ! L'autre statue représente sans doute un prince hellène. Ces deux œuvres magnifiques sont inspirées du travail de Lysippe, célèbre sculpteur grec du IVe s av. J.-C., et illustrent l'influence grecque sur les artistes romains.

En se dirigeant vers l'escalier, *Tazza con scena di corteggio marino* (II^er s av. J.-C.), un tripode à pieds d'animaux qui servit de fontaine, et de belles sculptures, dont quelques autels funéraires.

Au sous-sol

Séduisante expo de petits objets d'art, bijoux, réticules en or, verrerie, petits bronzes, etc., sur le thème des « signes du pouvoir » : ici, le luxe ! Voir notamment un filet d'or (IIIe s) servant à retenir les cheveux, en bon état malgré son grand âge. Également une momie romaine d'enfant et une remarquable copie en plâtre de la colonne Antonina (l'original se trouve piazza Colonna).

Enfin, les numismates seront particulièrement à la fête ! Derrière d'impressionnantes portes (dignes de Fort Knox !) sont conservées de fabuleuses collections de monnaies. Pour mieux les observer, chaque panneau est équipé d'une loupe !

🎭 ***Piazza della Repubblica*** *(plan détachable d'ensemble, E2) :* Ⓜ *Repubblica (ligne A).* Retournons sur nos pas, pour aller plus au sud, ***Piazza della Repubblica.*** Construite à la fin du XIXe s, cette place s'appelait autrefois la « piazza dell'Esedra » (exèdre) en raison de sa forme, calquée sur le tracé curviligne de la muraille des anciens thermes. Les deux palais qui l'encadrent évoquent l'architecture sévère de Turin, la capitale piémontaise. À remarquer également, au centre, la fontaine des Naïades dont les nymphes lascives firent scandale lors de son inauguration en 1901.

🎭 ***Terme di Diocleziano*** *(thermes de Dioclétien ; plan détachable d'ensemble, E2) :* viale E. De Nicola, 79 (face à la gare de Termini). ☎ 06-45-21-04-11. *Tlj sf lun 9h-19h45 (billetterie fermée 45 mn avt). Entrée : 7 € ; 10 € si expo temporaire (billet valable 3 j., combiné avec les palazzo Massimo, crypta Balbi et palazzo Altemps) ; réduc ;* Roma Pass. *Audioguide (pas de français) : 4 €.*

Ce musée se situe à l'endroit des thermes de Dioclétien, dont on voit toutefois assez peu de vestiges. Construits entre 298 et 305, ils furent les plus grands de l'Antiquité romaine. Couvrant 13 ha et capables d'accueillir 3 000 personnes, ils comptèrent jusqu'à 900 bains alimentés par 24 aqueducs. L'arrivée des Barbares entraîna leur abandon puis leur démantèlement. Il en reste des vestiges, voire des pans entiers intégrés à divers bâtiments du quartier, à commencer par l'église Santa Maria degli Angeli (voir plus loin) et dans les sous-sols de la gare (Termini prend son nom des thermes... pas du terminus, attention à ne pas confondre les termes).

Le musée est essentiellement consacré à l'épigraphie, la science des inscriptions, indispensable à la connaissance de l'histoire antique. De l'épitaphe à l'incantation rituelle en passant par les contrats et règlements, tout était matière à écrire sur des objets et matériaux variés : stèles, autels et sarcophages, objets rituels et statues. Présentés chronologiquement (du VIIIe s av. J.-C. à la fin de l'Empire), ils témoignent de la vie politique, sociale, administrative et, bien sûr, religieuse de la Rome antique. On y trouve, parmi moult pièces exposées, l'équipement complet (rarissime !) d'un soldat du Ve s av. J.-C., une belle série de statues en terre cuite (IIIe -IIe s av. J.-C.), dont une étonnante déesse filiforme, et d'une période plus tardive (IIe -IIIe s apr. J.-C.), de belles urnes funéraires et autels ouvragés, ainsi qu'une magnifique statuette en bronze doré figurant une divinité immobilisée par un serpent.

Depuis le dernier étage, on accède à une section évoquant les premiers groupes humains, dits « protohistoriques », établis dans le Latium. On y voit poteries, armes et maquettes de nécropoles. Terminer la visite par le beau cloître dessiné par Michel-Ange pour les chartreux, doté d'une fontaine centrale, entourée de têtes monumentales d'animaux probablement issues du temple de Trajan.

🎥 *Aula Ottagona (tour octogonale ; plan détachable d'ensemble, E2) : via Cernaia. Tlj sf lun. Expos temporaires accessibles avec le billet combiné (voir plus haut les terme di Diocleziano et le palazzo Massimo).* Construite en 298 apr. J.-C., cette impressionnante rotonde en brique fit partie des thermes de Dioclétien jusqu'en 537, lorsque le roi des Wisigoths détruisit en partie les aqueducs. Par une vitre au sol, on a un aperçu des bains. Elle servit ensuite de gymnase, d'entrepôt de cinéma, puis de planétarium avant d'abriter quelques sculptures provenant des thermes.

🎥🎥 *Chiesa Santa Maria degli Angeli (plan détachable d'ensemble, E2) : piazza della Repubblica. Tlj 7h-18h30 (19h30 dim et j. fériés).* La singulière façade concave de cette église est un vestige des thermes de Dioclétien. Quant aux portes en bronze, elles ont été réalisées par le Franco-Polonais Igor Mitoraj. Les thermes étaient en ruine depuis longtemps lorsque l'expansion de la ville vers la porta Pia entraîna le réaménagement du quartier, dans la seconde moitié du XVIᵉ s. La reconversion d'une partie des bains en église fut confiée à Michel-Ange, déjà octogénaire. Sa décision de conserver la structure antique explique le plan en croix grecque et l'insolite vestibule circulaire à voûte d'origine (l'ancien *caldarium*), précédant la salle basilicale (logée dans le *frigidarium*). Les 20 impressionnantes colonnes de granit rose appartenaient elles aussi aux bains antiques. Les transformations opérées depuis Michel-Ange concernent essentiellement la décoration intérieure de l'église, et la création d'une nouvelle entrée – l'originale, nettement plus grandiose, donnait sur la piazza dei Cinquecento. Étonnants décors en trompe l'œil, dans chacune des deux chapelles.

Plus curieuse encore, vous remarquerez au sol, protégée par un cordon, une bande de marbre rehaussée d'une baguette de bronze graduée et des signes du zodiaque. Filant en diagonale du maître-autel en haut de la chapelle de droite, il s'agit de la *méridienne de Bianchini,* du nom de son inventeur Francesco Bianchini, astronome et mathématicien. C'est une sorte de cadran solaire, commandé par Clément XI à la fin du XVIIᵉ s. Le choix de son emplacement fut justifié par l'orientation au sud ainsi que par les murs épais et séculaires qui pouvaient assurer l'installation de cette méridienne. C'est surtout au final la victoire du calendrier chrétien sur le calendrier païen. Il faut lever la tête pour comprendre son fonctionnement : le *foro gnomonico* par lequel pénètre le rayon de soleil indique l'heure du midi solaire. Il est dans l'angle de la chapelle ; on remarque, juste au-dessus de l'encoche taillée dans la corniche baroque, une minuscule ouverture entourée de dorures. Car la méridienne ne donne pas d'autre info !

🎥🎥 *Chiesa Santa Maria della Vittoria (plan détachable d'ensemble, E2) : largo Santa Susanna. Ouv 8h30-12h, 15h30-18h (dim, l'ap-m slt).* Cette église marque l'apogée du baroque en Italie. On y trouve l'un des chefs-d'œuvre du Bernin : *L'Extase de sainte Thérèse.* La petite amie de

POURQUOI LES MÉRIDIENNES DANS LES CATHÉDRALES ?

Pour optimiser leurs relevés, les astronomes avaient besoin d'édifices hauts de plafond pour y percer une petite ouverture par où la lumière pénétrait et marquait le sol. Plus c'était haut, plus c'était précis. L'église était intéressée également parce que les calculs de ces savants permettaient de déterminer avec exactitude la date de Pâques.

l'artiste servit de modèle. Cela explique peut-être pourquoi son ravissement ne semble pas exactement de même nature que celui qui transporta la sainte... De l'autre côté de la rue, monumentale fontaine dédiée à Sixte V, le « pape des obélisques », mettant en scène la bouche d'un aqueduc.

🦌 **Porta Pia** *(plan détachable d'ensemble, E2) : à l'extrémité orientale de la via XX Settembre.* Intégrée dans l'enceinte d'Aurélien située plus au nord, c'est la dernière œuvre architecturale de Michel-Ange, par laquelle les troupes piémontaises victorieuses firent leur entrée dans la ville en septembre 1870.

QUARTIERS SAN LORENZO ET IL PIGNETO

Un peu excentrés, ces deux quartiers présentent de nombreuses similitudes, dont la première : attirer les oiseaux de nuit ; les étudiants vers San Lorenzo et les artistes branchés vers Il Pigneto, même si tout ce petit monde a tendance à se mélanger lors d'*aperitivi* festifs. Situé à l'est de Termini, San Lorenzo n'a rien d'antique ni de médiéval. C'est un mélange de HLM, de maisons ouvrières et d'entrepôts, datant essentiellement des années 1930. Peuplé de beaucoup de cheminots à l'origine, rejoints par des intellos progressistes, artistes et étudiants (la fac est toute proche), ce quartier regorge aujourd'hui d'adresses branchées ou décalées. Quant au Pigneto, on en entend parler depuis quelques années comme le nouveau San Lorenzo. Encore un peu plus éloigné, il s'étend en triangle de la Porta Maggiore jusqu'à la via dell'Acqua Bullicante et est délimité au nord par la via Prenestina et au sud par la via Casilina. Pasolini tourna dans ces rues son premier film *Accattone* (1961), où il dépeint les banlieues de Rome, les quartiers populaires et prolétaires, malfamés le soir. Un demi-siècle plus tard, les artistes, *hipsters* et autres citadins branchouilles s'y retrouvent pour s'encanailler. Voici en tout cas deux quartiers où il fait bon se balader pour les amateurs d'atmosphère urbaine à l'italienne, ainsi que d'excellents terrains d'aventures gastronomiques...

Où dormir ?

Loger dans ces quartiers n'est pas la meilleure solution car ils sont excentrés du cœur touristique de la ville. On préfère y sortir pour sentir le cœur de Rome battre la nuit.

Où manger ?

À San Lorenzo

Bon marché

🍽 **Formula Uno** (plan détachable d'ensemble, F3, 119) : via degli Equi, 13. ☎ 06-44-53-866. Tlj sf dim 18h30-0h30. Pizzas env 5-7 €. Véritable institution locale, rassemblant toutes les générations, des étudiants aux familles, cette grande taverne très simple, même un peu triste, porte bien son nom : affiches à la gloire des Senna et consorts pour un service ultra-rapide ! Pour assurer cette perf', la maison s'est spécialisée en pizzas (une vingtaine de sortes, toutes bonnes) à accompagner d'une bonne mousse. Ambiance chaleureuse et animée, bruyante comme dans un paddock.

🍽 **Trattoria Colli Emiliani** (plan détachable d'ensemble, F3, 328) : via Tiburtina, 70. ☎ 06-44-53-622. ● colli. emiliani@libero.it ● Tlj sf dim. Congés en août. Plats 7-10 €. Compter 20 €

pour un repas. 🛜 Derrière la large devanture vitrée de cette adresse très populaire, une grande salle style cantine avec nappes à carreaux (éclairage au néon et match de foot à la télé !) et une autre plus petite, moins illuminée et donc plus intime. Plats traditionnels sans grande fantaisie mais goûteux, bien servis et très abordables, tout comme le vin. Clientèle locale et chamarrée.

🍕 **Pizzeria Maratoneta** *(plan détachable d'ensemble, F3, 123) :* à l'angle de via dei Sardi, 20 et de via dei Volsci. ☎ 06-44-50-287. *Tlj sf dim 19h-0h30. Pizza env 7 €.* Effectivement, les pizzaiolos ne chôment pas à la *Maratoneta !* Ils endurent une vraie course de fond pour alimenter en bonnes pizzas au feu de bois la clientèle de tout âge, familiale et de quartier qui s'y retrouve au coude à coude. Salle rudimentaire, quelques tables sur le trottoir. Accueil à la bonne franquette.

🍴 **Hamburgeseria** *(plan détachable d'ensemble, G3, 209) :* via dei Reti, 40. ☎ 06-44-70-12-98. *Tlj sf lun 18h30-2h. Menu (hamburger, boisson et café) 8 €, servi le midi slt.* Voilà une adresse pour les américanophiles, qui ne viendra pas grever votre porte-monnaie ! Idéal pour une petite pause le midi si vous passez dans le coin, les burgers sont tous « italianisés » (la *fontina* vole la vedette à l'*american cheese,* la sauce basilic-gorgonzola remplace le ketchup). Une déco aux accents new-yorkais complète la cuisine.

De prix moyens à chic

🍴 **Il Pulcino Ballerino** *(plan détachable d'ensemble, F3, 163) :* via degli Equi, 66-68. ☎ 06-49-41-255. ● *puci noballerino@gmail.com* ● *Tlj sf sam midi et dim midi. Compter 20-25 € pour un repas complet.* Le « poussin danseur » est sans aucun doute un danseur étoile ! Car chaque soir, habitués et touristes emplissent l'espace d'un joyeux brouhaha. Il faut reconnaître qu'on y mange bien : plats traditionnels impeccables, osso buco, délicieux *spaghetti carbonara* aux copeaux d'artichauts grillés, viandes de premier

choix, plats de légumes tentants et desserts gourmands.

🍴 **Da Pommidoro** *(plan détachable d'ensemble, G3, 120) :* piazza dei Sanniti, 44. ☎ 06-44-52-692. *Tlj sf dim ; le soir, sur résa slt. Fermé en août. Antipasti et primi 7-13 €, secondi 11-13 €. Viandes et poissons plus chers, facturés au poids. Ristorante* chaleureux tenu par Anna et Aldo, qui rapportent les produits de base (huile, vin, fruits, salade...) de leur village natal, tout comme le gibier en période de chasse. Cuisine familiale traditionnelle de qualité, servie généreusement (*minestrone, pasta alla carbonara, trippa alla romana*). Le caractère rustique et authentique plaît beaucoup aux habitués, parfois célèbres... Terrasse couverte (et chauffée l'hiver) sur la placette.

🍴 **Tram-Tram** *(plan détachable d'ensemble, G3, 121) :* via dei Reti, 44/46. ☎ 06-49-04-16. ● *info@tram-tram.it* ● *Tlj sf lun. Fermé 1 sem en août. Résa ultra-conseillée en sem, obligatoire le w-e. Repas complet env 35-40 €.* Le tram passant dans la rue a donné ce nom au resto, planqué derrière les centaines d'autocollants qui masquent l'entrée. Dans un cadre de bistrot à l'ancienne habilement mis en scène, l'authentique cuisine familiale, à base de produits de qualité, mélange avec bonheur les parfums et saveurs des grands-mères italiennes. On se régale de sardines grillées, de pâtes *orecchiette* et autres *pappardelle,* de roulades de veau, le tout arrosé d'un bon vin de derrière les fagots.

Au Pigneto

🍴 **La Santeria** *(plan Il Pigneto, B1, 20) :* via del Pigneto, 213. ☎ 06-64-48-01-606. ● *lasanteriaroma@gmail.com* ● *Tlj le soir slt. Repas complet env 40 €.* Ce resto mouchoir de poche affiche des petits airs de bistrots parisiens. Beau carrelage à damiers, comptoir en bois et marbre flanqué de quelques tabourets hauts et une poignée de tables et leurs indémodables chaises bistrot plantent le décor de cette adresse intimiste, un brin chic. Pourtant, on retrouve à la carte des spécialités de Toscane, du Piémont ou

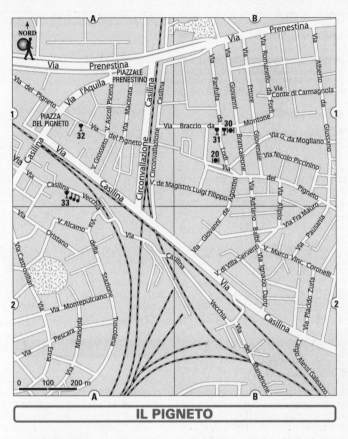

IL PIGNETO

|⚫| **Où manger ?**	
20 La Santeria	**31** Necci
🍷 🎵 🎵 **Où boire un verre ? Où écouter de la musique ? Où danser ?**	**32** Cargo
30 Spirito	**33** Circolo degli Artisti

de Vénétie qui, une fois dans l'assiette, sauront ravir les papilles pour la fraîcheur des produits et leur saveur. Une belle adresse qu'on aime bien pour un dîner en amoureux.

Enoteca (bar à vins)

À San Lorenzo

🍷 |⚫| **Enoteca Ferrazza** *(plan détachable d'ensemble, F3, 161) : via dei Volsci, 59.* ☎ *06-44-36-09-72.* ● *winebarferrazza@alice.it* ● *Tlj sf dim 18h-2h. Plats 9-14 € ; verres de vin 6-10 € ; aperitivo env 8 €.* Ce bar à vins mélange design moderne industriel et vieilles voûtes en brique, sous un éclairage tamisé. L'*aperitivo* rassemble une clientèle de quadras autour d'un généreux buffet. Également une bonne sélection de vins italiens, des assiettes de charcuterie et de fromage, des salades. Arriver tôt le week-end car souvent bondé.

Où déguster une bonne pâtisserie ? Où manger du bon chocolat ?

À San Lorenzo

Bernardini Rosi (plan détachable d'ensemble, G3, 265) : via degli Ausoni, 46. ☎ *06-49-57-895. Tlj sf lun 8h-20h.* Voilà un endroit qui ne paie pas de mine, mais vous craquerez comme nous pour les petits choux au chocolat ou à la crème, la tartelette aux fraises des bois et diverses petites sucreries bien crémeuses dont les Italiens ont le secret.

Pasticceria Pacci (plan détachable d'ensemble, F3, 266) : via dei Marsi, 33. ☎ *06-49-57-804. Tlj sf lun 7h30-20h30.* Voilà une pâtisserie réputée dans le quartier. D'ailleurs, il n'y a qu'à voir la file d'attente qui s'allonge le week-end. On retrouve ici les traditionnelles pâtisseries italiennes, d'une grande fraîcheur.

Said (plan détachable d'ensemble, F3, 76) : via Tiburtina, 135. ☎ *06-44-69-204.* ● *said@said.it* ● *Boutique tlj sf lun 10h-0h30, salon de thé tlj sf lun 16h-0h30 (12h30 dim).* Les chocophiles n'hésitent pas à faire des kilomètres pour se retrouver dans ce coin excentré de Rome. Depuis 1923, on savoure ce chocolat chaud crémeux tant réputé (mais un peu cher !). On aime s'attabler dans les salles cosy à l'arrière de la boutique, décorées de moules et de cuves à chocolats. Et on adore la vitrine sur l'atelier, un délice pour les yeux ! On peut venir s'attabler pour y goûter moult pâtisseries et cocktails... au chocolat bien sûr !

Où boire un verre ? Où écouter de la musique ? Où danser ?

Temps fort de la nuit romaine, les ruelles de ce quartier étudiant livrent une foule de petits bistrots en tout genre, très sympas pour sortir entre amis. Une ambiance démente bien arrosée dans les bars, les salles de concerts ou sur les trottoirs !

À San Lorenzo

Apartment Bar (plan détachable d'ensemble, F3, 346) : via dei Marrucini 1-1a. ☎ *06-93-57-61-64.* ● *apartment@apartmentbar.it* ● *Tlj sf lun 19h-2h. Aperitivo 10 €.* Tête de cerf, chouettes empaillées et cadres dorés par dizaines habillent les murs de cet immense bar, tout de turquoise vêtu. Les lampes suspendues et leurs abat-jours originaux se reflètent dans les dizaines de miroirs (voire centaines, on ne les a pas comptés !), ambiance chaleureuse assurée. Les jeunes dandys, un poil chic mais décontract', sirotent un spritz devant la fausse cheminée en dégustant les petits plats soignés proposés sur le comptoir. Aux beaux jours, on aime squatter le *rooftop* et savourer ce petit coin de verdure planqué, illuminé à la bougie, magique !

Officine Beat (plan détachable d'ensemble, F3, 345) : via degli Equi, 29. ☎ *06-95-21-87-79.* ● *officine. beat@gmail.com* ● *Tlj 18h-1h (2h ven-sam).* Meubles de récup' et mobilier Art déco se mêlent ici dans une agréable atmosphère *vintage*. À l'heure de l'*aperitivo*, sièges en cuir et chaises bistrot sont pris d'assaut par de joyeux drilles qui piochent une bière artisanale à la carte ou un cocktail original à l'ardoise. Ajoutez un accueil souriant et des airs de rock bien balancés, la soirée peut commencer !

Bar Celestino (plan détachable d'ensemble, G3, 228) : via degli Ausoni, 62-64. ☎ *06-45-47-24-83.* ● *thecelestinossince1904@gmail.*

com ● ♿ *Tlj sf dim 7h30-1h30. Fermé en août.* Ouvert en 1904, ce vieux bistrot n'a gardé de ses débuts que quelques planches de parquet et des lustres décalés. Aujourd'hui, on l'assimilerait à un PMU qui ne désemplit pas. On picole dès l'*aperitivo* et plus les coudes se lèvent, plus la foule s'étale sur le trottoir. Une adresse décontractée, bohème et fraternelle.

🍷 **Giufà Libreria-caffè** *(plan détachable d'ensemble, F3, 229) :* via degli Aurunci, 38. ☎ 06-44-36-14-06. ● *info@libreriagiufa.it* ● ♿ *Tlj sf dim sf dim 10h30-minuit (2h ven et sam).* 📶 Avec une fac dans les parages, on n'est pas surpris de trouver ce café-bar-librairie aux rayonnages remplis de bouquins d'art, B.D., romans, jeunesse... Quasiment tous en italien, mais l'atmosphère et le cadre hétéroclite se moquent bien du barrage des langues. Cadre sympa, avec beau carrelage à damiers, étagères colorées et babyfoot pour les moins studieux.

🍷 🎵 **Wishlist Club** *(plan détachable d'ensemble, G3, 238) :* via dei Volsci, 126b. 📱 349-74-94-659. ● *wishlist-club@libero.it* ● *Ouv tlj sf mar-mer (sf événement spécial) dès 21h. Entrée avec la carte d'adhérent 3 €.* Hendrix, Sting, les Rolling Stones, les grandes figures du rock affichent ici leur portrait. Voici la petite scène de jazz-blues-rock du quartier, où se produisent des groupes de qualité dans une salle à taille humaine, avec bar et petit salon sans fioritures. On est séduit !

🍷 Voir aussi plus haut dans « *Enoteca* (bar à vins) », l'**Enoteca Ferrazza** *(plan détachable d'ensemble, F3, 161),* chaleureux, branché et réputé pour son redoutable *aperitivo*.

Au Pigneto

🍷 🍴 **Spirito** *(plan Il Pigneto, B1, 30) :* via Fanfulla da Lodi, 53. ☎ 327-29-83-900. *Tlj 20h-4h (2h dim) et brunch dim 12h-16h. Cocktail 10 €. Résa conseillée.* Encore un mauvais coup du *Routard,* aucun bar dans les parages ! Mais poussez la porte de la sandwicherie *Premiata* et demandez à passer un coup de fil à la chambre froide, si, si ! Les congélateurs ont fait place à un grand bar intimiste où miroirs, vitres et lumières tamisées jouent à cache-cache. Sur une banquette rouge ou perché sur la terrasse, on sirote un cocktail bien tonique imaginé par la maison. On peut aussi commander les bons sandwichs qui ne font pas qu'office de vitrine ! *Speakeasy* oblige, on ne vous raconte pas toute la soirée, pour garder une part de secret...

🍷 **Necci** *(plan Il Pigneto, B1, 31) :* via Fanfulla da Lodi, 68. ☎ 06-97-60-15-52. ● *info@necci1924.com* ● *Tlj 8h-1h30 (3h w-e).* Dans un décor rétro ponctué de tables damées, de luminaires tout droit sortis des 70's et de quelques plaques émaillées, les Romains squattent la salle branchée en feuilletant le journal ou s'installent sur la terrasse fleurie pour siroter un bon verre de vin. Ancien Q.G. du célèbre photographe Pasolini, le *Necci* reste un repaire de jeunes branchés et *hipsters* en quête de nouvelles tendances... et de nostalgie.

🍷 **Cargo** *(plan Il Pigneto, A1, 32) :* via del Pigneto, 20-20a. ☎ 06-70-30-09-12. *Tlj 18h-2h.* Reconverti en bar branchouille, cet ancien hangar à fruits et légumes joue la carte de la récup'. Lampes rétro, vieux sièges de ciné, canapés à fleurs et fausse bibliothèque plantent un décor chaleureux et intimiste à l'intérieur. Pour plus de convivialité, on s'installe en terrasse, sur la longue rue piétonne, pour siroter son cocktail en regardant défiler la faune animée du quartier.

🍷 🎵 🎵 **Circolo degli Artisti** *(plan Il Pigneto, A1, 33) :* via Casilina Vecchia, 42. ☎ 06-70-30-56-84. *Tlj 19h-2h (4h ven-sam). Entrée env 5 €.* Installé dans une ancienne décharge automobile, le *Circolo* s'impose aujourd'hui comme l'une des meilleures scènes avant-gardistes de Rome. Les jeunes groupes, tous styles confondus, passent souvent par leur petite scène avant de monter en grade. Musique mais aussi art, photos et théâtre ou cinéma en font un lieu de rencontres et de culture incontournable. En été, on apprécie le grand jardin, flanqué de palmiers, où l'on s'assoit sur des palettes ou à même la pelouse pour siroter sa bière. Ambiance décontractée !

À voir

➤ **Accès au quartier de San Lorenzo :** *bus n° 71. Éviter d'y aller un dim, tout est fermé, et c'est vraiment très (très) calme.*

Situé au sud-est de la cité universitaire et bordé par les fortifications qui longent les voies de la gare de Termini, San Lorenzo est un peu enclavé et pas très bien desservi. En bus, liaisons avec le centre par la ligne n° 71 (et N11 la nuit) ; à pied, on peut emprunter les tunnels sous voie depuis la via Giovanni Giolitti qui longe la gare (mais c'est vraiment glauque le soir).

BASILIQUE SAINT-LAURENT-HORS-LES-MURS
(basilica San Lorenzo fuori le Mura ; plan détachable d'ensemble, G2)

➤ **Accès :** Ⓜ *Policlinico (ligne B) puis descendre la via Regina Elena jusqu'au piazzale San Lorenzo. Bus n°s 71, 93, 163..., ou 492 depuis le métro Barberini (ligne A). Tlj 7h30-12h30, 16h-20h (15h30-19h en hiver).*

🕯 Saint Laurent de Rome, comme vous l'aurez sans doute deviné, est un autre martyr de la chrétienté. Il connut, dit-on, le supplice du gril en 258. À l'emplacement de la tombe du malheureux, la foule se pressait, d'où la construction d'un édifice religieux. L'église de Pélage II surplombant le tombeau (bâtie sous Constantin en 330, puis reconstruite au VIᵉ s) vit pousser à côté d'elle une autre église, celle d'Honorius III, au XIIIᵉ s. L'intérêt de la visite tient justement au contraste entre les deux églises qui, réunies au niveau de leurs absides, donnèrent naissance à la basilique. Remaniée de nombreuses fois, celle-ci sera en partie détruite par une bombe en juillet 1943 avant d'être restaurée sous son aspect du XIIIᵉ s. Une histoire tourmentée pour cette basilique excentrée qui n'en vaut pas moins le détour. Une fois franchi le portique de la façade dominée par le campanile du XIIᵉ s, vous pénétrez dans cet édifice plutôt austère, dont on constate l'absence de transept. La nef compte pas moins de 22 colonnes antiques, à chapiteaux ioniques de Vassalletto. Les fresques, fraîchement restaurées (regardez les pigments rouges), retracent la vie de saint Laurent. Au sol, un pavement cosmatesque nous déroute quelque peu, en raison de ses deux axes. Ces derniers correspondent aux deux anciennes églises : celle d'Honorius III, où il faut observer les deux ambons (ou chaires ; dont une incrustée de mosaïques est l'œuvre des frères Cosma) ; celle de Pélage II, reconnaissable par sa très belle chaire pontificale (XIIIᵉ s). L'arc triomphal du VIᵉ s, surplombant le tombeau de saint Laurent, est magnifié par un christ trônant sur les nuées du Ciel (symbolisé ici par un globe bleu) à l'aube du Jugement dernier. À l'époque médiévale, ce curieux baldaquin de pierre aux couleurs vives fascinait, à la manière d'un arc-en-ciel, bon nombre de pèlerins... Avant de rejoindre d'autres cieux, jetez un coup d'œil au superbe cloître roman qui abrite en son centre un petit jardin médiéval. L'accès au cloître se trouve au fond de la basilique à droite. L'ensemble, quasi vierge de tout décor, semble vivre hors du temps, au rythme des jeux d'ombres et de lumière. Quelle sérénité !

🕯🕯 **Cimitero monumentale del Verano** *(cimetière du Verano ; plan détachable d'ensemble, G3) : tlj 7h30-19h (18h en hiver).* Avant de repartir, vous pouvez vous balader dans le plus grand cimetière de Rome, adjacent à la basilique. C'est aussi un lieu de sépulture très ancien qui, sous terre, abrite les catacombes *Santa Ciriaca*, où repose saint Laurent. L'emplacement de sa tombe correspond exactement à celui de la basilique actuelle. Avec ses quatre statues allégoriques, l'entrée du cimetière donne le ton à la monumentalité. La Méditation, l'Espérance, la Charité et le Silence (tout un programme !) vous ouvrent les portes (ou plutôt les trois arches) d'un océan de calme et de verdure. Ici règne une atmosphère paisible... quasi mélancolique. Les chats y rôdent, en compagnie des visiteurs. Au milieu, un immense cloître bordé des mausolées grandiloquents et poussiéreux des grandes familles bourgeoises et aristocratiques du XIXe s. Entre deux allées, ce véritable musée à l'air libre recèle bien des surprises. Sur la gauche, un escalier mène à la partie la plus ancienne du cimetière. Chemins musardant parmi buissons et cyprès, tombes monumentales, chapelles de prestige, mausolées pompeux, angelots moussus et éplorés, profusion de bustes et de médaillons... le tout dans un esprit 100 % baroque. Le cimetière porte bien son nom, « Verano » pour les *veri romani,* soit les personnes d'un certain *standing.* Demandez un plan à l'entrée si vous voulez partir à la recherche des tombes de « stars » comme Goffredo Mameli, à qui l'on doit l'hymne national. Du côté des comédiens et réalisateurs, Vittorio Gassman repose près du *Quadriportico* ; quant à Roberto Rossellini, il est comme Marcello Mastroianni, pas facile à trouver !

QUARTIER SAN LORENZO ET IL PIGNETO

Le bien nommé quartier des Monts (*monti* en v.o.) englobe les collines du Viminal et de l'Esquilin, ainsi qu'une partie du Quirinal et du Celio. Autant dire qu'il n'est que montées... et descentes... et qu'il n'est pas facile d'en délimiter clairement les contours ! Peut-être trouverez-vous les grandes artères rectilignes des Monti un peu désolantes, tant elles ressemblent à celles de toute grande ville occidentale : ronflement du flot automobile et bourdonnement des nuées de « guêpes » (*vespa* en italien) y résonnent du matin au soir. Mais il suffit de s'en écarter pour découvrir, entre les *vie Nazionale* et *Cavour*, un lacis de jolies rues pavées comme la via dei Serpenti, la via Panisperna ou la via del Boschetto, c'est là que bat le véritable cœur du quartier. À la tombée de la nuit, quand les commerçants ferment boutique, les joyeux drilles investissent les nombreux bars, prêts à en découdre avec l'ambiance des nuits romaines... Chaud devant !

Où dormir ?

INSTITUTIONS RELIGIEUSES

⌂ **Casa Santa Sofia** (*plan détachable Monti et Esquilin, D4, 302*) *: piazza Madonna dei Monti, 3.* ☎ 06-48-57-78. ● info@casasantasofia.it ● casasantasofia.it ● Ⓜ *Cavour (ligne B). Repérer le petit panneau bleu et sonner à l'interphone. Doubles 40-110 € selon saison ; triples 60-130 €.* 🛜 Une institution religieuse ukrainienne proposant une cinquantaine de chambres avec salle de bains et téléphone, toutes simples mais propres, dont certaines donnent sur une adorable placette (bruyante à l'heure de l'*aperitivo*). Le soir, possibilité d'y dîner. Atmosphère un poil austère (rien de très étonnant !), mais l'accueil est tout en gentillesse.

⌂ **Ostello Marello** (*plan détachable Monti et Esquilin, E4, 62*) *: via Urbana, 50 (2ᵉ et 3ᵉ étages, sans ascenseur).* ☎ 06-48-82-120. ● hostelmarello@yahoo.it ● hostellomarello.vpsite.it ● Ⓜ *Cavour (ligne B). Double env*

60 €. CB refusées. À l'exception des couples mariés, hommes et femmes dorment ici séparément dans des chambres de 2 à 3 lits, pas très grandes, sans superflu mais bien tenues. Sanitaires communs impeccables. Frigo et micro-ondes à disposition. Et l'on peut profiter de Rome *by night* puisqu'il n'y a pas de couvre-feu... Accueil gentil.

HÔTELS ET PENSIONS

Via Principe Amedeo et autour

Attention : dans ce coin très animé, les chambres sur rue s'avèrent parfois bruyantes.

De bon marché à prix moyens

⌂ **Hotel di Rienzo** (*plan détachable Monti et Esquilin, E3, 13*) *: via Principe Amedeo,*

79a (1er étage). ☎ 06-44-67-131. ● *info@
hoteldirienzo.it* ● *hoteldirienzo.it* ● *Doubles
sans ou avec sdb 45-100 €.* 🛜 Pension
familiale sans prétention, tenue par une
famille charmante. 20 chambres très simples sur 3 niveaux décorées de fleurs aux
murs et de couleurs gaies qui les rendent
plutôt pimpantes. Thé et croissant dans la
chambre en guise de petit déj ; entre nous,
mieux vaut le prendre directement au café
voisin ! Prix très intéressants à certaines
périodes de l'année et réductions si on
paye en cash.

🛏 **Hotel Millerose** *(plan détachable
Monti et Esquilin, E3, 56) : via Daniele
Manin, 58 (6e étage, ascenseur).*
☎ 06-48-80-817. ● *info@hotel
millerose.it* ● *hotelmillerose.it* ● *Doubles 60-85 €. CB refusées.* Hôtel perché au 6e étage d'un immeuble bourgeois. Chambres très convenables,
toutes différentes, des plus sobres aux
couleurs pastel à celles tapissées de
mille fleurs, certaines avec balconnet
sur la rue (double vitrage). Seul hic :
pour la clim, il vous faudra débourser
10 €/j. !

De prix moyens
à plus chic

🛏 **Hotel Orlanda** *(plan détachable
Monti et Esquilin, E3, 14) : via Principe Amedeo, 76 (3e étage).* ☎ 06-48-
80-124. ● *info@hotelorlanda.com* ●
hotelorlanda.com ● *Selon saison,
doubles env 60-120 €. Parking payant
(25 €/j.).* 🖥 🛜 Une vingtaine de
chambres propres et fonctionnelles qui
jouent la carte classique avec tentures
et dessus-de-lits damassés. Quelques-
unes avec AC (en supplément). Pour
éviter les embouteillages au petit déj-
buffet, il faut préciser la veille l'horaire
choisi ! Accueil souriant et dynamique.

🛏 **B & B 58 Le Real de Luxe** *(plan
détachable d'ensemble, E3, 16) : via
Cavour, 58 (4e étage).* ☎ 06-48-23-
566. ● *info@58viacavour.it* ● *lereal
deluxe.com* ● *Selon saison, doubles 100-130 €.* 🖥 🛜 Dans ce quartier
des hôtels, où le pire voisine avec le
meilleur, ce *B & B* est plutôt une bonne
surprise. Compte tenu de la qualité
des prestations (bon emplacement,
chambres très bien tenues, spacieuses

et tout confort), c'est même un bon
rapport qualité-prix. Cela dit, le profes-
sionnalisme se paye, et l'on est nettement plus dans l'esprit d'un petit hôtel
que d'une chambre d'hôtes.

🛏 **Hotel Milo** *(plan détachable Monti et
Esquilin, E3, 14) : via Principe Amedeo,
76 (1er étage).* ☎ 06-47-40-100. ● *info@
hotelmilo.com* ● *hotelmilo.com* ● *Selon
saison, doubles 65-130 €.* 🛜 Un
modeste hôtel qui offre de petites
chambres, sans histoire, décorées
dans les tons beiges, bien équipées,
et même dotées d'un balconnet pour
certaines. En revanche, tout le monde
a accès à la terrasse pour le petit déj.
Rien de folichon, mais accueil serviable
et ensemble très bien tenu.

🛏 **Hotel Teti** *(plan détachable Monti
et Esquilin, E3, 14) : via Principe Amedeo, 76 (2e étage).* ☎ 06-48-90-40-88.
● *hotelteti@iol.it* ● *hotelteti.it* ● *Doubles 65-130 €.* 🛜 Petit hôtel calme
dont les chambres, bien tenues, offrent
une déco mêlant motifs damassés et
frises colorées. Double-vitrage, AC,
TV satellite, tout y est. On regrette
simplement les salles de bains un peu
riquiqui. Intéressant surtout hors saison. Accueil souriant et francophone.

🛏 **Domus Victoria B & B** *(plan détachable Monti et Esquilin, E4, 31) :
piazza Vittorio Emanuele II, 138.*
☎ 06-96-04-30-64. ● *info@domusvic
toria.com* ● *domusvictoria.com* ● *Au
fond de la cour à gauche ; 3e étage.
Selon saison, doubles 70-180 € ; petit
déj inclus (servi dans un café voisin).* 🖥 🛜 Les 5 chambres de la mai-
sonnée possèdent un charme certain.
Rouge, orange, bleue, à vous de choisir
votre couleur préférée ! Spacieuses et
lumineuses, décorées de meubles en
bois clair relevé de touches pimpantes,
elles offrent tout le confort nécessaire
à un séjour agréable, comme le double
vitrage et un ventilo. Une belle adresse.

Dans les quartiers des
Monti et de l'Esquilin

De prix moyens
à plus chic

🛏 **Il Covo B & B** *(plan détachable
Monti et Esquilin, D4, 307) : via del*

Boschetto, 91. ☎ *06-481-58-71.* ● *germani77@hotmail.com* ● *bbilcovo. com* ● *Doubles 50-120 €.* Un B & B d'une quinzaine de chambres qui tient plus de la structure d'un hôtel. Les amateurs de tranquillité seront comblés. Une déco soignée, une propreté irréprochable et un accueil souriant, à une enjambée du Colisée. Et on déguste le petit déj dans un café très sympa sur une petite place à deux pas, la *dolce vita* !

🏠 *Hotel Antica Locanda (plan détachable Monti et Esquilin, D4,* **308***) : via del Boschetto, 84.* ☎ *06-48-48-94.* ● *info@antica-locanda.com* ● *Doubles 70-140 €.* 🖳 Un hôtel tout à fait classique dans ce petit coin agréable des Monti, dans le même style que le B & B précédent... normal, c'est le même proprio ! Chambres parquetées et poutres apparentes, lourdes tentures et larges lits. C'est propre et bien tenu. Le petit plus : la terrasse, bien agréable après une journée de visite. Personnel charmant.

🏠 *Hotel Artorius (plan détachable Monti et Esquilin, D4,* **35***) : via del Boschetto, 13.* ☎ *06-48-21-196.* ● *info@hotelartorius.com* ● *hotelartorius.com* ● *Selon saison, doubles env 100-200 €.* « Vertu et Travail », telle est la louable

devise du chevalier romain ayant inspiré le nom de cet hôtel. Il arbore aujourd'hui un joli décor style 1900, dont l'entrée, l'ascenseur et les vitraux sont les fleurons. Les 10 chambres, plutôt spacieuses (c'est un luxe à Rome), sont très confortables. Certaines disposent même de balcons. Petit déj servi dans la courette aux beaux jours. Accueil efficace et souriant.

Chic

🏠 *Hotel Duca d'Alba (plan détachable Monti et Esquilin, D4,* **305***) : via Leonina, 14.* ☎ *06-48-44-71.* ● *info@hotelducadalba.com* ● *hotelducadalba.com* ● *Doubles à partir de 140 €* (bonnes offres Internet en basse saison). 📶 Ce bel hôtel dispose de jolies chambres alliant la beauté d'hier au confort et à la modernité d'aujourd'hui. Du bois, du verre trempé, de belles poutres, des tableaux contemporains, des tentures, des dorures et miroirs : tout ça fait bon ménage... Il y a même des petites terrasses privées pour certaines chambres. Le petit déj se prend dans une belle salle voûtée. Ambiance chic. Dommage que l'accueil soit un peu distant.

Où manger ?

Très riches en petites adresses originales, les Monti offrent une belle diversité de restaurants, surtout pour les petits budgets, sans pour autant négliger la qualité ! L'Esquilin, de son côté, joue davantage sur la carte traditionnelle, dans un cadre plus rustique.

Autour des Monti

Sur le pouce et bon marché

🥪 *Zia Rosetta (plan détachable Monti et Esquilin, E4,* **212***) : via Urbana, 54.* ☎ *06-31-05-25-16.* ● *info@ziarosetta.com* ● *Tlj sf lun 11h-22h.* Sandwichs 4,50-6 €. Idéale pour caler une petite faim, cette sandwicherie mouchoir de poche propose des *panini*

préparés sous vos yeux. *Speck, bresaola,* mozzarella et autres douceurs italiennes garnissent le pain frais que l'on boulotte sur la poignée de tables ou, mieux, dans la rue. À accompagner d'un smoothie bien frais, relevé d'une pointe de gingembre ou de curcuma. Rafraîchissant !

🍴 *Antico Forno Ai Serpenti (plan détachable Monti et Esquilin, D4,* **266***) : via dei Serpenti, 123 (à l'angle de la via Panisperna).* ☎ *06-45-42-79-20.* ● *anticofornoserpenti@gmail.com* ● *Tlj 8h-23h (minuit w-e).* Plats de pâtes 6-10 € ; formules 5-12 €. À l'odeur et à l'attente, l'une des meilleures boulangeries de Rome ! D'ailleurs, les habitués ne s'y trompent pas ! À toute heure, on y vient pour un *cappucino-cornetto* bien crémeux ou, pour les becs salés, de croustillantes parts de pizza ou de *focaccia*. À l'heure de l'*aperitivo*, laissez-vous tenter par la sélection de vins accompagnés de quelques plaisirs salés. Une pause s'impose si vous êtes dans le coin ! Accueil souriant.

I●I ✣ **Monti Bio** *(plan détachable Monti et Esquilin, D4, 360) :* via Panisperna, 225. ☎ *06-87-67-80-22.* ● *ilsalottodigiuliaroma@gmail.com* ● *Lun-sam 10h30-minuit.* Une petite adresse comme on les aime, à mi-chemin entre une échoppe de fruits et légumes bio et un petit resto pour faire une rapide pause déjeuner. Quelques tables et chaises dépareillées au milieu des cagettes de tomates ou d'artichauts. Peu de plats sur l'ardoise, mais tous d'une grande fraîcheur et servis avec le sourire. Également une bonne sélection de thés, à emporter ou à déguster sur place.

◢ **Boulangerie Monti** *(plan détachable Monti et Esquilin, D4, 282) :* via Leonina, 81. ☎ 06-48-67-01. *Tlj sf lun 8h-22h (restreint hors saison). Formules à partir de 6 €.* Un minuscule local qui fait le plein d'excellentes *focaccias*, de pizzas et autres petits plats à base de légumes frais et prêts à emporter à moins que vous préférez les avaler sur place sur de hauts tabourets.

Prix moyens

I●I **Sciue Sciue** *(plan détachable Monti et Esquilin, E4, 212) :* via Urbana, 56-57. ☎ 06-48-90-60-38. ● *info@sciuesciue.it* ● *Tlj midi et soir sf dim. Compter 20 € pour un repas. Résa conseillée.* Dans cette rue bien connue des fêtards, l'enseigne napolitaine s'est fait une belle place où Romains et touristes ont flairé le filon gourmand. Ici, on accommode les poulpes de moult façons, on picore des *antipasti* à base de légumes et on termine sur une note sucrée avec les traditionnels desserts italiens qui s'avèrent délicieux. Accueil virevoltant et de bon conseil.

I●I **L'Asino d'Oro** *(plan détachable Monti et Esquilin, D4, 210) :* via del Boschetto, 73-74. ☎ 06-48-91-38-32. ● *luciosforza@gmail.com* ● *Tlj sf dim-lun. Carte env 35 €.* Voilà une belle petite adresse toute en simplicité et

en goût qu'on indique pour ses petits plats bien ficelés. Au menu : de la fraîcheur (une étonnante salade de fenouil), du moelleux (une tranche de veau cuite comme il faut) et du goût (une polenta bien crémeuse). Évidemment, tout est fonction du marché du jour. Le charismatique chef Lucio Sforza nous en met plein les papilles ! Service attentif et rondement mené. *Bravissimo !*

Dans l'Esquilin

Bon marché

I●I **Osteria Da Luciano** *(plan détachable d'ensemble, E3, 112) :* via Giovanni Amendola, 73. ☎ 06-48-81-640. *Tlj sf dim. Congés : 3 sem en août. Menu 12 € ; carte 20 €.* Dans ce secteur peu enthousiasmant sur le plan culinaire, cette toute petite cantine de quartier vraiment pas chère se distingue par une cuisine très simple, sans autre prétention que de nourrir correctement le routard de passage. Pas mal d'affluence évidemment, éviter si possible le coup de feu en pleine heure des repas.

I●I **Da Valentino « Birra Peroni »** *(plan détachable Monti et Esquilin, D4, 104) :* via del Boschetto, 37. ☎ 06-48-80-643. *Se repère à la publicité « Birra Peroni » en façade. Tlj sf dim. Fermé en août. Compter 20 € pour un repas.* N'hésitez pas à franchir la porte de cette petite cantine de quartier, à l'abri des regards, derrière ses rideaux. Elle a gardé son charme d'antan avec ses tables et ses chaises bistrot, ses vieilles cartes postales et ses habitués à la volubilité toute romaine. Cuisine comme à la maison : bon choix de salades, *antipasti* et viandes, *primo* du jour, légumes délicieux et variés. Spécialité de la maison, la *scamorza* (mozzarella fumée). Bon choix de vins.

De prix moyens à chic

I●I **Trattoria Morgana** *(plan détachable Monti et Esquilin, E4, 148) :* via Mecenate, 19-21. ☎ 06-48-73-122. ● *info@trattoriamorgana.com* ● *Tlj sf* mer. Résa conseillée. Carte env 25 €. Cette petite adresse sort de l'ordinaire. Pas tant pour son cadre, simple et sans prétention, que pour les spécialités qu'on découvre en consultant la carte. On retrouve toutes sortes de recettes oubliées de grands-mères romaines, comme les *lumache alla romana,* une version locale des petits-gris ! Comme il n'y en a pas en toute saison, on se rabattra sur les excellentes pâtes maison et les plats de viande traditionnels. Beaucoup d'habitués, on s'en doute.

|●| **Urbana 47** *(plan détachable Monti et Esquilin, E4, 327) : via Urbana, 47.*

☎ *06-47-88-40-06.* ● *info@urbana47. it* ● *Tlj jusqu'à minuit (voire plus tard). Compter 35 € pour un repas. Brunch le dim.* Dans la mouvance *slow food* et bio, la carte privilégie les produits locaux (d'où la philosophie « kilomètre zéro » revendiquée par la maison) à travers une petite sélection de plats actualisée au fil des saisons et un bon choix de vins. Belle salle tout en longueur, à l'éclairage doux et à la déco bohème composée de mosaïques, de mobilier vintage et d'une cuisine vitrée. Ambiance plutôt branchée et service sympa.

Enoteche (bars à vins)

Ⓨ |●| **Bottiglieria Ai Tre Scalini** *(plan détachable Monti et Esquilin, D4, 179) : via Panisperna, 251.* ☎ *06-48-90-74-95.* ● *aitrescalini@colosseo. org* ● *Tlj 12h30-1h. Carte 20-25 € ; verres de vin 5-10 €.* Il faut gravir les 3 marches (*scalini* en italien) pour entrer dans ce sympathique bar à vins, repérable à sa vigne de façade et son atmosphère joyeuse distillée dans la rue. On s'assoit parmi les tablées de copains qui discutent bruyamment dans les petites salles chaleureuses (affiches et photos anciennes, fresques murales, bibelots...) et on commande un vin de la région en consultant l'ardoise du jour : belles assiettes de charcuterie et de fromage, lasagnes, salades... Simple, bon et servi avec le sourire, on reviendra !

Ⓨ |●| **Enoteca Al Vino Al Vino** *(plan détachable Monti et Esquilin, D4, 162) : via dei Serpenti, 19.* ☎ *06-48-58-03. Mar-dim, le soir slt. Congés : 2 sem en août. Plats 6-15 € ; verres de vin 5-10 €.* 📶 Les 2 petites salles blanches aux murs couverts de casiers à bouteilles abritent juste quelques tables où déguster de gouleyants nectars italiens, triés sur le volet et servis à prix doux. Également des *grappe* et autres eaux-de-vie du pays. Et pour éponger le tout, on engloutit des petits plats cuisinés avec soin et pleins de saveurs, ou une bonne planche de charcuterie et de fromage. Une adresse chaleureuse, qui ne désemplit pas.

Ⓨ |●| **Enoteca-vineria Monti DOC** *(plan détachable Monti et Esquilin, E4, 216) : via G. Lanza, 93.* ☎ *06-48-93-04-27.* ● *info@montidoc.it* ● *Tlj sf dim midi et lun midi. Congés : 15 j. en août. Compter 20-25 € pour un repas.* Un peu excentrée et donc rarement bondée, cette jolie petite *enoteca* arbore un cadre sobre et élégant : voûtes en ogive en brique, casiers à bouteilles en bois, canapés... Cave variée et bien choisie, avec les vins du moment inscrits sur l'ardoise. Côté cuisine, on se pourlèche des assiettes de charcuterie et de fromage, salades, lasagnes (spécialités de la maison) et autres savoureux petits plats du jour. Une adresse assez intime, idéale pour un tête-à-tête sans se ruiner.

Ⓨ |●| **Enoteca Cavour 313** *(plan détachable Monti et Esquilin, D4, 192) : via Cavour, 313.* ☎ *06-67-85-496.* ● *info@ cavour313.it* ● *Tlj. Congés en août. Compter 25 € pour un repas ; assiettes de fromage ou charcuterie 10-12 € ; verres de vin 5-8 €. Apéritif maison offert sur présentation de ce guide.* Passer le beau comptoir en bois et granit pour gagner la salle chaleureuse avec ses box cosy, surplombés d'innombrables bouteilles. Ce bar à vins, réputé de longue date pour l'opulence de sa cave, fait la part belle aux bons crus italiens. Côté cuisine, les papilles sont également dorlotées : classiques plateaux de fromage et de charcuterie, salades, et puis quelques plats typiques fort bien tournés.

Ⓨ |●| **Enoteca La Barrique** *(plan*

détachable Monti et Esquilin, D3-4, *170*) : via del Boschetto, 41b. ☎ 06-47-82-59-53. Tlj sf sam midi et dim midi. Compter 25 € pour un repas ; verres de vin 6-10 €. Passé le comptoir surplombé de casiers à bouteilles, on s'engage dans une belle enfilade de petites salles intimes, décorées sobrement de toiles contemporaines. Dans les ballons, c'est toute l'Italie qui s'agite ! Belle sélection de vins qui font la réputation du terroir national, que l'on accompagne volontiers de *bruschette, carpaccio*, salades, croquettes...

Où déguster une bonne pâtisserie ? Où manger une glace ? Où acheter du bon chocolat ?

🕯 📖 |◉| *Ciuri Ciuri* (plan détachable Monti et Esquilin, D4, *282*) : via Leonina, 18-20. ☎ 06-45-44-45-48. ● romamonti@ciuri-ciuri.it ● Tlj 8h30-minuit (2h ven-sam). Autres adresses via Labicana 126-128, largo Teatro Valle 1-2, et piazza San Cosimato 49b. Pâtisserie-glacier aux accents siciliens et aux parfums typiques : amandes d'Avola, chocolat de Modica (un peu râpeux en bouche), ou encore celui aux pistaches de Bronte, particulièrement savoureux. Que du naturel, cela va de soi ! Également des spécialités pâtissières comme le *cannolo* ou la *cassata*. Au fond, comptoir où on peut se sustenter de quelques plats à emporter ou sur place dans la petite salle attenante. Entre nous, les glaces sont meilleures...

🥖 📖 *Panella – L'Arte del Pane* (plan détachable Monti et Esquilin, E4, *261*) : largo Leopardi, 2-10 (à l'angle de la via Merulana). ☎ 06-48-72-344. Tlj. Boulangerie-pâtisserie, salon de thé, épicerie fine... Tout-en-un dans cette très grande boutique d'angle. Impressionnant choix de *crostini*, de bons pains croustillants, pizzas et petits plats, sans oublier une myriade de biscuits et gâteaux. Bref, tout pour plaire, sauf les tarifs rondelets et l'accueil qui gagnerait à être plus aimable !

📖 *Regoli* (plan détachable Monti et Esquilin, E4, *168*) : via dello Statuto, 60. ☎ 06-48-72-812. Tlj sf mar 6h45-20h30. Une petite pâtisserie ouverte depuis 1916, plébiscitée pour ses alléchants *martozzi con panna* (énormes pains au lait pleins de crème fouettée !), ses *cannoli siciliani*, ses *profiterolle*, ses *bavarese* ou encore ses merveilleuses *tortine alle fragoline* (tartelette aux fraises des bois).

🕯 *Il Gelatone* (plan détachable Monti et Esquilin, D4, *273*) : via dei Serpenti, 28. ☎ 06-48-20-187. Tlj sf lun 10h-1h. Congés de fin déc à début fév. Une petite *gelateria* tout en longueur où l'on propose près de 70 parfums, comme la *crema della nonna* (aux pignons), le marron glacé, la *gianduia*, l'excellente pistache. Et aussi des glaces « régime » au soja. Défilé ininterrompu des gourmands à certaines heures...

🍫 *La Bottega del Cioccolato* (plan détachable Monti et Esquilin, D4, *249*) : via Leonina, 82. ☎ 06-48-21-473. Tlj 9h30-19h30. ● info@labottegadelcioc colato.it ● Une longue tradition familiale de maître-chocolatier (depuis 1800 !), dont la réputation n'est plus à faire... Vous pourrez croquer dans le Colisée, une Vespa, et même un Saint-Pierre de Rome... en chocolat (lait, noir ou blanc), une idée gourmande et originale à rapporter dans vos valises. Autre adresse via del Vantaggio, 22a (près de la piazza del Popolo).

Où boire un verre ?

🍷 *La Bottega del Caffè* (plan détachable Monti et Esquilin, D4, *302*) : piazza Madonna dei Monti, 5. ☎ 06-47-41-578. ● germani77@hot mail.com ● Tlj 8h-2h. 📶 Planté devant la charmante fontaine de la place, on est séduit par la terrasse couverte de ce gentil bistrot qui ne désemplit pas en soirée. Un lieu idéal pour une pause café en journée, un *aperitivo* ou un verre plus tardif dans une atmosphère amicale et animée.

♟ Caffè Bohemien (plan détachable Monti et Esquilin, E4, **220**) : via degli Zingari, 36. ☎ 06-89-90-10-626. Tlj sf mar 17h-2h. Canapés et fauteuils en tissus dépareillés, lustres faussement baroques, murs couverts de bibliothèques, pierres apparentes, ce café a des airs de petit salon littéraire. On aime s'y poser, sur des airs jazzy, et profiter de l'ambiance cosy.

♟ ♪ Blackmarket (plan détachable Monti et Esquilin, E4, **303**) : via Panisperna, 101. ☎ 339-82-27-541. ● blackmarketmonti@gmail.com ● Tlj 17h-2h. Fier d'afficher sa diversité, ce bar cosy joue les galeries d'art en exposant les peintures et photos d'artistes locaux et peut se vanter de posséder l'une des plus belles programmations de concerts rock et jazz du quartier. On peut aussi s'y faire une toile et réviser ses grands classiques du cinéma italien, bien installé dans les canapés capitonnés. On oublierait presque l'essentiel : l'aperitivo, tout simplement !

♟ ♪ Charity Café (plan détachable Monti et Esquilin, D4, **204**) : via Panisperna, 68. ☎ 06-47-82-58-81. ● info@charitycafe.it ● Tlj 17h-2h. Concerts jeu-dim. Charmant petit club de jazz, dissimulé dans une minuscule salle voûtée aux murs couverts de photos et de commentaires graffités. Un bar, une mini-estrade et quelques banquettes sommaires pour apprécier la programmation musicale de qualité.

♟ The Fiddler's Elbow (plan détachable Monti et Esquilin, E4, **205**) : via dell'Olmata, 43. ☎ 06-48-72-110. ● rome@thefiddlerselbow.com ● ♿ Tlj 17h-2h. Le succès ne faiblit pas dans ce pub irlandais, l'un des plus vieux de Rome, ouvert en 1976. Les soirs de grosse affluence, pas évident de se glisser entre les buveurs de bière qui investissent l'enfilade de petites salles avec écrans TV pour regarder les matchs ou jouer aux fléchettes. Et puis la rue, d'ordinaire peu fréquentée, devient alors la plus belle des annexes !

♟ The Old Marconi (plan détachable Monti et Esquilin, E4, **207**) : via Santa Prassede, 9c. ☎ 06-47-45-186. Tlj 12h-1h. Un chaleureux pub à l'italienne, paré de quelques box, d'un bric-à-brac de vieux postes radio, vénérables cafetières et autres affiches anciennes. On picole des bières irlandaises à prix doux autour de grandes tablées sympas ; musique rock en fond sonore. Terrasse aux beaux jours.

À voir

Un peu d'histoire

– **Antiquité :** à l'époque des Césars, la plèbe, nombreuse et misérable, élit domicile dans la zone du Viminal et sur les pentes de l'Esquilin, où le quartier de Suburre est connu comme un repaire de prostituées et de malfrats. Aussi n'y trouve-t-on guère de monuments publics imposants, mais surtout des établissements thermaux (thermes de Dioclétien, de Constantin, de Trajan et de Titus, ces deux derniers bâtis sur les décombres de la maison Dorée de Néron) et de grandes villas (comme celles de Salluste et de Mécène), reléguées le plus souvent au niveau de la muraille d'Aurélien. Le tout périclite avec l'arrivée des Barbares, et le quartier, déserté, est progressivement gagné par les terres agricoles.

– **Moyen Âge et Renaissance :** à l'époque médiévale, d'âpres rivalités opposent les Monti aux autres bourgs romains, à commencer par le Trastevere. Au XVIe s, le pape remet ce quartier à l'honneur en y dessinant un véritable chemin de croix, aux 12 stations correspondant à autant de sanctuaires.

VIVE LE MARIAGE GAY !

L'église située piazza Madonna dei Monti est dédiée aux saints Serge et Bacchus qui se marièrent devant Dieu au IIIe s apr. J.-C. La religion chrétienne acceptait ces unions jusqu'au Moyen Âge.

🎣 Quelques ***rues pittoresques du quartier,*** au gré d'une balade :
– La ***via Panisperna*** prolonge la rue Sainte-Marie-Majeure (au départ de la basilique) et débouche dans les parages du forum de Trajan. Elle tiendrait son nom des distributions de pain (*panis*) et de charcuterie (*perna*) que les religieuses du monastère de Santa Chiara faisaient aux pauvres le jour de la Saint-Laurent. C'est ici, en effet, que ce saint martyr succomba au supplice du gril. Une église, dont l'origine serait très ancienne, lui est dédiée, au n° 90.
– La ***via dei Serpenti*** part de la via Nazionale où se trouve l'énorme ***palazzo delle Esposizioni*** (*expos temporaires payantes ; rens au ☎ 06-39-96-75-00 ou ● palazzoesposizioni.it ●*) et aboutit via Cavour après avoir traversé le cœur des Monti, tout comme sa parallèle, la ***via del Boschetto.***
– Plus généralement, n'hésitez pas à vous enfoncer dans le dédale des ruelles, en particulier les ***vie dei Ciancaleoni, dei Capocci, degli Zingari*** et ***Leonina.*** Autrefois parcourues par les caravanes de gitans, elles convergent toutes vers la ***piazza Madonna dei Monti*** également appelée *piazza degli Zingari* (« place des tziganes »). Beaucoup de jeunes se retrouvent aujourd'hui autour de sa fontaine. De là, les ***vie Madonna dei Monti*** et ***Baccina*** rejoignent la ***via Tor dei Conti*** où subsiste un pan du mur antique qui protégeait le forum des incendies embrasant régulièrement l'interlope Suburre.

🎣🎣 ***Chiesa dei Santi Domenico e Sisto*** (*plan détachable Monti et Esquilin, D4*) : *largo Angelicum 1. Sam 15h-18h.* Trop souvent fermée, ceux qui auront la chance de trouver porte ouverte graviront les doubles escaliers majestueux de cette église construite au XVIe s par l'architecte Giacomo della Porta, sur demande du pape Pie V. Située sur l'ancienne église Santa Maria Magnanapoli, on admire les magnifiques statues en marbre, l'autel polychrome et l'une des chapelles réalisés par Le Bernin. Pour la petite histoire, c'est ici qu'a été tournée une scène du film de *La Grande Bellezza*, de Paolo Sorrentino, qui a reçu l'oscar du meilleur film étranger en 2014.

🎣🎣 ***Piazza dell'Esquilino*** (*place de l'Esquilin ; plan détachable Monti et Esquilin, E3-4*) : *borde la via Cavour.* L'un des obélisques romains qui ornaient l'entrée du mausolée d'Auguste se dresse sur cette place adossée à la superbe façade postérieure de la basilique Santa Maria Maggiore.

🎣🎣🎣 ***Basilica Santa Maria Maggiore*** (*basilique Sainte-Marie-Majeure ; plan détachable Monti et Esquilin, E4*) : Ⓜ *Termini (ligne A ou B) ou Cavour (ligne B). Bus n°s 16, 75, 204, 714... Tlj 7h-19h. Prévoir de la monnaie pour éclairer les mosaïques !*

Sur une place ornée de la seule rescapée des huit colonnes de la basilique de Maxence, c'est l'une des quatre basiliques majeures (c'est-à-dire papales) de Rome, avec Saint-Jean-de-Latran, Saint-Pierre et Saint-Paul-hors-les-Murs, soit les étapes obligatoires pour tout pèlerin qui se respecte et qui donnent droit à une indulgence plénière.

Depuis sa fondation, Sainte-Marie-Majeure a été maintes fois remaniée et offre aujourd'hui un condensé harmonieux des grandes étapes stylistiques de l'art chrétien. Sa façade, typiquement baroque, est flanquée

DE LA NEIGE AU MOIS D'AOÛT

Sainte-Marie-Majeure est la plus grande église dédiée à la Vierge. L'histoire raconte que le 5 août 356, pour faire comprendre au pape Libère Ier qu'elle voulait une église, la Vierge fit tomber la neige. Évidemment, en plein été, c'était un miracle... À l'époque, on consacra donc l'église Sainte-Marie-des-Neiges. Si vous y passez le soir d'un 5 août, il y a des chances que vous la voyiez vous aussi sous un manteau blanc... Ne vous demandez pas ce que vous avez bu, c'est de la neige artificielle. Agréable impression de se croire à l'intérieur d'une immense boule à neige en bakélite...

d'un campanile roman qui reste le plus haut de Rome (75 m) ! À l'intérieur, la triple nef est ornée d'un riche plafond à caissons Renaissance et d'un élégant pavement cosmatesque (du nom des Cosmati, ou Cosma, marbriers et ornemanistes romains des XIIe et XIIIe s). Très belles chapelles latérales, dont la somptueuse *chapelle Pauline*, réputée pour être l'une des plus richement décorées de Rome (à gauche du chœur). Pauline Bonaparte-Borghèse, très connue pour sa statue réalisée par Canova et conservée à la galerie Borghèse, y est enterrée. D'ailleurs, le Bernin et sa famille ont également une sépulture ici, mais dans une version beaucoup plus sobre et modeste. C'est finalement très people ici !

Revenons à la basilique, dotée comme il se doit d'un imposant maître-autel avec colonnes en porphyre. Mais le plus remarquable, ce sont les 36 panneaux de mosaïques déroulés le long des murs latéraux de la nef centrale, parmi les plus beaux de la ville (vu leur hauteur, pas simple de les détailler). Parmi les plus anciens aussi, puisqu'ils datent du Ve s. Ils reproduisent avec beaucoup de fraîcheur et de naïveté des scènes de l'Ancien Testament. À comparer avec le superbe *Couronnement de la Vierge*, de Torriti, mosaïque délicate du XIIIe s exposée à la place d'honneur dans l'abside. On y retrouve, selon une iconographie répandue à l'époque, la Vierge assise aux côtés du Christ. N'oublions pas que la basilique fut édifiée sous le pontificat de Sixte III, à qui l'on doit l'embellissement de la basilique de Latran. À cette époque, des influences byzantines et orientales se répandent en Italie. Le Christ perd sa dimension humaine (et terrestre) au profit d'une représentation céleste, exprimant sa nature divine. Parallèlement au culte des martyrs, les poses sont plus hiératiques et, lorsqu'ils ne sont pas surmontés d'auréoles, les visages s'allongent... le tout sur fond bleu ou or. Dans la chapelle hypogée (en contrebas de l'autel), monumentale statue de Pie IX, priant béatement devant la *sacra culla di Gesù*... c'est-à-dire une relique du berceau du Christ. Avant de partir, remarquez la belle série de confessionnaux, toujours très fréquentés, où l'on peut être accueilli en français.

Au sous-sol, petit musée d'art sacré *(tlj 9h-18h ; env 4 € ; réduc)*, avec une vidéo sur la basilique en anglais et en italien.

🎭🎭🎭 *Chiesa Santa Prassede (plan détachable Monti et Esquilin, E4) : de la piazza Santa Maria Maggiore, prenez la via Santa Prassede (face à vous, légèrement à droite en sortant de la basilique). Tlj 7h-12h, 16h-18h30. Éclairage des mosaïques payant.* Si l'entrée principale, surmontée d'un oriel, se trouve sur la via San Martino ai Monti, l'entrée latérale est privilégiée depuis longtemps. Quasiment reconstruite au IXe s par le pape Pascal Ier, c'est à lui que l'on doit les mosaïques byzantines exceptionnelles de l'abside dont le thème central est le Christ en parousie – c'est-à-dire lors de son retour glorieux et définitif sur terre dans le but d'y établir le royaume de Dieu. On lui doit aussi la *chapelle Saint-Zénon*, à droite du chœur, à l'origine un oratoire édifié pour sa mère Theodora... tout simplement. On la découvre elle aussi auréolée d'un nimbe carré. Toute petite, cette chapelle est splendide, entièrement couverte de mosaïques sur fond d'or ; sur la voûte, quatre archanges drapés de blanc soutiennent un Christ pantocrator, et différents épisodes de la Bible sont illustrés sur les arcs et parois. Dans une petite salle sur la droite, on trouve une précieuse relique : la colonne de la flagellation, où Jésus souffrit sa Passion. Le fragment, à l'origine en marbre noir, a pris des teintes vertes. Sa première apparition au Ve s à Jérusalem donna suite à de nombreuses variantes. Pour les pèlerins, elle passa du statut de simple fragment de colonne à celui de relique miraculeuse, où les bras et le visage du Christ y seraient imprimés ! S'il y a un endroit où vous ne regretterez pas d'insérer vos sous dans une tirelire, c'est bien ici ! Également une crypte, sans grand intérêt, et un pavement que l'on dirait cosmatesque, mais qui est en fait une reproduction du début du XXe s !

🎭🎭 *Chiesa San Pietro in Vincoli (église Saint-Pierre-aux-Liens ; plan détachable Monti et Esquilin, D-E4) : piazza San Pietro in Vincoli, 4a.* Ⓜ *Cavour. Depuis la piazza Santa Maria Maggiore, rejoindre le métro ; l'église est alors à* deux pas, en haut de la via delle Sette Sale. Tlj 7h-12h30, 15h30-19h. Cette église fut construite à la demande de l'impératrice Eudoxia (vers 440) pour préserver les chaînes de saint Pierre (en italien, *vincolo* signifie « le lien », « la chaîne »), toujours exposées dans une crypte devant l'autel. Pourtant, elle doit sa renommée au fantastique et imposant *Moïse* de Michel-Ange qu'elle abrite. L'œuvre dégage une telle force que tonton Freud l'a psychanalysée ! Il faut dire que c'est la pièce maîtresse du mausolée de Jules II, projet grandiose qui

L'AURÉOLE SOUS TOUTES LES FORMES

L'auréole qui entoure la tête des personnages religieux, symbole de perfection et d'éternité, signifie que ceux-ci ont été admis au paradis. Centrée sur la tête, elle est censée souligner le siège de l'âme. Jusqu'au IVe s, seul le Christ y avait droit. Les saints consacrés en bénéficièrent intégralement dès le IXe s. Une auréole carrée dans une mosaïque, généralement un pape, signifie que le personnage était vivant lors de la réalisation de l'œuvre.

devait à l'origine contenir 40 statues mais que Michel-Ange ne put jamais mener à terme, suite aux hésitations de son commanditaire.

🍴🍴 *Basilica di Santa Pudenziana* (basilique Sainte-Pudentienne ; plan détachable Monti et Esquilin, E3) : via Urbana, 160. Tlj 8h30 (9h dim et fêtes)-12h, 15h-18h. La façade largement remaniée au XIXe s ne laisse rien paraître du grand âge de cette petite église. Elle fut construite au IVe s à l'emplacement de thermes antiques et d'une *domus ecclesiae* (lieu de rassemblement clandestin des premiers chrétiens), dont on peut encore voir quelques pièces enfouies... à 9 m au-dessous du sol (demander à l'enthousiaste guide bénévole et prévoir une lampe torche). Mais le point d'orgue de la visite est incontestablement la fantastique mosaïque chrétienne du chœur. Réalisée au IVe s, elle est la plus ancienne du genre à Rome. Le Christ en majesté est entouré des apôtres (deux d'entre eux ont disparu lors d'une restauration) et des sœurs Prassède et Pudentienne couronnant saint Pierre et saint Paul. Le naturel de chaque figure est saisissant. Dans le ciel, aux magnifiques nuances, les évangélistes sont pour la première fois représentés sous forme symbolique : l'ange pour Matthieu, le lion pour Marc, le bœuf pour Luc et l'aigle pour Jean. Terminez la visite par la luxueuse chapelle Caetani, œuvre de Volterra et Maderno.

DOMUS AUREA
(maison Dorée ; plan détachable d'ensemble, E4)

À deux pas du Colisée, dans le parc Oppio, via della Domus Aurea, 1. Ouv slt le w-e 9h15-15h45. Groupes de 25 pers max avec un départ tous les 15 mn. Compter 1h15 de visite guidée (en italien, anglais ou espagnol). Entrée : 12 €. Pour plus de rens et pour la résa : ☎ *06-39-96-77-00 lun-ven 9h-18h (14h le sam) ou* ● *coop culture.it* ● Après des années de fermeture, la Domus est de nouveau ouverte sous certaines conditions. Possibilité de visites en italien, anglais et français en ayant eu soin de faire une réservation. Attention, tout n'est pas visible évidemment. C'est surtout une visite de chantier. Armés de casques (entre nous, c'est plutôt pour le folklore !), les groupes de visites sont encadrés et il est impossible de voir autre chose que ce que le guide veut bien nous montrer !

🍴🍴 Après le terrible incendie de 64 apr. J.-C., Néron fait construire une gigantesque résidence, la *domus Aurea*, occupant un tiers de la ville antique et abondamment parée d'or, d'où son nom. Dominée par un colosse en bronze de plus de 30 m représentant l'empereur, elle renferme un lac artificiel, une multitude de jardins et terrasses aboutissant à de majestueux portiques... et bien sûr, des centaines de pièces ! Après le suicide de Néron en 68, l'ensemble est en partie détruit par le grand incendie de 104, puis rasé et remblayé pour faire place au Colisée et aux thermes de Trajan. Tout semble donc à jamais disparu quand, à la fin du XVe s, des fresques antiques aussi délicates qu'élégantes sont découvertes dans ce qui ressemble désormais à des grottes. Bien qu'à l'origine du mot illustrant aujourd'hui une extravagance ridicule, ces « grotesques » vont émerveiller de nombreux artistes

DÉCORATIONS GROTESQUES

Au XVe s, on a redécouvert la Domus Aurea de Néron, totalement enfouie. Ses murs étaient revêtus de dessins dont le style fit alors un tabac. En référence au caractère « souterrain » du lieu, un terme dérivé de « grottes » s'imposa aux esthètes d'alors pour ces motifs Renaissance qu'on surnomma « grotesques »...

comme Raphaël et Michel-Ange, qui les copieront largement au XVIe s. Bien leur en a pris : aujourd'hui, les originaux antiques sont très endommagés par l'humidité et certains murs menacent de s'effondrer, malgré les efforts entrepris par l'État. Avec la visite et avec beaucoup d'imagination, on peut cependant apercevoir encore quelques fresques. Le clou de la visite, c'est la salle octogonale avec sa voûte représentant le ciel. Il faut imaginer les fastes et dorures de cette résidence que l'on dit encore plus gigantesque qu'on ne croit...

QUARTIER DE SAINT-JEAN-DE-LATRAN ET SES ENVIRONS

Saint-Jean-de-Latran, qui était encore un coin de campagne au XIXe s, demeure l'autre pilier de la chrétienté à Rome. C'est en effet sur le domaine de Latran que l'empereur Constantin fit édifier la toute première basilique chrétienne au IVe s. Aussi est-elle considérée comme la mère de toutes les églises de Rome et du monde chrétien. Mais aujourd'hui, si la célèbre basilique représente un intérêt touristique majeur, on préfère passer quelques heures dans le quartier plutôt qu'y séjourner. Les grandes artères reliant la piazza Vittorio Emmanuelle à la piazza di Porta San Giovanni et s'étendant jusqu'à la piazza dei Re di Roma nous feraient presque oublier la *dolce vita* à l'italienne dans le brouhaha incessant des voitures. Quelques adresses sympas vous sauveront la mise pour la pause déjeuner, mais on vous conseille d'autres quartiers bien plus aguichants pour l'*aperitivo*.

Où dormir ?

De bon marché à prix moyens

🏠 **B & B San Jouan** (plan détachable d'ensemble, F4, 317) : via Francesco Berni, 7. ☎ 06-70-08-543. ● info@ sanjouan.it ● sanjouan.it ● *Selon saison, doubles 40-120 €.* 📶 Dans une courette, au rez-de-chaussée d'un immeuble, donc bien au calme. 6 chambres bien équipées et chaleureusement décorées avec de beaux meubles en bois et quelques objets d'art, empruntant un style balinais. Elles donnent toutes sur un patio couvert qui fait office de salon. Certaines chambres ont une vraie fenêtre ouvrant sur une courette. Pour d'autres, il s'agit d'une simple porte-fenêtre qui donne sur le salon, autant le savoir. Choisir de préférence les premières. Petit bémol : pas de petit déj, dommage pour un *B & B*. Accueil discret. Loue aussi des appartements avec cuisine commune, plus économique pour les familles.

🏠 **Rome à Volonté – Café couette au Colisée** (plan détachable d'ensemble, F3, 318) : via Balilla, 13. ☎ 06-70-45-15-56. 📱 339-789-66-59. ● soleil@ romeavolonte.com ● romeavolonte. com ● *3 chambres doubles 90 € et 1 triple 100 €. Également 2 apparts 2-7 pers 100-175 € ; petit déj compris. CB refusées.* 📶 Sophie, Française de naissance et guide de profession, propose 3 chambres colorées, chargées d'objets chinés et d'affiches de films. La chambre « Rayée » est la plus grande, avec sa généreuse bibliothèque murale. « L'Étrusque » est bien agréable également. Quant à « La Palatine », elle peut accueillir 3 personnes. L'appartement « Bleu de mer » est idéal pour une petite famille. Pour tout le monde, petite terrasse où l'on peut prendre le frais.

🏠 **Hotel Mariano** (plan détachable d'ensemble, E3, 311) : piazza Manfredo Fanti, 19. ☎ 06-44-66-224. ● info@hotelmariano.com ● hotelmariano.com ● *Selon taille et saison, doubles avec sdb 70-170 €.* Réparties sur 4 étages, les chambres sont plus ou moins grandes, mais toutes de bon confort. Des tentures damassées leur donnent un cachet ultra-classique. Vue sur cour ou sur la place, occupée par un jardin et l'insolite aquarium du XIXe s reconverti en maison de l'architecture (expo, librairie et café). Accueil variable.

Où manger ?

Où manger sur le pouce ?

🍕🍕 **La Casa del Supplì** (plan détachable d'ensemble, F5, **279**) : piazza dei Re di Roma, 20. ☎ 06-70-49-14-09. Tlj sf lun 10h-23h. Env 2 € la part. Des pizzas al taglio à emporter, fines et bien garnies, pour une bouchée de pain. Également de délicieux supplì, croustillants dessus et fondants dedans. Le plus dur est de faire son choix, quoique, à ce prix-là, on peut craquer pour les deux !

De bon marché à prix moyens

|●| **Hostaria I Clementini** (plan détachable d'ensemble, E4, **132**) : via di San Giovani in Laterano, 106. ☎ 06-45-42-63-95. ● info@iclementini.it ● Tlj. Compter 25 € pour un repas complet. Juste en face de la basilique San Clemente. Une cuisine simple et savoureuse sont les deux bons points de cette maison qui a pignon sur rue depuis des années. D'ailleurs, beaucoup d'Italiens en ont fait leur cantine, ça ne trompe pas !

|●| **Hostaria I Buoni Amici** (plan détachable d'ensemble, E-F4, **334**) : via Aleardo Aleardi, 4-6-8. ☎ 06-70-49-19-93. Tlj sf dim, jusqu'à 23h-23h30. Compter 20-25 € pour un repas. Resto familial pour une cuisine copieuse et savoureuse. Des habitants du quartier, quelques cols blancs, mais aussi quelques moines et curés se retrouvent et viennent s'y repaître avec plaisir. C'est toujours bon signe ! On choisit la belle assiette d'antipasti della casa, à savourer sur fond de musique italienne. Large variété de plats romains bien préparés. Atmosphère populaire, pas guindée pour un sou. Une halte hautement recommandable durant la visite du secteur.

|●| **Ristorante La Sol Fa** (plan détachable d'ensemble, F4, **335**) : via G. Sommeiller, 19-21 (presque à l'angle de Santa Croce de Gerusalemme). ☎ 06-70-27-996. Tlj sf sam midi et dim. Menu déj env 12 € ; sinon compter 20 €. Petite adresse de quartier : plancher en bois, mur de bouteilles et service adorable. Plat du jour selon la tradition romaine, que les habitués avalent en toute confiance. On ne traverse pas forcément la ville pour venir ici, mais c'est une halte sympathique quand on est dans le quartier.

Où manger une glace ? Où déguster une bonne pâtisserie ?

🍨 **Palazzo del Freddo Giovanni Fassi** (plan détachable d'ensemble, F3, **270**) : via Principe Eugenio, 65-67. ☎ 06-44-64-740. ● palazzodelfreddo@tiscali.it ● Tlj sf lun 12h-22h (0h30 ven et sam). C'est une institution malgré le cadre, une espèce de grand hall de gare bruyant à la déco années 1950-1960. Certaines glaces sont relevées d'arômes, mais, contrairement à d'autres, on ne s'en cache pas : la composition de chaque parfum est détaillée sur le comptoir, côté bar. Un monde fou le dimanche après-midi et une file longue comme le bras aux beaux jours...

🍨 **Bar-gelateria Pompi** (plan détachable d'ensemble, F5, **264**) : via Albalonga, 7b-11. ☎ 06-70-00-418. Tlj sf lun 7h-1h. Cet immense établissement (qui fait aussi bar et glacier) revendique le meilleur tiramisù de Rome : chocolat, fraise, noisettes, pistaches et même... Nutella-banane ! À déguster sur place ou à emporter en barquette. Bonnes glaces également.

À voir

....

QUARTIER DE SAINT-JEAN-DE-LATRAN

🎋 *La Porta magica di piazza Vittorio Emanuele II* (plan détachable d'ensemble, E-F3) : Ⓜ *Vittorio Emanuele (ligne A).* À l'est de Termini, les jardins de la piazza Vittorio Emanuele II font face au métro du même nom. S'il fait bon s'y rafraîchir les jours de marché, on peut également y découvrir une porte aussi mystérieuse que magique ! De forme rectangulaire, elle est conçue en pierre

calcaire. À son sommet, un disque, orné d'une étoile de David en son centre. Regardez bien le pourtour de l'étrange portail... il est entièrement recouvert d'inscriptions latines et de symboles cabalistiques ! Bès, la divinité égyptienne (prenant ici la forme de deux statues), monte la garde. Il s'agit d'un des vestiges de la villa des Palombara, dont l'histoire remonte à la fin du XIXᵉ s. L'ancien propriétaire des lieux, le marquis Palombara, était un érudit extravagant. Fasciné par l'occultisme, il recevait en sa demeure bon nombre d'astrologues et de savants, avec lesquels il échangeait des formules secrètes dans l'espoir d'obtenir le précieux « or alchimique »... Un bien curieux témoignage de la fascination pour les sciences occultes dans la Rome du XIXᵉ s.

🎋🎋🎋 *Basilica San Giovanni in Laterano* (basilique Saint-Jean-de-Latran ; plan détachable d'ensemble, F4) : piazza San Giovanni in Laterano. Ⓜ *San Giovanni (ligne A). Bus nᵒˢ 16, 81, 85, 87, 571, 590, 650... Tlj 7h30-18h30. Audioguide en français : 5 € (à prendre à l'entrée du cloître).*
Également appelée archibasilique du Saint-Sauveur, elle est la première église construite à Rome, et la « mère » des églises du monde chrétien. Édifiée à l'initiative de l'empereur Constantin sur un terrain appartenant à une riche famille de patriciens, les Laterani, elle est consacrée en 324 par le pape Sylvestre Iᵉʳ. San Giovanni in Laterano fut la résidence des évêques jusqu'en 1309, date de son transfert à Avignon. Elle demeure aujourd'hui la propriété du Vatican, et le siège de l'évêché de Rome, dont l'évêque est le pape lui-même.
Plusieurs fois incendiée et démolie, elle fut renforcée à maintes reprises. Et si la majeure partie de la basilique actuelle date du XVIIᵉ s, elle n'en demeure pas moins magnifique. Superbe nef de 125 m. Sa splendide et fastueuse décoration intérieure est signée du grand artiste architecte baroque Borromini (XVIIᵉ s). Admirez aussi les formidables mosaïques dorées (XIIIᵉ s) de l'abside, riches en symboles, ainsi que les statues monumentales des apôtres, qui ornent chaque colonne de la nef, école du Bernin.
Le *cloître* du XIIIᵉ s *(9h-18h)* a été préservé et, même s'il a beaucoup souffert, il n'en finit pas de nous charmer avec ses gracieuses colonnes torsadées, souvent recouvertes de mosaïques colorées, et ses frises. Dans sa galerie, on admire aussi d'étonnantes pierres tombales, ainsi que les restes des fresques qui recouvraient les murs de l'antique basilique...

🎋 *Porta San Giovanni e piazza di Porta San Giovanni* (plan détachable d'ensemble, E-F4) : ouverte au XVIᵉ s dans l'enceinte d'Aurélien, la porta San Giovanni permet d'accéder à la place du même nom : l'esplanade de la basilique. Là, on aperçoit la statue en bronze dédiée à saint François d'Assise, représenté les bras levés dans l'axe de la basilique. Toujours sur cette place, sur la droite quand on fait face à la basilique, on trouve le *Saint Escalier (Scala Santa)*, dont la légende prétend qu'il aurait été gravi par Jésus dans le palais de Ponce Pilate le jour de son procès. Il fut certainement rapporté ici, depuis Jérusalem, grâce à la bienveillance de Sainte Hélène (mère de Constantin). Cet escalier se gravit à genoux, pénitence oblige, pour atteindre l'ancienne *chapelle privée des Pontifes* (XIIIᵉ s)...

% *Palazzo del Laterano* (palais du Latran ; plan détachable d'ensemble, F4) : donnant sur la piazza di Porta San Giovanni et la piazza San Giovanni in Laterano, ce palais, dans son état actuel, date de la fin du XVIe s (pontificat de Sixte V). C'est ici que furent signés en 1929 les accords du Latran entre Mussolini et le pape Pie XI, qui aboutirent à la création de l'État de la Cité du Vatican. Le gouvernement du diocèse de Rome y a établi ses quartiers. Du palais médiéval qui précéda celui-ci, il ne reste plus que quelques vestiges, à commencer par le Saint Escalier (*Scala Santa* ; voir précédemment)...

MACCHABÉE, LEVEZ-VOUS !

Saint-Jean-de-Latran fut le siège d'un procès intenté au pape Formose, en 897. Le seul hic, c'est que le pape Formose était déjà... mort. C'est donc son cadavre que l'on présenta, dans ses habits pontificaux, à l'ire de son juge, le nouveau pape Étienne VI (qui devait sa nomination au pape Formose !). L'ingrat condamna tout de même le cadavre et le fit jeter dans le Tibre... Mal lui en prit car, à la sortie de ce procès macabre, Étienne VI fut victime d'une émeute populaire et finalement étranglé !

Le palais abrite également le **Museo storico Vaticano** (Musée historique du Vatican ; entrée par l'atrium de la basilique ; tlj sf dim et j. fériés ; visite guidée slt, à 9h, 10h, 11h et 12h ; entrée : 5 €, réduc). Magnifique escalier menant à trois galeries : l'une expose les uniformes des divers corps d'armée du Saint-Siège à travers les âges, l'autre les uniformes de la famille du pape (folklore supprimé par Paul VI), et dans la troisième se trouvent les portraits officiels des papes. Puis, accès à la chapelle de prière privée du pape, précédée d'une sorte de vestibule, au sol dallé de tomettes et mosaïques d'origine (1585). Également plusieurs salles immenses, aux plafonds à fresques ou à caissons, de très belles tapisseries des Gobelins des XVIe, XVIIe et XVIIIe s. Les passionnés d'histoire pourront même voir de leurs yeux l'original des accords du Latran signés le 11 février 1929.

%% *Battistero San Giovanni* (baptistère Saint-Jean ; plan détachable d'ensemble, E-F4) : piazza San Giovanni in Laterano. Tlj 7h30-12h30, 16h-18h30. Bâti en brique, ce baptistère octogonal du Ve s est le plus antique des monuments chrétiens de Rome (devant celui de Saint-Paul-hors-les-Murs). Il servit de modèle pour la construction des baptistères pendant de longs siècles... Au centre, les fonts baptismaux en basalte sont entourés de huit colonnes en porphyre rouge. Ne pas manquer les chapelles attenantes de Saint-Venance et Santa Rufina : plafonds à caissons en bois richement sculptés et très belles mosaïques.

À L'EST DE SAINT-JEAN

%%% *Basilica San Clemente* (basilique Saint-Clément ; plan détachable d'ensemble, E4) : piazza San Clemente. ☎ 06-77-40-021. ● basilicasanclemente. com ● Lun-sam 9h-12h30, 15h-18h ; dim et j. fériés 12h-18h (fermeture caisse 20 mn avt). Entrée : 5 €.
Non loin du Colisée, la basilique Saint-Clément se tient en hauteur, à l'écart du centre grouillant, dans un quartier calme, rendant le lieu propice au recueillement. Loin d'être fastueux, l'extérieur est plutôt discret. Pourtant, le site religieux ne manque pas d'originalité : doté de trois niveaux de construction, il mérite largement le déplacement. Les visiteurs franchiront la porte d'entrée menant directement à l'intérieur de la basilique du XIIe s. Ampleur des volumes de la nef centrale, abondance de motifs du pavement, éclat des mosaïques dorées de l'abside, beauté des fresques de la chapelle Sainte-Catherine (la sainte est représentée debout, vêtue d'une robe noire). Admirez la mosaïque centrale au thème iconographique singulier : sur fond bleu et or, l'arbre de vie déploie ses volutes autour du Christ en croix, lui-même entouré de colombes (symbole de l'Esprit Saint) et de

12 brebis (représentant les apôtres). Avant de descendre aux niveaux inférieurs, allez faire un tour dans le cloître avec sa fontaine centrale.

Au premier sous-sol (prévoir tout de même une petite laine), vestiges des premiers lieux de culte. La basilique inférieure du IVᵉ s dévoile de superbes fresques carolingiennes et romanes (certaines sont des copies), riches en couleurs primaires (rouge, bleu, jaune) et retraçant des thèmes bibliques.

Mais la partie la plus sacrée se trouve au second sous-sol, qui révèle ainsi le niveau d'origine du site. On pénètre avec étonnement dans la pénombre d'un sanctuaire du Iᵉʳ s, dédié à la divinité Mithra. Celle-ci, souvent symbolisée par un taureau, serait née d'un rocher (ce qui explique cette curieuse impression d'être au milieu d'une grotte), apportant au monde vie et fécondité. En lien avec le temps, les saisons, le Soleil et la Lune, le culte primitif est essentiellement cosmique. Ambiance mystique garantie !

🎥🎥 *Basilica dei Santi Quattro Coronati (basilique des Quatre-Saints-Couronnés ; plan détachable d'ensemble, E4) : via dei Santi Quattro Coronati, 20. Lun-sam 6h15-12h45, 15h15-20h ; dim et j. fériés 6h45-12h30, 15h-19h30.* Au cœur du quartier du Celio, qui a conservé son ambiance tranquille et quelques beaux vestiges médiévaux, cette église du XIIIᵉ s faisait autrefois partie d'un ensemble fortifié protégeant le palais du Latran, comme en témoigne encore sa tour de défense. À l'intérieur, ne ratez pas l'*oratoire Saint-Sylvestre (entrée : 1 €),* dont les sublimes fresques (XIIIᵉ s) racontent de manière très concrète la conversion de Constantin. Voir aussi l'élégant *cloître* de la même époque, toujours fréquenté par les sœurs augustines qui vivent sur place.

🎥 *Chiesa Santo Stefano Rotondo (plan détachable d'ensemble, E4) : via di Santo Stefano Rotondo.* La spécificité de cette église est sa... rotonde ! Elle fut érigée au Vᵉ s sous Léon le Grand pour Étienne, premier martyr retrouvé en Terre sainte et transféré ici pour y être enterré. D'ailleurs, cette église s'est inspirée du Saint-Sépulcre de Jérusalem. Au XVIᵉ s, on a ouvert une école de futurs jésuites. Les peintures représentent des scènes de martyrs les plus cruelles qu'on puisse imaginer. Chaque peinture est accompagnée d'une légende. C'était une méthode éducative pour forger l'âme des jeunes missionnaires (plutôt radicale, vous me direz !). Remarquez l'imposant autel, œuvre de Bernardo Rosselino, artiste florentin. Et poussez jusqu'à la petite *capella Primus et Felicianus* du XVIIIᵉ s qui a conservé de magnifiques mosaïques.

Au XVᵉ s (là, il vous faut un peu d'imagination), il y avait une troisième nef circulaire qu'on a détruite car la galerie menaçait de s'écrouler. C'était la plus grande église de Rome à cette période.

On déconseille fortement la visite aux jeunes enfants à cause des panneaux des martyrs.

À L'OUEST DE SAINT-JEAN

🎥 **Porta Maggiore et basilica sotterranea** *(porte Majeure et la basilique souterraine ; plan détachable d'ensemble, F-G4) :* Ⓜ *Vittorio Emanuele II (ligne A), puis 5 mn à pied. Trams nᵒˢ 3, 5, 14... Bus nᵒˢ 105, 649...* Le site est fermé pour travaux. Il faudra patienter encore un peu avant de partir à la découverte de la Rome souterraine. La basilique, construite au Iᵉʳ s de notre ère, fut le lieu de culte pour une secte aujourd'hui oubliée : les néopythagoriciens.

SAINTES RELIQUES POUR L'ÉTERNITÉ

Les reliques avaient pour but d'attirer les pèlerins auxquels des indulgences étaient distribuées. Le plus grand collectionneur de reliques fut Frédéric III de Saxe (1463-1525) qui s'en procura 21 441, dont 42 corps de saints intégralement préservés. Il avait calculé que cela lui permettait d'espérer 39 924 120 années d'indulgence, de quoi tenir le coup en cas de séjour prolongé au purgatoire !

🍴 *Chiesa Santa Croce in Gerusalemme* *(plan détachable d'ensemble, F-G4) :* *de la piazza di Porta Maggiore, prendre la via Eleniana jusqu'à la hauteur de la pl. Santa Croce in Gerusalemme, où se trouve l'église du même nom.* Fondée probablement par Constantin au IVe s pour abriter le fragment de la Croix du Christ que sa mère, l'impératrice Hélène, aurait rapporté de Jérusalem. Belles mosaïques de la chapelle Sainte-Hélène. Voir la chapelle des Reliques, où il y a vraiment de tout : fragments de la Croix du Christ et du larron repenti, l'inscription qui surmontait la Croix du Christ, des épines de la couronne, le doigt de saint Thomas et même la « Sainte Éponge » contenant du vinaigre utilisé lors de la Passion.

🍴 *Museo storico della Liberazione* *(plan détachable d'ensemble, F4) :* *via Tasso, 145.* ☎ *06-70-03-866.* ● *viatasso.eu* ● *Mar-dim 9h30-12h30 ; plus mar, jeu et ven 15h30-19h30. GRATUIT.* Intéressant musée qui retrace l'histoire de Rome sous l'occupation nazie. De septembre 1943 à juin 1944, les SS ont emprisonné et torturé ici près de 2 000 antifascistes. Certaines cellules ont été conservées en l'état, et on découvre sur 3 étages des photos, documents et journaux témoignant de cette sombre période, bien souvent oubliée des circuits touristiques.

L'AVENTIN ET LE TESTACCIO

Les clameurs de la zone archéologique proprement dite s'estompent. Loin des combats du Colisée ou des triomphes de la Voie royale, les courses de chars occupaient les 250 000 spectateurs du Circus Maximus tandis que, à quelques encablures, résonnaient les cris de charretiers de l'Emporium, le port antique de la ville de Rome, qui se développa dans la plaine du Testaccio. Mais c'est finalement l'ambiance plus feutrée des thermes de Caracalla qui l'emporte désormais dans ce quartier.

L'Aventin accueille principalement villas, ambassades et bâtiments religieux. On en apprécie surtout cette atmosphère paisible étonnante, car le cœur de la ville est tout proche. L'occasion idéale de se retirer sur l'Aventin, non ?

Dans le Testaccio, les gourmands amateurs d'abats trouveront leur bonheur, car c'est la spécialité du coin ! Normal, les abattoirs y étaient installés. En outre, le quartier possède une forte identité culturelle. Après ou avant une petite visite au MACRO Future, quelques haltes populaires et étonnantes, que seuls les touristes un peu aventureux vont explorer. Tant mieux. C'est une autre façon de sentir battre le cœur romain.

➤ **Accès :** ligne B du métro (Circo Massimo, et Piramide vers les sites plus au sud). Tram n° 3 depuis le Colisée, interconnecté au bus n° 3 vers le sud du Trastevere. Bus n° 23 depuis le Vatican et Trastevere, n° 60 depuis la piazza Venezia et Termini, n° 175 depuis la piazza Venezia... bref !

Où manger ?

De bon marché à prix moyens

➣ **Trapizzino** (plan détachable d'ensemble, C5, 278) : via Giovanni Branca, 88. ☎ 06-43-41-96-24. ● info@trapizzino.it ● Tlj sf lun 12h-1h. Env 3 € le trapizzino. La foule se presse au comptoir de ce petit snack, réputé dans le quartier pour sa spécialité : les trapizzini. On plie ici de la pâte à pizza en forme de cône, que l'on remplit de légumes, de viande ou même de poulpe. Vraiment consistant et délicieux !

➣ **Volpetti Più** (plan détachable d'ensemble, C5, 82) : via Allessandro Volta, 8. ☎ 06-57-44-306. ● info@volpetti.com ● Tlj sf dim mat et soir. Compter 10 € pour un plat. L'épicerie Volpetti (voir plus loin « Où acheter de bons produits italiens et du bon vin ? ») a également dans la rue attenante une tavola calda pour profiter de l'abondance de ses bons produits, à prix très abordables. Comme à la cantine, on prend son plateau, ses couverts, et on choisit ! Attention, on paie au poids !

➣ **Pizzeria Remo** (plan détachable d'ensemble, C5, 108) : piazza S. Maria Liberatrice, 44. ☎ 06-57-46-270. Tlj sf dim 19h-1h. Pizzas 7-12 €. Une formule on ne peut plus conviviale et populaire qui plaît, si l'on en juge par le défilé ininterrompu des connaisseurs (et la queue à l'extérieur !). Ici, c'est comme à la maison ! Les habitués choisissent leur table sans façon, changent eux-mêmes la nappe en papier et inscrivent leur commande comme des grands. Évidemment, pas d'intimité possible !

Une adresse typiquement romaine, pas touristique pour un sou.

Prix moyens

I●I Taverna Bucatino (plan détachable d'ensemble, C5, **106**) **:** via Luca della Robia, 84-86. ☎ 06-57-46-886. Tlj sf lun. Fermé 2 sem en août. Pizzas 7-10 € (le soir slt) ; repas env 25-30 €. Une *trattoria* typique de quartier, dont les nombreuses salles ne désemplissent pas. Beau buffet d'*antipasti* savoureux, joli choix de *pasta* et de *secondi* à dominante romaine, le *pollo alla romana e peperoni*, les tripes, mais aussi, plus rare, de la *coratella* (fressure d'agneau). *Pizze* et *bruschette* uniquement le soir. Quelques desserts savoureux et *vino della casa* honnête et peu onéreux. Tout cela est fort copieusement servi ! Une valeur sûre.

I●I Osteria degli Amici (plan détachable d'ensemble, C5, **114**) **:** via Nicola Zabaglia, 25. ☎ 06-57-81-466. ● info@ osteriadegliamici.info ● Tlj sf mar. Résa conseillée le w-e. Compter 20-25 €. Un cadre chaleureux, une ambiance à la lueur des bougies le soir et des tables espacées propices à un tête-à-tête tranquille (un peu plus bruyant en fin de semaine tout de même !). À la carte se retrouvent de bons classiques, romains ou non, avec en prime des présentations soignées, dont une tripotée de déclinaisons d'abats à se faire péter la sous-ventrière. Une jolie adresse, à partager entre amis.

I●I « Da Oio » a Casa Mia (plan détachable d'ensemble, C5, **107**) **:** via Galvani, 43-45. ☎ 06-57-82-680. Tlj sf dim. Fermé 2 sem en août. Carte 25-30 €. Cadre tout simple à l'ancienne, agrémenté de quelques photos d'amis aux murs. Service plutôt nonchalant, voire routinier, mais vous goûterez ici la vraie *cucina romana povera* (enfin, plus si pauvre, car les prix ont bien augmenté depuis !) : *coda alla vaccinara*, *pagliata alla cacciatora* (bonne sauce parfumée), *rigatoni al sugo di coda*... Une bonne cuisine solide bien dans l'esprit du quartier !

I●I Agustarello (plan détachable d'ensemble, C5, **113**) **:** via Giovanni Branca, 98. ☎ 06-57-46-585. Tlj sf dim. Fermé en août. Carte 20-25 €. N'affichant que son nom sur la devanture, protégé derrière des vitres opaques, on ne peut pas dire que le patron cherche à attirer le chaland. Et pour s'attacher sa clientèle, fidèle et gourmande, il a bien compris le truc : des recettes simples et authentiques, copieusement servies, parfaites expressions du terroir romain. C'est sûr, on n'y vient ni pour la déco... ni pour l'accueil !

De chic à très chic

I●I Felice a Testaccio (plan détachable d'ensemble, C5, **109**) **:** via Mastro Giorgio, 29. ☎ 06-57-46-800. Tlj. Congés : 15 j. en août. Plats du j. 10-13 € ; carte 35-40 €. Pas d'enseigne, juste un nom gravé discrètement sur la porte, ce qui n'empêche pas cette *trattoria* d'être bondée le soir ! Murs en brique et vitres opaques pour s'affranchir de la rue, nappes en tissu, serveurs stylés. Une atmosphère sophistiquée qui ne se retrouve pas dans les assiettes, privilégiant au contraire une palette de plats traditionnels vraiment savoureux qui font le bonheur des habitués. En plus de la carte classique, une liste de plats renouvelés chaque jour.

I●I Flavio al Velavevodetto (plan détachable d'ensemble, C5, **211**) **:** via di Montetestaccio, 97-98. ☎ 06-57-44-194. Tlj. Carte 38-40 €. ● tuttinoisrl@ virgilio.it ● *Apéritif maison ou digestif offert sur présentation de ce guide.* On nous l'avait dit, et on vous le confirme, voilà une bonne étape pour goûter une tranche de saveurs à l'italienne. Dans une série de pièces voûtées aveugles (claustrophobes, s'abstenir), on se repaît de grands classiques façon *pasta ceci* (souvenir du film *Le Pigeon* avec Toto), *pasta fagioli*, *tiramisù* ou *fondente al cioccolato*. Le tout servi en portions généreuses, avec des saveurs qui ne le sont pas moins. Certes, l'austérité du lieu déteint un peu sur le service.

I●I Checchino dal 1887 (plan détachable d'ensemble, C5, **111**) **:** via Monte Testaccio, 30. ☎ 06-57-43-816 ou 06-57-46-318. ● checchino_roma@tin. it ● ⅋ Tlj sf dim-lun. Fermé en août et

1 sem à Noël. Résa conseillée. Menus 40-65 € ; plats 15-20 € à la carte. Situé juste en face des anciens abattoirs, *Checchino* est une référence à Rome pour les amateurs d'abats et de viande en général. Le resto de la famille Mariani prétend être le plus vieux de la ville. Simple débit de boissons à l'origine, son patron de l'époque fut surnommé « Checchino » (petit diminutif de Francesco). Aujourd'hui, cette jolie maison rouge, avec une grande salle voûtée tout en longueur, lustres et boiseries, est idéale pour découvrir une authentique cuisine romaine comme les *piatti della tradizione*, la grande spécialité de la maison, ou la *pasta* avec les inoubliables *rigatoni con pagliata*. Service pro et très bonne carte des vins.

I●I **Stazione di Posta** *(plan détachable d'ensemble, C5, 360) :* largo Dino Frisullo. ☎ 06-57-43-548. ● info@stazionediposta.eu ● Tlj sf dim soir et lun. Menus 38-85 €. Résa conseillée. Un gastronomique dans d'anciens abattoirs ? Pari relevé haut la main ! Derrière les immenses verrières de la structure en fer, le mobilier Art déco et les peintures modernes ont remplacé box et crochets. Seuls les pavés sont restés à leur place, donnant au lieu un cachet certain. Dans l'assiette, les produits de saison se transforment en plats raffinés où se glissent quelques éclats d'originalité, comme la morue au *patanegra* et orange amère ou le cochonnet aux pommes et moutarde. Une cuisine soignée, que l'on savoure dès les amuse-bouches (on en profite pour piquer quelques idées pour les apéros à la maison). Accueil aux petits soins. Une adresse charmante pour les larges budgets.

Où déguster une bonne pâtisserie ?

🍰 **Pasticceria Linari** *(plan détachable d'ensemble, C5, 267) :* via Nicola Zabaglia, 9-9a-9b. ☎ 06-57-82-358. ● info@pasticcerialinari.com ● Tlj sf mar ap-m 6h40-21h30. Secs, crémeux, croustillants ou moelleux, derrière la vitrine bien garnie, les gâteaux et biscuits sont rois. On a craqué pour les *brutti ma buoni* aux noisettes, mais on a résisté aux énormes profiteroles !

Où écouter de la musique ? Où danser ?

Le soir, une folle animation gagne ce quartier très en vogue, particulièrement autour de la colline artificielle du Monte Testaccio, amas de tessons antiques, comme si la jeunesse romaine voulait y mêler ses propres tessons, dans des bars à la mode et autres boîtes de nuit. Et il y en a pour tous les goûts !

🍷 I●I **L'Oasi della Birra** *(plan détachable d'ensemble, C5, 105) :* piazza Testaccio, 41. ☎ 06-57-46-122. Tlj 16h30-2h. Plats à partir de 10 € ; verres de vin à partir de 5 €. Un étonnant endroit où l'on s'attable au beau milieu de la boutique, entre les rayonnages de bouteilles ou en terrasse aux beaux jours. Dans les verres, une foule de vins italiens de qualité, ainsi qu'une dantesque sélection des bières du monde entier. Le tout accompagné d'un choix de *bruschette* gargantuesques, d'assiettes de charcuterie et de fromage et autres petits plats goûteux. Accueil gentil.

🎵 **Caruso Cafè de Oriente** *(plan détachable d'ensemble, C5, 243) :* via Monte Testaccio, 36. ☎ 06-57-45-019. ● info@carusocafe.com ● Tlj sf lun 23h-4h. Entrée payante, gratuit pour les filles en sem jusqu'à minuit. Une fois passées les armoires à glace qui prennent leur boulot de videurs très à cœur, vous pénétrez dans le temple de la *musica latina* de Rome. Plusieurs salles voûtées où s'alternent les rythmes de salsa, merengue et reggaeton garantissent une ambiance *caliente*. Concerts live certains soirs *(normalement mar et ven).*

🎵 **L'Alibi** *(plan détachable d'ensemble, C5, 243) :* via Monte Testaccio, 44. ☎ 06-57-43-448. ● info@lalibi.it ● Jeu-dim minuit-5h. Entrée payante. Un grand classique du circuit *gay friendly* (et pas juste gay) romain ; on danse ici dans une large cave voûtée et parsemée d'alcôves. Drôle de décor ? Mais ça n'a rien d'étonnant quand on sait que les murs abritaient auparavant une église ! On choisit son *dance floor* entre house, reggaeton et musique commerciale (entre nous, ça drague plus au reggaeton) et, pour se rafraîchir les idées, on grimpe sur la jolie terrasse. Soirées à thème pas banales pour épicer le tout.

♪ **Akab Cave** *(plan détachable d'ensemble, C5, 240) :* via Monte Testaccio, 69. ☎ 06-57-25-05-85. ● info@ akabclub.com ● *Jeu-sam minuit-5h. Entrée payante.* Accueillant des soirées d'écoles et Erasmus, cette boîte attire plutôt les profils étudiants d'une vingtaine d'années. 3 salles pour 3 ambiances différentes : commercial, R&B, house, rock, tout dépend du soir, laissez vos oreilles vous guider et vos hanches se déhancher !

Où acheter de bons produits italiens et du bon vin ?

☸ **Eataly** *(hors plan détachable d'ensemble par D6) :* piazzale XII Ottobre 1492 (gare d'Ostiense). ☎ 06-90-27-92-01. ● *eatalyroma@eataly.it* ● *Depuis la gare, traverser les voies (passerelle ou passage souterrain). Tlj 10h-minuit. Aux restos, salades et plats 8-16 € ; pizzas 6-10 €.* À vous de choisir entre les traditionnels petits commerces toujours vivaces à Rome et ce supermarché branché bobo-bio de 3 étages orienté *slow food*. C'est une débauche d'excellents produits venus de toutes les régions d'Italie : vins, miel, fromages, pâtes, charcuteries... le tout couronné de plusieurs points de restauration pour déguster pizzas,

pâtes, viandes, poissons.

☸ **Volpetti** *(plan détachable d'ensemble, C5, 82) :* via Marmorata, 47. ☎ 06-57-42-352. ● *info@volpetti. com* ● *Tlj sf dim 8h-14h, 17h-20h15.* C'est l'épicerie fine-*salumeria Volpetti*, fameuse dans tout Rome, avec ses hardes de jambons suspendus, ses roues de fromages, ses pâtes fraîches... miam ! Les produits proviennent pour la plupart d'Ombrie, dont les Volpetti sont originaires. Sans compter un éventail de bonnes bouteilles qu'on peut acheter à tous les prix ! Bon, c'est tout de même assez cher, mais, nom d'une pizza, que c'est bon !

À voir

LE TESTACCIO *(plan détachable d'ensemble, C-D5)*

➤ *Accès :* Ⓜ Piramide (ligne B). Tram n° 3. Bus n°s 23, 30, 75, 95, 170, 280, 673, 716...

Cette petite plaine, coincée entre le Tibre, la colline de l'Aventino et celle du Testaccio, est sortie de l'ombre à l'aube du II e s av. J.-C. avec l'installation de l'Emporium, port antique de la ville impériale assorti de nombreux entrepôts ou magasins. À la fin de l'Empire, l'Emporium ne cessant de décliner, la population en quête d'activité se transporta ailleurs et, la plaine du Testaccio retomba dans l'oubli au lendemain de l'Antiquité. Une certaine vie put malgré tout s'y maintenir, grâce notamment à la proximité de la basilique Saint-Paul qui constituait, tout au long des périodes médiévale et moderne, un grand lieu de pèlerinage. Il faudra néanmoins attendre la fin du XIXe s pour voir revivre ce coin de Rome.

🕏 *Piazza dell'Emporio (plan détachable d'ensemble, C4-5) :* dominée par la colline de l'Aventin avec ses basiliques et le drapeau de l'ordre de Malte qui flotte sur le palazzo di Malta, cette place présente surtout un intérêt lié au souvenir de son lointain passé. Car c'est ici que naquit au lendemain des guerres puniques, à l'aube du II e s av. J.-C., le nouveau complexe portuaire, l'*Emporium*. Le premier port antique de Rome, le *Portus,* situé dans les parages du forum Boarium (l'actuelle piazza Bocca della Verità) était devenu trop petit, du fait du développement de la ville. Au plus fort de son essor, l'Emporium s'étira sous la forme d'un quai sur environ 500 m le long du Tibre. De gros blocs de travertin y étaient aménagés, servant de bittes d'amarrage aux navires qui, venant d'Ostie, débarquaient, ici, leurs innombrables marchandises en provenance des quatre coins de l'Empire.

🏃 *Piazza Santa Maria Liberatrice (plan détachable d'ensemble, C5) :* le quartier, à la population autrefois mélangée, devint une zone d'habitat populaire à la fin du XIXᵉ s, un quartier d'artisans et d'ouvriers. Sur la place voisine, la *piazza Testaccio,* se tient le *nuovo mercato di Testaccio (tlj sf dim)* qui a été entièrement refait et où l'on peut, sans trop vider ses poches, faire le plein de provisions comme au bon vieux temps de l'Emporium.

🏃 *Monte Testaccio (mont Testaccio ; plan détachable d'ensemble, C5) :* voilà un monticule dont l'histoire, pour le moins singulière, mérite d'être contée. Haute de 54 m et d'une circonférence de 1 km, cette colline domine de 30 m la plaine du Testaccio. Derrière ces chiffres se cache l'accumulation, pendant de nombreux siècles, de débris d'amphores contenant les produits importés dans le port de Rome. Une véritable décharge publique, pour ainsi dire, dotée naguère d'une rampe parcourue de chariots montant sur la colline pour y déposer leurs charges d'amphores. Ces dernières (ou plutôt ce qu'il en reste) sont particulièrement étudiées par les archéologues car elles renferment, à elles seules, une tranche importante de l'histoire économique du monde romain. Le nom même du quartier provient de ce lieu, le *mons Testaceus* (autrement dit, « la colline des Tessons »). Un spectacle traditionnel, depuis longtemps oublié, s'y déroulait, à la grande joie de la jeunesse romaine qui accourait ici pour l'occasion. Des cochons étaient lâchés sur le haut du monticule qu'ils dévalaient ensuite à toute allure... avant d'être pourchassés par des cavaliers arborant les couleurs de leurs quartiers respectifs et qui, munis de lances, se les disputaient. Dégustant dans les environs immédiats des plats à base d'abats, une spécialité locale, on songe à ce spectacle passé qui donna peut-être naissance à la boucherie du coin. Aujourd'hui, une faune de noctambules vient vider des amphores et guincher sur la via di Monte Testaccio, serpentant au pied de la colline, où les adresses de boîtes et de bars foisonnent.

🏃🏃 *Les abattoirs et le MACRO Future (ex-Mattatoio ; plan détachable d'ensemble, C5) : situés entre la colline artificielle, le mur d'Aurélien et le Tibre. Rens : MACRO Future, piazza Orazio Giustiniani, 4. ● macro.roma.museum ● Ouv slt lors des expos, en théorie tlj sf lun 16h-22h.* Ces anciens abattoirs, réalisés de 1887 à 1892 au moment de la transformation de la zone du Testaccio, abritent le passionnant MACRO Future, l'annexe expérimentale du museo d'Arte contemporanea Roma (dont le siège se trouve via Reggio Emilia, près de la villa Albani, au nord de Termini). Venez donc admirer ce mélange réussi d'ancien et de moderne (quasiment tout est resté en l'état, notamment le système de rails qui permettait d'acheminer les carcasses d'un bâtiment à l'autre) à l'occasion des importantes manifestations culturelles, biennales, festivals et expos qui s'y déroulent régulièrement. Qui a dit que l'art contemporain était de l'art comptant pour rien ?

🏃🏃 *Cimitero protestante (cimetière protestant ; plan détachable d'ensemble, C-D5) : entrée principale via Caio Cestio. Tlj 9h-17h (13h dim et j. fériés).* Ⓜ *Piramide.* Possibilité de visites guidées : 4 €/pers. À l'abri des pins et des cyprès, ce cimetière fut aménagé pour recevoir les dépouilles des non-catholiques étrangers. On verra notamment les sépultures des figures amoureuses de la Rome romantique, attirées par le climat et les ruines antiques plutôt que par la papauté, comme Keats et Shelley. Le premier, John Keats (1795-1821), est considéré comme l'un des plus grands poètes anglo-saxons. Il mourut de la tuberculose place d'Espagne, où se trouvait son modeste logis devenu *musée Keats-Shelley.* Il décéda dans les bras de son ami peintre Severn, qui se noya dans le golfe de La Spezia, également enterré ici. Percy Bysshe Shelley (1792-1822) était aussi un grand poète dont le talent, comme souvent, fut découvert sur le tard. Le cimetière abrite d'autres pensionnaires célèbres : Julius Augustus (mort en 1830), le fils illégitime de Goethe ; Antonio Gramsci (1891-1937), premier dirigeant du Parti communiste italien, qui accepta, dit-on, de se séparer de ses lunettes cerclées pour le grand sommeil.

⚲ Piramide di Caio Cestio *(pyramide de Caius Cestius ; plan détachable d'ensemble, C-D5) :* visite les 2e et 4e sam du mois. Restaurée, elle offre une vision étonnante. Dominant un fort joli vestige des remparts de la Porte-Saint-Paul, cette pyramide abrite le tombeau de Caius Cestius, un riche Romain qui parcourut allègrement, à la fin du Ier s av. J.-C., la carrière des Honneurs. Ce n'est donc pas le tombeau de Remus (dont tout le monde connaît la malheureuse fin), comme on pouvait le croire à une époque où ce monument était connu sous le nom de *meta Remi* (le tombeau de Remus). Haute de 36,40 m et recouverte de marbre, elle nous rappelle qu'au moment de la conquête de l'Égypte (30 av. J.-C.), l'égyptomanie fut très en vogue à Rome...

AU SUD DU TESTACCIO :
LA BASILIQUE SAINT-PAUL-HORS-LES-MURS

Au sud du Testaccio, ne manquez pas de visiter l'imposante basilique Saint-Paul-hors-les-Murs, dans le quartier d'Ostiense, ignorée des touristes. D'ailleurs, le cinéaste turco-italien Ferzan Ozpetek a tourné en 2001 dans ce quartier populaire de Rome les principales scènes de *Tableau de famille* qui a connu un franc succès en Italie.

◈ ⚲⚲⚲ Basilica San Paolo Fuori le Mura *(basilique Saint-Paul-hors-les-Murs ; hors plan détachable d'ensemble par C6) :* **Ⓜ** *Basilica San Paolo (ligne B) ou bus nº 23 depuis le Vatican (via le Trastevere et Testaccio). Tlj 7h-18h30 (18h en hiver).* Saint Paul naquit à Tarse, sous le nom de Saul. Plus tard, il participa aux persécutions contre les premiers chrétiens. Mais, touché par la grâce de Dieu, il se convertit, devint apôtre et s'en alla de par le monde prêcher la bonne parole. C'est ainsi qu'il arriva à Rome où il fut à son tour persécuté, sous le règne de Néron. Et en tant que Romain, il fut décapité. À l'emplacement de sa tombe fut construite une première basilique (consacrée en 324), en périphérie de la ville, comme toutes les catacombes chrétiennes de l'époque. Elle sera détruite au profit d'un ensemble plus conséquent sur lequel nous n'insisterons pas, car une grande partie fut réduite en cendres à l'issue du terrible incendie de 1823. Seul le beau cloître du XIIIe s demeura debout.

Elle fut reconstruite sur le plan de l'ancienne grâce à des matériaux offerts au Vatican par toute la chrétienté, et même au-delà (Mohamed Ali – l'Égyptien, pas le boxeur – offrit ainsi de l'albâtre). Cette nouvelle église, précédée d'un large portique et d'un atrium, impressionne par sa taille (c'est la plus grande de Rome après Saint-Pierre) et par son caractère massif. De sa façade imposante, vous retiendrez la très belle porte en bronze des années 1930, niellée d'argent et incrustée de lapis-lazuli ; de part et d'autre de la croix qui la scinde, saint Pierre et son martyr sur la gauche, et saint Paul à droite. Quant à la porte à l'extrémité droite de la façade, il s'agit de la Porte sainte, celle que l'on n'ouvre que lors des jubilés, surmontée, comme toujours, du nom du dernier pape à avoir franchi son seuil.

L'intérieur est plus remarquable encore : déambulez dans la « forêt de colonnes » (toutes offertes par la Ville de Milan) qui délimitent les cinq nefs. En tournant le dos à l'autel, face aux portes donc, vous remarquerez deux mini-mihrabs, hommage au don de Mohamed Ali : et les six colonnes qui encadrent lesdites portes sont de son albâtre. Puis levez le nez sur le ciborium (l'espèce de grand baldaquin du XIIIe s) abritant le maître-autel, et au pied duquel se trouve l'entrée de la catacombe qui abrite la dépouille de saint Paul. À côté, le candélabre pascal (XIIIe-XIVe s) en marbre, illustré sur trois niveaux par la Passion du Christ (son arrestation, sa crucifixion et sa résurrection). Et puisque vous avez le nez en l'air, vous remarquerez certainement qu'entre les fenêtres les plus hautes des fresques illustrent la vie de saint Paul. Juste en dessous, tout autour de l'église, courent 266 médaillons en mosaïque : les portraits des 266 papes (certains assez stylisés, car l'incendie de 1823 détruisit les originaux et l'on ne retrouva pas toujours de modèle pour représenter fidèlement les plus anciens)... On espère trouver bientôt le dernier en date, François, certainement au fond à droite de l'autel, au-dessus de la dernière colonne de la nef de droite... Vous le repérerez facilement : c'est le seul mis en valeur par un rai de lumière ! Et, en routards sagaces, vous noterez qu'il reste un certain nombre de médaillons vides : c'est pour accueillir les futurs papes. Symboliquement, il aurait été inconcevable de ne pas leur prévoir des emplacements, la fin des papes signifiant la fin de la chrétienté !

Enfin, ne manquez pas le baptistère d'origine (suivre le fléchage « Sagrestia »), et surtout le cloître, lui aussi d'origine.

– **Le cloître** (chiostro) : entrée 4 €. Magnifique et très bien entretenu, avec ses colonnes doubles. Chacune de ces colonnes – elles sont toutes différentes – est une œuvre à part entière : torsadées ou sculptées, incrustées de pierres semi-précieuses (lapis-lazuli, corail, etc.). Vous remarquerez cependant que ce traitement d'exception a été réservé aux colonnes des déambulatoires longeant la basilique, les côtés les plus sacrés, donc. Et n'hésitez pas à approcher de la fontaine centrale, dans le jardinet, pour pouvoir admirer la belle frise qui surmonte les colonnes. À l'intérieur du cloître se trouve une *pinacothèque* qui vaut surtout pour les gravures qui représentent la basilique avant l'incendie de 1823. On y trouve également les trésors de la basilique (calice, crucifix, peintures, images pieuses).

L'AVENTIN (Aventino ; plan détachable d'ensemble, C-D4-5)

➤ **Accès :** Ⓜ *Circo Massimo ou Piramide (ligne B). Bus nᵒˢ 3, 23, 30, 44, 81, 95, 170...*

Bien qu'enserrée dans la muraille Servienne, cette colline demeura longtemps à l'écart du *Pomoerium*, la limite sacrée de la Rome antique à l'intérieur de laquelle il était interdit de paraître en armes, sauf pour un triomphe. C'est seulement sous le principat de Claude (41-54 apr. J.-C.) que cette région devint partie intégrante de la ville. À cette époque, la population du quartier avait bel et bien changé ; l'aristocratie prenant la place de la plèbe qui émigra dans la plaine du Testaccio et dans le quartier du Trastevere. Des thermes particulièrement raffinés s'y trouvaient, permettant aux habitants de l'Aventin de tuer le temps agréablement sans quitter cette auguste colline.

🕯 **Chiesa Santa Prisca** (plan détachable d'ensemble, D4) : *située à proximité de la piazza d'Albania en montant vers Santa Sabina. Tlj 8h-12h, 16h-19h.* Cette église, fondée au début de la chrétienté (IIᵉ s), fut reconstruite aux XVIIᵉ-XVIIIᵉ s et dédiée à la première femme ayant subi le martyre à Rome. Celle-ci aurait été, dit-on, baptisée par saint Pierre en personne (c'est toujours mieux que le curé du village !). De la nef de l'église, un escalier conduit vers un sanctuaire consacré à Mithra (visite sur résa auprès des points connus de la ville), une divinité perse apportée dans le paquetage des légionnaires romains avant d'être en vogue à Rome à l'époque impériale. Intéressante pour les peintures décorant ses murs.

🕯🕯 **Basilica Santa Sabina** (plan détachable d'ensemble, C4) : *tlj 6h30-12h45, 15h30-19h.*

À la fin du Vᵉ s, Sainte-Sabine était l'une des cinq églises que comptait l'Aventin. L'époque voit l'iconographie chrétienne s'émanciper totalement de la tradition antique. Malgré une structure « on ne peut plus » classique (nef centrale à abside demi-circulaire et deux nefs latérales), la basilique nous dévoile (sur une des portes) la première représentation connue du Christ crucifié ! Un tel climat religieux est favorable aux dominicains, qui vénèrent sainte Sabine dès le XIIIᵉ s. En 1222, la règle de l'ordre des frères prêcheurs (on n'a pas dit pêcheurs !) fut présentée dans l'édifice par saint Dominique au pape Honorius III.

De l'extérieur, on aperçoit un joli campanile. Avant d'entrer par une porte latérale, allez admirer la belle porte centrale en bois de cyprès dont les panneaux (du Ve s pour la plupart) illustrent des scènes de l'Ancien et du Nouveau Testament. Depuis, Sainte-Sabine a connu bien des changements. Le dernier en date remonte à 1914, quand une restauration radicale rendit à l'église son aspect primitif. Un regret, celui d'arriver trop tard pour apprécier les mosaïques (aujourd'hui presque toutes disparues) qui couvraient autrefois tout l'espace compris entre les baies et les colonnes corinthiennes. Une seule, située au-dessus de la porte d'entrée, subsiste encore. La frise du Ve s de la nef centrale amoindrira ce regret. Avant de partir, jetez un œil par la petite fenêtre ovale de l'atrium, où un oranger se dresse dans la cour du couvent voisin. La légende raconte que saint Dominique en personne l'aurait planté en 1220 !

🏛 **Giardino Savello** (parc Savello) : accolé à Santa Sabina, ce parc offre une vue magnifique sur Rome avec, au loin, le dôme de Saint-Pierre. Le nom du lieu évoque la maison des Savelli, à laquelle appartenait le pape Honorius III (1216-1227), qui y fixa sa résidence. Il fit procéder à des travaux de fortification de cette partie de la colline, la transformant ainsi en une véritable citadelle commandant le cours du Tibre, toujours disposé à charrier des ennemis de la papauté.

🏛 **Chiesa dei Santi Alessio e Bonifacio** : à côté de la basilica Santa Sabina. Tlj 8h30-12h30, 15h30-18h30. Parti en pèlerinage en Orient après s'être converti au christianisme, Alessio, fils de sénateur, revint un beau jour chez ses parents comme simple mendiant. Humble jusqu'au supplice, il demanda juste l'autorisation au vieux sénateur de l'accueillir, à l'abri précaire de son escalier. Le patricien, qui ne l'avait pas reconnu, l'y autorisa volontiers en échange de prières pour que lui revienne son fils aimé... Entendant chaque jour les larmes de ses parents, Alessio vécut 17 ans puis mourut sous l'escalier parental. Ce dernier, devenu une véritable relique, est à l'origine de l'église, sans grand intérêt par ailleurs, dédiée au « Pauvre de l'escalier » (à gauche en entrant).

🏛 **Piazza dei Cavalieri di Malta et la villa Malta** (plan détachable d'ensemble, C5) : visite de la villa sur résa slt, au ☎ 06-577-91-93 ou ● granprioratodiroma@orderofmalta.int ● Cette place surplombant la colline de l'Aventin abrite le prieuré de l'ordre de Malte. Autrefois s'érigeait un château fort, qui fut remplacé par un monastère bénédictin. Les travaux de transformation furent confiés au XVIIIe s à Piranèse, qui réalisa ici sa seule œuvre architecturale. Devenu un palais résidentiel à part entière avec ses jardins et son église, le bâtiment est toujours la pro-

UN ÉTAT SOUVERAIN SANS TERRITOIRE

L'Ordre de Malte, autrefois Ordre souverain et militaire des Hospitaliers de Saint-Jean, chassé de Chypre par les Turcs en 1523, conserve la particularité de posséder les prérogatives d'un pays à part entière. Il entretient des relations diplomatiques avec 93 pays et ses ambassades (dont la Villa Malta) bénéficient de l'extra-territorialité. On compte aujourd'hui 11 000 chevaliers et dames choisis pour leur foi, leur moralité et leurs mérites vis-à-vis de l'Église.

priété et l'ambassade de l'Ordre auprès du Saint-Siège et de l'État italien. Les réunions du conseil se tiennent dans le palazzo di Malta, près de la piazza di Spagna (via Condotti). Pour les curieux : collez votre œil sur la serrure du massif portail et regardez bien... ingénieux, non ?

CIRCO MAXIMO *(plan détachable d'ensemble, D4)*

➤ *Accès :* Ⓜ *Circo Massimo (ligne B). Tram nº 3. Bus nᵒˢ 60, 75, 118, 175...*

Ce vaste espace tout en longueur occupe un vallon coincé entre le Palatin et l'Aventin, parfaitement dimensionné pour accueillir le Circus Maximus, le Grand Cirque romain. L'enlèvement des Sabines eut lieu ici au cours de jeux organisés par Romulus et pour

> **DES SABINES AFFRANCHIES**
>
> *De 1977 à 1981, la Marianne des timbres français se fit Sabine en empruntant le visage de l'une des protagonistes du célèbre tableau de David. Les philatélistes parlent d'ailleurs de « série des Sabine ». Ces Sabine ont pris un cachet tout républicain.*

lesquels avaient été conviées les populations alentour. À un signal donné, les Romains maîtrisèrent les hommes et enlevèrent les jeunes filles, qui étaient principalement des Sabines (Rome manquait alors de femmes pour assurer son avenir). Il s'ensuivit une guerre entre les deux peuples. Les Sabines calmèrent les passions belliqueuses de leurs pères et frères, ainsi que celles de leurs nouveaux maris, en se jetant au milieu de la mêlée.

🏃 **Circus Maximus** *(cirque Maxime) : site visible de l'extérieur.* Depuis la plus haute Antiquité, des courses de chevaux eurent lieu ici, mais il fallut attendre les dernières années de la République et l'Empire pour que le Grand Cirque prenne son aspect monumental. César y fit exécuter de grands travaux dont il ne reste plus rien. Le feu, en effet, n'épargnera guère ce monstre qui connaîtra en un demi-siècle pas moins de trois incendies, dont le terrible de 64 apr. J.-C., qui se propagea justement à partir du Grand Cirque. À chaque fois, les Césars le reconstruisirent tout en l'agrandissant. C'est au IIIᵉ s qu'il devait atteindre ses limites maximales : pour plus de 600 m de longueur, sa largeur avoisinait en certains endroits les 200 m ; on dit que 385 000 personnes – un chiffre sans doute exagéré – pouvaient prendre place sur les gradins en bois aménagés tout autour de la piste.

Tout ce beau monde accourait ici pour les courses de chars (et plus spécialement de quadriges) organisées par l'empereur pour le peuple. Néron, qui ne manquait pas d'imagination, y fit même organiser des courses de dromadaires. Les attelages tournaient autour de la *spina* (l'épine dorsale), laquelle était autrefois décorée d'obélisques (ils sont fous ces Romains !), aujourd'hui disséminés dans Rome, notamment piazza del Popolo, piazza Colonna et piazza San Pietro. Des paris engagés à l'occasion de ces jeux ne manquaient pas de déchaîner les passions tournant parfois à la violence (le hooliganisme a des racines profondes !). Aujourd'hui, il ne reste plus guère qu'une grande pelouse, bien calme, suggérant la forme et les dimensions du site antique. Fréquenté par les joggers, c'est une sorte de grand parc public qui n'a aucun intérêt in situ : c'est finalement du haut du Palatin que le site impressionne le plus.

Pour finir avec cette esplanade, notez, de l'autre côté de la piazza di Porta Capena, deux colonnes antiques dressées en mémoire de l'attentat des *Twin Towers* de New York.

LES THERMES DE CARACALLA
(terme di Caracalla ; plan détachable d'ensemble, D-E5)

Via delle Terme di Caracalla, 52. ☎ *06-39-96-77-00.* ● *pierreci.it* ● ♿
➤ *Accès :* Ⓜ *Circo Massimo (ligne B). Tram nº 3. Bus nᵒˢ 118, 160, 628...*
– *Horaires de visite :* ouv tlj ; 25 oct-15 fév 8h30-16h30 ; 16 fév-15 mars 8h30-17h ; du 16 mars au dernier sam de mars 8h30-17h30 ; jusqu'au 31 août

8h30-19h15 ; sept 8h30-19h ; 1ᵉʳ-24 oct 8h30-18h30 ; lun, ouv jusqu'à 14h slt. Les grilles ferment 1h plus tôt. Fermé 1ᵉʳ janv, 1ᵉʳ mai et 25 déc.

– Entrée : 6 € (billet valable aussi, pdt 7 j., pour le tombeau de Cecilia Metella, la villa dei Quintili) ; réduc ; gratuit pour les citoyens européens de moins de 18 ans ; inclus dans les Roma Pass et Archeologia Card. Audioguide en français conseillé (4 €), car il y a peu de panneaux explicites sur le site !

Les thermes de Caracalla, remarquable réalisation architecturale du début du IIIᵉ s, s'avèrent l'un des plus grands complexes thermaux de l'Antiquité. Certes, le temps a fait son œuvre et les hommes ont largement pillé le monument, mais les vestiges sont encore très impressionnants : larges pans de murs, voûtes et arches, certains atteignant même une hauteur de 30 m. À l'origine, ce gigantesque complexe sportif était recouvert de mosaïques somptueuses, dont certaines sont conservées aujourd'hui au Vatican.

Mais avant de pénétrer sur le site, un peu d'histoire. Avant les thermes de Caracalla, il y eut ceux de Néron (60-64 apr. J.-C.) et de Trajan (104-109 apr. J.-C.) qui fixèrent un modèle immuable. Ainsi on retrouve les mêmes caractéristiques, comme la duplication systématique des pièces disposées autour d'un axe central dont le pôle est constitué par une salle basilicale, une grande enceinte entourant le corps central, une orientation vers l'ouest pour obtenir la meilleure position par rapport au Soleil... Ce modèle canonique, éprouvé par les années, se retrouve dans le complexe thermal de Dioclétien (298-306 apr. J.-C. ; voir plus loin), qui s'étendra sur 14 ha contre 13 ha pour les thermes de Caracalla (construits de 212 à 216 apr. J.-C.). Pour un quart d'as (trois fois rien), un Romain avait accès à ces thermes ouverts 24h/24 et dont les rues alentour étaient éclairées la nuit. Destinées à alimenter 1 600 personnes en même temps, des citernes de 80 000 l stockaient l'eau acheminée par un aqueduc de 91 km de long. D'énormes stocks de bois fournissaient le combustible, alimentant les *tubulli*, les canalisations murales, ainsi que les fours ouverts sur les sous-sols. De là, la chaleur remontait par hypocauste à travers le sol posé sur des piles en brique. Ce sont finalement les Barbares qui stoppèrent l'activité de cette énorme machinerie (bien sûr alimentée par des esclaves) en coupant les aqueducs en 537 !

L'entrée des thermes proprement dite se trouve du côté de la via delle Terme di Caracalla, de part et d'autre de la grande pièce (autrefois, une vaste piscine d'eau froide). L'itinéraire que l'on parcourait ne devait rien au hasard, il était prévu pour profiter pleinement des bienfaits des bains. À défaut de pouvoir le suivre de nos jours, imaginons-nous un Romain, que nous appellerons Claudius, décidé à entreprendre ses ablutions.

Une fois dans l'entrée qui s'ouvre sur un grand bassin (la *natatio*), Claudius pénètre dans le vestiaire (salle carrée située sur la droite qui portait le nom d'*apodyterium*) où il se sépare de ses effets qu'il range ensuite dans l'une des nombreuses niches aménagées dans les murs. Craignant les vols, il confie volontiers ceux-ci à un esclave. Entièrement nu, il se dirige ensuite vers la *palestre*, une grande cour rectangulaire (mesurant 50 m x 20 m) que bordait naguère sur trois côtés un portique et qu'ornaient des mosaïques dont certaines sont encore en place. Des salons, où s'activent probablement masseurs et épileurs, donnent sur le côté opposé par rapport à l'exèdre. C'est ici, dans ce vaste ensemble, que notre Romain s'échauffe le corps (opération indispensable pour se préparer aux bains) en pratiquant différents exercices (lutte, jeu de paume, escrime, haltères...).

De la palestre, Claudius passe alors dans les salles du fond (côté opposé par rapport à l'entrée). La première d'entre elles, située dans le prolongement de la palestre, est un hammam (*laconicum* ou *sudatorium*). Progressant en empruntant les deux salles suivantes (la seconde étant à une température plus élevée que la première), notre Romain, transpirant maintenant abondamment, arrive au niveau du *caldarium* (aujourd'hui en grande partie ruiné, malheureusement).

C'était autrefois une grande salle circulaire de 34 m de diamètre, couverte d'une coupole reposant sur huit grands pilastres entre lesquels étaient disposées de petites vasques, une grande vasque circulaire occupant le centre de cette pièce. Le soleil pénétrait dans le *caldarium* par de grandes fenêtres disposées sur deux niveaux, l'éclairant ainsi jusqu'au crépuscule (donnant sur les jardins, la vue devait être magnifique et unique car les autres façades étaient aveugles). La température atteignait ici 55 °C pour une hygrométrie de 80 %. Après s'être débarrassé, au moyen du *strigile* (une cuillère en métal incurvée), de la sueur, de la poussière et des différentes huiles dont il s'était oint préalablement, notre Claudius s'asperge d'eau chaude.

Une fois ses ablutions terminées, il passe ensuite dans la salle d'eau tiède (le *tepidarium*) et suit à partir de là l'axe central jusqu'au niveau de la salle d'eau froide (*frigidarium* ou *natatio*). Le *tepidarium,* flanqué de deux vasques, offre une transition entre les bains chauds et froids que notre bon Claudius n'atteint qu'après avoir traversé la grande salle basilicale *(aula)*. Mesurant 58 m x 24 m, couverte d'une triple voûte, elle était flanquée de deux salles rectangulaires au centre desquelles se trouvaient deux autres vasques remplies d'eau froide. Avant de quitter cette salle, notre Romain, bien qu'habitué des lieux, ne manque jamais d'apprécier les nombreuses œuvres d'art qui s'y trouvent.

La salle d'eau froide se trouvait dans le prolongement de l'*aula*. C'est là, à l'air libre, que s'accomplissait la dernière phase du bain dans un cadre grandiose par ses dimensions et aussi par sa décoration faite de niches superposées contenant des statues, de magnifiques colonnes...

Ce rituel terminé, Claudius, après avoir récupéré ses vêtements, ira se promener dans les jardins, faire un brin de causette sous les portiques ou encore profiter d'une des nombreuses installations culturelles du complexe (auditorium, bibliothèques...). Et tout ça en boitant (ben oui, Claudius : « qui boite » en latin, d'où « claudiquer »), alors chapeau Claudius !

– **Des vestiges dissimulés et disséminés :** un véritable réseau de souterrains se trouve sous vos augustes pieds si vous êtes encore dans le corps central du bâtiment. Au niveau supérieur, ce sont des pièces destinées aux services dans lesquelles l'animation était intense. Au niveau inférieur, le drainage des eaux se faisait au moyen de canalisations convergeant vers un grand égout. Il faut savoir qu'une partie des eaux chaudes usagées ainsi que les cendres étaient récupérées par les laveries qui avaient pris l'habitude de s'installer dans les sous-sols des différents thermes.

Si l'essentiel des vestiges des thermes de Caracalla se trouve ici (le contraire eût été étonnant), il est des éléments de décoration que vous retrouverez, non sans émotion, ailleurs : la *mosaïque des Athlètes* provenant de l'exèdre d'une des deux palestres est au musée du Vatican ; le groupe colossal du *Taureau Farnèse,* autrefois situé dans la salle basilicale, au Musée archéologique national de Naples...

ROME
HORS LES MURS

Après avoir arpenté le centre-ville, n'hésitez pas à sortir des sentiers battus en franchissant les portes historiques de la ville et à dépasser l'enceinte aurélienne. Au sud, les quartiers ouvriers et populaires de la Garbatella et de la via Ostiense, remis au goût du jour par le cinéaste Nanni Moretti dans son *Journal intime (Caro diario)*, où statues antiques et turbines industrielles font bon ménage dans la centrale Montemartini, sous le regard bienveillant de la superbe basilique Saint-Paul-hors-les-Murs. Le quartier de l'EUR, enfin, qui met le cap quant à lui sur les bâtiments mégalomaniaques de l'époque fasciste, un rêve démesuré du Duce, qui se voyait déjà couronné et prêt à construire un forum comme le firent tant de vrais empereurs romains avant lui. Un peu plus loin, le berceau du cinéma italien, le fameux Cinecittà, ouvert au public.

Et au nord ? Des lieux qui font rimer Rome avec modernisme. En effet, les amateurs d'architecture prendront le tram n° 2 (à partir de la piazza del Popolo) pour le magnifique auditorium de Renzo Piano et pour le MAXXI, un molosse architectural et contemporain qui tente de se faire une place parmi les pierres millénaires et les vieux palais du centre historique.

➤ *Accès :* voir plus loin les transports publics desservant chacun des quartiers. À noter que s'il est facile de relier en transports urbains la Garbatella à l'EUR (même ligne de métro, la B), il est plus difficile de passer de l'EUR à la via Appia Antica, et surtout de la via Appia Antica à Cinecittà.

AU SUD : QUARTIER DE LA GARBATELLA ET LA VIA OSTIENSE

Malgré les inévitables mutations sociales de ces dernières années, vous sentirez encore qu'il existe ici une vie de quartier, des lieux où se tissent de vieilles solidarités. Les murs eux-mêmes, couverts d'affiches, de graffitis et de slogans politiques, témoignent que les débats et contradictions du quartier sont encore bien vivaces. Car le quartier de la Garbatella était à l'origine un modèle de villes ouvrières. Aujourd'hui, c'est un quartier branché, à quelques kilomètres du centre, de plus en plus prisé par les jeunes parents en quête de chlorophylle. N'hésitez pas à visionner le film de Nanni Moretti *Journal intime (Caro diaro)*, sorti en 1994, dont les premières scènes ont été tournées justement à la Garbatella.

➤ *Accès :* Ⓜ *Garbatella ou San Paolo (ligne B). De nombreux bus aussi, dont les nos 30, 170, 671, 714, 764 et 791.*

ROME HORS LES MURS

GARBATELLA

|O| ♀ ♟ ♫ Où manger ? Où manger une glace ? Où boire un verre ? Où danser ?	**381** Moschino
380 Porto Fluviale	**382** Gelateria La Romana
	383 Enoteca 13 Gradi
	384 Goa

Où manger ? Où manger une glace ?
Où boire un verre ? Où danser ?

|O| ♟ 🚃 **Porto Fluviale** *(plan Garbatella, A1, 380)* **:** *via del Porto Fluviale,* | 22. ☎ 06-574-31-99. ● *info@porto fluviale.com* ● *Tlj 10h30-2h. Compter*

ROME HORS LES MURS

20-25 € pour un repas, moins si vous mangez une pizza. Une adresse branchée et immense pour accueillir à la fois une pizzeria, une *trattoria* et un salon cosy pour l'heure de l'*aperitivo*. Mention spéciale aux pizzas savoureuses, pétries à la farine bio. Également des cours de cuisine, dégustation de vins, expos temporaires. Bref, la totale ! Service dynamique et souriant.

|●| *Moschino (plan Garbatella, A2, 381)* : piazza Benedetto Brin, 5. ☎ 06-51-39-473. Ⓜ Garbatella. À 10 mn du métro ; en sortant de la station, suivre le vicolo della Garbatella jusqu'à la petite piazza Pantera ; monter ensuite à droite la via Gugliel-motti ; c'est à 250 m de là, à gauche. Tlj sf dim. Repas 25-30 €. Chez *Moschino*, on sert de la bonne tambouille familiale et traditionnelle. On y sert notamment les *nervetti* (nerfs de bœuf en sauce !) qu'on ne trouve pratiquement nulle part ailleurs, sauf dans les marmites des *mamme* et des *nonne* romaines. Extraordinaires *polpette di bollito-fritte* (boulettes de bœuf bouillies/frites), *rigatoni alla gricia*, etc. Ceux qui ont de l'humour apprécieront le patron, un tantinet bourru. Les autres éviteront de prendre la mouche !

♈ *Gelateria La Romana (plan Garbatella, A1, 382)* : via Ostiense, 48. ☎ 06-57-30-22-53. ● romana-romaos

tiense@gelateriaromana.com ● Lun-jeu 12h (11h le dim)-minuit, (jusqu'à 1h le ven et sam). Voici l'enseigne installée dans ce ce haut lieu de branchitude où les jeunes fondent de plaisir devant ces glaces au goût inégalable. Voir plus haut dans le quartier de Termini.

♈ ⊛ *Enoteca 13 Gradi (plan Garbatella, A2, 383)* : via Luigi Fincati, 44. ☎ 06-83-60-15-73. ● info@13gradi. it ● *Ouv mar-sam, le soir slt.* Au cœur de la Garbatella, cette petite cave est une vraie bonne surprise où les conseils avisés n'ont rien de basse-ment commercial. Les prix sont raisonnables et le propriétaire a réussi sa sélection de vins. Il propose les meilleurs domaines dans chaque région, pas forcément les plus chers, mais ceux qui lui semblent les plus sérieux !

♫ *Goa (plan Garbatella, A2, 384)* : via G. Libetta, 13. ☎ 06-57-48-277. ● goaclub@mclink.it ● goaclub.com ● Ⓜ Garbatella. Jeu-dim minuit-5h. Entrée payante. Cette énorme boîte à la déco industrialo-orientalisante est certainement une scène électro la plus réputée de la ville. On s'y trémousse toute la nuit sur des rythmes dingues, distillés par des DJs renommés. Une adresse incontournable dans la nuit romaine.

À voir

🗡🗡 *Centrale Montemartini (hors plan détachable d'ensemble par C6)* : via Ostiense, 106. ☎ 06-06-08. ● centralemontemartini.org.it ● Ⓜ Garbatella (ligne B). Du métro (sortie « Via Ostiense »), prendre la passerelle sur la gauche qui franchit les voies ; compter 10 mn à pied. Sinon, bus n° 23. Tlj sf lun 9h-19h (9h-14h les 24 et 31 déc). Fermé 1er janv, 1er mai et 25 déc. Entrée : 7,50 € ; réduc ; billet jumelé avec les musées capitolins, valable 7 j. : 16 € ; Roma Pass.

Voici un mélange de styles pour le moins détonnant. Les pièces antiques des musées du Capitole, expulsées pour cause de restauration, ont pris les commandes de la première usine électrique construite en 1912 pour éclairer la Ville éternelle. Et ça fonctionne. Les turbines à charbon et les tuyauteries soulignent la blancheur des chairs de marbre et les courbes des statues. La magique union de l'antique et de l'industriel en somme. On y trouve également un nombre important de sculptures, résultat des fouilles entreprises au XIXe s sur le mont Esquilin ou encore lors des travaux pour le métro dans les années 1940. Au rez-de-chaussée, ne ratez pas les restes ouvragés d'un très beau lit crématoire en os (Ier s av. J.-C.) ainsi qu'une mosaïque superbement conservé représentant un poisson. Au 1er étage, intéressante salle des Machines, digne des *Temps modernes* de Cha-plin. On y admire Diane chasseresse, Apollon, Bacchus, Aphrodite, qui soulignent la force des machines et la beauté de l'architecture industrielle de la première moitié du XXe s. Les contrastes sont saisissants et la complémentarité réellement fascinante. Une passerelle permet de contempler en mezzanine dans la *salle des Chaudières* les mosaïques du Ve s de scènes de chasse à l'ours et aux gazelles. Également de belles statues grecques et de beaux fragments de frises montrant la richesse de la résidence de César, retrouvés lors de fouilles dans sa propriété. Dans la même salle, statue de la muse Polymnie songeuse enveloppée dans son manteau (IIe s av. J.-C.). Quant à la magnifique statue de Pothos, fils d'Aphrodite, admirez-la de dos, on pourrait penser que les fesses appartiennent à une femme... Étonnant, non ? Au 2e étage, *salle des Colonnes* avec une belle collection de mobilier funéraire ainsi que toute une nécropole de l'Esquilin, intéressant témoignage du IIIe s av. J.-C., ainsi qu'une belle série de statues du IIe s av. J.-C. retrouvées près de la basilique San Lorenzo.

L'EUR – L'EXPOSITION UNIVERSELLE ROMAINE
(plan l'EUR)

Ce quartier au sud de la ville tient son nom (prononcer « éour ») de l'Exposition universelle qui aurait dû se tenir à Rome en 1942 (pour célébrer les 20 ans du fascisme), annulée pour cause de guerre. Construit principalement entre 1937 et 1941 sous l'impulsion de Mussolini, il donne une assez bonne idée de la folie des grandeurs du Duce. Son but était de construire le nouveau quartier administratif de la ville, réunissant ministères, ambassades, musées novateurs... Une « nouvelle Rome », l'ultime forum de la ville... Et, pour s'inscrire dans la tradition antique (toujours ce besoin d'asseoir sa légitimité), il utilisa les mêmes matériaux : marbre, travertin et tuf. Il s'inspira également de l'architecture : le palais des Congrès est une sorte de faux Panthéon, le palazzo della Civiltà del Lavoro évoque le Colisée (en moins elliptique) et la piazza Marconi est dominée par un gigantesque obélisque. Quant à la via Cristoforo Colombo, qui traverse le quartier de part en part, évidemment issue du modèle des voies romaines, elle se voulait la plus large du monde. De dimensions démesurées à l'époque, elle se révèle bien pratique en ce XXIe s vrombissant... Aujourd'hui, outre son intérêt architectural, ce quartier n'est pas désagréable avec ses espaces verts, son lac artificiel, et quelques musées pour ceux qui n'en ont pas eu assez en centre-ville. Le cinéaste Antonioni y tourna son film *L'Éclipse*, avec Monica Vitti et Alain Delon.

➢ *Accès :* Ⓜ *EUR-Palasport ou EUR-Fermi (ligne B). De nombreux bus aussi, dont les n°s 30, 170, 671, 714, 764 et 791.*

Où manger ? Où boire un verre ? Où danser ?

⚏ 🍷 **Move** *(plan l'EUR, A1, 390) : viale Europa, 1.* ☎ *06-59-11-583. Lun-ven 8h-20h, sam 10h-20h. Compter 10 € pour un repas complet.* En face de l'impressionnante chiesa SS. Pietro e Paolo, un endroit cosy et rapide pour avaler un sandwich bien frais et bio ou un smoothie dans une ambiance de bois et de chlorophylle. C'est accueillant et vite servi.

⚏ 🍴🍷 **Palombini** *(plan l'EUR, A1, 391) : piazzale K. Adenauer.* ☎ *06-59-11-700.* La maison Palombini à pignon sur rue depuis des lustres. Les autochtones connaissent les délicieuses pâtisseries de la famille Palombini. Elle a aussi développé la restauration en proposant le midi des petits plats classiques et sans prétention. Terrasse aux beaux jours avec vue sur le palazzo della Civiltà del Lavoro.

♫ **Room 26** *(plan l'EUR, A-B1, 392) : piazza Guglielmo Marconi, 31.* ▤ *339-61-19-070.* ● *info@room26.it* ● *room26.it* ● Ⓜ *EUR-Fermi. Ven-sam 23h30-5h. Entrée chère.* Au rez-de-chaussée d'un gros bâtiment fasciste aux lignes bien dégagées derrière les oreilles, ce night-club est réputé pour la finesse de sa sonorité et ses DJs de renommée internationale. Bonne programmation éclectique (disco, techno, rock, etc.), qui déchaîne des | clubbers de tous âges dans différents espaces contemporains.

À voir

🍴 *Palazzo della Civiltà del Lavoro (palais de la Civilisation du travail ; plan l'EUR, A1) : quadrato della Concordia.* Encadré par Castor et Pollux, ce palais bâti sous Mussolini entre 1938 et 1940 évoque un Colisée cubique, avec ses sept rangées de baies en arc en plein cintre. Son fronton est frappé d'un message plein de modestie sur ce qu'est le peuple italien (tiré d'un discours de Mussolini en 1935) : « Un peuple de poètes, d'artistes, de héros, de penseurs, de scientifiques, de navigateurs et de migrants ». Rien que ça !

🍴 👫 *Museo della Civiltà romana (musée de la Civilisation romaine ; plan l'EUR, B1-2) : piazza G. Agnelli.* ☎ 06-06-08. ● museociviltaromana.it ● ♿ Tlj sf lun 9h-14h ; planétarium le w-e slt, 9h-19h. Fermé 1er janv, 1er mai et 24-25 déc. Entrée : 9 € ; 11 € avec un spectacle au planétarium ; réduc. Fermé pour rénovation. Quel dommage ! La mairie parle de déplacer la maquette de Rome en centre-ville...
Inauguré en 1955 dans un gigantesque bâtiment achevé après la guerre, ce vaste musée permet de mieux appréhender la civilisation romaine. Au gré d'une muséographie vieillotte, on y trouve une synthèse historique de Rome (depuis l'origine jusqu'au VIe s apr. J.-C.), ainsi qu'un ensemble de reproductions grandeur nature de fragments d'édifices, d'œuvres (statues, reliefs...) et d'objets qui illustrent la Rome antique. Les aspects les plus divers y sont évoqués, des structures juridico-administratives aux loisirs, en passant par l'habitat et l'alimentation. Bien intéressante série de maquettes impressionnantes de précision, reconstitutions de scènes (les Gaulois retrouveront Alésia) et monuments mal en point ou disparus : le théâtre de Marcellus, l'arc d'Auguste, etc. Le clou de cette collection (dans l'autre aile du bâtiment, en traversant le parking) : l'incroyable maquette de la Rome impériale au 1/250e (soit une surface de 240 m²), qui mérite à elle seule le détour. À ne pas manquer non plus, la maquette de la Rome archaïque (la seule au monde qui soit conservée dans un musée), ainsi qu'une moulure « à plat » des reliefs de la colonne Trajane (célébrant les victoires de l'empereur Trajan sur les Daces, au IIe s). Cette illustration concrète de l'évolution de l'urbanisme d'une ville ne pourra que séduire les petits comme les grands.

🍴 *Museo nazionale Preistorico etnografico (musée national de la Préhistoire et d'Ethnographie ; plan l'EUR, A-B1) : piazza Marconi, 14.* ☎ 06-54-95-21. ● pigorini. beniculturali.it ● ♿ Tlj 9h-18h (13h30 dim). Fermé 1er janv et 25 déc. Entrée : 6 € ; réduc ; gratuit pour les moins de 18 ans. Le projet du fondateur de ce musée, Luigi Pigorini, était de rassembler un maximum de documents pour comparer des peuples italiens de la préhistoire avec certains peuples encore bien vivants, afin d'apprécier le développement culturel de l'homme. Ainsi, le musée comporte une section consacrée à la protohistoire de la péninsule (du Néolithique à l'âge de fer) et une partie dédiée aux ethnies non européennes. Multitude d'artefacts, d'ustensiles de guerre, d'instruments de musique, de masques, d'objets de culte, de sculptures et d'autres œuvres d'art en provenance d'Afrique, d'Océanie et d'Amérique. Des pièces splendides, mais souvent mal mises en valeur par des vitrines tristounettes.

🍴 *Museo dell'Alto Medioevo (musée du Haut Moyen Âge ; plan l'EUR, B1) : viale Lincoln, 3.* ☎ 06-54-22-81-99. ♿ Situé à deux pas du précédent. Tlj sf lun 9h-14h (19h mer, jeu et dim). Fermé 1er janv et 25 déc. Entrée : 2 € ; gratuit pour les moins de 18 ans ressortissants de l'Union européenne. Petit musée qui rassemble les vestiges italiens les plus représentatifs du Haut Moyen Âge. On y découvre divers objets de l'Antiquité tardive, des restes de nécropoles lombardes, des bijoux, des marbres et céramiques de l'époque carolingienne, ou encore des tissus et reliefs coptes.

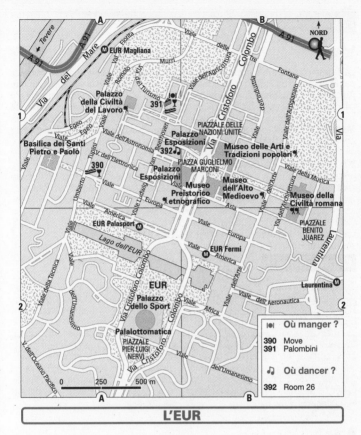

ROME HORS LES MURS

Où manger ?

390 Move
391 Palombini

Où dancer ?

392 Room 26

L'EUR

🏃 🏃 **Museo nazionale delle Arti e Tradizioni popolari** (*musée national des Arts et des Traditions populaires*) : *piazza Marconi, 8-10.* ☎ 06-59-26-148. ● *popolari.arti.beniculturali.it* ● ♿ *En face des 2 précédents. Tlj sf lun 9h-20h. Entrée : 4 € ; réduc ; gratuit pour les moins de 18 ans ressortissants de l'Union européenne. Gratuit le 1ᵉʳ dim du mois.* Le musée intéressera les amateurs d'ethnographie italienne. Il offre un bon aperçu des mœurs et traditions populaires de toutes les régions italiennes. Des carrioles et des charrettes, peintes et sculptées, étourdissantes de beauté, des crèches napolitaines confondantes de naïveté et de précision, sans oublier les outils et instruments de travail, ou encore les costumes de fêtes ou de tous les jours aux couleurs chatoyantes. La collection, présentée de façon claire et aérée, semble infinie. Une section est consacrée au Carnaval, aux jeux et aux marionnettes...

De prime abord, les salles peuvent paraître grandes et froides (quoique c'est bien chauffé) mais au final, on sort enchanté de la visite. Un seul regret, que le musée soit si excentré du centre-ville. D'ailleurs, on parle de plus en plus de lui trouver un lieu digne de ce nom en centre-ville...

LA VIA APPIA ANTICA

La Rome chrétienne s'est d'abord développée en périphérie, à commencer par le domaine de Latran et les cimetières-catacombes de la via Appia Antica. Aujourd'hui, pour pouvoir pleinement profiter du lieu, on vous recommande d'y aller le dimanche de 9h à 17h, lorsque la via Appia Antica se transforme en vaste zone piétonne. En semaine, mieux vaut marcher au-delà du tombeau de Cecilia Metella, où elle est totalement piétonne sur une portion de 3-4 km. Avant cette zone, on est frôlé par les voitures et donc par les pots d'échappement...

➤ **Accès :** de la piazza S. Giovanni in Laterano (plan détachable d'ensemble, F5), bus n° 218, arrêt « Fosse Ardeatine ». De la piazza Ostiense (Ⓜ Piramide, ligne B), bus n° 118, arrêt « San Callisto » ou « San Sebastiano ». Du Teatro Marcello (passe aussi au Ⓜ Piramide), bus n° 716, arrêt « Bompiani » puis 5-10 mn de marche pour les catacombes Domitillia et San Callisto. De la piazza Venezia, bus n⁰ˢ 30 et 160, arrêt « Navigatori » puis 10-15 mn de marche pour les catacombes Domitillia et San Callisto. Pensez à acheter par avance un billet pour le retour. Également accessible par l'Archeobus (voir « Adresses et infos utiles » en début de guide).

Où manger ?

|●| **Antica Hostaria Roma** (plan La Via Appia Antica) : via Appia Antica, 87. ☎ 06-51-32-888. ● paolo_magnanimi@yahoo.it ● Un peu avt les catacombes de San Callisto. Tlj sf lun. Repas 25-35 €. Après une visite des catacombes, on s'attable dans ce resto, l'un des plus vieux de Rome (il date de 1798). Sa cour repose sur les ruines de salles sépulcrales d'une maison patricienne qui aurait appartenu à Auguste. On y est entouré de petites niches, chacune contenant des fragments d'amphores qui renfermaient les cendres d'esclaves attachés à la maîtresse de maison. Ambiance, ambiance ! Côté fourneaux, on a tendance à remettre au goût du jour de vieilles recettes romaines. Très bonne grillade mixte de poissons aussi, et tiramisù maison. Évidemment, l'adresse est très touristique...

À voir

Les catacombes

Si vous avez un petit côté mineur de fond, vous pouvez visiter les trois catacombes, mais elles présentent toutes la même structure : surmontées d'une basilique où se déroulaient les cérémonies funéraires, deux ou trois étages de galeries creusées dans le tuf se superposent (les plus anciennes couches étant les plus proches de la surface) et distribuent les sépultures (vides, on vous rassure !). Ici et là, quelques rares fresques ont résisté à l'humidité ambiante. En un mot comme en mille, quand vous en aurez visité une, vous les aurez toutes vues. Sachez aussi qu'elles sont toutes gérées par le Vatican et que les visites sont systématiquement guidées (en général, aucune difficulté à obtenir une visite en français). Et en plus du droit d'entrée (pas si modique), il est bien vu de laisser une pièce à votre guide.

🕯 **Catacombe di San Callisto** (catacombes de Saint-Callixte) : via Appia Antica, 110-126 et via Ardeatine. ☎ 06-51-30-15-80. ● catacombe.roma.it ● Tlj sf mer 9h-12h, 14h-17h. Fermé 1er janv, fév, Pâques et Noël. Entrée : 8 € ; réduc. Les catacombes San Callisto sont les plus célèbres car elles abritent les sépultures des papes de Rome du IIIe s. Ce sont aussi les plus fréquentées, en particulier

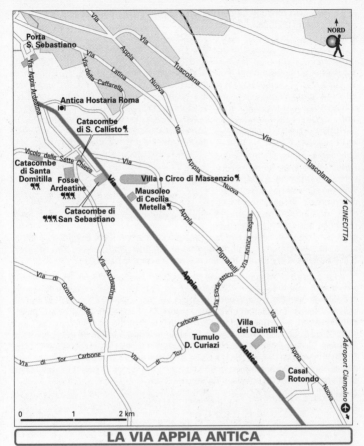

ROME HORS LES MURS

LA VIA APPIA ANTICA

par les bus de tourisme, donc pas forcément les plus agréables. Site internet très instructif sur les catacombes.

🍴🍴 *Catacombe di Santa Domitilla* *(catacombes de Sainte-Domitille) : via delle Sette Chiese, 280-282.* ☎ *06-511-03-42. Tlj sf mar 9h-12h, 14h-17h. Fermé janv-fév. Entrée : 8 € ; réduc.* Immense labyrinthe de galeries superposées (quatre niveaux et 17 km !).

Tous les types de sépultures : le *loculus,* tombe individuelle en longueur, l'*arcosolium,* sorte de caveau commun dont la profondeur permettait d'accueillir jusqu'à 15 personnes, surmonté en général d'une voûte, et le *cubiculum,* une véritable pièce qui faisait fonction de caveau familial en combinant un *loculus* et un *arco-solium* (ce sont plutôt les familles riches qui en disposaient).

⚔⚔⚔ *Catacombe di San Sebastiano* (catacombes de Saint-Sébastien) : *via Appia Antica, 136.* ☎ *06-78-87-035. Accès par le bus 118. Tlj sf dim 10h-17h. Fermé 1er janv, Pâques, le mois de déc. Entrée : 8 € ; réduc.* Cette catacombe aurait accueilli un temps les reliques de saint Pierre et saint Paul. Autrefois, les tombes étaient à ciel ouvert, puis elles furent recouvertes par la basilique chrétienne. Galeries sur trois niveaux abritant différentes tombes chrétiennes, mais également des tombes païennes agrémentées de quel-

QUO VADIS

Proche de la porta San Sebastiano, l'église du Quo Vadis marque le lieu où, selon la légende, saint Pierre rencontra le Christ. « Domine, quo vadis ? », lui demanda-t-il (en v.f. : « Seigneur, où vas-tu ? ») et le Christ répondit : « À Rome, me faire crucifier de nouveau. » Saint Pierre, qui fuyait les persécutions ordonnées par Néron contre les chrétiens après le grand incendie de Rome, comprit le message et, pas si lâche, fit demi-tour. Finalement, il fut arrêté et mis en croix.

ques peintures. Une seule avec une plaque de marbre. Saint Sébastien était un soldat romain converti au christianisme et tué pour cette raison. Ses reliques, autrefois dans la crypte, se trouvent aujourd'hui dans la basilique.

⚔ *Villa e circo di Massenzio* : *via Appia Antica, 153.* ☎ *06-58-18-284. ● fr.vil ladimassenzio.it ● Tlj sf lun 10h-16h. Entrée : 5 €.* En 311, l'empereur Maxence fit bâtir ce complexe comprenant un palais, un mausolée en l'honneur de son fils défunt Valerius Romulus et un cirque réservé à la famille impériale et aux (nombreux) intimes. Le cirque avait tout de même une capacité de 10 000 places (pour 150 000 au Circus Maximus). Bâti tout en brique, il faisait 513 m de long pour 91 m de large. La borne centrale autour de laquelle tournaient les chars faisait 283 m. Elle était garnie de l'obélisque qui coiffe à présent la fontaine des Quatre-Fleuves, piazza Navona. Agréable promenade au milieu des ruines et pourquoi pas, petite sieste dans les herbes en rêvant de Ben-Hur.

⚔⚔⚔ *Fosse Ardeatine* : *via Ardeatina, 174.* ☎ *06-51-36-742. Tlj 8h15-15h15 (16h45 le w-e). Fermé 1er janv, Pâques, 1er mai, 15 août et 25 déc. Entrée gratuite.* Après les catacombes de l'Antiquité, voici un mémorial consacré aux victimes d'une histoire bien plus contemporaine. Le 23 mars 1944, 33 policiers allemands succombèrent à un attentat perpétré par la résistance italienne à l'occupation nazie. Le lendemain, 335 Romains soupçonnés d'être liés à des mouvements de résistance furent extraits de leurs prisons et menés jusqu'à une carrière de pierre en bordure de la via Ardeatine. Certains n'avaient pas 16 ans, mais tous furent fusillés, en représailles : 10 victimes pour un soldat allemand mort. L'exécution prit la journée entière. Puis les Allemands firent exploser l'entrée de la carrière, afin d'en obstruer l'accès... C'est grâce à un berger, caché à proximité, que l'on put retrouver le lieu exact du massacre.

Dans le mémorial, d'une très grande sobriété et servi par des artistes de talent, le cratère de l'explosion et le fond de la carrière, où une veilleuse brûle en permanence, ont plus ou moins été laissés en l'état. Une crypte, au plafond très bas, réunit les 335 tombes en basalte noir. L'effet est très impressionnant. Petit musée également.

⚔ *Le tombeau de Cecilia Metella* (tomba di Caecilia Metella) : *via Appia Antica, 161.* ☎ *06-39-96-77-00. Tlj sf lun de 9h jusqu'à 1h avt le coucher du soleil. Entrée : 7 € (billet, valable 7 j., incluant aussi l'accès à la villa dei Quintili et aux thermes de Caracalla).* Imposant mausolée circulaire de 20 m de diamètre, datant de la fin de la République. Pas grand-chose à voir, sinon le patio, car il fut remanié au Moyen Âge.

🕴 **Villa dei Quintili :** *via Appia Nuova, 1092. Accès le plus simple :* Archeobus. *Mêmes horaires et tarifs que le tombeau de Cecilia Metella.* Vestiges d'une villa : quelques pavements, et restes de thermes privés.

À voir dans le prolongement de la via Appia Antica

CINECITTÀ *(hors plan détachable d'ensemble par F5)*

🕴🕴 **Les studios :** *via Tuscolona, 1055.* ☎ 06-72-29-31. ● *cinecittastudios.it* ● À 9 km au sud de Rome (via Appia Nuova). Ⓜ *Cinecittà. Tlj sf mar 9h30-17h30 (18h30 en été). Visite libre (expo slt) : 10 € ; visite guidée (expo et lieux de tournage ; 11h30 ; en anglais) : 20 €.*
Évidemment, on a un pincement au cœur en entrant dans ces studios célébrissimes. La visite des lieux ne manque pas d'intérêt. Une exposition temporaire régulièrement renouvelée met en valeur Cinecittà, son passé, ses objets, décors, costumes et autres souvenirs de films, acteurs ou metteurs en scène qui y posèrent leur caméra. La muséographie est bluffante (le 7e art n'est-il pas le domaine de l'illusion ?). En poussant plus loin, la visite guidée des studios permet de voir les décors côté pile et côté face, avec force détails techniques et anecdotes amusantes. Une rue de New York dont les façades de bâtiments sont soutenues par une forêt d'étais à l'arrière. Une reconstitution incroyablement réaliste du Forum romain (pas en ruine pour un sou). Tiens, on entre dans un bâtiment de la Rome antique, et on en sort... sur un pont des Soupirs reconstitué pour une série relatant l'histoire des Borgia, avant d'arriver à la piscine ayant servi aux scènes portuaires de *Gangs of New York* !
Vous verrez donc d'importants décors de film reconstitués, comme le New York des années 1930 dans *Il était une fois en Amérique,* de Sergio Leone, avec Robert de Niro et Joe Pesci, *Les Aventures du baron de Münchausen,* avec la belle Uma Thurmann, l'abbaye du *Nom de la rose* ou bien le palais impérial dans *Le Dernier Empereur* (carrément), le camp de concentration dans *La vie est belle* de, et avec, Roberto Begnini (qui tourna ici également *Pinocchio* et *Le Tigre et la neige*). Pour les nostalgiques de vieux films, *Cléopâtre, Ben Hur, Lawrence d'Arabie...* et bien évidemment la saga des chefs-d'œuvre de Fellini. Le maestro avait investi le *Teatro 5,* avec piscine pour les scènes aquatiques, et même une chambre pour y passer ses nuits durant les gros tournages. En juillet 2012, ce bâtiment fut ravagé par un incendie, emportant avec lui quelques souvenirs de grands films, d'*Amarcord* à *La Dolce Vita.* Il a été réhabilité depuis.

AU NORD : UN RENOUVEAU ARCHITECTURAL

Longtemps délaissé par les Romains et les touristes, l'architecture contemporaine commence à se faire une petite place dans la Ville éternelle. Ça tombe bien, tout (ou presque !) est concentré dans le Nord de Rome. Nos lecteurs amateurs prendront le tramway n° 2 sur la piazza del Popolo pour se retrouver dans le quartier Flaminio, là même où le MAXXI, conçu par Zaha Hadid, et l'auditorium, orchestré par le génial Renzo Piano, ont choisi de s'implanter.

Où camper ?

Une bonne alternative aux hôtels du centre, aux prix souvent exagérés, d'autant que les campings suivants sont vraiment bien tenus et très pratiques pour rejoindre le centre-ville par un système de navettes bien rôdé.

⋏ *Camping Flaminio :* via Flaminia Nuova, 821. ☎ 06-33-32-604. • info@ villageflaminio.com • villageflaminio. com • ♿ À 8 km au nord de Rome, sur la route de Terni (c'est le plus proche du centre). En voiture, prendre la sortie d'autoroute Rome Nord, suivre la direction Flaminia/Salaria, puis emprunter la sortie n° 6 (Centro/Flaminio) et faire 3 km env. En bus, depuis Flaminio, prendre le train et s'arrêter à Due Porti ; bus 24N à partir de minuit. Entrée face au centre commercial Euclide. Passerelle pour traverser la 4-voies. Fermé en fév. Pas de résas pour les tentes. Selon saison, compter 28 € pour deux ; bungalows avec sdb et terrasse 55-120 € pour 2 pers. ☐ Vraiment à l'écart (et à l'abri !) de la route, les nombreux arbres (ombre assurée) et le terrain vallonné en font un vrai coin de campagne. Vastes sanitaires rutilants très propres, très bien équipés, vastes et propres. Épicerie, laverie, resto, bar, piscine et navette.

⋏ *Camping Tiber :* via Tiberina, km 1,4. ☎ 06-33-61-07-33. • info@campingtiber.com • camping tiber.com • ♿ Sur la route de Terni, pas loin du Flaminio. Du métro Flaminio (ligne A), prendre le train jusqu'à Prima Porta, où un bus-navette du camping (gratuit) passe en principe ttes les 30 mn 8h-23h en saison. Sinon, pas facile à trouver. En voiture, prendre le GRA (le périph' de Rome) jusqu'à la sortie n° 6 (Flaminia-Prima Porta), puis suivre les indications pour Terni. Ouv slt avr-fin oct. Selon saison, taille et équipement, compter 23-27 € pour 2 avec tente ; mobile homes sans/avec sdb 30-50 € pour 2 pers. ☞ Bien équipé (piscine, bar, resto, supermarché...) et ombragé par des peupliers. On peut y obtenir un plan de la ville avec les principaux monuments, ainsi que les horaires des trains et des bus y conduisant. Inconvénient : le dernier train pour rentrer au camping est aux alentours de 22h45.

Où dormir ? Où manger ?

🏠 *B & B Cristiana* (hors plan détachable d'ensemble par B1) : via Guglielmo Calderini, 68. ☎ 333-93-92-323. • bbcristiana@gmail.com • bbcristiana.com • Juste en face du MAXXI. Accès par le tram n° 2 (via Popolo), arrêt « Piazza Mancini ». Doubles 75-100 €. ☞ L'accueil chaleureux de Cristiana (herboriste de métier), ses gâteaux *fatto in casa* et sa bonne humeur font de ce lieu un vrai petit nid douillet à 10 mn en tramway du bouillonnant centre-ville. Pour les hôtes, 2 belles et grandes chambres parquetées avec salles de bains privées et, à disposition, un beau salon aux bibliothèques bien fournies. Un

petit bout de campagne romaine ! Et, cerise sous le gâteau, Cristiana vous assure de vous faire goûter la meilleure glace de Rome...

🍴 *Caffè du MAXXI* (hors plan détachable d'ensemble par B1) : à l'intérieur du musée. Mar-dim à partir de 12h. Buffet 18 €. On retrouve ici les lignes grises et blanches très épurées du MAXXI juste en face. Agréable aux beaux jours pour y avaler un *tramezzino* entre deux visites. Dans les mêmes murs, une partie restaurant plus cossue, le *MAXXI21,* avec une formule intéressante où tout est à volonté (résa : ☎ 06-32-07-230).

À voir

🏛🏛 *MAXXI* (Museo nazionale delle Arti del XXI secolo ; hors plan détachable d'ensemble par C1) : via Guido Reni, 4a. ☎ 06-32-19-089. • fondazionemaxxi. it • Ⓜ Flaminio, puis tram n° 2. Ou bus n°s 53, 217 ou 280 (plus long). Tlj sf lun 11h-19h (22h sam). Entrée : 11 €. Audioguide : 5 €. Le MAXXI est, avec le MACRO, l'un des rares musées contemporains de la ville. Après des années de tribulations administratives, cet énorme bâtiment de 30 000 m² a été inauguré en juin 2010. Construit sur les anciennes casernes de la ville, le musée aux courbes d'acier et de béton dénote avec le quartier populaire de Flaminio. Construit sur 4 niveaux, il se dédouble ainsi : d'un côté le MAXXI Architettura et de l'autre le MAXXI Arte. À l'intérieur de l'édifice, on est frappé par ses imposants escaliers noirs et ses murs immaculés... et penchés ! Certes, l'architecte anglo-irakienne Zaha Hadid, a vu les choses en grand : sept grandes salles d'expos desservent l'escalier. Plus qu'un musée, le MAXXI se veut un lieu de culture, d'échanges et d'expos temporaires. Également un centre d'archives et une bibliothèque.

🎭🎭 **L'auditorium – parco della Musica** *(hors plan détachable d'ensemble par B1) : l'auditorium est au n° 30, viale P. de Coubertin.* ● auditorium.com ● Ⓜ *Flaminio (ligne A), puis tram n° 2, arrêt « Appolodoro ». Sinon, bus n° 910 depuis Termini. Visites les w-e et j. fériés, ttes les heures 11h30-16h30 ; en sem, slt sur résa (10 pers min). Visite en français sur résa au* ☎ *06-80-24-12-81 ou* ● *visite* guidate@musicaperroma.it ● *Visite guidée : 9 € ; réduc. Horaires du parc 10h-20h (18h en hiver).*

En 1946, la salle de concerts de Rome, l'auditorium Augusto, a dû être démolie pour effectuer les restaurations de la tombe d'Auguste, qui la jouxtait. Il s'est passé pratiquement un demi-siècle avant que Rome ne puisse retrouver une installation musicale digne de ce nom. L'auditorium, inauguré en 2002, est l'œuvre de Renzo Piano, architecte réputé, père du Centre Georges-Pompidou à Paris et de nombreux opéras en Italie et dans le monde. Il comprend trois amphithéâtres, qui ressemblent à de gigantesques insectes endormis sur le gazon. Ces trois salles (Santa Cecilia, Sinopoli et Settecento) sont reliées par l'intermédiaire de gradins extérieurs qui peuvent se transformer en caveau de jazz. À l'intérieur, un foyer accueille une exposition d'œuvres contemporaines (Calder, Klee...) et peut également se prêter à des séances musicales. Les salles de concerts sont de véritables prouesses technologiques. Rien n'a été laissé au hasard, du choix des matériaux utilisés (brique, ardoise oxydée à l'acide, cerisier d'Amérique...) à la disposition des rangées (entièrement reconfigurables), en passant par la climatisation (sous chaque fauteuil, pour limiter les nuisances sonores)... Laissons à nos routards mélomanes le plaisir de découvrir tous les autres aménagements... Pourquoi pas à l'occasion d'un concert ?

Une place a également été faite pour un minimusée archéologique, le site est en effet installé sur les vestiges d'une villa romaine du Vᵉ s avant notre ère qui ont été mis au jour lors du chantier ; de toute façon, à Rome, en creusant, on est à peu près assuré de découvrir quelque chose...

🎭 **La mosquée de Rome** *(hors plan détachable d'ensemble par B1) : viale della Moschea, 85.* ☎ *06-80-82-258. Pour s'y rendre, prendre le métro ligne A, direction Batistini, puis descendre à l'arrêt « Flaminio ». En sortant du métro, à droite, aller à la gare et prendre un billet (1,50 €) en direction de Montebello-Viterbo, descendre à Campi Sportivi (ouf !). Visite possible mer et sam à 9h (prévoir un foulard pour les femmes).* Avec son minaret de 43 m et l'accueil possible de 12 000 fidèles, cette mosquée est la plus grande d'Europe. C'est en 1975 que la ville de Rome a offert à la communauté musulmane un terrain de 3 ha sur l'une des collines les plus élevées de Rome, le *Monte Mario*. À l'origine du financement du projet, le roi d'Arabie Saoudite et plus de 23 pays arabes ! Ces derniers ont fait appel en 1984 aux architectes contemporains italiens Paolo Portoghesi et Vittorio Gigliotti qui ont utilisé les matériaux propres à Rome, comme la brique et le travertin. À travers cette construction, la symbolique immortalise l'harmonie des religions : la tradition du christianisme occidental avec l'islam oriental, et c'est plutôt bien pensé. L'inauguration a eu lieu en 1995. Elle abrite aussi le Centre culturel islamique italien.

🎭🎭 **L'église du Jubilé :** *à 10 km au nord-est de Rome, dans le quartier Tor de Treste.* Pour les amateurs d'architecture contemporaine. Suite à un concours organisé par le Vatican pour le jubilé de l'année 2000, c'est l'Américain Richard

Meier qui a élevé cette église dans ce faubourg méconnu de Rome. Adepte du modernisme architectural, il est reconnu pour ses recherches sur la plastique de la lumière et la souplesse du béton armé. On lui doit la nouvelle structure de l'Ara Pacis à Rome en 2006 (voir plus haut « autour de la piazza di Spagna »), le Getty Center à Los Angeles ou le Macba à Barcelone.

Inaugurée en 2003, l'église est reconnaissable par sa structure particulière. Les voiles d'abord, un bon moyen de prendre le large et donc de s'élever vers Dieu ! Les coquillages ensuite, symbolisant la Sainte Trinité, l'eau (le baptême pour les croyants) et la vie. Enfin, la forme générale de coquille ouvre l'édifice vers l'infini... L'atout de cette église, sa luminosité ! Un sacré pari pour l'art sacré, relevé d'une main de maître !

OSTIA ANTICA (00119)

🏃🏃🏃 🚶 Fondée au VIIᵉ s av. J.-C. par le roi Ancus Martius, Ostie est la première colonie de Rome, un poste avancé en quelque sorte, dédié à sa défense. Placée à l'embouchure (*ostium* en latin) du Tibre, elle devient vite le port commercial et le principal entrepôt à marchandises de Rome. Ses eaux peu profondes obligent pourtant les embarcations lourdes à rester au large, les cargaisons étant transbordées sur des bateaux plus légers jusqu'aux entrepôts du port. Évidemment, en cas de tempête, le site d'Ostie n'est pas le plus idéal... C'est pourquoi l'empereur Claude entame la construction d'un nouveau grand port à 3 km au nord de l'embouchure. Trajan complète l'ouvrage par un bassin profond accueillant les gros navires et facilitant leur déchargement. De là, des chalands remontent le Tibre sur 35 km pour gagner le centre de Rome...

Ostie connaît une grande période de prospérité du Iᵉʳ au IIIᵉ s, et compte jusqu'à 150 000 habitants à l'époque d'Hadrien (117-138). En déclin dès le IVᵉ s avec la chute de l'Empire romain, la ville est abandonnée au Xᵉ s. Ses derniers habitants créent un petit bourg médiéval – Gregoriopoli – juste à l'est. Peu à peu, Ostia Antica s'ensable, et une inondation en détourne même le cours du Tibre au XVIᵉ s.

Aujourd'hui, le site se trouve à environ 5 km de la côte. Sa visite représente une très agréable promenade bucolique au beau milieu des pins parasols et des nombreux vestiges antiques, classés parmi les mieux conservés d'Italie. Peut-être un peu moins facile à comprendre que Pompéi, Ostie présente tout de même beaucoup de charme ; la première s'est figée d'un seul coup, la seconde s'est éteinte tout doucement... Une chose est sûre : la visite s'impose dès lors que l'on reste plus de 4 jours à Rome, d'autant que l'accès est facile et rapide.

Comment y aller ?

➤ **En train :** prendre un train à la gare Roma-Lido, accolée au Ⓜ Piramide (*plan détachable d'ensemble, D6*). Départs ttes les 15 mn ; descendre à la gare « Ostia Antica ». Un simple ticket de métro – soit 1,50 € – suffit pour l'ensemble du trajet aller. Durée : 20 mn. En été, éviter les heures de pointe du w-e : les Romains vont à Ostie-plage (l'arrêt suivant) et les trains sont bondés... Une fois arrivé à « Ostia Antica », prendre la passerelle bleue face à la gare ; le site archéologique est un peu plus loin sur la gauche, à 5 mn à pied.

➤ **En voiture :** quitter Rome en

suivant le Tibre par la via Ostiense. Sur place, parking payant (2,50 €/j.).

➤ **En bateau-mouche :** fin mars-fin oct env, on peut en principe (tout dépend du niveau d'eau du Tibre) se rendre à Ostia en bateau-mouche à partir de Rome. Compter 20 €/pers et 2h/2h30 de trajet. La compagnie *Gite Sul Tevere* propose cette excursion à partir du ponte Marconi. Départ à 10h, arrivée prévue sur le site à 12h. (☎ 06-50-93-01-78 ; ● gitesultevere.it ●).

Infos utiles

– **Infos** (en italien) **:** *via dei Romagnoli, 717, 00119 Ostia Antica.* ☎ *06-56-35-02-15.* ● *ostiaantica.beniculturali. it* ●
– **Horaires d'ouverture :** *tlj sf lun ; de mi-mars à fin mars 8h30-17h30 ; déb avr-fin août 8h30-19h15 ; sept 8h30-19h ; oct 8h30-18h30 ; de nov à mi-mars 8h30-16h30. Fermeture billetterie 1h avt. Fermé 1er janv, 1er mai et 25 déc.*
– **Entrée :** *8 € (10 € si expo temporaire) ; réduc ; gratuit pour les moins de 18 ans. Roma Pass accepté.*

– Le site est très vaste : prévoir un chapeau... et du temps !
– **Important :** les plus belles mosaïques ne sont pas visibles en hiver, où on les recouvre d'une bâche.
– **Attention :** on ne peut pas sortir du site pour déjeuner, alors prévoir un pique-nique (le théâtre s'avère un décor idéal !). Sinon, la *cafétéria* du site propose un honnête plat de pâtes à prix raisonnable. Les toilettes se trouvent à côté de la cafétéria.

Le site

....

On vous conseille très vivement d'investir 2 € pour le **plan détachable officiel du site,** publié en français. Les numéros des principaux monuments indiqués ci-après s'y reportent. Nous vous proposons un itinéraire en boucle qui débute à la nécropole et s'achève au musée, en passant devant les monuments les plus remarquables.

❦ Necropoli (nécropole ; **1**) **:** comme de coutume, les sépultures, en pierre et en brique polychromes, se trouvaient hors des murs de la ville. Dans la **via delle Tombe (2),** ne pas rater les *columbarium,* ces cavités qui renfermaient les urnes funéraires, et les nombreux sarcophages qui portaient des inscriptions grecques. En effet, les commerçants d'origine grecque étaient nombreux dans ce port.

❦ Porta Romana (3) : il s'agit de l'une des deux portes urbaines ; elle marquait la limite de la ville républicaine. Ici, la via Ostiense, qui arrive de Rome, devient le *Decumanus Maximus.* Sur la gauche, le *piazzale della Vittoria* **(5)** et sa fontaine rectangulaire en brique sont dominées par une magnifique statue de la Victoire ailée. Juste de l'autre côté de la rue, les vestiges des bâtiments de la puissante corporation des charretiers avec leurs thermes privés, les **terme dei Cisiarii (4).** Voir la belle mosaïque quadrangulaire de 8,70 m de côté.

❦❦❦ Terme di Nettuno (thermes de Neptune ; **7 et 8**) **:** monter sur la terrasse pour avoir une belle vue sur la ville et surtout pour admirer deux des plus belles mosaïques d'Ostie. La première représente Neptune, dieu de la Mer, entouré d'une bande de monstres marins. Dans l'autre salle, une autre mosaïque splendide représente Amphitrite, déesse de la Mer. Descendre de la terrasse pour gagner la *palestre* (gymnase). Elle donne sur des galeries de service en bon état, où l'on observe notamment un *hypocauste,* foyer à bois installé en sous-sol et alimentant un astucieux système de chauffage à air chaud.

❦❦ Caserma dei Vigili (caserne des Vigiles ; **9**) **:** les vigiles en question étaient les pompiers et policiers de l'époque. Tous militaires, ils étaient tenus

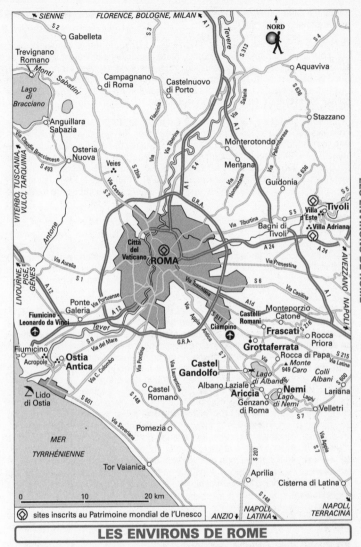

LES ENVIRONS DE ROME

d'honorer le culte impérial. Voir par conséquent l'*Augusteum* (sanctuaire consacré au culte impérial), et cette formidable mosaïque montrant le sacrifice d'un taureau. La composition est encadrée à droite et à gauche par la même scène, où un personnage s'apprête à dépecer l'animal : il en taillera une part pour les dieux et une part pour les hommes. Au centre, de gauche à droite : le bouvier, aiguillon en main, vient d'amener la bête. Le taureau, attaché par une corne, n'est pas content du tout : il s'arc-boute, tire la langue et bat l'air de sa queue. À sa droite se tient le sacrificateur, hache levée, prêt à frapper, puis l'autel est allumé (fragmentaire), un joueur de flûte et le prêtre semblent mettre de l'encens et du vin sur l'autel...

🪓 *Horrea d'Hortense* (entrepôt d'Hortense ; *12*) : de forme rectangulaire avec une cour centrale cernée de colonnes, entre lesquelles s'ouvraient les salles où étaient entreposées les marchandises fraîchement débarquées au port d'Ostie. C'est un bâtiment portuaire typique ; la cité en comptait de nombreux. S'ils ne sont pas fermés, voir aussi les entrepôts *Epagathiana et Epaphroditiana (42),* mieux conservés et dotés d'un beau portique d'entrée.

🪓🪓 *Teatro* (théâtre ; *13*) : construit à l'instigation d'Agrippa (gendre et fidèle conseiller d'Auguste, célèbre promoteur et mécène qui avait déjà commandité les grands monuments publics de Rome, dont le Panthéon) une quinzaine d'années avant la naissance du Christ, et agrandi par la suite, il finit par accueillir 4 000 spectateurs. En bas, derrière la scène, belles sculptures de masques. Testez l'acoustique : elle est loin d'être mauvaise ! D'ailleurs, en été, on y donne des concerts, pièces de théâtre et autres spectacles de danse (se renseigner).

🪓🪓🪓 *Foro delle Corporazioni* (forum des Corporations ; *14*) : un must d'Ostie ! C'était le noyau des activités commerciales de la ville, surtout du trafic maritime, comme en témoignent les splendides mosaïques, noires et blanches, des 60 salles qui, jadis, cernaient la place. Ces différents espaces appartenaient à autant de corporations de négociants et d'armateurs, représentent les grands ports de l'Empire. Au centre de la place, un podium surmonté d'un temple, probablement dédié à Cérès ou à l'empereur Auguste.

🪓 *Mithreum delle Sette Sfere* (sanctuaire de Mithra ; *mithreum des Sept-Sphères* ; *15*) : c'est l'un des 18 *mithreum* d'Ostie, temple consacré à la divinité solaire Mithra. Un petit briefing : Mithra était un dieu d'origine perse qui connut un immense succès dans le monde romain. On dit même que si le monde n'était pas devenu chrétien, il serait devenu – ou plutôt resté – mithriaque. Les deux religions ont d'ailleurs de nombreux points communs : monothéisme, grâce accordée à tous et à toutes (et non en fonction des offrandes !), culte intimiste dans un local simple (alors que les cultes traditionnels romains n'avaient lieu que devant le temple grandiose), etc. D'ailleurs, bizarre, bizarre, Mithra serait né un 25 décembre... Le point clé de l'histoire de Mithra est le moment où il sacrifie un taureau pour régénérer le monde, en en soustrayant les éléments vivifiants : un scorpion pince les testicules de l'animal, un chien et un serpent lèchent la plaie, un bouquet s'épanouit de la queue. On retrouve cette iconographie ici, dans le bas-relief situé au fond du *mithreum* des Sept-Sphères. Les décorations des banquettes où s'asseyaient les fidèles font référence aux sept étapes (ou sphères, d'où le nom du sanctuaire) que l'âme devait franchir pour accéder à la connaissance.

🪓 *Fullonica* (atelier des teinturiers ; *17*) : un petit espace original avec ses cuves qui contenaient les différentes couleurs destinées à teindre les peaux et les tissus.

🪓🪓 *Domus della Fortuna Annonaria* (*21*) : située dans le quartier résidentiel d'Ostie, près des grands thermes et du forum. Les vestiges de cette villa privée du IIe s donnent une bonne idée de ce à quoi pouvait ressembler une demeure romaine : patio entouré de colonnes, où donnaient les pièces de la maison, le salon avec ses deux piliers orientalisants en marbre, et au fond à gauche... les latrines privées bien sûr !

🪓 *Terme del foro* (thermes du forum ; *30*) : le plus grand établissement thermal d'Ostie. On y remarque ses canalisations en terre cuite qui permettaient de diffuser l'air chaud dans les murs de certaines pièces, à partir d'un foyer central alimenté en bois, appelé *hypocauste*.

🎬🎬 **Latrine pubbliche** *(latrines publiques ; 29) :* il s'agit de deux salles, jadis séparées par un mur délimitant les zones hommes et femmes, et bordées d'une banquette en marbre blanc percée d'une vingtaine de sièges. Vraiment étonnant !

🎬 **Foro** *(forum ; 34) :* c'était ici le cœur d'Ostie, grande place à la croisée de toutes les activités administratives quotidiennes, politiques et religieuses. Au fond du forum se dressent les restes du **capitole (38),** temple dédié à la triade capitoline : Jupiter, Junon et Minerve. Architecture massive et impressionnante. Du haut des marches, point de vue extraordinaire sur la ville.

🎬🎬 **Les étals des marchands de poissons** *(56) :* on peut encore y voir les tables en marbre, les viviers, le système d'évacuation des eaux, et ces jolies mosaïques figurant des poissons.

🎬🎬🎬 **La maison des Auriges, la maison de Sérapis et les thermes des Sept-Sages** *(52, 53 et 54) :* cet îlot incontournable constitue l'un des coins les plus charmants et les mieux préservés du site. Accès par le portique de la maison de Sérapis *(52).* Voir absolument la mosaïque représentant des scènes de chasse, dans la grande salle circulaire, et, au-dessus d'une petite piscine, une fresque de Vénus sortant de son bain, escortée par deux Éros. La maison des Auriges abrite également de jolies fresques de scènes de char...

🎬🎬 **La maison d'Amour et de Psyché** *(45) :* une villa tardive (IVᵉ s), parée de décorations en marbre polychrome où l'on peut voir, notamment, une représentation du groupe *Amour et Psyché,* dont la sculpture est conservée au musée.

🎬🎬🎬 **Thermopolium** *(28) :* traduire « vente de boissons et nourritures chaudes ». Un genre de resto où l'on servait une restauration rapide, du genre galettes, saucisses, soupes, etc., mais aussi le p'tit vin frais de la cave... Admirer les superbes comptoirs en marbre, dont l'un est surmonté d'une fresque représentant des olives dans un pot, des légumes et un fruit ; certainement les aliments qui devaient y être posés. Les clients pouvaient aussi consommer « en terrasse », dans la cour intérieure ornée d'une fontaine.

🎬 **La maison de Diane** *(27) :* un immeuble du IIᵉ s, qui faisait quand même, sur trois étages, ses 18 m de hauteur (le maximum autorisé sous Trajan)... Si le rez-de-chaussée sur rue était réservé aux commerces (boulanger...), les étages supérieurs abritaient, eux, les gens des classes moyennes. Cette *insulae,* la mieux conservée du site, nous projette dans l'environnement des habitants de l'époque.

🎬 **Le quartier des meuniers** *(23) :* différentes échoppes où le grain était broyé renferment encore des meules en pierre volcanique. Et les bœufs qui les faisaient tourner ont laissé les traces de leurs sabots dans certaines dalles du sol.

🎬🎬 **Museo** *(musée ; 24) : tlj sf lun 10h30-18h (16h nov-fév). Même billet que pour le site.* Installé dans un ancien dépôt de sel, ce petit musée contient une belle partie des statues et sculptures originales mises au jour par les archéologues sur le site d'Ostie, et dont vous n'avez vu que certaines copies en le visitant. Voir absolument la statue de la fameuse *Victoire ailée* (l'originale du piazzale della Vittoria ; *5),* le sacrifice du taureau à la divinité Mithra, les têtes d'empereur et de personnalités, sans oublier quelques beaux bas-reliefs.

À voir. À faire dans les environs d'Ostia Antica

🎬🎬 **Le bourg d'Ostie** *: juste à l'entrée du site archéologique d'Ostia Antica.* Édifié à partir du Xᵉ s par les derniers habitants qui abandonnèrent le site antique d'Ostie, c'est un petit bourg de style Renaissance assez charmant, surplombé par son **castello di Guilio II** (☎ 06-56-35-80-13 ; *visite gratuite accompagnée du gardien des lieux tlj sf lun à 10h et 12h, plus 15h mar et jeu ; pourboire bienvenu*). Ce château fort du XVIᵉ s contrôlait l'entrée du Tibre, sur un méandre qui fut détourné suite à une inondation... Voir aussi la charmante petite **chiesa Sant'Aurea,** dans ce bourg qui compte aussi deux restos, à la cuisine plus élaborée, mais aussi plus chers que la cafétéria du site archéologique.

⌂ *La plage Lido di Ostia :* pour y aller en train, prendre le même itinéraire que pour Ostia Antica, mais descendre après, à la station « Lido Centro ». Beaucoup de monde en été, notamment le week-end. Pour trouver une plage plus tranquille et assez sauvage, un bus dessert la côte en été à partir de la dernière station de train.

TIVOLI   56 530 hab.   IND. TÉL. : 0774

La région de Tivoli est réputée pour son environnement privilégié. Déjà, Hadrien s'y trouvait mieux qu'à Rome, et les romantiques aimaient y peindre une nature resplendissante. Cette grosse bourgade, assise sur une colline surplombant la périphérie de Rome, doit sa notoriété actuelle aux villas d'Este et d'Hadrien (Adriana), toutes deux classées par l'Unesco au Patrimoine mondial en 2001. Difficile de vous conseiller la visite de l'une, chef-d'œuvre Renaissance situé dans la ville même, plutôt que l'autre, grandiose amoncellement de ruines antiques étalées au pied du bourg, côté Rome... Autant faire les deux dans la foulée. Une chose est sûre, Tivoli mérite le détour par beau temps, quand la découverte des villas est enrichie par de superbes points de vue sur Rome et ses alentours.

Comment aller aux villas d'Este et d'Hadrien ?

Situées à respectivement 33 et 29 km du centre de Rome, il faut prévoir au minimum 1h30 pour effectuer ce court trajet car les routes sont très encombrées. Vu l'éloignement et la déclivité, pas de balade à pied agréable entre les deux villas. Solutions plus bas.

En bus

➢ De Rome, prendre le métro (ligne B) jusqu'à Ponte Mammolo. À la sortie, départ des bus *Cotral (rens :* ☎ *800-174-471 ;* ● *cotralspa.it* ●). Trois possibilités : bus rapides (départs ttes les heures) ou classiques (ttes les 15 mn, empruntent la nationale), arrêt via Tiburtina (à 1 km de la villa d'Hadrien), puis à Tivoli (villa d'Este) ; autre ligne de bus classiques (ttes les heures), arrêt plus proche de la villa d'Hadrien (à 300 m), puis à Tivoli. Intervalles plus longs dim. Env 5 € A/R (mieux vaut acheter le billet A/R au départ ; on nous signale quelques cas d'arnaque sur les tickets).

Conseils

– Si vous souhaitez visiter les deux sites, il est plus simple de commencer par la villa d'Este, puis, au départ de la grande place de Tivoli, d'emprunter les bus locaux *CAT* (le nº 4X ou le nº 4) qui vous mèneront près de la villa d'Hadrien.
– La villa d'Hadrien est beaucoup moins fréquentée que la villa d'Este car plus difficile d'accès et gigantesque. Sa visite, véritable petite rando archéologique, est également propice au pique-nique. En revanche, elle se fait quasi exclusivement à découvert ;

en été, l'idéal est de la découvrir tôt le matin ou en fin d'après-midi (en ayant dans ce cas prévu son retour sur Rome).

En train

➢ **Train régional FR2 Tiburtina-Tivoli :** le métro Tiburtina (ligne B) est à 5 stations de Termini. À Tivoli, la gare se situe derrière la villa Gregoriana (voir *Sibilla* dans la rubrique « Où manger ? »), à 1 km du centre et

de la villa d'Este (15 mn de marche ou bus). Départs ttes les 15-30 mn (dans les 2 sens) 6h30-21h30 env. Env 5 € A/R. Durée : 1h. Plutôt que les embouteillages...

En voiture

Depuis Rome, le plus rapide est de prendre l'autoroute A24, direction « L'Aquila », et de sortir à « Tivoli ». On évite ainsi les embouteillages de la via Tiburtina et ses petits villages...

Adresse utile

🄸 **P.I.T (Punto informativo turistico) :** *piazza Nazioni Unite.* ☎ *0774-31-35-36. Tlj sf lun 10h-13h, 16h-18h.* Infos diverses, plans et petites brochures, dont un circuit (version française théoriquement disponible) couvrant les principaux sites de la ville.

Où manger ?

I●I Une très bonne option consiste à **pique-niquer** dans un coin tranquille de Tivoli, près de la villa Gregoriana (voir *Sibilla* plus bas) ou dans le parc de la villa d'Hadrien.

I●I **Trattoria L'Angolino di Mirko :** *via della Missione, 3.* ☎ *0774-31-20-27.* ● *info@angolinodimirko. com* ● *Depuis la grande place de Tivoli, s'engager dans la rue piétonne, puis, de suite à gauche, dans la rue qui descend. Tlj sf dim soir et lun.* Compter 20-25 € pour un repas complet. Délicieuses pâtes maison, tout comme le pain. Également des plats typiques réactualisant d'anciennes recettes, comme les gnocchis au ragoût d'agneau. Bien aussi pour boire un café ou un verre. Atmosphère familiale.

I●I **Sibilla :** *via della Sibilla, 50.* ☎ *0774-33-52-81.* ● *info@ristorantesibila.com* ● *À côté de l'entrée de la villa Gregoriana. Compter 10 mn à pied depuis la villa d'Este en s'engageant par la via del Trevio (la rue principale). Tlj sf lun.* Cette adresse, la plus célèbre de la ville, profite d'un décor incomparable. Aux beaux jours, on déjeune sur une terrasse qui entoure la superbe rotonde romaine de la Sibylle, en surplomb d'un ravin rafraîchi d'une belle cascade et d'une végétation luxuriante. Bien des rois ont apposé leur nom dans le luxueux hall d'entrée. Mais, pour être honnête, c'est très cher et pas exceptionnel. On peut se contenter d'y boire un verre.

À voir

ⓞ *LA VILLA D'ESTE*

– **Infos et visite :** *piazza Trento, 5, 00019 Tivoli.* ☎ *199-76-61-66 (centre d'appel valable pour tte l'Italie) ; de l'étranger :* ☎ *0039-041-27-190-36.* ● *villadestetivoli. info* ●
– **Horaires d'ouverture :** *ouv 8h30-17h en hiver, jusqu'à env 18h30 aux intersaisons et 19h45 en été (fermeture des caisses 1h avt). Fermé lun (si lun est un j. férié, fermé mar), 1ᵉʳ janv, 1ᵉʳ mai et 25 déc. Compter 2h de visite.*

– **Entrée :** *8 € (ou 11 € en cas d'expo temporaire) ; réduc ;* Roma & Più Pass *accepté. Audioguide en français : 4 €.*

✱✱✱ La villa d'Este est avant tout célèbre pour ses vastes jardins à l'italienne, savant mariage de géométrie (tracé des allées), de flore et de fantaisie aquatique débridée, illustrée par plus de 50 fontaines ! **Attention,** la villa d'Este sans eau, c'est plus que décevant ! Or, le fonctionnement des fontaines s'interrompt en hiver, et même parfois le reste de l'année ; tout dépend du débit de la rivière qui l'alimente, mieux vaut vérifier avant d'y aller que les principales d'entre elles sont bien en service.

Un peu d'histoire

En 1550, Hippolyte II vint prendre ses fonctions de gouverneur de Tivoli. En digne fils de la sulfureuse Lucrèce Borgia, il dut trouver bien austère son logement, un vieux monastère bénédictin, car il chargea l'architecte Pirro Ligorio de le transformer en l'une des plus somptueuses villas de l'époque... Pour ce faire, et notamment pour agrandir son jardin, il fit expulser 400 familles. Mais comme cela lui faisait « seulement » 4 ha de jardins, le brave Hippolyte demanda également la destruction des deux églises voisines. Un comble pour un homme d'Église ! Dieu merci, le Vatican refusa. Autre preuve du

ITINÉRAIRE D'UN ENFANT GÂTÉ

Hippolyte II, petit-fils du pape Alexandre Borgia et fils de Lucrèce Borgia, hérita du siège d'archevêque de Milan à l'âge de... 10 ans. Il fut ensuite archevêque de Lyon, d'Auch et d'Arles, puis le plus riche cardinal de son époque. Logiquement, il voulut devenir pape. C'était même une obsession. Il se présenta quatre fois à l'élection du trône pontifical mais ne fut jamais élu en raison des nombreuses intrigues (et tentatives de corruption !) qu'on lui attribuait... À la fin, on ne lui permit même plus de se présenter : il fut exclu de la curie pontificale !

charmant caractère du personnage : comme Pirro Ligorio était aussi l'archéologue en titre de la villa d'Hadrien, ce cher Hippolyte lui demanda de s'en inspirer largement... et même de se servir directement dans la villa pour égayer sa propriété, ce qui fut fait. C'est vrai, quoi, pourquoi se gêner ?

La villa

Si la villa doit surtout à ses jardins de figurer sur la liste du Patrimoine de l'humanité, on prendra tout de même le temps de visiter le palais, aux fresques magnifiquement restaurées.

Le 1er étage (au niveau de la cour d'entrée, dite de Vénus) renferme les appartements privés du cardinal. Dans sa chambre, 16 figures féminines personnifiant les vertus composent une frise surmontée d'un plafond à caissons très élaboré. On y découvre les armes d'Hippolyte, l'aigle et la fleur de lys, ainsi que sa devise, allusion aux fruits du jardin des Hespérides, et par là à Hercule, omniprésent dans toute la décoration de la villa. Une preuve que le cardinal s'identifiait à ce dieu antique et à ses légendaires travaux ! Au-delà de la chambre, on remarque encore une chapelle privée quasi entièrement décorée par Zuccari, maître du maniérisme romain, parée d'éléments architecturaux en trompe l'œil, comme la plupart des pièces du palais, et les belles chambres de Moïse et de Noé.

Au rez-de-chaussée, un étonnant corridor à la voûte couverte de mosaïques et agrémentée de trois fontaines conduit aux pièces de réception. Parmi elles, le salon de la Fontaine, où sont représentés les jardins de la villa, encadrés de colonnes torsadées, s'ouvre sur la loggia d'où la vue sur le vieux bourg de Tivoli et sur les jardins est absolument superbe.

Les jardins

Ah ! les jardins... Hippolyte les obtint de bien cruelle façon (voir plus haut), mais quel incroyable jeu d'optique et de perspective ! Il faut savoir que ces jardins des merveilles *(giardini delle meraviglie)* n'ont jamais cessé d'évoluer depuis le XVIe s. Et si l'on est frappé par leur apparente homogénéité, s'y côtoient en réalité des éléments Renaissance, baroques, voire rocaille... certaines fontaines datent même de 1927 ! Vous serez immanquablement ébloui par la profusion de jets d'eau, bassins et cascades qui inspirèrent aussi bien Montaigne que Fragonard ou Maurice Ravel. Ce qui frappe, c'est la fusion entre ces ouvrages et la nature (flore magnifique). Au gré des allées soigneusement entretenues, on croise des cyprès vieux de 400 ans qui inspirèrent une sonate à Franz Liszt (c'est à la villa que ce dernier reçut les ordres mineurs pour devenir l'abbé Liszt) ou encore des rosiers centenaires.

Les fontaines

Pour acheminer l'eau du cours d'eau voisin (l'Aniene), Pirro Ligorio fit construire un aqueduc, mais comme cela ne suffisait pas, il fit creuser sous la ville un gros tunnel, mit à profit la dénivelée du terrain et calcula la pression naturelle de l'eau pour l'utiliser au maximum. Et quand on dit au maximum, c'est vraiment au maximum : tous les jeux d'eau sont obtenus à partir du principe des vases communicants, sans aucun recours à une force motrice. Génial, non ?

Parmi nos fontaines préférées, ne ratez pas les Cent Fontaines, soit une centaine de jets d'eau sortant de masques de grotesques, le tout formant une superbe allée symbolisant la voie (royale ?) qui mène à Rome et donc au trône de pape, vainement convoité par Hippolyte. Elle conduit à l'est à la belle fontaine de l'Ovale, qui doit son nom à l'énorme vasque où une Sibylle est entourée de personnages masculins benoîtement allongés, représentant le Tibre et l'Aniene (le cours d'eau local). À l'ouest, elle s'achève par l'immense fontaine de la Rometta, soit une Rome en miniature. Vous y verrez la louve et les jumeaux, la barque symbolisant l'île Tibérine, l'obélisque de la piazza del Popolo (le premier rapporté d'Égypte), Saint-Jean-de-Latran, de petits temples représentant les sept collines de Rome, ou encore, dans une grotte artificielle, ce personnage de dos qui, soutenant le monde, incarne le Tibre et l'ambition de l'ancien propriétaire des lieux. Au-delà de ce véritable paysage aquatique, très belle vue sur Rome, au loin, et sur les carrières de travertin.

En contrebas, la fontaine de la Chouette *(fontana della Civetta)* produit, grâce à un subtil mécanisme séparant l'air de l'eau connu dès l'Antiquité, un doux gazouillis que l'on peut entendre aux beaux jours *(à 10h, 12h, 14h, 16h ; en été, séance supplémentaire à 18h)*. À l'origine, des petits jets d'eau dissimulés dans le sol arrosaient par surprise les spectateurs ébahis ! Plus bas, une large allée rythmée par trois grands bassins, d'anciens viviers où s'ébattaient autrefois cygnes et canards, conduit à la fontaine de Neptune (grands jets d'eau), surmontée de l'étonnante fontaine de l'Orgue. Son mécanisme, analogue à celui de la fontaine de la Chouette (les deux ont été conçues par le même ingénieur français), émet un madrigal de Palestrina *(à 10h30, 12h30, 14h30 ; en été, séances supplémentaires à 16h30 et 18h30)*. Son esthétique n'est pas forcément la plus réussie, mais ses cariatides torsadées sont tout de même des plus sexy, non ?

Enfin, si vous voulez rendre hommage à la fécondité artistique de ce jardin, cherchez donc la statue d'Artémis, dont on vous rappelle qu'elle ne serait pas couverte de seins mais de testicules de taureau. Cette statue antique provient comme beaucoup d'autres de la villa d'Hadrien.

⊘ *LA VILLA D'HADRIEN* (villa Adriana)

– *Infos et visite :* via di Villa Adriana, 204, 00019 Tivoli. ☎ 0774-53-02-03 ou 0774-38-27-33. ● villa-adriana.net ● ♿ Possibilité de monter en voiture jusqu'au site (parking env 2 €).

– *Horaires d'ouverture :* tlj 9h-16h30 au cœur de l'hiver, jusqu'à 19h en été (fermeture des caisses 1h30 avt). Fermé 1er janv, 1er mai et 25 déc.

– *Entrée :* 8 € (11,50 € en cas d'expo temporaire) ; réduc ; Roma & Più Pass accepté. Audioguide en français (très bien fait, il permet aussi d'orienter la visite) : 4 €.

🌂🌂🌂 Cette villa somptueuse fut construite de 117 à 134 apr. J.-C. pour Hadrien qui y vécut les dernières années de son règne. Il fut d'ailleurs le seul empereur à élire domicile hors de sa capitale. Se trouver en pleine nature, à 2h de cheval de Rome, permettait selon lui d'élever l'esprit et de mieux réfléchir. Ne partageant pas cette opinion, ses successeurs retournèrent au Palatin.

Rappelons que « villa » désigne en latin une propriété et non une maison. Ici, résidence impériale oblige, elle se distingue par ses dimensions colossales (près de 150 ha), mais aussi par le nombre et la qualité des bâtiments qui en font une véritable ville ! Ainsi, à côté des logements de l'empereur et de son personnel, on trouvait une caserne, des thermes grandioses (les vestiges de fresques et de pavements l'attestent), un stade, un hippodrome et un gymnase, deux théâtres, deux bibliothèques et un temple. Passionné de culture hellénistique et grand voyageur, Hadrien voulut créer une sorte d'album de souvenirs géant, garni de nombreux monuments qu'il avait admirés en Grèce, en Asie Mineure et en Égypte. Évidemment, la *villa Adriana* est aujourd'hui en ruine, victime des Barbares, mais aussi d'esthètes et marchands qui s'emparèrent sans vergogne de nombreuses sculptures, fresques et mosaïques.

L'ensemble des vestiges forme en tout cas un paysage de ruines très bucolique (bancs et pelouses pour le pique-nique) et encore riche de secrets car la villa n'a jusqu'à ce jour jamais fait l'objet d'une fouille systématique... La maquette exposée dans une petite bâtisse en haut de l'allée d'accès (avant le *pecile*) donne une idée de ce qu'elle pouvait être à son apogée. Une idée seulement, car si les fondations permettent de deviner le plan, l'élévation réelle des bâtiments reste beaucoup plus hypothétique, en l'absence de descriptions précises.

Parmi les éléments les plus remarquables, nous citerons le *pecile,* vaste quadriportique (97 m x 232 m) se déployant autour d'une piscine, lieu de promenade à l'origine couvert. Puis en prenant à gauche, le *théâtre maritime,* un îlot entouré d'une superbe colonnade sur lequel Hadrien aimait se retirer. Au-delà des thermes, il ne faut surtout pas louper le *canope*. Ensemble monumental le plus connu de la villa, ce superbe bassin entouré de colonnes et de statues antiques reproduit, en miniature, le bras sacré du Nil. En été, Hadrien profitait de cette vue exotique depuis un *triclinium* (salle à manger) aménagé dans un bâtiment semi-circulaire ouvert sur la nature.

LES CASTELLI ROMANI

Située au sud-est de Rome et aussi connue sous le nom de *colli Albani,* c'est une région campagnarde et montagneuse, parsemée de lacs volcaniques. Les riches Romains de l'Antiquité s'y faisaient construire des villas où ils venaient se reposer de la capitale, au frais. Mais attention, les

« châteaux romains » n'en sont pas ! C'étaient à l'origine plusieurs villages fortifiés au Moyen Âge, qui ont finalement contribué à l'appellation de la région tout entière.

Si les collines des Castelli Romani se montrent verdoyantes à souhait, elles sont néanmoins assez construites, et la circulation automobile y demeure importante, même en semaine. Toutefois, certains sites conservent un caractère simple et authentique. C'est ceux-là que nous allons vous faire découvrir, mais ne comptez pas y trouver un cachet qui puisse donner le change aux monuments de Rome !

➢ **Pour y aller :** la voiture est, de loin, la meilleure solution, d'autant que la via dei Laghi (la route des Lacs) offre de belles échappées.

Où manger ?

À Frascati (00044)

|●| 🚃 **Cantina Il Pergolato :** via del Castello, 20. ☎ 06-94-20-464. ● cantinailpergolato@libero.it ● Dans la rue qui descend derrière la halle du marché. Tlj 11h-23h. Carte 15-20 €. Café offert sur présentation de ce guide. Cette grande taverne typique et populaire, à la déco kitschouille, propose un généreux self-service. On remplit son plateau de légumes grillés, porchetta, charcuterie, fromage... puis on montre du doigt la viande désirée, ou on commande pâtes et pizzas. Ensuite, on va s'asseoir et partager les grandes tablées et, pendant qu'on se régale des antipasti, la viande part sur le barbecue... et le reste est préparé en temps réel. Le vin local descend tout seul. Un endroit vraiment insolite.

À Grottaferrata (00046)

Les restaurants de qualité y sont nombreux.

|●| **Ristorante Nando :** via Roma, 4. ☎ 06-94-59-989. ● ristorante nando.it@gmail.com ● Tlj sf lun (en été ouv lun soir). Carte 35-40 €. Ce resto étale un cadre cossu. Dans l'assiette, fine cuisine de saison avec des recettes savoureuses et surprenantes où, à chaque étape, on choisit entre la mer et la terre. Pour le vin, on vous laisse découvrir la cave... Accueil avenant.

|●| **Taverna Mari :** via Piave, 29. ☎ 06-93-66-82-61. ● info@taverna mari.it ● Ts les soirs sf mer ; sam-dim, le midi slt. Résa conseillée.

Carte env 30 €. D'authentiques salles rustiques qui accueillent une trentaine de couverts chaque soir. Suivez le chef et ses suggestions ! Cuisine familiale traditionnelle et pleine de saveurs, bien connue des gastronomes locaux qui ne veulent pas se ruiner. Nos papilles en raffolent !

|●| **Al Buco :** via Giovanni Amici, 3. ☎ 06-00-04-485. ● albucodigrottafer rata@gmail.com ● Tlj sf lun midi et soir. Pâtes autour de 10 €, plats 15-20 €. Pas beaucoup de place, résa indispensable ou venir dès 19h30. Salle aux dimensions restreintes, tables nappées de carreaux. La nonna est aux fourneaux. Antipasti gargantuesques (1 pour 2 suffit). Le reste est à l'avenant : cuisine romaine de saison authentique, plats succulents, variés et originaux à prix modérés. Un festival de saveurs inédites. Vous pouvez y aller les yeux fermés, vous ne serez pas déçu.

|●| 🚃 **Antica Fontana :** via Dome-nichino, 24. ☎ 06-94-13-687. ● info@ anticafontana1989.it ● Tlj sf lun et mar midi, 12h45-14h45, 19h45-22h45. Congés : en janv. Plats 9-25 € ; carte 15-40 €. Un agréable resto-pizzeria où la verdure s'insinue partout dans la salle principale et jusqu'en terrasse. Côté fourneaux, on se régale des spécialités typiques, concoctées avec les produits frais du cru. Également des pizzas à prix plancher. Une adresse pour toutes les bourses.

À Castel Gandolfo (00040)

|●| **Taberna dei Sentori :** via Arco delle Scuole Pie, 12.

LES ENVIRONS DE ROME

☎ 329-20-04-049. ● *tabernadeisen-tori@yahoo.it* ● *Dans la ruelle qui borde le lac, derrière l'église. Tlj sf lun-mar. Carte env 20 €.* À l'écart des bistrots à touristes de la place du village, un charmant bar à vins aménagé dans une vieille maison voûtée aux pierres apparentes. Vaste choix de bons crus italiens, que l'on déguste avec des *bruschette*, assiettes de charcuterie et de fromage, ou de délicieux petits plats savoureux et très abordables, mitonnés avec des produits traditionnels de qualité.

Achats dans les environs

⚜ **Castel Romano Designer Outlet :** *via Ponte di Piscina Cupa, 64, 00128* **Castel Romano.** ☎ 06-50-50-050. ● *mcarthurglen.com* ● *À env 20 km au sud de Rome. Depuis le périphérique de Rome G.R.D. (sortie 26), prendre la via Pontina (voie express S148) et sortir à « Castel Romano ». Navette possible partant de la gare de Termini à 10h, 12h30 et 14h30 ; retour à 11h15,* 13h45, 17h et 20h (13 € A/R). Tlj 10h-20h (21h ven-dim). Un énorme magasin d'usine dédié aux grandes marques de la mode italienne et internationale (Geox, Calvin Klein, Roberto Cavalli, Liu Jo, Missoni, Salvatore Ferragamo, Stefanel, Benetton, Patrizia Pepe...). Les prix, de 30 à 80 % inférieurs aux boutiques classiques, valent vraiment le déplacement.

À voir. À faire

– *Goûter aux bons vins de Frascati :* les vins du Latium sont essentiellement des blancs élevés sur les collines des Castelli Romani. Ensoleillé à souhait et jouissant de sols volcaniques fertiles, le terroir de Frascati assure le gros de la production. On conseille donc aux amateurs la découverte du *frascati superiore*, un étonnant petit vin blanc à la fois vif et fruité, qui se savoure volontiers de l'*aperitivo* aux *dolci*. Allez donc le déguster dans la cave de *Poggio le Volpi* (via Colle Pisano, 27, 00040 **Monteporzio Catone,** à env 3 km à l'est de Frascati ; ☎ 06-94-26-980 ; ● *poggiolevolpi.it* ● ; visite et dégustation sur rdv slt), un vigneron récemment primé par la gastronomie italienne pour la qualité et l'élégance de ses crus, dont les prix demeurent raisonnables (environ 10 € la bouteille).

🍴🍴 **Monastero esarchico di Santa Maria di Grottaferrata** *(Abbazia greca di San Nilo) :* corso del Populo, 129, 00046 **Grottaferrata.** ☎ 06-94-59-309. ● *abbaziagreca.it* ● *Tlj 7h-19h30 (20h30 au printemps et en été).* Cette abbaye fut fondée en 1004 sur les ruines d'une ancienne villa romaine, par une poignée de moines venus de la Calabre byzantine, et guidés par San Nilo de Rossano. Fortifiée au XVe s, elle demeure le dernier des nombreux monastères byzantins essaimés dans le sud de l'Italie et jusqu'à Rome. On y pratique depuis l'origine le culte catholique de rite byzantin-grec. Sa déco intérieure brille notamment par la mosaïque byzantine du XIIe s, placardée derrière l'autel, représentant les apôtres à la Pentecôte. Le plafond, lui, a été commandité au XVIe s par le fameux cardinal Farnèse ; preuve du soutien et de la bonne entente avec l'église de Rome. Le maître-autel du XVIIe s est signé du Bernin. Une visite qui vaut le détour.

🍴🍴🍴 **Nemi :** notre village préféré avec son point de vue formidable ! Accroché à la montagne verdoyante qui surplombe littéralement ce lac volcanique, c'est un charmant patelin médiéval de caractère, dominé par le donjon cylindrique de son château. Plusieurs terrasses de cafés et de restos, avec une vue à couper le souffle. Les Italiens s'y retrouvent le week-end pour manger des glaces... à la fraise, bien sûr ! Car le lieu est aussi réputé pour ses fraises des bois, qui sont, il faut bien le reconnaître, sacrément bonnes (et sacrément chères aussi !)... Des fêtes orgiaques se déroulaient ici du temps de Caligula, et ce dernier faisait même voguer des navires fabuleux sur les eaux du lac de Nemi. On peut en admirer quelques épaves – repêchées au fond du lac – exposées au palais Massimo, à Rome.

🦌 *Ariccia :* un village à voir en passant, surtout pour sa *place centrale* bordée d'étonnants édifices réalisés au XVIIᵉ s par le Bernin ; en totale démesure avec le reste du bourg, qui ne comptait guère alors plus de trois rues ! Dominant une plaine maraîchère très construite, Ariccia ne présente guère plus d'intérêt. Hors de la ville, essayez de voir la *descente en montée* (demandez aux gens du coin « *la discesa in salita »,* ils connaissent tous). Ce n'est pas une blague... Dans cette descente, si vous êtes en voiture et que vous vous arrêtez en laissant au point mort (sans frein à main !), vous sentirez votre véhicule remonter tout doucement la pente. Encore plus frappant avec une balle.

🦌🦌 *Castel Gandolfo :* si la cité antique d'Alba Longa – rivale de Rome en son temps – a été localisée à Castel Gandolfo, on vient ici plutôt pour musarder sur la jolie place du village, même si elle est célèbre pour abriter le fameux palais d'été du pape (ne se visite pas), résidence des papes depuis Urbain VIII. C'est ici que Benoît XVI a choisi de se retirer en février 2013 après son renoncement à la papauté. Le château fut édifié au XVIIᵉ s par Maderno sur une agréable place dessinée par le Bernin, avec son église, sa fontaine, ses bistrots et autres magasins de souvenirs. Sachez que les jardins sont désormais ouverts aux visiteurs sur décision du pape François. En contrebas du village, le lac volcanique d'Albano offre une vue plaisante.

LES ENVIRONS DE ROME

les ROUTARDS sur la FRANCE 2016-2017

(dates de parution sur • *routard.com* •)

Découpage de la FRANCE par le ROUTARD

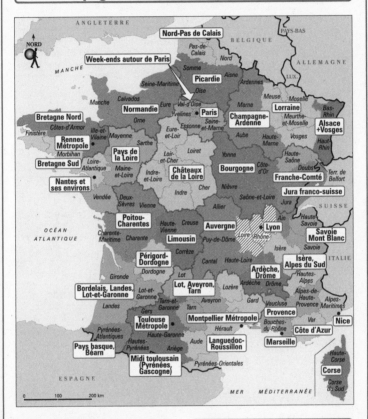

Autres guides nationaux

- La Loire à Vélo
- La Vélodyssée (Roscoff-Hendaye ; avril 2016)
- Les grands chefs du Routard
- Nos meilleurs campings en France
- Nos meilleures chambres d'hôtes en France
- Nos meilleurs hôtels et restos en France
- Nos meilleurs sites pour observer les oiseaux en France
- Tourisme responsable

Autres guides sur Paris

- Paris
- Paris à vélo
- Paris balades
- Restos et bistrots de Paris
- Le Routard des amoureux à Paris
- Week-ends autour de Paris

les ROUTARDS sur l'ÉTRANGER 2016-2017

(dates de parution sur • *routard.com* •)

Découpage de l'ESPAGNE par le ROUTARD

Découpage de l'ITALIE par le ROUTARD

Autres pays européens

- Allemagne
- Angleterre,
  Pays de Galles
- Autriche
- Belgique
- Budapest, Hongrie

- Crète
- Croatie
- Danemark, Suède
- Écosse
- Finlande
- Grèce continentale
- Îles grecques et
  Athènes
- Irlande
- Islande

- Madère
- Malte
- Norvège
- Pologne
- Portugal
- République tchèque,
  Slovaquie
- Roumanie, Bulgarie
- Suisse

Villes européennes

- Amsterdam
  et ses environs

- Berlin
- Bruxelles
- Copenhague
- Dublin
- Lisbonne
- Londres

- Moscou
- Prague
- Saint-Pétersbourg
- Stockholm
- Vienne

les ROUTARDS sur l'ÉTRANGER 2016-2017

(dates de parution sur • routard.com •)

Découpage des ÉTATS-UNIS par le ROUTARD

Autres pays d'Amérique

- Argentine
- Brésil
- Canada Ouest
- Chili et île de Pâques

- Équateur et les îles Galápagos
- Guatemala, Yucatán et Chiapas
- Mexique

- Montréal
- Pérou, Bolivie
- Québec, Ontario et Provinces maritimes

Asie et Océanie

- Australie (Sydney, Melbourne ; mai 2016)
- Bali, Lombok
- Bangkok
- Birmanie (Myanmar)
- Cambodge, Laos
- Chine

- Hong-Kong, Macao, Canton
- Inde du Nord
- Inde du Sud
- Israël et Palestine
- Istanbul
- Jordanie
- Malaisie, Singapour

- Népal
- Shanghai
- Sri Lanka (Ceylan)
- Thaïlande
- Tokyo, Kyoto et environs
- Turquie
- Vietnam

Afrique

- Afrique de l'Ouest
- Afrique du Sud
- Égypte

- Kenya, Tanzanie et Zanzibar
- Maroc
- Marrakech

- Sénégal
- Tunisie

Îles Caraïbes et océan Indien

- Cuba
- Guadeloupe, Saint-Martin, Saint-Barth

- Île Maurice, Rodrigues
- Madagascar
- Martinique

- République dominicaine (Saint-Domingue)
- Réunion

Guides de conversation

- Allemand
- Anglais
- Arabe du Maghreb
- Arabe du Proche-Orient
- Chinois

- Croate
- Espagnol
- Grec
- Italien
- Japonais

- Portugais
- Russe
- G'palémo (conversation par l'image)

Les Routards Express

Amsterdam, Barcelone, Berlin, Bruxelles, Budapest (septembre 2015), Dublin (septembre 2015), Florence, Istanbul, Lisbonne, Londres, Madrid, Marrakech, New York, Prague, Rome, Venise.

Nos coups de cœur

- Nos 52 week-ends dans les plus belles villes d'Europe (octobre 2015)
- France   - Monde

routard assurance

Selon votre voyage :

ROUTARD ASSURANCE COURTE DURÉE
pour un voyage de moins de 8 semaines

> FORMULES

Individuel / Famille** / Séniors

OPTIONS :

Avec ou sans franchise

Consultez le détail
des garanties

> Lieu de couverture : tout
pays en dehors du pays
de résidence habituelle.
> Durée de la couverture :
8 semaines maximum.

Souscrivez en ligne sur www.avi-international.com

ROUTARD ASSURANCE LONGUE DURÉE
« MARCO POLO »
pour un voyage de plus de 2 mois

> FORMULES

Individuel / Famille** / Séniors

> SANS FRANCHISE

> NOUVEAUTÉS 2015

Tarifs Jeunes 2015 - Bagages inclus
À partir de 40 € par mois

Consultez le détail
des garanties

> Lieu de couverture : tout
pays en dehors du pays
de résidence habituelle.
> Durée de la couverture :
2 mois minimum à 1 an
(renouvelable).

Souscrivez en ligne sur www.avi-international.com

SOUSCRIVEZ EN LIGNE ET RECEVEZ IMMÉDIATEMENT
TOUS VOS DOCUMENTS D'ASSURANCE PAR E-MAIL :

• votre carte personnelle d'assurance avec votre numéro d'identification
• les numéros d'appel d'urgence d'AVI Assistance
• votre attestation d'assurance si vous en avez besoin pour l'obtention de votre visa.

Toutes les assurances Routard sont reconnues par les Consulats étrangers en
France comme par les Consulats français à l'étranger.

Souscrivez en ligne
sur www.avi-international.com
ou appelez le 01 44 63 51 00*

routard assurance
Voyages de moins de 8 semaines

routard
COLLECTION COURTE DURÉE

RÉSUMÉ DES GARANTIES*	MONTANT MAXIMUM DES GARANTIES
FRAIS MÉDICAUX (pharmacie, médecin, hôpital)	100 000 € U.E. / 300 000 € Monde entier
Agression (déposer une plainte à la police dans les 24 h)	Inclus dans les frais médicaux
Rééducation / kinésithérapie / chiropractie	Prescrite par un médecin suite à un accident
Frais dentaires d'urgence	75 €
Frais de prothèse dentaire	500 € par dent en cas d'accident caractérisé
Frais d'optique	400 € en cas d'accident caractérisé
RAPATRIEMENT MÉDICAL	Frais illimités
Rapatriement médical et transport du corps	Frais illimités
Visite d'un parent si l'assuré est hospitalisé plus de 5 jours	2 000 €
CAPITAL DÉCÈS	15 000 €
CAPITAL INVALIDITÉ À LA SUITE D'UN ACCIDENT**	
Permanente totale	75 000 €
Permanente partielle (application directe du %)	De 1 % à 99 %
RETOUR ANTICIPÉ	
En cas de décès accidentel ou risque de décès d'un parent proche (conjoint, enfant, père, mère, frère, sœur)	Billet de retour
PRÉJUDICE MORAL ESTHÉTIQUE (inclus dans le capital invalidité)	15 000 €
ASSURANCE RESPONSABILITÉ CIVILE VIE PRIVÉE	
Dommages corporels garantis à 100 % y compris honoraires d'avocats et assistance juridique accidents	750 000 €
Dommages matériels garantis à 100 % y compris honoraires d'avocats et assistance juridique accidents	450 000 €
Dommages aux biens confiés	1 500 €
FRAIS DE RECHERCHE ET DE SAUVETAGE	2 000 €
AVANCE D'ARGENT (en cas de vol de vos moyens de paiement)	1 000 €
CAUTION PÉNALE	7 500 €
ASSURANCE BAGAGES	2 000 € (limite par article de 300 €)***

* Nous vous invitons à prendre connaissance préalablement de l'ensemble des Conditions générales sur www.avi-international.com ou par téléphone au 01 44 63 51 00 (coût d'un appel local).
** 15 000 euros pour les plus de 60 ans.
*** Les objets de valeur, bijoux, appareils électroniques, photo, ciné, radio, mp3, tablette, ordinateur, instruments de musique, jeux et matériel de sport, embarcations sont assurés ensemble jusqu'à 300 €.

PRINCIPALES EXCLUSIONS* (communes à tous les contrats d'assurance voyage)
- Les conséquences d'événements catastrophiques et d'actes de guerre,
- Les conséquences de faits volontaires d'une personne assurée,
- Les conséquences d'événements antérieurs à l'assurance,
- Les dommages matériels causés par une activité professionnelle,
- Les dommages causés ou subis par les véhicules que vous utilisez,
- Les accidents de travail manuel et de stages en entreprise (sauf avec les Options Sports et Loisirs, Sports et Loisirs Plus),
- L'usage d'un véhicule à moteur à deux roues et les sports dangereux : surf, rafting, escalade, plongée sous-marine (sauf avec les Options Sports et Loisirs, Sports et Loisirs Plus).

Souscrivez en ligne
sur www.avi-international.com
ou appelez le 01 44 63 51 00'

AVI International (SPB Groupe) - S.A.S. de courtage d'assurances au capital de 100 000 euros - Siège social : 40-44, rue Washington (entrée principale au 42-44), 75008 Paris - RCS Paris 323 234 575 - N° ORIAS 07 000 002 (www.orias.fr). Les Assurances Routard Courte Durée et Routard Longue Durée ont été souscrites auprès d'AIG Europe Limited, société de droit anglais au capital de 197 118 478 livres sterling, ayant son siège social The AIG Building, 58 Fenchurch Street, London EC3M 4AB, Royaume-Uni, enregistrée au registre des sociétés d'Angleterre et du Pays de Galles sous le n°01486260, autorisée et contrôlée par la Prudential Regulation Authority, 20 Moorgate London, EC2R 6DA Royaume-Uni (PRA registration number 202628) - Succursale pour la France : Tour CB21 - 16 place de l'Iris - 92400 Courbevoie.

INDEX GÉNÉRAL

A

B

C

D

E-F

INDEX GÉNÉRAL

INDEX GÉNÉRAL

G-H-I

J-L

M

N-O

P

Q-R

S

T-U

V-Z

INDEX GÉNÉRAL

OÙ TROUVER LES CARTES ET LES PLANS ?

Les **Routards** *parlent aux* **Routards**

Faites-nous part de vos expériences, de vos découvertes, de vos tuyaux. Indiquez-nous les renseignements périmés. Aidez-nous à remettre l'ouvrage à jour. Faites profiter les autres de vos adresses nouvelles, combines géniales... On adresse un exemplaire gratuit de la prochaine édition à ceux qui nous envoient les lettres les meilleures, pour la qualité et la pertinence des informations. Quelques conseils cependant:
– Envoyez-nous votre courrier le plus tôt possible afin que l'on puisse insérer vos tuyaux sur la prochaine édition.
– N'oubliez pas de préciser l'ouvrage que vous désirez recevoir.
– Vérifiez que vos remarques concernent l'édition en cours et notez les pages du guide concernées par vos observations.
– Quand vous indiquez des hôtels ou des restaurants, pensez à signaler leur adresse précise et, pour les grandes villes, les moyens de transport pour y aller. Si vous le pouvez, joignez la carte de visite de l'hôtel ou du resto décrit.
– N'écrivez si possible que d'un côté de la lettre (et non recto verso).
– Bien sûr, on s'arrache moins les yeux sur les lettres dactylographiées ou correctement écrites!
En tout état de cause, merci pour vos nombreuses lettres.

Les Routards parlent aux Routards:
122, rue du Moulin-des-Prés, 75013 Paris

e-mail: • *guide@routard.com* •
Internet: • *routard.com* •

Routard Assurance 2016

Née du partenariat entre *AVI International* et le *Routard*, *Routard Assurance* est une assurance voyage complète qui offre toutes les prestations d'assistance indispensables à l'étranger: dépenses médicales, pharmacie, frais d'hôpital, rapatriement médical, caution et défense pénale, responsabilité civile vie privée et bagages. Présent dans le monde entier, le plateau d'assistance d'*AVI International* donne accès à un vaste réseau de médecins et d'hôpitaux. Pas besoin d'avancer les frais d'hospitalisation ou de rapatriement. Numéro d'appel gratuit, disponible 24h/24. *AVI International* dispose par ailleurs d'une filiale aux États-Unis qui permet d'intervenir plus rapidement auprès des hôpitaux locaux. À noter, *Routard Assurance Famille* couvre jusqu'à 7 personnes, et *Routard Assurance Longue Durée Marco Polo* couvre les voyages de plus de 2 mois dans le monde entier. *AVI International* est une équipe d'experts qui répondra à toutes vos questions par téléphone: ☎ 01-44-63-51-00 ou par mail • *routard@avi-international.com* • Conditions et souscription sur • *avi-international.com* •

Édité par Hachette Livre (58, rue Jean-Bleuzen, CS 70007 92178 Vanves Cedex, France)
Photocomposé par Jouve (45770 Saran, France)
Imprimé par Lego SPA Plant Lavis (via Galileo Galilei, 11, 38015 Lavis, Italie)
Achevé d'imprimer le 24 août 2015
Collection n° 13 - Édition n° 01
20/3348/3
I.S.B.N. 978-2-01-161255-7
Dépôt légal: août 2015

PAPIER À BASE DE
FIBRES CERTIFIÉES

hachette s'engage pour l'environnement en réduisant l'empreinte carbone de ses livres. Celle de cet exemplaire est de:

400 g éq. CO$_2$
Rendez-vous sur
www.hachette-durable.fr